Das Hochzeitsbuch

Collection
Rolf Heyne

Claudia Seutter von Lötzen

DAS HOCHZEITSBUCH

Etikette für Brautpaare,
Eltern, Trauzeugen und Gäste

Collection Rolf Heyne

VORWORT

Anleitungen zum Planen und Organisieren einer Hochzeit finden Sie in zahlreichen Hochzeitsratgebern. Doch bisher existierte kein vollständiges Nachschlagewerk über die allgemeingültigen Hochzeitsetiketteregeln in der Planungsphase einer Hochzeit und am Hochzeitstag selbst. *Das Hochzeitsbuch* soll diese Lücke schließen. Es richtet sich an Brautpaare, deren Eltern, Hochzeitsgäste, Trauzeugen, Brautjungfern, Zeremonienmeister, Hochzeitsmanager und professionelle Hochzeitsplaner.

Der vorliegende Ratgeber gibt Antworten auf Fragen, die den zwischenmenschlichen Umgang der Brautleute mit allen in die Hochzeit involvierten Personen regeln – ob symbolisch, mündlich oder schriftlich. Sie können als Brautpaar nachlesen, wie Sie Ihre Eltern formvollendet von Ihren Hochzeitsplänen in Kenntnis setzen, wann der richtige Zeitpunkt für das »Du«-Anbieten zwischen den verschwägerten Familien ist und wer eigentlich zur Hochzeit einlädt.

Das Hochzeitsbuch erklärt die richtige Sitzordnung bei der Fahrt im Auto auf dem Weg zur Kirche, im Gotteshaus oder beim anschließenden festlichen Essen. Begleitet der Brautführer die Braut an deren linker oder rechter Seite zum Altar? Wie lauten die Trauversprechen in der evangelischen oder katholischen Kirche? Wann wird der Brautstrauß geworfen? Wann ist der richtige Zeitpunkt, die Hochzeitstorte anzuschneiden, und wie wird es gemacht? Aber auch heikle Fragen werden angesprochen, ob man beispielsweise Kinder der neuen Lebenspartner von geschiedenen Elternteilen einladen muss oder notfalls Gäste wieder ausladen kann.

Natürlich werden auch Hochzeitsgäste in *Das Hochzeitsbuch* fündig und erfahren, wie man auf Hochzeitseinladungen stilvoll reagiert, Kleidervermerke auf der Hochzeitseinladung richtig interpretiert, wann und wem nach der Trauung gratuliert wird oder wie man Geschenke formvollendet übergibt.
Dem gründlichen Leser werden zahlreiche Doppelungen und Wiederholungen in den unterschiedlichen Kapiteln auffallen. Keinesfalls soll dies ein unnötiges »Aufblasen« des Buches und ein falsch verstandenes Geltungsbewusstsein der Autorin darstellen, sondern vielmehr zur Lesbarkeit und Verständlichkeit der Lektüre beitragen. Angelehnt an die vor einigen hundert Jahren übliche und inhaltlich erschöpfende Hausväterliteratur möchte *Das Hochzeitsbuch* in jedem Kapitel ausführlich alle relevanten Inhalte vorstellen, ohne mit – in der heutigen Zeit so üblichen – Querverweisen zu belasten und ein häufiges Blättern im Buche zuzumuten.
Ebenso tradiert werden in einigen Textpassagen die Braut und damit die Rolle der Frau in der Paarbeziehung und in der Gesellschaft betrachtet. Das soll weder einen Affront gegen die Emanzipation des weiblichen Geschlechts noch einen Hieb gegen die 68er-Aufklärung darstellen – und wenn, dann nur einen kleinen. *Das Hochzeitsbuch* lebt nicht in Fehde mit einer aufgeklärten Frauenrolle, orientiert sich aber aus der Natur der Sache heraus an den klassischen und traditionellen Etiketteregeln. Schließlich sind diese zu einer Zeit entstanden, als der Frau bei einer Verheiratung weniger Stellenwert zugemessen wurde als der Familie, aus der sie kam und in die sie einheiratete. Mittlerweile hat die Gleichberechtigung der Frau auch in der Etikette Einzug gehalten, und so manche Regeln haben sich in den letzten Jahrzehnten an den gesellschaftlichen Ist-Zustand angepasst, aber eben noch nicht alle.
Betrachten Sie *Das Hochzeitsbuch* als das, was es gedacht ist: eine Art Sammelsurium aller existierenden Etiketteregeln bei einer Hochzeit, aus dem Sie sich für Ihre eigene Hochzeit nach Herzenslust bedienen können. Sie allein entscheiden, die Regeln uneingeschränkt anzuwenden, diese aufzubrechen oder gar nicht zu befolgen und Ihren eigenen Stil einzubringen.

Ich wünsche Ihnen beim Lesen viel Freude und reichlich Erkenntnisse, die Ihre Hochzeitsplanung oder die Ihrer Kinder, Freunde oder Bekannten bereichern werden und mit denen Sie als Hochzeitsgast entspannt das Fest genießen können.

München, im April 2011 *Dr. Claudia Seutter von Lötzen*

VOR DER HOCHZEIT

Die Verlobung

Mit der Verlobung schlägt ein Paar den Weg in Richtung gemeinsame Zukunft ein, da es sich gegenseitig verspricht, zu einem späteren Zeitpunkt zu heiraten. Für den zukünftigen Ehemann bedeutet dieses gegenseitige Versprechen Zeitaufwand und Stress. Er weiß – oder sollte wissen –, dass in den Monaten, die auf den Antrag folgen, an ein geruhsames Leben nicht mehr zu denken ist und dass eine Menge Verpflichtungen auf ihn zukommen, sobald er seine Partnerin gefragt hat, ob sie ihn heiraten möchte. Für die Braut hingegen beginnt mit dem Antrag die schönste Zeit ihres Lebens: Anzeigen, Einladungen, Geschenke, Ausrichten der Hochzeit und Festlegen der Hochzeitsreise … Dabei kann die Verlobungszeit bis zu einem Jahr betragen.

Zeitpunkt der Verlobung

Sicher stellt der Entschluss eines Mannes, einer Frau einen Antrag zu machen, für ihn eine der wichtigsten Entscheidungen seines Lebens dar. Er weiß, dass die Ehe jeden Bereich seines Lebens beeinflussen wird – seine Arbeit, die Beziehungen zu seinen Freunden und seiner Familie. Es ist also durchaus nachvollziehbar, dass ein Mann eine gewisse Zeit braucht, um über das Ob und Wie eines Antrags nachzudenken. Allerdings sollte diese Zeitspanne überschaubar sein. Vom Beginn einer Beziehung bis zur Verlobung sollten nicht mehr als drei Jahre verstreichen.

Das Zusammenziehen

In diesem Zusammenhang spielt auch das Zusammenziehen eine nicht zu unterschätzende Rolle. Leben beide Partner eine moderne Partnerschaft und sind sie sich einig, dass man erst einmal eine gemeinsame Wohnung beziehen und die Beziehung beobachten will, ohne sich verlobt zu haben, ist hieran heutzutage nichts auszusetzen. Das Zusammenleben wird als Test betrachtet, in dem sich das Paar im alltäglichen Umgang noch besser kennenlernt und in den gemeinsamen vier Wänden die Beziehung intensivieren kann. Aber nicht selten fühlen sich die Partnerinnen in dieser Lebensphase unterlegen und unsicher, wenn das Paar bislang nie über Verlobung oder Heirat gesprochen hat. Was bedeutet das Zusammenleben in einer gemeinsamen Wohnung, ohne verlobt zu sein, für eine Frau? Ist er sich nicht sicher? Hat er noch andere Eisen im Feuer? Hält er sich auf diese Art einen Notausgang frei?
Ganz besonders schwierig wird es, wenn für das Zusammenziehen praktische oder monetäre Gründe ausschlaggebend sind. Schlägt Ihr Partner eine gemeinsame Wohnung einzig und allein deshalb vor, weil dadurch die Miete für jeden halbiert oder der Anfahrtsweg ins Büro verkürzt wird, dann sollte man von dem Vorschlag – und am besten auch gleich von dem Vorschlagenden – Abstand nehmen! Ebenso, wenn der Partner nur wenige Wochen nach dem Kennenlernen anbietet, zusammenzuziehen. Freilich wird es immer Ausnahmen geben, und die Beziehung kann auch nach solchen Schnellschüssen einen harmonischen Verlauf nehmen. In der Regel sollten Sie jedoch frühestens nach einem Jahr des Zusammenseins an eine gemeinsame Wohnung denken.
Wenn Sie sich an der konventionellen Form des Zusammenlebens orientieren möchten und auf Nummer sicher gehen wollen, ziehen Sie erst dann zusammen, wenn Sie bereits gemeinsame Hochzeitspläne schmieden, sprich: wenn Sie sich bereits verlobt haben.

Der Verlobungsring

Zu einer klassischen Verlobung gehören Verlobungsringe. Das können die zukünftigen Eheringe sein, die gemeinsam gekauft und vor der Hochzeit als Verlobungsringe am linken Ringfinger getragen werden. Eleganter ist es natürlich, wenn Sie als Heiratskandidat Ihrer Liebsten eigens für die Verlobung einen Ring schenken, in den Sie im Idealfall das Datum der Verlobung und Ihr Monogramm eingravieren lassen.

Vor allem das weibliche Geschlecht stellt sich beim Stichwort Verlobung folgende Standardsituation vor: ein überraschender Heiratsantrag in romantischer Umgebung mit einem mehr oder weniger exquisiten Ring. Wollen Sie als Bräutigam in spe ganz sicher sein, besorgen Sie also lieber einen eigenen Verlobungsring. In den letzten Jahren sind Diamantringe zur Verlobung immer mehr in Mode gekommen.

Der Kauf des Ringes ist die erste größere Hürde, die ein Mann vor der Hochzeit nehmen muss. Kaufen Sie ihn allein, und haben Sie sich vorher nie mit Ihrer Freundin über Material und Form des guten Stücks unterhalten, so laufen Sie Gefahr, dass der Ring Ihrer Angebeteten nicht gefällt. Kaufen Sie ihn mit ihr zusammen, so ist die Romantik des Antrags verflogen, da sie an fünf Fingern abzählen kann, dass nun der Heiratsantrag bevorsteht. Als zukünftiger Bräutigam sollten Sie daher ein paar Monate vor dem geplanten Antrag durch vorsichtiges Fragen herausfinden, welche Art Ring ihr steht und was sie mag – altmodisch oder modern, schlicht oder extravagant. Berücksichtigen Sie bei der Wahl der Fassung auch die Alltagstauglichkeit. Passt die Hand mit dem Ring am Finger noch in den Handschuh? Ragt der Stein nicht zu weit hervor, sodass man daran hängen bleibt?

Eine andere Möglichkeit bietet sich, wenn Sie beim Einkaufen mit Ihrer zukünftigen Braut in ein oder zwei Juweliergeschäften unverbindlich Verlobungsringe anschauen. Sie können sich so nach der Meinung Ihrer Freundin über Größe und Form des Steines und über die Gestaltung des Ringes erkundigen. Als Frau verhalten Sie sich

in dieser Situation nonchalant und schreiben Ihrem Zukünftigen weder die Größe des Ringes noch andere Details vor. Fragen Sie ihn, was ihm für Sie gefällt und probieren Sie Ringe, die er vorschlägt. Stimmen Sie dann zu, wenn er bei dem Ring ankommt, der Ihnen am besten gefällt. Drücken Sie Ihre Rührung aus, dass Ihr Partner Sie in die Suche des Verlobungsringes einschließt, und schauen Sie dabei lieber in seine Augen als auf das Preisetikett. Überlassen Sie Ihrem Partner die Führung und geben Sie ihm das Gefühl, mit seiner Wahl und seinem Geschmack zufrieden zu sein. In den kommenden Wochen kann der Bräutigam in das Geschäft zurückkehren, den Ring anfertigen lassen und schlussendlich abholen.
Natürlich ist ein Ring zur Verlobung nicht zwingend notwendig. Wenn sich die beiden Partner im Vorfeld schon über das Thema unterhalten und besondere Vorlieben geäußert haben, kann es sein, dass die Frau gar keinen Ring zur Verlobung will oder es vorzieht, zuerst einen Antrag zu erhalten und anschließend den Verlobungsring gemeinsam zu kaufen. In Deutschland ist ohnehin die Tradition weit verbreitet, die zukünftigen Eheringe gemeinsam zu kaufen und diese bis zur Hochzeit als Verlobungsringe, also am linken Ringfinger, zu tragen.
Wichtig ist vor allem, dass der Mann die Wünsche und Vorstellungen seiner Partnerin in Bezug auf das Thema Verlobung kennt, um mögliche Missverständnisse und verletzte Gefühle in diesem denkwürdigen Moment zu vermeiden.

Der Antrag

Nachdem der Ring besorgt ist, wählen Sie einen Zeitpunkt aus, von dem Sie glauben, dass er Ihre zukünftige Frau überrascht, und machen ihr den Antrag. Auch hier ist es wie bei der Ringwahl das Beste, wenn die Frau im Vorfeld geringe oder gar keine Ansprüche äußert. Als zukünftige Braut setzen Sie Ihren Bräutigam bitte vor allem nicht unter Druck, etwas ganz besonders Originelles zu präsentieren.

Seiner Partnerin einen Ring zu überreichen und über den linken Ringfinger zu streifen ist ein sehr bedeutungsträchtiger Moment im Leben eines Mannes. Er hat womöglich eine Unmenge Geld für einen sehr kleinen Gegenstand ausgegeben und sich Gedanken über Zeitpunkt und Anlass des Antrages gemacht. Im Gegenzug erwartet er, dass seine Braut glücklich ist und dieses Glück auch zeigt.
Damit die Zeremonie des Heiratsantrages für beide Beteiligten zu einem angenehmen Erlebnis wird, sollte die zukünftige Braut dem Bräutigam in spe das Gefühl vermitteln, seine Gestaltung des Antrags sei großartig. Denken Sie als Frau daran, dass Ihr Zukünftiger die ehrliche Absicht hat, den Antrag zu einem denkwürdigen Ereignis für Sie zu machen. Sehen Sie es ihm also nach, wenn er nicht gerade das romantischste Ambiente ausgewählt hat, nicht hundertprozentig die richtigen Worte findet oder Ihnen einen grottenhässlichen Ring überreicht. Jede Enttäuschung, die er von Ihrer Seite spürt, wirkt in diesem Moment niederschmetternd. Als zukünftige Braut sollten Sie daher begeistert den Ring annehmen und strahlend seine Frage bejahen, ob Sie ihn heiraten möchten. Sie sollen und wollen sich schließlich beide jahrelang an diesen Augenblick erinnern.

Sollte die Frau einen Antrag machen?

Auch wenn die Emanzipation in den letzten Jahrzehnten große Fortschritte gemacht hat, sind die Herren der Schöpfung in der Regel wenig begeistert, wenn ihnen ein Heiratsantrag gemacht wird. Schließlich möchten sie gern »am Steuer« sitzen, wenn es um eine lebenswichtige Entscheidung wie die Ehe geht. Wenn nun eine Frau einen Mann bittet, ihn zu heiraten, mag er sich überrumpelt fühlen. Sie hat ihm die Möglichkeit genommen, den aus seiner Sicht richtigen Zeitpunkt für einen Antrag zu wählen, und ihn in eine Situation gebracht, auf die er nach klassischen Verhaltensmustern nicht vorbereitet ist. Derart in die Enge getrieben, wird sich der Mann möglicherweise um eine Antwort drücken. Schlimmstenfalls wird er seine Partnerin nach einer solchen Situation nie bitten, seine Frau zu werden.

Als Frau sollten Sie daher genau überlegen, ob Sie das Zepter tatsächlich in die Hand nehmen wollen und Ihren Angebeteten dadurch womöglich vergraulen. Wenn Sie als Frau also nicht hundertprozentig sicher sind, dass Ihr Freund aus großer Schüchternheit oder ähnlichen Gründen Ihre Initiative erwartet, lassen Sie es im Zweifel lieber bleiben.

Darf die Frau den Ring umtauschen?
Werden Sie beim Antrag mit einem Ring beschenkt, der Ihnen überhaupt nicht gefällt, sollten Sie als rücksichtsvolle Frau in diesem Augenblick schweigen und nicht Ihr Missfallen äußern. Das gilt auch dann, wenn Sie das hässlichste Schmuckstück aller Zeiten in Ihren Händen halten. Lassen Sie sich nämlich in diesem Moment mangelnde Begeisterung anmerken, wird Ihr Partner ernstlich enttäuscht und verletzt sein, vielleicht so sehr, dass ihm der Wunsch zu heiraten vergeht. Richten Sie als Frau vielmehr Ihr Augenmerk darauf, welche Mühe sich Ihr zukünftiger Ehemann gemacht hat.
Erst wenn Sie verheiratet sind und sich die Partnerschaft gefestigt hat, können Sie unter Umständen behutsam und taktvoll ansprechen, dass Sie mit einem anderen Ring glücklicher wären. Dies sollten Sie aber genau abwägen. Es kann sein, dass Ihr Ehemann es Ihnen ewig verübeln wird und Sie besser beraten sind, mit einem nicht ganz so schönen Ring zu leben.

Ehevertrag

Vor allem zukünftige Ehepartner, die mit großen Vermögenswerten in die Ehe gehen, eine eigene Firma besitzen oder Kinder aus vergangenen Beziehungen haben, werden auf den Abschluss eines Ehevertrages vor der Hochzeit drängen. Auch hier lauern Etikettefallen, in die Sie tappen könnten.

Wenn Sie das Thema »Ehevertrag« ansprechen, sollte der Zeitpunkt dafür geeignet sein. Vermeiden Sie Situationen, in denen Ihr Partner oder Ihre Partnerin gestresst oder mit anderen Dingen beschäftigt ist und in denen die leidige Ehevertragsproblematik das Fass womöglich zum Überlaufen bringen könnte. Passen Sie einen richtigen Augenblick ab, in dem Sie beide entspannt sind und eine harmonische Atmosphäre zwischen Ihnen herrscht.

Wenn ein solcher Augenblick gefunden ist, reden Sie nicht um den heißen Brei herum. Seien Sie ehrlich und direkt, was aber nicht heißt, Ihrer Zukünftigen oder Ihrem Lebensgefährten einen von Ihrem Anwalt ausformulierten Ehevertrag unter die Nase zu halten. Das wäre das Dümmste, was Sie in dieser Situation tun könnten. Ihr Partner würde sich überrumpelt fühlen und Sie für eiskalt halten, vielleicht sogar an einer gemeinsamen Basis für eine Ehe zweifeln. Fragen Sie vielmehr erst einmal nach seiner oder ihrer Meinung zu einem Ehevertrag und legen Sie dar, warum Sie sich einen solchen vorstellen könnten.

Versuchen Sie, während des Gespräches aufkommende Emotionen auszublenden, und konzentrieren Sie sich auf die praktischen Gesichtspunkte. Behandeln Sie das Thema, wie wenn Sie über Ihre Kranken- oder Haftpflichtversicherung sprechen würden.

Teilen Sie die Angelegenheit auf mehrere Gespräche auf. Im ersten Gespräch sollten Sie sich das Ziel setzen, festzustellen, ob und warum Sie beide einen Ehevertrag möchten. Ist das geklärt, können Sie in Folgegesprächen erörtern, welche Punkte Sie in Ihrem gemeinsamen Ehevertrag geregelt haben möchten.

Sprechen Sie die heikle Thematik um den Ehevertrag so früh wie möglich an, nachdem Sie wissen, dass Sie beide den Bund fürs Leben eingehen werden. Sicher wäre es taktlos und unpassend, die Sprache in der Sekunde darauf zu bringen, wenn man der Liebsten den Verlobungsring an den Finger steckt. Allerdings sollten Sie spätestens einige Wochen oder Monate nach der Verlobung ein ernsthaftes Gespräch suchen. Manche Paare sprechen die Problematik bereits in einem Stadium an, in dem der Antrag noch gar nicht gemacht worden ist, und schützen sich so vor späteren Überraschungen. Jeder weiß, woran er ist, und man muss sich zu gegebener Zeit nur noch über Details einigen.

Nachdem Sie untereinander die wichtigsten Fragen geklärt haben, sollten Sie den Ehevertrag noch in eine rechtlich saubere Form gießen. Sie können sich dabei anwaltlicher Hilfe bedienen, den Vertrag allerdings auch allein aufsetzen. Insbesondere hilft Ihnen ein Anwalt, den Vertrag so zu formulieren, dass er später beispielsweise nicht sittenwidrig und damit nichtig ist. Mit ihm können Sie auch Ihre Rechte und Pflichten und die Ihres Partners bis ins Detail diskutieren, um letzte Unklarheiten aus dem Weg zu räumen. Sie werden sehen, ein Termin beim Juristen ist weniger unangenehm, als Sie erwarten. Im Gegenteil, die Anwesenheit eines neutralen Dritten ist möglicherweise eine große Hilfe. Ist der Ehevertrag schließlich zu Ihrer Zufriedenheit formuliert, muss dieser abschließend noch von einem Notar beurkundet werden, damit er wirksam wird. Dabei ist der Notar verpflichtet, jede von den beiden Partnern gewünschte Vereinbarung auf ihre Vor- und Nachteile zu prüfen.

Nachdem Sie den Ehevertrag unter Dach und Fach gebracht haben, sollten Sie ihn abheften und vergessen. Konzentrieren Sie sich auf Ihre Zukunft und Ihre anstehende Hochzeit. Und führen Sie niemals in einem Streit das Thema Ehevertrag als Argument an. Bemerkungen, die auf mangelndes Vertrauen oder Kaltblütigkeit Ihres Partners in Bezug auf den Ehevertrag zielen, sollten Sie auf jeden Fall vermeiden: Worte, auch wenn sie leichtfertig und in emotional aufgeladenen Momenten dahergeplappert werden, sitzen tief und können eine Ehe – gerade im Anfangsstadium – auf eine harte Zerreißprobe stellen.

Was werden die anderen denken?

Auch wenn Sie beide bezüglich des Ehevertragsthemas einer Meinung sind und sich in der einen oder anderen Richtung entschieden haben, könnten das vor allem Ihre Familienangehörigen anders sehen. Um hier überflüssigen Diskussionen aus dem Weg zu gehen, sollten Sie sich ebenfalls an ein paar essenzielle Etiketteregeln halten. Der wohl wichtigste Grundsatz ist, andere Personen so wenig wie möglich in die Diskussion über einen Ehevertrag einzubeziehen. Bewahren Sie Stillschweigen über Privatangelegenheiten, die nur Sie beide etwas angehen. Das gilt übrigens nicht nur für den Ehevertrag, sondern für alle Belange innerhalb Ihrer Partnerschaft, die nicht für die Augen und Ohren anderer bestimmt sind.

Bilden Sie sich schließlich zunächst Ihre eigene Meinung über die Notwendigkeit eines Ehevertrages. Vermeiden Sie es, all Ihre Freunde und Verwandten nach deren Sichtweise zu fragen. Sie öffnen damit nicht nur Tür und Tor für alle möglichen guten oder weniger gut gemeinten Ratschläge, die Sie letzten Endes nur verwirren. Schlimmer noch, es zeugt von schlechtem Stil, private Angelegenheiten nach außen zu tragen. Sie verletzen damit nämlich auch die Privatsphäre Ihres Partners, was Sie in einer Partnerschaft nie tun sollten. Das oberste Gebot heißt Diskretion, und die einzigen Personen, die in die Ehevertragsproblematik einbezogen werden sollten, sind Ihre Anwälte, sofern Sie für die Formulierung Ihres Vertrags auf deren Beratung zurückgreifen.

Sollten Sie von Eltern, Geschwistern oder Freunden gefragt werden, ob Sie einen Ehevertrag abschließen wollen, bleiben Sie vage und antworten Sie, dass Sie darüber reden. Wechseln Sie dann das Thema und signalisieren Sie damit behutsam und freundlich, dass es den Fragenden nichts angeht. Denken Sie daran, dass Sie, auch nachdem Sie das Thema Ehevertrag abschließend mit Ihrem Partner oder Ihrer Partnerin besprochen haben, niemandem Rechenschaft schuldig sind. Erwidern Sie, dass Sie beide sich in diesem Punkt völlig einig sind, und geben Sie keine weiteren Auskünfte.

Die große Neuigkeit verbreiten

Selbst wenn Sie sich im Adrenalinrausch befinden, weil Sie sich soeben verlobt haben und es Ihnen auf den Nägeln brennt, mit Ihren allerbesten Freunden Ihre Gefühle zu teilen, sollten Sie die gute Nachricht nicht Hals über Kopf überall herausposaunen. Denn auch hier gilt es, die Etikette und damit eine bestimmte Reihenfolge einzuhalten, nach der Sie Ihr Umfeld informieren.

Die Eltern

Erweisen Sie Ihren Eltern die Ehre und den Respekt, diese zuerst vom anstehenden Ereignis in Kenntnis zu setzen. Wohnen diese in der Nähe, machen Sie gemeinsam eine kurze Stippvisite. Müssen Sie auf das Telefon zurückgreifen, weil die Eltern beispielsweise weit von Ihnen entfernt leben, dann teilen Sie am Telefon jeweils beiden Elternteilen persönlich Ihre Hochzeitsabsichten mit. Überlassen Sie es insbesondere nicht Ihrer Mutter, die frohe Botschaft Ihrem Vater nach dem Telefonat sozusagen aus zweiter Hand zu überbringen.
Wenn Sie die frohe Botschaft höchstpersönlich überbringen, sparen Sie nicht an einem Blumenstrauß für die Schwiegermutter in spe, den Sie vor dem Überreichen vom Einschlagpapier befreien und ihr ausgewickelt an der Eingangstür übergeben. Lediglich Blumen, die in transparenter Folie verpackt oder mit einer Papiermanschette versehen sind, werden vor der Übergabe nicht ausgepackt. Als Blumenstrauß eignet sich für diesen Anlass ein Gebinde aus den Lieblingsblumen oder in der Lieblingsfarbe Ihrer Schwiegermutter, sofern Sie diese kennen. Weiße Blüten wie Callas, Chrysanthemen oder Lilien betrachten viele Menschen als Todes- oder Friedhofsblumen. Sie sollten zu diesem Anlass nicht verschenkt werden, es sei denn, Sie wissen, dass Sie damit den Geschmack der Beschenkten treffen.
Auf keinen Fall dürfen Sie Ihrer Schwiegermutter rote Rosen mitbringen, die als Zeichen der Liebe ausschließlich Ihrer Freundin und späteren Ehefrau vorbehalten sind. Wollen Sie Ihrer Freundin

schmeicheln, bekommt auch sie während dieses Besuches einen Blumenstrauß – in diesem Fall gern rote Rosen – von Ihnen, den Sie zu Beginn des Treffens oder nach Verkündung der großen Nachricht überreichen können.
Wenn Sie nicht wissen, ob Ihre zukünftige Schwiegermutter abergläubisch ist, sollten Sie keinen Strauß mit 13 Stielen verschenken. Auch wenn Sie nach alter Sitte auf die Zahl 13 besser verzichten, muss heutzutage ein Strauß nicht mehr aus einer ungeraden Zahl von Blüten gebunden sein.

Eine Hommage an alte Zeiten – der förmliche Antrittsbesuch

Zugegeben, die Zeiten der klassischen Brautwerbung, bei der der angehende Bräutigam bei den zukünftigen Schwiegereltern um die Hand der Tochter anhielt und diese sich über die pekuniäre Situation des Bewerbers und seine ehrenwerten Absichten erkundigten, ehe der Verbindung zugestimmt und anschließend die Tochter ins Zimmer gerufen wurde, sind vorbei.
Heutzutage schätzen sich die Eltern schon glücklich, wenn sie von ihren Kindern en passant erfahren, dass diese heiraten werden. Auch wenn der Antrittsbesuch ein altmodisches Relikt vergangener Zeiten ist, fühlen sich viele Eltern geschmeichelt, wenn der Schwiegersohn in spe vor der Verlobung förmlich um die Hand ihrer Tochter anhält und sie der Verbindung ihren Segen geben können.
Als Akteur entscheiden Sie bitte, ob die traditionelle Brautwerbung bei Ihren zukünftigen Schwiegereltern ankommt oder erwünscht ist. Indizien dafür sind, wenn Sie zu Beginn Ihrer Beziehung von Ihrer Freundin offiziell bei deren Eltern vorgestellt worden sind oder Sie zu offiziellen Anlässen, Jubiläen oder an Feiertagen von den Schwiegereltern eingeladen werden.
Auch wenn Ihre zukünftige Frau noch sehr jung ist und zu Hause wohnt, sollte es selbstverständlich sein, bei den Eltern um ihre Hand anzuhalten. Andere Eltern wiederum würden es als lächerlich oder deplatziert empfinden, wenn Sie um die Hand der Tochter anhalten würden. Das gilt beispielsweise, wenn das Elternhaus auf derlei Traditionen überhaupt keinen Wert legt oder wenn die Eltern aus

einem anderen Kulturkreis stammen, in dem diese Form der Brautwerbung gänzlich unbekannt ist.
Beim klassischen Antrittsbesuch müssen Sie als zukünftiger Bräutigam die Etiketteregeln entsprechend streng befolgen. Vereinbaren Sie mit traditionellen Brauteltern persönlich oder telefonisch einen Termin in deren Zuhause und besuchen Sie diese entweder nicht im Beisein Ihrer Freundin oder führen Sie zumindest das alles entscheidende Gespräch ohne sie.
Auch hinsichtlich der Kleidung gilt es, ein paar Regeln einzuhalten. Als zukünftiger Bräutigam sind Sie gut beraten, wenn Sie für diesen Besuch Jeans und Turnschuhe im Schrank lassen. Noch vor einigen Jahrzehnten trug der Bräutigam bei dieser Gelegenheit stets einen dunklen Anzug. Und auch heutzutage sind Sie in einem konservativen Haus mit einem dunklen Anzug, Hemd, Krawatte und schwarzen Lederschuhen auf der sicheren Seite. Geht es bei den zukünftigen Schwiegereltern etwas lockerer zu, machen Sie mit Sakko, Kordhose oder Chinos nichts falsch und kombinieren diese mit einem Hemd ohne Krawatte, Poloshirt oder Pullover. Dazu passen braune Schnürschuhe aus Leder.
Für die zukünftige Schwiegermutter besorgen Sie in jedem Fall einen üppigen Blumenstrauß. Vielleicht möchten Sie bei Ihrer zukünftigen Schwiegermutter mit einem Handkuss Eindruck schinden? Sie sollten allerdings der Typ dafür sein, dem man einen Handkuss abkauft, und das erforderliche Selbstbewusstsein an den Tag legen, da der Handkuss ansonsten deplatziert wäre. Ziehen Sie die Dame des Hauses nicht zu sich empor, sondern verbeugen Sie sich leicht, wenn Sie zum Handkuss ansetzen. Verharren Sie einen Augenblick mit einigen Zentimetern Abstand über der Hand. Ihre Lippen dürfen auf keinen Fall den Handrücken der Dame berühren.
Rechnet Ihre Schwiegermutter in spe nicht mit einem Handkuss, können Sie die Situation retten, indem Sie deren ausgestreckte Hand mit leichtem Druck drehen, sodass der Handrücken nach oben zeigt und Sie zum formvollendeten Handkuss ansetzen können. Zeigen Sie Souveränität in Ihrem Auftreten und kommen Sie zügig zur Sache. Nachdem Sie Platz genommen und ein wenig Small Talk aus-

getauscht haben, bringen Sie bei Ihren zukünftigen Schwiegereltern Ihre Hochzeitspläne zur Sprache und halten Sie dabei gern auch ausdrücklich um die Hand der Tochter an. Bei sehr konservativen Familien sollten Sie sich nun auf Fragen zur zukünftigen Lebensplanung, eventuellem Kinderwunsch, Finanzierung des Hochzeitsfestes und zu Ihren Versorgerqualitäten als potenzieller Ehemann gefasst machen. Brauteltern, die auf Etikette und Tradition Wert legen, den Ihnen am Ende des Gespräches ihren Segen geben. Danach können Sie bereits über den Termin der Verlobungsfeier sprechen, wenn diese traditionsgemäß im Haus der Brauteltern stattfinden soll.
Übrigens, wer als Bräutigam den wirklich traditionellen Weg der Brautwerbung wählen möchte, hält zuerst – und ohne Beisein seiner Freundin – bei den Schwiegereltern um die Hand ihrer Tochter an und überrascht seine Liebste zu einem späteren Zeitpunkt mit dem Antrag.

Ihre Kinder

Haben Sie Kinder aus einer früheren Beziehung oder schon gemeinsame eigene Kinder, sind diese noch vor den Eltern die ersten, die Sie in Ihre Pläne einweihen. Es wäre ein großer Fehler, die Verlobung vor Ihren Kindern vorerst geheim zu halten, auch wenn Sie mit den besten Absichten handeln. Nichts verletzt Ihre Kinder mehr, als wenn Sie womöglich von den Großeltern erfahren, dass die Mama oder der Papa heiraten wird.
Setzen Sie sich daher mit Ihren Kindern zusammen und erzählen Sie ihnen von der bevorstehenden Änderung im Familienverbund. Vermeiden Sie es, zuerst ältere Kinder einzuweihen und diese zu bitten, erst einmal Stillschweigen gegenüber den jüngeren Geschwistern zu bewahren. Auch hier sind Konflikte vorprogrammiert.
Seien Sie bei diesem Gespräch auf alle Reaktionen Ihrer Kinder gefasst. Beantworten Sie die Fragen Ihrer Kinder gewissenhaft und nehmen Sie diesen im Gespräch deren Ängste und Nöte, wie das zukünftige Leben in der neuen Familienformation aussehen wird,

bevor Sie den nächsten Schritt gehen und Familie und Freunde von Ihren Hochzeitsplänen in Kenntnis setzen. Es ist wichtig, dass Kinder darauf vorbereitet sind und sich in der neuen Situation wohlfühlen, wenn Verwandte und Freunde Sie in den nächsten Monaten mit Glückwünschen überhäufen.

Der Rest der Familie

Nahestehende oder Ihnen wichtige Verwandte sollten Sie zuerst informieren: Geschwister, Nichten, Neffen, Großeltern, Patentanten und Patenonkel sowie Freunde der Familie, die eine enge Bindung zu Ihnen haben. Geben Sie Ihnen das Gefühl, dass sie eine wichtige Rolle in Ihrem Leben spielen, und vermeiden Sie, dass sie von dem großen Ereignis aus zweiter Hand erfahren.
Nachdem Sie die große Neuigkeit Ihren Eltern verkündet haben, ist es selbstverständlich, dass diese allen Verwandten und Bekannten davon berichten wollen. In dieser Situation ist es völlig legitim, wenn Sie Ihren Eltern sagen, welche Personen Sie höchstpersönlich von der bevorstehenden Hochzeit informieren wollen. Eine diesbezüglich klare Kommunikation zu einem frühen Zeitpunkt, am besten mit der Eröffnung der Hochzeitsabsichten den Eltern gegenüber, hilft, mögliche Unstimmigkeiten zu vermeiden, und ist ein Zeichen von Sicherheit im Umgang mit Etikettefragen und nicht etwa eine Bevormundung der Eltern. Es ist überdies höflich, denjenigen Personenkreis, den Ihre Eltern informieren werden, noch einmal persönlich anzurufen oder anzuschreiben.

Freunde, Bekannte und Arbeitskollegen

Enge Freunde werden Sie selbstverständlich sofort und persönlich informieren, andere per E-Mail, wieder andere erhalten erst mit der offiziellen Verlobungs- beziehungsweise Hochzeitsanzeige Kenntnis von der bevorstehenden Heirat. Alle Kommunikationsmöglichkeiten sind erlaubt und stehen im Ermessen des Brautpaares. Im Arbeitsumfeld sollten Sie daran denken, den Arbeitstag durch die Ankündigung nicht zu lange zu unterbrechen, sondern lieber Kollegen und Vorgesetzte kurz mündlich oder schriftlich zu informieren und ein gemeinsames Mittagessen vorzuschlagen, bei dem Sie ausführlich von der Verlobung berichten können.

Wenn sich jemand übergangen fühlt

Einige Personen werden sich vielleicht bei Ihnen beschweren, dass Sie sie nicht persönlich von Ihren Hochzeitsabsichten in Kenntnis gesetzt haben. Hier kommen Sie mit Ehrlichkeit am weitesten. Geben Sie zu verstehen, dass Sie aufgrund der Vielzahl der Personen nicht jeden, den sie gern persönlich informiert hätten, vorab benachrichtigen konnten, und bitten Sie um Verständnis. Das ist der einzig probate Weg, eine derart missliche Lage zu entschärfen.

Wer bezahlt die Hochzeit?

Das alte Sprichwort »Über Geld redet man nicht« gilt bei der Finanzierung Ihrer Hochzeit leider nicht. Denn erst wenn Ihr zur Verfügung stehendes Budget geklärt ist, können Sie damit beginnen, Ihre Hochzeit zu planen. Das Budget bestimmt von Anfang an Ihre Vorbereitungen und gibt den Rahmen für das geplante Fest vor. Die Schlüsselfrage hiefür ist, wer zur Finanzierung der Hochzeit beiträgt. Früher war es Brauch, dass ausnahmslos die Brauteltern – oder besser gesagt: der Brautvater – die Hochzeit bezahlten. Denn traditionell war der Mann der Ernährer und sorgte für die zukünftige finanzielle Absicherung der jungen Familie. Die Frau brachte im Gegenzug die Mitgift in die Ehe. Das konnte bereits vorhandenes Vermögen oder eine später zu erwartende Erbschaft sein. Ebenfalls von der Brautfamilie kam die Aussteuer, die aus Einrichtungs-

und Haushaltsgegenständen bestand. Deshalb wurde schon im Kindesalter der zukünftigen Braut begonnen, Tisch- und Bettwäsche, Handtücher und Geschirr zu horten, die als spätere Aussteuer dienen sollten. Außerdem übernahm die Familie der Braut die Kosten für die Hochzeitsfeier und richtete diese auch aus.

Diese Regelung hat sich im Laufe der Zeit in eine Kann-Bestimmung gewandelt, denn heutzutage heiraten die Paare durchschnittlich immer später im Leben, sodass sie bereits berufstätig sind und über ein eigenes Einkommen verfügen. Faktisch könnten Braut und Bräutigam für die Kosten ihrer Hochzeit selbst aufkommen, und in der Regel finanzieren sie den Löwenanteil ihrer Hochzeit auch allein. Dennoch ist es eine schöne Geste und zeugt von Traditionsbewusstsein, wenn sich beide Familien – zumindest mit einem symbolischen Betrag – an den Kosten beteiligen.

Ehe Sie mit Ihren Eltern oder angehenden Schwiegereltern über das Budget reden, besprechen Sie als Paar untereinander offen und ehrlich Ihre eigenen Finanzen. Wie viel Geld besitzen Sie zum jetzigen Zeitpunkt zusammen, beziehungsweise wie viel Geld kann jeder aus seinem eigenen Budget beisteuern? Für viele Paare ist dies der ideale Zeitpunkt, um ein gemeinsames Konto zu eröffnen. Entweder Sie legen Ihre Konten vollständig zusammen, oder Sie zahlen beide eine vorab besprochene Summe auf dieses Konto ein. Dieses Guthaben bildet die Ausgangsbasis für Ihre kommenden Hochzeitsausgaben. Stellen Sie auf jeden Fall sicher, dass das Konto ausreichend gedeckt ist, wenn die ersten Hochzeitsrechnungen eintreffen.

Für den Fall, dass sich Ihre Eltern sehr großzügig an der Finanzierung Ihrer Hochzeit beteiligen, sollten Sie bereit sein, bei einigen Punkten Kompromisse einzugehen. Es ist nur fair, Ihren spendablen Eltern hier und da eigene Ideen zuzugestehen. Überlegen Sie sich also als Paar im Vorfeld, bei welchen Programmpunkten oder organisatorischen Details Sie bereit sein könnten, Kompromisse einzugehen, und welche Positionen absolut unantastbar sind.

Stellen Sie fest, dass Sie ohne finanzielle Hilfe Ihr Traumfest nicht verwirklichen können, ist jetzt die Zeit gekommen, die Brauteltern und die Eltern des Bräutigams anzusprechen. Selbst in konservativen Familien ist es kein Tabubruch mehr, wenn die Eltern des Bräutigams nachfragen, ob ihrerseits eine Beteiligung willkommen ist. Und möglicherweise begrüßen es die Brauteltern aufgrund des eigenen Kontostandes sogar, wenn sich auch die Eltern des Bräutigams an den Kosten beteiligen.

Erkundigen Sie sich bei beiden Elternpaaren jeweils separat und mit viel Taktgefühl, mit welchem Betrag diese Ihnen unter die Arme greifen wollen. Am besten, Sie laden Ihre Elternpaare dazu jeweils separat zu einem gemeinsamen Abendessen ein, entweder zu sich nach Haus oder in ein Restaurant. Haben Sie sich für ein Restaurant entschieden, stellen Sie sicher, dass Sie in einer abgeschirmten Ecke sitzen können, wo Sie niemand belauscht. Ihr Lieblings-Italiener mit den eng aneinandergereihten Tischbänken kommt hierfür meist nicht in Frage.

Fallen Sie nicht mit der Tür ins Haus. Auch wenn es sich bei Ihrem Treffen nicht um ein klassisches Geschäftsessen handelt, bei dem die Geschäftspartner tunlichst nicht vor dem Dessert über das Business sprechen, geben Sie sich und Ihren Eltern zumindest bis nach der Vorspeise Zeit, das Thema anzusprechen. Ehe Sie beginnen, Tacheles zu reden, danken Sie Ihren Eltern erst einmal, dass diese Ihrer Einladung gefolgt sind. Erklären Sie nun, wie Sie sich Ihre Hochzeit vorstellen und worüber Sie sich beide im Vorfeld Gedanken gemacht haben. Kommunizieren Sie klar und deutlich Ihre Wünsche – unabhängig von der anvisierten prozentualen Kostenbeteilung der Familien. Sprechen Sie über den Stil und die Größe Ihrer Hochzeit. Vielleicht haben Sie auch schon eine bestimmte Kirche oder ein spezielles Hotel im Kopf. Klären Sie mit Ihren Eltern, ob Ihre Hochzeit sehr traditionell und förmlich oder eher informell und locker verlaufen soll. Schwebt Ihnen ein professioneller Hochzeitsplaner vor, bringen Sie auch das zur Sprache. Versuchen Sie das, was Sie planen, Ihren

Eltern so detailliert und anschaulich wie möglich zu vermitteln, damit Sie alle von den gleichen Voraussetzungen ausgehen.
Wenn Ihnen eine Hochzeit im großen Stil vorschwebt, machen Sie deutlich, dass Sie trotz der Größe des Festes die Kosten so gering wie möglich halten wollen, und zeigen Sie Wege auf, wie Sie Ihr Budget und das Ihrer Eltern schonen können. Ihre Eltern werden es sehr zu schätzen wissen, wenn Sie in dieser Situation zeigen, dass Sie nicht nur mit Ihrem eigenen Geld, sondern auch mit der von Ihren Eltern zu erwartenden Finanzspritze sorgfältig haushalten.
Machen Sie deutlich, wie dankbar Sie für eine finanzielle Unterstützung sind und was diese für die Verwirklichung Ihrer Hochzeitspläne bedeutet. Eltern hören es sehr gern, wenn Sie sich für deren Großzügigkeit bedanken. Schmeicheln Sie Ihnen, ohne zu übertreiben.
Teilen Sie Ihren Eltern bei diesem Gespräch die ungefähren Kosten mit. Viele Eltern haben kein Gefühl, was wohl so eine Hochzeit heutzutage kostet, und einigen schwebt vielleicht sogar noch die Größenordnung der eigenen Hochzeit vor 35 Jahren vor. Besonders hilfreich für Ihre Eltern ist es, wenn Sie die Kosten in verschiedene Positionen aufschlüsseln, beispielsweise Transport, Catering für den Empfang, Catering für das Hochzeitsessen, Raummiete, Personal, Fotograf, Dekoration oder Drucksachen. Mit dieser Aufstellung helfen Sie außerdem, Ihren Eltern die für die Organisation einer Hochzeit notwendigen Ausgaben vor Augen zu führen. Denn viele sind sich möglicherweise auch gar nicht der Vielzahl der Positionen bewusst, die es zu bezahlen gilt.
Räumen Sie deshalb mit konkreten Zahlen eventuelle falsche Erwartungen aus. Sie ermöglichen Ihren Eltern damit, dass diese anhand der tatsächlichen Kosten den realistischen, aber auch notwendigen Anteil ermitteln können, den sie beisteuern wollen. Und nur so können sie Ihnen ein Angebot unterbreiten, das Sie nicht enttäuscht.
Zeigen Sie, dass Sie sich die Kostenzusammenstellung nicht einfach gemacht haben und bereits mehrere Konkurrenzangebote pro Position eingeholt haben. Auch damit verdeutlichen Sie, dass Sie die finanzielle Unterstützung Ihrer Eltern nicht leichtfertig verplanen, sondern gewissenhaft damit umgehen.

Es sollte selbstverständlich sein, dass Sie die besprochene finanzielle Größenordnung auch tatsächlich einhalten und sich an die mit Ihren Eltern besprochenen Ausgaben halten. Fahren Sie im Nachhinein nicht großspuriger als geplant und präsentieren Sie im Endeffekt Ihren Eltern keine höhere Rechnung als die besprochene. Diese würden sicherlich auch den höheren Betrag locker machen, aber eine solche Erwartungshaltung wäre schlechter Stil von Ihnen und sehr ungezogen.
Auch wenn die Unterhaltung über das liebe Geld auf beiden Seiten meist Unbehagen hervorruft, ist sie doch unentbehrlich, weil Sie genau wissen müssen, wie viel Geld am Ende für die Organisation der Hochzeit zur Verfügung steht.

Wer zahlt was?

In welchem Verhältnis sich die beiden Familien die Kosten teilen, hängt von der familiären und finanziellen Situation ab. In Anlehnung an die traditionelle Kostenverteilung zwischen Braut- und Bräutigamseite, können die Braut und ihre Familie für Einladungen und Drucksachen, die Hochzeitsfeier, den Fotografen, die Musik, eventuell den Videografen, die Transportmittel am Hochzeitstag, Gastgeschenke, den Ehering für den Bräutigam, das Geschenk der Braut an den Bräutigam und natürlich das Brautkleid und die notwendigen Braut-Accessoires aufkommen. Haben Sie sich vorab verlobt, kann die Familie der Braut auch die Kosten für die Verlobungsfeier übernehmen.
Im Gegenzug können der Bräutigam und seine Familie den Brautstrauß, die Reversgestecke, die Kirchengebühr und eine damit verbundene Spende, die standesamtliche Hochzeit, den Hochzeitsanzug für den Bräutigam, das Geschenk des Bräutigams an die Braut und natürlich den Ehering für die Braut spendieren. Hat sich das Paar vorab verlobt, kommen noch die Kosten für den Verlobungsring hinzu. Eine schöne Geste des Bräutigams ist es auch, wenn die Ausgaben für die Flitterwochen auf seiner Soll-Seite verbucht werden.

Wie Sie letzten Endes die Kosten untereinander aufteilen, liegt allerdings ganz bei Ihnen. Durch die Erweiterung der Gesprächsrunde auf Geschwister und Großeltern lassen sich unter Umständen noch weitere Sponsoren gewinnen.
Falls sich beide Familien finanziell an der Hochzeit beteiligen, ist es selbstverständlich, dass Sie über die genauen Beträge gegenüber dem jeweils anderen Elternpaar Stillschweigen bewahren. Dadurch setzen Sie die den geringeren Anteil beisteuernde Familie nicht unter Druck und vermeiden ein eventuelles Konkurrenzdenken.

Wenn eine Familie mehr als die andere beisteuern kann

Sind die Familien von Braut und Bräutigam unterschiedlich vermögend, kann die von Ihnen anvisierte Parität schnell zum Eiertanz werden. Sie können die Lage allerdings mit ein paar diplomatischen Arrangements ins Gleichgewicht bringen, die Sie selbstverständlich absolut vertraulich behandeln.
Schlagen Sie vor, dass Sie die Beiträge der Elternpaare und die Ihnen selbst zur Verfügung stehende Summe in einen Topf werfen. Sie arbeiten dann mit einem Budget und differenzieren nicht mehr zwischen dem Geld der Brauteltern und dem der Eltern des Bräutigams.
Wenn Ihre Eltern lieber einzelne Rechnungen übernehmen möchten, können Sie die Kostenaufstellung auch dahingehend überprüfen, welche Posten der Planungsliste von den jeweiligen Elternpaaren übernommen werden könnten. Diese können Sie dann gemeinsam mit den Eltern besprechen.
Sie können der Familie mit den geringeren finanziellen Möglichkeiten auch die gesamte Planungsliste vorlegen, und diese sucht sich dann die in Frage kommenden Positionen heraus, welche sie im Rahmen ihres Budgets übernehmen kann.

Damit Sie nicht auf halber Strecke finanziell schlappmachen, sollten Sie gemeinsam überlegen, wie wichtig es Ihnen beiden ist, zu einer bestimmten Jahreszeit oder an einem speziellen Wochentag zu heiraten. Monat, Wochentag und Tageszeit können die Kosten erheblich in die Höhe treiben. In den Wintermonaten November bis Februar bieten viele Veranstaltungsorte Sonderkonditionen. Profitieren Sie von den vergleichsweise günstigen Angeboten. Unter der Woche zu heiraten kostet weniger als an den beliebteren Wochenenden. Eine Hochzeit am Mittag mit einem anschließenden Empfang oder Fest am Nachmittag hilft ebenfalls, die Kosten überschaubar zu halten. Im Vergleich zu einem Fest am Abend, bei dem Ihre Gäste mit einem mehrgängigen Dinner verwöhnt werden und bis in die frühen Morgenstunden hinein konsumieren, können Sie hier geschickt an Essen und Getränken sparen.

Achten Sie auch darauf, dass an Feiertagen wie Ostern oder Pfingsten oft noch ein zusätzlicher Aufschlag fällig wird. Bei der Auswahl des Tages sollten Sie allerdings alle Vor- und Nachteile sorgfältig abwägen. Wollen Sie nämlich kostengünstiger unter der Woche feiern, müssten sich viele Gäste extra Urlaub nehmen. Schlimmstenfalls würden einige sogar aus diesem Grund absagen. Wollen Sie wirklich auf diese Gäste zugunsten Ihres Budgets verzichten?

Die Verlobungsanzeige

Nachdem sich die Anfangseuphorie gelegt hat und Sie die ersten Besuche und Telefonate hinter sich gebracht haben, ist nun die Zeit für die offizielle Bekanntgabe der Verlobung gekommen, sofern Sie sich offiziell verlobt haben, Wert auf Tradition legen und das Gefühl haben, dass Ihre Familien ebenso denken.

Die klassische Anzeige erfolgt in schriftlicher Form und kann vor oder nach der Verlobung verschickt werden. Sie können entweder

eine Verlobungsanzeige in Ihrer Tageszeitung oder dem Lokalblatt schalten lassen, Verlobungsanzeigen per Post versenden oder sich für einen Mix beider Varianten entscheiden. Dieser bietet sich immer dann an, wenn nicht alle Verwandten und Freunde Zugriff auf die lokale Zeitung haben, in der Sie inseriert haben, Sie aber sichergehen wollen, dass alle von Ihrer Verlobung erfahren.
Möglich ist auch eine Kombination aus Verlobungs- und Hochzeitsanzeige, in der die Verlobung bekannt gegeben wird und Details zur bevorstehenden Trauung angekündigt werden.
Wenn Sie sich für eine Versendung von persönlichen Verlobungsanzeigen per Post vor der Verlobung entscheiden, dann sollte die Anzeige diejenigen Empfänger, die Sie auch zur Verlobungsfeier einladen möchten, wenigstens eine Woche vor der Verlobungsfeier erreichen, damit diese ihre Teilnahme arrangieren können.
Auf Verlobungsanzeigen wird generell mit einer schriftlichen Gratulation geantwortet.

Formale Anforderungen an die Verlobungsanzeige

Orientieren Sie sich bei der farblichen und grafischen Gestaltung der Verlobungsanzeige am Stil Ihrer Hochzeit, der eventuell noch zu verschickenden Hochzeitsanzeige und der Einladung, an der Dekoration der Hochzeitsörtlichkeiten und den dabei hauptsächlich vorkommenden Farben. Auch die Farbe des Hochzeitskleides oder Brautstraußes können Anhaltspunkte für die farbliche Gestaltung der Anzeigekarten sein.

Adressieren des Umschlages

Haben Sie sich für die Versendung der Anzeige per Post entschieden, müssen Sie bereits bei der Adressierung des Umschlages auf einige Etiketteregeln achten. Den Umschlag können Sie handschriftlich adressieren oder mit Namen und Adresse der Empfänger bedrucken lassen. Vermeiden Sie es, bedruckte Adressaufkleber einzusetzen. Diese haben höchstens auf Ihrer Geschäftspost etwas zu suchen.

In der Regel werden die Empfänger mit Vor- und Nachnamen angeschrieben. Aus Platzgründen können Sie auf dem Umschlag die Vornamen Ihrer Empfänger durch deren Anfangsbuchstaben abkürzen. Bei Erwachsenen ist es unhöflich, die Anredeformen »Frau« oder »Herrn« bei der Beschriftung des Umschlages wegzulassen. Bei Kindern und Jugendlichen wird auf die Verwendung von »Frau« oder »Herrn« verzichtet. Selbst wenn dem Empfängernamen ein Titel oder eine Amts- beziehungsweise Funktionsbezeichnung vorangestellt wird, wird auf die Zusätze »Frau« und »Herrn« nicht verzichtet. Es ist Ihnen überlassen, ob Sie auf dem Umschlag den Namen des Mannes oder der Frau an erster Stelle nennen. Bei älteren Paaren werden Sie der traditionellen Etikette folgend den Mann zuerst nennen. Ansonsten schreiben Sie den Namen des- oder derjenigen zuerst, für den die Anzeige hauptsächlich gedacht ist. Richtet sich die Anzeige an beide Empfänger gleichermaßen, greifen Sie auf das altbewährte »Ladies first« zurück und platzieren den Namen der Frau an erster Stelle. Ob Sie zwischen zwei getrennt aufgeführten Namen ein »und« setzen, ist reine Geschmackssache.

An Ehepaare

Zählen Sie die Eheleute einzeln mit deren Vor- und Nachnamen auf, zumal heutzutage viele Ehepartner unterschiedliche Nachnamen führen.

Frau Anneliese Hansen
Herrn Hartmut Hansen

Frau Anneliese Klausen-Hansen
und Herrn Hartmut Hansen

Sind Ihnen die Vornamen nicht bekannt, können Sie zur Not auch »Herrn und Frau Hansen« auf dem Umschlag notieren. Es ist jedoch veraltet, Briefe an »Familie Hartmut Hansen«, »Eheleute Hartmut Hansen« oder »Herrn Hartmut Hansen und Frau« zu adressieren.

An unverheiratete Paare
Beabsichtigen Sie, Ihre Verlobung einem unverheirateten Paar anzuzeigen, ist es selbstverständlich, dass Sie beide Namen auf dem Briefumschlag separat aufführen.

Frau Anneliese Klausen
Herrn Hartmut Hansen

Kennen Sie den Namen von einem der beiden Partner nicht, verkneifen Sie sich Formulierungen wie »Herrn Hartmut Hansen und Freundin«. Allenfalls »Herrn Hartmut Hansen und Partnerin« ist noch akzeptabel. Die einzig wirklich stilvolle Art ist es jedoch, sich vor dem Einladungsversand nach dem fehlenden Namen zu erkundigen.

An Paare mit Kindern
Wollen Sie einem Paar und dessen Kindern eine Verlobungsanzeige schicken, adressieren Sie den Umschlag an die Erwachsenen und die Kinder.

Frau Anneliese Hansen
Herrn Hartmut Hansen
Lea und Max Hansen

Frau Anneliese Hansen
Herrn Hartmut Hansen
und Kinder

Bei Patchworkfamilien, Eheleuten ohne gemeinsamen Ehenamen oder unverheirateten Paaren nennen Sie ebenso alle Namen einzeln.

Frau Anneliese Klausen
Herrn Hartmut Hansen
Lea Klausen
und Max Hansen

Wenn der Umschlag zu klein und die Familie zu groß ist, um alle Mitglieder einzeln zu nennen, adressieren Sie den Brief nur an die Erwachsenen und erwähnen die Kinder in einer persönlichen Anrede im Anzeigentext. Nennen Sie bei der Anrede das älteste Kind zuerst und das jüngste zuletzt:

Christina und Hubertus
freuen sich,
Anneliese, Hartmut, Lea und Max
ihre Verlobung bekannt zu geben.

Liebe Anneliese, lieber Hartmut,
wir geben Euch und Euren Kindern Lea und Max
unsere Verlobung bekannt.

An Einzelgäste

Zeigen Sie Ihre Verlobung einer Einzelperson an, bei der Sie sich nicht sicher sind, ob diese in einer Partnerschaft lebt, adressieren Sie den Umschlag lediglich an diese eine Person.
Formulierungen wie »Herrn Hartmut Hansen und Dame« oder »Frau Anneliese Klausen und Herr« haben weder auf dem Umschlag noch in der Anzeige etwas zu suchen.

Titel und akademische Grade auf dem Briefumschlag

Titel und akademische Grade werden auf dem Umschlag angegeben, auch wenn es sich um enge Verwandte oder gute Freunde handelt. Diese Namenszusätze werden nach der Höflichkeitsform »Frau« oder »Herrn« und vor den Vor- und Nachnamen des Empfängers genannt. Wenn nur einer der Adressaten den Doktorgrad oder den akademischen Titel Professor trägt beziehungsweise eine Professorenwürde verliehen bekommen hat oder beide unterschiedliche akademische Grade oder Titel innehaben, zählen Sie die Personen einzeln mit deren Namen und jeweiligen Graden und Titeln auf.
Verschiedenwertige akademische Grade bestimmen dabei nicht die Reihenfolge, in der die Frau und der Mann aufgezählt werden. Es ist

auch in diesem Fall eine Höflichkeitsentscheidung, die Frau zuerst zu nennen.

Frau Dr. Anneliese Hansen
Herrn Prof. Dr. Hartmut Hansen

Unterschlagen Sie auf dem Umschlag keine Titel und Grade, sondern schreiben Sie alle aus. Auf dem Briefumschlag kürzen Sie »Professor« oder »Professorin« mit »Prof.« und einen Doktortitel mit »Dr.« ab. Übrigens, hinter dem Doktorgrad sollte man eigentlich die Fakultätsabkürzung angeben. Da diese in vielen Fällen nicht bekannt ist, hat sich die Nennung des »Dr.« ohne Fakultätsbezeichnung etabliert. Hat der Empfänger Ehrendoktorwürden erlangt, nehmen Sie diese in die Beschriftung des Briefumschlages in Form von »h. c.« – honoris causa – oder der deutschen Version »e. h.« – ehrenhalber – auf.

Frau Dr. e. h. Anneliese Hansen
Herrn Prof. Dr. Dr. h. c. Hartmut Hansen

Wurde einem Nichtakademiker die Professorenwürde verliehen, gibt es eine dem Dr. h. c. gleichzusetzende Form des Prof. h. c. nicht. Die Ehrenbeleihung wird äußerlich nicht erkennbar, sodass Sie auf dem Briefumschlag lediglich notieren »Herrn Prof. Hartmut Hansen«. Sind beide Partner promoviert, können Sie die Doktorengrade auf dem Briefumschlag mit »Dres.« zusammenfassen oder den Personen einzeln zuordnen.

Dres. Frau Anneliese und Herrn Hartmut Hansen
Frau Dr. Anneliese Hansen und Herrn Dr. Hartmut Hansen

Adelstitel auf dem Briefumschlag
Adelstitel erscheinen vor dem Nachnamen, aber nach eventuellen akademischen Graden und dem Vornamen, weil mit der Weimarer Verfassung im Jahr 1919 alle adelsrechtlichen Privilegien aufgehoben wurden und Adelsbezeichnungen seither zum Nachnamen gehören.

Herrn Hartmut Baron von Hansen
Frau Prof. Dr. Anneliese Gräfin von Klausen

Während Sie in Norddeutschland das »von« mit einem »v.« abkürzen können, schreiben Sie in Süddeutschland das »von« stets aus. Das »von« wird allerdings – und unabhängig von regionalen Gepflogenheiten – immer ausgeschrieben, wenn nach dem Adelsprädikat ein Ländername folgt.
Bei Rittern, Edlen und nichttitulierten Adligen setzen Sie hinter eventuellen Funktionsbezeichnungen, akademischen Graden und dem Vornamen das Adelsprädikat und dann den Nachnamen.

Frau Anneliese von Klausen
Herrn Dr. Hartmut von Hansen
Herrn Generalkonsul Hartmut von Hansen

Bei Freifrauen und Freiherren setzen Sie hinter der Höflichkeitsform »Frau« oder »Herrn«, eventuellen akademischen Graden und dem Vornamen die Adelsbezeichnung »Freiherr von« beziehungsweise »Freifrau von«.

Herrn Hartmut Freiherr von Hansen
Frau Prof. Dr. Anneliese Freifrau von Klausen

Bei Freifrauen und Freiherren können Sie zur Meidung einer Doppplung »Freifrau« beziehungsweise »Freiherrn« auch vor alle Namensteile einschließlich des Vornamens setzen und »Frau« oder »Herrn« weglassen.

Freiherrn Hartmut von Hansen
Freifrau Dr. Anneliese von Klausen

Doppelnamen oder eine zu einem Namen gehörende Ortsbezeichnung werden in der Anschrift ausformuliert.

Herrn Hartmut Baron von Hansen zu Bergestedt
Frau Prof. Dr. Anneliese Gräfin von Klausen zu Höllrich

Aus Platzgründen können Sie auf dem Briefumschlag die Titel »Freiherr« mit »Frhr.« und »Freifrau« mit »Frfr.« abkürzen. Alle anderen Adelstitel sind auszuschreiben. Ebenso kann ein »und« in einem mehrgliedrigen Namen mit »u.« abgekürzt werden. Alle anderen Adelsprädikate wie »vom«, »zum«, »zu«, »zur« oder »dem« schreiben Sie aus. Haben Sie auf Ihrer Einladungsliste zahlreiche adelige Gäste, lohnt es sich, das Standardwerk »Genealogisches Handbuch des Adels«, kurz den »Gotha«, zu konsultieren oder sich beim Deutschen Adelsarchiv in Marburg nach der richtigen Schreibweise zu erkundigen. Insbesondere, wenn Sie ausländische adelige Gäste erwarten, versichern Sie sich bitte bei der zuständigen Botschaft, dass Sie die korrekte Bezeichnung gewählt haben.

Amts- und Funktionsbezeichnungen auf dem Briefumschlag
Amts- oder Funktionsbezeichnungen, wie zum Beispiel Senatorin, Bürgermeister, Regierungsrätin, Vorstandsvorsitzender, Präsidentin oder Geschäftsführerin kommen bei der Beschriftung des Umschlages nach der bürgerlichen Anrede »Frau« oder »Herrn« und vor einem eventuellen Titel sowie dem Vor- und Nachnamen des Empfängers. Lange Bezeichnungen können der Übersichtlichkeit halber auch dem Vor- und Nachnamen nachgesetzt werden. Amts- und Funktionsbezeichnungen für Frauen verwenden Sie in der weiblichen Form, soweit es eine solche gibt. Besitzt ein Empfänger Ihrer Anzeige mehrere Amts- oder Funktionsbezeichnungen, wählen Sie die Bezeichnung, mit der die Person den stärksten Bezug zu Ihnen und der Verlobungsanzeige hat.

Frau Senatorin Prof. Dr. Anneliese Klausen
Herrn Generalkonsul Hartmut Hansen

Frühere Amtsbezeichnungen geben Sie dann auf dem Umschlag Ihrer Verlobungsanzeige an, wenn der oder die Angeschriebene kein

aktuelles, neues Amt bekleidet. Bei mehreren früheren Amtsbezeichnungen geben Sie nur die Ranghöchste oder bei Gleichrangigkeit die zuletzt ausgeübte Funktion an.
Beamte, die aus dem Staatsdienst ausgeschieden sind und nach dem Bundesbeamtengesetz beispielsweise als Vorruheständler oder in Altersteilzeit noch zum Tragen ihrer Amtsbezeichnung berechtigt sind, führen ihre frühere Amtsbezeichnung mit dem Zusatz »a. D.« – außer Dienst.
Die Abkürzung »i. R.« – im Ruhestand – können Sie für ehemalige Beamte verwenden, die endgültig in den Ruhestand getreten sind. Dies ist in der Regel der Fall, wenn diese die Altersgrenze erreicht haben. Die Verwendung dieser Abkürzung ist allerdings im Gegensatz zu »a. D.« nicht gesetzlich geregelt und damit nicht offiziell.

Religiöse Funktionsbezeichnungen auf dem Briefumschlag

Wenn Sie einer oder einem Geistlichen Ihre Verlobung anzeigen, geben Sie auf dem Briefumschlag hinter der Höflichkeitsform »Frau« oder »Herrn« die Funktionsbezeichnung wie Pfarrer oder Pastor an beziehungsweise die Anredeform »Herrn« vor einem Priester, gefolgt von etwaigen akademischen Graden und dem Vor- und Nachnamen. Für weibliche Geistliche wählen Sie bitte die weibliche Funktionsbezeichnung.

Frau Pastorin Dr. Mechthild Kreuz
Herrn Pfarrer Matthias Bibel
Frau Pfarrerin Agnes Fromm

Empfängerzeile

Je nach eigenem Geschmack können Sie gedruckte Verlobungsanzeigen, die Sie per Post versenden, mit einer personalisierten Empfängerzeile versehen, Sammelbegriffe in Form von »Dich«, »Euch« oder »Sie« wählen oder die Verlobungsanzeige gänzlich ohne Empfängerzeile formulieren.
Entscheiden Sie sich für die personalisierte Empfängerzeile, ist es selbstverständlich, dass Sie in der Verlobungsanzeige die Angaben in

der Empfängerzeile handschriftlich eintragen. Ist Ihre Handschrift nicht gut leserlich, können Sie die Namen zur Not auch mit einem sich vom Anzeigentext abhebenden Schreibschriftfont ausdrucken. Auf keinen Fall sollten Sie einen Druckschriftfont verwenden.

Titel und akademische Grade

Titel und akademische Grade werden in der Empfängerzeile der Anzeige stets vor dem Vor- und Nachnamen angegeben. Sie können darauf verzichten, wenn es sich um enge Verwandte oder sehr gute Freunde handelt, die Sie duzen und nur mit dem Vornamen anschreiben, oder um Personen, die Ihnen gegenüber ausdrücklich den Wunsch geäußert haben, nicht mit den entsprechenden Titeln und Bezeichnungen angeredet zu werden.
Wenn nur einer der Adressaten einen akademischen Titel trägt oder eine akademische Amtsbezeichnung führt oder beide unterschiedliche akademische Grade innehaben, ist die getrennte Form die bessere. Unterschiedliche akademische Grade bestimmen dabei nicht die Reihenfolge, in der die Frau und der Mann aufgezählt werden. Es ist auch in diesem Fall eine Höflichkeitsentscheidung, die Frau zuerst zu nennen.

Frau Dr. Anneliese Hansen
Herrn Professor Dr. Hartmut Hansen
Lea und Max Hansen

Trägt ein Empfänger sowohl einen Professoren- als auch Doktortitel, werden in der personalisierten Empfängerzeile beide Titel in der Empfängerzeile genannt, wobei »Professor« oder »Professorin« in der Anrede ausgeschrieben und »Dr.« immer abgekürzt wird. Beschränken Sie sich jedoch in der mündlichen Anrede, auch im persönlichen Gespräch, immer auf den höchsten Titel, da dieser Vorrang hat.
Hat jemand Ehrendoktorwürden erlangt, haben Sie diese zwar in die Beschriftung des Briefumschlages aufgenommen, verzichten aber nun in der Empfängerzeile auf die Ehrendoktorwürde »h. c.« oder die deutsche Version »e. h.« – ehrenhalber –, sondern stellen lediglich den Titel »Professor« oder »Dr.« dem Namen voran.

Sind beide Partner promoviert, konnten Sie den Briefumschlag zwar mit »Dres. Frau Anneliese und Herrn Hartmut Hansen« beschriften, weisen die beiden Titel in der Empfängerzeile nun aber separat aus, indem Sie beide Personen mit ihrem jeweiligen Titel, Vor- und Nachnamen einzeln aufzählen.

Adelstitel

Adelstitel erscheinen vor dem Nachnamen, aber nach eventuellen akademischen Graden und dem Vornamen, weil mit der Weimarer Verfassung im Jahr 1919 alle adelsrechtlichen Privilegien aufgehoben wurden und Adelsbezeichnungen seither zum Nachnamen gehören.

Herrn Hartmut Baron von Hansen
Frau Anneliese Gräfin von Klausen

Während Sie in Norddeutschland das »von« mit einem »v.« abkürzen können, schreiben Sie in Süddeutschland das »von« stets aus. Das »von« wird allerdings – und unabhängig von regionalen Gepflogenheiten – immer ausgeschrieben, wenn nach dem Adelsprädikat ein Ländername folgt.

Kommt ein akademischer Grad hinzu, wird er vor dem Vornamen platziert. In der Empfängerzeile werden alle akademischen Grade aufgezählt.

Frau Professor Dr. Anneliese Gräfin von Klausen

Gehört der Empfänger zum nichttitulierten Adel, lassen Sie hinter eventuellen Funktionsbezeichnungen, akademischen Graden und dem Vornamen das Adelsprädikat und den Nachnamen folgen.

Frau Anneliese von Klausen
Herrn Generalkonsul Hartmut von Hansen

Adressieren Sie an eine Freifrau oder einen Freiherrn, lassen Sie die Höflichkeitsform »Frau« oder »Herrn« in der Empfängerzeile weg, um eine sprachliche Dopplung zu vermeiden. Es heißt dann vielmehr:

Hartmut Freiherrn von Hansen
Dr. Anneliese Freifrau von Klausen

Doppelnamen oder eine zu einem Namen gehörende Ortsbezeichnung werden in der Empfängerzeile ausformuliert.

Herrn Hartmut Baron von Hansen zu Bergestedt
Frau Dr. Anneliese Gräfin von Klausen zu Höllrich

Aus Platzgründen können Sie in der Empfängerzeile die Titel »Freiherr« mit »Frhr.« und »Freifrau« mit »Frfr.« abkürzen. Alle anderen Adelstitel sind auszuschreiben. Ebenso kann ein »und« in einem mehrgliedrigen Namen mit »u.« abgekürzt werden. Alle anderen Adelsprädikate wie »vom«, »zum«, »zu«, »zur« oder »dem« schreiben Sie aus.
Haben Sie auf Ihrer Verteilerliste zahlreiche adelige Gäste, lohnt es sich, das Standardwerk »Genealogisches Handbuch des Adels«, kurz den »Gotha«, zu konsultieren oder sich beim Deutschen Adelsarchiv in Marburg nach der richtigen Schreibweise zu erkundigen. Insbesondere, wenn Sie ausländische adelige Gäste erwarten, versichern Sie sich bitte bei der zuständigen Botschaft, dass Sie die korrekte Bezeichnung gewählt haben.

Amts- und Funktionsbezeichnungen
Amts- oder Funktionsbezeichnungen, wie zum Beispiel Senatorin, Bürgermeister, Regierungsrätin, Vorstandsvorsitzender, Präsidentin oder Geschäftsführerin kommen in der Empfängerzeile nach dem Zusatz »Frau« oder »Herrn« und vor dem Vor- und Nachnamen des Empfängers. Lange Bezeichnungen können der Übersichtlichkeit halber auch nach dem Vor- und Nachnamen nachgesetzt werden. Amts- und Funktionsbezeichnungen für Frauen verwenden Sie – soweit vorhanden – auch in der weiblichen Form. Besitzt ein Emp-

fänger Ihrer Anzeige mehrere Amts- oder Funktionsbezeichnungen wählen Sie die Bezeichnung, mit der die Person den stärksten Bezug zu Ihnen und der Verlobungsanzeige hat.

Frau Senatorin Professorin Dr. Anneliese Klausen
Herrn Generalkonsul Hartmut Hansen

Frühere Amtsbezeichnungen geben Sie in Ihrer Verlobungsanzeige an, sofern der oder die Angeschriebene kein aktuelles, neues Amt bekleidet. Bei mehreren früheren Amtsbezeichnungen geben Sie nur die Ranghöchste oder bei Gleichrangigkeit die zuletzt ausgeübte Funktion an.
Für Beamte, die aus dem Staatsdienst ausgeschieden sind und nach dem Bundesbeamtengesetz beispielsweise als Vorruheständler oder in Altersteilzeit noch zum Tragen ihrer Amtsbezeichnung berechtigt sind, führen ihre frühere Amtsbezeichnung mit dem Zusatz »a. D.« – außer Dienst.
Die Abkürzung »i. R.« – im Ruhestand – können Sie für ehemalige Beamte verwenden, die endgültig in den Ruhestand getreten sind. Dies ist in der Regel der Fall, wenn diese die Altersgrenze erreicht haben. Die Verwendung dieser Abkürzung ist allerdings im Gegensatz zu »a. D.« nicht gesetzlich geregelt und damit nicht offiziell.

Religiöse Funktionsbezeichnungen

Bei Geistlichen geben Sie hinter der Höflichkeitsform »Frau« oder »Herrn« die Funktionsbezeichnung wie Pfarrer oder Pastor an beziehungsweise die Anredeform »Herrn« vor einem Priester, gefolgt von etwaigen akademischen Graden und dem Vor- und Nachnamen. Für weibliche Geistliche wählen Sie bitte die weibliche Funktionsbezeichnung.

Frau Pastorin Dr. Mechthild Kreuz
Herrn Pfarrer Matthias Bibel
Frau Pfarrerin Agnes Fromm

Wer zeigt die Verlobung an?

Ganz junge Paare oder Paare, die sehr traditionell heiraten möchten und bislang noch nicht verheiratet waren, wählen die klassische doppelte Anzeige, bei der sowohl die Brauteltern als auch die Brautleute die Verlobung bekannt geben. Diese Variante sollte auch immer dann gewählt werden, wenn die Brauteltern nach traditionellem Verständnis die gesamten Kosten für die anstehende Hochzeit übernehmen. Ebenso möglich ist eine gemeinsame Verlobungsanzeige der Brautleute und beider Elternpaare.

Zeitgemäßer ist die Anzeigenform, in der nur das Brautpaar seine Verlobung anzeigt. Besonders Paare, die nicht mehr so jung sind oder schon einmal verheiratet waren, fest im Berufleben stehen, bereits in einer gemeinsamen Wohnung leben oder ihre Hochzeit selbst finanzieren, verfassen die Anzeige in eigenem Namen. Hier würde eine auch im Namen der Brauteltern aufgegebene Anzeige den falschen Anschein erwecken, sie würden ihre kleine Tochter nun in die große Welt entlassen.

Eine Anzeige im ausschließlichen Namen des Brautpaares ist außerdem für Paare geeignet, die sich nicht so streng an der Tradition orientieren oder deren Eltern bereits verstorben sind. Selbst mehrere Verlobungsanzeigen sind möglich: beispielsweise eine im Namen der Eltern und eine zweite, welche das Brautpaar für den persönlichen Freundeskreis vorbereitet.

Wenn das Paar anzeigt

Die Reihenfolge der Namen des verlobten Paares in der Anzeige ist frei wählbar. Die althergebrachte Reihenfolge stellt den zukünftigen Bräutigam an erste Stelle. Moderner ist es, mit dem Namen der Frau zu beginnen. Da die zukünftigen Brautleute zum Zeitpunkt der Verlobung noch keinen gemeinsamen Ehenamen tragen, zeigen Sie beide unter den Nachnamen an, die sie vor der Ehe tragen.

Geben Sie in einer Anzeige mit offiziellerem Charakter akademische Titel, Amtsbezeichnungen, Adelstitel und Ihre vollständigen Vor- und Nachnamen an. Bei einem vertrauten Empfängerkreis können

Sie auf Ihre eigenen Titel, ja sogar Nachnamen verzichten. Selbstverständlich können Sie für unterschiedliche Adressatenkreise auch verschiedene Textvarianten verwenden.

Wir freuen uns, unsere Verlobung bekannt zu geben.
Christina Weiß und Hubertus Schwarz

Professor Dr. Christina Weiß
und Dr. Hubertus Freiherr von Schwarz
geben ihre Verlobung bekannt.

Wir haben uns verlobt!
Christina und Hubertus

Hubertus Schwarz und Christina Weiß
geben ihre Verlobung bekannt.
München, im Juni 2011

Christina Weiß und Hubertus Schwarz
Elfenweg 1,
80801 München

Wenn die Braut oder der Bräutigam geschieden ist und bislang den Ehenamen der vorherigen Ehe trug, kann sie oder er mit dem alten Ehenamen anzeigen und den Geburtsnamen mit dem Zusatz »geb.« hinzusetzen. Lebt das Brautpaar in einem sehr konservativen Umfeld oder auf dem Lande, sollte auf den Zusatz »geb.« verzichtet werden, um Klatsch und Tratsch bei den Lesern der Anzeige zu vermeiden.

Wir verloben uns!
Christina Gelb, geb. Weiß, und Hubertus Schwarz

Wir freuen uns, unsere Verlobung bekannt zu geben!
Christina Gelb
und Hubertus Schwarz

Wenn die Braut oder der Bräutigam geschieden ist und nach der Scheidung den Geburtsnamen wieder angenommen hat, zeigt sie oder er die Verlobung unter dem Geburtsnamen an.

Wir haben uns verlobt!
Christina Weiß
und Hubertus Schwarz

Wenn die Brauteltern anzeigen
Wenn die Eltern der Braut verheiratet sind

Peter und Anastasia Weiß, geb. Türkis,
geben die Verlobung ihrer Tochter Christina
mit Herrn Hubertus Schwarz,
Sohn von Konstantin und Elke Schwarz, geb. Braun,
bekannt.

Peter Weiß und Anastasia Weiß, geb. Türkis,
geben mit großer Freude die Verlobung
ihrer Tochter Christina
mit Herrn Hubertus Schwarz,
Sohn von Konstantin und Elke Schwarz, geb. Braun,
bekannt.

München, im Juni 2011

Peter und Anastasia Weiß
Trollweg 2, 80108 München

Wenn die Eltern der Braut geschieden sind
… und beide den Ehenamen weiterführen:

Peter Weiß und Anastasia Weiß, geb. Türkis,
geben die Verlobung ihrer Tochter Christina
mit Herrn Hubertus Schwarz, Sohn von Konstantin
und Elke Schwarz, geb. Braun, bekannt.

Es kann auch nur derjenige die Hochzeit anzeigen, bei dem die Braut bislang gelebt hat:

Anastasia Weiß, geb. Türkis,
gibt die Verlobung ihrer Tochter Christina
mit Herrn Hubertus Schwarz, Sohn von Konstantin
und Elke Schwarz, geb. Braun, bekannt.

Peter Weiß gibt die Verlobung
seiner Tochter Christina mit Herrn Hubertus Schwarz,
Sohn von Konstantin und Elke Schwarz, geb. Braun, bekannt.

Wenn die Eltern der Braut geschieden sind und ein Elternteil den Geburtsnamen wieder angenommen hat:

Peter Weiß und Anastasia Türkis,
geben die Verlobung ihrer Tochter Christina
mit Herrn Hubertus Schwarz,
Sohn von Konstantin und Elke Schwarz, geb. Braun, bekannt.

Es kann auch nur derjenige die Hochzeit anzeigen, bei dem die Braut bislang gelebt hat:

Anastasia Türkis gibt die Verlobung ihrer Tochter Christina
mit Herrn Hubertus Schwarz, Sohn von Konstantin und Elke
Schwarz, geb. Braun, bekannt.
Peter Weiß gibt die Verlobung seiner Tochter Christina
mit Herrn Hubertus Schwarz,
Sohn von Konstantin und Elke Schwarz, geb. Braun, bekannt.

Wenn die Eltern der Braut geschieden sind und ein Elternteil neu verheiratet ist und einen neuen Ehenamen führt:

Peter Weiß und Anastasia Lila, geb. Türkis,
geben die Verlobung ihrer Tochter Christina (Weiß)

mit Herrn Hubertus Schwarz,
Sohn von Konstantin und Elke Schwarz, geb. Braun,
bekannt.

Es kann auch nur derjenige die Hochzeit anzeigen, bei dem die Braut bislang gelebt hat:

Anastasia Lila, geb. Türkis, gibt die Verlobung
ihrer Tochter Christina Weiß mit Herrn Hubertus Schwarz,
Sohn von Konstantin und Elke Schwarz, geb. Braun, bekannt.

Peter Weiß gibt die Verlobung
seiner Tochter Christina
mit Herrn Hubertus Schwarz,
Sohn von Konstantin und Elke Schwarz, geb. Braun, bekannt.

Wenn ein Elternteil der Braut verstorben ist
... und der überlebende Elternteil nicht wieder geheiratet hat oder der überlebende Elternteil wieder geheiratet hat und die Braut zu dem neuen Ehepartner keine enge Bindung hat, wird vom überlebenden Elternteil angezeigt. Mit dem Hinweis »Witwe des verstorbenen Peter Weiß« beziehungsweise »Witwer der verstorbenen Anastasia Weiß« kann der überlebende Elternteil auf den verstorbenen Elternteil in der Anzeige hinweisen.

Peter Weiß, Witwer der verstorbenen Anastasia Weiß,
geb. Türkis, gibt die Verlobung seiner Tochter Christina
mit Herrn Hubertus Schwarz, Sohn von Konstantin
und Elke Schwarz, geb. Braun, bekannt.

Anastasia Weiß, geb. Türkis,
Witwe des verstorbenen Peter Weiß,
gibt die Verlobung ihrer Tochter Christina
mit Herrn Hubertus Schwarz,
Sohn von Konstantin und Elke Schwarz, geb. Braun, bekannt.

Lehnt der überlebende Elternteil diese Formulierung ab, können die Bräutigameltern in ihrer Anzeige den verstorbenen Elternteil der Braut erwähnen. Je nachdem, ob dieser Elternteil zu Lebzeiten den Geburtsnamen wieder angenommen hat oder nicht, wird dies mit dem Zusatz »geb.« kenntlich gemacht.

Konstantin und Elke Schwarz, geb. Braun,
geben die Verlobung ihres Sohnes Hubertus
mit Frau Christina Weiß, Tochter von Peter Weiß
und der verstorbenen Anastasia Weiß, geb. Türkis, bekannt.

Konstantin und Elke Schwarz, geb. Braun,
geben die Verlobung ihres Sohnes Hubertus
mit Frau Christina Weiß,
Tochter von Anastasia Weiß, geb. Türkis, und
des verstorbenen Peter Weiß bekannt.

Konstantin und Elke Schwarz, geb. Braun,
geben die Verlobung ihres Sohnes Hubertus
mit Frau Christina Weiß, Tochter von Anastasia Türkis,
und des verstorbenen Peter Weiß, bekannt.

Wenn ein Elternteil der Braut verstorben ist, der andere neu verheiratet ist und die Braut zu diesem Stiefelternteil eine enge Bindung hat, kann auch der neue Stiefelternteil anstelle des verstorbenen Elternteiles genannt werden. Wenn Stiefeltern in die Anzeige aufgenommen werden, werden sie als Eltern eingestuft und nicht separat aufgeführt oder gar als Stiefeltern kenntlich gemacht.

Peter Weiß und Karina Grün
geben die Verlobung ihrer Tochter Christina (Weiß)
mit Herrn Hubertus Schwarz,
Sohn von Konstantin und Elke Schwarz, geb. Braun,
bekannt.

Je nach gewähltem Nachnamen der Brautmutter oder des Brautvaters wird unterschieden zwischen Beibehaltung des alten Ehenamens, wieder angenommenem Geburtsnamen oder neuem Ehenamen.

Anastasia Weiß, geb. Türkis, und Karl Lila
geben die Verlobung ihrer Tochter Christina (Weiß)
mit Herrn Hubertus Schwarz,
Sohn von Konstantin und Elke Schwarz, geb. Braun, bekannt.

Anastasia Türkis und Karl Lila
geben die Verlobung ihrer Tochter Christina (Weiß)
mit Hubertus Herrn Schwarz, Sohn von Konstantin
und Elke Schwarz, geb. Braun, bekannt.

Anastasia Lila, geb. Türkis, und Karl Lila
geben die Verlobung ihrer Tochter Christina (Weiß)
mit Herrn Hubertus Schwarz, Sohn von Konstantin
und Elke Schwarz, geb. Braun, bekannt.

Wenn beide Eltern der Braut verstorben sind
… erfolgt keine Anzeige der Brauteltern. Allerdings können in diesem Fall die Bräutigameltern anzeigen und dabei die verstorbenen Eltern der Braut erwähnen. Je nachdem, ob ein Elternteil zu Lebzeiten den Geburtsnamen wieder angenommen hat oder nicht, wird dies mit dem Vermerk »geb.« kenntlich gemacht.

Konstantin und Elke Schwarz, geb. Braun,
geben die Verlobung ihres Sohnes Hubertus
mit Frau Christina Weiß, Tochter der verstorbenen
Peter und Anastasia Weiß, geb. Türkis, bekannt.

Konstantin und Elke Schwarz, geb. Braun,
geben die Verlobung ihres Sohnes Hubertus
mit Frau Christina Weiß, Tochter des verstorbenen
Peter Weiß und der verstorbenen Anastasia Türkis bekannt.

Wenn die Eltern des Bräutigams anzeigen
Wenn die Eltern des Bräutigams verheiratet sind

Konstantin und Elke Schwarz, geb. Braun,
geben die Verlobung ihres Sohnes Hubertus
mit Frau Christina Weiß, Tochter von Peter und Anastasia
Weiß, geb. Türkis, bekannt.

Konstantin und Elke Schwarz, geb. Braun,
geben mit großer Freude die Verlobung
ihres Sohnes Hubertus
mit Frau Christina Weiß,
Tochter von Peter und Anastasia Weiß, geb. Türkis, bekannt.

München, im Juni 2011

Konstantin und Elke Schwarz
Wichtelweg 3, 80123 München

Wenn die Eltern des Bräutigams geschieden sind
... und beide den Ehenamen weiterführen:

Konstantin Schwarz und Elke Schwarz, geb. Braun, geben die
Verlobung ihres Sohnes Hubertus
mit Frau Christina Weiß,
Tochter von Peter und Anastasia Weiß, geb. Türkis,
bekannt.

Es kann auch nur derjenige die Hochzeit anzeigen, bei dem der Bräutigam bislang gelebt hat:

Elke Schwarz, geb. Braun,
gibt die Verlobung ihres Sohnes Hubertus
mit Frau Christina Weiß, Tochter von Peter und Anastasia
Weiß, geb. Türkis,
bekannt.

Konstantin Schwarz gibt die Verlobung
seines Sohnes Hubertus mit Frau Christina Weiß,
Tochter von Peter und Anastasia Weiß, geb. Türkis, bekannt.

Wenn die Eltern des Bräutigams geschieden sind und ein Elternteil den Geburtsnamen wieder angenommen hat:

Konstantin Schwarz und Elke Braun,
geben die Verlobung ihres Sohnes
Hubertus (Schwarz)
mit Frau Christina Weiß,
Tochter von Peter und Anastasia Weiß, geb. Türkis, bekannt.

Es kann auch nur derjenige die Hochzeit anzeigen, bei dem der Bräutigam bislang gelebt hat:

Elke Braun
gibt die Verlobung
ihres Sohnes Hubertus (Schwarz)
mit Frau Christina Weiß, Tochter von Peter und Anastasia
Weiß, geb. Türkis, bekannt.

Konstantin Schwarz
gibt die Verlobung
seines Sohnes Hubertus mit Frau Christina Weiß,
Tochter von Peter und Anastasia Weiß, geb. Türkis, bekannt.

Wenn die Eltern des Bräutigams geschieden sind und ein Elternteil neu verheiratet ist und einen neuen Ehenamen führt:

Konstantin Schwarz und Elke Rot, geb. Braun,
geben die Verlobung ihres Sohnes Hubertus (Schwarz)
mit Frau Christina Weiß,
Tochter von Peter und Anastasia Weiß, geb. Türkis,
bekannt.

Es kann auch nur derjenige die Hochzeit anzeigen, bei dem der Bräutigam bislang gelebt hat:

Elke Rot, geb. Braun, gibt die Verlobung
ihres Sohnes Hubertus (Schwarz) mit Frau Christina Weiß,
Tochter von Peter und Anastasia Weiß, geb. Türkis,
bekannt.

Konstantin Schwarz gibt die Verlobung
seines Sohnes Hubertus
mit Frau Christina Weiß,
Tochter von Peter und Anastasia Weiß, geb. Türkis,
bekannt.

Wenn ein Elternteil des Bräutigams verstorben ist

... und der überlebende Elternteil nicht wieder geheiratet hat oder der überlebende Elternteil wieder geheiratet hat und der Bräutigam zu dem neuen Ehepartner keine enge Bindung hat, wird vom überlebenden Elternteil angezeigt. Mit dem Hinweis »Witwer der verstorbenen Elke Schwarz« beziehungsweise »Witwe des verstorbenen Konstantin Schwarz« kann der überlebende Elternteil auf den verstorbenen Elternteil in der Anzeige hinweisen.

Konstantin Schwarz, Witwer der
verstorbenen Elke Schwarz, geb. Braun,
gibt die Verlobung seines Sohnes Hubertus
mit Frau Christina Weiß,
Tochter von Peter und Anastasia Weiß, geb. Türkis, bekannt.

Elke Schwarz, geb. Braun, Witwe des
verstorbenen Konstantin Schwarz,
gibt die Verlobung ihres
Sohnes Hubertus mit Frau Christina Weiß,
Tochter von Peter und Anastasia Weiß, geb. Türkis,
bekannt.

Lehnt der überlebende Elternteil diese Formulierung ab, können die Brauteltern in ihrer Anzeige den verstorbenen Elternteil des Bräutigams erwähnen. Wenn ein Elternteil zu Lebzeiten den Geburtsnamen wieder angenommen hat, wird dies mit »geb.« kenntlich gemacht.

Peter und Anastasia Weiß, geb. Türkis,
geben die Verlobung ihrer Tochter Christina
mit Herrn Hubertus Schwarz,
Sohn von Konstantin Schwarz und der
verstorbenen Elke Schwarz, geb. Braun, bekannt.

Peter und Anastasia Weiß, geb. Türkis,
geben die Verlobung ihrer Tochter Christina
mit Herrn Hubertus Schwarz,
Sohn von Elke Schwarz, geb. Braun,
und des verstorbenen Konstantin Schwarz, bekannt.

Peter und Anastasia Weiß, geb. Türkis,
geben die Verlobung ihrer Tochter Christina
mit Herrn Hubertus Schwarz,
Sohn von Elke Braun
und des verstorbenen Konstantin Schwarz, bekannt.

Wenn ein Elternteil des Bräutigams verstorben ist, der andere neu verheiratet ist und der Bräutigam zu diesem Stiefelternteil eine enge Bindung hat, kann auch der neue Stiefelternteil anstelle des verstorbenen Elternteiles genannt werden. Wenn Stiefeltern in die Anzeige aufgenommen werden, werden Sie als Eltern eingestuft und nicht separat aufgeführt oder gar als Stiefeltern kenntlich gemacht.

Konstantin Schwarz und Marie Blau
geben die Verlobung ihres Sohnes Hubertus (Schwarz)
mit Frau Christina Weiß,
Tochter von Peter und
Anastasia Weiß, geb. Türkis, bekannt.

Je nach gewähltem Nachnamen der Bräutigameltern wird unterschieden zwischen Beibehaltung des alten Ehenamens, wieder angenommenem Geburtsnamen oder neuem Ehenamen.

Elke Schwarz, geb. Braun, und Anton Grün
geben die Verlobung ihres Sohnes Hubertus (Schwarz)
mit Frau Christina Weiß,
Tochter von Peter und Anastasia Weiß, geb. Türkis,
bekannt.

Elke Braun und Anton Grün
geben die Verlobung ihres Sohnes Hubertus (Schwarz)
mit Frau Christina Weiß,
Tochter von Peter und Anastasia Weiß, geb. Türkis,
bekannt.

Elke Rot, geb. Braun, und Anton Grün
geben die Verlobung ihres Sohnes Hubertus (Schwarz)
mit Frau Christina Weiß,
Tochter von Peter und Anastasia Weiß, geb. Türkis,
bekannt.

Wenn beide Eltern des Bräutigams verstorben sind

… erfolgt keine Anzeige der Bräutigameltern. Allerdings können in diesem Fall die Brauteltern anzeigen und dabei die verstorbenen Eltern des Bräutigams erwähnen. Je nachdem, ob ein Elternteil des Bräutigams zu Lebzeiten den Geburtsnamen wieder angenommen hat oder nicht, wird dies mit dem Vermerk »geb.« kenntlich gemacht.

Peter und Anastasia Weiß, geb. Türkis,
geben die Verlobung ihrer Tochter Christina
mit Herrn Hubertus Schwarz,
Sohn der verstorbenen Konstantin und
Elke Schwarz, geb. Braun,
bekannt.

Peter und Anastasia Weiß, geb. Türkis,
geben die Verlobung ihrer Tochter Christina
mit Herrn Hubertus Schwarz,
Sohn des verstorbenen Konstantin Schwarz
und der verstorbenen Elke Braun, bekannt.

Wenn die Brauteltern und das Brautpaar anzeigen
Zeigen mehrere Parteien an, werden sowohl die Namen der Brauteltern als auch auf der anderen Seite die Namen des Brautpaares erscheinen.

Peter Weiß und Anastasia Weiß, geb. Türkis, geben mit großer Freude die Verlobung ihrer Tochter Christina mit Herrn Hubertus Schwarz, Sohn von Konstantin und Elke Schwarz, geb. Braun, bekannt.

Hubertus Schwarz und Christina Weiß geben ihre Verlobung bekannt.

München, im Juni 2011

Peter und Anastasia Weiß
Trollweg 2,
80108 München

Christina Weiß und
Hubertus Schwarz,
Elfenweg 1, 80801 München

Wenn Brauteltern, Bräutigameltern und Brautpaar gemeinsam anzeigen
Zeigen beide Elternpaare sowie das Brautpaar in einer gemeinsamen Anzeige an, erscheinen all ihre Namen.

Peter Weiß und Anastasia Weiß,
geb. Türkis,
und
Konstantin und
Elke Schwarz, geb. Braun,
geben mit großer Freude
die Verlobung ihrer Kinder Christina und Hubertus
bekannt.

Hubertus Schwarz und
Christina Weiß geben
ihre Verlobung bekannt.

München, im Juni 2011

Trollweg 2,
80108 München
Tel. 089/7654321

Wichtelweg 3,
80123 München
Tel. 089/4567123

Elfenweg 1,
80801 München
Tel. 089/1234567

Verlobungsanzeige ohne weitere Einladung

Möchten Sie eine Verlobungsanzeige mit Informationscharakter versenden und zu keinen weiteren Feierlichkeiten einladen, genügt es, die Adressaten namentlich aufzuzählen und Anlass, Ort und Datum der Verlobung zu vermerken. Zu guter Letzt ergänzen Sie die Anzeige mit der oder den Adressen der anzeigenden Parteien.

Peter Weiß und Anastasia Weiß,
geb. Türkis,
geben mit großer Freude
die Verlobung ihrer Tochter
Christina mit Herrn Hubertus
Schwarz, Sohn von Konstantin
und Elke Schwarz, geb. Braun,
bekannt.

Hubertus Schwarz und
Christina Weiß geben ihre Verlobung bekannt.

München, im Juni 2011

Peter und Anastasia Weiß
Trollweg 2,
80108 München

Christina Weiß und
Hubertus Schwarz
Elfenweg 1, 80801 München

Wenn Sie einen großen Verwandten- und Bekanntenkreis von Ihrer Verlobung in Kenntnis setzen, aber nur einen kleinen Personenkreis zu Feierlichkeiten wie einem Verlobungsempfang einladen möchten, legen Sie der Anzeige ohne konkrete Orts- und Zeitangaben die eigentliche Einladung mit den notwendigen Details bei. Möchten Sie neben der bereits gedruckten Anzeige aus Kostengründen auf eine weitere Drucksache verzichten, können Sie die Einladung zur Trauung mit den ergänzenden Informationen als separates Einlegeblatt der Anzeige beilegen.

Verlobungsanzeige mit Einladung zu einem Empfang

Wer früher eine Verlobungsanzeige bekam, wusste, dass das Haus der Brauteltern zum angegebenen Datum zwischen 11.00 Uhr und 12.00 Uhr offen stand und die Empfänger zum persönlichen Gratulationsbesuch erwartet wurden.

Heutzutage wird zu einem Verlobungsempfang gern in den Nachmittagsstunden vor dem anschließenden Verlobungsessen in engstem Familienkreis eingeladen. Zeitgemäßer ist es daher, wenn Sie Ihren Gästen mit Formulierungen wie »Wir erwarten Euch am __ zum Empfang von •• bis ••« entsprechend signalisieren, wann Sie mit ihnen rechnen.

Sie können in der Verlobungsanzeige gänzlich auf eine Anrede der Empfänger verzichten, eine Sammelanrede ich Form von »Du«, »Euch« oder »Sie« verwenden oder die Empfänger mit Namen anreden. Bei dieser Variante haben Sie wiederum die Wahl zwischen der Anrede mit Vornamen oder der förmlichen Anrede, die neben dem Vor- und Nachnamen alle Namenszusätze, akademische Titel und Adelstitel enthalten muss.

Je nach eigenem Geschmack können Sie gedruckte Verlobungsanzeigen, die Sie per Post versenden, mit einer personalisierten Empfängerzeile versehen, Sammelbegriffe in Form von »Dich«, »Euch« oder »Sie« wählen oder die Verlobungsanzeige gänzlich ohne Empfängerzeile formulieren. Entscheiden Sie sich für die personalisierte Empfängerzeile, dann ist es selbstverständlich, dass Sie in der Verlobungsanzeige die Angaben in der Empfängerzeile handschriftlich eintragen. Ist

Ihre Handschrift nicht gut leserlich, können Sie die Namen auch mit einem sich vom Anzeigentext abhebenden Schreibschriftfont ausdrucken. Auf keinen Fall sollten Sie einen Druckschriftfont verwenden. Sie können die Verlobungsanzeige ohne Empfängerzeile formulieren:

Peter Weiß und Anastasia Weiß, geb. Türkis, geben mit großer Freude die Verlobung ihrer Tochter Christina mit Herrn Hubertus Schwarz, Sohn von Konstantin und Elke Schwarz, geb. Braun, bekannt.

Hubertus Schwarz und Christina Weiß geben ihre Verlobung bekannt.

Der Verlobungsempfang findet am Samstag,
dem 25. Juni 2011, von 16.00 bis 18.00 Uhr auf der Terrasse des
Restaurants »Goldener Adler« in Bergsee statt.

Dunkler Anzug, Smoking
U. A. w. g. bis zum 30. Mai 2011

Trollweg 2, 80108 München

Elfenweg 1, 80801 München

Arbeiten Sie alternativ mit »Sammelanreden«:

Peter Weiß und Anastasia Weiß, geb. Türkis, geben mit großer Freude die Verlobung ihrer Tochter Christina mit Herrn Hubertus Schwarz, Sohn von Konstantin und Elke Schwarz, geb. Braun, bekannt.

Hubertus Schwarz und Christina Weiß geben ihre Verlobung bekannt.

Wir erwarten
Dich/Euch/Sie
zum Verlobungsempfang
am Samstag, dem 25. Juli,
von 16.00 Uhr bis 18.00 Uhr
auf der Terrasse des Restaurants »Goldener Adler« in Bergsee.

Dunkler Anzug, Smoking
U. A. w. g. bis zum 30. Juni 2011

Trollweg 2, 80108 München   Elfenweg 1, 80801 München

Schlussendlich können Sie die Verlobungsanzeige auch personalisieren und die Namen der Empfänger eintragen:

Peter Weiß und Anastasia Weiß, geb. Türkis, geben mit großer Freude die Verlobung ihrer Tochter Christina mit Herrn Hubertus Schwarz, Sohn von Konstantin und Elke Schwarz, geb. Braun, bekannt.

Hubertus Schwarz und Christina Weiß geben ihre Verlobung bekannt.

Wir erwarten
Frau Anneliese und Herrn Hartmut Hansen
sowie Lea und Max Hansen
zum Verlobungsempfang
am Samstag, dem 25. Juni 2011,
von 16.00 bis 18.00 Uhr
auf der Terrasse des Restaurants »Goldener Adler« in Bergsee.

Dunkler Anzug, Smoking
U. A. w. g. bis zum 30. Mai 2011

Trollweg 2, 80108 München   Elfenweg 1, 80801 München

Verlobungsempfang und Verlobungsfeier

Hierzu laden nach alter Tradition die Eltern der Braut ein. Moderne Paare laden selbst ein, allerdings ist diese Praxis nicht ganz umstritten. Von den Gästen könnte eine Einladung durch das Brautpaar nämlich dahingehend interpretiert werden, dass damit indirekt um Verlobungsgeschenke »gebettelt« wird.

Wohnen die Eltern des Brautpaares und deren Freundeskreise in verschiedenen Städten, so ist es durchaus praktikabel, dass die Elternpaare an ihren Wohnorten jeweils eigene Verlobungsfeierlichkeiten planen. Freunde, Kollegen oder Geschwister können ebenfalls Verlobungsfeste für das Brautpaar organisieren und dazu einladen.

Laden Sie zu den Verlobungsfeierlichkeiten einen kleineren Gästekreis als zur eigentlichen Hochzeitsfeier ein. Die Gäste, die Sie zur Verlobung einladen, müssen allerdings auch auf der Einladungsliste zur späteren Hochzeit stehen. Es wäre ein Verstoß gegen die Hochzeitsetikette, wenn Sie Personen zur Verlobung, aber nicht zur Hochzeit einladen würden.

Alle Eltern- und Großelternteile werden zur Verlobung eingeladen, auch wenn Eltern oder Stiefeltern im Streit liegen mögen und seit Jahren nicht miteinander sprechen. Es ist eine Frage der Höflichkeit, dass die Streithähne ihre persönlichen Befindlichkeiten für diesen für Sie wichtigen Anlass – und auch bei der späteren Hochzeit – hintanstehen lassen. Versuchen Sie nicht, als Schiedsrichter zu agieren und »um des lieben Friedens willen« bestimmte Personen von der Einladungsliste zu streichen.

Je nach Gästekreis, der zur Verlobung eingeladen werden soll, sind verschiedene Feierlichkeiten möglich.

Verlobungsempfang

Wollen Sie außer dem engsten Familienkreis noch weitere Verwandte, Bekannte, Arbeitskollegen, Geschäftspartner oder Personen des gesellschaftlichen und öffentlichen Lebens einladen, empfiehlt sich ein Sekt- oder Cocktailempfang – gern auch mit kaltem Buffet – für die Verlobungsfeier. Ein offizieller Verlobungsempfang ist ebenfalls etwas für Paare, die es sehr förmlich mögen. Der Empfang findet in der Regel im Haus der Brauteltern oder je nach Familiensituation in der Wohnung der Braut beziehungsweise des Brautpaares statt.

Verlobungsfeier

Möchten Sie im Anschluss an den Empfang nur im Kreis der Familie weiterfeiern oder wollen Sie auf einen Empfang gänzlich verzichten, so arrangieren Sie ein kleines Familienfest im Haus der Brauteltern oder im Restaurant. Hier können Sie zwischen einem festlichen Abendessen, einem umfangreicheren Mittagessen oder einem gemeinsamen Kaffeetrinken wählen. An dieser Verlobungsfeier nehmen in der Regel nur die Eltern des Paares und die nächsten Verwandten wie Großeltern und Geschwister teil. Wenn sich die Familien des Paares noch nicht kennen, ist die Verlobungsfeier der ideale Zeitpunkt, um sich kennenzulernen. Denken Sie daran, den Tisch festlich, aber nicht zu festlich zu decken, da für die Hochzeit noch eine Steigerung möglich sein sollte.
Für eine offizielle Verlobungsfeier gelten in Bezug auf Verlobungsanzeigen, Einladungen und Danksagungen die gleichen Kriterien wie für die Hochzeit.

Sitzordnung

Es gilt dieselbe Sitzordnung wie an der Hochzeitstafel. Die Verlobten sitzen nebeneinander und haben die Ehrenplätze an der Mitte der Tafel, sie sitzt rechts von ihm. Rechts neben der zukünftigen Braut nimmt traditionell der Vater des Bräutigams Platz, an seiner rechten Seite die Mutter der Braut als seine Tischdame. Links vom Bräutigam sitzt seine Mutter, daneben – als ihr Tischherr – der Vater der Baut. Mit dieser Sitzordnung stellen Sie sicher, dass die beiden Mütter jeweils einen der beiden ranghöchsten Herren als Tischherrn an ihrer Seite haben.

Die hier vorgestellte Sitzordnung orientiert sich an einer vollständigen Familienstruktur, bei der weder schon verstorbene Familienangehörige noch Scheidungsszenarien berücksichtigt werden. Wandeln Sie die Platzierungsregeln entsprechend ab, sodass diese Ihre persönliche Situation widerspiegeln und für Sie und Ihre Lieben die Grundlage für ein geselliges Fest schaffen, an das man sich gern zurückerinnern wird. Sind Ihre Eltern geschieden beziehungsweise getrennt und leben bereits mit neuen Partnern zusammen, werden diese beim Placement selbstverständlich berücksichtigt und erhalten nicht etwa einen Platz am »Katzentisch«.

Bei der weiteren Platzierung Ihrer Großeltern, Onkel, Tanten, Paten und Geschwister denken Sie daran, dass Sie mit dem Placement die Gewichtung und Wertigkeit Ihrer Gäste zum Ausdruck bringen. Je dichter Ihre Gäste bei Ihnen sitzen, desto wichtiger sind Ihnen diese.

Übrigens: Sind Sie in Ihrer Verlobungsphase zu einem gesetzten Essen mit entsprechendem Placement eingeladen, dann dürfen Sie im Gegensatz zu Ehepaaren bis zur Hochzeit zusammen platziert werden. Erst ab der Hochzeit sind Ehepaare in der Sitzordnung zu trennen.

Reden und Toasts

Während der Verlobungsfeier werden üblicherweise Tischreden gehalten. Als Erster spricht der Vater der zukünftigen Braut, der nach dem ersten Gang den Schwiegersohn und dessen Familie willkommen heißt. Der Bräutigam dankt sofort im Anschluss für die Aufnahme in den Familienkreis und steckt – sofern er dies nicht schon vorher im kleineren Kreis getan hat – der Braut den Verlobungsring an den Ringfinger der linken Hand. Auf die Verlobten wird mit einem Glas Champagner oder Sekt angestoßen. Anschließend spricht der Vater des Bräutigams noch einige Worte, entweder unmittelbar an die beiden Vorreden anschließend oder nach dem nächsten Gang. Nach den Ansprachen erheben die Redner ihr Glas und bitten mit einem »Zum Wohl« die Gesellschaft, auf den Anlass zu trinken.

Danach ist es den anderen Gästen freigestellt, Toasts auf das Brautpaar auszusprechen. Ist einer der Väter bereits verstorben oder kann

aus sonstigem Anlass nicht an der Feier teilnehmen, so übernimmt die Mutter die Tischrede. Ebenso kann der Bruder – sofern Sie einen haben – oder der Patenonkel einspringen.
Falls dies nicht schon früher erfolgt ist, bieten sich die Schwiegereltern und sonstigen Verwandten während der Verlobungsfeier das »Du« an.

Überraschungsfeier

Eine schöne Idee ist auch ein gemeinsames Essen mit Eltern, Großeltern und Geschwistern, bei dem Sie die große Nachricht verkünden und gemeinsam feiern. Nutzen Sie jedoch niemals ungefragt eine Hochzeit, das Jubiläum oder einen sonstigen Anlass von anderen Personen, um dort ihre Verlobung bekannt zu geben. Es ist deren großer Tag, und es wäre deshalb ausgesprochen unhöflich, sich in den Mittelpunkt zu drängen. Etwas anderes gilt, wenn Sie von den Gastgebern ausdrücklich dazu eingeladen werden, Ihre Verlobung auf deren Fest bekannt zu geben. Allerdings gilt hier, dass Sie niemals von sich aus die Gastgeber nach dieser Möglichkeit fragen dürfen. Sie würden diese überrumpeln und möglicherweise eine nicht ganz freiwillig erteilte Erlaubnis erhalten.

Verlobungsgeschenke

Laden Sie im eigenen Namen zum Verlobungsfest ein, dann vermeiden Sie Hinweise zu Geschenken in der Einladung. Insbesondere wäre auch ein Vermerk »Keine Geschenke, bitte« fehl am Platz. Dieser eigentlich gut gemeinte Hinweis würde Ihre Gäste in die Bredouille bringen. Einige der Gäste würden sich darüber hinwegsetzen und trotzdem mit einem Geschenk vor der Tür stehen, da es in deren Familien üblich ist, bei entsprechenden Anlässen zu schenken. Gäste, die sich wiederum an Ihre Vorgabe, keinerlei Geschenke mitzubringen, halten würden, stünden dann ohne Geschenk da und würden sich schlecht fühlen. Lassen Sie daher jeglichen Kommentar

zu Geschenken sein und Ihre Gäste selbst entscheiden, ob sie zur Verlobungsfeier Blumen und Geschenke mitbringen.
Erhalten Sie von den Gästen Geschenke, so nehmen Sie diese dankend entgegen und legen sie auf einem extra Tisch beiseite. Packen Sie Ihre Geschenke nicht vor Ihren Gästen aus, denn das würde jene Gäste in Verlegenheit bringen, die Ihnen kein Geschenk mitgebracht haben. Öffnen Sie die Geschenke nach dem Fest, wenn Sie allein sind. Schicken Sie innerhalb einiger Tage nach der Feier Dankesbriefe an die Schenker und versehen Sie diese mit einer persönlichen Note. Sollten Sie einen gedruckten Standardtext für die Danksagungen verwenden, müssen Sie zumindest die Anrede und ein paar persönliche Worte am Ende des Textes mit der Hand schreiben.

Einladung zum Polterabend

Auch wenn traditionell zum Polterabend nicht schriftlich eingeladen wird, sondern alle kommen können, die über Mundpropaganda davon gehört haben, sollten Sie Ihren Gästen mit entsprechender Vorlaufzeit schriftlich Bescheid geben. Nicht alle erfahren vielleicht vom Polterabend oder können sich kurzfristig dafür Zeit nehmen. Sie müssen sich hierfür nicht in Unkosten stürzen und gesonderte Einladungskarten drucken lassen. Eine kleine Notiz auf der Einladung oder ein beigelegtes Kärtchen mit allen wichtigen Informationen zum Polterabend tut es selbstverständlich auch. Hauptsache, die Gäste, die Sie gern beim Polterabend sehen möchten, sind informiert.

Die Hochzeitsanzeige

Nachdem sich die erste Euphorie gelegt hat, die ersten Besuche oder Telefonate erfolgt sind und Sie das Datum und den Ort der Feierlichkeiten festgelegt haben, ist nun die Zeit für eine offizielle Bekanntgabe der anstehenden Hochzeit gekommen – unabhängig von der

Frage, ob Sie standesamtlich oder kirchlich heiraten. Die klassische Anzeige erfolgt in schriftlicher Form und kann vor oder nach der Hochzeit verschickt werden. Wenn Sie sich für eine Versendung vor der Hochzeit entscheiden, dann sollte die Anzeige diejenigen Empfänger, die Sie auch zum Hochzeitsfest einladen möchten, nicht weniger als sechs Wochen vor der Hochzeit erreichen, damit diese ihre Teilnahme arrangieren können.
Wenn Sie heimlich oder im Ausland heiraten wollen oder keine Lust zum Feiern haben, können Sie die Hochzeit auch nachträglich anzeigen. Wenn die Anzeige nach der Trauung erfolgt, werden die gleichen Informationen wie bei der ursprünglichen Variante weitergegeben. Hat sich allerdings der Familienname durch die Heirat geändert, wird dies zusätzlich durch ein »geb.« vor dem Geburtsnamen der betreffenden Person deutlich gemacht.
Im Einzelfall können Sie gänzlich auf Hochzeitsanzeigen verzichten. Vor allem dann, wenn Sie einen überschaubaren Verwandtschafts- und Freundeskreis haben, den Sie ohnehin zur Hochzeit einladen, und sonst keine weiteren Privatpersonen informiert werden müssen, können Sie Mühe und Geld für die doch recht kostspieligen Anzeigen sparen.
Möglich ist auch eine Kombination aus Verlobungs- und Hochzeitsanzeige, in der die Verlobung bekannt gegeben und Details zur bevorstehenden Trauung angekündigt werden.

Inhaltliche Details

Eine Hochzeitsanzeige sollte die anzeigenden Personen, also die Namen der Brautleute und je nach Familiensituation zusätzlich die Namen der Braut- und Bräutigameltern enthalten. Weiterhin darf das Hochzeitsdatum nicht fehlen.
Eine klassische Hochzeitsanzeige, die sich auf eine Trauung in der Kirche bezieht, enthält zudem den Namen der Kirche und der Gemeinde sowie die Uhrzeit der Trauung. Da die kirchliche Trauung in der Regel öffentlich ist, wird nach alter Sitte zu dieser nicht extra ein-

geladen. Wer eine solche offene Anzeige erhält, ist eingeladen. Das gilt auch für diejenigen, die von der Trauung auf anderem Wege Kenntnis erlangen. Entscheiden Sie sich für eine Anzeige mit diesen konkreten Angaben, müssen Sie damit rechnen, dass die Kirche zur Trauung überfüllt sein wird, da Sie quasi jedermann eingeladen haben.

Wollen Sie mit der Hochzeitsanzeige nicht automatisch zur Trauung einladen, geben Sie also nur den Namen der Gemeinde an, in der die Trauung stattfinden wird, ohne eine genaue Uhrzeit und die betreffende Kirche zu nennen. Da auch die standesamtliche Trauung öffentlich ist, sollten Sie bei der Formulierung einer standesamtlichen Hochzeitsanzeige ebenfalls auf diese Punkte achten.

Orientieren Sie sich bei der farblichen und grafischen Gestaltung der Hochzeitsanzeige am Stil Ihrer Hochzeit, der eventuell schon verschickten Verlobungsanzeige oder der noch zu versendenden Einladung, an der Dekoration der Hochzeitsörtlichkeiten und den dabei hauptsächlich vorkommenden Farben. Auch die Farbe des Hochzeitskleides oder Brautstraußes können Anhaltspunkte für die farbliche Gestaltung der Anzeigekarten sein.

Auf eine erhaltene Hochzeitsanzeige wird generell mit einer schriftlichen Gratulation geantwortet.

Wer zeigt die bevorstehende Hochzeit an?

Ganz junge Paare oder Paare, die sehr traditionell heiraten möchten und bislang noch nicht verheiratet waren, können die doppelte Anzeige wählen, bei der sowohl die Brauteltern als auch die Brautleute die Hochzeit bekannt geben. Diese Variante sollte auch immer dann gewählt werden, wenn die Brauteltern nach traditionellem Verständnis die gesamten Kosten für die Hochzeit übernehmen. Ebenso möglich ist eine Vermählungsanzeige der Brautleute und beider Elternpaare.

Zeitgemäßer ist die Anzeigenform, in der nur das Brautpaar seine Hochzeit anzeigt. Besonders Paare, die nicht mehr so jung sind oder schon einmal verheiratet waren, fest im Berufsleben stehen, bereits

in einer gemeinsamen Wohnung leben oder ihre Hochzeit selbst finanzieren, verfassen die Hochzeitsanzeige in eigenem Namen. Hier würde eine auch im Namen der Brauteltern aufgegebene Anzeige den falschen Anschein erwecken, sie würden ihre kleine Tochter nun in die große Welt entlassen.
Eine Anzeige im ausschließlichen Namen des Brautpaares ist außerdem für Paare geeignet, die sich nicht so streng an der Tradition orientieren oder deren Eltern bereits verstorben sind. Selbst mehrere Hochzeitsanzeigen sind möglich: beispielsweise eine im Namen der Eltern und eine zweite, welche das Brautpaar für seinen persönlichen Freundeskreis vorbereitet.
Je nach individueller Familienkonstellation formulieren das Brautpaar, die Brauteltern und Eltern des Bräutigams ihre Anzeige wie folgt:

Wenn das Brautpaar anzeigt
Die Reihenfolge der Namen beider Brautleute in der Anzeige ist frei wählbar. Die althergebrachte Reihenfolge stellt den Bräutigam an erste Stelle. Moderner ist es, mit dem Namen der Braut zu beginnen. Geben Sie in einer Anzeige mit offiziellerem Charakter Ihre vollständigen Vor- und Nachnamen, akademischen Titel, Amtsbezeichnungen und Adelstitel an. Bei einem vertrauten Empfängerkreis können Sie auf Ihre eigenen Titel, ja sogar Nachnamen verzichten. Selbstverständlich können Sie für unterschiedliche Adressatenkreise auch verschiedene Einladungstexte verwenden.

Wir freuen uns, unsere Vermählung bekannt zu geben.
Dr. Christina Weiß
und Professor Dr. Hubertus Schwarz

Professor Dr. Christina Freifrau von Schwarz, geb. Weiß
und Dr. Hubertus Freiherr von Schwarz
geben ihre Vermählung bekannt.

Wir heiraten!
Christina und Hubertus

Hubertus Schwarz und Christina Weiß
geben ihre Vermählung bekannt.

München, im Juni 2011

Christina Weiß und Hubertus Schwarz
Elfenweg 1, 80801 München

Wenn Braut und Bräutigam erstmals heiraten, können die Brautleute nach alter Sitte beide unter dem Namen des Bräutigams annoncieren, sofern sie diesen Namen auch als zukünftigen Ehenamen wählen. In diesem Fall kennzeichnet die Braut ihren Geburtsnamen durch den Zusatz »geb.«.

Wir freuen uns, unsere Vermählung bekannt zu geben.
Hubertus und Christina Schwarz, geb. Weiß

Wir heiraten!
Christina Schwarz, geb. Weiß,
und Hubertus Schwarz

Eine zeitgemäße Formulierung wählen Sie, indem Sie die Braut unter ihrem Geburtsnamen annoncieren lassen.

Wir freuen uns,
unsere Vermählung bekannt zu geben.
Christina Weiß und
Hubertus Schwarz

Wir heiraten!
Hubertus Schwarz
und Christina Weiß

Wenn einer der Brautleute geschieden ist

… und bislang den Ehenamen der vorherigen Ehe trug, kann sie bzw. er mit dem neuen Ehenamen oder dem alten Ehenamen annoncieren, jeweils mit dem Zusatz »geb.«. Lebt das Brautpaar in einem sehr konservativen Umfeld oder auf dem Lande, sollte es die Formulierung des gemeinsamen neuen Namens für seine Anzeige vorziehen, um Klatsch und Tratsch bei den Lesern der Anzeige zu vermeiden.

Wir freuen uns, unsere Vermählung bekannt zu geben.
Hubertus und Christina Schwarz, geb. Weiß

Wir heiraten!
Christina Gelb, geb. Weiß,
und Hubertus Schwarz

Wenn einer der Brautleute geschieden ist und nach der Scheidung den Geburtsnamen wieder angenommen hat, kann sie oder er mit dem Geburtsnamen oder dem neuen Ehenamen annoncieren, dann mit dem Zusatz »geb.«

Wir freuen uns, unsere Vermählung bekannt zu geben.
Christina Weiß
und Hubertus Schwarz

Wir heiraten!
Hubertus und Christina Schwarz, geb. Weiß

Wenn die Brauteltern anzeigen
Wenn die Eltern der Braut verheiratet sind

Peter und Anastasia Weiß, geb. Türkis,
geben die Vermählung
ihrer Tochter Christina
mit Herrn Hubertus Schwarz,
Sohn von Konstantin und Elke Schwarz, geb. Braun,
bekannt.

Peter Weiß und Anastasia Weiß, geb. Türkis,
geben mit großer Freude
die Vermählung
ihrer Tochter Christina mit Herrn Hubertus Schwarz,
Sohn von Konstantin und Elke Schwarz, geb. Braun,
bekannt.

München, im Juni 2011
Peter und Anastasia Weiß
Trollweg 2, 80108 München

Wenn die Eltern der Braut geschieden sind

… und beide den Ehenamen weiterführen:

Peter Weiß und Anastasia Weiß, geb. Türkis,
geben die Vermählung ihrer Tochter Christina
mit Herrn Hubertus Schwarz,
Sohn von Konstantin und Elke Schwarz, geb. Braun,
bekannt.

Es kann auch nur derjenige die Hochzeit anzeigen, bei dem die Braut bislang gelebt hat:

Anastasia Weiß, geb. Türkis,
gibt die Vermählung ihrer Tochter Christina
mit Herrn Hubertus Schwarz,
Sohn von Konstantin und Elke Schwarz, geb. Braun, bekannt.

Peter Weiß gibt die Vermählung seiner Tochter Christina
mit Herrn Hubertus Schwarz,
Sohn von Konstantin und Elke Schwarz, geb. Braun, bekannt.

Wenn die Eltern der Braut geschieden sind und ein Elternteil den Geburtsnamen wieder angenommen hat:

Peter Weiß und Anastasia Türkis
geben die Vermählung ihrer Tochter Christina
mit Herrn Hubertus Schwarz,
Sohn von Konstantin und Elke Schwarz, geb. Braun, bekannt.

Es kann auch nur derjenige die Hochzeit anzeigen, bei dem die Braut bislang gelebt hat:

Anastasia Türkis gibt die Vermählung ihrer Tochter Christina
mit Herrn Hubertus Schwarz,
Sohn von Konstantin und Elke Schwarz, geb. Braun,
bekannt.

Peter Weiß gibt die Vermählung seiner Tochter Christina
mit Herrn Hubertus Schwarz,
Sohn von Konstantin und Elke Schwarz, geb. Braun,
bekannt.

Wenn die Eltern der Braut geschieden sind und ein Elternteil neu verheiratet ist und einen neuen Ehenamen führt:

Peter Weiß und Anastasia Lila, geb. Türkis,
geben die Vermählung ihrer Tochter Christina (Weiß)
mit Herrn Hubertus Schwarz,
Sohn von Konstantin und Elke Schwarz, geb. Braun,
bekannt.

Es kann auch nur derjenige die Hochzeit anzeigen, bei dem die Braut bislang gelebt hat:

Anastasia Lila, geb. Türkis, gibt die Vermählung
ihrer Tochter Christina Weiß
mit Herrn Hubertus Schwarz,
Sohn von Konstantin und Elke Schwarz, geb. Braun,
bekannt.

Peter Weiß gibt die Vermählung seiner Tochter Christina
mit Herrn Hubertus Schwarz,
Sohn von Konstantin und Elke Schwarz, geb. Braun,
bekannt.

Wenn ein Elternteil der Braut verstorben ist

… und der überlebende Elternteil entweder wieder geheiratet hat oder liiert ist und die Braut zu dem neuen Ehepartner keine enge Bindung hat, wird vom überlebenden Elternteil angezeigt. Mit dem Hinweis »Witwe des verstorbenen Peter Weiß« beziehungsweise »Witwer der verstorbenen Anastasia Weiß« kann der überlebende Elternteil auf den verstorbenen Elternteil in der Anzeige hinweisen.

Peter Weiß, Witwer der verstorbenen Anastasia Weiß,
geb. Türkis, gibt die Vermählung
seiner Tochter Christina mit Herrn Hubertus Schwarz,
Sohn von Konstantin und Elke Schwarz, geb. Braun,
bekannt.

Anastasia Weiß, geb. Türkis, Witwe des verstorbenen Peter
Weiß, gibt die Vermählung ihrer Tochter Christina
mit Herrn Hubertus Schwarz,
Sohn von Konstantin und Elke Schwarz, geb. Braun,
bekannt.

Lehnt der überlebende Elternteil diese Formulierung ab, können die Bräutigameltern in ihrer Anzeige den verstorbenen Elternteil der Braut erwähnen. Je nachdem, ob ein Elternteil zu Lebzeiten den Geburtsnamen wieder angenommen hat oder nicht, wird dies mit dem Zusatz »geb.« kenntlich gemacht.

Konstantin und Elke Schwarz, geb. Braun, geben
die Vermählung ihres Sohnes Hubertus
mit Frau Christina Weiß, Tochter von Peter Weiß und der
verstorbenen Anastasia Weiß, geb. Türkis, bekannt.

Konstantin und Elke Schwarz, geb. Braun, geben
die Vermählung ihres Sohnes Hubertus
mit Frau Christina Weiß, Tochter von Anastasia Weiß,
geb. Türkis, und des verstorbenen Peter Weiß, bekannt.

Konstantin und Elke Schwarz, geb. Braun, geben die
Vermählung ihres Sohnes Hubertus mit Frau Christina Weiß,
Tochter von Anastasia Türkis
und des verstorbenen Peter Weiß, bekannt.

Wenn ein Elternteil der Braut verstorben ist, der andere neu verheiratet und die Braut zu diesem Stiefelternteil eine enge Bindung hat, kann auch der neue Stiefelternteil anstelle des verstorbenen Elternteiles genannt werden. Wenn Stiefeltern in die Anzeige aufgenommen werden, werden sie als Eltern eingestuft und nicht separat aufgeführt oder gar als Stiefeltern kenntlich gemacht.

Peter Weiß und Karina Grün
geben die Vermählung ihrer Tochter Christina (Weiß)
mit Herrn Hubertus Schwarz,
Sohn von Konstantin und Elke Schwarz, geb. Braun, bekannt.

Je nach gewähltem Nachnamen der Elternteile wird unterschieden zwischen Beibehaltung des alten Ehenamens, wieder angenommenem Geburtsnamen oder neuem Ehenamen.

Anastasia Weiß, geb. Türkis, und Karl Lila
geben die Vermählung ihrer Tochter Christina (Weiß)
mit Herrn Hubertus Schwarz,
Sohn von Konstantin und Elke Schwarz, geb. Braun,
bekannt.

Anastasia Türkis und Karl Lila geben die Vermählung
ihrer Tochter Christina (Weiß) mit Hubertus Herrn Schwarz,
Sohn von Konstantin und Elke Schwarz, geb. Braun, bekannt.

Anastasia Lila, geb. Türkis, und Karl Lila geben
die Vermählung ihrer Tochter Christina (Weiß)
mit Herrn Hubertus Schwarz, Sohn von Konstantin
und Elke Schwarz, geb. Braun, bekannt.

Wenn beide Eltern der Braut verstorben sind

Sind beide Elternteile der Braut verstorben, erfolgt keine Anzeige der Brauteltern. Allerdings können in diesem Fall die Bräutigameltern anzeigen und dabei die verstorbenen Eltern der Braut erwähnen. Je nachdem, ob ein Elternteil der Braut zu Lebzeiten den Geburtsnamen wieder angenommen hat oder nicht, wird dies mit dem Vermerk »geb.« kenntlich gemacht.

Konstantin und Elke Schwarz, geb. Braun,
geben die Vermählung ihres Sohnes Hubertus
mit Frau Christina Weiß,
Tochter der Verstorbenen Peter und Anastasia Weiß,
geb. Türkis, bekannt.

Konstantin und Elke Schwarz, geb. Braun,
geben die Vermählung ihres Sohnes Hubertus
mit Frau Christina Weiß,
Tochter des verstorbenen Peter Weiß
und der verstorbenen Anastasia Türkis,
bekannt.

Wenn die Eltern des Bräutigams anzeigen

Wenn die Eltern der Bräutigams verheiratet sind

Konstantin und Elke Schwarz, geb. Braun,
geben die Vermählung ihres Sohnes Hubertus
mit Frau Christina Weiß,
Tochter von Peter und Anastasia Weiß, geb. Türkis,
bekannt.

Konstantin und Elke Schwarz, geb. Braun,
geben mit großer Freude die Vermählung
ihres Sohnes Hubertus mit Frau Christina Weiß,
Tochter von Peter und Anastasia Weiß, geb. Türkis,
bekannt.

München, im Juni 2011
Konstantin und Elke Schwarz
Wichtelweg 3, 80123 München

Wenn die Eltern des Bräutigams geschieden sind
… und beide Elternteile den Ehenamen weiterführen:

Konstantin Schwarz und Elke Schwarz, geb. Braun,
geben die Vermählung ihres Sohnes Hubertus
mit Frau Christina Weiß, Tochter von Peter und Anastasia
Weiß, geb. Türkis, bekannt.

Es kann auch nur derjenige die Hochzeit anzeigen, bei dem der Bräutigam bislang gelebt hat:

Elke Schwarz, geb. Braun, gibt die Vermählung ihres Sohnes
Hubertus mit Frau Christina Weiß, Tochter von Peter und
Anastasia Weiß, geb. Türkis, bekannt.

Konstantin Schwarz gibt die Vermählung seines Sohnes Hubertus mit Frau Christina Weiß, Tochter von Peter und Anastasia
Weiß, geb. Türkis, bekannt.

Wenn die Eltern des Bräutigams geschieden sind und ein Elternteil den Geburtsnamen wieder angenommen hat:

Konstantin Schwarz und Elke Braun,
geben die Vermählung ihres Sohnes Hubertus (Schwarz)
mit Frau Christina Weiß, Tochter von Peter und Anastasia
Weiß, geb. Türkis, bekannt.

Es kann auch nur derjenige die Hochzeit anzeigen, bei dem der Bräutigam bislang gelebt hat:

Elke Braun gibt die Vermählung
ihres Sohnes Hubertus (Schwarz)
mit Frau Christina Weiß,
Tochter von Peter und Anastasia Weiß, geb. Türkis,
bekannt.

Konstantin Schwarz gibt die Vermählung
seines Sohnes Hubertus mit Frau Christina Weiß,
Tochter von Peter und Anastasia Weiß, geb. Türkis,
bekannt.

Wenn die Eltern des Bräutigams geschieden sind und ein Elternteil neu verheiratet ist und einen neuen Ehenamen führt:

Konstantin Schwarz und Elke Rot, geb. Braun,
geben die Vermählung ihres Sohnes Hubertus (Schwarz)
mit Frau Christina Weiß,
Tochter von Peter und Anastasia Weiß, geb. Türkis,
bekannt.

Es kann auch nur derjenige die Hochzeit anzeigen, bei dem der Bräutigam bislang gelebt hat:

Elke Rot, geb. Braun, gibt die Vermählung
ihres Sohnes Hubertus (Schwarz) mit Frau Christina Weiß,
Tochter von Peter und Anastasia Weiß, geb. Türkis,
bekannt.

Konstantin Schwarz gibt die Vermählung
seines Sohnes Hubertus mit Frau Christina Weiß,
Tochter von Peter und Anastasia Weiß, geb. Türkis,
bekannt.

Wenn ein Elternteil des Bräutigams verstorben ist

... und der überlebende Elternteil nicht wieder geheiratet hat oder der überlebende Elternteil wieder geheiratet hat und der Bräutigam zu dem neuen Ehepartner keine enge Bindung hat, wird vom überlebenden Elternteil angezeigt. Mit dem Hinweis »Witwer der verstorbenen Elke Schwarz« beziehungsweise »Witwe des verstorbenen Konstantin Schwarz« kann der überlebende Elternteil auf den verstorbenen Elternteil in der Anzeige hinweisen.

Konstantin Schwarz, Witwer der verstorbenen
Elke Schwarz, geb. Braun,
gibt die Vermählung seines Sohnes Hubertus
mit Frau Christina Weiß,
Tochter von Peter und Anastasia Weiß, geb. Türkis,
bekannt.

Elke Schwarz, geb. Braun, Witwe des
verstorbenen Konstantin Schwarz,
gibt die Vermählung seines Sohnes Hubertus
mit Frau Christina Weiß,
Tochter von Peter und Anastasia Weiß, geb. Türkis,
bekannt.

Lehnt der überlebende Elternteil diese Formulierung ab, können die Brauteltern in ihrer Anzeige den verstorbenen Elternteil des Bräutigams erwähnen. Je nachdem, ob ein Elternteil des Bräutigams zu Lebzeiten den Geburtsnamen wieder angenommen hat oder nicht, wird dies mit dem Zusatz »geb.« kenntlich gemacht.

Peter und Anastasia Weiß, geb. Türkis,
geben die Vermählung ihrer Tochter Christina
mit Herrn Hubertus Schwarz,
Sohn von Konstantin Schwarz und der
verstorbenen Elke Schwarz, geb. Braun,
bekannt.

Peter und Anastasia Weiß, geb. Türkis,
geben die Vermählung ihrer Tochter Christina
mit Herrn Hubertus Schwarz,
Sohn von Elke Schwarz, geb. Braun, und des verstorbenen
Konstantin Schwarz, bekannt.

Peter und Anastasia Weiß, geb. Türkis,
geben die Vermählung ihrer Tochter Christina
mit Herrn Hubertus Schwarz,
Sohn von Elke Braun und des verstorbenen
Konstantin Schwarz, bekannt.

Wenn ein Elternteil des Bräutigams verstorben ist, der andere neu verheiratet und der Bräutigam zu diesem Stiefelternteil eine enge Bindung hat, kann auch der neue Stiefelternteil anstelle des verstorbenen Elternteiles genannt werden. Wenn Stiefeltern in die Anzeige aufgenommen werden, werden sie als Eltern eingestuft und nicht separat aufgeführt oder gar als Stiefeltern kenntlich gemacht.

Konstantin Schwarz und Marie Blau
geben die Vermählung ihres Sohnes Hubertus (Schwarz)
mit Frau Christina Weiß,
Tochter von Peter und Anastasia Weiß, geb. Türkis,
bekannt.

Je nach gewähltem Nachnamen der Eltern des Bräutigams wird unterschieden zwischen Beibehaltung des alten Ehenamens, wieder angenommenem Geburtsnamen oder neuem Ehenamen.

Elke Schwarz, geb. Braun, und Anton Grün
geben die Vermählung ihres Sohnes Hubertus (Schwarz)
mit Frau Christina Weiß,
Tochter von Peter und Anastasia Weiß, geb. Türkis,
bekannt.

Elke Braun und Anton Grün
geben die Vermählung ihres Sohnes Hubertus (Schwarz)
mit Frau Christina Weiß,
Tochter von Peter und Anastasia Weiß, geb. Türkis,
bekannt.

Elke Rot, geb. Braun, und Anton Grün
geben die Vermählung ihres Sohnes Hubertus (Schwarz)
mit Frau Christina Weiß,
Tochter von Peter und
Anastasia Weiß, geb. Türkis, bekannt.

Wenn beide Eltern des Bräutigams verstorben sind

Sind beide Elternteile des Bräutigams verstorben, erfolgt keine Anzeige der Bräutigameltern. Allerdings können in diesem Fall die Brauteltern anzeigen und dabei die verstorbenen Eltern des Bräutigams erwähnen. Je nachdem, ob ein Elternteil des Bräutigams zu Lebzeiten den Geburtsnamen wieder angenommen hat oder nicht, wird dies mit dem Vermerk »geb.« kenntlich gemacht.

Peter und Anastasia Weiß, geb. Türkis,
geben die Vermählung ihrer Tochter Christina
mit Herrn Hubertus Schwarz,
Sohn der verstorbenen Konstantin und Elke Schwarz,
geb. Braun, bekannt.

Peter und Anastasia Weiß, geb. Türkis,
geben die Vermählung ihrer Tochter Christina
mit Herrn Hubertus Schwarz,
Sohn des verstorbenen Konstantin Schwarz und
der verstorbenen Elke Braun, bekannt.

Wenn die Brauteltern und das Brautpaar anzeigen

Peter Weiß und Anastasia Weiß, geb. Türkis, geben mit großer Freude die Vermählung ihrer Kinder Christina und Hubertus bekannt.

Hubertus Schwarz und Christina Weiß geben ihre Vermählung bekannt.

München, im Juni 2011

Peter und Anastasia Weiß
Trollweg 2,
80108 München

Christina Weiß
und Hubertus Schwarz,
Elfenweg 1, 80801 München

Wenn die Brauteltern, Bräutigameltern und Brautpaar gemeinsam anzeigen

Peter Weiß und Anastasia Weiß,
geb. Türkis,
und Konstantin und Elke Schwarz, geb. Braun,
geben mit großer Freude die Vermählung ihrer Kinder Christina und Hubertus
bekannt.

Hubertus Schwarz und Christina Weiß geben ihre Vermählung bekannt.

München, im Juni 2011

Peter und
Anastasia Weiß
Trollweg 2,
80108 München

Konstantin und
Elke Schwarz
Wichtelweg 3, 80123
München

Christina Weiß und
Hubertus Schwarz,
Elfenweg 1,
80801 München

Hochzeitsanzeige ist nicht immer gleich Hochzeitseinladung

Eine Hochzeitsanzeige stellt nicht immer automatisch eine Einladung zur Hochzeitsfeier dar. Nur wenn Datum, Uhrzeit und genauer Ort der Zeremonie oder der Feier angegeben sind, kann die Anzeige von den Empfängern auch gleichzeitig als Einladung zur Hochzeit interpretiert werden. Bedenken Sie dies bei der Formulierung.
Als Empfänger einer Hochzeitsanzeige sollten Sie ebenso sorgfältig vorgehen und die Anzeige genau lesen. Fehlen dort Angaben über den genauen Ort, die konkrete Uhrzeit der Trauung oder der Feier, dann handelt es sich in der Tat nur um die Bekanntgabe der bevorstehenden Hochzeit, zu der Sie nicht automatisch eingeladen sind. Lassen Sie sich auch nicht durch die Angabe von Wohn- oder Tagesadressen in der Anzeige in die Irre leiten. Auch hierdurch werden Sie nicht zu einem geladenen Gast. Vielmehr zeigen diese Adressen den potenziellen Gratulanten an, wohin sie am Tag der Hochzeit Glückwünsche, Geschenke oder Blumen bringen oder schicken lassen können.
Übrigens bedeutet der Erhalt einer Hochzeitsanzeige für den Empfänger nicht automatisch, dass er verpflichtet ist, etwas zu schenken. Diese Entscheidung trifft ganz allein der Empfänger der Hochzeitsanzeige, und er wird dabei seinen Verwandtschafts- beziehungsweise Bekanntschaftsgrad oder seine sonstige Beziehung zu dem Brautpaar oder dessen Eltern berücksichtigen.

Wenn die Hochzeitsanzeige gleichzeitig Einladung ist

Peter Weiß und Anastasia Weiß,
geb. Türkis,
und Konstantin und Elke
Schwarz, geb. Braun,
geben erfreut die Vermählung
ihrer Kinder Christina und
Hubertus bekannt.

Hubertus Schwarz und
Christina Weiß
geben ihre Vermählung
bekannt.

Die Trauung findet am
am Samstag, dem 20. August 2011, um 14:00 Uhr
in der Weihkirche, Bergsee statt.
Anschließend Empfang im »Landhaus Bergsee« bis 17:00 Uhr.

Dunkler Anzug, Smoking
U. A. w. g. bis zum 30. Juli 2011.

Trollweg 2,	Wichtelweg 3,	Elfenweg 1,
80108 München	80123 München	80801 München
Tel. 089/7654321	Tel. 089/456712	Tel. 089/1234567

Wenn die Hochzeitsanzeige nicht gleichzeitig Einladung ist

Peter Weiß und
Anastasia Weiß, geb. Türkis,
und
Konstantin und
Elke Schwarz, geb. Braun,
geben mit großer Freude
die Vermählung ihrer Kinder
Christina und Hubertus
bekannt.

Hubertus Schwarz und
Christina Weiß
geben ihre Vermählung
bekannt.

Die Trauung findet am
am Samstag, dem 20. August 2011 in Bergsee statt.

Trollweg 2,	Wichtelweg 3,	Elfenweg 1,
80108 München	80123 München	80801 München
Tel. 089/7654321	Tel. 089/456712	Tel. 089/1234567

Wenn Sie einen großen Verwandten- und Bekanntenkreis von Ihrer Hochzeit in Kenntnis setzen, aber nur einen kleinen Personenkreis zur Trauung und den Feierlichkeiten einladen möchten, legen Sie der Anzeige ohne konkrete Orts- und Zeitangaben die eigentliche Einladung mit den notwendigen Details bei. Möchten Sie neben der bereits gedruckten Anzeige aus Kostengründen auf eine weitere Drucksache verzichten, können Sie die Einladung zur Trauung mit den ergänzenden Informationen als separates Einlegeblatt der Hochzeitsanzeige beilegen.

Verbreitungsarten für Hochzeitsanzeigen

Für Hochzeitsanzeigen gibt es zwei empfehlenswerte Verbreitungsarten – entweder das Annoncieren in der Zeitung oder die per Post verschickte Anzeige.

Annoncieren in Zeitungen
Die Hochzeitsanzeige in einer Tageszeitung oder einem Gemeindeblatt ist vor allem dann sinnvoll, wenn Sie auf dem Land oder in einer Kleinstadt leben. Denn in den ländlichen Regionen können Sie sicher sein, dass Ihre Annonce auch tatsächlich gelesen wird. Dies erspart Ihnen das einzelne Schreiben und Verschicken von Anzeigen per Post. Berücksichtigen Sie bei der Auswahl der Medien nicht nur die Zeitung, in deren Verbreitungsgebiet Sie zurzeit leben, sondern auch die Ihrer Geburtsstadt sowie früherer Wohn- oder Arbeitsorte, sodass dort lebende Freunde und Verwandte von der bevorstehenden Hochzeit Kenntnis nehmen können. Ebenfalls sollten Sie nicht den Lokalteil der Stadt vergessen, in der Ihre Eltern leben.
Als schöne Geste bevorraten Sie mehrere Exemplare der Zeitung, in der Ihre Hochzeitsanzeige erschienen ist, für Verwandte und Freunde, in deren Tageszeitung Sie keine Annonce geschaltet haben oder die anderweitig kein Exemplar erhalten haben. Sicher wollen einige die Zeitung als Erinnerung aufheben. Schicken Sie die Zeitungsausgabe oder eine Kopie der entsprechenden Seite unmittelbar nach Erscheinen an den in Frage kommenden Adressatenkreis mit einer handschriftlichen und persönlichen Notiz. Ganz besonders aufmerksam sind Sie, wenn Sie älteren Verwandten oder Bekannten eine vergrößerte Kopie der Anzeige schicken, damit diese sie leichter lesen können.
Fragen Sie beim Aufgeben der Anzeige die Zeitung nach Vorlagemustern, die diese in der Regel bereithält. Können Sie keine Vorlage nutzen, beachten Sie bitte folgende Regel: Weniger ist mehr. Bestücken

Sie die Anzeige nur mit den gängigen Informationen wie Namen des Brautpaares und eventuell der Elternpaare, Hochzeitsdatum und Ort. Alle weiterführenden Informationen können Sie mit dem Einladungsschreiben verschicken oder allen Interessierten auf einer personalisierten Hochzeitswebsite zugänglich machen.

Persönliche Hochzeitsanzeigen

Leben die meisten Ihrer Verwandten und Bekannten nicht im Verbreitungsgebiet Ihrer Tageszeitung oder des Gemeindeblattes, dann wählen Sie zusätzlich zur Zeitungsannonce auch den Versand per Brief. Wägen Sie ab, ob nicht sogar der ausschließliche Postversand die beste Art und Weise der Bekanntgabe Ihrer anstehenden Hochzeit ist. Bedenken Sie auch, dass ein persönlich adressierter Brief immer gelesen wird, eine Zeitungsannonce hingegen oft überlesen oder gar nicht gelesen werden könnte.

Je nach Geschmack können Sie gedruckte Hochzeitsanzeigen, die Sie per Post versenden, mit einer personalisierten Empfängerzeile versehen, Sammelbegriffe in Form von »Dich«, »Euch« oder »Sie« wählen oder die Hochzeitsanzeige gänzlich ohne Empfängerzeile formulieren. Entscheiden Sie sich für die personalisierte Empfängerzeile, so ist es selbstverständlich, dass Sie in der Anzeige die Angaben in der Empfängerzeile handschriftlich eintragen. Ist Ihre Handschrift nicht gut leserlich, können Sie die Namen zur Not auch mit einem sich vom Anzeigentext abhebenden Schreibschriftfont ausdrucken. Auf keinen Fall sollten Sie einen Druckschriftfont verwenden.

Bei gedruckten Hochzeitsanzeigen ist es eine Frage des guten Stils, enge Verwandte und Bekannte mit ein paar zusätzlichen, handgeschriebenen Zeilen auf der Karte oder in einem extra Brief zu erfreuen.

Adressieren des Umschlages

Haben Sie sich für die Versendung der Anzeige per Post entschieden, so müssen Sie bereits bei der Adressierung des Umschlages auf einige Etiketteregeln achten.

Den Umschlag können Sie handschriftlich adressieren oder mit Namen und Adresse der Empfänger bedrucken lassen. Vermeiden

Sie es, bedruckte Adressaufkleber einzusetzen. Diese haben auf Ihrer privaten Post nichts zu suchen.
Bei Erwachsenen wäre es unhöflich, die Zusätze »Frau« oder »Herrn« bei der Beschriftung des Umschlages wegzulassen. Außerdem helfen sie zu unterscheiden, ob es sich um Erwachsene oder Kinder handelt. Bei Kindern und Jugendlichen wird auf die Verwendung von »Frau« oder »Herrn« verzichtet.
Bei nicht mehr jungen Paaren, die schon viele Jahre verheiratet sind und der alten Schule angehören, können Sie den Mann an erster Stelle nennen. Ansonsten schreibt man den Namen des- oder derjenigen zuerst, für den oder die die Anzeige hauptsächlich gedacht ist. Richtet sich die Anzeige an beide gleichermaßen, greifen Sie auf das altbewährte »Ladies first« zurück und nennen die Frau an erster Stelle. Ob Sie zwischen zwei getrennt aufgeführten Namen ein »und« setzen, ist reine Geschmackssache.

An Ehepaare
Zählen Sie die Eheleute stets einzeln auf, zumal es heutzutage nicht ungewöhnlich ist, dass Ehepartner unterschiedliche Nachnamen tragen. Es ist veraltet, Briefe an »Familie Hartmut Hansen«, »Eheleute Hartmut Hansen« oder »Herrn Hartmut Hansen und Frau« zu adressieren.

> Frau Anneliese Hansen
> Herrn Hartmut Hansen

> Frau Anneliese Klausen-Hansen
> Herrn Hartmut Hansen

An unverheiratete Paare
Beabsichtigen Sie, Ihre Vermählung einem unverheirateten Paar anzuzeigen, so ist es selbstverständlich, dass Sie auf dem Umschlag der Anzeige beide Namen separat aufführen.

> Frau Anneliese Klausen
> Herrn Hartmut Hansen

Kennen Sie den Namen von einem der beiden Partner nicht, verkneifen Sie sich Formulierungen wie »Herrn Hartmut Hansen und Freundin«. Allenfalls »Herrn Hartmut Hansen und Partnerin« ist noch akzeptabel. Die einzig stilvolle Art ist es jedoch, sich vor dem Einladungsversand nach dem fehlenden Namen zu erkundigen.

An Paare mit Kindern

Wollen Sie ein Paar und dessen Kinder mit einer Hochzeitsanzeige von Ihrer bevorstehenden Vermählung in Kenntnis setzen und soll diese Anzeige gleichzeitig als Einladung an die Eltern und Kinder gelten, so adressieren Sie den Umschlag an die Erwachsenen und die Kinder.

Frau Anneliese Hansen
Herrn Hartmut Hansen
Lea und Max Hansen

Frau Anneliese Hansen
Herrn Hartmut Hansen
und Kinder

Bei Patchworkfamilien, Eheleuten ohne gemeinsamem Ehenamen und unverheirateten Paaren führen Sie ebenfalls alle Vor- und Nachnamen einzeln auf.

Frau Anneliese Klausen
Herrn Hartmut Hansen
Lea Klausen
und Max Hansen

Wenn der Umschlag zu klein und die Familie zu groß ist, um alle Mitglieder einzeln zu nennen, adressieren Sie den Brief nur an die Erwachsenen und erwähnen die Kinder im Anzeigentext. Nennen Sie im Einladungsschreiben das älteste Kind zuerst und das jüngste an letzter Stelle:

Christina und Hubertus
freuen sich,
Anneliese, Hartmut, Lea und Max
ihre Vermählung bekannt zu geben.

Liebe Anneliese, lieber Hartmut,
wir geben Euch und Euren Kinder Lea und Max
unsere bevorstehende Vermählung bekannt.

Beabsichtigen Sie, ein Paar ohne dessen Kinder einzuladen, adressieren Sie die Hochzeitsanzeige, die gleichzeitig als Einladung fungiert, auch nur an das Paar:

Frau Anneliese Hansen und
Herrn Hartmut Hansen

An Einzelgäste
Zeigen Sie Ihre Vermählung einer Einzelperson in einer Hochzeitsanzeige an, die gleichzeitig als Einladung zur Hochzeit gilt, so adressieren Sie den Umschlag lediglich an diese eine Person und stellen Sie in der Anzeige klar, ob sich die Einladung nur an die einzelne Person richtet oder ob diese eine Begleitperson mitbringen darf.
Formulierungen wie »Herrn Hartmut Hansen und Dame« oder »Frau Anneliese Klausen und Herr« haben weder auf dem Umschlag noch in der Anzeige etwas zu suchen.

Titel und akademische Grade auf dem Briefumschlag
Titel und akademische Grade werden auf dem Umschlag angegeben, auch wenn es sich um enge Verwandte oder gute Freunde handelt. Diese Zusätze werden nach der Höflichkeitsform »Frau« oder »Herrn« und vor den Vor- und Nachnamen des Empfängers gesetzt. Wenn nur einer der Adressaten den Doktorgrad oder den akademischen Titel Professor trägt beziehungsweise eine Professorenwürde verliehen bekommen hat oder beide unterschiedliche akademische Grade oder Titel innehaben, zählen Sie die Personen einzeln mit de-

ren Namen und jeweiligen Graden und Titeln auf. Verschiedenwertige akademische Grade bestimmen dabei nicht die Reihenfolge, in der die Frau und der Mann aufgezählt werden. Es ist auch in diesem Fall eine Höflichkeitsentscheidung, die Frau zuerst zu nennen.

Frau Dr. Anneliese Hansen
Herrn Prof. Dr. Hartmut Hansen

Unterschlagen Sie auf dem Umschlag keine Titel und Grade, sondern schreiben Sie alle aus. Auf dem Briefumschlag kürzen Sie »Professor« oder »Professorin« mit »Prof.« und einen Doktortitel mit »Dr.« ab. Übrigens, hinter dem Doktorgrad sollte man eigentlich die Fakultätsabkürzung angeben. Da diese in vielen Fällen nicht bekannt ist, hat sich die Nennung des »Dr.« ohne Fakultätsbezeichnung etabliert. Hat der Empfänger Ehrendoktorwürden erlangt, nehmen Sie diese in die Beschriftung des Briefumschlages in Form von »h. c.« – honoris causa – oder der deutschen Version »e. h.« – ehrenhalber – auf.

Frau Dr. e. h. Anneliese Hansen
Herrn Prof. Dr. Dr. h. c. Hartmut Hansen

Wurde einem Nichtakademiker die Professorenwürde verliehen, gibt es eine dem Dr. h. c. gleichzusetzende Form des Prof. h. c. nicht. Die Ehrenbeleihung wird äußerlich nicht erkennbar, sodass Sie auf dem Briefumschlag lediglich notieren: »Herrn Prof. Hartmut Hansen«. Sind beide Partner promoviert, können Sie die Doktorengrade auf dem Briefumschlag mit »Dres.« zusammenfassen oder den Personen einzeln zuordnen.

Dres. Frau Anneliese und
Herrn Hartmut Hansen
Frau Dr. Anneliese Hansen
und Herrn Dr. Hartmut Hansen

Adelstitel auf dem Briefumschlag
Adelstitel erscheinen vor dem Nachnamen, aber nach eventuellen akademischen Graden und dem Vornamen, weil mit der Weimarer Verfassung im Jahr 1919 alle adelsrechtlichen Privilegien aufgehoben wurden und Adelsbezeichnungen seither zum Nachnamen gehören.

Herrn Hartmut Baron von Hansen
Frau Prof. Dr. Anneliese Gräfin von Klausen

Während Sie in Norddeutschland das »von« mit einem »v.« abkürzen können, schreiben Sie in Süddeutschland das »von« stets aus. Das »von« wird allerdings – und unabhängig von regionalen Gepflogenheiten – immer ausgeschrieben, wenn nach dem Adelsprädikat ein Ländername folgt.
Bei Rittern, Edlen und nichttitulierten Adligen setzen Sie hinter eventuellen Funktionsbezeichnungen, akademischen Graden und dem Vornamen das Adelsprädikat und dann den Nachnamen.

Frau Anneliese von Klausen
Herrn Dr. Hartmut von Hansen
Herrn Generalkonsul Hartmut von Hansen

Bei Freifrauen und Freiherren setzen Sie hinter der Höflichkeitsform »Frau« oder »Herrn«, eventuellen akademischen Graden und dem Vornamen die Adelsbezeichnung »Freiherr von« beziehungsweise »Freifrau von«.

Herrn Hartmut Freiherr von Hansen
Frau Prof. Dr. Anneliese Freifrau von Klausen

Bei Freifrauen und Freiherren können Sie zur Meidung einer Dopplung »Freifrau« beziehungsweise »Freiherrn« auch vor alle Namensteile einschließlich des Vornamens setzen und »Frau« oder »Herrn« weglassen.

Freiherrn Hartmut von Hansen
Freifrau Dr. Anneliese von Klausen

Doppelnamen oder eine zu einem Namen gehörende Ortsbezeichnung werden in der Anschrift ausformuliert.

Herrn Hartmut Baron von Hansen zu Bergestedt
Frau Prof. Dr. Anneliese Gräfin von Klausen zu Höllrich

Aus Platzgründen können Sie auf dem Briefumschlag die Titel »Freiherr« mit »Frhr.« und »Freifrau« mit »Frfr.« abkürzen. Alle anderen Adelstitel sind auszuschreiben. Ebenso kann »und« in einem mehrgliedrigen Namen mit »u.« abgekürzt werden. Alle anderen Adelsprädikate wie »vom«, »zum«, »zu«, »zur« oder »dem« schreiben Sie aus. Haben Sie auf Ihrer Einladungsliste zahlreiche adelige Gäste, dann lohnt es sich, das Standardwerk »Genealogisches Handbuch des Adels«, kurz den »Gotha«, zu konsultieren oder sich beim Deutschen Adelsarchiv in Marburg nach der richtigen Schreibweise zu erkundigen. Insbesondere, wenn Sie ausländische adelige Gäste erwarten, versichern Sie sich bitte bei der zuständigen Botschaft, dass Sie die korrekte Bezeichnung gewählt haben.

Amts- und Funktionsbezeichnungen auf dem Briefumschlag

Amts- oder Funktionsbezeichnungen, wie zum Beispiel Senatorin, Bürgermeister, Regierungsrätin, Vorstandsvorsitzender, Präsidentin oder Geschäftsführerin kommen bei der Beschriftung des Briefumschlages nach der bürgerlichen Anrede »Frau« oder »Herrn« und vor dem Vor- und Nachnamen des Empfängers. Lange Bezeichnungen können der Übersichtlichkeit halber auch nach dem Vor- und Nachnamen nachgesetzt werden. Amts- und Funktionsbezeichnungen für Frauen verwenden Sie – soweit vorhanden – in der weiblichen Form. Besitzt ein Empfänger Ihrer Anzeige mehrere Amts- oder Funktionsbezeichnungen, so wählen Sie die Bezeichnung, mit der die Person den stärksten Bezug zu Ihnen und der Hochzeitsanzeige hat.

Frau Senatorin Prof. Dr. Anneliese Klausen
Herrn Generalkonsul Hartmut Hansen

Frühere Amtsbezeichnungen geben Sie dann auf dem Umschlag Ihrer Hochzeitsanzeige an, wenn der oder die Angeschriebene kein aktuelles, neues Amt bekleidet. Bei mehreren früheren Amtsbezeichnungen geben Sie nur die ranghöchste oder bei Gleichrangigkeit die zuletzt ausgeübte Funktion an.
Beamte, die aus dem Staatsdienst ausgeschieden sind und nach dem Bundesbeamtengesetz beispielsweise als Vorruheständler oder in Altersteilzeit noch zum Tragen ihrer Amtsbezeichnung berechtigt sind, führen ihre frühere Amtsbezeichnung mit dem Zusatz »a. D.« – außer Dienst.
Die Abkürzung »i. R.« – im Ruhestand – können Sie für ehemalige Beamte verwenden, die endgültig in den Ruhestand getreten sind. Dies ist in der Regel der Fall, wenn diese die Altersgrenze erreicht haben. Die Verwendung dieser Abkürzung ist allerdings im Gegensatz zu »a. D.« nicht gesetzlich geregelt und damit nicht offiziell.

Religiöse Funktionsbezeichnungen auf dem Briefumschlag
Wenn Sie einer oder einem Geistlichen Ihre Heirat anzeigen, geben Sie auf dem Briefumschlag hinter der Höflichkeitsform »Frau« oder »Herrn« die Funktionsbezeichnung wie Pfarrer oder Pastor an beziehungsweise die Anredeform »Herrn« vor einem Priester, gefolgt von etwaigen akademischen Graden und dem Vor- und Nachnamen. Für weibliche Geistliche wählen Sie die weibliche Funktionsbezeichnung.

Frau Pastorin Dr. Mechthild Kreuz
Herrn Pfarrer Matthias Bibel
Frau Pfarrerin Agnes Fromm

Empfängerzeile

Je nach Geschmack können Sie gedruckte Hochzeitsanzeigen, die Sie per Post versenden, mit einer persönlichen Anrede der Empfänger versehen, eine Sammelanrede in Form von »Dich«, »Euch« oder »Sie« wählen oder die Hochzeitsanzeige gänzlich ohne Anrede formulieren.

Entscheiden Sie sich für die persönliche Anrede der Empfänger, so ist es selbstverständlich, dass Sie deren Namen in der Anrede handschriftlich eintragen. Ist Ihre Handschrift nicht gut leserlich, können Sie die Namen zur Not auch mit einem sich vom Anzeigentext abhebenden Schreibschriftfont ausdrucken. Auf keinen Fall sollten Sie einen Druckschriftfont verwenden.

Titel und akademische Grade

Titel und akademische Grade werden in der Empfängerzeile der Anzeige stets vor dem Vor- und Nachnamen angegeben. Sie können darauf verzichten, wenn es sich um enge Verwandte oder sehr gute Freunde handelt, die Sie duzen und nur mit dem Vornamen anschreiben, oder um Personen, die Ihnen gegenüber ausdrücklich den Wunsch geäußert haben, nicht mit den entsprechenden Titeln und Bezeichnungen angeredet zu werden.

Wenn nur einer der Adressaten einen akademischen Titel trägt, eine akademische Amtsbezeichnung führt oder beide unterschiedliche akademische Grade innehaben, ist die getrennte Form die bessere. Unterschiedliche akademische Grade bestimmen dabei nicht die Reihenfolge, in der die Frau und der Mann aufgezählt werden. Es ist auch in diesem Fall eine Höflichkeitsentscheidung, die Frau zuerst zu nennen.

Frau Dr. Anneliese Hansen
Herrn Professor Dr. Hartmut Hansen
Lea und Max Hansen

Trägt ein Empfänger sowohl einen Professoren- als auch Doktortitel, werden in der personalisierten Empfängerzeile beide Titel in der

Empfängerzeile genannt, wobei »Professor« oder »Professorin« in der Anrede ausgeschrieben und »Dr.« immer abgekürzt wird. Beschränken Sie sich jedoch in der mündlichen Anrede auf den höchsten Titel, da dieser Vorrang hat.
Hat jemand Ehrendoktorwürden erlangt, haben Sie diese zwar in die Beschriftung des Briefumschlages aufgenommen, verzichten aber nun in der Empfängerzeile auf die Ehrendoktorwürde »h. c.« oder die deutsche Version »e. h.« – ehrenhalber. In diesem Fall stellen Sie lediglich den Titel »Professor« oder »Dr.« dem Namen voran.
Sind beide Partner promoviert, konnten Sie den Briefumschlag zwar mit »Dres. Frau Anneliese und Herrn Hartmut Hansen« beschriften, weisen die beiden Titel in der Empfängerzeile nun aber separat aus, indem Sie beide Personen mit ihrem jeweiligen Titel, Vor- und Nachnamen einzeln aufzählen.

Adelstitel

Adelstitel erscheinen vor dem Nachnamen, aber nach eventuellen akademischen Graden und dem Vornamen, weil mit der Weimarer Verfassung im Jahr 1919 alle adelsrechtlichen Privilegien aufgehoben wurden und Adelsbezeichnungen seither zum Nachnamen gehören. Es heißt:

Herrn Hartmut Baron von Hansen
Frau Anneliese Gräfin von Klausen

Während Sie in Norddeutschland das »von« mit einem »v.« abkürzen können, schreiben Sie in Süddeutschland das »von« stets aus. Das »von« wird allerdings – unabhängig von regionalen Gepflogenheiten – immer ausgeschrieben, wenn nach dem Adelsprädikat ein Ländername folgt.
Kommt ein akademischer Grad hinzu, wird er vor dem Vornamen platziert. In der Empfängerzeile werden alle akademischen Grade aufgezählt.

Frau Dr. Anneliese Gräfin von Klausen

Gehört der Empfänger zum nichttitulierten Adel, lassen Sie hinter eventuellen Funktionsbezeichnungen, akademischen Graden und dem Vornamen das Adelsprädikat und den Nachnamen folgen.

Frau Anneliese von Klausen
Herrn Generalkonsul Hartmut von Hansen

Adressieren Sie an eine Freifrau oder einen Freiherrn, so lassen Sie die Höflichkeitsform »Frau« oder »Herrn« in der Empfängerzeile weg, um eine sprachliche Dopplung zu vermeiden. Es heißt dann vielmehr:

Hartmut Freiherrn von Hansen
Dr. Anneliese Freifrau von Klausen

Doppelnamen oder eine zu einem Namen gehörende Ortsbezeichnung werden in der Empfängerzeile ausformuliert.

Herrn Hartmut Baron von Hansen zu Bergestedt
Frau Dr. Anneliese Gräfin von Klausen zu Höllrich

Aus Platzgründen können Sie in der Empfängerzeile die Titel »Freiherr« mit »Frhr.« und »Freifrau« mit »Frfr.« abkürzen. Alle anderen Adelstitel sind auszuschreiben. Ebenso kann ein »und« in einem mehrgliedrigen Namen mit »u.« abgekürzt werden. Alle anderen Adelsprädikate wie »vom«, »zum«, »zu«, »zur« oder »dem« schreiben Sie aus.
Haben Sie auf Ihrer Verteilerliste zahlreiche adelige Gäste, lohnt es sich, das Standardwerk »Genealogisches Handbuch des Adels«, kurz den »Gotha«, zu konsultieren oder sich beim Deutschen Adelsarchiv in Marburg nach der richtigen Schreibweise zu erkundigen. Insbesondere, wenn Sie ausländische adelige Gäste erwarten, sollten Sie mit der zuständigen Botschaft die korrekte Bezeichnung abklären.

Amts- und Funktionsbezeichnungen

Amts- oder Funktionsbezeichnungen, zum Beispiel Senatorin, Bürgermeister, Regierungsrätin, Vorstandsvorsitzender, Präsidentin oder

Geschäftsführerin kommen in der Empfängerzeile nach dem Zusatz »Frau« oder »Herrn« und vor dem Vor- und Nachnamen des Empfängers. Lange Bezeichnungen können der Übersichtlichkeit halber auch nach dem Vor- und Nachnamen gesetzt werden. Amts- und Funktionsbezeichnungen für Frauen verwenden Sie – soweit vorhanden – auch in der weiblichen Form. Besitzt ein Empfänger Ihrer Anzeige mehrere Amts- oder Funktionsbezeichnungen, so wählen Sie die Bezeichnung, mit der die Person den stärksten Bezug zu Ihnen und der Hochzeitsanzeige hat.

Frau Senatorin Professorin Dr. Anneliese Klausen
Herrn Generalkonsul Hartmut Hansen

Frühere Amtsbezeichnungen geben Sie in Ihrer Hochzeitsanzeige an, sofern der oder die Angeschriebene kein aktuelles, neues Amt bekleidet. Bei mehreren früheren Amtsbezeichnungen geben Sie nur die ranghöchste oder bei Gleichrangigkeit die zuletzt ausgeübte Funktion an.

Beamte, die aus dem Staatsdienst ausgeschieden sind und nach dem Bundesbeamtengesetz beispielsweise als Vorruheständler oder in Altersteilzeit noch zum Tragen ihrer Amtsbezeichnung berechtigt sind, führen ihre frühere Amtsbezeichnung mit dem Zusatz »a. D.« – außer Dienst.

Die Abkürzung »i. R.« – im Ruhestand – können Sie für ehemalige Beamte verwenden, die endgültig in den Ruhestand getreten sind. Dies ist in der Regel der Fall, wenn diese die Altersgrenze erreicht haben. Die Verwendung dieser Abkürzung ist allerdings im Gegensatz zu »a. D.« nicht gesetzlich geregelt und damit nicht offiziell.

Religiöse Funktionsbezeichnungen: Bei Geistlichen geben Sie hinter der Höflichkeitsform »Frau« oder »Herrn« die Funktionsbezeichnung wie Pfarrer oder Pastor an beziehungsweise die Anredeform »Herrn« vor einem Priester, gefolgt von etwaigen akademischen Graden und dem Vor- und Nachnamen. Für weibliche Geistliche wählen Sie bitte die weibliche Funktionsbezeichnung.

Frau Pastorin Dr. Mechthild Kreuz
Herrn Pfarrer Matthias Bibel
Frau Pfarrerin Agnes Fromm

Save-the-date-Karten

Da das Brautpaar seine Hochzeitsanzeige in der Regel so formuliert, dass diese nicht gleichzeitig als Einladung gilt, hat sich das zeitgleiche Versenden von Save-the-date-Karten eingebürgert. Zusätzlich zur Hochzeitsanzeige werden diejenigen Personen, die bei der Hochzeitszeremonie und den anschließenden Feierlichkeiten dabei sein sollen, darüber informiert, zu welchen Feierlichkeiten sie im Rahmen der Hochzeit eingeladen werden. Das gibt den Empfängern zum einen Klarheit, dass Sie zum Gästekreis gehören werden, und zum anderen ausreichend Planungszeit für Geschenke, Reisearrangements oder die Hotelzimmerbuchung.

Mit der wörtlichen Übersetzung »Datum oder Termin sichern« kommt man sehr nahe an den Sinn dieser Karten heran. Um noch mehr Sicherheit zu haben, dass zur Hochzeit auch wirklich alle eingeladenen Gäste kommen können, werden diese Karten lange vor den eigentlichen Einladungskarten an die Hochzeitsgäste verschickt. Und je eher Sie die Save-the-date-Karten versenden, desto günstiger für ihre Gäste. Ein Jahr im Voraus ist durchaus nicht zu früh. Acht Wochen vor dem Hochzeitstermin sollten Sie allerdings keine Save-the-date-Karte mehr versenden. Hier ist die Zeitspanne zwischen Ankündigung und Anlass so gering, dass Sie sofort die Einladung versenden müssen.

Die Save-the-date-Karten verschicken Sie, sobald der Einladungsverteiler final feststeht. Da diese Karten ausschließlich die zukünftigen Gäste der Hochzeitsfeierlichkeiten erhalten, wäre es ein grober Schnitzer, Empfängern der Save-the-date-Karten im Nachgang keine Einladung zukommen zu lassen. Alle Personen, die eine Save-the-date-Karte erhalten haben, haben das Hochzeitsdatum in ihrem Kalender reserviert und möglicherweise bereits erste Vorkehrungen für ihre Teilnahme am Fest getroffen. Es ist also eine Frage des guten Stils, dass sie deshalb auch eine endgültige Einladung erhalten.

Orientieren Sie sich bei der Gestaltung der Save-the-date-Karten im Hinblick auf Papierqualität, Format und Schrifttyp an der später zu versendenden Einladung. Geben Sie in der Karte die Namen der Brautleute an und informieren Sie über Hochzeitsdatum und Ort. Bitten Sie die Empfänger, sich den Termin im Kalender zu reservieren, und verweisen Sie gegebenenfalls darauf, dass weitere Informationen folgen. In diesem Zusammenhang ist es empfehlenswert, die Karte mit dem ausdrücklichen Vermerk »Save the date« zu versehen, damit auch Empfänger, die mit dieser Ankündigungsform nicht vertraut sind, die Karte lediglich als Ankündigung und nicht als finale Einladung deuten.

Wir wollen heiraten!
Gemeinsam mit Euch möchten wir diesen Tag feiern.
Bitte haltet Euch Samstag, den 20. August 2011, frei.
Eine Einladung mit weiteren Details folgt.
Christina Weiß und Hubertus Schwarz

Christina und Hubertus
bitten
Anneliese, Hartmut, Lea und Max,
den 20. August 2011
für das Hochzeitsfest zu reservieren.

Da es sich um eine reine Ankündigung handelt, enthält die Save-the-date-Karte auch keine Antwortvermerke wie »U. A. w. g.« oder »R. S. V. P.«. Diese sind der eigentlichen Einladung vorbehalten. Für den Empfänger bedeutet dies wiederum, dass er auf eine Save-the-date-Karte nicht reagieren muss. Die eigentliche Einladung wird er schließlich rechtzeitig erhalten, und es ist vollkommen ausreichend, wenn er erst dann zu- oder absagt. Wollen Sie es sich als Empfänger trotzdem nicht nehmen lassen und bereits auf die Save the date-Karte antworten, verzichten Sie an dieser Stelle auf detaillierte Fragen nach dem Wo und Wie der Feierlichkeiten und teilen Sie nur kurz Ihre Freude über die Teilnahme oder eine eventuelle Verhinderung mit.

Eine aufmerksame Geste Ihren Gästen gegenüber ist es, wenn Sie der Save-the-date-Karte bereits eine Hotelliste beilegen, damit die Unterkunft frühzeitig gebucht werden kann. Haben Sie eine eigene Hochzeitswebsite eingerichtet, die ständig mit wichtigen Informationen aktualisiert wird, dann können Sie auf diese ebenfalls in der Save-the-date-Karte hinweisen.

Adressieren des Umschlages

Adressieren Sie die Save-the-date-Karten mit der gleichen Sorgfalt wie Ihre späteren Einladungen. Den Umschlag können Sie handschriftlich adressieren oder mit Namen und Adresse der Empfänger bedrucken lassen. Vermeiden Sie es, bedruckte Adressaufkleber einzusetzen. Diese haben auf Ihrer Privatpost nichts zu suchen.

In der Regel werden die Empfänger mit Vor- und Nachnamen angeschrieben. Aus Platzgründen können Sie auf dem Umschlag die Vornamen Ihrer Empfänger durch deren Anfangsbuchstaben abkürzen. Bei Erwachsenen ist es unhöflich, die Anredeform »Frau« oder »Herrn« bei der Beschriftung des Umschlages wegzulassen. Außerdem helfen sie zu unterscheiden, ob es sich um Erwachsene oder Kinder handelt. Bei Kindern und Jugendlichen wird auf die Verwendung von »Frau« oder Herrn« verzichtet. Selbst wenn dem Empfängernamen ein Titel oder eine Amts- beziehungsweise Funktionsbezeichnung vorangestellt wird, wird auf die Zusätze »Frau« und »Herrn« nicht verzichtet.

Bei der Reihenfolge ist es Ihnen überlassen, an erster Stelle den Namen des Mannes oder der Frau auf dem Umschlag zu nennen. Bei älteren Paaren werden Sie, der traditionellen Etikette folgend, den Mann zuerst nennen. Ansonsten schreiben Sie den Namen des- oder derjenigen zuerst, für den die Save-the-date-Karte hauptsächlich gedacht ist. Richtet sich die Anzeige an beide Empfänger gleichermaßen, greifen Sie auf das altbewährte »Ladies first« zurück und platzieren Sie den Namen der Frau an erster Stelle.

Ob Sie zwischen zwei getrennt aufgeführten Namen ein »und« setzen, ist reine Geschmackssache.

An Ehepaare
Nennen Sie die Eheleute einzeln (mit Vor- und Nachnamen), zumal heutzutage viele Ehepartner unterschiedliche Nachnamen führen.

Frau Anneliese Hansen
Herrn Hartmut Hansen

Frau Anneliese Klausen-Hansen
und Herrn Hartmut Hansen

Sind Ihnen die Vornamen nicht bekannt, können Sie zur Not auch »Herrn und Frau Hansen« auf dem Umschlag notieren. Es ist jedoch veraltet, Briefe an »Familie Hartmut Hansen«, »Eheleute Hartmut Hansen« oder »Herrn Hartmut Hansen und Frau« zu adressieren.

An unverheiratete Paare
Es ist selbstverständlich, dass Sie bei unverheirateten Paaren beide Namen auf dem Briefumschlag separat aufführen.

Frau Anneliese Klausen
Herrn Hartmut Hansen

Kennen Sie den Namen von einem der beiden Partner nicht, verkneifen Sie sich Formulierungen wie »Herrn Hartmut Hansen und Freundin«. Allenfalls »Herrn Hartmut Hansen und Partnerin« ist noch akzeptabel. Die einzig stilvolle Art ist es jedoch, sich vor dem Einladungsversand nach dem Namen zu erkundigen.

An Paare mit Kindern
Adressieren Sie diesen Umschlag an die Erwachsenen und die Kinder.

Frau Anneliese Hansen
Herrn Hartmut Hansen
Lea und Max Hansen

Frau Anneliese Hansen
Herrn Hartmut Hansen
und Kinder

Bei Patchworkfamilien, Eheleuten ohne gemeinsamen Ehenamen oder unverheirateten Paaren führen Sie ebenfalls alle Vor- und Nachnamen einzeln auf.

Frau Anneliese Klausen
Herrn Hartmut Hansen
Lea Klausen
und Max Hansen

Wenn der Umschlag zu klein und die Familie zu groß ist, um alle Mitglieder einzeln zu nennen, adressieren Sie den Brief nur an die Erwachsenen und erwähnen die Kinder in der persönlichen Anrede im Kartentext. Nennen Sie bei der Anrede das älteste Kind zuerst und das jüngste zuletzt:

Christina und Hubertus
bitten Anneliese, Hartmut, Lea und Max,
den 20. August 2011
für das Hochzeitsfest zu reservieren.

An Einzelgäste

Schicken Sie die Save-the-date-Karte an eine Einzelperson, bei der Sie sich nicht sicher sind, ob diese in einer Partnerschaft lebt, adressieren Sie den Umschlag lediglich an die Einzelperson.
Formulierungen wie »Herrn Hartmut Hansen und Dame« oder »Frau Anneliese Klausen und Herr« haben weder auf dem Umschlag noch in der Anzeige etwas zu suchen.

Titel und akademische Grade auf dem Briefumschlag

Titel und akademische Grade werden auf dem Umschlag angegeben, auch wenn es sich um enge Verwandte oder gute Freunde handelt. Die

Zusätze werden nach der Höflichkeitsform »Frau« oder »Herrn« und vor den Vor- und Nachnamen des Empfängers gesetzt.
Wenn nur einer der Adressaten den akademischen Grad Doktor oder den akademischen Amtstitel Professor trägt beziehungsweise eine Professorenwürde verliehen bekommen hat oder beide unterschiedliche akademische Grade oder Titel innehaben, zählen Sie die Personen einzeln mit deren Namen und jeweiligen Graden und Titeln auf. Verschiedenwertige akademische Grade bestimmen dabei nicht die Reihenfolge, in der die Frau und der Mann aufgezählt werden. Es ist auch in diesem Fall eine Höflichkeitsentscheidung, die Frau zuerst zu nennen.

Frau Dr. Anneliese Hansen
Herrn Prof. Dr. Hartmut Hansen

Unterschlagen Sie auf dem Umschlag keine Titel und Grade, sondern schreiben Sie alle aus. Auf dem Briefumschlag kürzen Sie »Professor« oder »Professorin« mit »Prof.« und einen Doktortitel mit »Dr.« ab. Übrigens, hinter dem Doktorgrad sollte man eigentlich die Fakultätsabkürzung angeben. Da diese in vielen Fällen nicht bekannt ist, hat sich die Nennung des »Dr.« ohne Fakultätsbezeichnung etabliert. Hat der Empfänger Ehrendoktorwürden erlangt, nehmen Sie diese in die Beschriftung des Briefumschlages in Form von »h. c.« – honoris causa – oder der deutschen Version »e. h.« – ehrenhalber – auf.

Frau Dr. e. h. Anneliese Hansen
Herrn Prof. Dr. Dr. h. c. Hartmut Hansen

Wurde einem Nichtakademiker die Professorenwürde verliehen, gibt es eine dem Dr. h. c. gleichzusetzende Form des Prof. h. c. nicht. Die Ehrenbeleihung wird äußerlich nicht erkennbar, sodass Sie auf dem Briefumschlag lediglich notieren »Herrn Prof. Hartmut Hansen«.
Sind beide Partner promoviert, können Sie die Doktorengrade auf dem Briefumschlag mit »Dres.« zusammenfassen oder den Personen einzeln zuordnen.

Dres. Frau Anneliese und
Herrn Hartmut Hansen

Frau Dr. Anneliese Hansen
und Herrn Dr. Hartmut Hansen

Adelstitel auf dem Briefumschlag

Adelstitel erscheinen vor dem Nachnamen, aber nach eventuellen akademischen Graden und dem Vornamen, weil mit der Weimarer Verfassung im Jahr 1919 alle adelsrechtlichen Privilegien aufgehoben wurden und Adelsbezeichnungen seither zum Nachnamen gehören.

Herrn Hartmut Baron von Hansen
Frau Prof. Dr. Anneliese Gräfin von Klausen

Während Sie in Norddeutschland das »von« mit einem »v.« abkürzen können, schreiben Sie in Süddeutschland das »von« stets aus. Das »von« wird allerdings – und unabhängig von regionalen Gepflogenheiten – immer ausgeschrieben, wenn nach dem Adelsprädikat ein Ländername folgt.
Bei Rittern, Edlen und nichttitulierten Adligen setzen Sie hinter eventuellen Funktionsbezeichnungen, akademischen Graden und dem Vornamen das Adelsprädikat und dann den Nachnamen.

Frau Anneliese von Klausen
Herrn Dr. Hartmut von Hansen
Herrn Generalkonsul Hartmut von Hansen

Bei Freifrauen und Freiherren setzen Sie hinter die Höflichkeitsform »Frau« oder »Herrn« dann nach eventuellen akademischen Graden und dem Vornamen die Adelsbezeichnung.

Herrn Hartmut Freiherr von Hansen
Frau Prof. Dr. Anneliese Freifrau von Klausen

Bei Freifrauen und Freiherren können Sie zur Meidung einer Dopplung »Freifrau« beziehungsweise »Freiherrn« auch vor alle Namensteile einschließlich des Vornamens setzen und »Frau« oder »Herrn« weglassen.

Freiherrn Hartmut von Hansen
Freifrau Dr. Anneliese von Klausen

Doppelnamen oder eine zu einem Namen gehörende Ortsbezeichnung werden in der Anschrift ausformuliert.

Herrn Hartmut Baron von Hansen zu Bergestedt
Frau Prof. Dr. Anneliese Gräfin von Klausen zu Höllrich

Aus Platzgründen können Sie auf dem Briefumschlag die Titel »Freiherr« mit »Frhr.« und »Freifrau« mit »Frfr.« abkürzen. Alle anderen Adelstitel sind auszuschreiben. Ebenso kann ein »und« in einem mehrgliedrigen Namen mit »u.« abgekürzt werden. Alle anderen Adelsprädikate wie »vom«, »zum«, »zu«, »zur« oder »dem« schreiben Sie aus.
Haben Sie auf Ihrer Einladungsliste zahlreiche adelige Gäste, lohnt es sich, das Standardwerk »Genealogisches Handbuch des Adels«, kurz den »Gotha«, zu konsultieren oder sich beim Deutschen Adelsarchiv in Marburg nach der richtigen Schreibweise zu erkundigen. Insbesondere, wenn Sie ausländische adelige Gäste erwarten, versichern Sie sich bei der zuständigen Botschaft, dass Sie die korrekte Bezeichnung gewählt haben.

Amts- und Funktionsbezeichnungen auf dem Briefumschlag
Amts- oder Funktionsbezeichnungen, wie zum Beispiel Senatorin, Bürgermeister, Regierungsrätin, Vorstandsvorsitzender, Präsidentin oder Geschäftsführerin kommen bei der Beschriftung des Umschlages nach dem Zusatz »Frau« oder »Herrn« und vor dem Vor- und Nachnamen des Empfängers. Lange Bezeichnungen können der Übersichtlichkeit halber auch nach dem Vor- und Nachnamen

nachgesetzt werden. Amts- und Funktionsbezeichnungen für Frauen verwenden Sie – soweit vorhanden – auch in der weiblichen Form. Besitzt ein Empfänger Ihrer Anzeige mehrere Amts- oder Funktionsbezeichnungen wählen Sie die Bezeichnung, mit der die Person den stärksten Bezug zu Ihnen hat.
Frühere Amtsbezeichnungen geben Sie dann auf dem Umschlag Ihrer Save-the-date-Karte an, sofern der oder die Angeschriebene kein aktuelles, neues Amt bekleidet. Bei mehreren früheren Amtsbezeichnungen geben Sie nur die Ranghöchste oder bei Gleichrangigkeit die zuletzt ausgeübte Funktion an.
Beamte, die aus dem Staatsdienst ausgeschieden sind und nach dem Bundesbeamtengesetz beispielsweise als Vorruheständler oder in Altersteilzeit noch zum Tragen ihrer Amtsbezeichnung berechtigt sind, führen ihre frühere Amtsbezeichnung mit dem Zusatz »a. D.« – außer Dienst.
Die Abkürzung »i. R.« – im Ruhestand – können Sie für ehemalige Beamte verwenden, die endgültig in den Ruhestand getreten sind. Dies ist in der Regel der Fall, wenn diese die Altersgrenze erreicht haben. Die Verwendung dieser Abkürzung ist allerdings im Gegensatz zu »a. D.« nicht gesetzlich geregelt und damit nicht offiziell.

Religiöse Funktionsbezeichnungen auf dem Briefumschlag

Wenn Sie einer oder einem Geistlichen eine Save-the-date-Karte schicken möchten, geben Sie auf dem Briefumschlag hinter der Höflichkeitsform »Frau« oder »Herrn« die Funktionsbezeichnung wie Pfarrer oder Pastor an beziehungsweise die Anredeform »Herrn« vor einem Priester, gefolgt von etwaigen akademischen Graden und dem Vor- und Nachnamen. Für weibliche Geistliche wählen Sie bitte die weibliche Funktionsbezeichnung.

Frau Pastorin Dr. Mechthild Kreuz
Herrn Pfarrer Matthias Bibel
Frau Pfarrerin Agnes Fromm

Empfängerzeile
Je nach Geschmack können Sie gedruckte Save-the-date-Karten, die Sie per Post versenden, mit einer persönlichen Anrede der Empfänger versehen, eine Sammelanrede in Form von »Dich«, Euch« oder »Sie« wählen oder die Save-the-date-Karte gänzlich ohne Anrede formulieren.
Entscheiden Sie sich für die persönliche Anrede der Empfänger ist es selbstverständlich, dass Sie deren Namen in der Anrede handschriftlich eintragen. Ist Ihre Handschrift nicht gut leserlich, können Sie die Namen zur Not auch mit einem sich vom Anzeigentext abhebenden Schreibschriftfont ausdrucken. Auf keinen Fall sollten Sie einen Druckschriftfont verwenden.

Titel und akademische Grade
Titel und akademische Grade werden in der Empfängerzeile der Anzeige stets vor dem Vor- und Nachnamen angegeben. Sie können darauf verzichten, wenn es sich um enge Verwandte oder sehr gute Freunde handelt, die Sie duzen und nur mit dem Vornamen anschreiben, oder um Personen, die Ihnen gegenüber ausdrücklich geäußert haben, nicht mit den entsprechenden Titeln und Bezeichnungen angeredet zu werden.
Wenn nur einer der Adressaten einen akademischen Titel trägt oder eine akademische Amtsbezeichnung führt oder beide unterschiedliche akademische Grade innehaben, ist die getrennte Form die bessere. Unterschiedliche akademische Grade bestimmen dabei nicht die Reihenfolge, in der die Frau und der Mann aufgezählt werden. Es ist auch in diesem Fall eine Höflichkeitsentscheidung, die Frau zuerst zu nennen.

> Frau Dr. Anneliese Hansen
> Herrn Professor Dr. Hartmut Hansen
> Lea und Max Hansen

Trägt ein Empfänger sowohl einen Professoren- als auch Doktortitel, werden in der personalisierten Empfängerzeile beide Titel genannt,

wobei »Professor« oder »Professorin« in der Anrede ausgeschrieben und »Dr.« immer abgekürzt wird. Beschränken Sie sich jedoch in der mündlichen Anrede auf den höchsten Titel, da dieser Vorrang hat.
Hat jemand Ehrendoktorwürden erlangt, haben Sie diese zwar in die Beschriftung des Briefumschlages aufgenommen, verzichten aber nun in der Empfängerzeile auf die Ehrendoktorwürde »h. c.« oder die deutsche Version »e. h.« – ehrenhalber –, sondern stellen lediglich den Titel »Professor« oder »Dr.« dem Namen voran.
Sind beide Partner promoviert, konnten Sie den Briefumschlag zwar mit »Dres. Frau Anneliese und Herrn Hartmut Hansen« beschriften, weisen die beiden Titel in der Empfängerzeile nun aber separat aus, indem Sie beide Personen mit ihrem jeweiligen Titel, Vor- und Nachnamen einzeln aufzählen.

Adelstitel

Adelstitel erscheinen vor dem Nachnamen, aber nach eventuellen akademischen Graden und dem Vornamen, weil mit der Weimarer Verfassung im Jahr 1919 alle adelsrechtlichen Privilegien aufgehoben wurden und Adelsbezeichnungen seither zum Nachnamen gehören. Es heißt:

Herrn Hartmut Baron von Hansen
Frau Anneliese Gräfin von Klausen

Während Sie in Norddeutschland das »von« mit einem »v.« abkürzen können, schreiben Sie in Süddeutschland das »von« stets aus. Das »von« wird allerdings – und unabhängig von regionalen Gepflogenheiten – immer ausgeschrieben, wenn nach dem Adelsprädikat ein Ländername folgt.
Kommt ein akademischer Grad hinzu, wird er vor dem Vornamen platziert. In der Empfängerzeile werden alle akademischen Grade aufgezählt.

Frau Dr. Anneliese Gräfin von Klausen

Gehört der Empfänger zum nichttitulierten Adel, lassen Sie hinter eventuellen Funktionsbezeichnungen, akademischen Graden und dem Vornamen das Adelsprädikat und den Nachnamen folgen.

Frau Anneliese von Klausen
Herrn Generalkonsul Hartmut von Hansen

Adressieren Sie an eine Freifrau oder einen Freiherrn, lassen Sie die Höflichkeitsform »Frau« oder »Herrn« in der Empfängerzeile weg, um eine sprachliche Doppelung zu vermeiden. Es heißt dann vielmehr:

Hartmut Freiherrn von Hansen
Dr. Anneliese Freifrau von Klausen

Doppelnamen oder eine zu einem Namen gehörende Ortsbezeichnung werden in der Empfängerzeile ausformuliert.

Herrn Hartmut Baron von Hansen zu Bergestedt
Frau Dr. Anneliese Gräfin von Klausen zu Höllrich

Aus Platzgründen können Sie in der Empfängerzeile die Titel »Freiherr« mit »Frhr.« und »Freifrau« mit »Frfr.« abkürzen. Alle anderen Adelstitel sind auszuschreiben. Ebenso kann ein »und« in einem mehrgliedrigen Namen mit »u.« abgekürzt werden. Alle anderen Adelsprädikate wie »vom«, »zum«, »zu«, »zur« oder »dem« schreiben Sie aus. Haben Sie auf Ihrer Verteilerliste zahlreiche adelige Gäste, lohnt es sich, das Standardwerk »Genealogisches Handbuch des Adels«, kurz den »Gotha«, zu konsultieren oder sich beim Deutschen Adelsarchiv in Marburg nach der richtigen Schreibweise zu erkundigen. Insbesondere, wenn Sie ausländische adelige Gäste erwarten, versichern Sie sich bitte bei der zuständigen Botschaft, dass Sie die korrekte Bezeichnung gewählt haben.

Amts- und Funktionsbezeichnungen

Amts- oder Funktionsbezeichnungen, wie zum Beispiel Senatorin, Bürgermeister, Regierungsrätin, Vorstandsvorsitzender, Präsidentin oder Geschäftsführerin kommen in der Empfängerzeile nach dem Zusatz »Frau« oder »Herrn« und vor dem Vor- und Nachnamen des Empfängers. Lange Bezeichnungen können der Übersichtlichkeit halber auch nach dem Vor- und Nachnamen nachgesetzt werden. Amts- und Funktionsbezeichnungen für Frauen verwenden Sie – soweit vorhanden – auch in der weiblichen Form. Besitzt ein Empfänger Ihrer Anzeige mehrere Amts- oder Funktionsbezeichnungen wählen Sie die Bezeichnung, mit der die Person den stärksten Bezug zu Ihnen hat.

Frau Senatorin Professorin Dr. Anneliese Klausen
Herrn Generalkonsul Hartmut Hansen

Frühere Amtsbezeichnungen geben Sie an, sofern der oder die Angeschriebene kein aktuelles, neues Amt bekleidet. Bei mehreren früheren Amtsbezeichnungen geben Sie nur die Ranghöchste oder bei Gleichrangigkeit die zuletzt ausgeübte Funktion an.
Beamte, die aus dem Staatsdienst ausgeschieden sind und nach dem Bundesbeamtengesetz beispielsweise als Vorruheständler oder in Altersteilzeit noch zum Tragen ihrer Amtsbezeichnung berechtigt sind, führen ihre frühere Amtsbezeichnung mit dem Zusatz »a. D.« – außer Dienst.
Die Abkürzung »i. R.« – im Ruhestand – können Sie für ehemalige Beamte verwenden, die endgültig in den Ruhestand getreten sind. Dies ist in der Regel der Fall, wenn diese die Altersgrenze erreicht haben. Die Verwendung dieser Abkürzung ist allerdings im Gegensatz zu »a. D.« nicht gesetzlich geregelt und damit nicht offiziell.

Religiöse Funktionsbezeichnungen

Bei Geistlichen geben Sie hinter der Höflichkeitsform »Frau« oder »Herrn« die Funktionsbezeichnung wie Pfarrer oder Pastor an beziehungsweise die Anredeform »Herrn« vor einem Priester, gefolgt von etwaigen akademischen Graden und dem Vor- und Nachnamen. Für weibliche Geistliche wählen Sie bitte die weibliche Funktionsbezeichnung.

Frau Pastorin Dr. Mechthild Kreuz
Herrn Pfarrer Matthias Bibel
Frau Pfarrerin Agnes Fromm

Hinweis auf eigene Hochzeitswebsite

Gehören Sie zur Facebook-Generation und wollen Details Ihrer Hochzeitsvorbereitungen mit Ihren Freunden und Bekannten im Internet teilen, dann ist für Sie eine personalisierte Hochzeitswebsite genau das Richtige. Sie können dort Fotos von Ihrer Verlobungsfeier oder dem Polterabend einstellen, vielleicht auch ein Tagebuch führen, in dem Sie die letzten Monate oder Wochen vor Ihrem großen Tag dokumentieren. Außerdem können Sie die Website auch nutzen, um Hotellisten, Anfahrtsbeschreibungen, Hochzeits- und Begleitprogramme, Gesangslisten und vieles mehr abzulegen.

Eine Hochzeitswebsite ist übrigens eine besonders elegante Lösung für Ihre Geschenkewünsche. Sie können auf Ihrer Website an prominenter, nicht übersehbarer Stelle auf Ihre Geschenkeliste, den Geschenketisch oder die Modalitäten bei der Geschenkeauswahl durch Ihre Gäste hinweisen. Während derartige Hinweise weder in eine Hochzeitsankündigung noch in eine Hochzeitseinladung gehören, ist gegen eine entsprechende Rubrik auf Ihrer Website nichts einzuwenden.

Sie ermöglichen mit einer Hochzeitswebsite Ihren zukünftigen Gästen schnellen und stets aktuellen Zugang zu allen relevanten Informationen und müssen der späteren Einladung keine entsprechenden Begleitdrucksachen beilegen. Am besten weisen Sie auf Ihre Hochzeitswebsite am Ende des Save-the-Date-Textes hin. Eventuell kann man diesen Hinweis auch auf der Rückseite der Save-the-Date-Karte positionieren.

Zur Hochzeit laden

Traditionell war der Mann der Ernährer, hatte also für die finanzielle Absicherung der jungen Familie zu sorgen. Die Frau brachte im Gegenzug die Mitgift in die Ehe. Das konnte bereits vorhandenes Vermögen oder eine später zu erwartende Erbschaft sein. Ebenfalls von der Brautfamilie kam die Aussteuer, die aus Einrichtungs- und Haushaltsgegenständen bestand. So wurde schon im Kindesalter der zukünftigen Braut begonnen, Tisch- und Bettwäsche, Handtücher und Geschirr zu horten, die als spätere Aussteuer dienen sollten. Außerdem übernahm die Familie der Braut die Kosten für die Hochzeitsfeier und richtete diese auch aus. Die Brauteltern wählten in der Regel den Ort der Feierlichkeit aus, bestimmten die Personen, die eingeladen werden sollten, und luden diese schlussendlich auch in ihrem Namen ein.
In sehr traditionsbewussten Familien werden deshalb auch heutzutage noch Einladungen im Namen der Brauteltern verschickt. Selbst wenn sich die Eltern der Braut, die Eltern des Bräutigams und die Brautleute die Kosten teilen, laden in sehr konservativen Kreisen nach wie vor nur die Brauteltern zur Hochzeit ein.

Wer lädt ein?

Moderner und zeitgemäßer ist es, wenn diejenigen zur Hochzeit laden, die diese auch bezahlen. Das können nach wie vor die Brauteltern sein, beide Elternpaare, aber auch nur das Brautpaar oder alle Beteiligten zusammen.

Die Einladungsliste

Alle Paare, die nicht heimlich oder nur im engsten Familienkreis heiraten, müssen sich früher oder später mit der Einladungsliste beschäftigen. Eine wohldurchdachte Einladungsliste ist der Grundstein für eine gelungene Hochzeitsfeier. Schließlich begehen Sie mit diesen

Personen den wichtigsten Tag in Ihrem Leben; oft verbringen Sie sogar mehrere Tage miteinander. Eine sorgfältig erstellte Einladungsliste verlangt viel Takt- und Fingerspitzengefühl, müssen doch zwei Familien und Freundeskreise unter einen Hut gebracht werden. Zum anderen ist der Umfang einer Einladungsliste immer auch eine Frage der räumlichen Möglichkeiten und ganz besonders des Budgets.
Für die kirchliche Trauzeremonie stellt eine große Einladungsliste kein Problem dar. Denn Kirchen sind groß, und es finden dort viele Personen Platz. Kosten für Blumenschmuck oder musikalische Darbietungen entstehen Ihnen ohnehin und sind unabhängig von der Gästezahl. Weitere kapitale Ausgaben haben Sie in der Kirche auch bei einem großen Einladungsverteiler nicht, da die Gäste im Rahmen der Trauungszeremonie beispielsweise nicht verköstigt werden müssen. Wenn Sie allerdings zum Hochzeitsempfang und zur Hochzeitstafel laden, müssen Sie schon genauer überlegen. Denn hier fallen Kosten für Raummiete, Speisen und Getränke ordentlich ins Gewicht.
Um Ihr Budget nicht zu überschreiten, können Sie zwischen zwei Varianten wählen. Entweder Sie planen die Einladungsliste nach Ihrem Budget und nehmen Abstriche bei der Einladungsliste in Kauf. Sie laden in diesem Fall also nur eine vorher definierte Anzahl an Gästen ein, um ihren festgesetzten Budgetrahmen einzuhalten. Oder Sie setzen zuerst die Gästeliste fest und planen die Feierlichkeiten so, dass diese in Ihren Budgetrahmen passen. Überlegen Sie also, ob Sie beim Blumenschmuck in der Kirche, bei der Dekoration, den zu versendenden Drucksachen, Ihrem Hochzeitsoutfit, der Anzahl der Gänge bei Ihrem Hochzeitsessen, der Qualität der Weine oder der Wahl der Örtlichkeiten für Ihre Programmpunkte Abstriche machen können. Vielleicht entscheiden Sie sich auch dafür, anstatt zu einem pompösen Essen zu einem kleineren Hochzeitsempfang am Vor- oder Nachmittag oder zu einem Sommerfest einzuladen.
Je nachdem, welche Verteiler Sie für die unterschiedlichen Programmpunkte Ihrer Hochzeitsfeierlichkeiten erstellt haben, können am Ende Ihrer Planungen unterschiedliche Einladungslisten beispielsweise für Trauung, Empfang oder Hochzeitsessen existieren. Vergessen Sie in

diesem Fall aber nicht, die Namen derer, die Sie zu mehreren Feiern einladen, auch wirklich auf jeder Liste zu vermerken.
Übrigens, viele Gastgeber bezeichnen ihre Einladungsliste fälschlicherweise als Gästeliste. Beide dürfen nicht miteinander verwechselt werden. Ihre Einladungsliste kann sich im Planungsprozess Ihrer Hochzeit ständig ändern und enthält alle Personen, die Sie sich als Gäste Ihrer Hochzeit wünschen und die Sie eingeladen haben. Bei den Personen, die auf der Einladungsliste stehen, wissen Sie aber nicht, ob diese zu- oder absagen werden. Die Gästeliste hingegen ist die finale, alphabetische Aufstellung der Personen, die schlussendlich zugesagt haben.

Ihre Prioritätenliste

Eine Einladungsliste tendiert immer dazu, sich wie Wildwuchs zu vermehren. Möglicherweise haben Ihre Eltern einen eigenen großen Freundeskreis und wollen ein Wörtchen beim Gästeverteiler mitreden? Ihr Partner hat beruflich bedingte Verpflichtungen gegenüber wichtigen Geschäftspartnern, die zwangsläufig auch mit auf die Liste müssen? Beim Notieren von Gästenamen fallen Ihnen immer neue Namen von alten Schulfreunden, Bekannten und Verwandten ein, an die Sie lange nicht mehr gedacht haben?
Damit Sie am Ende nicht vor einer völlig außer Kontrolle geratenen Einladungsliste stehen, müssen Sie sich an ein paar Regeln halten. So sollte die finale Einladungsliste nur von einer Person geführt werden. Ab einem bestimmten Zeitpunkt der Planungen streicht oder ändert nur noch diese Person die Gästenamen und behält somit den Überblick über den Gästekreis und den Budgetrahmen.
Setzen Sie bei der Auswahl Ihrer Gäste Prioritäten. Am besten gelingt Ihnen das, wenn Sie Ihre Gäste in drei Kategorien einteilen. Zu Kategorie A gehören all jene, die Sie definitiv einladen werden. Hierzu zählen die engsten Verwandten von Braut und Bräutigam wie Eltern, Geschwister, Großeltern, aber auch Ihre engsten Freunde und natürlich Ihre Kinder, sofern Sie schon eigene haben. Auch die Trauzeugen und Brautführer gehören in die A-Katagorie Ihrer Einladungsliste. In die B-Kategorie setzen Sie Personen, die Ihnen auch nahe stehen und

über deren Teilnahme Sie sich freuen würden, zum Beispiel Tanten, Onkel, Cousinen, Cousins, Nichten, Neffen und langjährige Freunde. Vergessen Sie auch Patentanten und Patenonkel und jene Menschen nicht, die in Ihrer Vergangenheit eine wichtige Rolle gespielt oder denen Sie viel zu verdanken haben. Vielleicht hatten Sie einen Mentor oder Doktorvater oder wurden bei einer komplizierten Operation von einem speziellen Arzt behandelt? Die C-Kategorie enthält solche Gäste, die Sie zwar gern bei Ihrer Hochzeit dabeihätten, die Ihnen aber nicht ganz so wichtig sind, beispielsweise Nachbarn, Kollegen oder Bekannte. Wären diese bei der Feier nicht dabei, würde das für Sie keinen Beinbruch darstellen. Gäste aus der C-Kategorie werden nur eingeladen, wenn Sie noch freie Kapazitäten haben.

Bedenken Sie bei der Planung der Gästezahl, dass Geschwister, Trauzeugen, Tanten, Paten & Co. üblicherweise mit Partnern und eventuell sogar mit Kindern eingeladen werden. Haben Sie für die Organisation Ihrer Hochzeit einen professionellen Hochzeitsmanager engagiert, so zählt dieser auch als Gast, wird platziert und isst mit. Ebenso verhält es sich mit dem Fotografen, den Band-Mitgliedern und dem Dienstleister, der Ihre Hochzeit auf Video filmt. Alle sind vollwertige Gäste, die Sie bei den betreffenden Programmpunkten fest einkalkulieren müssen.

Denken Sie daran, auch diejenigen Verwandten oder Freunde einzuladen, die aufgrund privater Zerwürfnisse, ihrer räumlichen Entfernung oder anderer Gründe höchstwahrscheinlich gar nicht an Ihrer Hochzeit teilnehmen werden, aber aufgrund ihres Verwandtschaftsgrades oder ihrer Beziehung zu Ihnen auf jeden Fall eine Einladung erhalten müssen. Streichen Sie niemals Personen von Ihrer Einladungsliste, von denen Sie vermuten, dass diese ohnehin nicht zusagen. Es verstößt gegen die Etikette, wenn beispielsweise enge Verwandte von Ihrer Hochzeit erfahren, die keine Einladung erhalten haben, aber aufgrund ihrer familiären Stellung hätten eingeladen werden müssen. Auch wenn Sie sich sicher sind, dass Ihre Cousine aus Neuseeland nicht zur Hochzeit anreisen oder der mit Ihrem Vater zerstrittene Onkel die Einladung absagen wird, bedenken Sie diese Personen trotzdem mit einer Einladung. Es kann immer sein, dass die

Eingeladenen wider Erwarten doch kommen wollen. Wenn nicht, haben Sie Platz für neue Gäste.

Kategorie A – absolut unentbehrlich

- Eltern, Stiefeltern, Großeltern, Urgroßeltern
- Geschwister mit Partner oder Begleitung
- andere Ihnen sehr nahe stehende Verwandte mit Partner oder Begleitung
- engste Freunde mit Partner oder Begleitung
- Trauzeugen, Brautjungfern, Brautführer mit Partner oder Begleitung
- Paten mit Partner oder Begleitung
- in die Hochzeit involvierte Dienstleister, wie Hochzeitsmanager, Fotograf, DJ oder Musiker, ohne private Partner beziehungsweise Begleitung (eventuell mit Assistenz)

Kategorie B – wünschenswert

- Tanten und Onkel mit Partner oder Begleitung
- Großtanten und Großonkel mit Partner oder Begleitung
- Cousinen und Cousins mit Partner oder Begleitung
- Patentanten und Patenonkel
- Menschen mit Schlüsselfunktionen in Ihrem bisherigen Leben
- gute Freunde mit Partner oder Begleitung
- Arbeitskollegen, zu denen Sie ein freundschaftliches Verhältnis haben, mit Partner oder Begleitung
- eventuell Vorgesetzter mit Partner oder Begleitung
- Freunde oder Kollegen der Eltern mit Partner oder Begleitung

Kategorie C – nicht unbedingt notwendig

- entfernte Verwandte, die Sie seit Langem nicht mehr gesehen haben oder zu denen kein enger Kontakt besteht
- Freunde, die Sie seit Langem nicht gesehen haben und/oder zu denen der Kontakt nicht mehr so intensiv ist, mit Partner oder Begleitung
- Nachbarn

- Freunde von Geschwistern mit Partner oder Begleitung
- weniger enge Freunde von Eltern mit Partner oder Begleitung
- Belegschaft und Vorgesetzter der Abteilung, in der Sie arbeiten, ohne Partner oder Begleitung

Ersatzliste

Die Namen derer, die es nicht auf die finale Einladungsliste geschafft haben, können Sie in einer Ersatzliste zusammenfassen. Für den Fall, dass die ursprünglich Eingeladenen absagen, können Sie nun die Nachrücker aus der Ersatzliste einladen. Lassen Sie natürlich diese Personen nie wissen, dass Sie nur auf der Ersatzliste standen. Und versenden Sie Ihre Einladungen der ersten Runde so früh wie möglich, damit es nicht auffällt, wenn Sie in einer zweiten Runde nachträglich einladen. Die Nachrücker sollten nicht bemerken, dass sie nur zweite Wahl waren.

Eltern einbeziehen

Auch wenn Sie Ihre Hochzeit komplett selbst oder zu einem großen Teil aus eigenen Mitteln finanzieren und allein über Ihren Gästekreis entscheiden könnten, ist es eine schöne Geste, Eltern und zukünftige Schwiegereltern bei der Erstellung der Einladungsliste einzubeziehen. Fragen Sie, sobald Sie mit der Einladungsliste beginnen, nach deren Wunschkandidaten. Verwenden Sie ausdrücklich die Begriffe »Wunschliste« oder »Wunschkandidaten«, um elegant zu kommunizieren, dass Ihre Eltern lediglich Vorschläge für den Gästeverteiler unterbreiten können. Eltern dürfen nicht selbstverständlich davon ausgehen, dass ihre Gästevorschläge auch tatsächlich in Ihrer endgültigen Einladungsliste berücksichtigt werden. Weisen Sie Ihre Eltern darauf hin, dass Sie Ihr Hochzeitsfest gern nur mit Ihnen verwandten und persönlich bekannten Personen feiern möchten und nicht mit den Kegel- oder Segelfreunden Ihrer Eltern, die Sie gar nicht kennen. Das erspart spätere Diskussionen.
Lassen Sie die Wunschgäste Ihrer Eltern von diesen in die Kategorien A, B und C einteilen. Anhand der Einteilung können Sie nachvollziehen, welche Gäste Ihre Eltern laut Kategorie A zwingend bei der

Hochzeit dabeihaben möchten, welche sie gern laut Kategorie B willkommen heißen würden und auf welche sie notfalls verzichten könnten. Diese finden Sie in Kategorie C. Sowohl die Eltern der Braut als auch die Eltern des Bräutigams dürfen ihre eigene Wunschliste aufstellen, die dann mit Ihrer eigenen Einladungsliste zusammengeführt und abgeglichen wird. Haben Sie aufgrund neuer Partnerschaften Ihrer Eltern mehr als zwei Elternpaare, erhalten selbstverständlich alle Eltern die Möglichkeit, ihre Wünsche zu äußern.

Versuchen Sie im Rahmen Ihrer Möglichkeiten, den Wünschen der Eltern zu entsprechen und damit Eintracht in die ohnehin nervenaufreibende Planungsphase zu bringen. Gehen Sie allerdings nur so weit Kompromisse ein, wie Sie diese auch vertreten können. Das vorhandene Budget und Ihre endgültige Entscheidung setzen dabei den Maßstab. Wenn Ihre Eltern fair und höflich sind, werden sie Verständnis dafür zeigen, dass nicht jeder Gast eingeladen werden kann. Sind die Wunschlisten der Elternpaare zu lang, bieten Sie Ihren Eltern folgende Vorgehensweise beim Kürzen der Listen an: Jedes Elternpaar streicht fünf Namen aus seiner Wunschliste, und im Gegenzug streichen Sie ebenfalls fünf Namen aus Ihrer Liste. Sie zeigen damit diplomatisches Geschick und ein großes Entgegenkommen.

Achten Sie darauf, dass zwischen den Gästen der beiden Familien ein zahlenmäßiges Gleichgewicht besteht, ungeachtet dessen, wer die Hochzeit finanziert. Es ist unhöflich, wenn die zahlende Partei mehr Gäste für sich beansprucht als die nicht zahlende Partei.

Stillschweigen bewahren

Bitten Sie Ihre Eltern und alle anderen Personen, die mit dem Einladungsverteiler zu tun haben, absolutes Stillschweigen über Wunsch- und Einladungslisten zu bewahren. Solange Sie noch keine finale Liste zusammengestellt haben, ist es empfehlenswert, nicht über die Listen und die darin notierten Personen zu sprechen, um Enttäuschungen oder Missverständnisse zu vermeiden. Einen großen Etiketteschnitzer können Ihre Eltern begehen, indem sie Personen aus der eigenen Wunschliste schon einmal selbst mündlich einladen, bevor die finale Einladungsliste überhaupt fertig ist. Ob beabsichtigt oder nicht, die Eltern würden damit ein riesiges Etiketteproblem schaffen. Sie müssen zu Ihrer Hochzeit nun Gäste willkommen heißen, die Sie nie eingeladen hätten, die nun aber eingeladen sind. Und eine einmal ausgesprochene Einladung können Sie nicht mehr zurücknehmen, erst recht nicht, wenn die Eingeladenen nun auf die offizielle Einladungskarte von Ihnen warten.

Diese Gäste müssen Sie einladen

Alle Gäste, die Sie zu Ihrer Verlobungsfeier eingeladen haben – sofern eine solche stattgefunden hat – müssen auch zur Hochzeit eingeladen werden. Es sind hier keine Ausnahmen erlaubt. Ebenso unhöflich wäre es, Ihre Mitstreiterinnen und Mitstreiter vom Jungesellinnenabschied beziehungsweise dem Junggesellenabschied, dann jedoch nicht zur Hochzeit einzuladen.

Enttäuschungen vermeiden

Es ist nachvollziehbar, dass Sie nicht jeden einladen können, den Sie kennen. Besonders Paare mit einem großen Verwandtenkreis müssen zugunsten ihrer engeren Verwandten und mit Blick auf das Budget Abstriche bei entfernten Verwandten oder Freunden machen, die sie unter anderen Umständen sehr gern eingeladen hätten. Ihr Freundeskreis wird es verstehen.

Achten Sie allerdings darauf, miteinander vergleichbare Personen oder Personengruppen stets gleich zu behandeln. Ein Bekannter, der Ihnen mindestens so nahe steht wie ein anderer, von dem er erfährt, dass dieser zu Ihrer Hochzeit eingeladen ist, wird sicherlich beleidigt sein, wenn er keine Einladung von Ihnen erhält. Wenn Sie merken, dass Sie Ihre Liste reduzieren müssen und dabei notgedrungen irgendjemandem auf die Füße treten werden, gibt es zwei relativ sichere Lösungen: Beschränken Sie sich rigoros auf den engsten Kreis der Familie oder laden Sie den gesamten Personenkreis nicht ein, zu dem die von Ihnen anvisierte Person gehört, die Sie nicht einladen wollen oder können. Wenn Sie also erwägen, ein oder zwei Nachbarfamilien aus Ihrer Straße einzuladen, dann sollten Sie sich letztlich

dagegen entscheiden, falls Sie mit weiteren Nachbarn freundschaftliche Beziehungen pflegen, diese aber aus Budget- und Platzgründen nicht einladen können. Ihre so getroffene Entscheidung können Außenstehende akzeptieren, ohne sich dabei ausgegrenzt zu fühlen oder beleidigt zu sein.
Sollten Sie angesprochen werden, warum Sie diese oder jene Personen nicht eingeladen haben, antworten Sie, dass Sie es sich bei der Zusammenstellung des Gästekreises nicht leicht gemacht haben und gern noch mehr Gäste eingeladen hätten. Letztlich seien Sie froh, dass Sie trotz Platz- und Budgeteinschränkungen so viele Ihrer engsten Verwandten und Freunde begrüßen können.

Besondere Personenkreise einladen

Nicht immer ist es so einfach wie beispielsweise eine Einladung an Ihren seit 20 Jahren mit Ihrer Tante verheirateten Onkel. Besondere Familienkonstellationen, die aus Trennungen oder Scheidungen herrühren, viele Singles oder Kinder in Ihrem Familien- sowie Bekanntenkreis oder gar zerstrittene Parteien können Ihnen bei der Erstellung Ihrer Einladungsliste so manches Kopfzerbrechen verursachen.

»… und Begleitung«

Jeder alleinstehende Gast über 18 Jahren sollte von Ihnen eine Einladung erhalten, die es ihm erlaubt, in Begleitung einer weiteren Person zur Hochzeit zu erscheinen. Es ist kein guter Stil, diese Option Ihren Gästen vorzuenthalten, um damit Kosten zu sparen oder Platz für andere Gäste zu schaffen. Wen Ihre Single-Gäste als Begleitung auswählen und zu Ihrer Hochzeit mitbringen, müssen diese selbst entscheiden. Egal ob eine gerade kennengelernte neue Freundin, ein Schulfreund oder nur ein guter Bekannter: Sie dürfen Ihren Gästen keine Vorschriften über deren Begleitung machen. Selbst wenn Ihr Neffe mit einem Mannschaftskollegen aus seinem Fußballclub zur Hochzeit kommen möchte, können Sie ihm das nicht verbieten. Natürlich müssen Singles nicht zwingend jemanden mitbringen, sondern dürfen auch allein kommen.

Ein grober Schnitzer ist es, wenn Sie Gäste, die seit Kurzem einen festen Partner haben, als Single »mit Begleitung« einladen. Das kann von diesen falsch aufgefasst werden. Vermeiden Sie solche Fehler, indem Sie die Aufstellung der eingeladenen Single-Gäste mit Ihren Eltern oder engen Freunden oder Verwandten vor dem Einladungsversand durchgehen. Eltern, Tanten oder beste Freundinnen wissen oftmals genau Bescheid, wer gerade mit wem liiert ist.

Zerstrittene Parteien

Da sich nicht immer alle Familienangehörigen untereinander verstehen, müssen Sie sich eventuell auch mit der Frage auseinandersetzen, ob Sie dieses oder jenes Familienmitglied einladen sollten oder des lieben Friedens willen auf der Einladungsliste aussparen. Egal, wie Sie sich entscheiden, eine ausgebliebene Einladung zu einem so bedeutenden Anlass wie einer Hochzeit kann von den Verschmähten nur als Affront verstanden werden. Möglicherweise könnte Ihr Schachzug sogar zum endgültigen Bruch mit Ihnen oder der Familie führen. So weit Sie es vertreten können, sollten Sie die »Streithähne« einladen. Klären Sie schon beim Einladungsversand mit den Betreffenden, dass Sie auch die jeweils andere Partei eingeladen haben. So können sich die Querulanten überlegen, die Einladung anzunehmen oder nicht. Haben diese zugesagt, achten Sie bei der Erstellung der Sitzordnung darauf, dass diese so weit wie möglich voneinander entfernt platziert werden. Bitten Sie notfalls einen Verwandten oder einen engen Freund, während der Feierlichkeiten ein Auge auf die Personen zu haben und gegebenenfalls deeskalierend einzugreifen.

Getrennte Paare

Sie können getrennte Paare einladen, müssen die Personen allerdings darüber informieren, dass Sie den jeweiligen Ex-Partner auch eingeladen haben. Damit geben Sie der- oder demjenigen die Möglichkeit zu entscheiden, unter den gegebenen Voraussetzungen Ihre Einladung anzunehmen oder nicht.

Stiefeltern beziehungsweise neue Partner der Eltern

Stiefeltern und neue Partner Ihrer leiblichen Eltern behandeln Sie als normale Familienangehörige. Der Fairness halber sollten Sie dem anderen getrennten Elternteil mitteilen, dass Sie Ihre Mutter oder Ihren Vater mit dessen neuer Lebenspartnerin eingeladen haben.

Familienangehörige von Stiefeltern und neuen Partnern der Eltern

Haben Sie sich entschieden, die neuen Partner Ihrer Eltern einzuladen, dann stehen Sie möglicherweise schon vor dem nächsten Problem. Haben diese nämlich Angehörige wie zum Beispiel Kinder und überlegen Sie, diese auch einzuladen, so ist viel Fingerspitzengefühl gefragt. Orientieren Sie sich bei Ihrer Entscheidung daran, ob und wie gut Sie diese Personen kennen. Haben Sie die Tochter des neuen Freundes Ihrer Mutter erst ein einziges Mal gesehen, dann wird niemand erwarten, dass Sie diese auch zu Ihrer Hochzeit einladen. Besprechen Sie die Angelegenheit auf jeden Fall mit dem betroffenen Elternteil und dem neuen Lebenspartner des Elternteiles in der Planungsphase der Einladungsliste, um spätere Diskussionen oder Enttäuschungen zu vermeiden.

Ex-Partner

Das heikle Thema »Ex-Partner« sollten Sie bei der Erstellung der Einladungsliste offen und ehrlich mit Ihrem zukünftigen Ehepartner besprechen. Fühlt sich dieser unwohl bei der Vorstellung, dass Sie Ihre ehemalige Freundin oder Ihren Ex-Mann zur Hochzeit einladen wollen, dann lassen Sie es sein. Es ist ein abgeschlossenes Kapitel Ihres Lebens, und mit Ihrer Hochzeit wollen Sie ein neues aufschlagen.

Gäste mit kleinem Budget

Berücksichtigen Sie bei der Planung Ihrer Feierlichkeiten auch Gäste mit einem engeren finanziellen Spielraum. Gerade Hochzeiten mit aufwändiger Anreise (ins Ausland), Feste in pompösem Umfeld oder von Ihnen vorgeschlagene teure Hotels können bei diesem Gästekreis schnell den Eindruck erwecken, dass Sie eher aus- als einladen.

Werden Reise- oder Übernachtungskosten von den Gastgebern nicht übernommen – was heutzutage eher die Regel ist –, sollten Sie dies bei der Zusammenstellung Ihrer Einladungsliste berücksichtigen. Liegt Ihnen die Anwesenheit besonderer Gäste außerordentlich am Herzen und wissen Sie, dass diese sich die Anreise oder die Übernachtung nicht leisten können, bieten Sie individuelle Abmachungen an und überlegen Sie, ob Sie im Einzelfall die Kosten übernehmen. In diesem Fall sollten Sie allerdings absolutes Stillschweigen über das Arrangement bewahren. Zum einen bringen Sie den von Ihnen unterstützten Gast nicht in Verlegenheit, zum anderen lassen Sie so keinen Argwohn oder Neid bei den anderen Gästen aufkommen.

Kinder

Hochzeiten sind zuallererst Familienfeste, bei denen der Familienverbund zusammenkommt und sich Menschen treffen, die sich möglicherweise seit Jahren nicht gesehen haben. Gerade in der heutigen Zeit, in der Familien- und Traditionsbewusstsein verloren zu gehen drohen, bieten Familienfeste wertvolle Gelegenheiten, um Familienbande zu pflegen und Familiensinn an jüngere Generationen weiterzugeben. Überlegen Sie es sich also gut, wenn Sie Kinder zur Hochzeit und den Feierlichkeiten nicht einladen wollen. Zumal Sie sich damit nicht gerade Freunde machen, besonders wenn Sie einen kinderreichen Familien- und Freundeskreis haben. Möglicherweise könnten Sie Ihre Gäste aufgrund des »Kinderverbotes« verärgern. Im schlimmsten Fall sagen diese Ihre Hochzeitseinladung ab.

Schlussendlich ist es jedoch Ihr großer Tag, Sie allein entscheiden über den Gästekreis. Möchten Sie also bei der Trauung oder den begleitenden Feierlichkeiten keine Kinder dabeihaben, müssen Sie dies bereits in der Einladung mit einer nachvollziehbaren – vielleicht auch an den Haaren herbeigezogenen – Begründung vermerken. Ein »Wegen der späten Uhrzeit des Empfangs/Hochzeitsdinners bitten wir, keine Kinder mitzubringen« werden Ihre Gäste eher akzeptieren als ein bloßes »Keine Kinder«. Sie können auch ein Mindestalter für die Teilnahme von Kindern ansetzen. Falls es sich einrichten lässt, sollten Sie allerdings Kinder immer willkommen heißen.

Sie müssen bei der Frage, Kinder einzuladen oder nicht, allerdings unbedingt Stringenz zeigen. Es ist unhöflich, die Kinder von bestimmten Gästen willkommen zu heißen und andere von den Feierlichkeiten auszuschließen. Allerdings können Sie eine nachvollziehbare Grenze mithilfe des Verwandtschaftsgrades ziehen. So ist es durchaus legitim, nur die eigenen Kinder und die Ihrer Geschwister als Gäste einzuplanen.

Wenn Kinder unter Ihren Gästen sind, lassen Sie ein kindgerechtes Essen vorbereiten. Was dem erwachsenen Magen schmeckt, muss noch lange nicht bei Kindern ankommen. Achten Sie bei der Auswahl des Kinderessens darauf, dass es auch kleinere Kinder essen können, ohne dass es Dritten beim Zuschauen schlecht wird. Spaghetti mit Tomatensauce sind zwar sicher ein Dauerbrenner beim Nachwuchs, aber nichts für Kinder unterschiedlichen Alters im Restaurant. Ganz kleine Kinder werden damit überfordert sein. Sie tun Ihren jungen Gästen und der Tischdecke mit einer solchen Auswahl keinen Gefallen. Entscheiden Sie sich für kleckerfreie Gerichte, die die ganz Kleinen zur Not auch mit der Hand essen können.

Denken Sie auch daran, dass Ihre kleinsten Gäste noch ihren Mittagsschlaf brauchen, und bereiten Sie einen entsprechenden Raum oder eine abgeschirmte Ecke mit Luftmatratzen, Kissen und Decken vor.

Schenken Sie jedem Kind schon zu Beginn der Feierlichkeiten eine dem Alter angepasste Überraschungstüte mit Spielzeug, Puzzlespielen oder Malsachen, damit es den Jüngsten nicht langweilig wird.

Kinderbetreuung organisieren

Überlegen Sie, für die einzelnen Programmpunkte einen Babysitter oder eine Kinderbetreuung zu engagieren, sodass die Kleinen mit Spielen, Basteln und Musizieren bei Laune bleiben, damit Sie und Ihre Gäste die Zeremonie und das Fest ungestört genießen können. Treffen Sie Maßnahmen, damit die Kleinsten ihrem Bewegungsdrang nachkommen können. Planen Sie eine Runde in den Wald oder einen Ausflug auf einen Spielplatz ein.

Gerade für die Trauzeremonie ist es sinnvoll, einen eigenen Raum für die jüngsten Gäste einzuplanen, da in Kirchen aufgrund der Architektur auch die leisesten Geräusche unerträglich durchdringend sein können. Je nachdem, wie viele Kinder Sie erwarten, kann es sogar vorteilhaft sein, zwei Räume vorzubereiten – einen für die ganz Kleinen und einen für die älteren Kinder, die lieber unter sich sein wollen. Damit sich die Eltern auf die angebotene Kinderbetreuung einstellen können und nicht planen, ihr Kind mit zur Zeremonie zu nehmen, vermerken Sie bitte bereits in der Einladung, dass Sie Kinderbetreuung während der Zeremonie anbieten werden.

Instruieren Sie insbesondere Ihre Helfer und Platzanweiser, wie sie ankommende Familien zur Kinderbetreuung lotsen, ohne den Eltern eine Wahlmöglichkeit zu geben. Formulierungen wie »Ich führe Sie in den Raum für die Kinderbetreuung« nehmen geschickt von vornherein den Eltern etwaige Alternativen. Sicher werden einige Eltern protestieren und die Kinder mit zur Zeremonie nehmen wollen. Bereiten Sie auch darauf Ihre Helfer vor. Mit Erwiderungen wie »Kinder unter zehn Jahren sind in der Kirche nicht zugelassen« müssen diese keine weiteren Diskussionen führen oder gar zugeben, dass sie von Ihnen instruiert worden sind, keine Kinder in die Kirche zu lassen.

Vorgesetzte und Kollegen

Vorgesetzte und Kollegen, die Sie im Büro zwar grüßen, mit denen Sie aber nicht mehr als ein paar freundliche Worte im Büroflur wechseln, müssen Sie nicht auf Ihre Einladungsliste setzen. Vor allem, wenn Sie eine kleine Feier im engsten Familienkreis planen, würden sich Vorgesetzte und Kollegen deplatziert und unwohl fühlen.

Richten Sie eine große Hochzeit mit einer bunten Gästemischung aus, ist es eine Überlegung wert, auch Ihren Chef – selbstverständlich mit Partner oder Partnerin – einzuladen. Ob dieser dann tatsächlich zusagt, ist natürlich eine andere Frage. Eine elegante Lösung bietet sich an, indem Sie Ihren Vorgesetzten nur zu ausgewählten Programmpunkten einladen. Niemand wird es als Affront auffassen, wenn Sie ihn vielleicht nur zum Empfang, nicht aber zur Trauung und zum Hochzeitsessen dazubitten.

Kolleginnen und Kollegen laden Sie ohne Partner zu einer kleineren oder größeren Feier nur dann ein, wenn Sie regelmäßig mit Ihnen zu-

sammenarbeiten oder sich über die berufliche Beziehung tatsächlich eine persönliche Freundschaft entwickelt hat. Sie müssen bei einer größeren Belegschaft auch nicht alle Kollegen einladen, eine kleine Auswahl an Kollegen reicht. Allerdings sollten Sie, wenn Sie sich für die ganze Abteilung entschieden haben, auch wirklich alle einladen und nicht ein oder zwei Kollegen auslassen. Sie würden ein so eindeutig negatives Zeichen setzen, das weder der kollegialen Beziehung noch dem Betriebsklima dienen würde. Laden Sie die Abteilung ein, dann ist es ein Gebot der Höflichkeit, auch den nächsten Vorgesetzten einzuladen. Ist dieser neben Ihren Kollegen geladen und damit nicht der einzige Vertreter aus Ihrem beruflichen Umfeld, müssen Sie in diesem Fall den Partner des Vorgesetzten nicht einladen, Sie können es aber tun.
Wenn Sie bei der Organisation Ihrer Hochzeit von Arbeitskollegen unterstützt wurden, beispielsweise bei der Erstellung Ihrer Hochzeitswebsite, ist es selbstverständlich, dass Sie auch diese Kollegen zur Hochzeit einladen. Dabei spielt es keine Rolle, ob Sie zu diesen Kollegen eine enge Bindung haben oder nicht.

Pfarrer

Auch bei der Einladung der oder des Geistlichen, der Sie trauen wird, gilt es ein paar Etiketteregeln zu beachten – je nachdem, welcher Konfession Sie angehören.

Katholischer Pfarrer

Wollen Sie Ihren katholischen Pfarrer oder Pastor zum Hochzeitsempfang oder zur Feier einladen, müssen Sie ihm keine schriftliche Einladung zukommen lassen. Es genügt eine mündliche Einladung, die Sie allerdings nicht erst am Tag der Trauung aussprechen, sondern einige Tage zuvor, beispielsweise beim Traugespräch. Schließlich soll er nicht den Eindruck bekommen, dass Sie ihn lediglich aus Höflichkeit einladen und eigentlich gar nicht mit einer Zusage seinerseits rechnen. Übrigens, in den meisten Regionen ist es die Gepflogenheit, dass der Pfarrer Ihre Einladung – wenn er sie denn annimmt – nur auf den Nachmittag bezieht und nicht bis zum Abendessen bleibt.

Evangelischer Pfarrer
Wenn Sie evangelisch heiraten, können Sie Ihren Pfarrer schriftlich einladen, sofern dieser verheiratet ist, Sie seine Frau persönlich kennen und beide beim anschließenden Fest begrüßen möchten. Ist der Pfarrer unverheiratet oder kennen Sie seine Frau nicht, verfahren Sie wie beim katholischen Geistlichen. Laden Sie ihn mündlich zum Empfang oder zu sonstigen Feierlichkeiten ein, und das bereits einige Tage vor der Hochzeit.

Die Hochzeitseinladung

Üblicherweise wird die Einladung mit der Hochzeitsanzeige verschickt oder die Anzeige direkt zur Einladung erweitert. Die traditionelle Hochzeitseinladung ist gedruckt, sodass Sie bei einer klassischen Hochzeit mindestens zwei Drucksachen versenden sollten, sofern Sie sich nicht bei der Hochzeitsanzeige für eine Veröffentlichung in einer Zeitung entschieden haben, und zwar die Hochzeitsanzeige und die Hochzeitseinladung. Viele Paare, die zu ihrem großen Tag ganz klassisch einladen wollen, lassen sogar für alle begleitenden Programmpunkte wie Hochzeitsempfang und Hochzeitsessen eigene Einladungen drucken.
Wenn Sie einen großen Verwandten- und Bekanntenkreis von Ihrer Hochzeit in Kenntnis setzen, aber nur einen kleinen Personenkreis zur Trauung und den Feierlichkeiten einladen möchten, legen Sie der Anzeige ohne detaillierte Orts- und Zeitangaben eine gesonderte Einladung mit den notwendigen Informationen für die Gäste bei. Möchten Sie neben der bereits gedruckten Anzeige aus Kostengründen auf eine weitere Drucksache verzichten, können Sie die Einladung zur Trauung mit den ergänzenden Informationen als separates Einlegeblatt beilegen. Verfahren Sie so auch für alle anderen Programmpunkte, zu denen Sie unterschiedliche Personenkreise einladen wollen. Sie arbeiten mit einer Basisversion, die an alle Empfänger gerichtet ist, und ergänzen diese nach Belieben für ausgewählte Empfänger um besondere Programmpunkte.

Inhalt und Form der Einladung

Die Einladung, die Sie Ihren Gästen schicken, versorgt diese mit wichtigen Informationen und Details zur anstehenden Hochzeit, verschafft einen Überblick über die Programmpunkte, zu denen eingeladen wird, und gibt den Empfängern die Möglichkeit, sich entsprechend auf den Anlass vorzubereiten. Aus Ihrer Hochzeitseinladung müssen sich den Gästen der Anlass, das Datum und der Zeitpunkt der Hochzeit sowie der Veranstaltungsort erschließen. Selbstverständlich enthält eine stilvolle Einladung auch die Namen der Eingeladenen mit entsprechender Anrede. Eine Notiz, welche Bekleidung Sie sich von Ihren Gästen am Hochzeitstag wünschen, sowie die Antwortkarte dürfen ebenfalls nicht fehlen.

Über die Aufmachung der Einladungskarte und den gewählten Text vermitteln Sie Ihren Hochzeitsgästen aber vor allem – bewusst oder unbewusst – eine gewisse Assoziation zum Stil Ihrer Hochzeit.

Farbwahl von Karte und Schrift

Je förmlicher und festlicher Ihre Hochzeit gefeiert werden soll, desto konventioneller sollten Sie auch Ihre Einladungen gestalten. Eine traditionelle Hochzeitseinladungskarte ist in den Farben Weiß, Creme oder Ecru gehalten und mit schwarzer Schrift bedruckt. Eine dieser Farbkombinationen wählen Sie, wenn Sie die klassische Hochzeitsetikette befolgen und konservativ feiern wollen. Bei der farblichen Gestaltung Ihrer Einladungskarten sind Ihnen zwar keine Grenzen gesetzt, Sie bewegen sich mit anderen als den hier erwähnten Farben allerdings nicht mehr auf traditionellem Terrain.

Papierwahl und Form

Egal, ob Sie sich für eine einfache Karte oder eine Klappkarte entscheiden, Sie sollten qualitativ hochwertiges und vor allem schweres Papier bevorzugen. Wählen Sie mindestens einen 130- bis 150-g-Karton, weil schweres Papier formeller wirkt als leichteres Papier.

Die Klappkarte ist vor allem dann die bewährte Einladungsform, wenn Sie unterschiedliche Personenkreise zu weiteren als den in der Einladung erwähnten Programmpunkten einladen möchten und zusätzliche Einlegeblätter unterbringen müssen. Nutzen Sie in diesem Fall einfach die Klappkarte als Cover für alle gesonderten Einlegeblätter, das wirkt strukturiert und professionell.

Drucken oder kopieren?
Zwar ermöglicht der heutige Stand der Kopiertechnik, dass eine kopierte Karte von sehr guter Qualität sein kann. Dennoch sollten Sie sich überlegen, die höheren Kosten für einen professionellen Druck in Kauf zu nehmen. Sie haben nämlich damit weitaus umfangreichere Gestaltungsmöglichkeiten. Mit Stahlstichdruck, Prägeschrift oder Blindprägung können Sie Ihren Einladungskarten eine elegante Note verleihen. Ihre Druckerei berät Sie zu Aufwand und Kosten.

Schriftbild
Im Schriftbild sollte sich das gestalterische Gesamtkonzept Ihrer Hochzeit wiederfinden – romantisch, klassisch, modern … Achten Sie bei der Wahl der Schriftart darauf, nicht mehr als zwei verschiedene Schriftarten in Ihrer Einladung zu verwenden. Edel wirkt Ihre Einladung, wenn Sie den gesamten Text in der gleichen Schriftgröße halten und wichtige Informationen gegebenenfalls nur durch die zweite Schriftart hervorheben. Fettdruck und Text in Großbuchstaben sind in einer eleganten Hochzeitseinladung unüblich. Verwenden Sie für Ihren Einladungstext klassische Schriftarten und experimentieren Sie nicht mit modernen oder schwer zu lesenden Schriftarten. Übrigens, handgeschriebene Einladungen sind lediglich für sehr informelle Hochzeiten oder Einladungen mit sehr kleinem Verteilerkreis geeignet.
Jede Information der Einladung wird der Übersichtlichkeit halber in einer eigenen Zeile festgehalten.

Gestaltung
Orientieren Sie sich bei der farblichen und grafischen Gestaltung der Einladung am Stil Ihrer Hochzeit, der Verlobungs- oder Hochzeitsanzeige, an der Dekoration der Hochzeitsörtlichkeiten und den

dabei hauptsächlich vorkommenden Farben. Auch die Farbe des Hochzeitskleides oder Brautstraußes können Anhaltspunkte für die farbliche Gestaltung der Einladung sein.
Bedenken Sie aber, dass weniger mehr ist. Je eleganter Hochzeit und Einladungskarte sein sollen, desto schlichter werden Sie Ihre Einladungskarten halten und Ihren guten Geschmack lediglich durch eine edle Papier- und Schriftauswahl zeigen. Überfrachtende Verzierungen, farbige Grafiken oder Bilder haben auf einer klassischen Einladungskarte nichts zu suchen und sind allenfalls für weniger förmliche Anlässe oder Themenhochzeiten geeignet. Beschränken Sie sich bei grafischen Elementen allenfalls auf eine dezente Rahmung oder Symbole zwischen einzelnen Zeilen oder setzen Sie Akzente am Textende.
Wenn Sie Klappkarten verschicken, können Sie die Vorderseite einfach blank lassen oder mit einem Zitat oder Vers versehen, jeweils dezent in der Farbe des Einladungstextes gedruckt. Ebenfalls eignen sich das Familienwappen der Braut oder des Bräutigams oder ein Monogramm. Monogramme und Wappen personalisieren Ihre Einladungskarten auf elegante Art und Weise und können in der Schriftfarbe des Einladungstextes gewählt oder ohne Verwendung einer Druckfarbe auf das Papier hochgeprägt werden. Wappen dürfen zusätzlich auch farbig gedruckt werden.

Der innere Umschlag

Einige Hochzeitseinladungen haben neben dem Frankierumschlag noch einen weiteren, sogenannten inneren Umschlag. Diesen beschriften Sie lediglich mit den Namen der Eingeladenen, auf Adressangaben verzichten Sie beim inneren Umschlag. Orientieren Sie sich bei der Formulierung der Namen an Ihrer Einladung und übernehmen Sie die Namen so, wie Sie sie in der Anrede der Einladung verfasst haben, sofern Sie keine Sammelanrede in Form von »Du«, »Euch« oder »Sie« verwandt haben. Personen, die Sie siezen und zu denen Sie kein familiäres oder freundschaftliches Verhältnis pflegen, werden Sie förmlich mit »Herrn Dr. Hartmut Hansen« oder »Frau Professor Dr. Anneliese Hansen« auf dem inneren Umschlag

ansprechen. Bei Ihren engsten Verwandten und Bekannten bleiben Sie bei den Vornamen oder den im Familienkreis allgemein gängigen Kosenamen.
Haben Sie aus Platzgründen auf dem Frankierumschlag nicht alle Namen einer mehrköpfigen Familie unterbringen können, können Sie diese nun auf dem inneren Umschlag separat aufzählen. Platz sollte genügend vorhanden sein, da der innere Umschlag weder Absender noch Empfängeradresse enthält.
Den inneren Umschlag kleben Sie nicht zu. Die Lasche können Sie allerdings in den Umschlag stecken, damit diese nicht absteht. Stecken Sie den inneren Umschlag so in den Frankierumschlag, dass die Vorderseite des inneren Umschlags zur Briefvorderseite des äußeren Umschlags zeigt. Auch bei allen anderen Drucksachen achten Sie bitte darauf, dass deren Vorderseite jeweils in diese Richtung ausgerichtet ist und der Empfänger die verschiedenen Drucksachen nicht drehen oder wenden muss, um sie zu öffnen.

Empfänger	**Frankierumschlag**	**innerer Umschlag**
Single-Mann	Herrn Hartmut Hansen	Herrn Hartmut Hansen oder Hartmut
Single-Frau	Frau Anneliese Klausen	Frau Anneliese Klausen oder Anneliese
Single mit Begleitung, dessen Name Ihnen nicht bekannt ist	Herrn Hartmut Hansen	Herrn Hartmut Hansen und Begleitung oder Hartmut und Begleitung

Empfänger	Frankierumschlag	innerer Umschlag
verheiratetes Paar mit gleichem Nachnamen	Frau Anneliese und Herrn Hartmut Hansen oder Herrn Hartmut und Frau Anneliese Hansen oder Frau Anneliese Hansen und Herrn Hartmut Hansen oder Herrn Hartmut Hansen und Frau Anneliese Hansen	Frau Anneliese und Herrn Hartmut Hansen oder Herrn Hartmut und Frau Anneliese Hansen oder Frau Anneliese Hansen und Herrn Hartmut Hansen oder Herrn Hartmut Hansen und Frau Anneliese Hansen oder Anneliese und Hartmut
verheiratetes Paar mit verschiedenen Nachnamen oder unverheiratetes Paar	Frau Anneliese Klausen und Herrn Hartmut Hansen oder Herrn Hartmut Hansen und Frau Anneliese Klausen	Anneliese Klausen und Hartmut Hansen oder Annliese und Hartmut
verheiratetes Paar, bei dem einer einen akademischen Titel trägt	Frau Dr. Anneliese Hansen und Herrn Hartmut Hansen oder Herrn Hartmut Hansen und Frau Dr. Anneliese Hansen	Frau Dr. Anneliese Hansen und Herrn Hartmut Hansen oder Anneliese und Hartmut

Empfänger	**Frankierumschlag**	**innerer Umschlag**
verheiratetes Paar mit eingeladenen Kindern unter 18 Jahren	Frau Anneliese und Herrn Hartmut Hansen oder Herrn Hartmut und Frau Anneliese Hansen, Lea und Max Hansen oder Frau Anneliese Hansen und Herrn Hartmut Hansen oder Herrn Hartmut Hansen und Frau Anneliese Hansen, Lea Hansen, Max Hansen	Frau Anneliese und Herrn Hartmut Hansen, Lea und Max (Hansen) oder Frau Anneliese Hansen, Herrn Hartmut Hansen, Lea Hansen, Max Hansen oder Anneliese, Hartmut, Lea und Max

Adressieren des Umschlages

Den Umschlag können Sie handschriftlich adressieren oder mit Namen und Adresse der Empfänger bedrucken lassen. Verwenden Sie keine bedruckten Adressaufkleber, die haben auf Ihrer Privatpost nichts zu suchen.

Bei Erwachsenen wäre es unhöflich, die Zusätze »Frau« oder »Herrn« bei der Beschriftung des Umschlages wegzulassen. Bei Kindern und Jugendlichen wird auf die Verwendung von »Frau« oder Herrn« verzichtet.

Bei nicht mehr jungen Paaren, die schon viele Jahre verheiratet sind und der alten Schule angehören, können Sie den Mann an erster Stelle nennen. Ansonsten schreibt man den Namen des- oder derjenigen zuerst, für den die Anzeige hauptsächlich gedacht ist. Richtet sich die Anzeige an beide gleichermaßen, greifen Sie auf das altbewährte »Ladies first« zurück und nennen die Frau an erster Stelle.

Ob Sie zwischen zwei getrennt aufgeführten Namen ein »und« setzen, ist reine Geschmackssache.

An Ehepaare

Zählen Sie die Eheleute stets einzeln auf, zumal heutzutage viele Ehepartner unterschiedliche Nachnamen haben. Es ist insbesondere veraltet, Briefe an »Familie Hartmut Hansen«, »Eheleute Hartmut Hansen« oder »Herrn Hartmut Hansen und Frau« zu adressieren.

Frau Anneliese Hansen
Herrn Hartmut Hansen

Frau Anneliese Klausen-Hansen
Herrn Hartmut Hansen

An unverheiratete Paare

Beabsichtigen Sie, ein unverheiratetes Paar einzuladen, ist es selbstverständlich, dass Sie beide Namen separat aufführen.

Frau Anneliese Klausen
Herrn Hartmut Hansen

Kennen Sie den Namen von einem der beiden Partner nicht, verkneifen Sie sich Formulierungen wie »Herrn Hartmut Hansen und Freundin«. Allenfalls »Herrn Hartmut Hansen und Partnerin« ist noch akzeptabel. Die einzig stilvolle Art ist es jedoch, sich vor dem Einladungsversand nach dem fehlenden Namen zu erkundigen.

An Paare mit Kindern

Wollen Sie ein Paar mit dessen Kindern zur Hochzeit einladen, adressieren Sie den Umschlag an die Erwachsenen und die Kinder.

Frau Anneliese Hansen
Herrn Hartmut Hansen
Lea und Max Hansen
Frau Anneliese Hansen
Herrn Hartmut Hansen
und Kinder

Bei Patchworkfamilien, Eheleuten ohne gemeinsamen Ehenamen oder unverheirateten Paaren führen Sie ebenfalls alle Vor- und Nachnamen einzeln auf.

Frau Anneliese Klausen
Herrn Hartmut Hansen
Lea Klausen und Max Hansen

Wenn der Umschlag zu klein und die Familie zu groß ist, um alle Mitglieder einzeln zu nennen, adressieren Sie den Brief nur an die Erwachsenen und erwähnen die Kinder im Einladungsschreiben. Nennen Sie im Einladungsschreiben das älteste Kind zuerst und das jüngste zuletzt:

Christina und Hubertus
laden Anneliese, Hartmut, Lea und Max
zu ihrer Hochzeit ein.

Liebe Anneliese, lieber Hartmut,
wir laden Euch
und Eure Kinder Lea und Max
zu unserer Hochzeit ein.

Beabsichtigen Sie, ein Paar ohne dessen Kinder einzuladen, adressieren Sie nur an das Paar.

Frau Anneliese Hansen und
Herrn Hartmut Hansen

An Einzelgäste, die jemanden mitbringen können
Laden Sie eine Einzelperson ein und stellen Sie dieser frei, in Begleitung zu erscheinen, adressieren Sie den Umschlag lediglich an diese eine Person und vermerken in der Einladung, dass sich diese an den Gast und eine Begleitperson richtet.

Christina und Hubertus laden
Hartmut und Begleitung
zu ihrer Hochzeit ein.

Formulierungen wie »Herrn Hartmut Hansen und Dame« oder »Frau Anneliese Klausen und Herr« haben weder auf dem Umschlag noch in der Einladung etwas zu suchen.

Titel und akademische Grade auf dem Briefumschlag

Titel und akademische Grade werden auf dem Umschlag angegeben, auch wenn es sich um enge Verwandte oder gute Freunde handelt. Titel und akademische Grade werden nach der Höflichkeitsform »Frau« oder »Herrn« und vor den Vor- und Nachnamen des Empfängers gesetzt.
Wenn nur einer der Adressaten den akademischen Grad Doktor oder den akademischen Amtstitel Professor trägt beziehungsweise eine Professorenwürde verliehen bekommen hat oder beide unterschiedliche akademische Grade oder Titel innehaben, zählen Sie die Personen einzeln mit deren Namen und jeweiligen Graden und Titeln auf. Verschiedenwertige akademische Grade bestimmen dabei nicht die Reihenfolge, in der die Frau und der Mann aufgezählt werden. Es ist auch in diesem Fall eine Höflichkeitsentscheidung, die Frau zuerst zu nennen.

Frau Dr. Anneliese Hansen
Herrn Prof. Dr. Hartmut Hansen

Unterschlagen Sie auf dem Umschlag keine Titel und Grade, sondern schreiben Sie unbedingt diese Zusätze alle aus. Auf dem Briefumschlag kürzen Sie »Professor« oder »Professorin« mit »Prof.« und einen Doktortitel mit »Dr.« ab. Übrigens, hinter dem Doktorgrad sollte man eigentlich die Fakultätsabkürzung angeben. Da diese in vielen Fällen nicht bekannt ist, hat sich die Nennung des »Dr.« ohne Fakultätsbezeichnung etabliert.

Hat der Empfänger Ehrendoktorwürden erlangt, nehmen Sie diese in die Beschriftung des Briefumschlages in Form von »h. c.« – honoris causa – oder der deutschen Version »e. h.« – ehrenhalber – auf.

Frau Dr. e. h. Anneliese Hansen
Herrn Prof. Dr. Dr. h. c. Hartmut Hansen

Wurde einem Nichtakademiker die Professorenwürde verliehen, gibt es eine dem Dr. h. c. gleichzusetzende Form des Prof. h. c. nicht. Die Ehrenbeleihung wird äußerlich nicht erkennbar, sodass Sie auf dem Briefumschlag lediglich notieren »Herrn Prof. Hartmut Hansen«. Sind beide Partner promoviert, können Sie die Doktorengrade auf dem Briefumschlag mit »Dres.« zusammenfassen oder den Personen einzeln zuordnen.

Dres. Frau Anneliese und Herrn Hartmut Hansen
Frau Dr. Anneliese Hansen und Herrn Dr. Hartmut Hansen

Adelstitel auf dem Briefumschlag
Adelstitel erscheinen vor dem Nachnamen, aber nach eventuellen akademischen Graden und dem Vornamen, weil mit der Weimarer Verfassung im Jahr 1919 alle adelsrechtlichen Privilegien aufgehoben wurden und Adelsbezeichnungen seither zum Nachnamen gehören.

Herrn Hartmut Baron von Hansen
Frau Prof. Dr. Anneliese Gräfin von Klausen

Während Sie in Norddeutschland das »von« mit einem »v.« abkürzen können, schreiben Sie in Süddeutschland das »von« stets aus. Das »von« wird allerdings – und unabhängig von regionalen Gepflogenheiten – immer ausgeschrieben, wenn nach dem Adelsprädikat ein Ländername folgt.
Bei Rittern, Edlen und nichttitulierten Adligen setzen Sie hinter eventuellen Funktionsbezeichnungen, akademischen Graden und dem Vornamen das Adelsprädikat und dann den Nachnamen.

Frau Anneliese von Klausen
Herrn Dr. Hartmut von Hansen
Herrn Generalkonsul Hartmut von Hansen

Bei Freifrauen und Freiherren setzen Sie hinter der Höflichkeitsform »Frau« oder »Herrn«, eventuellen akademischen Graden und dem Vornamen die Adelsbezeichnung »Freiherr von« beziehungsweise »Freifrau«.

Herrn Hartmut Freiherr von Hansen
Frau Prof. Dr. Anneliese Freifrau von Klausen

Bei Freifrauen und Freiherren können Sie zur Meidung einer Dopplung »Freifrau« beziehungsweise »Freiherrn« auch vor alle Namensteile einschließlich des Vornamens setzen und »Frau« oder »Herrn« weglassen.

Freiherrn Hartmut von Hansen
Freifrau Dr. Anneliese von Klausen

Doppelnamen oder eine zu einem Namen gehörende Ortsbezeichnung werden in der Anschrift ausformuliert.

Herrn Hartmut Baron von Hansen zu Bergestedt
Frau Prof. Dr. Anneliese Gräfin von Klausen zu Höllrich

Aus Platzgründen können Sie auf dem Briefumschlag abkürzen: »Freiherr« mit »Frhr.« und »Freifrau« mit »Frfr.«. Alle anderen Adelstitel sind auszuschreiben. Ebenso kann ein »und« in einem mehrgliedrigen Namen mit »u.« abgekürzt werden. Alle anderen Adelsprädikate wie »vom«, »zum«, »zu«, »zur« oder »dem« schreiben Sie aus.
Haben Sie auf Ihrer Einladungsliste zahlreiche adelige Gäste, lohnt es sich, das Standardwerk »Genealogisches Handbuch des Adels«, kurz den »Gotha«, zu konsultieren oder sich beim Deutschen Adelsarchiv

in Marburg nach der richtigen Schreibweise zu erkundigen. Insbesondere, wenn Sie ausländische adelige Gäste erwarten, versichern Sie sich bei der zuständigen Botschaft, dass Sie die korrekte Bezeichnung gewählt haben.

Amts- und Funktionsbezeichnungen auf dem Briefumschlag
Amts- oder Funktionsbezeichnungen, wie zum Beispiel Senatorin, Bürgermeister, Regierungsrätin, Vorstandsvorsitzender, Präsidentin oder Geschäftsführerin kommen bei der Beschriftung des Umschlages nach der bürgerlichen Anrede »Frau« oder »Herrn« und vor dem Vor- und Nachnamen des Empfängers.
Lange Bezeichnungen können der Übersichtlichkeit halber auch nach dem Vor- und Nachnamen nachgesetzt werden. Amts- und Funktionsbezeichnungen für Frauen verwenden Sie – soweit vorhanden – auch in der weiblichen Form. Besitzt ein Empfänger Ihrer Anzeige mehrere Amts- oder Funktionsbezeichnungen wählen Sie die Bezeichnung, mit der die Person den stärksten Bezug zu Ihnen hat.

Frau Senatorin Prof. Dr. Anneliese Klausen
Herrn Generalkonsul Hartmut Hansen

Frühere Amtsbezeichnungen geben Sie dann auf dem Umschlag Ihrer Hochzeitseinladung an, sofern der oder die Angeschriebene kein aktuelles, neues Amt bekleidet. Bei mehreren früheren Amtsbezeichnungen geben Sie nur die Ranghöchste oder bei Gleichrangigkeit die zuletzt ausgeübte Funktion an.
Beamte, die aus dem Staatsdienst ausgeschieden sind und nach dem Bundesbeamtengesetz beispielsweise als Vorruheständler oder in Altersteilzeit noch zum Tragen ihrer Amtsbezeichnung berechtigt sind, führen ihre frühere Amtsbezeichnung mit dem Zusatz »a. D.« – außer Dienst.
Die Abkürzung »i. R.« – im Ruhestand – können Sie für ehemalige Beamte verwenden, die endgültig in den Ruhestand getreten sind. Dies ist in der Regel der Fall, wenn diese die Altersgrenze erreicht ha-

ben. Die Verwendung dieser Abkürzung ist allerdings im Gegensatz zu »a. D.« nicht gesetzlich geregelt und damit nicht offiziell.

Religiöse Funktionsbezeichnungen auf dem Briefumschlag

Wenn Sie eine oder einen Geistliche/n zu Ihrer Hochzeit einladen, geben Sie auf dem Briefumschlag hinter der Höflichkeitsform »Frau« oder »Herrn« die Funktionsbezeichnung wie Pfarrer oder Pastor an beziehungsweise die Anredeform »Herrn« vor einem Priester, gefolgt von etwaigen akademischen Graden und dem Vor- und Nachnamen. Für weibliche Geistliche gilt die weibliche Funktionsbezeichnung.

Frau Pastorin Dr. Mechthild Kreuz
Herrn Pfarrer Matthias Bibel
Frau Pfarrerin Agnes Fromm

Die Adressaten der Einladung

Die Einladungen werden traditionell in der dritten Person verfasst, was auf historische Gründe zurückzuführen ist, da früher vor allem die Eltern der Braut zur Hochzeit ihrer Tochter einluden.
Laden mehrere Personen oder Paare – beispielsweise die Eltern der Braut und das Brautpaar selbst – zur Hochzeit ein, ist die protokollarische Anordnung der Namen zu beachten. Bei einer vertikalen Anordnung der Namenspaare ist der obere Platz der ranghöhere. Werden die Gastgeber nebeneinander, also horizontal aufgelistet, ist der Platz auf der linken Seite der bessere.

Wenn das Paar einlädt

Lädt das Brautpaar zur Hochzeit ein, so erscheint es auch als Gastgeberpaar in der Einladung. In der Regel beginnt man mit dem Namen der Braut, gefolgt vom Namen des Bräutigams. Bei der traditionellen Variante wird der Einladungstext in der dritten Person verfasst.
Je nach Einladungskreis können Sie auf Ihre eigenen Titel, ja sogar Ihren Nachnamen verzichten. Oder Sie wählen die förmliche

Variante mit Ihren vollständigen Vor- und Zunamen, bei der Sie Ihre Adelsprädikate und akademischen Titel mit angeben.

Selbstverständlich können Sie für unterschiedliche Adressatenkreise auch verschiedene Einladungstexte verwenden.

Dr. Christina Weiß
und Hubertus Schwarz
laden
...
zu ihrer Hochzeit herzlich ein.

Christina und Hubertus
laden
...
zu ihrer Hochzeit herzlich ein.

Wenn Sie als Paar die Hochzeit selbst ausrichten

... und weniger Wert auf Traditionen legen, können Sie auch auf die Formulierung in der dritten Person verzichten und einen individuellen Einladungstext verfassen.

Anlässlich unserer Hochzeit
am 20. August 2011
laden wir
...
herzlich ein.

Christina & Hubertus

Wenn Braut und Bräutigam erstmals heiraten, können die Brautleute nach alter Sitte beide unter dem Ehenamen einladen. In diesem Fall kennzeichnet die Person, die ihren Namen aufgibt, den Geburtsnamen durch den Zusatz »geb.«.

Hubertus und
Christina Schwarz, geb. Weiß,
laden
...
zu ihrer Hochzeit
herzlich ein.

Christina Schwarz, geb. Weiß,
und Hubertus Schwarz
laden
...
zu ihrer Hochzeit
herzlich ein.

Nimmt einer der beiden Partner mit der Eheschließung den adligen Namen des anderen an, kann schon in der Einladung das Adelsprädikat in beiden Namen erscheinen. Bei dem Partner, dessen Name sich durch die Heirat ändert, wird die Namensänderung durch den Zusatz »geb.« kenntlich gemacht.

Dr. Christina Freifrau von Schwarz, geb. Weiß,
und Hubertus Freiherr von Schwarz
laden
...
zu ihrer Hochzeit herzlich ein.

Oder Sie lassen die Person, deren Name sich durch die Heirat ändert, unter ihrem Geburtsnamen einladen:

Christina Weiß
und Hubertus Freiherr von Schwarz
laden
...
zu ihrer Hochzeit
herzlich ein.

Wenn ein Partner geschieden ist
... und bislang den Ehenamen der vorherigen Ehe trug, kann sie oder er mit dem neuen Ehenamen oder dem alten Ehenamen einladen, jeweils mit dem Zusatz »geb.«. Lebt das Brautpaar in einem sehr konservativen Umfeld oder auf dem Lande, sollte es die Formulierung des gemeinsamen neuen Namens in seiner Einladung vorziehen, um Klatsch und Tratsch bei den Lesern der Anzeige zu vermeiden.

Christina Gelb, geb. Weiß,
und Hubertus Schwarz
laden
...
zu ihrer Hochzeit herzlich ein.

Wenn ein Partner geschieden ist und nach der Scheidung den Geburtsnamen wieder angenommen hat, kann sie oder er mit dem Geburtsnamen oder dem neuen Ehenamen annoncieren, dann mit dem Zusatz »geb.«

Christina Weiß
und Hubertus Schwarz
laden
...
zu ihrer Hochzeit herzlich ein.

Christina Schwarz, geb. Weiß,
und Hubertus Schwarz
laden
...
zu ihrer Hochzeit herzlich ein.

Wenn das Brautpaar einlädt, beinhaltet ein vollständiger Hochzeitseinladungstext neben den Namen der Gastgeber und der Eingeladenen, Datum, Termin und Ort der Trauung sowie der anschließenden Feierlichkeiten, auch den Bekleidungswunsch sowie den U. A. w. g.-Vermerk mit den Kontaktdaten, an die geantwortet werden kann.

Christina und Hubertus
laden
Anneliese, Hartmut, Lea und Max
zu ihrer Hochzeit
am Samstag, dem 20. August 2011,
um 14.00 Uhr
in die Weihkirche, Bergsee
und zu den Festlichkeiten am Abend
in die »Klosterschänke«, Kloster Antling,
herzlich ein.

Dunkler Anzug, Smoking
U. A. w. g. bis 30. Juli 2011.

Elfenweg 1, 80801 München
Tel. 089/1234567

Dr. Christina Freifrau von Schwarz, geb. Weiß,
und Hubertus Freiherr von Schwarz
laden
Frau Anneliese Hansen, Herrn Hartmut Hansen
sowie Lea und Max Hansen
zu ihrer Hochzeit
am Samstag, dem 20. August 2011,
um 14:00 Uhr
in die Weihkirche, Bergsee
und zu den Festlichkeiten am Abend
in die »Klosterschänke«, Kloster Antling,
herzlich ein.

Dunkler Anzug, Smoking
U. A. w. g. bis 30. Juli 2011

Elfenweg 1, 80801 München
Tel. 089/1234567

Wenn die Brauteltern einladen

Laden die Brauteltern Gäste zur Hochzeit ein, sind sie in diesem Fall die Gastgeber und erscheinen demzufolge auch in der Einladung. Weiterhin sind der Name der Braut sowie der Name des Bräutigams mit dessen vollständigem Namen und Titel sowie die Namen der Eltern des Bräutigams essenzielle Bestandteile der Einladung, ehe das Datum der Hochzeit sowie der Termin und Ort der Trauung und der anschließenden Feierlichkeiten vermerkt sind. Natürlich dürfen bei dieser Variante auch der Bekleidungswunsch sowie der U. A. w. g.-Vermerk mit entsprechenden Kontaktdaten nicht fehlen.

Peter und Anastasia Weiß
laden
Frau Anneliese Hansen, Herrn Hartmut Hansen
sowie Lea und Max Hansen

zur Hochzeit ihrer Tochter
Christina
mit Herrn Dr. Hubertus Schwarz,
Sohn von Konstantin und Elke Schwarz,

am Samstag, dem 20. August 2011,
um 14.00 Uhr
in die Weihkirche, Bergsee,
und zu den Festlichkeiten am Abend
in die Klosterschänke, Kloster Antling,
herzlich ein.

Dunkler Anzug, Smoking
U. A. w. g. bis 30. Juli 2011

Trollweg 2, 80108 München
Tel. 089/7654321

Die Anrede der Eingeladenen richtet sich nach dem Bekanntheitsgrad der Eltern. Werden diese zwar nicht von Ihnen, aber Ihren

Eltern geduzt, gebrauchen die Eltern in der Einladung die Vornamen der Eingeladenen beziehungsweise die »Dich«- oder »Euch«-Anrede.

Wenn die Eltern der Braut verheiratet sind

Peter und Anastasia Weiß
laden
...
zur Hochzeit ihrer Tochter Christina
mit Herrn Hubertus Schwarz,
Sohn von Konstantin und Elke Schwarz, ein.

Peter und Anastasia Weiß, geb. Türkis,
laden
...
zur Hochzeit ihrer Tochter Christina
mit
Herrn Hubertus Schwarz,
Sohn von Konstantin und Elke Schwarz, geb. Braun,
ein.

Wenn die Eltern der Braut geschieden sind

... oder getrennt leben und beide Elternteile den Ehenamen weiterführen:

Peter Weiß und Anastasia Weiß, geb. Türkis
laden
...
zur Hochzeit ihrer Tochter Christina
mit
Herrn Hubertus Schwarz,
Sohn von Konstantin und Elke Schwarz, geb. Braun, ein.

Es kann auch nur derjenige zur Hochzeit einladen, bei dem die Braut bislang gelebt hat:

Anastasia Weiß, geb. Türkis
lädt
…
zur Hochzeit ihrer Tochter
Christina (Weiß)
mit
Herrn Hubertus Schwarz,
Sohn von Konstantin und Elke Schwarz, geb. Braun,
ein.

Peter Weiß
lädt
…
zur Hochzeit seiner Tochter Christina (Weiß)
mit
Herrn Hubertus Schwarz,
Sohn von Konstantin und Elke Schwarz, geb. Braun,
ein.

Wenn die Eltern der Braut geschieden sind und ein Elternteil den Geburtsnamen wieder angenommen hat:

Peter Weiß und Anastasia Türkis
laden
…
zur Hochzeit ihrer Tochter Christina Weiß
mit
Herrn Hubertus Schwarz,
Sohn von Konstantin und Elke Schwarz, geb. Braun,
ein.

Es kann auch nur derjenige zur Hochzeit einladen, bei dem die Braut bislang gelebt hat:

Anastasia Türkis
lädt

…
zur Hochzeit ihrer Tochter Christina Weiß
mit
Herrn Hubertus Schwarz,
Sohn von Konstantin und Elke Schwarz, geb. Braun,
ein.

Peter Weiß
lädt
…
zur Hochzeit seiner Tochter
Christina (Weiß)
mit
Herrn Hubertus Schwarz,
Sohn von Konstantin und Elke Schwarz, geb. Braun,
ein.

Wenn die Eltern der Braut geschieden sind und ein Elternteil neu verheiratet ist und einen neuen Ehenamen führt:

Peter Weiß und Anastasia Lila, geb. Türkis
laden
…
zur Hochzeit ihrer Tochter
Christina Weiß
mit
Herrn Hubertus Schwarz,
Sohn von Konstantin und Elke Schwarz, geb. Braun,
ein.

Es kann auch nur derjenige zur Hochzeit einladen, bei dem die Braut bislang gelebt hat:

Anastasia Lila, geb. Türkis,
lädt
…

zur Hochzeit ihrer Tochter
Christina Weiß
mit
Herrn Hubertus Schwarz,
Sohn von Konstantin und Elke Schwarz, geb. Braun,
ein.

Peter Weiß
lädt
…
zur Hochzeit seiner Tochter
Christina (Weiß)
mit
Herrn Hubertus Schwarz,
Sohn von Konstantin und Elke Schwarz, geb. Braun,
ein.

Wenn ein Elternteil der Braut verstorben ist
und der überlebende Elternteil nicht wieder geheiratet hat oder der überlebende Elternteil wieder geheiratet hat und die Braut zu dem neuen Ehepartner keine enge Bindung hat, wird vom überlebenden Elternteil eingeladen. Mit dem Hinweis »Witwe des verstorbenen Peter Weiß« beziehungsweise »Witwer der verstorbenen Anastasia Weiß« kann der überlebende Elternteil auf den verstorbenen Elternteil in der Einladung hinweisen.

Peter Weiß, Witwer der verstorbenen Anastasia Weiß,
geb. Türkis,
lädt
…
zur Hochzeit seiner Tochter
Christina (Weiß)
mit
Herrn Hubertus Schwarz,
Sohn von Konstantin und Elke Schwarz, geb. Braun,
ein.

Anastasia Weiß, geb. Türkis,
Witwe des verstorbenen Peter Weiß,
lädt
...
zur Hochzeit ihrer Tochter Christina (Weiß) mit
Herrn Hubertus Schwarz,
Sohn von Konstantin und Elke Schwarz, geb. Braun,
ein.

Lehnt der überlebende Elternteil diese Formulierung ab, können die Bräutigameltern in ihrer Einladung – sofern sie eigene Einladungen versenden – den verstorbenen Elternteil der Braut erwähnen. Je nachdem, ob ein Elternteil der Braut zu Lebzeiten den Geburtsnamen wieder angenommen hat oder nicht, wird dies mit dem Vermerk »geb.« kenntlich gemacht.

Konstantin und Elke Schwarz, geb. Braun,
laden
...
zur Hochzeit ihres Sohnes Hubertus
mit Frau Christina Weiß,
Tochter von Peter Weiß und der verstorbenen
Anastasia Weiß, geb. Türkis,
ein.

Konstantin und Elke Schwarz, geb. Braun,
laden
...
zur Hochzeit ihres Sohnes
Hubertus
mit Frau Christina Weiß,
Tochter von Anastasia Weiß, geb. Türkis,
und des verstorbenen Peter Weiß
ein.

Konstantin und Elke Schwarz, geb. Braun,
laden
…
zur Hochzeit ihres Sohnes
Hubertus
mit Frau Christina Weiß,
Tochter von Anastasia Türkis und
des verstorbenen Peter Weiß,
ein.

Wenn ein Elternteil der Braut verstorben ist, der andere neu verheiratet und die Braut zu diesem Stiefelternteil eine enge Bindung hat, kann auch der neue Stiefelternteil anstelle des verstorbenen Elternteiles genannt werden. Wenn Stiefeltern mit einladen, werden sie als Eltern eingestuft und nicht separat aufgeführt oder gar als Stiefeltern kenntlich gemacht.

Peter Weiß und Karina Grün
laden
…
zur Hochzeit ihrer Tochter
Christina Weiß
mit Herrn Hubertus Schwarz,
Sohn von Konstantin und Elke Schwarz, geb. Braun,
ein.

Je nach gewähltem Nachnamen der Brauteltern wird unterschieden zwischen Beibehaltung des alten Ehenamens, wieder angenommenem Geburtsnamen oder neuem Ehenamen.

Anastasia Weiß, geb. Türkis, und Karl Lila
laden
…
zur Hochzeit ihrer Tochter Christina Weiß mit
Herrn Hubertus Schwarz,

Sohn von Konstantin und Elke Schwarz, geb. Braun,
ein.

Anastasia Türkis und Karl Lila
laden
...
zur Hochzeit ihrer Tochter
Christina Weiß
mit
Herrn Hubertus Schwarz,
Sohn von Konstantin und Elke Schwarz, geb. Braun,
ein.

Anastasia Lila, geb. Türkis, und Karl Lila
laden
...
zur Hochzeit ihrer Tochter
Christina Weiß
mit
Herrn Hubertus Schwarz,
Sohn von Konstantin und Elke Schwarz, geb. Braun,
ein.

Wenn beide Eltern der Braut verstorben sind

... können die Bräutigameltern einladen und dabei die verstorbenen Eltern der Braut erwähnen. Je nachdem, ob ein Elternteil der Braut zu Lebzeiten den Geburtsnamen wieder angenommen hat oder nicht, wird dies mit dem Vermerk »geb.« kenntlich gemacht.

Konstantin und Elke Schwarz, geb. Braun,
laden
...
zur Hochzeit ihres Sohnes
Hubertus
mit Frau Christina Weiß,

Tochter der verstorbenen Peter
und Anastasia Weiß, geb. Türkis,
ein.

Konstantin und Elke Schwarz, geb. Braun,
laden
...
zur Hochzeit ihres Sohnes
Hubertus
mit Frau Christina Weiß,
Tochter des verstorbenen Peter Weiß
und der verstorbenen Anastasia Türkis,
ein.

Wenn die Eltern des Bräutigams einladen
Laden die Eltern des Bräutigams Gäste zur Hochzeit ein, sind sie in diesem Fall die Gastgeber und erscheinen demzufolge auch in der Einladung. Weiterhin sind der Name der Bräutigams sowie der Name der Braut mit deren vollständigen Namen und Titeln sowie die Namen der Brauteltern essenzielle Bestandteile der Einladung, ehe das Datum der Hochzeit sowie der Termin und Ort der Trauung sowie der anschließenden Feierlichkeiten vermerkt sind. Natürlich dürfen bei dieser Variante auch ein Bekleidungswunsch sowie der U.A.w.g.-Vermerk mit den entsprechenden Kontaktdaten nicht fehlen.

Konstantin und Elke Schwarz
laden
Frau Anneliese Hansen, Herrn Hartmut Hansen
sowie Lea und Max Hansen
zur Hochzeit ihres Sohnes
Hubertus
mit Frau Christina Weiß,
Tochter von Peter und Anastasia Weiß,
am Samstag, dem 20. August 2011,

um 14.00 Uhr
in die Weihkirche, Bergsee,
und zu den Festlichkeiten am Abend
in die »Klosterschänke«, Kloster Antling,
herzlich ein.

Dunkler Anzug, Smoking
U. A. w. g. bis 30. Juli 2011

Wichtelweg 3, 80123 München, Tel. 089/4567123

Die Anrede der Eingeladenen richtet sich nach dem Bekanntheitsgrad der Eltern. Werden diese zwar nicht von Ihnen, aber von Ihren Eltern geduzt, gebrauchen die Eltern in der Einladung die Vornamen der Eingeladenen beziehungsweise die »Dich« oder »Euch«-Anrede.

Wenn die Eltern des Bräutigams verheiratet sind

Konstantin und Elke Schwarz
laden
...
zur Hochzeit ihres Sohnes
Hubertus
mit Frau Christina Weiß,
Tochter von Peter und Anastasia Weiß,
ein.

Konstantin und Elke Schwarz, geb. Braun,
laden
...
zur Hochzeit ihres Sohnes
Hubertus
mit Frau Christina Weiß,
Tochter von Peter und Anastasia Weiß, geb. Türkis,
ein.

Wenn die Eltern des Bräutigams geschieden sind
… oder getrennt leben und beide den Ehenamen weiterführen:

Konstantin Schwarz und Elke Schwarz, geb. Braun,
laden
…
zur Hochzeit ihres Sohnes
Hubertus
mit Frau Christina Weiß,
Tochter von Peter und Anastasia Weiß, geb. Türkis,
ein.

Es kann auch nur derjenige zur Hochzeit einladen, bei dem der Bräutigam bislang gelebt hat:

Elke Schwarz, geb. Braun,
lädt
…
zur Hochzeit ihres Sohnes
Hubertus (Schwarz)
mit Frau Christina Weiß,
Tochter von Peter und Anastasia Weiß, geb. Türkis,
ein.

Konstantin Schwarz
lädt
…
zur Hochzeit seines Sohnes
Hubertus
mit Frau Christina Weiß,
Tochter von Peter und Anastasia Weiß, geb. Türkis,
ein.

Wenn die Eltern des Bräutigams geschieden sind und ein Elternteil den Geburtsnamen wieder angenommen hat:

Konstantin Schwarz und Elke Braun
laden
...
zur Hochzeit ihres Sohnes
Hubertus Schwarz
mit Frau Christina Weiß,
Tochter von Peter und Anastasia Weiß, geb. Türkis,
ein.

Es kann auch nur derjenige zur Hochzeit einladen, bei dem der Bräutigam bislang gelebt hat:

Elke Schwarz, geb. Braun,
lädt
...
zur Hochzeit ihres Sohnes Hubertus (Schwarz)
mit Frau Christina Weiß,
Tochter von Peter und Anastasia Weiß, geb. Türkis,
ein.

Konstantin Schwarz
lädt
...
zur Hochzeit seines Sohnes
Hubertus
mit Frau Christina Weiß,
Tochter von Peter und Anastasia Weiß, geb. Türkis,
ein.

Wenn die Eltern der Bräutigams geschieden sind und ein Elternteil neu verheiratet ist und einen neuen Ehenamen führt:

Konstantin Schwarz und Elke Rot, geb. Braun
laden
...
zur Hochzeit ihres Sohnes
Hubertus Schwarz mit Frau Christina Weiß,

Tochter von Peter und Anastasia Weiß, geb. Türkis,
ein.

Es kann auch nur derjenige zur Hochzeit einladen, bei dem der Bräutigam bislang gelebt hat:

Elke Rot, geb. Braun,
lädt
...
zur Hochzeit ihres Sohnes Hubertus (Schwarz)
mit Frau Christina Weiß,
Tochter von Peter und Anastasia Weiß, geb. Türkis,
ein.

Konstantin Schwarz lädt
...
zur Hochzeit seines Sohnes Hubertus
mit Frau Christina Weiß,
Tochter von Peter und Anastasia Weiß, geb. Türkis,
ein.

Wenn ein Elternteil des Bräutigams verstorben ist
... und der überlebende Elternteil nicht wieder geheiratet hat oder der überlebende Elternteil wieder geheiratet hat und der Bräutigam zu dem neuen Ehepartner keine enge Bindung hat, wird nur vom überlebenden Elternteil eingeladen. Mit dem Hinweis »Witwer der verstorbenen Elke Schwarz« beziehungsweise »Witwe des verstorbenen Konstantin Schwarz« kann der überlebende Elternteil auf den verstorbenen Elternteil in der Einladung hinweisen.

Konstantin Schwarz,
Witwer der verstorbenen Elke Schwarz,
lädt
...
zur Hochzeit seines Sohnes Hubertus

mit Frau Christina Weiß,
Tochter von Peter und Anastasia Weiß, geb. Türkis,
ein.

Elke Schwarz, geb. Braun, Witwe des
verstorbenen Konstantin Schwarz,
lädt
...
zur Hochzeit ihres Sohnes
Hubertus (Schwarz)
mit Frau Christina Weiß,
Tochter von Peter und Anastasia Weiß,
geb. Türkis, ein.

Lehnt der überlebende Elternteil diese Formulierung ab, können die Brauteltern in ihrer Einladung – sofern sie eigene Einladungen versenden – den verstorbenen Elternteil des Bräutigams erwähnen. Je nachdem, ob ein Elternteil des Bräutigams zu Lebzeiten den Geburtsnamen wieder angenommen hat oder nicht, wird dies mit dem Vermerk »geb.« kenntlich gemacht.

Peter und Anastasia Weiß, geb. Türkis, laden
...
zur Hochzeit ihrer Tochter
Christina
mit
Herrn Hubertus Schwarz,
Sohn von Konstantin Schwarz und der
verstorbenen Elke Schwarz, geb. Braun, ein.

Peter und Anastasia Weiß, geb. Türkis, laden
...
zur Hochzeit ihrer Tochter
Christina
mit Herrn Hubertus Schwarz,

Sohn von Elke Schwarz, geb. Braun,
und des verstorbenen Konstantin Schwarz,
ein.

Peter und Anastasia Weiß, geb. Türkis,
laden
...
zur Hochzeit ihrer Tochter Christina
mit Herrn Hubertus Schwarz,
Sohn von Elke Braun und
des verstorbenen Konstantin Schwarz,
ein.

Wenn ein Elternteil des Bräutigams verstorben ist, der andere neu verheiratet und der Bräutigam zu diesem Stiefelternteil eine enge Bindung hat, kann auch der neue Stiefelternteil anstelle des verstorbenen Elternteiles genannt werden. Wenn Stiefeltern in die Einladung aufgenommen werden, werden sie als Eltern eingestuft und nicht separat aufgeführt oder gar als Stiefeltern kenntlich gemacht.

Konstantin Schwarz und Marie Blau
laden
...
zur Hochzeit ihres Sohnes Hubertus Schwarz
mit Frau Christina Weiß,
Tochter von Peter und Anastasia Weiß, geb. Türkis,
ein.

Je nach gewähltem Nachnamen der Eltern des Bräutigams wird unterschieden zwischen Beibehaltung des alten Ehenamens, wieder angenommenem Geburtsnamen oder neuem Ehenamen.

Elke Schwarz, geb. Braun, und Anton Grün
laden
...

zur Hochzeit ihres Sohnes
Hubertus Schwarz
mit Frau Christina Weiß,
Tochter von Peter und Anastasia Weiß, geb. Türkis,
ein.

Elke Braun und Anton Grün
laden
...
zur Hochzeit ihres Sohnes
Hubertus Schwarz
mit Frau Christina Weiß,
Tochter von Peter und Anastasia Weiß, geb. Türkis,
ein.

Elke Rot, geb. Braun, und Anton Grün
laden
...
zur Hochzeit ihres Sohnes
Hubertus Schwarz
mit Frau Christina Weiß,
Tochter von Peter und Anastasia Weiß, geb. Türkis,
ein.

Wenn beide Eltern des Bräutigams verstorben sind, können die Brauteltern einladen und dabei die verstorbenen Eltern des Bräutigams erwähnen.

Peter und Anastasia Weiß, geb. Türkis, laden
...
zur Hochzeit ihrer Tochter Christina
mit Herrn Hubertus Schwarz,
Sohn der verstorbenen Konstantin und
Elke Schwarz, geb. Braun, ein.

Hatte ein Elternteil des Bräutigams zu Lebzeiten nach dem Tod des Ehepartners den Geburtsnamen wieder angenommen, wird der Vermerk »geb.« weggelassen.

Peter und Anastasia Weiß, geb. Türkis, laden
…
zur Hochzeit ihrer Tochter Christina
mit Herrn Hubertus Schwarz,
Sohn des verstorbenen Konstantin Schwarz
und der verstorbenen Elke Braun, ein.

Wenn beide Elternpaare Gastgeber sind
Wenn sich die Eltern von Braut und Bräutigam die Kosten des Hochzeitsfestes teilen, können die beiden Elternpaare auch gemeinsam einladen.

Peter Weiß und Anastasia Weiß, geb. Türkis,
und
Konstantin und Elke Schwarz, geb. Braun,
laden
Frau Anneliese Hansen, Herrn Hartmut Hansen
sowie Lea und Max Hansen
zur Hochzeit ihrer Kinder
Christina und Hubertus
am Samstag, dem 20. August 2011,
um 14.00 Uhr
in die Weihkirche, Bergsee,
und zu den Festlichkeiten am Abend
in die »Klosterschänke«, Kloster Antling,
herzlich ein.

Dunkler Anzug, Smoking
U. A. w. g. bis zum 30. Juli 2011

Trollweg 2,
80108 München
Tel. 089/7654321

Wichtelweg 3,
80123 München
Tel. 089/4567123

Koordiniert nur ein Elternpaar die eingehenden Antworten, geben Sie unter dem U. A. w. g.-Vermerk lediglich die Adresse des verantwortlichen Paares an.

Peter Weiß und Anastasia Weiß, geb. Türkis,
und
Konstantin und Elke Schwarz, geb. Braun,
laden
Frau Anneliese Hansen, Herrn Hartmut Hansen
sowie Lea und Max Hansen

zur Hochzeit ihrer Kinder
Christina und Hubertus
am Samstag, dem 20. August 2011,
um 14:00 Uhr
in die Weihkirche, Bergsee
und zu den Festlichkeiten am Abend
in die »Klosterschänke«,
Kloster Antling,
herzlich ein.

Dunkler Anzug, Smoking
U. A. w. g. bis zum 30. Juli 2011

Trollweg 2,	Wichtelweg 3,	Elfenweg 1,
80108 München	80123 München	80801 München
Tel. 089/7654321	Tel. 089/4567123	Tel. 089/1234567

Wenn Brauteltern, Eltern des Bräutigams und Brautpaar gemeinsam einladen

Auch wenn alle drei Parteien an der Finanzierung des Hochzeitsfestes beteiligt sind, so laden nach alter Tradition in einer gemeinsamen Einladung nur die Brauteltern und das Brautpaar ein. Möchten die Eltern des Bräutigams ebenfalls in eigenem Namen einladen, würden konservative Familien des Bräutigams auf eine gesonderte Einladung zurückgreifen.

Sehen Sie es mit der Tradition nicht so eng, können Sie in Ihrer Einladung auch alle drei Parteien als Gastgeber erscheinen lassen.

Peter Weiß und Anastasia Weiß, geb. Türkis,
Konstantin und Elke Schwarz, geb. Braun,
und Christina und Hubertus Schwarz
laden

Frau Anneliese Hansen, Herrn Hartmut Hansen
sowie Lea und Max Hansen
zur Hochzeit
von Christina Weiß und Hubertus Schwarz
am Samstag, dem 20. August 2011,
um 14:00 Uhr
in die Weihkirche, Bergsee
und zu den Festlichkeiten am Abend in
die »Klosterschänke«, Kloster Antling,
herzlich ein.

Dunkler Anzug, Smoking
U. A. w. g. bis zum 30. Juli 2011.

Empfängerzeile

Je nach Geschmack und Beziehungsstatus zu Ihren Gästen können Sie diese in der Empfängerzeile des Einladungstextes entweder förmlich mit deren Titeln sowie Vor- und Nachnamen aufzählen, diese nur mit deren Vornamen anreden oder es bei der Sammelanrede »Dich«, Euch« oder »Sie« belassen.

Entscheiden Sie sich für die persönliche Anrede der Empfänger ist es selbstverständlich, dass Sie deren Namen in der Anrede handschriftlich eintragen. Ist Ihre Handschrift dafür nicht tauglich, können Sie die Namen zur Not auch mit einem sich vom Anzeigentext abhebenden Schreibschriftfont ausdrucken. Auf keinen Fall sollten Sie einen Druckschriftfont verwenden.

Bei nicht mehr jungen Paaren, die schon viele Jahre verheiratet sind und der alten Schule angehören, können Sie den Mann an erster

Stelle nennen. Ansonsten schreibt man den Namen des- oder derjenigen zuerst, für den die Anzeige hauptsächlich gedacht ist. Richtet sich die Anzeige an beide gleichermaßen, greifen Sie auf das altbewährte »Ladies first« zurück und nennen die Frau an erster Stelle.

Christina und Hubertus laden
Frau Anneliese Hansen
und Herrn Hartmut Hansen
zu ihrer Hochzeit herzlich ein.

Christina und Hubertus laden
Anneliese und Hartmut
zu ihrer Hochzeit herzlich ein.

Christina und Hubertus
laden
Dich/Euch/Sie
zu ihrer Hochzeit herzlich ein.

Bei der Sammelanrede mit »Euch« oder »Sie« müssen Sie allerdings sicherstellen, dass Sie den zu adressierenden Personenkreis bereits auf dem Umschlag eindeutig definiert haben.
Die Formulierung hat beispielsweise Relevanz, wenn Sie ein Paar einladen, welches Kinder hat, und Sie deutlich machen wollen, ob Sie die Einladung auch den Kindern gegenüber aussprechen. Haben Sie den Umschlag nicht hinreichend adressiert, sollten Sie in der Einladung alle angesprochenen Personen aufzählen.

Christina und Hubertus laden
Anneliese, Hartmut, Lea und Max
zu ihrer Hochzeit herzlich ein.

Liebe Anneliese, lieber Hartmut,
wir laden Euch und Eure Kinder Lea und Max zu unserer
Hochzeit herzlich ein.

Möchten Sie nur das Ehepaar ohne deren Sprösslinge einladen, formulieren Sie dies auch so.

Christina und Hubertus
laden
Anneliese und Hartmut
zu ihrer Hochzeit herzlich ein.

Bedienen Sie sich bei Familienangehörigen in der Einladung der Anredeform, die Sie sonst auch verwenden. Das gilt auch für in der Familie etablierte Kosenamen. Haben Sie ein herzliches Verhältnis zu der Person, würde eine förmliche Anrede deplatziert wirken. Schreiben Sie »Tante Hermine« beziehungsweise »Hermi« oder auch nur »Hermine«:

Christina und Hubertus
laden
Tante Hermine, Onkel Jonas und Philipp
zu ihrer Hochzeit herzlich ein.

Christina und Hubertus
laden
Hermi, Jonas und Philipp
zu ihrer Hochzeit herzlich ein.

Laden Sie einen Single mit seiner Begleitung ein, deren Namen Sie nicht kennen, haben Sie den Umschlag zwar nur an die einzelne Person adressiert, beziehen die Einladung nun aber auch auf seine Begleitperson.

Christina und Hubertus
laden
Hartmut und Begleitung
zu ihrer Hochzeit
herzlich ein.

Anlässlich unserer Hochzeit
am 20. August 2011
laden wir
Dich und Deine Begleitung
herzlich ein.

Christina & Hubertus

Titel und akademische Grade

Entscheiden Sie sich für die förmliche Variante der Anrede, werden neben den Vor- und Nachnamen auch eventuelle Titel und akademische Grade Ihrer Gäste in der Anrede angegeben, auch wenn es sich um enge Verwandte oder gute Freunde handelt.

Titel und akademische Grade werden stets vor dem Vor- und Nachnamen angegeben. Sie können darauf verzichten, wenn es sich um enge Verwandte oder sehr gute Freunde handelt, die Sie duzen und nur mit dem Vornamen anschreiben, oder um Personen, die Ihnen gegenüber ausdrücklich den Wunsch geäußert haben, nicht mit den entsprechenden Titeln und Bezeichnungen angeredet zu werden.

Wenn nur einer der Adressaten einen akademischen Titel trägt oder eine akademische Amtsbezeichnung führt oder beide unterschiedliche akademische Grade innehaben, ist die getrennte Form die bessere. Unterschiedliche akademische Grade bestimmen dabei nicht die Reihenfolge, in der die Frau und der Mann aufgezählt werden. Es ist auch in diesem Fall eine Höflichkeitsentscheidung, die Frau zuerst zu nennen.

Christina Weiß und Hubertus Schwarz laden
Frau Dr. Anneliese Hansen
Herrn Professor Dr. Hartmut Hansen
Lea und Max Hansen herzlich ein.

Trägt ein Empfänger sowohl einen Professoren- als auch Doktortitel, werden in der personalisierten Empfängerzeile beide Titel in der Empfängerzeile genannt, wobei »Professor« oder »Professorin« in der

Anrede ausgeschrieben und »Dr.« immer abgekürzt wird. Beschränken Sie sich jedoch in der mündlichen Anrede auf den höchsten Titel, da dieser Vorrang hat.
Hat jemand Ehrendoktorwürden erlangt, haben Sie diese zwar in die Beschriftung des Briefumschlages aufgenommen, verzichten aber nun in der Empfängerzeile auf die Ehrendoktorwürde »h. c.« oder die deutsche Version »e. h.« – ehrenhalber –, sondern stellen lediglich den Titel »Professor« oder »Dr.« dem Namen voran.
Sind beide Partner promoviert, konnten Sie den Briefumschlag zwar mit »Dres. Frau Anneliese und Herrn Hartmut Hansen« beschriften, weisen die beiden Titel in der Empfängerzeile nun aber separat aus, indem Sie beide Personen mit ihrem jeweiligen Titel, Vor- und Nachnamen einzeln aufzählen.

Adelstitel
Adelstitel erscheinen vor dem Nachnamen, aber nach eventuellen akademischen Graden und dem Vornamen, weil mit der Weimarer Verfassung im Jahr 1919 alle adelsrechtlichen Privilegien aufgehoben wurden und Adelsbezeichnungen seither zum Nachnamen gehören.

Christina Weiß und Hubertus Schwarz
laden
Herrn Hartmut Baron von Hansen
herzlich ein.

Christina Weiß und Hubertus Schwarz
laden
Frau Anneliese Gräfin von Klausen
herzlich ein.

Während Sie in Norddeutschland das »von« mit einem »v.« abkürzen können, schreiben Sie in Süddeutschland das »von« stets aus. Das »von« wird allerdings – und unabhängig von regionalen Gepflogenheiten – immer ausgeschrieben, wenn nach dem Adelsprädikat ein Ländername folgt.

Kommt ein akademischer Grad hinzu, wird er vor dem Vornamen platziert. In der Empfängerzeile werden alle akademischen Grade aufgezählt.

Christina Weiß und Hubertus Schwarz
laden
Frau Dr. Anneliese Gräfin von Klausen
herzlich ein.

Gehört der Empfänger zum nichttitulierten Adel, lassen Sie hinter eventuellen Funktionsbezeichnungen, akademischen Graden und dem Vornamen das Adelsprädikat und den Nachnamen folgen.

Christina Weiß und Hubertus Schwarz
laden
Frau Anneliese von Klausen
herzlich ein.

Christina Weiß und Hubertus Schwarz
laden
Herrn Generalkonsul Hartmut von Hansen
herzlich ein.

Adressieren Sie an eine Freifrau oder einen Freiherrn, lassen Sie die Höflichkeitsform »Frau« oder »Herrn« in der Empfängerzeile weg, um eine sprachliche Dopplung zu vermeiden. Es heißt dann:

Christina Weiß und Hubertus Schwarz
laden Hartmut Freiherrn von Hansen
herzlich ein.

Christina Weiß und Hubertus Schwarz
laden
Dr. Anneliese Freifrau von Klausen
herzlich ein.

Doppelnamen oder eine zu einem Namen gehörende Ortsbezeichnung werden in der Empfängerzeile ausformuliert.

Christina Weiß und Hubertus Schwarz
laden
(Herrn) Hartmut Baron von Hansen zu Bergestedt
herzlich ein.

Christina Weiß und Hubertus Schwarz
laden
(Frau) Dr. Anneliese Gräfin von Klausen zu Höllrich
herzlich ein.

Aus Platzgründen können Sie in der Empfängerzeile die Titel »Freiherr« mit »Frhr.« und »Freifrau« mit »Frfr.« abkürzen. Alle anderen Adelstitel sind auszuschreiben. Ebenso kann ein »und« in einem mehrgliedrigen Namen mit »u.« abgekürzt werden. Alle anderen Adelsprädikate wie »vom«, »zum«, »zu«, »zur« oder »dem« schreiben Sie aus.
Haben Sie auf Ihrer Verteilerliste zahlreiche adelige Gäste, lohnt es sich, das Standardwerk »Genealogisches Handbuch des Adels«, kurz den »Gotha«, zu konsultieren oder sich beim Deutschen Adelsarchiv in Marburg nach der richtigen Schreibweise zu erkundigen. Insbesondere, wenn Sie ausländische adelige Gäste erwarten, versichern Sie sich bitte bei der zuständigen Botschaft, dass Sie die korrekte Bezeichnung gewählt haben.

Amts- und Funktionsbezeichnungen
Amts- oder Funktionsbezeichnungen, wie zum Beispiel Senatorin, Bürgermeister, Regierungsrätin, Vorstandsvorsitzender, Präsidentin oder Geschäftsführerin kommen in der Empfängerzeile nach dem Zusatz »Frau« oder »Herrn« und vor dem Vor- und Nachnamen des Empfängers. Lange Bezeichnungen können der Übersichtlichkeit halber auch nach dem Vor- und Nachnamen nachgesetzt werden. Amts- und Funktionsbezeichnungen für Frauen verwenden Sie – soweit vorhanden – auch in der weiblichen Form. Besitzt ein Emp-

fänger Ihrer Anzeige mehrere Amts- oder Funktionsbezeichnungen, wählen Sie die Bezeichnung, mit der die Person den stärksten Bezug zu Ihnen hat.

Christina Weiß und Hubertus Schwarz
laden
Frau Senatorin Professorin Dr. Anneliese Klausen
herzlich ein.

Christina Weiß und Hubertus Schwarz
laden
Herrn Generalkonsul Hartmut Hansen
herzlich ein.

Frühere Amtsbezeichnungen geben Sie in Ihrer Hochzeitseinladung an, sofern der oder die Angeschriebene kein aktuelles, neues Amt bekleidet. Bei mehreren früheren Amtsbezeichnungen geben Sie nur die Ranghöchste oder bei Gleichrangigkeit die zuletzt ausgeübte Funktion an.
Beamte, die aus dem Staatsdienst ausgeschieden sind und nach dem Bundesbeamtengesetz beispielsweise als Vorruheständler oder in Altersteilzeit noch zum Tragen ihrer Amtsbezeichnung berechtigt sind, führen ihre frühere Amtsbezeichnung mit dem Zusatz »a. D.« – außer Dienst.
Die Abkürzung »i. R.« – im Ruhestand – können Sie für ehemalige Beamte verwenden, die endgültig in den Ruhestand getreten sind. Dies ist in der Regel der Fall, wenn diese die Altersgrenze erreicht haben. Die Verwendung dieser Abkürzung ist allerdings im Gegensatz zu »a. D.« nicht gesetzlich geregelt und damit nicht offiziell.

Religiöse Funktionsbezeichnungen

Bei Geistlichen geben Sie hinter der Höflichkeitsform »Frau« oder »Herrn« die Funktionsbezeichnung wie Pfarrer oder Pastor an beziehungsweise die Anredeform »Herrn« vor einem Priester, gefolgt von etwaigen akademischen Graden und dem Vor- und Nachnamen.

Für weibliche Geistliche wählen Sie dementsprechend die weibliche Funktionsbezeichnung.

Christina Weiß und Hubertus Schwarz
laden
Frau Pastorin Dr. Mechthild Kreuz
herzlich ein.

Christina Weiß und Hubertus Schwarz
laden
Herrn Pfarrer Matthias Bibel
herzlich ein.

Christina Weiß und Hubertus Schwarz
laden
Frau Pfarrerin Agnes Fromm
herzlich ein.

Zeitpunkt der Veranstaltung
Schreiben Sie Monatsangaben aus, also: »am 20. August 2011«. Die Formulierung »am 20.8.2011« hat in einer Einladung nichts zu suchen, sondern ist der Geschäftskorrespondenz vorbehalten.
Normalerweise wird der zum Datum gehörende Wochentag ebenfalls angegeben. Achten Sie darauf, dass auf den Wochentag ein Artikel, der das Datum einleitet, in der korrekten grammatikalischen Form folgt.
Im deutschen Sprachraum ist es nicht üblich, die Uhrzeit auf der Hochzeitseinladung beispielsweise mit »vierzehn Uhr« auszuschreiben, stattdessen werden Ziffern verwendet, wobei Sie zwischen der Stunden- und Minutenangabe die Wahl zwischen einem Doppelpunkt und Punkt – also »14:00 Uhr« oder »14.00 Uhr« – haben.
Ihnen stehen folgende Varianten zur Verfügung:

Wir laden ein zur Trauung am Samstag, dem 20. August 2011,
um 14.00 Uhr.

Die Trauung beginnt Samstag, den 20. August 2011,
um 14:00 Uhr.

Einladung zur Trauung
Samstag, 20. August 2011, 14:00 Uhr

Trauung

Die Uhrzeit, die im Einladungstext für die Trauung steht, meint den Zeitpunkt, zu der die Trauungszeremonie startet. Das heißt, dass hier bereits alle Gäste eingetroffen sein und ihre Plätze eingenommen haben sollten. Durch den Zusatz »um« vor der Uhrzeit – also beispielsweise »um 14.00 Uhr« – stellen Sie sicher, dass Ihre Gäste nicht nur pünktlich zum geladenen Zeitpunkt eintreffen, sondern zu dieser Zeit auch bereits ihre Plätze eingenommen haben.
Sie können auch den vor allem bei Festakten gebräuchlichen lateinischen Ausdruck »s. t.« hinter der Uhrzeitangabe – also »14.00 Uhr s. t.« – verwenden, der »sine tempore« ohne jegliche Zeitverzögerung meint und die Gäste auf die Minute pünktlich bestellt.

Empfang

Laden Sie zu einem Empfang ein, geben Sie die Anfangs- und Endzeit im Einladungsschreiben an. Für einen Empfang setzen Sie in der Regel zwei Stunden an, wobei die Gäste bis zu 30 Minuten später als die angegebene Anfangszeit eintreffen dürfen. Übliche Anfangszeiten für Empfänge sind 11 Uhr für einen Vormittags-, 12 Uhr für einen Mittags- und 18 Uhr für den Abendempfang. Sie können sich selbstverständlich auch an den für Ihren großen Tag vorgesehenen Programmpunkten orientieren und den Empfang etwa zwischen Trauung und Hochzeitsdinner betten.
Für Ihren Einladungstext wählen Sie Formulierungen wie:

Wir laden zum Empfang
am Samstag, dem 20. August 2011, von 17.00 bis 19.00 Uhr
ein.

Der Empfang findet Samstag, den 20. August 2011,
von 17.00 bis 19.00 Uhr, statt.

Einladung zum Empfang
Samstag, 20. August 2011
17.00 bis 19.00 Uhr

Hochzeitsessen
Sie können direkt zum Hochzeitsessen laden oder diesem noch einen Aperitif voranstellen. Das hat für Ihre Gäste den Vorteil, dass diese hinsichtlich der Ankunftszeit einen größeren Spielraum haben und Ihre Ankunft nicht pünktlich auf die Minute arrangieren müssen.

Wir bitten zwischen 19.30 und 19.45 Uhr
zu einem Aperitif.
Das Hochzeitsessen beginnt um 20.00 Uhr.

Wir bitten um 20.00 Uhr
zum Hochzeitsessen.

Veranstaltungsort
Versehen Sie den Veranstaltungsort mit Straße und Hausnummer, sofern Sie entsprechende Detailinformationen nicht in den zusätzlichen Drucksachen vorhalten, die Sie der Einladung beilegen. Es ist eine stilistische Selbstverständlichkeit, Straßennamen in der Einladung vollständig auszuschreiben und nicht mit »Str.« oder »Pl.« abzukürzen.
Sie laden zu Ihrer Hochzeit »in eine Kirche« und nicht »in einer Kirche« ein. Formulieren Sie dies auch so in Ihrer Einladung: »Christina und Hubert laden zu ihrer Hochzeit in die Wieskirch, Bergsee ein.« Falsch wäre die Formulierung »Christina und Hubert laden zu ihrer Hochzeit in der Wieskirch, Bergsee ein«.
Ob Sie die einzelnen Angaben zum Veranstaltungsort, die Sie beispielsweise mit einem Ortsnamen präzisieren, durch eine Präposition verbinden oder durch ein Komma trennen, bleibt Ihrem persönlichen Geschmack überlassen.

Christina und Hubert laden zu ihrer Hochzeit
in die Wieskirch, Bergsee ein.

Christina und Hubert laden zu ihrer Hochzeit
in die Wieskirch in Bergsee ein.

R. S. V. P. oder U. A. w. g.

Vergessen Sie nicht, bis zu einem bestimmten Datum um Antwort zu bitten, damit auch Sie Planungssicherheit haben und beispielsweise die Tischordnung planen und Ihrem Caterer oder Restaurant rechtzeitig die endgültige Personenzahl für das Essen durchgeben können. Zwischen drei und zwei Wochen vor der Hochzeit sollten Sie spätestens wissen, mit wie vielen Gästen Sie rechnen können. Ob Sie die geläufige Abkürzung »U. A. w. g.« für »Um Antwort wird gebeten« verwenden, den Satz ausschreiben oder das französische Kürzel »R. S. V. P.«, das für »répondez, s'il vous plaît«, können Sie nach Ihrem eigenen Geschmack entscheiden.

U. A. w. g. bis zum 20. Juli 2011.

Um Antwort wird gebeten bis 20. Juli 2011.

Sagt uns bitte so schnell wie möglich –
spätestens bis zum 20. Juli 2011 –
Bescheid, ob wir mit Euch rechnen können.

Bitte senden Sie uns Ihre Antwort bis zum 20. Juli 2011.

Neben dem festgelegten Antwortdatum geben Sie an, auf welchem Weg die Antwort übermittelt werden kann. Die angegebenen Varianten sind aus Empfängersicht abschließend und die einzig möglichen Wege der Kontaktaufnahme. Sind Adresse, Telefon- und vielleicht sogar Faxnummer angegeben, kann der Gast für seine Antwort zwischen diesen drei Möglichkeiten der Kontaktaufnahme wählen.

U. A. w. g. bis zum 20. Juli 2011
Trollweg 2, 80108 München
Tel. 089/7654321

U. A. w. g. bis zum 20. Juli 2011
Tel. 089/1234567
Fax. 089/1234567

Bitte senden Sie uns Ihre Antwort
bis zum 20. Juli 2011
auf der beiliegenden Antwortkarte.

Ist nur eine Mailadresse oder Telefonnummer vermerkt, sollte für den Gast klar sein, dass der Gastgeber per Mail kontaktiert oder angerufen werden möchte. Fehlt eine Telefonnummer, möchte der Gastgeber gerade nicht angerufen werden. Es gehört zu den Pflichten eines Gastes, sich in diesem Fall nicht im Telefonbuch die Nummer herauszusuchen und telefonisch seine Zu- oder Absage mitzuteilen.

Kleidervermerke
Sicher wünschen Sie sich, dass Ihre Gäste an Ihrem großen Tag in einer bestimmten Kleidung erscheinen. Nehmen Sie deshalb einen entsprechenden Kleidervermerk in Ihre Einladung auf. Sie geben Ihren Gästen damit eine wichtige Hilfestellung, welcher Dresscode am Hochzeitstag von ihnen erwartet wird. Das erspart Ihren Gästen lästiges Nachfragen im Vorfeld der Hochzeit oder sich am Hochzeitstag unwohl fühlende Gäste, wenn diese mangels dieser Vorabinformation, die Sie wirklich ganz einfach auf der Einladung vermerken können, unpassend gekleidet erscheinen.
Sie können Ihren Kleidervermerk in der Einladung entweder durch das Wort Dresscode hervorheben, indem Sie unter oder neben den U. A. w. g.-Vermerk beispielsweise »Dresscode: Smoking oder dunkler Anzug« schreiben. Oder Sie verzichten auf das Wörtchen »Dresscode« und notieren an gleicher Stelle nur »Smoking oder dunkler Anzug«.

Die hochoffizielle Variante der Bekleidungsvorschriften bezieht sich übrigens nur auf die Herrenbekleidung. Hier lebt die Tradition weiter, einer Dame nicht vorzuschreiben, was sie zu tragen hat. Es kann von ihr erwartet werden, den auf die Herren bezogenen Vermerk für ihre eigene Garderobe zu deuten und diese entsprechend auszuwählen.
Für Trauungen am Vormittag ist bei traditionellen Hochzeitsfesten, bei denen der Bräutigam Wert auf klassische Hochzeitsetikette legt, tagsüber für ihn der »Cutaway Coat«, kurz »Cut«, der einzig in Frage kommende Hochzeitsanzug bei der kirchlichen Trauung. Der »Cut« ist wegen seines offiziellen Charakters auch als Tagesfrack oder großer Gesellschaftsanzug für den Tag bekannt.
Bei sogenannten Abendhochzeiten, bei denen die Trauung am Nachmittag stattfindet und sich die Feier nahtlos anschließt, wäre es hingegen für die Gäste eine Zumutung, sich in der knapp bemessenen Zeit zwischen Trauung und Fest noch einmal umzuziehen. Bei dieser Variante wird in der Regel mit der Garderobe in die Kirche gebeten, in der später auch gefeiert werden soll.
Bei Abendhochzeiten und zum abendlichen Fest oder Dinner sind Frack, Smoking oder der dunkle Anzug die gängigen Garderobevarianten. Je eleganter Ihre Hochzeit ist, desto anspruchsvoller wird Ihre Kleiderordnung sein, die entweder nur aus Frack oder einer Frack-Smoking-Variante besteht. Setzt sich Ihre Gästeliste aus einem stark gemischten Publikum zusammen, sollten Sie überlegen, die Kleiderordnung flexibler zu handhaben und auch den dunklen Anzug zuzulassen. Sie geben einerseits denjenigen Herren, die im Besitz eines Fracks oder Smokings sind, die Gelegenheit, ihren besten Anzug auszuführen. Andererseits stellen Sie Gäste nicht bloß, die sich beispielsweise aus Kostengründen keinen Gesellschaftsanzug kaufen oder leihen möchten. Auf einer Hochzeit mit dem Kleidervermerk »Frack – Smoking – dunkler Anzug« wird es also völlig normal sein, Gäste in festlicher Abendgarderobe und im dunklen Anzug anzutreffen.
»Stresemann«, »Longjacket« und »dunkler Anzug« sind festliche Kleidungsalternativen für den Abend, wobei der »dunkle Anzug«

im Verhältnis zu einer tagsüber gewählten »Cut«-Variante zu wenig hermachen würde und in diesem Fall nicht gewählt werden sollte. Übrigens, »Longjacket« und der dunkle Anzug können vom Bräutigam sowohl tagsüber als auch am Abend getragen werden und sind damit auch die ideale Bekleidung für die männlichen Gäste.

Klassische Kleidervermerke

Bekleidungsvermerke werden häufig in der englischen oder französischen Version verwendet. Einen Überblick über die bei Hochzeiten häufig verwendeten Bekleidungsvermerke finden Sie hier:

Kleidervermerk	**für den männlichen Gast**	**für den weiblichen Gast**	**geeignet für**
»grande tenue« »habit« »cravate blanche« »white tie« »Frack«	großer Gesellschaftsanzug am Abend	große Balltoilette (bodenlanges, prachtvolles Abendkleid)/ Feinstrumpfhosen	Gala oder elegante Hochzeitsfeier am Abend ab 19 Uhr
»Cut« oder »Cutaway« oder »Cutaway Coat«	großer Gesellschaftsanzug am Tag (schwarzer Cut mit grau gestreifter Stresemannhose)/Bräutigam, Trauzeuge und Brautvater: hellgrauer Cut mit hellgrauer Hose ohne Umschlag/ übrige Gäste: fast schwarzer, anthrazitfarbener Cut mit graugestreifter Hose; dazu: Weste, silbergrauer Zylinder	kurzes oder halblanges Kleid/ Kostüm (mit bedeckten Schultern und wenig Dekolleté oder extra Tuch für die Kirche); dazu: Hut und Feinstrumpfhosen	kirchliche Trauung am Vormittag oder auch am Nachmittag (darf nicht nach 15 Uhr beginnen)/Empfang am Vormittag, Mittag oder Nachmittag/Cut wird bis 18 Uhr getragen.

Kleidervermerk	für den männlichen Gast	für den weiblichen Gast	geeignet für
»cravate noire« »black tie« »Smoking«	kleiner Gesellschaftsanzug am Abend, zunehmend auch am Nachmittag; dazu: weißes Smokinghemd, schwarze Schleife bzw. Fliege und sehr feine schwarze Schuhe (auf Hochglanz polierte Schnürschuhe oder Herrenpumps, nicht zwingend Lackschuhe)	große Balltoilette (langes Abendkleid) nicht Pflicht, wird aber sehr häufig getragen/bessere Alternative: halblanges Kleid, festliches kurzes Abendkleid, elegantes Kostüm, das »Kleine Schwarze«; dazu: Feinstrumpfhosen	Gala oder elegante Hochzeitsfeier am Abend ab 19 Uhr/immer öfter: standesamtliche/kirchliche Trauung am Nachmittag oder Empfang am Nachmittag/Ball, Bankett
»Dinerjacket«	kleiner Gesellschaftsanzug am Abend für Anlässe unter freiem Himmel/Jacke ist weiß, naturweiß oder zart beige (écru)	halblanges Kleid/festliches kurzes Abendkleid/elegantes Kostüm/das »Kleine Schwarze«; dazu: Feinstrumpfhosen	Hochzeitsfeier auf einem Schiff oder unter freiem Himmel am Abend ab 19 Uhr (in den Monaten Mai bis August)
»Stresemann«	abgewandelter kleiner Gesellschaftsanzug am Tag mit dunklem Jackett in mittlerer Länge/Streifenhosen und hellgraue Weste	kurzes oder halb langes Kleid/Kostüm (mit bedeckten Schultern und wenig Dekolleté oder extra Tuch für die Kirche); dazu: Hut und Feinstrumpfhosen	kirchliche Trauung am Tag/Hochzeitsfeier am Tag/Vormittagsempfang

Kleidervermerk	**für den männlichen Gast**	**für den weiblichen Gast**	**geeignet für**
»en veston« oder »dunkler Anzug«	dunkler, eleganter Anzug in den Farben dunkelgrau bis anthrazit, nicht schwarz/ weniger geeignet ist dunkelblau/ tagsüber auch hellere Farben, aber keine Kombinationen; dazu: weißes, rosafarbenes oder hellblaues Hemd/Krawatte sowie schwarze Schnürschuhe aus Glattleder mit Ledersohle	kurzes elegantes Abendkleid/das »Kleine Schwarze«/elegantes Tageskleid/Etuikleid/Kostüm/ eleganter Hosenanzug; dazu: Feinstrumpfhosen	standesamtliche Trauung/kirchliche Trauung am Tag oder Abend/ Hochzeitsfeier am Tag oder am Abend/Empfang am Vormittag, Mittag oder Abend
»Tracht«	Hirsch- oder Rehlederhose (nicht in Wadenlänge)/schlichtes Leinen- oder Baumwollhemd (nicht kariert)/ Trachtenschuhe oder Haferl aus Glattleder/eventuell Charivari	langes Dirndl	standesamtliche/ kirchliche Trauung/Empfang am Tag oder am Abend/Hochzeitsfeier am Tag oder am Abend
»Abendgarderobe« »Abendkleidung« »festliche Kleidung« (im Zweifel lieber nachfragen)	kann als dunkler Anzug interpretiert werden, bei eleganten Hochzeiten kann auch der Kleidervermerk »Smoking« gemeint sein.	kurzes elegantes Abendkleid oder eleganter Hosenanzug	Hochzeitsfeier am Abend

Ihre weiblichen Gäste kleiden sich passend zu ihren Begleitern. Kommt der Herr im Frack, wird die Dame im langen Ballkleid erscheinen. Bevorzugt *er* den Smoking, kann *sie* entweder große Balltoilette, ein halblanges Kleid oder ein kurzes, festliches Kleid tragen. Ihre Wahl wird auf ein kurzes elegantes Kleid oder einen eleganten Hosenanzug fallen, wenn ihr Begleiter sich für einen dunklen Anzug entscheidet.

Möchten Sie ausschließen, dass Ihre weiblichen Gäste bestimmte Farben tragen, können Sie auch das im Bekleidungsvermerk angeben – »Dresscode: Smoking oder dunkler Anzug. Damen: No Black, no Gold«.

Vereinzelt kann es auch vorkommen, dass Ihre Gäste mit Orden und Ehrenzeichen dekoriert Ihrer Hochzeit beiwohnen sollen. Mit dem Vermerk »Orden und Ehrenzeichen« verdeutlichen Sie diesen Wunsch auf Ihrer Hochzeitseinladung und geben Ihren Gästen damit auch die dazugehörende Kleidung vor. Denn nur der dunkle Anzug beziehungsweise Frack oder Smoking dürfen diesem Bekleidungsvermerk entsprechend getragen werden. Eine Ausnahme bilden hier selbstverständlich Ihre Gäste im Militärdienst. Hier richtet sich deren Kleidung nach den jeweiligen Dienstvorschriften.

»Festliche Abendgarderobe«

Häufig liest man im Bekleidungsvermerk auch Formulierungen wie »Abendgarderobe«, »festliche Kleidung« oder »sommerlich-festlich«. Diese Hinweise erlauben Ihren Gästen einen größeren Spielraum bei der Auswahl der Kleidung als die traditionellen Bekleidungsvermerke, und Sie sollten Sie nur wählen, wenn Sie eine nicht ganz so förmliche Hochzeit planen und auf ein weniger einheitliches Erscheinungsbild Ihrer Gäste Wert legen. In einer traditionellen Einladung zu einer formellen Hochzeit haben solche Vermerke allerdings nichts zu suchen.

Kleidervermerke für unterschiedliche Programmpunkte

Es ist nicht unüblich, für verschiedene Programmpunkte unterschiedliche Bekleidungswünsche auszusprechen. Vor allem dann, wenn die Trauung am Vormittag stattfindet und die Hochzeitsfeier am späten Nachmittag oder Abend beginnt, wünschen sich Paare von den Gästen einen Kleiderwechsel.

Gäste zu verschiedenen Programmpunkten einladen
Oft werden nicht alle Personen, die auch zur kirchlichen Trauzeremonie gebeten werden, zu weiteren Programmpunkten – wie einem Empfang oder festlichen Essen – gebeten. Ihre Entscheidung, welche Gäste Sie zu welchen Programmpunkten einladen, wird vor allem von Ihrem zur Verfügung stehenden Budget und dem Platzangebot in den Räumlichkeiten abhängen.

Einladung zu weiteren Feierlichkeiten
Wollen Sie Freunde und Bekannte zu Hochzeitsfeierlichkeiten über die Trauung hinaus einladen, fügen Sie einer als Einladung interpretierbaren Hochzeitsanzeige oder einer klassischen Hochzeitseinladung noch weitere Einladungen für die einzelnen Programmpunkte bei.

Polterabend
Das kann etwa eine Einladung zu einem der Hochzeit vorgelagerten Polterabend sein, zu dem eher Freunde und Bekannte des Brautpaares eingeladen werden, also eher jüngere Gäste. Die Einladung zum Polterabend spricht in der Regel das Brautpaar selbst aus, und es werden an eine Einladung an einen Polterabend auch keine so hohen stilistischen Anforderungen wie an eine Hochzeitseinladung gestellt.

Hochzeitsempfang
Zum Hochzeitsempfang wird entweder mit einer eigenständigen Einladung, einem separaten Einlegeblatt in der Hochzeitseinladung oder einem handschriftlichen Vermerk auf der Vermählungsanzeige beziehungsweise Einladungskarte geladen. Dabei werden detaillierte Orts- und Zeitangaben zum geplanten Programmpunkt gegeben. Zu einem Hochzeitsempfang können Sie sogar mündlich einladen. Sofern Sie zum Hochzeitsempfang einen eigenen Dresscode wünschen, geben Sie diesen im Einladungstext an.

Für einen Empfang kalkuliert man eine Dauer von etwa zwei Stunden, wobei Ihre Gäste bis zu 30 Minuten verspätet eintreffen können. Auf der Einladung zum Empfang wird in der Regel die Anfangs- und Endzeit angegeben. Vor allem, wenn nach dem Empfang weitere Feierlichkeiten wie zum Beispiel die Trauung nach einem Vormittagsempfang oder das Hochzeitsdinner nach einem Nachmittagsempfang folgen und nur ein begrenztes Zeitfenster für den Empfang zur Verfügung steht, geben Sie die Endzeit mit an. Laden Sie zum Empfang als Solitärveranstaltung ein, dem keine weiteren Veranstaltungen folgen, kann die Endzeit auch weggelassen werden. Sie signalisieren Ihren Gästen dann mit der Formulierung »ab •• Uhr«, dass diese – einem Empfang entsprechend – ab einer bestimmten Uhrzeit oder auch später kommen dürfen, und halten gleichzeitig das Ende offen.

Schreiben Sie Monatsangaben aus, also: »am 20. August 2011«. Die Formulierung »am 20.8.2011« hat in einer Einladung nichts zu suchen, sondern ist der Geschäftskorrespondenz vorbehalten.

Normalerweise wird der zum Datum gehörende Wochentag ebenfalls angegeben, also »am Samstag, dem 20. August 2011«. Achten Sie darauf, dass einem Wochentag das Datum mit Artikel in der korrekten grammatikalischen Form folgt. Ihnen stehen folgende Varianten zur Verfügung:

Wir laden ein zum Empfang
am Samstag, dem 20. August 2011, von 16.00 bis 18.00 Uhr.

Der Empfang beginnt Samstag, den 20. August 2011,
ab 16.00 Uhr.

Einladung zum Empfang
Samstag, 20. August 2011
von 16.00 bis 18.00 Uhr

Im deutschen Sprachraum ist es nicht üblich, die Uhrzeit auf der Einladung beispielsweise mit »vierzehn Uhr« auszuschreiben, sondern es werden Ziffern verwendet, wobei Sie zwischen der Stunden- und Minutenangabe die Wahl zwischen einem Doppelpunkt und Punkt – also »14:00 Uhr« oder »14.00 Uhr« – haben.

Hochzeitsempfang vor oder nach der Trauung

Vor der Trauung können Sie einen Hochzeitsempfang entweder für alle Gäste, die an der Trauung teilnehmen werden, oder nur für einen ausgewählten Personenkreis geben. Ein Hochzeitsempfang vor einer Trauung eignet sich vor allem bei einer Trauung ab der Mittagszeit. Heiraten Sie ausschließlich – oder an einem anderen Tag als kirchlich – standesamtlich, bietet sich am Tag der Trauung ein nachfolgender Hochzeitsempfang an.

Ebenso können Sie einen Hochzeitsempfang nach einer kirchlichen Hochzeit veranstalten. Zu einem Hochzeitsempfang nach der kirchlichen Trauung laden großzügige Gastgeber all jene ein, denen vorab die Nachricht über die bevorstehende Hochzeit als Vermählungsanzeige zugesandt wurde. Es bleibt natürlich immer Ihnen überlassen, wen Sie zum Empfang bitten.

Wenn Sie mehr Gäste zum Empfang als zur Trauung einladen, sind die Einladungskarten für den Empfang die Standardeinladungen. Legen Sie für diejenigen Gäste, die zur Trauungszeremonie oder einem anschließenden Hochzeitsessen eingeladen werden sollen, gesonderte Einladungen oder separate Blätter in die Einladung zum Empfang.

Vermerken Sie auf der Einladungskarte zu dem der kirchlichen Trauung folgenden Empfang den Dresscode, so bezieht sich dieser automatisch auch auf die Trauzeremonie in der Kirche. Das heißt, wenn die Kleidungsempfehlung zum Empfang nach der Kirche »Cutaway oder dunkler Anzug« lautet, dann kleiden sich Ihre Gäste bereits in der Kirche entsprechend und ziehen sich zwischen Kirche und Empfang nicht um.

Hochzeitsessen und anschließende Feier

Laden Sie nicht alle Personen, die zur kirchlichen Trauzeremonie gebeten werden, zum festlichen Hochzeitsessen ein, dann müssen Sie zur Hochzeitstafel gesondert einladen. Auch hier kann mit einer eigenständigen Einladung oder einem separaten Einlegeblatt in der Vermählungsanzeige beziehungsweise der Einladungskarte zur Trauung eingeladen werden.

Die Einladung zum Hochzeitsdinner enthält in der Regel einen separaten Kleidungsvermerk. Da die Trauung und ein vorgelagerter oder nachträglicher Empfang meist am Vormittag beziehungsweise am Nachmittag stattfinden, müssen sich die Gäste für das abendliche Festessen umziehen, sofern nicht für alle Programmpunkte der »dunkle Anzug« vorgegeben wurde. In diesem Fall können die Gäste während des ganzen Tages dieselbe Kleidung tragen.

Wenn das junge Paar das Hochzeitsfest selbst veranstaltet und die Kosten dafür trägt, lädt es in eigenem Namen ein. Die Einladung zum Hochzeitsessen kann aber auch im Namen der Brauteltern oder der Eltern des Bräutigams ausgesprochen werden.

Empfang mehrere Tage oder Wochen nach der Trauung

Vor allem dann, wenn Sie mit alten Freunden und Bekannten aus Ihrem ehemaligen Geburtsort oder dem Wohnort Ihrer Eltern, die nicht bei der Hochzeit zugegen waren, noch einmal auf Ihre Hochzeit anstoßen wollen oder nur ein kleines Budget für die eigentliche Hochzeit zur Verfügung hatten und nicht alle Ihre Wunschgäste einladen konnten, eignet sich ein nachträglicher Empfang.

Auch die Eltern können in deren Wohnort zu einem nachträglichen Empfang einladen, ohne dass das junge Ehepaar anwesend ist. Wenn Sie mit Ihren Eltern die Hochzeit nicht in deren Heimatstadt gefeiert haben und diese mit ihren Freunden und Bekannten, die nicht bei der Hochzeitsfeier anwesend waren, nachfeiern wollen, bietet sich eine solche Variante an. Selbstverständlich laden dann nur die Eltern und nicht das junge Paar zum Empfang ein.

Zu einem nachträglichen Hochzeitsempfang mehrere Tage oder Wochen nach der Trauung sollten Sie dann einladen, wenn Sie heim-

lich oder im Ausland geheiratet haben und im Nachhinein mit Ihren Verwandten und Freunden feiern wollen.
Übrigens können Sie in der Einladung zu einem nachträglichen Hochzeitsempfang auf die Angabe des genauen Datums Ihrer zurückliegenden Hochzeit und weiterführender Informationen verzichten. Je mehr Informationen Sie über die verstrichene Hochzeit in der Einladung geben, desto mehr Empfänger könnten sich wundern, warum sie nicht zur Trauung eingeladen waren.
Sie können zu einem nachträglichen Empfang einladen, ohne dabei die Empfänger in der Einladung aufzuzählen, also unpersonalisierte Einladungskarten versenden:

Peter Weiß und Anastasia Weiß, geb. Türkis, geben mit großer Freude die Vermählung ihrer Tochter Christina mit Herrn Hubertus Schwarz, Sohn von Konstantin und Elke Schwarz, geb. Braun, bekannt.

Hubertus Schwarz und Christina Schwarz, geb. Weiß, geben ihre Vermählung bekannt.

Wir möchten die Hochzeit nachträglich feiern
und laden zu einem Empfang
am Samstag, dem 24. September 2011,
von 16.00 bis 18.00 Uhr
auf die Terrasse des Restaurants
»Goldener Adler« in Bergsee.

Dunkler Anzug, Smoking
U. A. w. g. bis zum 10. September 2011.

Peter und Anastasia Weiß
Trollweg 2, 80108 München
Tel. 089/7654321

Hubertus und Christina Schwarz
Elfenweg 1, 80801 München
Tel. 089/1234567

Oder Sie geben in der Empfängerzeile die konkreten Namen Ihrer Gäste an:

Peter Weiß und Anastasia Weiß, geb. Türkis, geben mit großer Freude die Vermählung ihrer Tochter Christina mit Herrn Hubertus Schwarz, Sohn von Konstantin und Elke Schwarz, geb. Braun, bekannt.

Hubertus Schwarz und Christina Schwarz, geb. Weiß, geben ihre Vermählung bekannt.

Wir möchten die Hochzeit nachträglich feiern
und erwarten
Frau Anneliese und Herrn Hartmut Hansen
sowie Lea und Max Hansen
zu einem Empfang
am Samstag, dem 24. September 2011,
von 16.00 bis 18.00 Uhr
auf die Terrasse des Restaurants »Goldener Adler« in Bergsee.

Dunkler Anzug, Smoking
U. A. w. g. bis zum 10. September 2011.

Peter und Anastasia Weiß
Trollweg 2, 80108 München
Tel. 089/7654321

Hubertus und Christina Schwarz
Elfenweg 1, 80801 München
Tel. 089/1234567

Dürfen Sie Geschenkewünsche in der Einladung ansprechen?
Nach traditioneller Etikette ist es verpönt, in der Einladung einen ausdrücklichen Geschenkewunsch zu äußern oder einen bestimmten Geschenkewunsch anzudeuten – und sei es noch so dezent. Auf der anderen Seite sind viele Gäste dankbar, wenn sie so früh wie möglich Tipps zu passenden Geschenken erhalten. Denn niemand will etwas verschenken, das letztlich keine große Freude bereitet.

Sie befinden sich hier in einer wahren Zwickmühle. Denn auf der einen Seite sollen Sie darauf hoffen, dass gewissenhafte Schenker

weder Zeit noch Mühe scheuen werden, das richtige Geschenk für Sie auszuwählen, und darauf bauen, dass sich Ihre Gäste bei Ihren Verwandten oder engen Bekannten nach bestehenden Geschenkewünschen erkundigen. Schließlich ist es Sache der Gäste, sich danach zu erkundigen. Rein theoretisch brauchen Sie sich also keine Gedanken darüber zu machen, wie Ihre Wünsche »unter die Leute« kommen. Auf der anderen Seite befürchten Sie bei einem fehlenden Geschenkehinweis in der Einladung, dass Sie die dritte Kaffeemaschine und den fünften Toaster oder noch unnützere Gegenstände bekommen werden.
Die Praxis zeigt, dass mehr und mehr Paare schon mit der Einladung auf bestimmte Hochzeitswünsche hinweisen, auch wenn es etwas Überwindung kostet, konkrete Wünsche zu äußern. Diese Handhabe wird auch von den Einladungsempfängern mittlerweile akzeptiert und sogar für »salonfähig« befunden.

Geschenkewünsche stilvoll übermitteln

Wollen Sie die Etikette etwas moderner auslegen und Ihre Wünsche in der Einladung angeben, überlegen Sie, ob Sie Ihre Wünsche wirklich in den Einladungstext schreiben wollen oder lieber der Einladungspost ein Extrablatt beilegen, auf dem Sie Ihre Wünsche formulieren oder zumindest auf Geschenkelisten, Hochzeitstische oder Kontaktpersonen verweisen, die bei Fragen rund um das Thema Geschenke weiterhelfen.
Eine ebenfalls angemessene Variante ist es, sich auf Mundpropaganda zu verlassen. Sofern Sie sich nirgends schriftlich zu Ihren Geschenkewünschen geäußert haben, werden viele der Schenker erst einmal in Ihrem engsten Umfeld nachfragen, ob es einen bestimmten Wunsch oder sogar einen Hochzeitstisch oder eine Geschenkeliste gibt. Nutzen Sie diese Tatsache und weihen Sie Braut- und Bräutigammutter, Ihre Geschwister und Trauzeugen und selbstverständlich auch den Zeremonienmeister oder Hochzeitsmanager ein. Nutzen Sie diese Personen als Multiplikatoren Ihrer Geschenkewünsche. Es ist auch nicht stillos, wenn Ihre Wünsche und Listen bei Ihren Multiplikatoren oder einem Geschenkeverwalter abgefragt werden können.

Geschenkewunsch bei Wiederheirat

Selbstverständlich können Sie auch dann, wenn Sie nicht zum ersten Mal heiraten, Ihre Geschenkewünsche äußern und Geschenkelisten zusammenstellen. Die Tatsache, dass Sie bereits verheiratet waren und zu Ihrer ersten Hochzeit Geschenke erhalten haben, schließt nicht aus, dass Sie erneut beschenkt werden.

Hochzeits- oder Geschenketisch

Am wenigsten Aufwand für Sie beziehungsweise den verantwortlichen Geschenkeverwalter entsteht, wenn Sie sich für den Service des Geschenketischs entscheiden, den zahlreiche Kaufhäuser und Fachgeschäfte anbieten. Die Möglichkeit, sich mit Geschenketischen in Haushaltswarengeschäften nerviges Nachfragen von potenziellen Schenkern vom Hals zu halten, ist eine vor etlichen Jahren von der Branche eingeführte und zugegebenermaßen geschickte Marketingidee. Allerdings stellt sich die Frage, wieso ein Paar nur Espresso- und Nudelmaschinen oder Töpfe und Pfannen braucht und keine Kunstgegenstände, edle Accessoires mit Monogramm, ein nostalgisches Möbel oder eine Auszeit in Form einer kleinen Reise. Sie können hier allerdings Abhilfe schaffen, indem Sie einen Geschenketisch in einem anderen als Haushaltswaren führenden Laden oder in verschiedenen Geschäften Ihrer Wahl einrichten lassen. Traditionellen Schenkern mit Stil sträuben sich bei dem Gedanken an Hochzeitstische dennoch die Haare. Nicht nur die unpersönliche und kommerzielle Art und Weise, mit Geschenken umzugehen, verstößt ihrer Meinung nach gegen die guten Sitten. Auch der Sinn des persönlichen Schenkens geht verloren.

Wenn Sie sich von diesen Argumenten nicht einschüchtern lassen und nach wie vor die Vorteile, die ein Geschenketisch zweifellos bietet, nutzen möchten, ist gegen einen Hochzeitstisch nichts einzuwenden. Er ist vor allem dann empfehlenswert, wenn viele Ihrer Gäste aus der näheren Umgebung kommen, da die Interessenten im Laden vorbeikommen sollten. Suchen Sie sich in einem oder mehreren Geschäften – es muss nicht zwingend ein Haushaltswarenladen sein – das aus, was Sie noch brauchen oder gern möchten. Wählen

Sie als Brautpaar Gegenstände quer durch alle Preisklassen aus. So ermöglichen Sie Ihren Gästen, dass diese sich etwas zu ihrem Budget Passendes heraussuchen zu können.
Die ausgewählten Dinge werden in dem betreffenden Geschäft auf einem Tisch präsentiert. Die Schenker können dann jeweils vor Ort das Geschenk aussuchen, das sie schenken wollen. Auswärts wohnende Verwandte und Bekannte können sich telefonisch informieren, welche Gegenstände aus der Liste noch offen sind, und sich das Gewünschte in Rechnung stellen lassen. Die gesamte Abwicklung liegt in den Händen des Geschäftes. Hat sich ein Interessent für ein Geschenk entschieden, wird es vom Tisch genommen, nach seinen Vorstellungen verpackt, auf Wunsch mit einer Glückwunschkarte versehen und zur Abholung bereitgestellt oder zusammen mit allen anderen Geschenken zur Hochzeitsfeier angeliefert. Der Zeremonienmeister oder ein anderer Organisator muss den Gabentisch zur Hochzeitsfeier nur noch herrichten, wenn dieser Arbeitsschritt nicht auch noch vom Geschäft übernommen wird.

Wer wählt die Geschenke aus?
Traditionell war es Aufgabe der Braut, mit der Brautmutter gemeinsam die Geschenkeliste oder den Hochzeitstisch zusammenzustellen. Denn ursprünglich waren Hochzeitsgeschenke ausschließlich praktische Dinge für den Haushalt, die die oftmals sehr junge Braut unter Anleitung der in Haushaltsfragen erfahrenen Brautmutter aussuchte. Heutzutage heiraten viele Paare, wenn sie schon lange einen eigenen Hausstand geführt haben und damit in diesen Fragen versiert sind. Dementsprechend haben viele Brautpaare schon alle Haushaltsgegenstände beisammen, wenn sie heiraten. Der Rat der Brautmutter wird damit mehr und mehr entbehrlich.
Es ist daher gang und gäbe, dass sich das Brautpaar gemeinsam die Dinge aussucht, die es zu seiner Hochzeit geschenkt bekommen möchte – unabhängig davon, ob es sich um Haushaltsgegenstände oder ausgefallene Wünsche wie zum Beispiel Kunst oder Antiquitäten handelt. Ein Einmischen der Brauteltern wäre hier völlig deplatziert.

Im Gegensatz zu einem Geschenketisch, der in einem oder mehreren Läden aufgestellt wird, sammeln Sie in einer Geschenkeliste alle Ihre Wünsche, ohne an ein bestimmtes Geschäft gebunden zu sein. Vor allem, wenn Sie auf Ihrer Einladungsliste viele Gäste haben, die mit Ihnen weniger vertraut sind, hilft eine Geschenkeliste bei der Suche nach dem passenden Geschenk. Trotz aller Vorbehalte gegen eine vorgefertigte Liste, die den Schenkenden jegliche Kreativität raubt, erspart es zum einen großes Rätselraten über das passende Geschenk. Zum anderen gehen Sie mit der Liste auf Nummer sicher, dass Sie nicht drei Toaster und fünf Fondue-Sets erhalten.

Auf der Geschenkeliste stellen Sie Ihre Wünsche zusammen und beschreiben darin genau die einzelnen Gegenstände, damit keine Verwechslungen entstehen. Schreiben Sie die Marke, Artikelnummer, Farbe, Größe, Form und den genauen Preis auf. Hinweise wie »gesehen bei Anbieter Müller & Meier«, »gefunden im Abc-Katalog« oder »erhältich bei Ebay« erleichtern den Gästen die Suche nach dem passenden Geschenk. Außerdem versehen Sie die Geschenkeliste mit einer Adressenliste aller eingeladenen Gäste. Beauftragen Sie mit der Verwaltung der Liste entweder die Braut- oder Bräutigammutter. Ebenso eignen sich aber auch eine Schwester oder die Trauzeugin. Die betreffende Person gibt die Liste an alle geladenen Gäste und Freunde weiter. Die Schenkenden streichen reihum ihre Namen sowie das ausgewählte Geschenk aus der Liste. Mit dieser Vorgehensweise können sich alle Gäste über die noch vorhandenen Auswahlmöglichkeiten informieren.

Berücksichtigen Sie bei der Wahl die unterschiedlichen finanziellen Möglichkeiten Ihrer Gäste. Halten Sie deshalb nicht nur kostspielige, sondern auch weniger kostspielige Wünsche bereit, damit jeder Gast etwas zu seinem Budget Passendes heraussuchen kann.

Sofern Sie Ihre Geschenkeliste nicht ausschließlich damit spicken, stellen Gutscheine eine sinnvolle Ergänzung Ihrer Geschenkeliste dar. Achten Sie auch hier wieder darauf, dass Sie unterschiedliche Beträge anbieten, damit sich jeder Gast seiner finanziellen Situation entsprechend etwas aussuchen kann.

Vielleicht möchten Sie Ihre Geschenkeliste im Internet präsentieren? Der Vorteil liegt eindeutig darin, dass diese Liste laufend aktualisiert werden kann. Für Ihre Gäste ist eine solche Liste ebenfalls vorteilhaft, da diese jederzeit und von überall auf die Liste zugreifen können. Allerdings können Sie nicht davon ausgehen, dass alle Ihre Gäste über einen Internetzugang verfügen. Lösen Sie das Dilemma mit einer Kombination, indem Sie einen Internetbrauttisch und eine herkömmliche Geschenkeliste anbieten.

Geschenke, die zum Hochzeitsfest beitragen

Sicherlich bereiten Ihnen auch Geschenke eine große Freude, die zum eigentlichen Hochzeitstag beitragen, wodurch das Budget überschaubar bleibt. Wie schön wäre es, wenn jemand den Blumenschmuck für das Hochzeitsauto oder die Kutsche übernehmen oder die Hochzeitstorte spendieren würde, sofern sich nicht Ihre Eltern an dieser Stelle großzügig zeigen. Es ist selbstverständlich, dass Sie nicht von sich aus Ihre Gäste ansprechen, ob diese die eine oder andere Dienstleistung als Geschenk übernehmen. Vielmehr warten Sie ab, ob man auf Sie zukommt. Umsichtige Gäste werden dies früh genug tun, damit Sie sich für diese Leistung nicht unnötig anderweitig umschauen. Die Gäste, die Sie diesbezüglich unterstützen, schenken Ihnen meist einen Gutschein für die von Ihnen ins Auge gefasste Leistung.

Geldgeschenke

Heutzutage wünschen sich immer mehr Brautpaare keine Sachgeschenke, sondern Geld. Sicher ist dieser Wunsch nachvollziehbar, wenn man bedenkt, dass viele Brautleute erst heiraten, wenn sie schon lange zusammengelebt und ihren Hausstand bereits vor der Hochzeit beisammen haben. Allerdings dienen Geschenke auch und vor allem dazu, dass Sie sich als Brautpaar lange an Ihren großen Tag erinnern sollen. Hochzeitsgeschenke haben also einen nicht zu unterschätzenden emotionalen Wert, den Geld schlicht und ergreifend nicht erfüllen kann. Warum setzen Sie nicht auf die Kreativität Ihrer Gäste und vertrauen darauf, dass Sie keine unnützen oder doppelten Geschenke erhalten werden? Gewissenhafte Gäste investieren Zeit und Mühe in das richtige Geschenk und greifen nur in den seltensten Fällen auf ein abgedroschenes Geschenk zurück, an dem Sie keine Freude haben werden.

Wenn Sie Verfechter der traditionellen Hochzeitsetikette sind, werden Sie von Geldwünschen Abstand nehmen. Vor allem wenn Sie zu den sogenannten Besserverdienern gehören, machen Sie sich mit Ihrem monetären Anliegen nicht nur Freunde und geben möglicherweise Anlass zu Naserümpfen und Unverständnis. Und Sie möchten doch mit Ihrem Geschenkewunsch Ihre Verwandten und Freunde nicht verprellen. Selbstverständlich ist an einem Wunsch nach einem Geldgeschenk dann nichts auszusetzen, wenn Sie sich in der wenig erfreulichen Lage befinden, sich Ihre Hochzeit eigentlich gar nicht leisten zu können. Vielleicht sind Sie beide Studenten, Geringverdiener oder gänzlich ohne eigenes Einkommen und müssen jeden Cent umdrehen, wollen aber trotzdem unbedingt heiraten? In dieser Situation ist das nachvollziehbare Wünschen von Geld erlaubt.

Die einzigen Personen, die Sie ausdrücklich um Geldgeschenke bitten können, sind streng genommen Ihre engsten Verwandten wie Eltern, Großeltern und eventuell Ihre Geschwister. Und für diesen überschaubaren Personenkreis formulieren Sie Ihre Wünsche nicht in der Einladung, sondern besprechen Ihr Anliegen persönlich. Trotz aller Vorbehalte sind in den letzten Jahren Geldgeschenke »salonfähig« geworden. Viele Paare freuen sich über einen Zuschuss zu den Flitterwochen oder zu einer größeren Anschaffung. Achten Sie beim Texten Ihres Geldwunsches ganz besonders auf eine stilvolle Formulierung. Damit Sie einzelne Gäste nicht vor den Kopf stoßen, verfassen Sie Ihren Text so, dass auch individuelle Geschenke willkommen sind.

Will ein Gast partout kein Geld verschenken, obwohl Sie sich ausdrücklich nur Geld gewünscht haben, müssen Sie seine Entscheidung akzeptieren und dürfen nicht beleidigt reagieren. Schlussendlich liegt es ganz bei den Schenkenden, welches Präsent diese für Sie aussuchen. Vielleicht hatte der eine oder andere Gast bereits ein ganz individuelles Geschenk im Auge. Möglicherweise sieht er auch nicht ein, Ihnen Bares zu schenken, wenn Sie zu den Besserverdienern gehören und Geldgeschenke aus seiner Sicht nicht »nötig« haben. Wenn Sie sich Geld zur Hochzeit wünschen, werden Ihre Gäste für die Übergabe am Hochzeitstag die gleichen Gelegenheiten wie bei der Übergabe von Sachgeschenken nutzen. Bereiten Sie vor allem für das Hochzeitsfest ein Behältnis vor, in das Umschläge oder originell verpackte Geldgeschenke gegeben werden können. Sorgen Sie dafür, dass eine verlässliche Person das Behältnis beaufsichtigt und bestenfalls in regelmäßigen Abständen ausleert. Als Gegenmaßnahme zu einer Münzen- und Geldscheinflut auf der Hochzeitsfeier können Sie auch ein Hochzeitskonto einrichten. Diese Variante ist sehr praktisch, hat allerdings wenig mit Hochzeitsromantik zu tun. Die eigene Kontonummer bei Geldwünschen anzugeben, sollte selbst bei einem noch so charmant verpackten Wunsch tabu sein. Sie müssen Ihren Gästen die Möglichkeit geben, ohne Gesichtsverlust zu schenken. Es sollte also über den engsten Familienkreis hinaus nicht erkennbar sein, wer wie viel geschenkt hat. Gäste, die weniger geben können oder wollen, dürfen nicht bloßgestellt werden. Lassen Sie daher Geldwünsche lieber über einen Umweg laufen. Geben Sie beispielsweise die Bankverbindung eines verlässlichen Organisators an, der Ihnen nach der Feier die Gesamtsumme überweist, ohne dass die einzelnen Überweisungsposten sichtbar sind.

Wenn Sie nichts geschenkt bekommen wollen

Schön für Sie, dass Sie schon alles haben und keine heimlichen Wünsche mehr hegen. Aber wie kommen Sie darauf, dass Ihre Gäste zu Ihrer Hochzeit überhaupt Geschenke mitbringen wollen? Es ist zwar üblich, dass Ihre Gäste nicht mit leeren Händen kommen. Als Selbstverständlichkeit sollten Sie dies aber keinesfalls abtun. Zugegeben, sicher werden alle Gäste Ihnen zu diesem wichtigen Anlass etwas schenken wollen. Viele haben sich womöglich schon Gedanken darüber gemacht, Ideen gesammelt oder sogar schon etwas gekauft. Sie würden Ihre Gäste mit einem Hinweis »Keine Geschenke, bitte« verunsichern und in ernsthafte Schwierigkeiten bringen. So wird es für jene Gäste peinlich, die Ihrer Aufforderung nachkommen, wenn andere Gäste dann doch ein Geschenk dabeihaben. Setzen sich Gäste über Ihren Wunsch hinweg, sind sie womöglich die einzigen auf dem Fest, die mit einem Geschenk erscheinen. Auch diese Eingeladenen werden sich schlecht fühlen. Und damit haben Sie schon mit der Einladung Ihre wichtigste Gastgeberpflicht verletzt. Die besagt schließlich, dass Sie alles dafür tun müssen, dass sich Ihre Gäste wohlfühlen. Überlegen Sie sich deshalb genau, ob Sie den Verzicht auf Geschenke in der Einladung ausdrücklich formulieren wollen. Schreiben Sie lieber gar nichts von Geschenken in der Einladung und lassen Sie Ihre Gäste selbst entscheiden, was diese in Sachen Geschenk für ihre Gastpflicht halten und was nicht.

Zugunsten von Spenden auf Geschenke verzichten

Gerade Paare, die schon lange zusammenleben, finanziell gut situiert sind und schon alles haben, was das Herz begehrt, können Ihre Hochzeitsgäste bitten, anstelle der üblichen Geschenke eine Spende für eine wohltätige Organisation in Erwägung zu ziehen. Gegen einen diesbezüglichen Hinweis in der Einladungspost – in diesem Fall sogar im Einladungsschreiben – ist nichts einzuwenden. Geben Sie entweder eine Organisation vor, oder überlassen Sie es den edlen Spendern, welche Einrichtung sie mit ihrer Spende unterstützen möchten.

Weitere Drucksachen für die Einladung

Ihre sonstigen Drucksachen legen Sie selbstverständlich nicht wahllos Ihrer Einladung bei, sondern halten eine bestimmte Reihenfolge ein. Zuerst wird die Antwortkarte in den dafür vorgesehenen Umschlag gesteckt. Dann wird die Einladungskarte in den inneren Umschlag gesteckt, sofern Sie einen solchen verwenden. Dieser ist nicht gummiert, weil er nicht zugeklebt wird. Alle weiteren Drucksachen werden über die Einladung gelegt und in den äußeren Umschlag gesteckt. Der innere Umschlag wird nun so in den äußeren Frankierumschlag gesteckt, dass die Vorderseite zur Lasche des äußeren Umschlags zeigt.

Sie können zwischen die einzelnen Posten Japan- oder Pergamentpapier legen, damit eventuell abfärbende Druckerschwärze andere Drucksachen nicht beschmutzt.

Lagepläne und Anfahrtsbeschreibungen

Oft wird vergessen, dass vor allem auswärtige Gäste mit der bloßen Ortsangabe der Festivität in der Hochzeitsanzeige oder Einladung nicht allzu viel anfangen können. Anfahrtsbeschreibungen und Lagepläne mit detaillierten Adress- und Telefonangaben inklusive Hausnummern und Postleitzahlen sind ein Segen für diejenigen Gäste, die noch nie bei Ihnen zu Besuch waren oder sich in der Gegend nicht auskennen.

Selbst in Zeiten von GPS sollte es eine Selbstverständlichkeit sein, Fahrtroutenbeschreibungen und Lagepläne mitzuschicken, da Sie nicht davon ausgehen können, dass jeder Ihrer Gäste auf ein mobiles Ortungssystem zurückgreifen kann. Übrigens, die meisten Menschen bevorzugen ausformulierte Richtungsbeschreibungen wie »biegen Sie an der Ampel rechts ab« gegenüber Karten und Lageplänen. Berücksichtigen Sie dies bei der Zusammenstellung Ihrer Drucksachen und bestücken Sie diese notfalls mit beiden Varianten. Anfahrtsbeschreibungen eignen sich für den Weg zur Kirche, zum Standesamt, zum Ort des Empfangs und des Hochzeitsdinners. Bitte beschreiben Sie die Anfahrt jeweils aus allen in Frage kommenden Richtungen.

Für Gäste, die mit Flieger, Bus oder Bahn ankommen, ist es eine nette Geste, in Frage kommende Anfahrts- und Abfahrtszeiten beizulegen, welche die Gäste bei der Buchung ihrer Tickets berücksichtigen können. Bitte informieren Sie Ihre Gäste auf jeden Fall über Entfernungen und ungefähre Anfahrtszeiten vom Flughafen oder dem Bahnhof zu den Veranstaltungsörtlichkeiten.

Bitte verwenden Sie keine hässlichen Schwarz-Weiß-Kopien für Lagepläne. Orientieren Sie sich an der Qualität Ihrer Einladungskarten. Je hochwertiger diese sind, desto anspruchsvoller sollte auch der Druck beigefügter Pläne sein.

Sofern Sie nicht gerade auf dem Land feiern, sind Angaben zu den Parkmöglichkeiten in der Nähe der Kirche, des Standesamtes oder des Restaurants ebenfalls sehr willkommen. Als praktisch kann sich auch die Angabe der günstigsten Verbindung mit öffentlichen Verkehrsmitteln oder die nächstgelegene Haltestelle von Bus oder Bahn erweisen.

Hotelinformationen

Haben Sie nicht schon in der Save-the-date-Karte Ihren Gästen eine Liste von in Frage kommenden Übernachtungsmöglichkeiten zukommen lassen, sollten Sie spätestens jetzt Ihren Gästen eine solche Hotel-Liste schicken, damit sie ihre Hotelzimmer buchen können. Besonders aufmerksam sind Sie, wenn Sie die Hotelliste den Gästen, die zugesagt haben, zeitnah nach der Zusage zukommen lassen – mit separater Post und ein paar persönlichen Worten, dass Sie sich über die Zusage freuen.

Wer zahlt die Übernachtung?

Es ist nicht üblich, dass die Reise- und Übernachtungskosten von den Gastgebern übernommen werden. Sie müssen also nicht ausdrücklich in der Einladung erwähnen, dass Hotelkosten nicht übernommen werden. Etikettefeste Gäste wissen, dass sie ihre Hotelzimmer selbst bezahlen müssen, schließlich ist die Hochzeit – auch ohne Hotelzimmer – schon teuer genug.
Wenn Sie als Ausrichter der Hochzeit Ihre Gäste verwöhnen und die Übernachtung spendieren möchten, vermerken Sie dies explizit mit Formulierungen wie »Für die Übernachtung kommen wir auf« oder »Die Hotelkosten werden übernommen« in der Einladung, damit etwaige Unsicherheiten bei Ihren Gästen aus dem Weg geräumt werden. Liegt Ihnen die Anwesenheit besonderer Gäste außerordentlich am Herzen, die sich die Anreise oder die Übernachtung nicht leisten können, bieten Sie als Gastgeber im Einzelfall an, die Kosten zu übernehmen. Wenn Sie ein solches Angebot machen, sollten Sie auf jeden Fall absolutes Stillschweigen gegenüber den anderen Gästen bewahren, um eventuelles Gerede zu vermeiden.
Als umsichtige Gastgeber handeln Sie mit den Hotels Sonderkonditionen aus und informieren Ihre Gäste darüber in der Einladung. Der Hinweis, dass diese in ausgewählten Hotels unter Angabe eines bestimmten Reservierungscodes Zimmer zu Sonderkonditionen buchen können, bedeutet allerdings nicht, dass Sie sich als Organisatoren für die Bezahlung zuständig fühlen. Auch in diesem Fall zahlen die Gäste ihre Zimmer selbst. Da ab einem gewissen Datum,

das Sie mit dem Hotel verhandeln, alle nicht gebuchten Zimmer in den freien Verkauf zurückfallen, entsteht Ihnen nicht einmal ein Kostenrisiko. Senden Sie vor Ablauf dieses Datums an die Eingeladenen noch einmal per E-Mail oder per Post eine Erinnerung, damit auch diejenigen, die ihre Buchung bisher nicht vorgenommen haben, in den Genuss der Sonderkonditionen kommen.
Berücksichtigen Sie die unterschiedlichen finanziellen Möglichkeiten Ihrer Gäste und bieten Sie Hotels in verschiedenen Preisklassen an.
Haben Sie für Ihre Hochzeit eine personalisierte Website eingerichtet, gehören die Hotelinformationen auf die Website. Einen besonderen Service bieten Sie Ihren Gästen, wenn Sie zu jedem Hotelvorschlag einen Link zum betreffenden Internetauftritt des Hotels setzen.

Wer zahlt bei einer Hochzeit im Ausland?
Auch wenn für Ihre Gäste die Kosten für eine Hochzeitseinladung ins Ausland leicht an das Budget eines Jahresurlaubes für die ganze Familie herankommen, ist es nicht selbstverständlich, dass Sie Ihre Gäste zu Ihrer Hochzeit unter Palmen einfliegen lassen oder das Hotelzimmer spendieren.
Zugegeben, die Zusagenquote wird sicher höher ausfallen, wenn Ihre Gäste nicht mit den Kosten für Anreise und Übernachtung behelligt werden. Aber Sie haben sich bewusst für eine für Ihre Gäste preisintensive Einladung entschieden und rechnen demzufolge auch mit einer entsprechenden Absagequote.
Liegt Ihnen jedoch die Anwesenheit besonderer Gäste am Herzen, die sich die kostspielige Anreise und Übernachtung nicht leisten können, dann laden Sie Ihre Lieben lieber ein. Auch wenn Ihnen die Kosten dafür sehr hoch erscheinen, sollten Sie daran denken, dass eine Auslandshochzeit in der Regel immer kostengünstiger sein wird als eine opulente Feier daheim. Schließlich sind es unter dem Strich viel weniger Personen, die es zu beköstigen und zu unterhalten gilt.
Es muss nicht erwähnt werden, dass Sie als ein etikettefestes Paar in jedem Fall eine ordentliche Nachfeier für all diejenigen ausrichten, die bei der Hochzeit nicht mit dabei sein können.

Ob Sie für die Antwortkarte die geläufige Abkürzung »U. A. w. g.« für »Um Antwort wird gebeten« verwenden, den Satz ausschreiben oder das französische Kürzel »R. S. V. P.«, das für »réspondez, s'il vous plaît« verwenden, liegt ganz bei Ihnen. Orientieren Sie sich daran, wie Sie es in der Einladung formuliert haben.

Vermerken Sie auf der Antwortkarte das Datum, bis zu dem Sie eine Zu- oder Absage Ihrer Gäste wünschen. Sollten die Eingeladenen nicht bis zu diesem Zeitpunkt geantwortet haben, geben Sie ihnen noch ein paar Tage Zeit und fragen dann telefonisch nach.

Antwortkarten enthalten nicht nur Informationen, ob die eingeladenen Personen kommen, sondern auch die Anzahl der zu erwartenden Personen. Gerade wenn Sie Familien mit Kindern oder Singles mit einer Begleitperson einladen, ist es ratsam, die endgültige Personenzahl abzufragen. Wählen Sie hier keine missverständlichen Formulierungen wie »Ich komme mit •• Personen, da in diesem Fall nicht zweifelsfrei klar ist, ob sich der Eingeladene bei dieser Personenzahl mit dazuzählt oder nicht. Eine aussagekräftige Rückantwort würde daher lauten: »Ich komme in Begleitung von •• Person/en.« Allerdings hilft Ihnen diese Auskunft bei der Zusammenstellung Ihrer finalen Gästeliste nicht immer weiter, da Sie von der bloßen Personenzahl nicht automatisch auf die Namen aller angekündigten Gäste schließen können. Sie sollten also auf jeden Fall zusätzlich die Namen der zu erwartenden Gäste abfragen. Es ist empfehlenswert, neben den Nachnamen auch die Vornamen anzufragen, da Sie diese für die Platzierungs- und Tischkarten brauchen.

Oftmals findet man auf Rückantwortkarten auch vorformulierte Sätze wie »Ich kann leider nicht kommen«. Verkneifen Sie sich solche Wendungen und bleiben Sie bei einem wertungsfreien »Ich komme nicht«. Wenn der verhinderte Gast seine Unpässlichkeit wirklich bedauern sollte und Stil hat, wird er Ihnen dies mit ein paar handschriftlichen Zeilen oder einem Anruf schon selbst mitteilen.

Nutzen Sie die Antwortkarte auch, um eventuelle Lebensmittelallergien, Diäten oder vegetarische Vorlieben Ihrer Gäste zu ermitteln. Wenn Sie planen, bei Ihrem Festessen verschiedene Gerichte anzubieten, fragen Sie die entsprechenden Vorlieben für Fleisch, Fisch oder vegetarische Speisen ab, um diese Daten an Ihr Restaurant oder Ihren Caterer weiterzugeben. Ebenso können Sie die Antwortkarte nutzen, um Parkplatzwünsche abzufragen.

Es ist stilvoll, der Rückantwortkarte einen an Sie selbst adressierten und bereits frankierten Rückumschlag beizulegen. Schließlich möchten Sie Ihren Gästen nicht mit einem mühsamen Gang zur Post Unannehmlichkeiten bereiten, sollten diese keine Briefmarke zur Hand haben. Im engeren Familien- und Freundeskreis ist diese Praxis aber kein Muss.

Übrigens, Sie erleichtern sich die Verwaltung der Rückläufer, indem Sie die Antwortkarten nummerieren und die entsprechenden Ziffern in Ihrer Einladungsliste zuordnen. Es kommt ab und an vor, dass Ihre Gäste zwar ihr Kreuzchen bei der Zu- oder Absage setzen, aber vergessen, die Absenderadresse auf der Karte auszufüllen. Mit einer Nummerierung können Sie etwaige Blindgänger leicht identifizieren und ersparen sich langes Rätselraten.

Anzeige der neuen Postanschrift

Eine weitere sinnvolle Drucksache kann Ihre Umzugsanzeige sein. Sofern Sie einen gemeinsamen Umzug vor Ihrer Hochzeit planen und zum Zeitpunkt des Einladungsversandes bereits Ihre zukünftige gemeinsame Postanschrift kennen, legen Sie die Umzugsanzeige schon der Einladung bei. Nutzen Sie hierfür ein ungefaltetes Kärtchen aus dem Papier, das Sie auch für die Einladung verwendet haben – ungefähr doppelt so groß wie eine Standardvisitenkarte. Hier vermerken Sie Ihre neue Postanschrift. Vergessen Sie auch nicht eventuelle neue Telefonnummern und E-Mail-Adressen.

Entscheiden Sie sich für den Versand mit der Hochzeitseinladung, wird noch eine weitere separate Versandaktion an entfernte Verwandte, Freunde und Kollegen, die nicht zur Hochzeit eingeladen werden, notwendig sein.

Sie können anstelle der Umzugsanzeige oder zusätzlich zu dieser Ihre neuen Kontaktdaten auch auf der Rückseite Ihres Hochzeitsprogramms notieren, welches Ihre Gäste am Hochzeitstag erhalten.

Gehören Sie zur Facebook-Generation und wollen Details Ihrer Hochzeitsvorbereitungen mit Ihren Freunden und Bekannten im Internet teilen, ist für Sie eine personalisierte Hochzeitswebsite genau das Richtige. Sie können dort Fotos von Ihrer Verlobungsfeier oder dem Polterabend einstellen, vielleicht auch ein Tagebuch führen, in dem Sie die letzten Monate oder Wochen vor Ihrem großen Tag dokumentieren. Jedenfalls können Sie die Website auch dafür nutzen, um Hotellisten, Anfahrtsbeschreibungen, Hochzeits- und Begleitprogramme, Gesangslisten und vieles mehr abzulegen.

Wenn Sie eine Hochzeitswebsite angelegt haben, können Ihre Gäste alle relevanten Informationen auch hier erhalten. Auf diese Weise müssen Sie der Einladung keine entsprechenden Begleitdrucksachen beilegen. In diesem Fall reicht eine Notiz am Ende des Einladungstextes unter dem U. A. w. g.-Vermerk, in der Sie auf Ihre Website hinweisen. Eventuell ist auch die Rückseite der Einladung ein geeigneter Platz dafür.

Bedenken Sie aber, dass nicht alle Ihre Gäste eine Affinität zu den neuen Medien haben und dass manche aufgrund ihres Alters mit Internet und Computern nicht umgehen können oder wollen. Es ist eine Frage der Höflichkeit, dass Sie diesem Personenkreis die entsprechenden Informationen trotzdem in ausgedruckter Form zukommen lassen. Sind Sie sich nicht sicher, ob der ein oder andere Gast ein Internetnutzer ist, gehen Sie lieber auf Nummer sicher und legen die Drucksachen bei.

Eine Hochzeitswebsite ist außerdem eine besonders elegante Lösung für die Geschenkethematik. Sie können auf Ihrer Website an prominenter, nicht übersehbarer Stelle auf Ihre Geschenkeliste, den Geschenketisch oder die Modalitäten bei der Geschenkauswahl durch Ihre Gäste hinweisen. Während derartige Hinweise weder in eine Hochzeitsankündigung noch in eine Hochzeitseinladung gehören, ist gegen eine entsprechende Rubrik auf Ihrer Website nichts einzuwenden.

Wollen Sie in Ihrer Einladung nicht auf Ihre Website hinweisen, können Sie nachträglich auch den Gästen, die zugesagt haben und Internet-Nutzer sind, per E-Mail einen Link zu Ihrer Hochzeitswebsite schicken. Vermeiden Sie es, in dieser Mail das Thema »Geschenke« anzusprechen. Ihre Gäste werden schon selbst auf die entsprechende Rubrik Ihrer Website stoßen.

Übrigens, eine einmalige E-Mail, in der Sie Ihre Website vorstellen und den entsprechenden Link schicken, nehmen Ihre zukünftigen Gäste freundlich zur Kenntnis. Anders sieht es allerdings aus, wenn Sie diese mit ständigen Aktualisierungen bombardieren. Denken Sie daran: Wer sich die Seite anschauen will, wird dies auch ohne ständige Erinnerung tun.

Wann die Einladung versenden?

Eine maximale Vorlauffrist für Einladungen gibt es nicht. Sofern das Hochzeitsdatum feststeht, Ihre Einladungsliste fertig ist und die Drucksachen vorliegen, können Sie die Einladungen durchaus schon ein Jahr im Voraus versenden. In diesem Falle sollten Sie noch einmal eine Einladung zur Erinnerung nachschicken, wenn das Hochzeitsfest in greifbare Nähe gerückt ist. Versehen Sie die zweite Einladung mit dem Kürzel »p. m.«, pour memoire, damit den Empfängern klar ist, dass der erneute Versand nur zur Erinnerung erfolgt ist und sie die ursprüngliche Einladung schon erhalten haben.

Die Hochzeitseinladung selbst sollte Ihre Gäste allerdings nicht weniger als sechs Wochen vor der Hochzeit erreichen, wenn Sie Wert darauf legen, dass möglichst viele der Angeschriebenen auch tatsächlich zusagen und die Geladenen genügend Zeit haben, um ihre Teilnahme an der Hochzeit zu arrangieren.

Halten Sie sich an folgende Faustregel: Je größer und aufwändiger die geplante Hochzeit ist, desto früher laden Sie Ihre Gäste ein. Und je früher Sie Ihre Gäste einladen, umso höher fällt in der Regel die Zusagequote aus.

Erkundigen Sie sich vor Festlegung Ihres Hochzeitsdatums telefonisch oder mündlich bei allen für Sie wichtigen Personen, wie Eltern, Großeltern, Paten, Geschwistern und weiteren nahe stehenden Verwandten und natürlich bei Ihren Trauzeugen.

Darf man telefonisch nachhaken?

Da es leider immer Nachzügler gibt, können Sie bei denen, die nach der Antwortfrist noch keine Rückmeldung gegeben haben, auch telefonisch nachfassen. Greifen Sie vor allem dann zum Hörer, wenn die Mehrzahl der Gäste noch nicht geantwortet hat oder die Buchungsfrist für die zu verköstigende Personenzahl bei Ihrem Caterer oder Restaurant abzulaufen droht. Versuchen Sie allerdings nicht, die Angerufenen zu einer Antwort zu drängen, wenn diese tatsächlich noch nicht sicher sind, ob Sie teilnehmen können. Sie würden diese in eine unangenehme Lage bringen, wenn sie aus der Not des Telefonates heraus zusagen würden und letzten Endes doch wieder absagen müssten.

Die Gründe für eine zögerliche Antwort oder sogar eine Absage können unterschiedlicher Natur sein. Neben familiären und beruflichen Problemen kann auch der für die Hochzeit angesetzte Termin den Eingeladenen in die Quere kommen. Ein Datum während der Woche und nicht am Wochenende, in den Schulferien oder an einem Feiertag kann die Zusagerate Ihrer Gäste verringern. Vielleicht findet an dem von Ihnen vorgesehenen Termin auch eine andere Veranstaltung statt, zu der ein großer Teil Ihrer Gäste geladen ist, oder Sie planen Ihre Feier an einem Ort, der nur schwer zu erreichen ist oder mit begrenzten Parkmöglichkeiten ausgestattet ist.

Die Rücklaufquote der Antworten können Sie erhöhen, indem Sie Ihren Einladungen vorfrankierte und voradressierte Antwortkarten beilegen oder unkomplizierte Antwortwege via Telefon, Mail oder Fax anbieten und so den Empfängern das Antworten erleichtern.

Gäste wieder ausladen

Einmal eingeladene Gäste können Sie nicht wieder ausladen. Das gilt auch für mündliche und möglicherweise gar nicht so ernst gemeinte Einladungen. Achten Sie deshalb darauf, was Sie sagen – vor allem kurz nach dem Heiratsantrag. Auch wenn Sie ein noch so großes Glücksgefühl verspüren und am liebsten die ganze Welt von Ihrer bevorstehenden Hochzeit in Kenntnis setzen wollen, sollten Sie Zurückhaltung üben. Lassen Sie sich nicht von Ihrer Euphorie überwältigen

und sich zu Spontaneinladungen hinreißen, die Sie später bereuen. Es ist quasi unmöglich, Gäste im Nachhinein wieder auszuladen.
Ebenso verhält es sich, wenn Ihre Eltern eigenmächtig mündlich einladen, bevor die finale Einladungsliste überhaupt fertig ist. Ob beabsichtigt oder nicht, die Eltern haben damit ein riesiges Etiketteproblem geschaffen. Sie müssen zu Ihrer Hochzeit nun Gäste willkommen heißen, die Sie nie eingeladen hätten, die nun aber eingeladen sind. Und eine einmal ausgesprochene Einladung können Sie nicht mehr zurücknehmen, erst recht nicht, wenn die Eingeladenen nun auf die offizielle Einladungskarte von Ihnen warten.
Nur wenn nachvollziehbare Gründe vorliegen oder Umstände bekannt werden, die ein nachträgliches Ausladen rechtfertigen, können Sie diesen Schritt gehen. Hatte beispielsweise Ihre beste Freundin vor Jahren eine Affäre mit Ihrem zukünftigen Ehemann und haben Sie davon erst vier Wochen vor dem Hochzeitstermin erfahren, ist es selbstverständlich, dass Sie diese »Freundin« nicht auf Ihrer Hochzeit ertragen müssen.

Umgang mit Absagen

Haben Gäste Ihre Hochzeitseinladung erhalten, aber ihre Teilnahme abgesagt, reagieren Sie nicht beleidigt oder greifen verärgert zum Telefon, um sich nach den Gründen zu erkundigen. Das würde Ihnen keinen guten Stil attestieren. Haben Gäste abgesagt und Ihnen keine Gründe für ihre Entscheidung genannt, ist das deren Entscheidung und ihr gutes Recht. Sicher, Gäste, die Sie mögen und schätzen, werden ihre Absage um ein paar persönliche Zeilen ergänzen, in denen sie ihre Beweggründe erläutern, und Ihnen gegenüber Ihr Bedauern aussprechen, dass sie nicht teilnehmen können.
Wertschätzen Sie es, wenn Ihnen sehr persönliche Gründe genannt werden, die Ihre Gäste zur Absage bewogen haben. Dabei gehen Sie selbstverständlich nicht mit diesem Wissen, das nicht für die Öffentlichkeit gedacht ist, hausieren. Sie werden also nicht auf die Idee kommen, auf Ihrem Hochzeitsfest herauszuposaunen, dass Ihr Schwager und seine Frau gern gekommen wären, das Paar allerdings Ehekrach wegen einer gerade aufgeflogenen Liebschaft Ihres Schwagers hat.

Muss ein Gast in letzter Minute absagen und bietet er Ihnen an, als Entschädigung für die Unannehmlichkeiten für die durch seine Zusage entstandenen Kosten zum Beispiel für das Catering aufzukommen, bedanken Sie sich höflich für sein entgegenkommendes Angebot. Annehmen sollten Sie es allerdings nicht, das verbietet die Etikette.

Drucksachen für das Hochzeitsfest

Denken Sie bei Ihren Einladungen auch schon an die Drucksachen, die Sie später für das Hochzeitsfest brauchen.

Hochzeitsprogramm

Unabhängig von der Frage, ob Sie kirchlich, standesamtlich oder im Rahmen einer freien Zeremonie heiraten, sollten Sie Ihren Gästen das Hochzeitsprogramm in gedruckter Form nicht vorenthalten. Vor allem die darin festgehaltene Abfolge und die einzelnen Bestandteile der Trauzeremonie werden es Ihren Gästen erleichtern, an der Zeremonie und den einzelnen Festakten teilzunehmen und die für Sie bedeutungsvollen Momente gebührend zu würdigen.

Sie können die Programme in der Druckerei drucken lassen oder aus Kostengründen selbst herstellen. Orientieren Sie sich bei der farblichen und grafischen Gestaltung sowie der Papierauswahl an Ihren Einladungskarten, der Dekoration und den dabei hauptsächlich verwendeten Farben. Sollten Sie nicht nur ein Blatt, sondern ein ganzes Programmheftchen anbieten, so ist die geeignete Größe DIN A5 oder DIN A6. Heißen Sie Gäste aus dem Ausland willkommen, kann es sinnvoll sein, das Programm zweisprachig oder Programme in unterschiedlichen Sprachen drucken zu lassen.

Bitte kalkulieren Sie pro Person ein Programm und nicht nur eines je Gästepaar. Haben Sie an Ihrem großen Tag einen Zeremonienmeister zur Seite, bitten Sie diesen, die Programme zu verteilen. Auch für Kinder ist dies oft eine unterhaltsame Aufgabe. Halten Sie auf jeden Fall an den Örtlichkeiten der weiteren Programmpunkte zusätzliche Programme bereit, da manch ein Gast sein Programm vergisst oder liegen lässt. Lassen Sie von Ihrem Zeremonienmeister bei allen folgenden Programmpunkten und Feierlichkeiten nachfragen, ob noch Programme gewünscht werden. Nur wenn Sie gar keinen Freiwilligen zum Verteilen der Programme finden können, halten Sie diese in einem Korb oder auf einem Tablett am Eingang der Kirche oder des Standesamtes sowie zu den weiteren Programmpunkten bereit, damit sich Ihre Gäste selbst bedienen können. Es zeugt nicht von gutem Stil, Ihren Gästen bei einer Feierlichkeit wie einer Hochzeit Selbstbedienung abzuverlangen.

Bei der inhaltlichen Gestaltung Ihres Hochzeitsprogramms sind Ihnen keine Grenzen gesetzt. Sie können in einem Programmheft die kompletten Hochzeitsfeierlichkeiten inklusive Empfang, Hochzeitsessen, Brunch oder zusätzlichen Aktivitäten abbilden. Diese Variante bietet sich vor allem dann an, wenn Sie alle Programmpunkte sämtlichen Gästen anbieten. Planen Sie für unterschiedliche Gästekreise, sollten Sie nur die Bestandteile aufnehmen, die für alle Gäste zugänglich sind, da ansonsten Argwohn oder Neid bei Gästen aufkommen könnte, die zu bestimmten Feierlichkeiten nicht eingeladen sind.

Ein Hochzeitsprogramm enthält die Namen der Örtlichkeiten, an denen die Trauung und die begleitenden Feierlichkeiten stattfinden. Selbstverständlich notieren Sie neben den Örtlichkeiten die vollständigen Adressen mit Postleitzahl und Hausnummer, Telefonnummern und entsprechende Anfahrtsbeschreibungen. Nicht alle Ihre Gäste werden daran denken, die vorab von Ihnen zugesandten Lagepläne und Anfahrtsbeschreibungen im Gepäck zu haben, und Sie möchten an Ihrem großen Tag doch nicht durch Telefonate oder lästiges Nachfragen gestört werden, wo sich beispielsweise die Kirche befindet.

Neben dem Datum der Hochzeit und den Namen der Brautleute zählen Sie die Namen von Trauzeugen, Brautjungfern, Blumenmädchen und Ringträger auf, sofern Sie diese Funktionen besetzt haben. Auch wenn Ihre Eltern die Hochzeit nicht finanzieren, ist es eine schöne Geste, diese noch vor den Trauzeugen und den anderen Beteiligten zu erwähnen. Dabei ist es selbstverständlich, dass Sie auch Stiefeltern aufführen. Ebenso können Sie mit Ihren Geschwistern, Großeltern und Paten verfahren. Stehen diese Ihnen besonders nah

und möchten Sie sie in das Programm aufnehmen, platzieren Sie deren Namen direkt hinter den Namen Ihrer Eltern. Ebenso ist es möglich, Nichten und Neffen unter der Rubrik »Unsere jüngsten Hochzeitsgäste« aufzuzählen.
Danach folgt der detaillierte Programmablauf der Zeremonie mit dem Namen des Geistlichen oder Standesbeamten, gefolgt von den Namen weiterer Vortragender, der Sänger oder begleitender Musiker. Lassen Sie sich von dem Geistlichen, der Sie traut, Hilfestellung bei der richtigen Wortwahl und Beschreibung der einzelnen Programmpunkte in der Kirche geben. Zur Information Ihrer Gäste vermerken Sie hinter Vortragenden, die mit Ihnen verwandt sind, Hinweise wie »Schwester der Braut« oder »Vater des Bräutigams«. Achten Sie darauf, dass die Namen aller im Programm vorkommenden Personen korrekt geschrieben sind und Sie eventuelle Titel, Ämter oder Funktionsbezeichnungen richtig wiedergegeben haben.
Legen Sie Wert darauf, dass Ihre Gäste bestimmte Programminhalte wie Lieder, Gebete oder besondere Texte nach- oder sogar mitlesen können, drucken Sie die vollständigen Texte ebenfalls im Programm ab. Platzieren Sie diese entweder beim jeweiligen Programmpunkt oder bei besonders langen Texten im Anhang. Machen Sie im Programm deutlich, bei welchen Programmpunkten Sie sich eine Teilnahme Ihrer Gäste wünschen und in welcher Form. Beispielsweise können Hinweise wie »Wir beten gemeinsam« oder »Die Gemeinde singt folgendes Lied« kollektives Rätselraten vermeiden.
Sind Sie sich nicht sicher, ob Ihre Gäste bestimmte Zeremoniebestandteile verstehen, geben Sie im Programm zu den betreffenden Elementen aussagekräftige Erklärungen. Ihre Gäste fühlen sich informiert und können sich auf diese Weise besser in die Zeremonie hineinversetzen und daran teilhaben. Bei verwendeten Gedichten, Zitaten oder Bibelstellen geben Sie jeweils den Autor beziehungsweise die Quellen an. Sämtliche Musikstücke, die vor, während und nach der Zeremonie gespielt werden, zählen Sie mit den korrekten Musiktiteln und den dazugehörenden Komponisten auf.
Möchten Sie, dass sich Ihre Gäste bei einzelnen Programmpunkten an bestimme Regeln halten, ergänzen Sie diese mit ausdrücklichen

Anmerkungen wie »keine Fotos erlaubt«, »bitte kein Blitzlicht verwenden« oder »Damen bitte mit bedeckten Schultern«.
Eine besonders schöne Geste ist es, wenn Sie am Ende des Hochzeitsprogramms Ihren Eltern oder weiteren Personen danken, die Ihnen besonders wichtig sind oder beim Vorbereiten der Hochzeit eine außerordentliche Rolle gespielt haben. Vielleicht möchten Sie auch darauf hinweisen, dass Ihr Hochzeitskleid ein besonderes Familienerbstück ist? Hier ist der richtige Platz dafür. An dieser Stelle können Sie auch an bereits verstorbene Familienmitglieder erinnern, Widmungen aussprechen oder auch nur ein paar persönliche Worte an Ihre Gäste richten.
Auf der Rückseite Ihres Hochzeitsprogramms können Sie Ihre möglicherweise umzugsbedingt geänderten Kontaktdaten mit neuer Anschrift, Telefonnummern und E-Mail-Adressen vermerken.
Vermeiden Sie, in Ihrem Programm Ihre Dienstleistungsunternehmen wie den Floristen, Konditor oder Caterer aufzuzählen. Es handelt sich um Ihr Hochzeitsprogramm, nicht um die »Gelben Seiten«. Sollten sich Ihre Gäste für den geschmackvollen Blumenschmuck in der Kirche oder die kunstvoll gestaltete Hochzeitstorte interessieren, können sich diese bei Ihnen nach der Hochzeit erkundigen.
Haben Sie für Ihre Hochzeit eine personalisierte Website eingerichtet, gehören die Informationen über das Programm und die zusätzlichen Aktivitäten selbstverständlich auch auf die Website.
Legen Sie das Programm in den Hotelzimmern Ihrer Gäste aus, selbst wenn Sie es bereits per Post verschickt haben. Es gibt immer wieder Gäste, die wichtige Unterlagen zu Hause vergessen. Sie ersparen sich und Ihren Gästen damit Nachfragen und lästige Telefonate. Eine schöne Geste ist es, wenn Sie bei dieser Gelegenheit auch einen kleinen Gruß für Ihre Gäste bereitlegen lassen. Mit einer persönlichen Karte oder ein paar Leckereien geben Sie den Gästen das Gefühl, willkommen zu sein. Machen Sie hierbei keine Unterschiede zwischen den Gästen, bereiten Sie keine unterschiedlichen Präsente vor. Eine Ausnahme bilden selbstverständlich die kleinen Gäste, die Sie mit kindgerechten Präsenten erfreuen können.

Planen Sie Aktivitäten wie Ausflüge, Segel- oder Tenniswettbewerbe, Barbecue oder Brunch um die Hochzeitsaktivitäten herum, sollten Sie diese in einem gesonderten Programm auflisten und Ihren Gästen mit der Einladung, spätestens aber nach der Zusage zusenden. Möglicherweise wollen diese an bestimmten Programmpunkten teilnehmen und müssen dies bei ihren Übernachtungsplänen berücksichtigen oder noch besondere Kleidung und/oder Ausrüstung besorgen.
Gibt es Ihr Budget nicht mehr her, die Kosten für den einen oder anderen Programmpunkt zu übernehmen, und wollen Sie dennoch auf das Angebot nicht verzichten, müssen Sie in der entsprechenden Einladung dezent, aber unmissverständlich darauf hinweisen, dass eine Teilnahme an dem betreffenden Programmpunkt mit Kosten verbunden ist. Ihre Gäste gehen sonst von falschen Vorstellungen aus, die Sie später nur schwer wieder relativieren können, ohne Ihre Gäste damit vor den Kopf zu stoßen. Weisen Sie Ihre Gäste zum Beispiel darauf hin, dass Sie die eine oder andere Aktivität zu Sonderkonditionen buchen konnten und pro Person ein Obolus in der Höhe __ anfällt. So fallen Sie nicht mit der Tür ins Haus, sondern erwähnen das Thema Kosten auf charmante Weise.
Im Rahmenprogramm beschreiben Sie die einzelnen Aktivitäten so genau wie möglich, geben konkrete Uhrzeiten, Routen und eventuell erforderliches Equipment an.
Sie können die Rahmenprogramme in der Druckerei drucken lassen oder aus Kostengründen selbst herstellen. Alle eingesetzten Drucksachen, also auch das Rahmenprogramm, sollten sich bei der Papierauswahl und dem Design an der versendeten Hochzeitseinladung, der Dekoration und den dabei hauptsächlich verwendeten Farben orientieren. Die geeignete Größe für ein Rahmenprogramm ist DIN A5 oder DIN A6.
Haben Sie für Ihre Hochzeit eine personalisierte Website eingerichtet, gehören die Informationen über das Programm und die zusätzlichen Aktivitäten selbstverständlich auch auf die Website.
Legen Sie auch das Rahmenprogramm in den Hotelzimmern Ihrer Gäste aus. Es gibt immer wieder Gäste, die wichtige Unterlagen zu

Hause vergessen. Sie ersparen sich und Ihren Gästen damit Nachfragen und lästige Telefonate.

Menükarten

Das Essen hat für eine gelungene Hochzeitsfeier einen nicht zu unterschätzenden Stellenwert. Würdigen Sie den kulinarischen Teil Ihrer Hochzeit mit selbst gemachten oder professionell gedruckten Menükarten. Oftmals erhalten Sie fertig bedruckte Menükarten von Ihrem Restaurant oder dem Sie beliefernden Caterer.

Aus Kostengründen können Sie pro Tisch eine Menükarte, bei langen Tischen mindestens zwei Menükarten kalkulieren. Eleganter und stilvoller ist es aber, jedem Gast eine Menükarte auf seinen Platz zu stellen, zumal viele Gäste nicht nur das Hochzeitsprogramm, sondern auch die Menükarte als Erinnerung an Ihre Hochzeit aufheben möchten.

Erhält jeder Ihrer Gäste eine eigene Menükarte und möchten Sie beispielsweise aus Platzgründen auf extra Tischkarten verzichten, können Sie auch die Vorderseite der Menükarten mit den Namen Ihrer Gäste versehen.

Viele Gastgeber informieren Ihre Gäste auf den Menükarten über Lebensmittel, die eine Allergie auslösen können. Hinweise wie »Das Hühnchen ist mit einer Erdnusssauce zubereitet« werden Ihre unter Allergie leidenden Gäste dankend zur Kenntnis nehmen. Und für alle anderen Gäste erweisen sich solche Hinweise als nicht störend.

Sie können die Menükarten in der Druckerei drucken lassen oder aus Kostengründen selbst herstellen. Eine Menükarte ist in der Regel eine Klappkarte in der Größe DIN A5 oder DIN A6, in die Sie entweder die Getränke- und Speisenfolge direkt drucken lassen oder schreiben. Auf der linken Seite erscheinen die zu den einzelnen Gängen servierten alkoholischen Getränke und auf der rechten Seite die Speisenfolgen der einzelnen Gänge, beginnend beim Amuse-Gueule beziehungsweise der ersten Vorspeise und endend mit dem Dessert. Den Abschluss bildet der Espresso beziehungsweise Mokka, der immer auf der rechten Seite bei den Speisen erscheint.

Besteht die Menükarte nur aus einer Seite oder wird in eine leere Klappkarte ein separates Blatt eingelegt, auf dem die Getränke- und

Speisenfolge gedruckt oder handschriftlich notiert wird, erscheint das Getränk jeweils unter dem Gang, zu dem es serviert wird. Alternativ werden erst das Menü und darunter alle alkoholischen Getränke aufgezählt.
Orientieren Sie sich bei der farblichen und grafischen Gestaltung der Menükarten an Ihren Einladungskarten, der Dekoration und den dabei hauptsächlich verwendeten Farben.
Wenn Sie Menükarten in einer Druckerei in Auftrag geben, sollten Sie diese so spät wie möglich drucken lassen. Erfahrungsgemäß ergeben sich bis zuletzt bei den Speisen oder Getränken immer noch – wenn auch nur kleine – Änderungen, und es wäre schade, wenn die aufwändig hergestellten Menükarten schlicht und ergreifend falsch wären.
Einige Hotels und Restaurants bieten übrigens hauseigene Blanko-Menükarten an, die Sie selbst gestalten können oder auf Wunsch vom Restaurant auch mit einem individuell getexteten und mit dem Menü versehenen Faltblatt bestückt werden. Eine personalisierte Überschrift wie »Zur Hochzeit von« oder »Menü anlässlich der Hochzeit von« ist dabei im Service inbegriffen. Wenn Sie das Angebot Ihres Hotels oder Restaurants nutzen, gehen Sie sicher, dass tatsächlich die letzte Version des Hochzeitsmenüs auf den Karten verewigt ist. Je nachdem, wie kostenintensiv Ihr Hochzeitsessen ausfällt, erhalten Sie die erforderlichen Menükarten vom ausrichtenden Hotel oder Restaurant ohne weitere Mehrkosten oder zumindest zu einem sehr günstigen Preis.

Gästeliste

Viele Gastgeber bezeichnen ihre Einladungsliste fälschlicherweise als Gästeliste. Beide dürfen nicht miteinander verwechselt werden. Ihre Gästeliste ist die finale, alphabetische Aufstellung der Personen, die schlussendlich zugesagt haben. In einer Gästeliste finden Personen, die abgesagt oder gar nicht geantwortet haben, keine Berücksichtigung. Hingegen enthält Ihre Einladungsliste alle Personen, die Sie sich als Gäste Ihrer Hochzeit wünschen und die Sie eingeladen haben – ungeachtet dessen, ob diese zu- oder absagen werden.

Nur für Hochzeiten mit wirklich vielen Gästen bietet es sich an, den Anwesenden Gästelisten in gedruckter Form anzubieten. Sie können dann die Gästelisten entweder schon tagsüber zusammen mit dem Hochzeitsprogramm oder am Abend vor dem Hochzeitsessen verteilen. Platzieren Sie in diesem Fall die Gästelisten auf dem Tisch, wo die Gäste ihre Tischführkärtchen abholen.
Haben Sie vor dem Fest noch genügend Zeit, die wirklich letzte Version der Gästeliste drucken zu lassen, können Sie den Druck professionell in Auftrag geben. Vereinbaren Sie mit Ihrer Druckerei, dass diese die Gästeliste so spät wie möglich produziert, um etwaige Änderungen problemlos einarbeiten zu können. Orientieren Sie sich bei der farblichen und grafischen Gestaltung sowie der Papierauswahl an Ihren Einladungskarten, den weiteren Drucksachen, der Dekoration und den dabei hauptsächlich verwendeten Farben. Die geeignete Größe für eine Gästeliste ist DIN-A5 oder DIN-A6, sodass Ihre Gäste das Heftchen leicht in Westen- oder Handtasche verschwinden lassen können.
Entscheiden Sie sich dafür, die Listen am eigenen PC auszudrucken, sollten Sie dies auch in diesem Fall so weit wie möglich nach hinten hinauszögern. So können Sie auch noch die letzten Änderungen berücksichtigen. Mit Rücksicht auf den Zeitdruck, der auf Ihnen lastet, wird es Ihnen niemand verübeln, wenn Sie einfache DIN-A4-Ausdrucke auslegen. Besteht die Gästeliste aus mehr als einem Blatt, heften Sie diese einfach zusammen.
Die Praxis zeigt, dass sich oft bis zur letzten Minute Änderungen in der Gästeliste ergeben – manchmal nach Redaktionsschluss für den Druck der Gästelisten, in einigen Fällen sogar erst nach dem Druck. Je nach Möglichkeit können Sie sowohl professionell wie privat gedruckte Listen mit einem Nachtrag »Nach Redaktionsschluss haben noch zugesagt« versehen. Dieser wird entweder direkt hinter die Gästeliste gedruckt oder Sie bedienen sich eines Einlegeblattes.

Tischkarten

Sie können die Tischkarten – Klappkarten, maximal doppelt so groß wie Standardvisitenkarten – in der Druckerei anfertigen lassen oder aus Kostengründen selbst herstellen und per Hand beschriften. Achten Sie in diesem Fall allerdings darauf, dass die Karten beidseitig beschriftet sind und mit einer schönen und leserlichen Schrift versehen werden – im Idealfall kalligrafisch gestaltet. Zugunsten eines einheitlichen Erscheinungsbildes wählen Sie für die Tischkarten das gleiche Papier und Design wie für die Tischführ- und Menükarten. Alle für das Festessen eingesetzten Drucksachen sollten sich bei der Papierauswahl und dem Design wiederum an der versendeten Hochzeitseinladung, der Dekoration und den dabei hauptsächlich verwendeten Farben orientieren.

Haben sich Gäste mit Begleitpersonen angemeldet, ohne diese auf der Antwortkarte mit Vor- und Nachnamen personalisiert zu haben, ist es die einzig elegante Lösung, sich spätestens in der Platzierungsphase für das Hochzeitsdinner bei den betreffenden Gästen nach dem Namen ihrer Begleitung zu erkundigen. Es ist kein guter Stil, auf einer Tischkarte namentlich nicht bekannte Gäste mit »Begleitung von« zu umschreiben. Sie zählen Ihre Gäste namentlich auf den Tischkarten auf. Denken Sie daran, dass möglicherweise Gäste nebeneinandersitzen, die sich zuvor noch nie gesehen haben. Die Tischkärtchen helfen dann den anderen Gästen, die entsprechenden Personen am Tisch korrekt anzureden.

Bei kleinen Feiern im sehr privaten Rahmen können Sie die Kosenamen Ihrer Verwandten oder Freunde auf die Tischkarten schreiben. Sobald Sie die engen Grenzen eines sehr privaten Gästekreises überschreiten, sollten Sie immer die offiziellen Namen Ihrer Gäste verwenden.

Tante Hermine
Hermine
Hermi

Zusätze wie »Herr« oder Frau« sind auf den Tischkarten fehl am Platz. Traditionell werden Titel – im Gegensatz zur ausgelegten oder aufgehängten Placementliste – weder auf den Tisch- noch den Tischführkärtchen vermerkt. Ob Sie dieser Tradition folgen wollen oder lieber Titel dazuschreiben, entscheiden Sie selbst. Sie sollten jedoch in jedem Fall Stringenz zeigen, das heißt, entweder werden alle Titelträger auf den Kärtchen mit ihren Titeln bedacht oder keiner.

Hartmut Hansen
Dr. Hartmut Hansen

Die Namen auf den Tischkarten müssen denen auf den Platzierungskarten entsprechen. Stehen Kosenamen oder ausschließlich Vornamen – oder, wenn Sie sich für die Variante mit Titeln entschieden haben, auch Titel – auf den Tischführkärtchen, müssen Sie dieses Muster auch für die Tischkarten übernehmen.
Erhält jeder Ihrer Gäste eine eigene Menükarte und möchten Sie beispielsweise aus Platzgründen auf extra Tischkarten verzichten, können Sie auch die Vorderseite der Menükarten mit den Namen Ihrer Gäste versehen.

Platzierungs- oder Tischführkarten
Placement- oder Tischführkarten werden vor allem bei sehr förmlichen Hochzeitsfeiern mit einer sehr großen Gästezahl eingesetzt. Die Karten erleichtern es Ihren Gästen, den für sie vorgesehenen Tisch zu finden. Sie vermerken auf der Karte den Namen des Gastes und die entsprechende Tischnummer. Oder Sie stellen die Tafelform dar und kreuzen zur Orientierung den Tafelbereich an, den der Gast ansteuern muss, um seinen Sitzplatz zu finden.
Möchten Sie sehr traditionell feiern, so bereiten Sie für jeden Tischherrn und die entsprechende Tischdame ein Tischführkärtchen vor. In diesem Fall notieren Sie auf der Vorderseite unter oder über der Tischnummer den Namen des Tischherrn und auf der Rück- oder Innenseite den seiner Tischdame. Möchten Sie diese konservative Variante nicht umsetzen, können Sie für Paare, die im wirklichen Leben zusammengehören und – auch wenn sie nicht nebeneinandersitzen – immer am gleichen Tisch platziert werden, eine gemeinsame Platzierungskarte mit der Tischnummer oder für jede einzelne Person eine Karte mit der entsprechenden Nummer vorsehen.

Haben sich Gäste mit Begleitpersonen angemeldet, ohne diese auf der Antwortkarte mit Vor- und Nachnamen personalisiert zu haben, ist es die einzig elegante Lösung, sich spätestens in der Platzierungsphase für das Hochzeitsdinner bei den betreffenden Gästen nach den Namen ihrer Begleitungen zu erkundigen. Es ist kein guter Stil, auf einer Platzierungskarte namentlich nicht bekannte Gäste mit »und Begleitung« zu umschreiben. Alle Gäste sollten namentlich auf den Führkärtchen aufgezählt werden.
Bei kleinen Feiern im sehr privaten Rahmen können die Kosenamen Ihrer Verwandten oder Freunde auf den Tischführkarten erscheinen, zum Beispiel »Tante Hermine« beziehungsweise »Hermi« oder auch nur »Hermine«. Sobald Sie die engen Grenzen eines sehr privaten Gästekreises überschreiten, sollten Sie immer die offiziellen Namen Ihrer Gäste verwenden.

Tante Hermine
Hermi

Die Zusätze »Herr« oder Frau« sind auf den Platzierungskärtchen nicht erforderlich. Ob Sie Titel dazuschreiben, entscheiden Sie selbst. Sie sollten allerdings Stringenz zeigen, dass heißt, entweder werden alle Titelträger auf den Kärtchen mit ihrem Titel bedacht oder keiner.

Hartmut Hansen
Dr. Hartmut Hansen

Sie können die Tischführkarten, die etwa doppelt so groß wie Standardvisitenkarten sein sollten, in der Druckerei anfertigen lassen oder aus Kostengründen per Hand beschriften. Achten Sie in diesem Fall allerdings darauf, dass die Karten mit einer schönen und leserlichen Schrift versehen werden, im Idealfall kalligrafisch gestaltet werden. Zugunsten eines einheitlichen Erscheinungsbildes wählen Sie für die Tischführkarten das gleiche Papier und Design wie für die Tisch- und Menükarten. Alle für das Festessen eingesetzten Drucksachen sollten sich bei der Papierauswahl und dem Design wiederum an

der versendeten Hochzeitseinladung, der Dekoration und den dabei hauptsächlich verwendeten Farben orientieren.
Die Platzierungskarten halten Sie für Ihre Gäste entweder am Eingang bereit, wo vor dem Abendessen der Empfang stattfindet, oder Sie legen diese auf einem Tisch vor dem Dinnerraum unmittelbar vor Beginn des Festessens aus. In beiden Fällen sollten Sie einen oder mehrere Placementpläne, also Tischpläne mit allen Tischen und deren Tischnummern, sichtbar aufstellen oder aufhängen, damit sich Ihre Gäste leicht informieren können, wo der entsprechende Tisch mit ihrer Tischnummer zu finden ist, und jeder schnell seinen Tisch findet. Der oder die Sitzpläne sollten im Interesse einer guten Lesbarkeit mindestens die Größe DIN A3 haben. Bitten Sie zusätzlich Ihren Zeremonienmeister oder das Restaurantpersonal, den Gästen bei der Suche nach ihren Tischen behilflich zu sein.
Tischführkarten werden in alphabetischer Reihenfolge ausgelegt. Erfordert die Gästezahl mehrere Tischkartenreihen, beginnen Sie in der oberen linken Ecke des Tisches mit der ersten Reihe und platzieren Sie rechts davon alle weiteren Reihen.

Placement

Vor dem Hochzeitsessen informieren sich die Gäste mithilfe des Sitzplans, dem sogenannten Placement, über ihre Platzierung beim Festessen. Ein solches Placement gibt jedem einzelnen Gast einen Überblick, wo sich der ihm zugedachte Tisch im Raum befindet, und trägt dazu bei, dass jeder Gast schnell seinen Platz findet.
Das Placement wird bei einer größeren Gästezahl in zwei Versionen angefertigt und ausgehängt: Zum einen erstellen Sie eine Liste mit allen Gästen, alphabetisch sortiert nach Familiennamen. Hinter jedem Namen vermerken Sie die Tischnummer des Gastes. Auf einem zweiten Blatt, dem sogenannten Tisch- oder Sitzplan, führen Sie alle Tischnummern auf. Hinter jeder Tischnummer finden Ihre Gäste die Namen der Personen, die daran sitzen. Auf diese Weise können sich Ihre Gäste informieren, wer noch mit ihnen am Tisch sitzen wird. Das hat den Vorteil, dass sich Ihre Gäste schon vorab die Namen und vor allem die Titel Ihrer Tischgenossen einprägen können,

um diese beim späteren Essen korrekt ansprechen können. Das ist wichtig, wenn Sie der traditionellen Etikette folgen und keine Titel auf den Tischkärtchen vermerken.
Um die Orientierung zu erleichtern, hängen Sie selbstverständlich auch eine Skizze der Tischanordnung im Dinnersaal aus. Jeden einzelnen Tisch beschriften Sie mit der entsprechenden Tischnummer. Ihre Gäste wissen dadurch, wo im Raum sich ihr Tisch befindet. Ein Placement sollte im Interesse einer guten Lesbarkeit mindestens die Größe DIN A3 haben.
Eine praktische Lösung zur eigenen Vorbereitung ist eine Skizze der Tischanordnung, in der Sie mit Bleistift die Namen der Gäste eintragen und nach Belieben wieder ausradieren und ändern können. Auf diese Weise behalten Sie immer den Überblick.
Da Sie mit einer fortlaufenden Nummerierung der Tische zwangsläufig eine Hierarchie – und damit auch eine Rangfolge der Personen, die daran sitzen – zum Ausdruck bringen, entscheiden sich mehr und mehr umsichtige Paare für Tischnamen. Diese ersetzen die Tischnummern und helfen vermeiden, dass sich Gäste wegen einer »schlechten« Platzierung auf den Schlips getreten fühlen. Suchen Sie sich für die Wahl der Tischnamen Begriffe aus dem Pflanzenreich oder der Geografie aus oder Edelsteinnamen. Ihrer Kreativität sind hierbei keine Grenzen gesetzt.

Hochzeit verschieben oder absagen

Sollten Sie sich in der misslichen Lagen befinden, Ihre Hochzeit absagen oder verschieben zu müssen, informieren Sie alle Gäste unverzüglich. Entwerfen Sie einen kurzen Text und versenden diesen per Post. Ist das Hochzeitsfest bereits in greifbarer Nähe, sollten Sie in diesem Fall auf E-Mails und Telefon zurückgreifen, damit die Absage noch alle Verwandten, Freunde und Kollegen rechtzeitig erreicht.
Die Absender der Absage der Hochzeit sind diejenigen, die auch zuvor zur Hochzeit eingeladen haben. Hat also ein Elternpaar allein

eingeladen, muss es auch die Absage schriftlich aussprechen. Steht das Brautpaar in Kombination mit einem oder beiden Elternpaaren als Gastgeber in der Einladung, kann es absagen, ohne dass die Namen anderer Gastgeber auf der Absagenotiz erscheinen.

Sie müssen in der Mitteilung, dass Sie die Hochzeit verschieben oder absagen müssen, den Empfängern keine Gründe angeben. Sie können kurz auf die Umstände eingehen, wenn Sie einen plötzlichen Todesfall in der Familie zu verkraften haben, Ihr Haus abgebrannt ist oder einer der beiden Brautleute kurzfristig ein millionenschweres Bauprojekt im Ausland vertragsreif unterzeichnen muss. Halten Sie sich aber bedeckt und geben Sie lieber keine Gründe an, wenn Sie kurzfristig entschieden haben, dass Sie doch nicht zueinanderpassen oder die Liebe nicht so groß ist, dass Sie den Rest Ihres Lebens gemeinsam verbringen möchten. Freilich können Sie in diesem Fall sicher sein, dass die Absage wie eine Bombe bei Ihren Verwandten und Bekannten einschlägt und die Gerüchteküche brodeln wird. Zeigen Sie aber gerade in dieser Situation Stil und äußern Sie sich weder mündlich noch schriftlich zu der Angelegenheit, und geben Sie erst recht nicht lauthals Ihrem Partner die Schuld am Scheitern der Beziehung und der geplatzten Hochzeit. Lassen Sie die Sache ein paar Tage sacken, ehe Sie eine – idealerweise mit der »Gegenseite« abgesprochene – Begründung nach außen dringen lassen. Werden Sie von Freunden und Verwandten bedrängt, mit der Sprache herauszurücken, erwidern Sie einfach, dass Sie noch nicht darüber sprechen möchten, sich aber wieder melden, um alles zu erklären.

Bei einer endgültigen Absage Ihrer Hochzeit erwähnen Sie bitte nichts über die Rückgabe bereits erhaltener Verlobungs- oder Hochzeitsgeschenke. Dass Sie diese zurückgeben, ist selbstverständlich und hat in einem Absageschreiben nichts zu suchen.

Müssen Sie die Hochzeit verschieben, nachdem Sie bereits alle Drucksachen fertiggestellt haben, müssen Sie in den sauren Apfel beißen und neue Einladungen anfertigen oder drucken lassen – auch wenn dieser Mehraufwand mit erneuten Kosten verbunden ist. Änderungen und Streichungen in den fertigen Einladungen vorzunehmen, ist kein guter Stil und besonders dann nicht zu empfehlen,

wenn die Empfänger den Änderungen möglicherweise entnehmen können, dass sie ursprünglich zu einem Programmpunkt eingeladen gewesen wären, zu dem sie nun nicht mehr geladen sind.
Vergessen Sie übrigens nicht, Ihre externen Dienstleistungsunternehmen wie Caterer, Restaurant, Limousinenverleih, Gärtner oder Friseur von der Absage oder der Verschiebung des Hochzeitstermins zu informieren. Jeder Tag, den Sie hier zögern, vernichtet Ihr Budget, da alle Dienstleistungen, die bereits erbracht worden sind, in Rechnung gestellt werden und Ihnen bares Geld aus den Händen rinnt. Ist der vereinbarte Meldeschluss für die endgültige Personenzahl bei Ihrem Restaurant oder Caterer verstrichen, können Sie nur noch hoffen, dass man Ihnen gegenüber Kulanz zeigt und nicht auf die Erfüllung Ihrer Vertragspflichten beharrt.
Sind Sie wegen der Gründe, die Sie zur Absage oder Verschiebung des Termins gezwungen haben, emotional unfähig oder zu verwirrt, um diese organisatorischen Fragen zu klären, bitten Sie eine Vertrauensperson – vielleicht Ihren Hochzeitsmanager oder Zeremonienmeister – sich dieser Dinge anzunehmen.

IHR PLANUNGSTEAM

Sie sind gut beraten, wenn Sie die Organisation Ihres Hochzeitsfestes nicht allein bewältigen wollen. Haben Sie in der Vorbereitungsphase der Hochzeit noch das Gefühl, alles allein und ohne Hilfe planen zu können – wenn auch mit Mühe –, wird es am Hochzeitstag nahezu unmöglich, sich um den gesamten Ablauf des Festes zu kümmern und dabei noch das unbeschwerte Brautpaar zu mimen, das seinen großen Tag genießen kann.
Egal, ob Sie eine Hochzeit im großen Stil planen oder eher mit einem überschaubaren Gästekreis heiraten wollen: Suchen Sie sich Unterstützung. Ein Polterabend muss eventuell geplant und vorbereitet werden, es gilt, die Übernachtung der Gäste zu arrangieren und zu koordinieren, und während der Hochzeit muss sich irgendjemand um Logistik, Service, Trinkgelder, Transport und andere Details im Programmablauf kümmern.

Auswahl Ihres Teams

Bei der Auswahl Ihrer Mannschaft sollten Sie überlegen, wer mit einem guten Organisationstalent gesegnet ist und auch in Stresssituationen einen kühlen Kopf bewahren kann. Außerdem sollten Ihnen die Personen nahe stehen, und Sie sollten sich auf sie verlassen können. Nicht zuletzt müssen die Betreffenden auch die nötige Zeit haben, um die relativ zeitraubenden Aufgaben zu übernehmen.
Fragen Sie Ihre Favoriten höchstpersönlich, ob Sie im Planungsteam mit dabei sein wollen. Das ist die stilvollste Art der Teamakquisition.

Bei entsprechender räumlicher Entfernung tut es auch ein Anruf. Allerdings werden Sie sich für Ihren Organisationsstab sowieso nur Anwärter suchen, die in Ihrer unmittelbaren Nähe wohnen und damit ohne große Mühe und Anreisehürden die Hochzeit mit Ihnen planen können. E-Mails und SMS sind zwar probate Kommunikationsmittel für die spätere Verständigung im bestehenden Planungsteam. Ziehen Sie diese Möglichkeiten aber aus Gründen der Höflichkeit und Wertschätzung für die Frage, ob die- oder derjenige Sie bei den Hochzeitsvorbreitungen unterstützen kann, lieber nicht in Betracht. Es ist selbstverständlich, dass Sie Ihre »Kandidaten« nicht mit der definitiven Entscheidung überfallen, dass Sie diese für das Team bestimmt haben, sondern nett fragen, ob sie im Stab mitwirken wollen. Wenn Eltern oder andere Ihnen nahestehende Personen, die Auswahl zu beeinflussen versuchen, begehen sie übrigens einen groben Etiketteschnitzer. Egal, wen Sie sich aussuchen, diese Entscheidung ist Ihr gutes Recht und muss von den anderen akzeptiert werden.

Wenn jemand ablehnt

Seien Sie darauf vorbereitet, dass auch ein noch so guter Freund oder Ihre Lieblingsverwandte die Einladung ablehnen kann, Ihre Hochzeitsvorbereitungen zu unterstützen. Ob aus privaten oder beruflichen Gründen, die oder der Gefragte hat das Recht, abzulehnen. Nehmen Sie es nicht persönlich, es gibt sicher handfeste Argumente für diese Entscheidung. Versuchen Sie insbesondere nicht, die Person noch umzustimmen. Und fragen Sie vor allem nicht nach den Gründen, wenn mit der Absage keine genannt wurden.

Wenn sich jemand übergangen fühlt

Kommen für Ihr Planungsteam nur einige wenige Personen in Frage oder haben Sie Mühe, überhaupt jemanden für diese Aufgaben zu mobilisieren, müssen Sie sich keine Gedanken darüber machen, wie wohl diejenigen Freunde reagieren könnten, die Sie nicht um deren Hilfe gebeten haben. Etwas anders sieht es aus, wenn Ihr Freundes- und Verwandtenkreis so groß ist, dass man für einen Platz in Ihrem Planungsteam Schlange steht. Schließlich wollen Sie niemanden verletzen. Jedoch sollten nicht nur Sie sich durch Stil und Manieren auszeichnen, sondern auch Ihre Freunde sollten damit ausgestattet sein. Wenn Sie bestimmte Personen also nicht nach einer Mitarbeit in Ihrem Organisationsstab fragen, werden sie Ihre Entscheidung unkommentiert annehmen und nicht nachtragend sein.

Verantwortungsbereiche

Erkundigen Sie sich schon zu Beginn der Hochzeitsplanungen bei den in Frage kommenden Verwandten oder guten Freunden, ob diese Sie unterstützen möchten, und delegieren Sie einen Großteil der anstehenden Aufgaben. Es kommen unterschiedliche Funktionen infrage, die ihren Fokus entweder auf die Planungsphase oder den Hochzeitstag selbst legen.

Hochzeitsmanager

Der Hochzeitsmanager greift Ihnen bei der Planung des Festes unter die Arme und sorgt dafür, dass Ihnen zeitraubende und stressige Aufgaben abgenommen werden. Für diesen Job sollte die Person neben einem entsprechenden Organisationstalent vor allem auch Zeit haben. Sie kümmert sich darum, dass Sie als Brautpaar Ihre Termine im Auge behalten, erledigt Anrufe bei Dienstleistungsunternehmen wie Auto- oder Kutschenverleih, Catering, Druckerei oder Hotels. Bei Bedarf unterstützt der Hochzeitsmanager Sie auch bei der Zusammenstellung und Aktualisierung der Einladungsliste. Auf jeden Fall muss der Hochzeitsmanager über das erforderliche Fingerspitzengefühl verfügen, sich bei organisatorischen Angelegenheiten herauszuhalten, für die Sie um seine Hilfe nicht ausdrücklich gebeten haben. Das große Ziel sollte sein, die Hochzeit oder zumindest Teile davon so zu organisieren, wie Sie es sich als Brautpaar wünschen, und nicht wie er oder sie selbst gern heiraten würde.

Zeremonienmeister

Eine unerlässliche Hilfe am Hochzeitstag ist der Zeremonienmeister, der an Ihrem großen Tag alle Fäden in der Hand hält. Sie selbst sollten diesen Tag genießen und nicht in die Rolle der Gastgeber schlüpfen müssen, die sich um alles kümmern. Dem können Sie vorbeugen, indem Sie schon in die ersten Planungsschritte für Ihre Hochzeit den Zeremonienmeister einbeziehen. Gern werden mit dieser Aufgabe Geschwister oder gute Freunde betraut, die nicht nur das Brautpaar, sondern auch einen Großteil der Gäste persönlich kennen.
Der Zeremonienmeister arbeitet eng mit dem Hochzeitsmanager zusammen, der sein Organisationspendant in der Planungsphase der Hochzeit ist. Vielleicht übernimmt eine organisationsstarke Freundin oder ein flexibler Verwandter sogar beide Funktionen. Auf alle Fälle sollten Sie jemanden mit der Funktion betrauen, der in allen Situationen einen kühlen Kopf bewahren und Prioritäten setzen kann.
Der Zeremonienmeister erstellt einen Ablaufplan für den gesamten Hochzeitstag. In diesem sind alle Punkte von Aufstehen, Frühstück, Friseur, Outfit anziehen über die Trauungszeremonie bis hin zur anschließenden Feier mit genauen Zeit- und Ortsangaben aufgeführt. Damit verlieren Sie am Hochzeitstag nicht den Überblick. Verteilen Sie den Ablaufplan an alle aktiv involvierten Personen – von den Trauzeugen und Brautjungfern über externe Dienstleistungsunternehmen bis hin zu den Eltern und dem Brautpaar. Ob Sie diesen Ablaufplan am Hochzeitstag dabeihaben werden, bleibt Ihnen überlassen. Manchen Gästen ist er zu groß und passt nicht in die Tasche. Viele lassen ihn auch in der Eile liegen. Führen Sie am Hochzeitstag auf jeden Fall ein paar Kopien des Ablaufplanes mit sich oder überlassen Sie diese Ihrer Trauzeugin. Sie werden sicher Abnehmer finden.

Der Zeremonienmeister koordiniert die Anreise der Gäste und deren Unterbringung. Er verteilt das Hochzeitsprogramm an die Gäste, überprüft, ob die Eheringe eingesteckt wurden, und verteilt die Blumenanstecker. In der Kirche und bei der anschließenden Feier übernimmt er die Platzanweisung. Auch die Organisation des Hochzeitskonvois fällt in seine Hände. Der Zeremonienmeister weiß, wann gegessen wird und wie die Gäste zum Restaurant kommen. Er hat den Überblick, wann welche Reden gehalten werden, und steuert die Tänze, Hochzeitsspiele und sonstigen Einlagen. Er ist Ansprechpartner für all jene Gäste, die mit Spielen, künstlerischen oder musikalischen Einlagen zur Unterhaltung beitragen oder eine Rede halten wollen.

Eine weitere wichtige Aufgabe des Zeremonienmeisters ist es, bei der Übergabe der Geschenke dafür zu sorgen, dass Geschenke und Überbringer später zugeordnet werden können. Er prüft, ob jedem Blumenstrauß oder Geschenk eine Begleitkarte beiliegt, legt »unbegleiteten« Geschenken eine entsprechende Hinweiskarte bei oder fixiert lose Begleitkarten, sodass sie im Trubel nicht verloren gehen können. Werden Blumen oder Geschenke durch einen Boten überbracht, nimmt er diese entgegen und hält auch das Trinkgeld parat.

Nicht zuletzt kümmert sich ein guter Zeremonienmeister auch um das Wohlbefinden des Brautpaares am Hochzeitstag – vom kleinen »Notfall-Snack« über Erfrischungsgetränke bis hin zum Abwimmeln von penetranten Gästen.

Hochzeitslader

Vielleicht möchten Sie sich auch eines Freundes oder Bekannten bedienen, der die Personen auf Ihrer Einladungsliste persönlich aufsucht und ihnen die Einladungskarten zur Hochzeit überreicht. Dann sollten Sie sich an den traditionellen Hochzeitslader erinnern, der früher mit Gedichten oder witzigen Texten die potenziellen Gäste zur Hochzeit lud und – je nach Region – während des Hochzeitsfestes die Gäste mit Possen und Schwänken unterhielt. In der heutigen

Zeit hilft der Hochzeitslader bei der Vorbereitung der Hochzeit und übernimmt organisatorische Aufgaben am Hochzeitstag, sofern Sie keinen Zeremonienmeister haben.

Die stillen Helfer

Denken Sie neben Hochzeitsmanager und Zeremonienmeister über den Einsatz von weiteren Helfern nach, ohne die Ihre Feierlichkeiten womöglich nicht so perfekt und störungsfrei ablaufen können, wie Sie es sich wünschen.

Denken Sie beispielsweise an Blumen und Geschenke, die am Tag Ihrer Hochzeit persönlich oder durch Boten bei Ihnen zu Hause abgegeben werden. Sie sollten also sicherstellen, dass unter Ihrer Adresse auch jemand erreichbar ist. Fragen Sie deshalb einen nicht zu den Hochzeitsgästen gehörenden Bekannten, ob er an diesem Tag die ankommenden Sendungen entgegennehmen und Trinkgelder ausgeben kann. Boten, die Blumen oder Geschenke bringen, werden mit einem kleinen Betrag zwischen 50 Cent und einem Euro belohnt.

Wenn einige Ihrer Gäste kleine Kinder haben, sind helfende Hände zu empfehlen, die die Kinderbetreuung während der Trauzeremonie und bei der anschließenden Feier übernehmen.

Sofern Sie keinen Zeremonienmeister haben, sollten Sie dafür sorgen, dass ein paar geladene enge Freunde oder Verwandte, die die wichtigsten Gäste kennen und erkennen, als Platzanweiser in der Kirche fungieren und später für das Einnehmen der Plätze nach der vorgegebenen Sitzordnung für das festliche Essen zur Verfügung stehen. Das hilft, Irritationen und Unsicherheiten der Gäste zu vermeiden, und sorgt für ein zügiges Platznehmen.

Für den Fall, dass Sie einen Polterabend planen, wäre es hilfreich, wenn Ihr Hochzeitsmanager oder eines der Elternpaare diesen organisieren und koordinieren würde. Sie werden an diesem Abend sicher noch zu erledigende Aufgaben im Rahmen der Hochzeitsvorbereitungen im Kopf haben und dankbar sein, wenn Ihnen bei der Polterabendplanung jemand unter die Arme greift.

Unabhängig davon, welche Geschenke Sie sich wünschen und wie Sie diese Wünsche an den Mann oder die Frau bringen, sollten Sie eine Person aus Ihrem engsten Umfeld zum Geschenkeverwalter ernennen. Arbeiten Sie mit einer Geschenkeliste, wird diese von einer Person aus Ihrem engsten Umfeld in Obhut genommen. Alle Eingeladenen und Freunde, Nachbarn und Bekannte, die Ihnen etwas schenken wollen, werden an diesen Geschenkeverwalter verwiesen. Der kann dann klären, wie Schenker und Geschenkewünsche sinnvoll zusammenkommen. Sofern sich nicht schon wie traditionell üblich die Brautmutter um die Koordinierung der Geschenke zwischen den geladenen Gästen kümmert, sollten Sie auch mit dieser Aufgabe eine gute Freundin oder einen Freund betrauen. Denn wenn Sie niemanden haben, der Geschenkelisten aktualisiert und verschickt, ist das Chaos vorprogrammiert.

Verhalten gegenüber Ihrem Planungsteam

Ob eine gute Freundin als Zeremonienmeisterin oder ein befreundeter Hochzeitsplaner: Sie stehen mit Ihrem Planungsteam in der Vorbereitungsphase der Hochzeit in regem Kontakt. Auch im Umgang mit diesem Personenkreis gibt es einige Etiketteregeln zu beachten. Es erleichtert Ihre Zusammenarbeit ungemein, wenn Sie zu Beginn der Planungsphase klar und so detailliert wie möglich die Aufgaben formulieren, die Sie an Ihr Planungsteam übertragen. Sprechen Sie dabei Ihre Helfer allerdings als gleichwertige Teammitglieder und nicht als Ihre Handlanger an. Verteilen Sie die Aufgaben nicht im Befehlston und verkneifen Sie sich Formulierungen wie »Diese Aufgabe erwarte ich von Dir« oder »Das sind Deine Aufgaben, die ich Dir übertrage«. Reden Sie dennoch nicht um den heißen Brei herum, und lassen Sie keinen Interpretationsspielraum. Diese falsch verstandene Höflichkeit kann später zu bösen Überraschungen führen. Sie können auch gedruckte Listen mit den Aufgaben für jedes einzelne Teammitglied verteilen. Verpacken Sie die Übergabe mit ein paar netten Worten wie »Ich dachte mir, dass diese Aufstellung ganz hilfreich sein kann, weil wir damit nichts vergessen«.

Ablaufplanbesprechungen oder sonstige Treffen kündigen Sie mit entsprechender Vorlaufzeit an und setzen die Termine nicht kurzfristig fest, wenn es Ihnen gerade passt. Gerade wenn sich Ihr Team aus Privatpersonen zusammensetzt, die für Sie einen Großteil ihrer Freizeit opfern, ist es selbstverständlich, sich auch nach deren Terminkalendern zu richten.

Wenn Sie Mitglieder Ihres privaten Planungsteams anrufen, fragen Sie zu Beginn des Gespräches immer, ob der Anruf gelegen kommt oder ob Sie zu einem späteren Zeitpunkt anrufen sollen. Rufen Sie Ihre Freunde, die für Sie die Hochzeit planen, niemals an deren Arbeitsplatz an und schicken Sie nie an deren geschäftliche E-Mail-Adresse hochzeitsbezogene Nachrichten, außer Sie haben von diesen ausdrücklich grünes Licht bekommen. Erwarten Sie nicht, dass Ihre noch so guten Freunde Ihre Hochzeit über deren Existenzgrundlagen – nämlich ihre Jobs – stellen.

Seien Sie sparsam mit der Verwendung des Zusatzes »wichtig« bei E-Mails. Überlegen Sie lieber zweimal, ob es sich um eine dringende Angelegenheit handelt oder nicht. Denn denken Sie immer daran, Sie schränken damit die Freizeit Ihrer Freunde ein.

Da Sie sich für Ihr Planungsteam Personen ausgesucht haben, denen Sie vertrauen und die Organisation des Festes zutrauen, vermeiden Sie bitte eine permanente Kontrolle oder gar Überwachung Ihres Teams. Das würde Ihre Freunde nerven oder sogar kränken.

Haben Sie einen Zeremonienmeister engagiert, der für die Abläufe am Hochzeitstag zuständig ist, informieren Sie diesen über wichtige Planungen und nehmen ihn gegebenenfalls sogar zu wichtigen Terminen beispielsweise mit dem Restaurant mit, damit er stets auf dem Laufenden ist.

Hat Ihr Planungsstab einen wichtigen Termin oder eine Frist bei der Vorbereitung des Festes versäumt, erkundigen Sie sich in einer nett formulierten E-Mail oder mit einem freundlichen Anruf nach dem aktuellen Stand der Planungen oder einem Status-Check. Reagieren Sie weder aufgebracht noch sprechen Sie Schuldzuweisungen aus.

Seien Sie sich klar darüber, dass Ihr Team Ihre E-Mails oder Anrufe nicht sofort beantwortet. Berufliche oder eigene private Belange müssen vielleicht erst geklärt werden, oder womöglich ist bei der zu klärenden Angelegenheit noch kein Ergebnis erzielt, das einen Anruf rechtfertigen würde. Besonders wenn Sie eher ruhelos sind, sollten Sie Geduld üben und bei verzögerten Rückrufen nicht gleich in Panik verfallen.

Übrigens, vergessen Sie vor lauter Planerei nicht, dass Ihr Organisationsteam primär aus Menschen besteht, die Ihre Freunde sind. Reduzieren Sie diese während der Hochzeitsvorbereitungen nicht auf deren Planungsrollen, sondern treffen Sie sich mit ihnen auch ganz privat, ohne dabei über die Hochzeitsplanung zu reden.

Ihr Team opfert eine ganze Menge Zeit und Energie, um dafür zu sorgen, dass Ihr großer Tag zu einem unvergesslichen Erlebnis wird. Versäumen Sie es also nicht, sich nach der Hochzeit bei Ihren Helfern gebührend zu bedanken.

Professionelle Dienstleistungen

Bedienen Sie sich eines professionellen Dienstleistungsunternehmens bei der Hochzeitsplanung, gelten natürlich andere Regeln. Hier zahlen Sie für die Dienstleistungen und können folglich konkrete Termine für Besprechungen und Leistungen vorgeben, während der üblichen Geschäftszeiten ungeniert den telefonischen Kontakt suchen und müssen auf private Befindlichkeiten Ihres engagierten Profis nur in Ausnahmefällen Rücksicht nehmen.

Hochzeitsplaner oder Agenturen

Professionelle Hochzeitsplaner kommen mehr und mehr in Mode und werden nicht mehr nur von Prominenten oder der sogenannten

Highsociety gebucht, sondern bieten heutzutage all jenen Paaren Hilfe, die bei der Planung des wichtigsten Tages Unterstützung benötigen. Vor allem Paare, die beide berufstätig sind und sich nicht in dem erforderlichen Maße um die Organisation ihrer Hochzeit kümmern können, greifen zunehmend auf Profis zurück.
Suchen Sie auch bei der Zusammenarbeit mit einem Hochzeitsplaner den frühen Kontakt. Entscheiden Sie sich nicht erst wenige Wochen vor der Hochzeit, wenn Sie sich überfordert fühlen und die Planung aus den Bahnen zu geraten droht, für professionelle Hilfe. Auch ein Profi braucht für die sorgfältige Vorbereitung des Festes ausreichend Zeit und wird Ihnen für einen ausreichenden Vorlauf dankbar sein.
Seien Sie sich vor dem ersten Gespräch mit dem Hochzeitsplaner im Klaren, was Sie genau möchten. Sicherlich haben Sie sich als Paar schon untereinander verständigt, was Ihre Idealvorstellungen von Ihrer Hochzeit sind und welches Budget dafür zur Verfügung steht. Vielleicht haben Sie auch negative Erfahrungen im Freundeskreis gemacht, wie es nicht sein sollte. Ihr favorisierter Ort der Trauung und der anschließenden Feier, die Atmosphäre, das anvisierte Datum und eventuelle Farbvorstellungen zu Drucksachen und Dekorationen sind dabei essenzielle Informationen, mit denen Sie dem Profiplaner die Richtung vorgeben. Fertigen Sie sich Stichpunkte oder zumindest eine geistige Skizze an, die Sie mit dem Hochzeitsplaner besprechen. Er wird Ihnen erläutern, ob Ihre Wünsche im vorgegebenen Kostenrahmen realisierbar sind, und gegebenenfalls Alternativen anbieten. Sollten Sie sich nämlich ohne konkrete Vorstellung beraten lassen, kann es sein, dass Sie aufgrund der zahllosen Gestaltungsmöglichkeiten einer Hochzeit nach der ersten Sitzung noch unsicherer sind als vorher.
Auch wenn Sie sich für die Zusammenarbeit mit einem professionellen Organisator entscheiden, sollten Sie diesen nie unangemeldet aufsuchen oder zu Spontanmeetings bitten.

Das gilt auch für die Zusammenarbeit mit Ihrem Caterer, dem Konditor oder dem Gastronom, in dessen Restaurant Sie feiern. Hier ist es ebenso eine Frage des guten Stils, Termine zu Vorbesprechungen und Probeessen zu vereinbaren und nicht ohne Anmeldung die Restaurantküche zu stürmen. Den Mitarbeitern Ihres Caterers und dem Restaurantpersonal begegnen Sie selbstverständlich mit der gleichen Freundlichkeit wie dem Chef.

Für die Planung des passenden Menüs oder Buffets benötigt Ihr Lieferservice oder Restaurant neben dem Datum und dem Ort, den Sie sich für Ihre Feier ausgesucht haben, Informationen zur geplanten Atmosphäre und Ihre Farbvorstellungen zu Dekorationen.

Wenn Sie bereits eine klare Vorstellung von den Speisen haben, die Sie auf Ihrer Feier anbieten lassen wollen, besprechen Sie diese mit Ihrem Caterer. Vielleicht hat er noch ein paar Vorschläge, um die Gerichte oder deren geschmackliche Harmonie zu verbessern. Nehmen Sie diese Empfehlungen des Profis an und beharren Sie nicht zwingend auf Ihrer Meinung. Haben Sie von der Menüzusammenstellung Ihres Hochzeitsessens noch keinerlei Vorstellung, werden Sie von Ihrem Caterer möglicherweise gebeten, sich aus einem Katalog Vorspeisen, Zwischen- und Hauptgerichte auszusuchen. Lassen Sie sich dafür Zeit. Selbstverständlich müssen Sie sich nicht vor Ort entscheiden. Nehmen Sie den Katalog mit nach Hause und wählen Sie in Ruhe aus. Das kann durchaus auch ein paar Tage dauern, ehe Sie Ihre finale Liste dem Dienstleister zurückschicken.

Haben Sie Änderungswünsche, einzelne Speisen oder das Menü betreffend, fragen Sie bitte Ihren Caterer freundlich, ob Modifikationen zeitlich und organisatorisch möglich sind. Gehen Sie nicht davon aus, dass er Ihre »kleine« Änderung problemlos umsetzen kann.

Auf der anderen Seite müssen Sie es nicht hinnehmen, wenn Ihr Lieferant überheblich wird. Belächelt er Ihr fehlendes Wissen zu bestimmten Gerichten, versucht er, Ihnen Gerichte oder Menüs aufzudrängen, oder liefert er Ihnen nicht abgesprochene Speisen oder Getränke? Hier sollten Sie klare Worte finden.

Je näher das große Ereignis rückt, desto zügiger sollten Sie auf Anrufe oder E-Mails Ihres Lieferanten reagieren. Nur so kann Ihr Gastronom seine Arbeit verlässlich erledigen. Es ist unhöflich, wenn Sie ihm wichtige Informationen schuldig bleiben, ohne die er nicht weiterarbeiten kann. Eine zügige Beantwortung innerhalb eines Tages ist also ein Muss.

Informieren Sie Ihren Caterer über Lebensmittelallergien, die Ihnen in Ihrem Familien- und Gästekreis bekannt sind. Sicherlich werden zur Hochzeitsfeier auch Gäste erscheinen, deren Lebensmittelallergien oder Unverträglichkeiten Sie vorab nicht kennen. Fragen Sie Ihren Lieferanten, wie er mit unbekannten Lebensmittelallergien umgeht. Eine einfache Methode, Ihre Gäste über die verwendeten Zutaten zu informieren, ist die detaillierte Auflistung der einzelnen Speisen und Komponenten auf den Menükarten.

Schicken Sie die endgültige Personenzahl und das finale Menü zu einem mit Ihrem Dienstleister verabredeten Stichtag. Und halten Sie diesen auch wirklich ein. Unentschlossene Paare, die ständige oder sehr späte Änderungswünsche haben, sind für den Caterer ein Albtraum.

Erkundigen Sie sich bei Ihrem Lieferanten oder beim Restaurant, wie dort Änderungen in letzter Minute gehandhabt werden. Verzichtet Ihr Caterer auf die Berechnung von Personenzahlen, wenn Gäste sehr kurzfristig absagen? Sicher hat er hierzu vertraglich fixierte allgemeine Geschäftsbedingungen.

Bedanken Sie sich während der Feierlichkeiten bei Ihrem Lieferanten oder Restaurant und heben Sie gegebenenfalls vor allen Gästen die Cateringleistungen hervor. Einige Paare greifen während des Festes zum Mikrofon und bitten ihre Gäste, für das außerordentlich gute Essen zu applaudieren. Voraussetzung ist natürlich, dass Sie auch tatsächlich mit den Speisen und Getränken zufrieden sind.

Zahlen Sie eventuelle Abschlagszahlungen und die Endrechnung zu den vereinbarten Terminen. Ihr Caterer ist ebenso wie jedes andere Dienstleistungsunternehmen auf den fristgerechten Zahlungseingang angewiesen, und es wäre schlechter Stil, wenn Sie die Leistung zwar gern angenommen haben, aber die Gegenleistung auf die lange Bank schieben.

BRAUTPAAR

Das geht Sie beide an

Auch wenn Sie sich als Braut und Bräutigam aus unterschiedlichen Blickwinkeln auf Ihre gemeinsame Hochzeit vorbereiten, gibt es doch einige Aspekte, die Sie aus Etikettesicht beide gleichermaßen betreffen.

Kinder aus vorangegangenen Beziehungen

Sollten Sie Kinder aus vorangegangenen Beziehungen in Ihre Ehe mitbringen, überlegen Sie, wie Sie den Nachwuchs in Ihren großen Tag und speziell in die Trauung einbeziehen können. Was angemessen ist, hängt von verschiedenen Faktoren ab, beispielsweise vom Alter der Kinder, deren Persönlichkeit und der Beziehung zwischen den in die Ehe mitgebrachten Kindern und dem neuen Stiefelternteil. Während ganz kleine Kinder mit der Bedeutung einer Eheschließung überfordert sind, verstehen Kinder ab dem Grundschulalter schon sehr gut, was die Hochzeit zwischen Ihnen beiden – auch im Hinblick auf die zukünftige Familienstruktur – ausdrückt. Sprechen Sie deshalb mit Ihren größeren Kindern über die bevorstehenden Änderungen. Nehmen Sie Ihnen vor allem die Angst, dass die Heirat ihnen ein Elternteil wegnehmen oder die Beziehung der Kinder zu den leiblichen Eltern ändern könnte. Halten Sie den Kindern vor Augen, dass diese neben ihren bisherigen Eltern noch eine »Bonusmama« oder einen »Bonuspapa« dazubekommen. Vermitteln Sie ihnen das Gefühl, dass die Eheschließung etwas sehr Schönes ist, vor dem die Kleinen auf keinen Fall Angst haben müssen.

Haben Sie den Sprösslingen auf diese Art und Weise das Wesen einer Hochzeit im Allgemeinen und den Ablauf Ihrer Trauung im Speziellen erklärt, werden diese mit Sicherheit Ihre Hochzeit aktiv mitgestalten wollen. Während sich für die ganz Kleinen allenfalls eine Rolle als Blumenkind anbietet, können die Größeren beim Traugottesdienst eine Fürbitte oder ein Gebet lesen.
Fragen Sie Ihre Sprösslinge auf jeden Fall, inwieweit sie sich engagieren wollen und was ihnen Spaß machen würde. Lassen Sie sie auch eigene Ideen unterbreiten. Wissen Ihre Kinder nichts mit speziellen Vorschlägen anzufangen, beispielsweise einer Lesung in einem Gottesdienst, den Ihr Kind möglicherweise noch nie vorher besucht hat, veranschaulichen Sie ihren Vorschlag. Besuchen Sie einen Gottesdienst, gehen Sie in eine Buchhandlung und schauen sich Hochzeitsbücher an oder suchen im Internet Filme – Stichwort »Youtube« – oder Fotos, die Blumenkinder oder fürbittende Kinder zeigen. Auf diese Art und Weise erhalten auch die Kleinsten eine Vorstellung davon, was die einzelnen Funktionen bedeuten und was auf sie zukommen könnte.

Ringe

Wo früher noch der einfache Goldring als Symbol der ewigen Liebe herhalten musste, toben sich heutzutage Paare bei der Auswahl ihrer Eheringe im Portfolio der chemischen Elemente aus und entscheiden sich stellenweise für höchst ausgefallene Gestaltungsformen.
Ob Sie als Paar gleiche, ähnliche oder grundverschiedene Ringe tragen wollen, bleibt ganz allein Ihrem Geschmack überlassen. Denken Sie aber immer daran, dass die Ringe als Zeichen der Ehe hoffentlich eine Anschaffung fürs ganze Leben sein werden. Entscheiden Sie sich daher lieber für eine zeitlosere Variante, auch wenn Ihnen im Moment der Sinn nach etwas Ausgefallenem steht.
Ob Sie sich zu Ihrer Verlobung mit sogenannten Freundschaftsringen begnügen und sich erst zur Hochzeit die »richtigen« Ringe aussuchen, bleibt Ihnen überlassen.

Links oder rechts?

Während der Verlobungszeit wird in Deutschland der Ring an der linken, nach der Trauung an der rechten Hand getragen. In einigen europäischen Ländern oder den USA ist es genau umgekehrt. Dort prangt der Ehering am linken Ringfinger, was auf die Antike zurückgeht. Die geschichtliche Überlieferung besagt, dass die Griechen daran glaubten, dass vom linken Ringfinger eine Ader direkt zum Herzen führte.

Aus praktischen Gründen entscheiden sich aber auch immer mehr deutsche Frauen für die linke Hand. So hat diese viel weniger Kontakt mit anderen Händen, da beispielsweise der Handschlag zur Begrüßung mit der rechten Hand ausgeführt wird. Auch sonst wird bei Rechtshändern die linke Hand viel weniger in Anspruch genommen, und der Ring nutzt sich nicht so schnell ab.

Entscheiden Sie also selbst, an welcher Hand Sie Ihren Ehering tragen möchten. Zumindest bei der kirchlichen Trauung sollten Sie sich Ihren Ring allerdings traditionell an den rechten Ringfinger stecken lassen. Sie können ihn in einer ruhigen Minute nach der Hochzeit an die andere Hand tauschen.

Gold oder Platin?

Sind Sie eher ein dunkler Typ mit einem warmen Hautton? Tragen Sie lieber warme Rot- und Brauntöne als ein kaltes Blau oder Grün? Dann sollten Sie sich für einen Ring aus Gelbgold entscheiden. Achten Sie aber unbedingt auf die Legierung, schließlich soll Ihr Ring dem Alltagsleben standhalten und nicht nach ein paar Jahren schlappmachen. Eine 585er- oder 750er-Legierung ist optimal.

Als hellhäutiger Typ mit einer Vorliebe für kühle Farben wie Blau, Grau oder Schwarz kommt für Sie eher ein Weißgold- oder Platinring in Frage. Auch Allergiker sind mit Platin gut beraten, da es durch seinen hohen Reinheitsgrad hypoallergen ist.

Gravur

Traditionell heiratende Paare werden in ihre Ringe das Hochzeitsdatum und den Vornamen ihres Partners eingravieren lassen. Wollen

Sie hiervon abweichen, sind Ihrer Kreativität dank neuester Lasertechnik keine Grenzen gesetzt. Ob Symbole, Sprüche, Initialen, Sternzeichen, eine Textpassage Ihres Lieblingssongs oder sogar die Unterschrift Ihres oder Ihrer Liebsten – alles ist möglich. Und es bleibt Ihr kleines Geheimnis, denn die Gravur werden nicht viele Fremde zu sehen bekommen. Sie können aber auch gänzlich auf eine Gravur verzichten.

Geschenke für Helfer, Trauzeugen und Eltern

Nach dem Motto »Kleine Geschenke erhalten die Freundschaft« verdienen alle Personen, die bei der Vorbereitung Ihrer Hochzeit oder am Hochzeitstag selbst eine besondere Rolle gespielt haben, eine entsprechende Aufmerksamkeit. Sie bedanken sich bei allen Helfern, Brautjungfern, Brautführern und Blumenkindern mit einem kleinen Präsent. Diese lieben, hilfsbereiten Menschen sollen merken, dass Sie auch an sie gedacht haben. Was wäre schließlich das Hochzeitsfest ohne sie?
Selbstverständlich lassen Sie auch Ihre Trauzeugen dabei nicht aus. Die Trauzeugen sind mit Ihnen in den letzten Wochen und Monaten durch dick und dünn gegangen, kannten Ihre möglichen Ängste und Zweifel, haben Sie immer wieder aufgebaut und werden auch am Hochzeitstag wie eine Bank hinter Ihnen stehen. Da Ihre Trauzeugen aus der eigenen Familie kommen oder enge Freunde sind, die Sie sehr gut kennen, wissen Sie am besten, worüber sie sich freuen könnten.
Selbstverständlich vergessen Sie an Ihrem großen Tag auch Ihre Eltern, Stiefeltern oder Lebensgefährten Ihrer Eltern nicht. Ihre Eltern haben Sie auf die Welt gebracht, Sie großgezogen und sicher ebenso wie Sie Ihrem großen Tag entgegengefiebert. Von manchen haben Sie womöglich sogar eine großzügige finanzielle Unterstützung für die Hochzeitsvorbereitungen erhalten.

Übergabezeitpunkt
Sie können sich mit Ihren kleinen Aufmerksamkeiten bei allen Beteiligten ein paar Tage vor der Hochzeit bedanken und jedem einzeln in privater Atmosphäre Ihr Geschenk übergeben. Diese Variante eignet sich besonders, wenn Sie sich mit einem üppigen Geschenk beispielsweise bei Ihren Eltern für die großzügige Unterstützung Ihrer Hochzeit erkenntlich zeigen wollen. Es spricht aber auch nichts dagegen, kleine Aufmerksamkeiten am Hochzeitstag selbst zu übergeben. Ein guter Zeitpunkt ist der Empfang. Berücksichtigen Sie bei der Wahl der Präsente in diesem Fall, dass Ihre Geschenke am Hochzeitstag im Idealfall von den Beschenkten sofort verstaut werden können und nicht extra abgeholt werden müssen. Entscheiden Sie sich lieber für kleinere Geschenke.

Passende Präsente auswählen
Bei der Suche nach den passenden Geschenken für Ihre wichtigsten Begleiter auf dem Weg in die Ehe gibt es ein paar Dinge zu berücksichtigen. So sollte das ausgewählte Geschenk die persönliche Beziehung zum Beschenkten deutlich werden lassen. Entscheiden Sie sich deshalb für ein Geschenk, das kein Massenprodukt ist. Lassen Sie es anfertigen oder durch eine Gravur personalisieren. Suchen Sie sich ein dem Anlass entsprechendes Geschenk aus, das dem Beschenkten in der Zukunft nützlich ist und nicht in einem Schrank oder im Keller verschwindet. Je öfter ein geschenkter Gegenstand benutzt wird, desto mehr wird der Anlass für das Geschenk vergegenwärtigt und in Erinnerung bleiben.
Es ist eine schöne Geste, den beiden Elternpaaren und anderen, Ihnen ganz besonders wichtigen Personen – neben Ihren vorbereiteten Geschenken – am Hochzeitsmorgen einen schönen Blumenstrauß per Boten zu schicken.
Unabhängig davon, ob Sie Ihre Präsente vor der Hochzeit oder am Hochzeitstag übergeben, versehen Sie diese immer mit handgeschriebenen Dankeskärtchen. Verwenden Sie keine vorgedruckten Karten.

Geschenke für die Gäste

Natürlich werden Sie am Hochzeitstag von Ihren Gästen reich beschenkt werden. Doch ist es eine schöne Geste, wenn Sie Ihrerseits Ihre Gäste mit einem kleinen Geschenk überraschen, das die Eingeladenen recht lange an dieses schöne Erlebnis erinnern wird. Schließlich zeigen Sie mit Ihrem Gastgeschenk, dass Sie sich über die Anwesenheit Ihrer Gäste an Ihrem großen Tag sehr freuen, zumal viele extra für Sie von weit her angereist sind.
In weiten Teilen Deutschlands war es lange Zeit Tradition, sich mit einem sogenannten »Tüllgeschenk« bei den Gästen zu bedanken. Dieser Brauch geht auf die Epoche des Sonnenkönigs Ludwig XIV. zurück, als man sich an den Höfen Bonbonnieren aus Gold oder Silber schenkte. Die Armen ahmten den aufwändigen Lebensstil nach und nähten aus dem Tüll der Brautkleider oder anderen Stoffen kleine Säckchen und füllten diese mit Mandeln. Die »Tüllgeschenke« wurden zu Hochzeiten anfangs nur in der engeren Verwandtschaft verschenkt, später an die gesamte Hochzeitsgesellschaft.

Richtig schenken

Auch bei den Geschenken an Ihre Gäste gibt es ein paar Etiketteregeln zu beachten. So ist es selbstverständlich, dass Sie für jeden Gast ein eigenes Geschenk einplanen und nicht eines pro Paar.
Sie müssen während der Feier nicht herumlaufen und Ihre Geschenke höchstpersönlich verteilen. Platzieren Sie Ihre kleinen Präsente vor der Feier auf der Festtafel – für jeden Gast an seinen Platz oder hübsch dekoriert in der Mitte des Tisches. Eine andere Möglichkeit, Ihre Gastgeschenke unter die Leute zu bringen, ist, einen eigens dafür vorgesehenen und nett dekorierten Tisch in der Nähe des Ausgangs aufzustellen und die Geschenke dort auszubreiten. Stellen Sie dort ein Schild auf, dass sich die Gäste bedienen können und sorgen Sie dafür, dass der Zeremonienmeister, Moderator oder eine andere Person im Laufe das Abends auf die vorbereiteten Geschenke hinweist, damit die Gäste beim Abschied nicht daran vorbeigehen. Das Servicepersonal, die Blumenkinder

oder die Brautjungfern können aber auch während der Hochzeitsfeier mit den Gastgeschenken durch die Gästemenge gehen und die Präsente jedem einzelnen Gast übergeben.

Haben Ihre vorbereiteten Gastgeschenke eine besondere Bedeutung, die sich nicht auf den ersten Blick erschließt, lassen Sie es Ihre Gäste wissen. Bereiten Sie Begleitkärtchen mit einem erklärenden Text vor, die Sie entweder den Geschenken beilegen und mit einpacken oder mit einem Band an den Geschenken befestigen. Entscheiden Sie sich für die zweite Variante, tragen Sie Sorge, dass die Kärtchen vor der Feier an den Geschenken befestigt sind. Sie können zwar das Servicepersonal oder die Blumenkinder mit dem Verteilen oder Drapieren der Geschenke beauftragen, aber nicht erwarten, dass diese auch noch während der Feier die Kärtchen an die Geschenke knüpfen.

Sollten Sie anstelle kleiner Geschenke für die Gäste eine Spende in deren Namen in Betracht ziehen, bereiten Sie kleine Kärtchen im Umschlag vor, in denen Sie die Spende anstelle kleiner Gefälligkeiten für Ihre Gäste ankündigen. Sie müssen die Höhe Ihrer Spende darin nicht angeben. Achten Sie bei der Auswahl der bedachten Organisation darauf, dass Sie bei Ihren Gästen damit nicht anecken und diese nicht beleidigen. Vermeiden Sie auf jeden Fall Organisationen mit einer politischen Stoßrichtung.

Ihr Dank auf den Geschenkkärtchen bezieht sich nur auf die Anwesenheit Ihrer Gäste an diesem Tag und ersetzt nie die offizielle Danksagung, die Sie allen Gästen und Schenkern nach Ihrer Hochzeit zukommen lassen müssen.

Suchen Sie für die Kinder passende Geschenke aus. Was den Erwachsenen gefällt, muss bei den kleinen Gästen noch lange nicht gut ankommen. Kleine Spielzeuge oder Leckereien finden immer Anklang.

Keine Sonderbehandlung

Schlimmer als gar nichts zu schenken ist es, wenn Sie ausgewählten Gästen eine Sonderbehandlung zukommen lassen. Diese könnte zum einen darin bestehen, dass Sie für bestimmte Gäste besondere Präsente vorbereiten, die die »normalen« Gäste nicht erhalten, oder an einen ausgesuchten Gästekreis merklich größere Präsente verschenken. Ein großer Etikettefauxpas wäre es auch, wenn Sie bei der Feier umhergehen und nur einigen wenigen die Geschenke persönlich übergeben, während sich alle anderen Gäste ihr Geschenk abholen müssen. Alle Eingeladenen deuten in beiden Fällen Ihre Sonderbehandlung, und diejenigen, die nicht bevorzugt werden, fühlen sich vernachlässigt. Wählen Sie deshalb das gleiche Geschenk für alle Gäste – mit Ausnahme der Kinder – aus und machen Sie keine »Extrawürste«.

Etikette für die Braut

Auch wenn Sie bei Ihrer Hochzeit und den Vorbereitungen im unumstrittenen Mittelpunkt stehen, bedeutet das keinen Freifahrtschein in Sachen Etikette. Gerade jetzt sind viele Augen auf Sie gerichtet. Besonders skeptische und sohnfixierte Schwiegermütter in spe werden Sie ganz genau beobachten. Sind Sie gut genug für den Jungen? Können Sie an seiner Seite standhalten? Bieten Sie Paroli mit tadellosem Auftreten. Bleiben Sie auch in stressigen Situationen herzlich und gelassen, und geben Sie vor allem Ihrem Bräutigam das Gefühl, dass er mit Ihnen die richtige Wahl getroffen hat.

Hochzeitsvorbereitungen

Dem Heiratsantrag folgt ein Meer an Glückwünschen von Familienangehörigen und Freunden. Für das große Ereignis müssen ein Termin festgesetzt und die nötigen Vorbereitungen getroffen werden. Sie genießen es, bei Familienbesuchen, Partys und Treffen mit Freunden über die bevorstehende Heirat zu sprechen. Sie werden sich fortan häufig mit Ihren Vertrauten wie Ihrer Mutter, Ihrer Trauzeugin und Ihren Brautjungfern treffen und sich gemeinsam auf die Hochzeit freuen. Ihr Partner sehnt sich hingegen nach einer Verschnaufpause, schlimmstenfalls graut ihm bei der Vorstellung von einer mehrmonatigen Hochzeitsplanung, welche die gesamte Freizeit in Anspruch nehmen wird.

Nehmen Sie Rücksicht auf Ihren Partner
So enthusiastisch Sie als Frau auch sind, bemühen Sie sich anzuerkennen, dass Ihr Partner nach dem Heiratsantrag erst einmal eine Pause braucht. Schleppen Sie ihn deshalb nicht gleich überall mit hin, um ihm noch unbekannte Freunde und Familienmitglieder vorzustellen. Überfordern Sie ihn nicht unmittelbar nach dem Antrag mit der Suche nach den passenden Örtlichkeiten, Menüvorschlägen, Einladungslisten oder gar professionellen Hochzeitsplanern. Gehen Sie als Frau in dieser Phase auf Ihren zukünftigen Ehemann ein, und zeigen Sie ihm, dass Sie mit ihm glücklich sein können, auch ohne pausenlos über die Hochzeitsplanung zu sprechen.
Treffen Sie im Laufe der Hochzeitsplanung weniger wichtige Entscheidungen ohne Ihren Partner. Auch wenn er es Ihnen nicht ausdrücklich zu verstehen gegeben hat, er vertraut Ihnen. Schließlich hat Sie Ihr Freund mit seinem Entschluss, Sie zu heiraten, bereits als gute Hochzeitsorganisatorin eingestuft und ist sich sicher, dass Ihr Geschmack Ihnen beiden gefallen wird. Deuten Sie deshalb seinen Mangel an Begeisterung bei der Hochzeitsplanung nicht falsch.
Bei der Hochzeitsplanung begehen Sie als zukünftige Braut bitte nicht den Fehler, wichtige Entscheidungen ausschließlich mit Ihrer Mutter zu fällen. Wenn Ihr Partner sieht, dass Sie Ihre Mutter zu Ihrer Verbündeten machen und seine Meinung bei relevanten Entscheidungen außen vor bleibt, wird er Parallelen für das Eheleben befürchten. Ihn wird das Gefühl beschleichen, dass Sie und Ihre Mutter zukünftig Entscheidungen für Sie beide treffen. Sollte Ihr Partner eine entsprechende Besorgnis zeigen, versichern Sie ihm, dass Sie in Ihrem zukünftigen gemeinsamen Leben alle Entscheidungen gemeinsam – mit ihm – treffen werden.
Beziehen Sie Ihren Partner in die Hochzeitsplanung in dem Maße mit ein, wie sein Beitrag Ihrer Ansicht nach erforderlich ist, damit die Hochzeit ein Erfolg wird. Geben Sie ihm vor allem das Gefühl, dass sein Beitrag essenziell ist. Denken Sie daran, die Gefühle und Wün-

sche Ihres Verlobten zu berücksichtigen. Gönnen Sie sich und ihm Planungsauszeiten, in denen Sie nicht über die Hochzeit sprechen.

Machen Sie die Elternpaare miteinander bekannt

Wenn die beiden Elternpaare sich noch nicht oder nicht gut kennen, wäre es in der Vorbereitungsphase Ihrer Hochzeit die beste Gelegenheit, ihnen das weitere Kennenlernen bei einem Essen zu ermöglichen. Das gemeinsame Essen muss nicht unbedingt in einer Lokalität stattfinden, Sie können beide Elternpaare auch zu sich nach Hause einladen. Beim Essen in lockerer Runde und Fachsimpeln über die Hochzeit kommen sich die Schwiegermütter in spe schnell näher, tauschen Rezepte aus und reden über Gott und die Welt. Und die Männer sitzen zusammen im Wohnzimmer bei einem Glas Bier oder Wein.

Ihr Brautkleid

Traditionell tragen Sie Ihr Brautkleid nur zur kirchlichen Trauung – nach altem Brauch mit Myrtenkranz und Schleier. Das klassische Hochzeitskleid besteht aus stumpfer Seide oder Spitze, ist hochgeschlossen und hat lange Ärmel. Auch wenn Ihnen dieser Aufzug etwas übertrieben erscheint, er möchte Sie davor bewahren, mit großem Dekolleté und freien Schultern völlig unpassend in der Kirche zu erscheinen.

Auch wenn Sie als Braut an Ihrem großen Tag ein ganz besonderes Ausnahmerecht in der Kirche haben – Sie dürfen nämlich als Einzige mit einem Dekolleté in die Kirche gehen –, sollte Ihr Brautkleid weder einen zu offenherzigen Ausschnitt preisgeben noch zu viel Bein zeigen. Auch wenn Sie eine noch so perfekte Figur haben, respektieren Sie die Kirche bitte als Gotteshaus und halten sich mit einem spektakulären, aufsehenerregenden Textil zurück. Ein weniger freizügiges Kleid unterstreicht zudem Ihre Eleganz, die an Ihrem großen Tag zur Geltung kommen sollte. Und da an diesem Tag sicher über nichts so viel philosophiert wird wie über Ihr Hochzeitskleid, sollten Sie ihm ganz besonders viel Augenmerk widmen.

Möchten Sie zur späteren Hochzeitsfeier etwas flotter aussehen, können Sie in der Kirche ein zu großes Dekolleté oder unbedeckte Schultern mit einem Tuch, einer raffinierten Tülldrapierung oder einer Jacke bedecken, die Sie nach der Kirche ablegen. Denken Sie allerdings daran, dass viele Hochzeitskleider mit aufwändigen Dekorationen gesäumt sind. Solche modischen Kreationen vertragen sich nur schlecht mit einem Tuch oder darübergezogenen Jäckchen. Wählen Sie stattdessen lieber von vornherein ein elegantes Kleid, das nicht schulterfrei ist und ein vertretbares Dekolleté offenbart. Damit können Sie sich eine lästige Verhüllungsorgie ersparen. Auch spricht nichts dagegen, sich nach der Trauung im Verlauf des weiteren Tages umzuziehen und in ein anderes Kleid zu schlüpfen.

Auch Ihr Verlobter ist nach alter Tradition gehalten, sich Ihren Wünschen zu fügen und sich in einem zu Ihrem Kleid passenden Anzug zu präsentieren. Und falls seine Wünsche nicht mit Ihren übereinstimmen, können Sie ihn sicher mit Ihren weiblichen Reizen umstimmen oder zumindest zu einem Kompromiss überreden.

Ihr Kleid orientiert sich am Stil Ihrer Hochzeit

Nachdem Sie als Paar die Stilrichtung Ihrer Hochzeit festgelegt haben, folgt die für Sie wahrscheinlich wichtigste Entscheidung, nämlich die Wahl des Hochzeitskleides. Das Hochzeitskleid ist für eine Braut seit jeher eine der wichtigsten Zutaten der ganzen Hochzeit. Zum einen träumen Sie möglicherweise seit Ihrer Kindheit davon, einmal ein prächtiges Hochzeitskleid zu tragen. Zum anderen überträgt Ihre festliche Hochzeitskleidung am Hochzeitstag – und allen voran das Hochzeitskleid – die feierliche Stimmung auf alle Anwesenden und Gäste.

Ob romantisch verspielt, elegant oder leger – die Stilrichtung des Kleides ist Geschmacksache, hat aber weitreichende Folgen. Denken Sie daran, dass Sie tonangebend für den Kleidungsstil der gesamten Hochzeitsgesellschaft sind und auch die weitere Organisation des Hochzeitsfestes von der Wahl Ihres Kleides betroffen ist. Schließlich orientieren sich die Garderobe Ihres Bräutigams, der Trauzeugen, Brautjungfern, Brauteltern und der Blumenkinder, ja sogar die Saal-

und Tischdekoration sowie die Einladungs- und Danksagungskarten an Ihrem Outfit.
Stilmäßig gibt es kaum mehr Grenzen. Die Angebotspalette bei den Brautkleidern reicht von der großen Robe mit Reifrock und Schleppe über festliche Kleider und elegante Hosenanzüge bis hin zu luftigen Sommerkleidern. Ob prunkvolle Kleider nach historischen Vorbildern, Trachten oder exotische Kleider – tragen Sie, worin Sie sich wohlfühlen und was Sie für Ihren großen Tag als angemessen empfinden. Und einige Hochzeitskleider haben heutzutage nicht mehr viel mit Überliefertem gemeinsam.
Selbst, wenn Sie sich bereits für eine bestimmte Stilrichtung oder Silhouette festgelegt haben, probieren Sie auch etwas anderes aus. Manchmal kann sich ein trist am Kleiderbügel hängendes Kleid angezogen als absoluter Traum entpuppen. Achten Sie allerdings immer darauf, dass Ihr zukünftiges Hochzeitskleid zum Rahmen oder einem eventuellen Motto der Hochzeitsfeier passt. Wenn Sie ein rauschendes Fest feiern, kann ein Ballkleidstil die richtige Wahl sein. Werden Sie ganz unprätentiös am Strand heiraten, ist eher ein luftiges Kleid das Richtige.
Ultraformelle Hochzeiten, wie man sie heutzutage eigentlich nur noch bei den Royals oder in Industriellenfamilien erlebt, erfordern auch das entsprechende Kleid. Ein bodenlanges Ballkleid, keinesfalls in Cocktailkleidlänge, und über die Ellenbogen reichende Handschuhe sind bei einer solchen Hochzeit Pflicht. Schleppe und Schleier sollten auch nicht fehlen. Die formelle Hochzeit ist nicht ganz so streng, erfordert allerdings auch ein bodenlanges Kleid und einen Schleier, wobei das Tragen einer Schleppe in Ihrem Ermessen liegt. Bei einer halbformellen Hochzeit sind Sie sowohl mit einem bodenlangen Kleid als auch mit einem Cocktailkleid auf der sicheren Seite. Ein Schleier ist wünschenswert, eine Schleppe nur, wenn Sie es mögen. Eine Hochzeit im informellen Stil bietet einen weitaus größeren Spielraum – angefangen bei einem Cocktailkleid über ein knielanges Kleid bis hin zu einem eleganten Hosenanzug. Schleppe und Schleier sind nicht Pflicht, eventuell sogar fehl am Platz. Bei einer ganz lockeren Hochzeit wie beispielsweise am Strand genügt

sogar ein einfaches Sommerkleid. Man hat sogar schon Bräute in Badeanzug und Sarong gesehen.

Farbe des Brautkleides

Traditionell hat das Brautkleid die Farbe Weiß, weil Weiß als Symbol für Jungfräulichkeit, Reinheit und Unschuld gilt. Noch gegen Ende des 16. Jahrhunderts galt Schwarz als die Modefarbe schlechthin, und so war es selbstverständlich, dass man auch Brautkleider in Schwarz trug. Beeinflusst wurde diese Mode durch den spanischen Hof, der dunkle Kleider als äußerst modern empfand. Die Farbe Weiß kam beim Brautkleid etwa gegen Ende des 18. Jahrhunderts in Mode. Im Gegensatz zu den schwarzen Brautkleidern konnte man diese Brautkleider aber nur am Tag der Hochzeit tragen und nicht wie dunkle Kleider auch zu späteren festlichen Anlässen. Der untere Stand konnte es sich meist nicht leisten, ein Kleid anfertigen zu lassen, das dann nur ein einziges Mal getragen wurde. Deswegen avancierte das weiße Brautkleid schnell zum Statussymbol für die gehobene Klasse. Im Laufe der Zeit hielt das weiße Brautkleid allerdings auch bei den niederen Ständen Einzug. Wer in Weiß heiratete, galt als ehrbar und unschuldig, wenn man auch auf dem Land noch etwas länger brauchte, bis sich diese Brautmode durchsetzte.

Auch wenn die meisten Bräute sich immer noch für das traditionelle Weiß entscheiden, ist es heutzutage kein Muss mehr, in einem weißen Kleid zu heiraten. Ganz in Weiß und mit Schleier wirken Brautkleider allerdings meist nur passend, wenn die Braut noch sehr jung ist. Viele Bräute wählen eine Farbe, die Ihnen sehr gut steht oder ihre Lieblingsfarbe ist. Mit einem creme-, champagner- oder pastellfarbenen Kleid machen Sie nichts falsch. Sogar Farbkombinationen sind erlaubt.

Die Brautschuhe halten Sie, wie auch die Strümpfe, in der Farbe des Kleides.

Farbwahl bei der zweiten Heirat

Heiraten Sie nicht zum ersten Mal, ist die Farbe Weiß für Sie als Braut nach guter alter Tradition unpassend, da Sie nach traditioneller

christlicher Vorstellung nicht mehr als »unschuldig« gelten. Wenn Sie sich an diese Regel halten möchten, entscheiden Sie sich für ein farbiges Kleid. Auch mit Creme, Champagner oder einem Pastellton machen Sie nichts falsch.
Vielfach wird allerdings auch von Frauen, die zum wiederholten Mal vor den Altar treten, der Wunsch geäußert, ihren zweiten oder dritten großen Tag ganz in Weiß zu verbringen, sodass mehr und mehr ein Auge zugedrückt wird. Letzten Endes liegt es in Ihrem Ermessen und richtet sich nach Ihrem persönlichen Traditionsbewusstsein, für welche Farbe Sie sich entscheiden.

Kleiderwahl bei Doppelhochzeit

Die beiden Bräute einer Doppelhochzeit tragen nicht die gleichen Kleider. Diese müssen zwar vom Stil zusammenpassen und dürfen auch farblich aufeinander abgestimmt sein. Entscheiden Sie sich allerdings nie für das gleiche Modell, da eine Hochzeit mit mehreren Bräuten im gleichen Kleid sehr schnell auf die schnulzige Hollywoodfilm-Schiene geraten kann.
Selbstverständlich kleiden sich alle weiblichen und männlichen Gäste ebenfalls zum Stil der Hochzeit passend. Die Brautjungfern einer jeden Braut tragen Kleider in einer von den Brautjungfern der anderen Braut unterscheidbaren Farbe. Damit erschließt sich der Hochzeitsgesellschaft auf den ersten Blick, welche Brautjungfer zu welcher Braut gehört. Bei den Herren ist die Auswahl an Unterscheidungsmerkmalen schon etwas überschaubarer. Alle männlichen Gäste werden sich an identischen Kleidervermerken orientieren und daher die gleichen Anzüge tragen. Der Spielraum beschränkt sich – je nach gewählter Anzugart – auf unterscheidbare Ansteckblumen am Revers, andersfarbige Westen oder farbliche Varianten von Krawatten, Plastrons, Sakkos oder Anzughosen.

Beginnen Sie mit der Suche so früh wie möglich

Am besten fangen Sie mit der Suche nach Ihrem perfekten Brautkleid an, sobald Sie wissen, dass Sie heiraten werden, spätestens jedoch sechs Monate vor der Hochzeit. Es dauert nämlich manchmal mehrere Monate, bis Ihre Bestellung umgesetzt wird und bei Ihnen zu Hause eintrifft. Planen Sie deshalb die Zeitspanne lieber etwas großzügiger.

Begeben Sie sich in professionelle Hände

Sofern Sie nicht auf eine Stilikone in Ihrem privaten Umfeld zurückgreifen können, die Ihnen bei der Auswahl des passenden Kleides helfen kann, begeben Sie sich in die Hände eines professionellen Brautausstatters. Sein Kennerblick ist nicht befangen, und er wird Ihre Körperformen ehrlich und kritisch einschätzen. Mit seiner Erfahrung hilft er Ihnen, ein Kleid zu finden, das Problemzonen überspielt und Ihre Schokoladenseiten ins rechte Licht rückt. Er bedenkt auch Ihre perfekte Rückansicht, die sich Ihren Gästen bei der kirchlichen Trauung offenbart.

Selbst, wenn Sie sich letzten Endes für einen Kauf über das Internet entscheiden, sollten Sie den Gang zum Brautausstatter nicht versäumen. Dem Geschäft gegenüber ist es zwar nicht die feine englische Art, sich stundenlang beraten zu lassen und dann doch anderswo zu kaufen. Es ist jedoch auch nicht verboten.

Viele Brautläden beraten nur nach Termin, um ihren Kundinnen die volle Aufmerksamkeit zu widmen. Rufen Sie deshalb einige Tage vor Ihrem anvisierten Termin beim Brautausstatter an und vereinbaren einen Termin. Wollen Sie im Laden relativ ungestört sein, sollten Sie sich für einen Wochentag verabreden, da an den Wochenenden die Geschäfte meist voll sind. Erkundigen Sie sich nach dem besten Brautausstatter in der Nähe. Die besten Brautläden finden Sie übrigens über Empfehlungen von Freundinnen und weniger aus dem Telefonbuch.

Wen Sie zum Aussuchen mitnehmen

Auch wenn Ihr Brautausstatter ein Profi in Sachen Beratung sein sollte, nehmen Sie zur Sicherheit Ihre beste Freundin, die vielleicht sogar Ihre Trauzeugin sein wird, oder Ihre Mutter mit. Mit Ihrer Freundin oder Mutter im Schlepptau können Sie sicher sein, die richtige Entscheidung zu treffen. Denn auch die beste Beratung im Fachgeschäft kann die ehrliche Meinung weiblicher Vertrauenspersonen nicht ersetzen. Steht das Kleid Ihnen wirklich? Ist der Schnitt vorteilhaft? Passt die Farbe? Sehen die Schuhe dazu gut aus? Ihre persönliche Beraterin wird Ihnen ein Kleid nicht schönreden, wenn Sie darin nicht toll aussehen, auch wenn es aus der Perspektive des Brautausstatters ein gutes Geschäft darstellen würde.

Aber denken Sie auch daran, dass zu viele Köche den Brei verderben können. Mehr als zwei Beraterinnen, besser nur eine, sollten Sie nicht im Schlepptau haben, wenn Sie im Brautladen einlaufen.

Das Aussuchen des Kleides, die erforderlichen Anproben und die sorgfältige Auswahl von passendem Schmuck und Schuhen geschieht natürlich nicht im Beisein Ihres Bräutigams. Ihm gegenüber sind Ihre Bemühungen streng geheim, damit er Sie in Ihrem Outfit bloß nicht vor der Hochzeit zu sehen bekommt. Das erhöht Ihren überwältigenden Auftritt am Hochzeitstag.

Auswahlprozess

Die Frage nach dem richtigen Brautkleid kann zur Glaubensfrage werden und die Nerven Ihres Umfelds auf eine harte Zerreißprobe stellen. Stunden-, tage- oder vielleicht wochenlang werden Sie mit der Suche nach dem perfekten Kleid beschäftigt sein. Mehrfache Anproben stehen auf dem Programm, damit das Kleid wie angegossen passt, ebenso das genaue Abwägen der in Frage kommenden Accessoires. In jedem Fall ist das Aussuchen des richtigen Brautkleides für jede Braut eine sehr emotionale Angelegenheit. Schließlich wollen Sie an Ihrem schönsten Tag der strahlende Mittelpunkt sein und von Kopf bis Fuß perfekt aussehen – egal, ob Sie in einem voluminösen Traum in Weiß heiraten oder ein schlichtes rosafarbenes Kleid tragen. Und alle Augen werden auf Sie gerichtet sein. Nicht nur die Hochzeitsgesellschaft, sondern auch Passanten, Gemeindemitglieder der Kirche oder das Personal in der Lokalität werden Sie betrachten. Von Ihrer Frisur bis zu Ihrem Schuhwerk muss alles perfekt stimmen und makellos aufeinander abgestimmt sein.

Sicher blättern Sie schon Monate vor Ihrer Hochzeit in Brautmagazinen oder Boulevardblättchen, in denen berühmte und weniger

berühmte Damen in ihren Hochzeitskleidern abgelichtet sind. Schneiden Sie die aus Ihrer Sicht schönsten und für Sie passenden Kleider aus und nehmen diese zum Brautausstatter mit. Der oder die Verkäufer/in kann dadurch ein besseres Bild davon gewinnen, was Sie sich genau vorstellen.
Beschränken Sie sich pro Termin auf fünf, vielleicht sechs Kleider. Je mehr Sie probieren, desto verwirrter und unsicherer werden Sie. Vergleichen Sie den Besuch im Brautladen mit dem in einer Parfümerie. Nach dem Probieren mehrerer Düfte können Sie weder den Charakter neuer Düfte »erriechen« noch sich richtig an die bisher Probierten erinnern.
Zur letzten Anprobe bringen Sie die für das Kleid vorgesehenen Schuhe mit, um die richtige Länge für Ihr Kleid festzulegen. Hilfreich ist es auch, wenn Sie Ihren BH dabeihaben, den Sie am großen Tag unter dem Kleid tragen werden. Stellen Sie sicher, dass genügend Platz für den BH unter dem Kleid ist.
Lassen Sie sich gleich, wenn es möglich ist, eine Stoffprobe von Ihrem auserwählten Kleid geben, damit Sie danach Ihre Schuhe und andere Accessoires kaufen oder abstimmen können. Bitten Sie Ihre Freundin oder Ihre Mutter, ein paar Fotos von Ihnen im Hochzeitskleid zu schießen. Das ist sehr hilfreich, wenn Sie mit Ihrem Friseur Ihre Hochzeitsfrisur planen oder mit dem Floristen die Blumenarrangements besprechen.
Wenn Sie das Kleid in Auftrag geben, zahlen Sie in der Regel einen Teilbetrag an und begleichen den Rest bei einer der Anproben, spätestens bei Abholung. Erkundigen Sie sich vor dem Kauf, ob und wie das Geschäft versichert ist. Schließlich wollen Sie abgesichert sein, wenn das Kleid beschädigt wird, während es noch im Laden hängt. Erkundigen Sie sich, ob zum Kaufpreis noch weitere Kosten, beispielsweise für das Umarbeiten, auf Sie zukommen, damit Sie sich darauf einstellen können.
Sobald das Kleid fertig ist, holen Sie es ab und hängen es an einem Ort auf, an dem es nicht gedrückt und beschmutzt werden kann.

Im Zweifel bequem

Bei der Wahl Ihres Brautkleides orientieren Sie sich neben Ihrem eigenen Geschmack auch an der Jahreszeit, in der Sie heiraten, und einem Mindestmaß an Bequemlichkeit, die Ihnen das Kleid an einem solchen Tag bieten sollte, da Sie viele Stunden darin verbringen werden. Auch wenn Sie bis zur Hochzeit noch ein paar Kilo abnehmen wollen, bestellen Sie Ihr Kleid lieber in der jetzt passenden Größe. Es ist mit wenig Arbeit verbunden, ein Kleid enger zu machen, verursacht aber viel Pein, sich für einen Tag in ein zu enges Kleid zwängen zu müssen. Achten Sie ebenfalls darauf, dass die Schuhe bequem sind, oder laufen Sie die gewählten Schuhe ein paar Wochen vor der Hochzeit ein, damit Sie bei diesem wunderschönen Anlass bis zum Ende voller Freude mitwirken können. Entscheiden Sie sich für eine Absatzhöhe, die Sie gewohnt sind beziehungsweise mit der Sie sicher zurechtkommen. Nehmen Sie sich für den Fall der Fälle am Hochzeitstag ein paar weiße Schuhe mit, die flach und äußerst bequem sind, oder lassen Sie die »Notfallschuhe« von Ihrer Trauzeugin oder einer der Brautjungfern einpacken.

Wenn das Kleid ein Erbstück ist

Sie können Glück haben, und auf dem Dachboden Ihrer Mutter oder einer anderen nahen Verwandten lauert ein ganz besonderes Prachtexemplar aus alter Zeit, das auch noch gut erhalten ist. Nicht nur, dass Sie in diesem Fall Unsummen für ein neues Hochzeitskleid sparen, Ihre Mutter wird sich sicher auch sehr geehrt fühlen, wenn Sie sich entscheiden, in diesem Kleid Ihrem Bräutigam das Jawort zu geben. War das Kleid jahrelang im Keller oder auf dem Dachboden verstaut, lassen Sie es erst einmal mehrere Tage an einem luftigen Ort aushängen. Ist das Wetter sonnig und trocken, können Sie es tagsüber draußen aufhängen. Holen Sie das Kleid allerdings am späten Nachmittag wieder herein, wenn die Luft etwas feuchter wird. Untersuchen Sie das gute Stück auf Flecken, Risse oder Mottenlöcher. Sind Änderungen oder Reparaturen fällig, geben Sie das Kleid nicht zum erstbesten Schneider, sondern erkundigen Sie sich, wer auf nostalgische Kleider und eventuell darin verarbeitete besondere Materialien spezialisiert ist. Nach dem Ändern schaffen Sie das Kleid zur Reinigung. Auch hier fragen Sie vorher nach, ob diese in der Lage ist, die wertvollen Stoffe fachgerecht zu behandeln. Außerdem machen Sie sich schlau, ob die Reinigung versichert ist, falls etwas mit dem Kleid während der Reinigung geschieht.

Nicht in jedem Fall sagt der Braut allerdings das gut gemeinte Erbstück von Mutter oder Tante zu. Wenn Sie ein solches Angebot ablehnen wollen, müssen Sie mit viel Fingerspitzengefühl herangehen und dürfen die Schenkende in ihrer gut gemeinten Absicht nicht verprellen. Auch wenn an dem Kleid offensichtlich der Zahn der Zeit genagt hat und es so gar nicht mehr zur Mode oder zu Ihrem Stil passt, bedanken Sie sich für das großzügige Angebot. Zeigen Sie, dass Sie sich sehr geehrt fühlen, weil gerade Ihnen das Familienstück angeboten wird, und schlagen Sie das Angebot schlussendlich mit einer nachvollziehbaren, wenn auch an den Haaren herbeigezogenen Begründung aus. Beispielsweise könnte das Umarbeiten des Kleides in Ihre Größe nur mit unverhältnismäßig großem Aufwand verbunden sein oder den Charakter des Kleides zunichtemachen. Möglicherweise sind im Kleid verarbeitete Materialien schon so angegriffen, dass diese bei nochmaligem Tragen gänzlich zerstört werden würden, was Sie als rücksichtsvolle Frau natürlich vermeiden möchten. Nur wenn Sie wissen, dass Sie die vermeintliche Schenkerin nicht vor den Kopf stoßen, wenn Sie ihr sagen, dass Ihnen das Kleid so gar nicht gefällt und Sie sich darin nicht wohlfühlen, können Sie bei der Wahrheit bleiben. Ansonsten bedienen Sie sich lieber einer Notlüge.

Wer zahlt das Brautkleid?

Je nach familiärer und finanzieller Situation des Brautpaares und der Brauteltern kommen entweder das Paar gemeinsam, die Braut allein oder in Anlehnung an die traditionelle Kostenverteilung zwischen Braut- und Bräutigamseite die Brauteltern für das Brautkleid und die notwendigen Braut-Accessoires auf.

Übrigens, viele Brautväter schenken ihrer Tochter das Brautkleid. Laden Sie deshalb Ihre Eltern zum Aussuchen und zur Anprobe mit ein, und Sie haben mit großer Sicherheit ein Kostenproblem weniger.

Mit den Kleidern der Brautjungfern abstimmen

Ihre Brautjungfern werden als Zeichen ihrer Zuneigung zu Ihnen in die Brautjungfernkleider schlüpfen. Selbst wenn Sie den Kaufpreis dafür übernehmen oder die Kleider auf Ihre Kosten leihen, seien Sie rücksichtsvoll im Umgang mit Ihren Freundinnen. Platzieren Sie Ihre Kleidungswünsche dezent. Schreiben Sie Ihren Brautjungfern nicht vor, was sie zu tragen haben. Das wäre schlechtes Benehmen gegenüber Menschen, die ihre Zeit für Sie opfern, um Ihre Traumhochzeit wahr werden zu lassen. Suchen Sie als Braut deshalb mit den Brautjungfern gemeinsam nach geeigneten Kleidern. Treffen Sie auch die endgültige Wahl gemeinsam. Denken Sie immer daran, dass die Brautjungfern nur die Begleitung und schöne Untermalung für Sie als Braut sein sollten. Also müssen auch die Kleider entsprechend dezent ausfallen. Es gibt auch sogenannte Miniaturbrautkleider, die dem Brautkleid in Stoffauswahl, Farbe und Design angepasst sind, aber etwas weniger aufwändig gearbeitet sind.

Sie können Ihre Farbpräferenz zwar kundtun, sollten allerdings nicht darauf bestehen. Berücksichtigen Sie vielmehr, welche Farbe allen Brautjungfern steht und zudem allen Frauen gleich gut gefällt. Ist einmal eine Farbe gewählt, suchen Sie sich einen geeigneten Stil aus, der zum Hochzeitskleid passt. Auch hier können Sie nicht von Ihren Brautjungfern verlangen, dass diese sich in ein Kleid zwängen, welches beispielsweise ihre Körperformen unvorteilhaft betont. Lassen Sie letzten Endes jede Frau für sich entscheiden, welches Kleid sie tragen möchte.

Vor allem, wenn Sie sich nicht an den Kosten für die Brautjungfernkleider beteiligen, schrauben Sie Ihre Erwartungen nach unten. Berücksichtigen Sie die finanziellen Möglichkeiten jeder einzelnen Freundin und verabschieden Sie sich von der Vorstellung, dass jede viele hundert Euro für Kleid, Schuhe und Accessoires ausgeben wird. Lassen Sie sich auf Kompromisse ein. So könnten Ihre Brautjungfern ihre eigenen, farblich einigermaßen passenden Schuhe tragen und damit das Budget schonen.

Schleier und Schleppe

Der Schleier ist sicher das romantischste Hochzeitsaccessoire, das es gibt. Deshalb wird er wohl nie aus der Mode kommen. Wenn Sie sich für einen Schleier beziehungsweise eine Schleppe entscheiden, sollten diese Accessoires zu Ihrem Kleid und dem Stil Ihrer Hochzeit passen. Halten Sie sich dabei an folgende Faustregel: Je förmlicher und eleganter die Hochzeit ist, desto länger fällt die Schleppe aus. Sie haben die Wahl – vom Kurzschleier über die kurze Schleppe bis hin zur langen Schleppe, die bei einer sehr edlen und formellen Hochzeit bis zu fünf Meter lang sein kann.

Sofern der Schleier Ihrer Mutter oder Großmutter in Farbe und Material zu Ihrem Kleid passt, können Sie diesen als Zeichen der Wertschätzung bei Ihrer eigenen Hochzeit verwenden. Brechen Sie allerdings nichts übers Knie. Wenn der Schleier doch nicht ganz passt oder schon mit ein paar Mottenlöchern angereichert ist, lassen Sie lieber ein Stückchen der Schleierspitze an die Innenseite Ihres Kleides nähen. Damit drücken Sie immer noch hinreichend Ihre Achtung gegenüber der Geberin aus – und Ihre Hoffnung, dass deren Eheglück auch den Weg in Ihre Ehe finden möge.

Wenn Sie sich für einen Kurzschleier entscheiden, der maximal bis zu den Schultern reicht, tragen Sie diesen als Symbol der Jungfräulichkeit und der ehelichen Schamhaftigkeit vor der Zeremonie vor dem Gesicht. Sobald der Schleier vor dem Altar gelüftet wird, gilt dies nach altem Brauch als vollzogene Übergabe der Braut an den Bräutigam. Erst am Altar lüftet der Bräutigam oder Brautvater den Schleier, je nachdem, wer Sie zum Altar führt. Schleier, die länger sind als ein bis zu den Schultern reichender Kurzschleier, tragen Sie nie vor dem Gesicht.

Statt eines Schleiers entscheiden sich heutzutage auch viele Bräute für in das Haar gesteckte Blumen, eine schöne Frisur oder einen Hut. Achten Sie in diesem Fall allerdings darauf, dass er »kusstauglich« ist, also nicht Backblechgröße erreicht und Ihr Gesicht beziehungsweise Ihren Mund nicht versperrt. Es gibt allerdings weder ein »Muss« für einen Hut noch für Handschuhe.

Handhabung von Handschuhen

Falls Sie hautenge Seiden-, Satin- oder Spitzenhandschuhe tragen, können Sie diese den ganzen Tag anbehalten. Für den Ringtausch bei der Trauzeremonie sollten Sie Ihre Handschuhe allerdings ausziehen, damit der Bräutigam Ihren Ring bei der Zeremonie nicht über den Handschuh stecken muss. Oder Sie entscheiden sich für fingerlose Exemplare mit Fingerschlaufe.

Wenn Sie Fingerhandschuhe bevorzugen, überlegen Sie sich vorher, was Sie mit den Handschuhen machen. Es ist eher unrealistisch, dass der Ring über den Stoff gezogen werden kann. Oftmals sind die Finger aufgrund der Anstrengung und Aufregung ohnehin angeschwollen, sodass manche Paare sogar Probleme haben, den Ring über den »nackten« Finger zu streifen. Entweder Sie verzichten in der Kirche von vornherein auf Handschuhe, oder Sie ziehen diese im passenden Moment elegant aus – am besten kurz vor der eigentlichen Trauungszeremonie. Ob Sie nur den rechten Handschuh oder beide ausziehen, bleibt Ihnen überlassen. Auf Fotos sieht es sicherlich besser aus, wenn Ihre Hände einheitlich bedeckt beziehungsweise unbedeckt sind. Geraten Sie nicht in Hektik, sondern entledigen Sie sich der Handkleider in aller Ruhe. Behalten Sie die ausgezogenen Handschuhe einfach lose in der linken Hand oder legen Sie diese auf dem Kniebänkchen – sofern vorhanden – vor Ihnen ab.

Wenn Sie mögen, können Sie die Handschuhe auch beim festlichen Dinner tragen. Allerdings zogen Damen in früheren Zeiten, sobald der Service begann, ihre Handschuhe aus. Außerdem sollten Sie bedenken, dass beim Essen die empfindlichen und hellen Handschuhe sehr schnell fleckig werden oder Sie damit schwitzen. Möchten Sie die Handschuhe beim Dinner ausziehen – weil Sie ohne besser essen können oder es ein Fingergericht gibt – legen Sie sie bitte nicht auf dem Tisch ab.

Tragen Sie als Dame Handschuhe, können Sie diese bei der Begrüßung anderer Personen anlassen. Allerdings gibt es eine Ausnahme, nämlich wenn eine ältere Dame ohne Handschuhe Ihnen die Hand reicht. Hier ist es eine Frage der Höflichkeit, sich vorher des rechten Handschuhs zu entledigen.

Wann und wo können Sie einen Hut tragen?
Sie dürfen Ihren Hut nicht nur in der Kirche, sondern auch beim Empfang auf dem Kopf lassen, egal ob dieser im Freien oder in einem geschlossenen Raum stattfindet. Sogar beim Hochzeitsessen ist Ihnen ein Hut erlaubt, selbst wenn er Wagenradgröße haben sollte. Zwar nehmen höfliche Damen – auch wenn sie es nicht müssten – aus Rücksicht den Hut vom Kopf, wenn er die Sicht und Bewegungsfreiheit von anderen einschränkt. Sie als Braut genießen allerdings in puncto Hut einen Sonderstatus. Sie dürfen ihn, ganz gleich wie groß er ist, während der ganzen Hochzeitsfeier aufbehalten.

Schmuck
Seien Sie mit Schmuck ausgesprochen sparsam. Da Ihr Kleid schon für sich allein wirkt, sollten Sie sich in Sachen Schmuck lieber am Grundsatz »Weniger ist mehr« orientieren. Achten Sie auch auf die Wahl des Materials. So haben Perlen als Glücksbringer für Liebe und Schönheit eine lange Tradition und waren sogar Hochzeitsgeschenke von Königen. Sie erschienen den Menschen schon immer geheimnisvoll. Aus dieser großen Faszination entstanden allerdings auch viele Legenden, nach denen Perlen mit Tränen in Verbindung gebracht werden – den Tränen der Götter und den Tränen aus Liebe. Sind Sie sehr abergläubisch, tragen Sie am Tag Ihrer Hochzeit lieber keine Perlen, da weiße Perlen also auch Tränen in der Ehe bedeuten können, und diese wollen Sie schließlich nicht vorsätzlich heraufbeschwören. Möchten Sie als Braut Steine tragen, entscheiden Sie sich nach alter Tradition für Brillanten. Allerdings sehen auch alte Erbstücke toll zum festlichen Brautkleid aus.
Vergessen Sie auf keinen Fall, am Tag Ihrer Hochzeit Ihren Verlobungsring zu tragen. Ihr Bräutigam würde es Ihnen sicher übel nehmen, wenn Sie sein Verlobungsgeschenk vergessen.

Etwas Altes, etwas Neues, etwas Geborgtes und etwas Blaues
Der Aberglaube besagt, dass die Braut an ihrem Hochzeitstag etwas Altes als Symbol für Beständigkeit, etwas Neues für eine verheißungsvolle Zukunft, etwas Geborgtes als Zeichen für Freundschaft

und Verlässlichkeit und etwas Blaues als Symbol für die Treue mit sich tragen sollte.

Kleidung für das Standesamt

Selbst bei einer standesamtlichen Hochzeit werden Sie als Braut Wert auf festliche oder zumindest elegante Kleidung legen, auch wenn Sie sonst eher legere Kleidung tragen.

Für das Standesamt ist ein elegantes Jackenkleid oder Kostüm in Pastelltönen sehr passend. Diese Garderobe hat den Vorteil, dass sie auch später zu vielen Anlässen getragen werden kann. Zeigen Sie kein Dekolleté und kommen Sie auch nicht schulterfrei oder völlig ärmellos. Wenn Sie Wert auf klassische Garderobe legen, wählen Sie ein hochgeschlossenes und langärmliges Kleid oder Kostüm. Ein passender Hut ist elegant, aber nicht zwingend. Verzichten Sie bei einem eleganten Outfit nicht auf Feinstrumpfhosen und vorn geschlossene Schuhe. Eine kleine Handtasche und echter Schmuck runden Ihr Erscheinungsbild für das Standesamt ab.

Selbst wenn Sie sich für ein Blümchenkleid entscheiden, sollten Sie sich diese Auswahl nicht nehmen lassen. Hauptsache ist, dass Sie damit glücklich sind. Informieren Sie im Falle einer etwas abweichenden Kleiderwahl Ihre Gäste, damit diese nicht überförmlich in Kostüm und Anzug erscheinen, währenddessen Sie als Brautpaar im luftigen Kleidchen und Chinos Ihrer Eheschließung entgegenfiebern.

Ab und an wählen Bräute aus Kostengründen für das Standesamt und die kirchliche Trauung dasselbe Kleid. Lange, eher formelle Kleider eignen sich dafür recht gut.

Wenn keine kirchliche Hochzeit geplant ist und die Braut unbedingt in Weiß heiraten möchte oder wenn zwischen der standesamtlichen Trauung und der kirchlichen Hochzeit keine Zeit zum Umziehen ist, kann die Braut auch auf dem Standesamt ein weißes Hochzeitskleid tragen.

Wenn Sie nicht zum ersten Mal heiraten

Heiraten Sie nicht zum ersten Mal, tragen Sie als Braut traditionell nicht die Farbe Weiß, da Sie nach traditioneller christlicher Vorstellung nicht mehr als »unschuldig« gelten. Heutzutage legt man diese Regel allerdings nicht mehr ganz so streng aus. Es liegt in Ihrem Ermessen und richtet sich nach Ihrem persönlichen Traditionsbewusstsein, ob Sie sich für ein farbiges oder weißes Kleid entscheiden. Jedoch sollten Sie sich ab der zweiten Heirat den Kurzschleier als Symbol von Jungfräulichkeit und ehelicher Schamhaftigkeit verkneifen, der bis zur Zeremonie vor dem Gesicht getragen wird. Dieser Brauch ist wirklich nur jungen Bräuten vorbehalten, die das erste Mal heiraten. Ansonsten sind Sie bei der Gestaltung Ihrer Hochzeit völlig frei. Sie sind hinsichtlich Größe und Stil Ihrer Hochzeit als Braut an keine weiteren Vorgaben gebunden.

Ihr Geschenk an den Bräutigam

Ihr Bräutigam wird genau wie Sie am Hochzeitstag eine Unmenge an Geschenken entgegennehmen – große und kleine, schöne und weniger schöne, nützliche und weniger nützliche. Auch wenn es keine Regel gibt, die besagt, dass sich das Paar am Hochzeitstag gegenseitig beschenken muss, ist es doch eine schöne Geste und wird von vielen Paaren gern praktiziert. Überraschen Sie ihn deshalb mit einem eigenen Geschenk und lassen Sie sich etwas Kleines und ganz Persönliches für ihn einfallen. Er freut sich nicht nur am Hochzeitstag darüber, sondern im Idealfall sein Leben lang und wird so an Ihre Hochzeit erinnert.

Etikette für den Bräutigam

Auch wenn die Braut bei den Hochzeitsvorbereitungen und am Hochzeitstag im unumstrittenen Mittelpunkt steht, gibt es aus Ihrer Sicht einige Etiketteaspekte zu beachten.

Hochzeitsvorbereitungen

Es ist Ihre Aufgabe, Ihre Zukünftige bei den Hochzeitsvorbereitungen zu unterstützen und die Braut zu entlasten. Für das große Ereignis müssen ein Termin festgesetzt und die nötigen Vorbereitungen getroffen werden. Während früher traditionell die Brauteltern die Hochzeit ausrichteten, übernehmen heutzutage viele Brautpaare selbst die gesamte Verantwortung. Der klare Vorteil liegt darin, dass Sie sich von den Eltern nicht vorschreiben lassen müssen, wo es langgeht. Nachteilig ist allerdings, dass eine in der eigenen Verantwortung liegende Hochzeitsplanung auch mit weit mehr Stress als zu Großmutters Zeiten verbunden ist.

Während Ihre Partnerin es genießt, bei Familienbesuchen, Partys und Treffen mit Freunden von der Hochzeit zu schwärmen, und sich über das Brautkleid, die Dekoration und das Hochzeitsmenü Gedanken macht, sehnen Sie sich vielleicht nach einer Verschnaufpause nach der wichtigen Entscheidung, ihrer Freundin einen Antrag zu machen, nach der finanziellen Belastung durch den Ringkauf und dem mit der Verlobung verbundenen Stress. Außerdem beängstigt Sie vielleicht die Vorstellung einer mehrmonatigen Hochzeitsplanung, die Ihre gesamte Freizeit in Anspruch nehmen wird. Als Sie ihr damals den Antrag gemacht haben, dachten Sie sicherlich noch nicht an den Stress, den eine Hochzeitsorganisation in der Regel mit sich bringt.

Inwieweit Sie auch immer bereit sind, sich in die Hochzeitsvorbereitungen einzubringen, lassen Sie es Ihre Zukünftige wissen, um Missverständnisse zu vermeiden. Legen Sie, nachdem Sie beide gemeinsam den Stil Ihrer Hochzeit und das dafür erforderliche beziehungsweise zur Verfügung stehende Budget geklärt haben, klar abgegrenzte Aufgabenbereiche fest.

Eine Möglichkeit der Aufgabenteilung besteht darin, dass Ihre Freundin oder Verlobte für alle zu klärenden Punkte eine Vorauswahl trifft und Sie gemeinsam die endgültige Entscheidung treffen. Diese Vorgehensweise bietet sich beispielsweise hervorragend für die Auswahl der Kirche und des Restaurants für das Hochzeitsfest an. Ihre Zukünftige besucht in Begleitung ihrer Mutter oder einer Freundin alle zur Disposition stehenden Kirchen und Restaurants, streicht die gar nicht infrage kommenden heraus und inspiziert mit Ihnen gemeinsam die übrig gebliebenen Lokalitäten.
Auch wenn Sie sich lieber gar nicht an der Organisation beteiligen möchten, seien Sie fair und sagen es ihr rechtzeitig. Vielleicht sind Sie beruflich so eingespannt, dass Sie für die Planung einer Hochzeit schlichtweg keine Zeit haben. Möglicherweise sind Sie aber auch keine große Hilfe, wenn es um die Tischdekoration, die Schriftfonts auf den Einladungskarten und die Blumenarrangements geht, weil Sie den Unterschied zwischen Rittersporn und Goldregen nicht kennen.

Stress ist vorprogrammiert

Die Vorbereitungsphase kann zu einer ersten Zerreißprobe für Ihre Beziehung werden. Es wird zu vermehrtem Stress und in Einzelfällen auch mal zu einem handfesten Streit kommen. Geduld und Verständnis stehen jetzt ganz oben auf der Tagesordnung. Eine Hochzeit zu planen, ist sehr nervenaufreibend. Deshalb wechselt die Laune Ihrer Braut blitzschnell, und Sie werden wahrscheinlich manchmal gar nicht nachvollziehen können, warum. Jetzt heißt es, Ruhe bewahren und die Nerven Ihrer gestressten Ehefrau in spe und die eigenen zu beruhigen. Auch wenn Sie in dieser Zeit oft aneinandergeraten und das Gefühl haben, Ihre Beziehung steckt in einer Krise, lassen Sie sich nicht beirren. Denken Sie an Ihren neuen Lebensweg zu zweit. Spätestens, wenn der Hochzeitstag vorüber ist, glätten sich die Wogen wieder, und Ihre Beziehung steuert in ruhiges Fahrwasser zurück. Sie werden stellenweise auch das Gefühl haben, dass die Hochzeit für Ihre beiden Familien stattfindet – und nicht für Sie. Vorsicht vor

besonders engagierten Brautmüttern, die Spannungen in Ihre Paarbeziehung bringen können. Die Elternpaare werden Sie sicher tatkräftig unterstützen und ihre Lebenserfahrung mit einbringen. Hat das Engagement Ihrer zukünftigen Schwiegermutter allerdings Ihre Toleranzschwelle überschritten, sprechen Sie zuerst Ihre Freundin darauf an. Gehen Sie dabei mit Fingerspitzengefühl vor, ohne dabei sie oder deren Familie zu beleidigen, und überlegen Sie gemeinsam, wie Sie die »Turbomutter« einbremsen können.
Halten Sie sich an den Rat, jede von Ihnen getroffene Entscheidung zur Sicherheit noch einmal mit Ihrer Braut zu besprechen. Auch wenn Sie es nur gut meinen und Ihre Zukünftige entlasten wollen, bedenken Sie, dass ihre Nerven blank liegen. Schnell können Missverständnisse aufkommen, und Ihre Liebste fühlt sich womöglich übergangen. Denken Sie daran, die letzte Instanz ist immer die Braut. Geben Sie trotz emotionaler Aufs und Abs Ihrer Braut – egal, ob Sie sich an den Vorbereitungen beteiligen oder nicht – immer das Gefühl, dass Sie sich auf den großen Tag genauso freuen wie sie.

Das sind Ihre Pflichtaufgaben

Studieren Sie Ihre Rolle bei der Trauzeremonie ein. An welcher Seite führen Sie die Braut in die Kirche, sofern dies nicht traditionell vom Brautvater übernommen wird? Auf welcher Seite Ihrer Braut stehen Sie vor dem Altar? An welcher Seite geht Ihre Braut, wenn Sie als frisch vermähltes Paar die Kirche verlassen? Verinnerlichen Sie alle Elemente der Zeremonie, Sie ersparen sich damit peinliche Fehler bei der Zeremonie.
Schreiben Sie als Bräutigam einige Wochen vor der Hochzeit Ihre Rede und üben Sie diese, damit es Ihnen am Hochzeitstag nicht die Sprache verschlägt. In einer niveauvollen Hochzeitsrede danken Sie den Gästen für deren Kommen, den Eltern für die Ausrichtung beziehungsweise Unterstützung der Hochzeit und den Brauteltern selbstverständlich für ihre tolle Tochter. Vergessen Sie auch nicht, Ihre Trauzeugen, Brautjungfern, Brautführer, Blumenmädchen und

Ringträger zu erwähnen und diesen zu danken. Streuen Sie in Ihre Rede Komplimente an Ihre Liebste und passende Anekdoten aus Ihrer bisherigen gemeinsamen Zeit ein. Zum Schluss erheben Sie Ihr Glas und fordern alle Gäste auf, mit Ihnen auf die Braut anzustoßen. Überprüfen Sie rechtzeitig Ihre tänzerischen Fähigkeiten. Überleben Sie den ersten Tanz im Dreivierteltakt ohne Pannen? Wenn nicht, sind ein paar Übungsstunden im Tanzstudio vor Ihrem großen Tag Pflicht – am besten gemeinsam mit Ihrer Zukünftigen.
Befragen Sie Eltern oder Großeltern zu eventuellen familiären, traditionellen und religiösen Besonderheiten, die in Ihrer Familie existieren und für die Hochzeit von Bedeutung sein könnten. Die ältere Generation kennt die Familienstruktur, besondere Befindlichkeiten einzelner Familienmitglieder oder religiöse Gepflogenheiten am besten und steht Ihnen gern mit Rat und Tat zur Seite.

Diese Aufgaben können Sie übernehmen

Sicher werden Sie selbst als Organisationsmuffel irgendetwas finden, auf dessen Planung Sie sich verstehen. Vielleicht kümmern Sie sich um die Finanzen oder besorgen als Autoliebhaber das Hochzeitsauto? Haben Sie in Ihrer Studienzeit als DJ gejobbt? Perfekt, dann können Sie sich um die Musik für den Hochzeitsabend kümmern.

Kümmern Sie sich um die Finanzen

Eine mögliche Aufgabe für Sie als Bräutigam kann es auch sein, das gemeinsam mit Ihrer Braut errechnete Budget zu verwalten und Ausgaben zu überwachen. Stil und Rahmen der Hochzeit sind vom Budget abhängig, ebenso die Anzahl der Hochzeitsgäste oder die Entscheidung über das Ziel der Flitterwochen. Haben Sie als Paar ein gemeinsames Konto für Ihre Hochzeitsausgaben eingerichtet, ist es recht einfach: Sie können die anfallenden Kosten von diesem Konto begleichen. Arbeiten Sie mit getrennten Kassen, entstehen für Sie als Bräutigam Kosten beim Kauf der beiden Eheringe beziehungsweise des Eherings für Ihre zukünftige Frau, wenn diese oder deren Familie den Ring für Sie kauft. Außerdem zahlen Sie Ihre eigene Garderobe, den Brautstrauß, die Sträuße für die Brautjungfern, alle Reversblumen, kleine Geschenke für die Trauzeugen, Brautjungfern und Brautführer, Blumenkinder und sonstigen Helfer, den Obolus für die Kirchengemeinde, in der die kirchliche Trauung stattfindet, den Organisten oder die Musiker in der Kirche sowie die Hochzeitsreise. Haben Sie mit Ihrem Trauzeugen oder – wenn vorhanden – Brautführern eine Kostenbeteiligung an deren Garderobe besprochen, kommen diese Mehrkosten auch noch auf Ihre Ausgabenliste. Ebenso die eventuellen Kosten für die Anreise und Übernachtung von Ihnen sehr am Herzen liegenden Gästen, die die Reise zu Ihrer Hochzeit aus eigenen Mitteln nicht bestreiten könnten.

Besorgen Sie das Hochzeitsauto

Sofern Sie sich mit Ihrer Braut entschieden haben, gemeinsam mit einem Fahrzeug zur Kirche zu fahren, übernehmen Sie als Bräutigam vielleicht die Organisation des Hochzeitsautos oder der Kutsche. Bedenken Sie bei der Wahl Ihres Gefährts, dass Ihre Braut am Hochzeitstag womöglich ein ausladendes Kleid tragen wird und damit bequem ein- und aussteigen können muss.

Egal, ob Sie sich für einen professionellen Limousinenservice entscheiden oder einen Bekannten mit einem schönen Oldtimer oder einem anderen passenden Auto haben: Erklären Sie dem Chauffeur die Wegstrecke idiotensicher. Zeichnen Sie diese notfalls in eine Karte ein. Berücksichtigen Sie bei der Zeitplanung der Wegstrecke, dass ein mit Blumen geschmücktes Auto langsamer fährt als üblich. Haben Sie sich für eine Kutsche entschieden, nutzen Sie die Erfahrung des Kutschenverleihers und lassen ihn einschätzen, wie lange die Kutsche bis zur Kirche brauchen wird. Planen Sie immer und auf jeden Fall Pufferzeiten ein. Bestellen Sie den Fahrer oder Kutscher mindestens 15 Minuten vor Abfahrt zu sich nach Hause.

Beauftragen Sie für den Blumenschmuck am Fahrzeug keinen professionellen Service, sondern übernehmen Sie diese Aufgabe selbst, dann fragen Sie vorab ein oder zwei Freunde, ob diese Ihnen beim Schmücken helfen können. Sobald Sie wissen, welches Gefährt es zu schmücken gilt, konsultieren Sie einen Blumenladen, erkundigen sich nach typischem Wagenschmuck, lassen sich Tipps für dessen Befestigung am Auto geben und bestellen die erforderlichen Zutaten. Da es am Hochzeitsmorgen turbulent zugehen wird und Sie sicher mit anderen Dingen ausgelastet sind, schmücken Sie das Auto lieber am Abend vorher oder – wenn Sie am Vorabend der Hochzeit einen Polterabend feiern – bereits am Nachmittag. Um Ihre Zukünftige mit dem Wagen und Ihrer dekorativen Meisterleistung zu überraschen, lassen Sie Ihre Braut das Auto nicht vor dem Hochzeitsmorgen zu Gesicht bekommen.

Vergessen Sie nicht, am Hochzeitsmorgen im Wagen gekühltes Wasser und vielleicht eine Flasche Champagner nebst Gläsern zu deponieren. Das Wasser ist für die Fahrt zur Kirche gedacht. Den Champagner genießen Sie beide als frisch vermähltes Paar auf der Fahrt von der Kirche zur nächsten Lokalität. Vergessen Sie auch nicht, ein paar Schoko- oder Müsliriegel im Auto bereitzuhalten. Sie und Ihre Braut werden am Morgen möglicherweise nicht viel gegessen haben und derart aufgeregt sein, dass ein kleiner Zuckerschub sehr willkommen ist.

Besorgen Sie den Brautstrauß

Oft kauft der Bräutigam dieses kleine, aber nicht unbedeutende Brautaccessoire. Lassen Sie entweder die Lieblingsblumen Ihrer Liebsten binden oder wählen Sie Blumen aus, die zum Hochzeitskleid, der Dekoration und den restlichen Blumenarrangements passen. Sprechen Sie auf jeden Fall mit Ihrer Braut rechtzeitig ab, dass Sie den Brautstrauß besorgen werden und welche Blumen in welchen Farben gewünscht sind. Zum einen weiß Ihre Braut dadurch, dass sie sich nicht um den Brautstrauß kümmern muss. Zum anderen gehen Sie sicher, dass Sie den Brautstrauß exakt nach den Vorstellungen Ihrer Zukünftigen binden lassen.

Lassen Sie den Brautstrauß am Hochzeitsmorgen durch einen Boten zustellen. Es ist übrigens eine schöne Geste, wenn Sie Ihrer Liebsten gleichzeitig auch einen Strauß rote Rosen zukommen lassen. Sie wird sich sicher über diesen unerwarteten Liebesgruß freuen.

Besorgen Sie die Reversgestecke

Bei der Wahl der Blümchen für Ihr Reversgesteck und die der anderen männlichen Gäste orientieren Sie sich hinsichtlich Farbe und Blumenwahl am Brautstrauß.

Kleidung

Für Sie als Bräutigam gibt es zahlreiche Möglichkeiten, sich in Schale zu werfen, um bei jeder Feier angemessen gekleidet zu sein. Ihnen stehen mehrere Anzugvariationen für den großen Tag zur Verfügung – angefangen beim Frack oder Cut über den Stresemann oder das Dinnerjacket bis hin zur Tracht oder dem schlichten dunklen Anzug. Ihre Wahlmöglichkeiten werden allerdings dadurch eingeschränkt, dass sich Ihr Outfit am Stil des Brautkleides und der gesamten Hochzeitsfeier orientieren muss. Ob Sie vormittags heiraten mit einem anschließenden Mittagsempfang, sich am Nachmittag das Jawort geben und danach zu Kaffee und Kuchen laden oder sich für eine elegante Abendhochzeit entscheiden: Jeder Hochzeitsstil verlangt die passende Kleidung.

Außerdem dürfen nach den klassischen Regeln Cut, Frack, Smoking und Stresemann nur zu bestimmten Tageszeiten getragen werden. Der Frack und der Smoking sind Abendanzüge, die kein Tageslicht vertragen. Ausnahmen gibt es nur bei Nachmittagstrauungen, wenn keinerlei Möglichkeit zum Umziehen mehr besteht. Solche Nachmittagstrauungen dürfen aber nicht vor 15 Uhr beginnen, besser wäre 16 oder 17 Uhr. Wenn die kirchliche Trauung also morgens – unter diesen Begriff fällt auch noch die Mittagszeit – stattfindet, sind Frack und Smoking tabu. Sie können zu einer Trauung um 12, 13 oder auch 14 Uhr nichts anderes anziehen als einen Cutaway (bei einer sehr formellen Hochzeit) oder einen dunklen Anzug.

Während sich Ihr gewählter Anzug am Stil des Brautkleides orientiert, wird mit Ihrem Anzug die Kleiderordnung der gesamten Hochzeitsgesellschaft vorgegeben – sowohl für den Tag als auch für den Abend richten sich Ihre männlichen Gäste bei der Wahl ihrer Garderobe nach Ihrem Anzug. Setzen Sie sich frühzeitig mit jenen männlichen Beteiligten zusammen, mit denen Sie Ihre Garderobe absprechen müssen. Das sind der Brautvater, Ihr Trauzeuge und – wenn vorhanden – der oder die Brautführer. Es wird niemand erwarten, dass alle Beteiligten den exakt gleichen Anzug tragen, es sei denn, Sie zahlen dafür. Um dennoch einen annähernd einheitlichen Erscheinungsstil zu wahren, können sich die Herren für eine Weste oder einen Kummerbund im gleichen Stil und der gleichen Farbe entscheiden.

Orientieren Sie sich am Brautkleid

Wenn sich Ihre Freundin oder Verlobte an die traditionelle Regel hält und Ihnen als Bräutigam das Brautkleid nicht vor dem Hochzeitstag präsentiert, müssen Sie ihr einige Informationen entlocken, bevor Sie sich auf die Suche nach dem passenden Anzug machen. Hat sich Ihre Braut für ein wallendes, bodenlanges Kleid entschieden, sollten Sie keine Gedanken an einen dunklen Anzug verschwenden. Wird sie ihr Jawort im schlichten Kostüm geben, können Sie beim Herrenausstatter getrost an den Kleiderstangen mit den Fracks oder Cutaways vorbeigehen.

Wahl des Anzugs

Bei der Wahl Ihres Anzugs gibt es eine Faustregel, die Sie auf jeden Fall beachten sollten: Je formeller die Hochzeit, desto mehr müssen Sie als Bräutigam die traditionellen Regeln für Ihre Bekleidung beachten.

Cutaway

Legen Sie Wert auf Etikette, ist tagsüber der Cutaway Coat oder kurz Cut der einzig in Frage kommende Hochzeitsanzug bei der kirchlichen Trauung. Der Cut ist wegen seines offiziellen Charakters auch als Tagesfrack oder großer Gesellschaftsanzug für den Tag bekannt. Er wird am Vormittag oder zu Veranstaltungen am Tag, die vor 15 Uhr beginnen, getragen – allerdings nie nach 18 Uhr.

Der klassische Cut ist anthrazitfarben bis fast schwarz und in dieser Farbvariation auch das passende Kleidungsstück für die männlichen Gäste für die kirchliche Trauung am Tag. Nur Ihnen als Bräutigam,

Ihrem Trauzeugen und dem Brautvater ist der hellgraue Rock vorbehalten. Haben Sie sich für den hellgrauen Cut entschieden, darf die dazu passende hellgraue Hose ohne Umschlag auch nur von Ihnen, Ihrem Trauzeugen und dem Brautvater getragen werden. Ansonsten passt für die restlichen Gäste die grau-gestreifte Hose dazu.
Kombiniert wird der Cut, der immer offen getragen wird, mit einer Weste in Grau oder – traditioneller – in gelblichem Beige. Auch Bleu, Rosé oder Mintgrün sind möglich. Greifen Sie entweder zum weißen Kragenhemd mit silbergrauer Krawatte oder – traditioneller – zum weißen Hemd mit Kläppchenkragen und dezent grauem Plastron. Zum Plastron gehört eine Nadel mit Perle oder Edelstein. Tragen Sie zum Cut niemals eine Querschleife. Sie können zum Cutaway wie alle Mitglieder des britischen Königshauses auch ein rosé- oder bleufarbenes Hemd mit weißem Kragen wählen. Hellgraue Hirschleder-Handschuhe komplettieren das Outfit, werden in Deutschland allerdings häufig nur in der Hand getragen. Die Krönung ist der silbergraue steife Zylinder, den Sie in der Kirche selbstverständlich absetzen. Nicht jede Art von Zylinder passt zum Cutaway. Der zusammenklappbare Seidenzylinder, der sogenannte Chapeau claque, ist ein Abendhut und darf nicht zum Cut getragen werden. Nur der steife, nicht zusammenfaltbare Kastor- oder Biberhut, also der mit schwarzem Biberfell überzogene Zylinder, passt zum offiziellen Morgenanzug, dem Cutaway.
Das klassische Schuhwerk zum Cut ist der schwarze Oxford oder Monkstrap.

Frack

Planen Sie eine sehr förmliche Hochzeitsfeier? Dann ist der Frack als edelstes Garderobenstück gerade richtig. Der Frack, als Klassiker der Nacht das genaue Gegenteil des Cuts, ist eigentlich erst ab 19 Uhr zulässig. Ausnahmen gibt es nur bei Nachmittagstrauungen, falls die Organisation keine Möglichkeit zum Umziehen erlaubt. Solche Nachmittagstrauungen dürfen aber nicht vor 15 Uhr beginnen, besser wäre 16 oder 17 Uhr. Das Tragen des Fracks vor 19 Uhr wird allerdings von sehr traditionsbewussten Heiratskandidaten vermieden. Wer

eine sehr offizielle Feier plant, wird vor dem großen Hochzeitsball am Abend immer entsprechend Zeit zum Umziehen einkalkulieren. Der Frackrock endet hinten mit den berühmten »Schwalbenschwänzen«, auf die Sie sich nicht setzen sollten. Schlagen Sie die Frackschöße beim Hinsetzen nach hinten, wenn die Stuhlkonstruktion dieses zulässt. Ansonsten beißen Sie in den sauren Apfel und setzen sich einfach darauf. Der Frack wird niemals zugeknöpft, sondern immer offen getragen. Zu ihm gehören eine schwarze Frackhose mit doppeltem Galonstreifen an der Seite, eine weiße und tief geschnittene Weste, das klassische Frackhemd und unbedingt schwarze Lackschuhe mit Schnürung oder – ganz traditionell – Lackschuhpumps ohne Schnürung, die sogenannten Herrenpumps, mit einer Ripsschleife.
Eine weiße Schleife dient als Identifizierungshilfe, ob es sich bei einem Frackträger um einen Gast oder einen Oberkellner handelt. Als Berufskleidung getragen, wird der Frack nämlich mit einer schwarzen Schleife kombiniert. Komplettiert wird der Frack mit einem weißen Leineneinstecktuch und schwarzen Seidenkniestrümpfen. Zum Frack wird übrigens nie ein weißer Seidenschal getragen. Dieses Accessoire gehört ausschließlich in die Welt der Operette. Der weiße Schal kann allenfalls zum schwarzen Frackmantel getragen werden und verbleibt mit ihm an der Garderobe. Das I-Tüpfelchen setzen Sie, wenn Sie zum Frack eine goldene Taschenuhr tragen.

Smoking

Der Smoking kann nur noch eingeschränkt als reiner Abendanzug bezeichnet werden. Die traditionelle Regel, er dürfe nicht vor 19 Uhr getragen werden, hat nur noch eingeschränkt für eine Hochzeitsfeier Bestand. Auch wenn die 19-Uhr-Regel für andere Veranstaltungen weiterhin Gültigkeit hat, ist sie bei Hochzeiten immer weniger anzutreffen. Hier hat sich der Smoking zum beliebtesten Kleidungsstück für den Bräutigam auch am Nachmittag gemausert – vor allem dann, wenn sich die Hochzeitsfeierlichkeiten bis in die Abendstunden erstrecken und es keine Gelegenheit mehr gibt, sich zwischen Trauung und Hochzeitsdinner umzuziehen. Allerdings verfechten besonders konservative Kreise nach wie vor die alte Regel, den Smoking erst am Abend aus dem Schrank zu holen. So ist es unter Aristokraten verpönt, den Smoking schon tagsüber zu tragen.

Der klassische Smoking ist einreihig und schwarz, manchmal auch nachtblau. Die Smokingjacke hat ein seidenbesetztes Revers und kann mit oder ohne Schlitze getragen werden. Vielen Männern sind die Schlitze jedoch zu sportlich. Welche Variante Sie wählen, ist Geschmackssache. Die farblich passende Smokinghose ist an der Außennaht mit einem einfachen Streifen, dem sogenannten Galon, versehen.

Dazu kombinieren Sie ein weißes Hemd mit Doppelmanschette. Tragen Sie zum Smoking – farbunabhängig – immer eine schwarze Schleife. Können Sie die Schleife nicht binden, greifen Sie lieber zur Fliege, die nichts anderes ist als eine fertig gebundene Schleife mit Gummibund. Der Kummerbund ist kein Muss, sondern eine Option zum einreihigen Smoking und wird alternativ zur schwarzen Weste aus Brokat oder Seide getragen. Dabei müssen die Falten nach oben zeigen, da sie ursprünglich zur Aufbewahrung von Eintrittskarten dienten. Ein Einstecktuch in Weiß oder farbiger Seide bildet den Abschluss.

Lackschuhe können, müssen aber nicht zum Smoking getragen werden. Am besten sind glatte, auf Hochglanz polierte Lederschuhe mit Schnürung oder Abendslipper ohne Schnürung, sogenannte Herrenpumps. Dazu tragen Sie lange Seiden- oder feinste Wollstrümpfe. Sie komplettieren Ihr Outfit mit einer silbernen Armbanduhr mit schwarzem Lederarmband und silbernen Manschettenknöpfen.

Dunkler Anzug & Co.

Stresemann, Longjacket und dunkler Anzug sind festliche Kleidungsalternativen, wobei Sie das Longjacket und den dunklen Anzug nicht nur am Tag, sondern auch am Abend tragen können. Einreihig sieht ein Anzug mit Krawatte und Weste sicher gut an Ihnen aus. Zweireihig tragen Sie ihn nur mit Krawatte und Einstecktuch, also ohne Weste. Klassisch wirkt der Anzug in dunklen Tönen, wie zum Beispiel dunkelgrau oder anthrazit. Weniger geeignet ist die Farbe dunkelblau für eine Hochzeit. Als modebewusster Mann können Sie auch Mut zur Farbe beweisen und für einen Programmpunkt, der am Tag stattfindet, eine helle Farbe wählen, im Sommer auch einen leichteren Stoff. Ein heller Hochzeitsanzug lässt das Herz Ihrer Zukünftigen sicher höher schlagen. Das zum Anzug gehörende weiße Hemd kann am Tag auch durch die Farben Hellblau oder Rosa ersetzt werden. Tragen Sie den dunklen Anzug allerdings sowohl am Tag als auch am Abend und wechseln Sie Ihr Hemd nicht, dann sollten Sie sich bereits morgens für das weiße Hemd entscheiden – das macht den Anzug festlicher und passt besser für den Abend.

Schwarze Glattlederschuhe zum dunklen Anzug sind ein Muss. Selbstverständlich wählen Sie für Ihre Hochzeit ein hochwertiges Paar mit echter Ledersohle. Gummisohlen sind zwar praktisch, aber wenig galant – und hindern Sie nur am Tanzen.

Der Vorteil eines Anzuges besteht darin, dass Sie ihn auch nach der Hochzeit immer wieder zu verschiedenen Anlässen tragen können und er kein lebenslanges Dasein im Schrank fristen muss.

Kein Stilmix

Achten Sie darauf, dass Sie beim Wechsel Ihrer Garderobe dem einmal gewählten Stil treu bleiben. Tragen Sie tagsüber den Cut, kommen Sie dementsprechend zum abendlichen Fest oder Dinner im Frack oder zumindest im Smoking. Der dunkle Anzug wäre im Verhältnis zum während des Tages getragenen Cut etwas wenig.

Accessoires

Auch ein Bräutigam braucht Accessoires, um seinen Look zu komplettieren. Die wichtigsten sind – selbstverständlich neben Krawatte, Schleife, Fliege oder Plastron – das kleine seidene Einstecktuch für die Brusttasche und das Reversgesteck. Bei der Wahl der Blümchen für Ihr Reversgesteck und die der anderen männlichen Gäste orientieren Sie sich hinsichtlich Farbe und Blumenwahl am Brautstrauß, den Sie im Idealfall schließlich auch besorgen.

Das Hochzeitswetter ist unberechenbar. Eine durchnässte Garderobe und nasse Füße lassen beim Feiern keine gute Stimmung aufkommen.

Ein Regenschirm und ein Paar »Zweitschuhe« können das verhindern. Mit Blick auf Ihre Hochzeitsnacht tragen Sie am Hochzeitstag am besten Designer-Unterwäsche. Ihre Unterwäsche soll Ihre Braut doch schließlich umhauen. Sind Sie ein Pyjama-Typ, wählen Sie für die Hochzeitsnacht selbstverständlich ebenfalls ein edles Teil.

Wann und wo können Sie einen Hut tragen?

Es ist schon etwas Besonderes, wenn Sie als Bräutigam zu Ihrem Cutaway auf Ihrer vermutlich vor 15 Uhr stattfindenden kirchlichen Trauung einen Zylinder tragen. Zwar erfreut sich der Cutaway wieder zunehmender Beliebtheit bei großbürgerlichen und Adelshochzeiten, aber zum Zylinder bekennt sich kaum ein Bräutigam, obwohl er früher als selbstverständliche Kopfbedeckung galt.

Wie alle Herrenhüte wird auch der Zylinder beim Betreten einer christlichen Kirche abgenommen, um mit entblößtem Haupt das Gotteshaus betreten zu können. Nehmen Sie Ihren Hut gleich am Eingang ab und setzen ihn erst nach Verlassen der Kirche wieder auf. Stellen Sie Ihren Zylinder, über welchen Sie Ihre weißen Handschuhe legen können, umgekehrt neben sich auf den Fußboden, sobald Sie sitzen. Solange Sie gehen und stehen, halten Sie ihn in der freien Hand. Der Hut kann beim anschließenden Empfang auf dem Kopf getragen werden, sofern dieser unter freiem Himmel stattfindet. Zu allen anderen Programmpunkten in geschlossenen Räumen nehmen Sie den Hut ab, sobald Sie einen Raum betreten.

Kleidung für das Standesamt

Nicht nur für die Braut, sondern auch für den Bräutigam ist traditionell im Standesamt elegante Tageskleidung angebracht. Das kann je nach Ihrem eigenen Geschmack und Ihren Vorstellungen ein Anzug oder eine Kombination sein. Der dunkle Anzug ist quasi eine Allround-Garderobe und kann zu jeder Tages- oder Abendzeit getragen werden.

Stimmen Sie Ihr Outfit auf jeden Fall mit dem Ihrer Zukünftigen ab. Sie würden danebengreifen, wenn diese im luftigen Blümchenkleid erscheint und von Ihnen im dunklen Anzug mit Fliege begleitet wird.

Haben Sie sich hingegen beide für ein unkonventionelles Outfit entschieden, ist durchaus nichts an Chinos, Kordhosen oder sogar Jeans auszusetzen, wenn Ihre Braut eine ebenso lässige Garderobe wählt. Erlaubt ist, was gefällt. Allerdings negieren Sie in diesem Fall die traditionellen Bekleidungsempfehlungen. Denken Sie außerdem an Ihre Gäste, die Sie bei einer ausgefallenen Kleiderauswahl vorab informieren sollten, damit diese sich darauf einstellen können und nicht völlig »überputzt« zur Trauung erscheinen.

Geschenk für die Braut

Ihre wunderbare Braut wird genau wie Sie an diesem Tag eine Unmenge an Geschenken in Empfang nehmen. Wenn Sie möchten, dass sie Ihnen am Hochzeitstag noch einmal vor Glück in die Arme fällt, überraschen Sie sie mit einem kleinen, aber ganz persönlichen Geschenk. Auch wenn es keine Regel gibt, die besagt, dass sich das Paar am Hochzeitstag gegenseitig beschenken muss, ist es doch eine schöne Geste und wird von vielen Paaren gern praktiziert.
Suchen Sie etwas aus, das wirklich von Herzen kommt und Ihre Liebste ein Leben lang an diesen schönen Tag erinnern wird. Besorgen Sie am besten ein kleines Präsent, das die Braut sofort in ihr Täschchen stecken und am Hochzeitstag bei sich tragen kann. Wie wäre es mit einem Schmuckstück? Sind Ihre Finanzen durch die Hochzeitsvorbereitungen sehr angeschlagen, schreiben Sie Ihr doch einfach einen Brief, in dem Sie Ihre Gefühle mitteilen. Ihre Braut wird es lieben, wenn Sie Ihr in Ihrem Brief gestehen, wie neugierig Sie auf das Hochzeitskleid und ihr sicher umwerfendes Outfit sind. Stecken Sie den Brief Ihrer Liebsten am Morgen zu oder – wenn Sie getrennt zur Kirche fahren – lassen ihn vor der Fahrt zur Kirche von Ihrem Trauzeugen, Bruder oder einem anderen engen Freund zu Ihrer Zukünftigen bringen.

ELTERN VON BRAUT UND BRÄUTIGAM

Auch wenn Sie als Brautpaar die Organisation und Finanzierung Ihrer Hochzeit selbst übernehmen, müssen Sie ein paar Grundregeln im Umgang mit Ihren Eltern einhalten, wollen Sie die Etikette diesen in Ihrem Leben so wichtigen Personen gegenüber nicht verletzen.

Eltern in die Planung einbeziehen

Klären Sie zuerst als Paar untereinander, in welchem Maße Sie Ihre beiden Elternpaare in die Vorbereitungen einbeziehen wollen. Denn bevor Sie diese ansprechen, sollten Sie sich einig sein. Fechten Sie eventuelle Meinungsverschiedenheiten nicht erst vor Ihren Eltern aus. Die Hilfe, die Sie in Anspruch nehmen wollen, basiert vielmehr auf einer Paarentscheidung, die von Ihren Eltern als einhellig wahrgenommen werden sollte.
Für den Fall, dass sich Ihre Eltern sehr großzügig an der Finanzierung Ihrer Hochzeit beteiligen, sollten Sie bereit sein, bei einigen Punkten Kompromisse einzugehen. Es ist nur fair, Ihren spendablen Eltern hier und da eigene Ideen zuzugestehen. Überlegen Sie sich also als Paar im Vorfeld, bei welchen Programmpunkten oder organisatorischen Details Sie bereit sein könnten, Kompromisse einzugehen, und welche Positionen absolut unantastbar sind.
Eltern möchten selbstverständlich in die Hochzeitsvorbereitungen eingebunden werden. Aber Sie sollten sie vorab höflich fragen, ob diese Lust dazu haben, und Aufgaben nicht ungefragt delegieren.

Aufgaben klar definieren

Ein wahres Minenfeld an Etiketteverstößen wartet auf Sie, wenn Sie sich mit Ihren Eltern nicht darüber verständigen, wie Sie sich deren konkrete Mitwirkung in der Vorbereitungsphase der Hochzeit vorstellen. Sollen sich die Eltern völlig aus den aktiven Vorbereitungen heraushalten und lieber einen professionellen Hochzeitsplaner spendieren? Sollen diese mit Ihnen gemeinsam die Muster für die Einladungen, die Örtlichkeiten, die Blumenarrangements, das Brautkleid und die Menü- und Weinvorschläge begutachten, Sie treffen schlussendlich die Wahl und die Eltern zahlen? Oder sollen die Eltern selbstständig Angebote für komplette Programmpunkte einholen, und Sie wählen nur noch aus?

Lassen Sie hier nichts ungeklärt. Gerade in der später ohnehin nervenaufreibenden heißen Phase Ihrer Planungen wird Ihnen dieses klärende Gespräch möglicherweise viel Ärger und Zwist mit Ihrer Mutter oder der angehenden Schwiegermutter ersparen.

Auch konkrete Hilfsangebote Ihrer Eltern, die beispielsweise die Übernachtungen für die Gäste oder den Geschenketisch koordinieren wollen, müssen Sie gemeinsam erörtern und dürfen das Angebot nicht unbeantwortet im Raum stehen lassen. Sie vermeiden dadurch etwaige überflüssige Arbeitsgänge der Eltern, wenn Sie diese Positionen selbst organisieren oder an Ihren Hochzeitsmanager delegieren möchten.

Wenn Eltern Druck ausüben

In Einzelfällen kommt es vor, dass Eltern, die Sie mit einem großzügigen Geldbetrag unterstützen, versuchen, Sie damit unter Druck zu setzen. Nach dem Motto »Wir haben dafür bezahlt, also wird es auch so gemacht, wie wir es möchten« versuchen diese, die Zügel bei der Hochzeitsplanung in die Hand zu bekommen. Sie stehen hier vor einem riesigen Etiketteproblem, dass Sie nicht einmal selbst vom Zaun gebrochen haben. Auch wenn es von einem schlechten

Etiketteverständnis Ihrer Eltern zeugt, nun sind Sie am Zug, die Situation zu entschärfen. Reagieren Sie auf keinen Fall sofort und emotional. Lassen Sie sich etwas Zeit, ehe Sie reagieren. Wenn Sie nach ein paar Tagen das Gespräch mit Ihren Eltern suchen, vermeiden Sie Begriffe wie »Druck« oder gar »Erpressung«, verwenden Sie stattdessen Formulierungen wie »Bitte« oder »Wunsch«, welche Ihre Eltern an Sie herangetragen haben.

Erklären Sie, warum diese Vorstellungen nicht in Ihr Hochzeitskonzept passen, und bieten Sie eine Lösung des Problems an, indem Sie sich kompromissbereit zeigen. Bieten Sie an, eine für beide Seiten vertretbare Lösung zu suchen. Sollten Sie sich bei dem Gespräch auf eine solche Lösung nicht einigen können, erklären Sie, dass Sie über mögliche Alternativen nachdenken werden. Bitten Sie Ihre Eltern, dies ebenfalls zu tun. Somit haben beide Seiten die Gelegenheit, die erhitzten Gemüter abzukühlen, die Situation nochmals zu reflektieren und auf ein akzeptables Arrangement hinzuarbeiten.

Stilvoller Umgang mit den Eltern

Auch wenn es eine Ehre und Freude für Ihre Eltern ist, Sie bei Ihren Hochzeitsvorbereitungen zu unterstützen, gibt es im Umgang mit ihnen einige Etiketteregeln zu beachten.

Fragen Sie immer mit entsprechender Vorlaufzeit bei Ihren Eltern an, ob sie Zeit für eine Ablaufplanbesprechung oder ein Treffen beim Caterer oder Brautausstatter haben. Setzen Sie Termine nicht einfach fest, wenn es Ihnen gerade passt. Es zeugt von Respekt Ihren Eltern gegenüber, sich nach deren Terminkalendern zu richten.

Auch wenn es Ihre Eltern sind, die Sie anrufen, fragen Sie zu Beginn eines Telefonats immer, ob der Anruf gelegen kommt oder Sie zu einem späteren Zeitpunkt wieder anrufen sollen. Rufen Sie Ihre Eltern niemals an deren Arbeitsplatz an und schicken Sie nie an deren geschäftliche E-Mail-Adresse hochzeitsbezogene Nachrichten, außer Sie haben von diesen ausdrücklich grünes Licht dafür bekommen.

Antworten Sie auf E-Mails und Anrufe Ihrer Eltern, so schnell es geht. Verwenden Sie bei E-Mails keine vor allem in der jüngeren Generation gebräuchlichen Abkürzungen oder einen kryptischen Sprachstil. Nehmen Sie sich die Minute Zeit für eine ordentlich formulierte E-Mail und zollen Sie damit Ihren Eltern gegenüber den angebrachten Respekt. Seien Sie sparsam mit der Verwendung des Zusatzes »wichtig« bei E-Mails. Überlegen Sie lieber zweimal, ob es sich um eine dringende Angelegenheit handelt oder nicht. Denn denken Sie immer daran, Sie schränken damit die Freizeit Ihrer Eltern ein.

Seien Sie sich klar darüber, dass Ihre Eltern Ihre E-Mails oder Anrufe nicht sofort beantworten. Berufliche oder eigene private Belange müssen vielleicht erst geklärt werden, oder womöglich ist bei der zu klärenden Angelegenheit noch kein Ergebnis erzielt, das einen Anruf rechtfertigen würde. Besonders wenn Sie sehr quirlig und ruhelos sind, sollten Sie sich in Geduld üben und bei verzögerten Rückrufen nicht gleich in Panik verfallen.

Auch wenn Ihre Eltern schon dem älteren Semester angehören, vermeiden Sie permanente Kontrolle oder gar Überwachung, da dies kränkend ist. Sie unterstellen Eltern damit, dass diese der Aufgabe nicht mehr gewachsen sind. Haben Ihre Eltern dann doch einen wichtigen Termin oder eine Frist bei der Vorbereitung des Festes versäumt oder einen Fehler bei einer Auftragserteilung gemacht, reagieren Sie keinesfalls aufgebracht oder sprechen Schuldzuweisungen aus. Ihre Eltern haben im Rahmen ihrer Möglichkeiten alles getan, um Sie zu unterstützen. Versuchen Sie stattdessen lieber, den Termin nachzuholen und den Fehler zu korrigieren.

Reduzieren Sie Ihre Eltern während der Hochzeitsvorbereitungen nicht auf deren Planungsrollen, und lassen Sie den Kontakt zu Ihren Eltern vor der Hochzeit nicht zur reinen Geschäftssache verkümmern. Auch wenn es zwischen Ihnen in dieser Zeit viel Organisatorisches zu besprechen gibt, vergessen Sie bitte nicht, ihnen auch weiterhin alltägliche Dinge, Sorgen und Nöte zu erzählen. Ihre Eltern sollen nicht das Gefühl bekommen, von Ihnen zu reinen Geschäftspartnern degradiert zu werden.

Ihre Eltern opfern eine ganze Menge Zeit und Energie, um dafür zu sorgen, dass Ihr großer Tag zu einem unvergesslichen Erlebnis wird. Versäumen Sie daher nicht, sich bei Ihnen gebührend zu bedanken. Eine schöne Geste ist es, auf der letzten Seite des Hochzeitsprogramms ein paar Dankesworte an die Eltern zu formulieren.
Es ist selbstverständlich, dass Sie Stiefeltern in gleichem Maße wie leibliche Eltern in die Organisation Ihrer Hochzeit integrieren, sofern Sie zu diesen ein inniges Verhältnis haben.

Wenn Eltern weit entfernt leben

Internet und E-Mail ermöglichen es, auch Ihre weit von Ihnen entfernt lebenden Eltern in die Hochzeitsvorbereitungen einzubeziehen. Per E-Mail können Sie beispielsweise Fotos von Hochzeitskleidern, Einladungsmustern oder Blumenarrangements versenden. Verschicken Sie Links von infrage kommenden Kirchen für die Trauung, Restaurants für die Hochzeitsfeier oder professionellen Hochzeitsmanagern. Diese können Ihre Eltern in Ruhe studieren und mit Ihnen später am Telefon besprechen.
Nicht anders verfahren Sie schließlich mit Elternpaaren, die in der gleichen Stadt leben. Hier vereinfachen Sie den Planungsprozess auch durch den Versand von E-Mails, sofern Ihre Eltern zur Generation der E-Mail- und Internetnutzer gehören.
Folgende Regeln sollten Sie allerdings beachten, wenn Sie weit entfernt lebende Eltern an den Hochzeitsvorbereitungen teilhaben lassen wollen: Sollten Sie eine Hochzeitswebsite haben, halten Sie Ihre Eltern nicht nur darüber auf dem aktuellen Stand. Es zeugt nicht von Stil und Respekt Ihren Eltern gegenüber, wenn diese von einer Website erfahren müssen, welches Restaurant Sie für die Hochzeitsfeier ausgesucht haben oder wo Ihre Gäste den Hochzeitstisch finden, ganz besonders nicht, wenn sie dafür zahlen. Schicken Sie Ihren Eltern lieber eine persönliche E-Mail mit dem aktuellen Planungsstand, damit diese das Gefühl bekommen, aktiv in den Planungsprozess eingebunden und nicht bloß zahlende Zaungäste zu sein.

Passen Sie aber auf, dass Sie dabei wirklich wichtige Sachverhalte nicht in eine E-Mail packen. Denken Sie daran, dass Ihre Eltern mit Ihnen nicht nur die Fakten, sondern auch die in Ihnen sprudelnde Vorfreude und Aufregung teilen möchten. Haben Sie also Wesentliches zu berichten, greifen Sie lieber zum Telefonhörer und freuen Sie sich gemeinsam.

Etikette für Eltern

Unabhängig davon, inwieweit Sie in die individuellen Hochzeitsvorbereitungen integriert sind, haben Sie als Elternpaare vor, während und nach der Hochzeit einige generelle Rechte und Pflichten. Schätzen Sie es, dass Sie diese Aufgaben in Ihrer besonderen Rolle als Eltern des Hochzeitspaares übernehmen dürfen und damit zum Gelingen des Hochzeitsfestes beitragen.
Selbstverständlich können sich je nach familiärer Tradition, Kultur oder Religion auch andere als die folgenden Punkte ergeben.

Vor der Hochzeit

Sie sind als Eltern von Braut und Bräutigam die ersten Personen, die von den Heiratsabsichten des Brautpaares erfahren, und selbstverständlich wollen Sie allen Verwandten und Bekannten davon berichten. In dieser Situation ist es aber völlig legitim, wenn das Brautpaar Ihnen sagt, welche Personen es höchstpersönlich von der bevorstehenden Hochzeit informieren will. Eine diesbezüglich klare Kommunikation – am besten mit der Eröffnung der Hochzeitsabsichten Ihnen gegenüber – hilft, mögliche Unstimmigkeiten zu vermeiden, und ist ein Zeichen von Sicherheit im Umgang mit Etikettefragen und nicht etwa eine gegen Sie gerichtete Bevormundung.
Sicher haben Sie im Vorfeld der Hochzeitsplanungen auch eigene Wünsche und Vorstellungen zum Ablauf der Hochzeitsfeier. Beson-

ders, wenn Sie sich sehr großzügig an der Finanzierung der Hochzeit Ihrer Kinder beteiligen werden, können Sie von ihnen erwarten, dass sie bei einigen Punkten Kompromisse eingehen. Es ist nur fair, Ihnen als spendable Eltern hier und da eigene Ideen zuzugestehen.

Zeigen Sie keine Hemmungen, mit Ihren Kindern über die Hochzeitsvorbereitungen zu sprechen. Setzen Sie sich rechtzeitig mit dem Brautpaar – am besten unmittelbar nachdem Sie von den Hochzeitsabsichten Ihrer Kinder erfahren haben – zusammen, besprechen Ihre Ideen und überlegen miteinander, wie Sie Ihren Kindern am besten behilflich sein können, damit das Fest gelingt.

Für Sie ist die Hochzeit Ihrer Kinder meist noch mit eigenen Erinnerungen verbunden. Zur Freude über das Glück der Kinder gesellen sich die Erinnerungen an die eigene grüne Hochzeit. Und welche Eltern geben nicht gern Tipps und Ratschläge. Achten Sie allerdings darauf, dass Sie nicht fordernd oder bestimmend wirken, denn es handelt sich immerhin um die Heirat Ihrer Kinder. Unterbreiten Sie allenfalls Vorschläge. Und akzeptieren Sie, wenn Ihre Kinder mit Ihren Vorschlägen nicht hundertprozentig einverstanden sind.

Sie können zwar als Eltern den Polterabend organisieren und spendieren, nicht jedoch den Junggesellen- beziehungsweise Junggesellinnenabschied. Dies ist einzig und allein Aufgabe der Freunde Ihrer Kinder.

Kennen Sie das andere Elternpaar noch nicht oder nur flüchtig, organisieren Sie einen gemeinsamen Ausflug mit Ihren Kindern und dem anderen Elternpaar, um sich besser kennenzulernen. So vermeiden Sie eine steife Atmosphäre am Hochzeitstag.

Zählen zum Gästekreis der Hochzeit auch Gäste, die Sie bestimmt haben, kümmern Sie sich um die Anreise und Übernachtung Ihrer Gäste, sofern dies nicht zentral für alle Gäste von anderer Stelle koordiniert wird. Vielleicht organisieren Sie auch ein kleines Rahmenprogramm rund um die Hochzeitsfeierlichkeiten für Ihre eigenen Gäste. Das bietet sich vor allem dann an, wenn Sie diese lange nicht gesehen haben und während der Hochzeitsfeier selbst nicht viel Zeit bleibt, um alte Freundschaften in dem von Ihnen gewünschten Maße aufzufrischen.

Planen Sie sonstige Aktivitäten rund um die Hochzeitsfeier, zu denen Sie gern die Hochzeitsgesellschaft als Gastgeber einladen wollen. Und besorgen Sie Ihr persönliches Hochzeitsgeschenk für Braut und Bräutigam.
Kümmern Sie sich um Ihre eigene Hochzeitskleidung. Besorgen Sie sich für die einzelnen Programmpunkte die erforderlichen Anzüge oder Kleider inklusive Schuhe und Accessoires mit entsprechender Vorlaufzeit, um noch genügend Zeit für eventuell erforderliche Änderungen zu haben. Laufen Sie neue Schuhe vorab ein, um am Tag der Hochzeit böse Überraschungen zu vermeiden. Stimmen Sie Ihre Kleidung mit dem anderen Elternpaar ab.
Studieren Sie Ihre Rolle bei der Trauzeremonie ein. An welcher Seite führen Sie als Brautvater die Braut in die Kirche? Wo sitzen Sie als Brauteltern? Sie haben damit automatisch alles Wichtige verinnerlicht und können peinliche Fehler bei der Zeremonie vermeiden.
Fungieren Sie als »Informationsquelle« für familiäre, traditionelle und religiöse Angelegenheiten. Sie kennen möglicherweise die Familienstruktur, besondere Befindlichkeiten einzelner Familienmitglieder oder religiöse Gepflogenheiten besser als die jüngere Generation. Stehen Sie mit Rat und Tat zur Seite, damit Ihre Kinder diese Besonderheiten bei der Hochzeitsplanung berücksichtigen können.

Über die Finanzen reden

Als Brautvater setzen Sie sich möglichst früh mit Ihrer Tochter zusammen, um über die Finanzierung zu sprechen. Finden Sie heraus, ob das Brautpaar die Kosten für die Hochzeit allein aufbringen kann oder inwiefern eine finanzielle Beteiligung Ihrerseits erwünscht ist. In einigen Familien teilen sich auch das Brautpaar, die Brauteltern und die Eltern des Bräutigams die Hochzeitskosten. Selbst in konservativen Familien ist es kein Tabubruch mehr, wenn der Bräutigamvater den Brautvater fragt, ob seinerseits eine Beteiligung willkommen ist. In welchem Verhältnis Sie sich die Kosten teilen, hängt von der familiären und finanziellen Situation ab. Möglicherweise würden es die Brauteltern aufgrund ihres eigenen Kontostands begrüßen, wenn sich auch die Bräutigameltern beteiligen.

Doch wie bringen Sie als Brautvater das Thema bei der Gegenseite zur Sprache? Gehen Sie am besten diplomatisch vor. Die Eltern des Bräutigams werden nicht gern ihre finanzielle Situation offenlegen. Da kann aus der Finanzierungsthematik schnell ein Politikum werden. Spricht der Bräutigamvater das Thema nicht von sich aus gegenüber dem Brautpaar oder Ihnen an, setzen Sie sich zuerst mit dem Brautpaar an einen Tisch und tasten die finanzielle Situation der anderen Familie ab. Über diese kann der Bräutigam in einem gewissen Rahmen Auskunft geben. Unter Umständen hat er mit seiner Familie auch schon über Finanzierungsmöglichkeiten gesprochen. Suchen Sie notfalls das Gespräch mit den Eltern des Bräutigams.

Mitsprache bei der Einladungsliste

Auch wenn Ihre Kinder die Hochzeit komplett selbst oder zu einem großen Teil aus eigenen Mitteln finanzieren und theoretisch allein über den Gästekreis entscheiden könnten, wird das Brautpaar Sie als Eltern und zukünftige Schwiegereltern bei der Erstellung der Einladungsliste einbeziehen.

Ihre Kinder werden Sie sicherlich nach Ihren Wunschkandidaten fragen. Mit der Verwendung von Begriffen wie »Wunschliste« oder »Wunschkandidaten« kommunizieren Ihre Kinder elegant, dass Sie ihnen lediglich Vorschläge für den Gästeverteiler unterbreiten können. Sie dürfen nicht davon ausgehen, dass alle Ihre Gästevorschläge auch tatsächlich in der endgültigen Einladungsliste des Brautpaares berücksichtigt werden.

Arbeiten Sie mit den verschiedenen Kategorien A, B und C. So können Sie deutlich machen, welche Gäste Sie zwingend bei der Hochzeit dabeihaben möchten und auf welche Sie notfalls verzichten könnten. Sowohl die Eltern der Braut als auch die Eltern des Bräutigams dürfen ihre eigene Wunschliste aufstellen, die dann mit der finalen Einladungsliste des Brautpaares zusammengeführt und abgeglichen wird. Existieren aufgrund neuer Partnerschaften mehr als zwei Elternpaare, erhalten selbstverständlich alle Elternteile die Möglichkeit, ihre Wünsche zu äußern.

Bitte denken Sie bei der Personenauswahl daran, dass das Brautpaar sein Hochzeitsfest gern nur mit verwandten und persönlich bekannten Personen feiern möchte und nicht mit Ihren Kegel- oder Segelfreunden, die Ihre Kinder gar nicht kennen. Nur weil Ihre Freunde Sie einst zur Hochzeit von deren Tochter eingeladen haben, bedeutet das nicht automatisch, dass Sie die Freunde nun auch zur Hochzeit Ihrer Kinder einladen müssen. Führen Sie sich vor Augen, dass es der wichtigste Tag im Leben des Brautpaares werden soll. Sie haben Ihre eigene Hochzeit schon hinter sich, die Sie mit den Gästen verbracht haben, die Ihnen am Herzen lagen. Nun ist es Sache der beiden Brautleute, sich den für sie angenehmsten Gästekreis zu schaffen.

Ihre Kinder werden sicher im Rahmen ihrer Möglichkeiten versuchen, Ihren Gästewünschen zu entsprechen. Das vorhandene Budget und die endgültige Entscheidung des Brautpaares setzen dabei den Maßstab. Bleiben Sie daher fair und höflich und akzeptieren Sie, dass nicht jeder Gast eingeladen werden kann. Im Idealfall verzichten Sie freiwillig auf von Ihnen vorgeschlagene Gäste zugunsten von Gästevorschlägen des Brautpaares. Sie bringen damit Ruhe und Eintracht in die ohnehin nervenaufreibende Planungsphase. Einen entspannten Planungsprozess fördern Sie auch, indem Sie Ihre eigene Wunschliste so früh wie möglich dem Brautpaar zur Verfügung stellen, damit es alle Listen zusammenführen und die finale Einladungsliste erstellen kann. Wenn Sie gemeinsam Ihre und die Liste des Brautpaares abgleichen, streichen Sie Doppelungen bitte in Ihrer Liste und nicht in der des Brautpaares.

Helfen Sie Ihren Kindern dabei, dass diese bei der Erstellung der Einladungsliste unentbehrliche Gäste nicht vergessen, denn oft kennen sich die »Jungen« in der Verwandtschaft nicht so gut aus. Fragen Sie behutsam nach, ob das Brautpaar eine bestimmte Tante oder die Cousine ersten Grades einladen will. So erinnern Sie ohne Rechthaberei das Paar an diese oder jene in Vergessenheit geratene Person und bewahren es davor, dass es wichtige Personen vergisst.

Zwischen den Gästen der beiden Familien sollte immer ein zahlenmäßiges Gleichgewicht bestehen, ungeachtet dessen, wer die Hochzeit finanziert. Es ist unhöflich, wenn die zahlende Partei mehr Gäste für sich beansprucht als die nicht zahlende Partei.

Was Sie hier falsch machen können

Wahren Sie absolutes Stillschweigen über Wunsch- und Einladungslisten. Solange die finale Einladungsliste noch nicht zusammengestellt ist, ist es empfehlenswert, nicht über die in den Listen diskutierten Personen zu sprechen, um Enttäuschungen oder Missverständnisse zu vermeiden. Einen der größten Schnitzer können Sie nämlich als Eltern begehen, indem Sie die Personen aus Ihrer Wunschliste schon einmal selbst mündlich einladen, bevor die finale Einladungsliste überhaupt fertig ist. Ob beabsichtigt oder nicht, Sie haben damit ein riesiges Etiketteproblem geschaffen. Ihre Kinder müssen zu ihrer Hochzeit nun Gäste willkommen heißen, die sie nie eingeladen hätten, die nun aber eingeladen sind. Und eine einmal ausgesprochene Einladung können weder Sie noch Ihre Kinder zurücknehmen, erst recht nicht, wenn die Eingeladenen nun auf die offizielle Einladungskarte warten.

Duzen

Das Du-Angebot zwischen den angehenden Schwiegereltern und der Schwiegertochter oder dem Schwiegersohn geht immer von Ihnen als Vertreter der älteren Generation aus. Sie bestimmen, ob Sie sich überhaupt duzen möchten, und den Zeitpunkt, wann Sie zu diesem Schritt bereit sind.

Es gibt keine Etiketterichtlinie, ob sich die Elternpaare der Brautleute untereinander duzen sollten oder sogar müssen. Sie haben als Elternpaare das Recht, nach persönlichem Empfinden und Lebensumständen darüber zu entscheiden. Vielleicht gehören Sie zu den Personen, die ihren Duz-Kreis sehr klein halten oder erst nach einer längeren und intensiven Bekanntschaft einen Sinn darin sehen, sich das »Du« anzubieten.

Lebt das andere Elternpaar beispielsweise 800 Kilometer von Ihnen entfernt und werden Sie sich nach der Hochzeit Ihrer Kinder voraussichtlich nicht so schnell wiedersehen, müssen Sie kein schlechtes

Gewissen haben, wenn Sie das »Du« nicht anbieten. Ebenso zwanglos sollten Sie sich entscheiden, wenn Sie zwar in der Nähe des anderen Elternpaares wohnen, aber wenig gesellschaftlichen Umgang pflegen. Wenn Sie sich allerdings häufiger treffen, einander sympathisch sind oder einfach dem »Du« gegenüber aufgeschlossen sind, steht einem entsprechenden Angebot nichts entgegen. Wer wem das »Du« anbietet, richtet sich nach den Etikettegepflogenheiten im Privatleben. Wesentlich Ältere können hier gegenüber wesentlich Jüngeren die Initiative ergreifen, es sollte also ein Generationsunterschied erkennbar sein. Ansonsten kann die Frage sowohl von Frauen als auch von Männern ausgehen. Da ein gravierender Altersunterschied zwischen den Elternpaaren in den seltensten Fällen bestehen wird, gehören Sie doch in der Regel derselben Generation an, ist es unerheblich, wer als Erster auf die Idee kommt, den anderen das »Du« anzubieten.

Ein geeigneter Zeitpunkt hierfür ist die Verlobungsfeier, sofern Sie eine solche begehen. Spätestens zur Hochzeitsfeier sollten Sie die Duz-Thematik angesprochen haben. Achten Sie allerdings darauf, dass ein überfallartig aufgezwungenes »Du« der Atmosphäre unter Umständen mehr schaden kann als ein freundliches »Sie«. Deshalb sollten Sie der anderen Person die Möglichkeit geben abzulehnen, ohne dass sie sich dabei schlecht fühlt. Formulieren Sie den Vorschlag daher so, dass Ihr Gegenüber immer eine Rückzugsmöglichkeit hat. Mit rücksichtsvollen Ausdrucksmöglichkeiten wie »Wenn Sie lieber beim Sie bleiben möchten, akzeptiere ich dies auch sehr gern« überlassen Sie charmant dem anderen die Entscheidung.

Am Tag der Hochzeit

Für Ihre Kinder beginnt mit der Eheschließung ein neuer Lebensabschnitt, der manchmal auch mit der endgültigen räumlichen Trennung vom Elternhaus einhergeht. So ist es unvermeidlich und auch erlaubt, dass Sie als Eltern die Rührung übermannt und in der Kirche ein paar Tränen fließen. Aber dabei sollte es auch bleiben. Freuen Sie sich über die Tatsache, dass Sie ein »Kind« dazubekommen ha-

ben, und genießen Sie den Gedanken an die baldige Aussicht auf Enkelkinder, die Ihnen ganz wahrscheinlich demnächst geschenkt werden. Üben Sie Ihre zugewiesenen Rollen bei den Feierlichkeiten mit Würde und Stolz aus.
Nach der Trauung, wenn das Brautpaar und die Hochzeitsgesellschaft die Kirche verlassen haben und sich vor der Kirche zur Abfahrt zum nächsten Programmpunkt versammeln, werden die ersten Gratulationen ausgesprochen. Es ist von den Gästen höflich und ein Zeichen guter Manieren, wenn diese nicht nur Ihren Kindern, sondern auch Ihnen gratulieren. Denn auch für Sie ist die Hochzeit Ihrer Kinder ein besonderes Ereignis, zu dem man alles Gute wünscht. Halten Sie sich anschließend für die Abfahrt zum Hochzeitsfoto bereit.
Nehmen Sie am Hochzeitstag die Geschenke und Geldkuverts entgegen, denn dazu ist niemand besser geeignet und vertrauenswürdiger als die Eltern von Braut und Bräutigam.
Demonstrieren Sie der Hochzeitsgesellschaft, wie lebensbejahend Ihre Familie ist. Das drückt sich beispielhaft durch Ihre rege Teilnahme am Fest aus, reißt andere Gäste mit und trägt essenziell zum Gelingen des Hochzeitsfestes bei.

Nach der Hochzeit

Es muss nicht immer das Brautpaar zum Rahmenprogramm einladen. Auch Sie als Eltern können Gastgeber einer kleinen Feier – vor oder nach der Hochzeit – sein und dazu ausgewählte Gäste einladen, die Sie möglicherweise lange nicht gesehen haben. In diesem Fall zahlen Sie als Gastgeber natürlich auch Speis und Trank. Organisieren Sie beispielsweise einen Brunch am Morgen nach der Hochzeit und laden Sie dazu die Hochzeitsgäste ein.
Übernehmen Sie nach dem Fest notwendige organisatorische Aufgaben, wie zum Beispiel Trinkgelder verteilen und für den Heimtransport der Geschenke sorgen, wenn das frisch vermählte Paar das Fest Richtung Flitterwochen oder Hochzeitsnacht vorzeitig verlassen sollte.

Sind Ihre Kinder unmittelbar nach der Hochzeit in die Flitterwochen aufgebrochen, begleichen Sie die noch nachträglich eintreffenden Rechnungen oder bitten zumindest um Zahlungsaufschub, bis Ihre Kinder aus dem Urlaub wieder zurück sind. Eventuell müssen geliehene Ausstattungsgegenstände zurückgegeben werden oder Fundsachen an ihre Eigentümer zurückgeleitet werden. Nicht zuletzt kümmern Sie sich um Haus oder Wohnung Ihrer Kinder während deren Abwesenheit.

Brautmutter

Sie als Brautmutter und Ihr Mann werden die ersten Personen sein, die von den Heiratsabsichten Ihrer Tochter und deren Freund erfahren. So manche Brautmutter nimmt diese Botschaft schweren Herzens auf, da sie glaubt, die geliebte Tochter gehe ihr verloren. Falsch, Ihre Tochter ist nur eine erwachsene Frau geworden und wird ab sofort ihr eigenes Leben gestalten. Dazu hatte Ihre Tochter auch noch das Glück, einen Partner gefunden zu haben, der sein Leben mit Ihrer Tochter teilen möchte. Versetzen Sie sich in Ihre eigenen jungen Jahre zurück, als Sie selbst kurz vor Ihrer Hochzeit standen. Waren Sie damals nicht glücklich? Gönnen Sie das auch Ihrer Tochter, und helfen Sie ihr bei den Hochzeitsvorbereitungen, so gut es geht. Das Brautpaar wird auf Ihre Lebenserfahrung angewiesen sein und sehr gern Ihre Hilfe und Ihren Erfahrungsschatz in Anspruch nehmen. Sie als Brautmutter werden während aller Hochzeitsvorbereitungen ein zentraler Punkt sein.

Gibt das junge Paar Ihnen seine Heiratsabsicht bekannt, erfahren Sie aller Wahrscheinlichkeit nach auch gleich das Hochzeitsdatum. Fallen Sie nicht aus allen Wolken, wenn schon in ein paar Monaten geheiratet werden soll. In der Ruhe liegt die Kraft. Der Hochzeitstag Ihrer Tochter wird auch Ihr großer Tag. Sie tragen einen Großteil dazu bei, dass das Fest in der von Ihrer Tochter geplanten Form stattfinden kann.

In der Vorbereitungszeit der Hochzeit Ihrer Tochter gibt es eine Vielzahl traditioneller Aufgaben für eine Brautmutter. Ihr persönliches Aufgabenfeld wird davon abhängen, ob das Hochzeitsfest in einem Restaurant oder zu Hause gefeiert wird. Wenn Sie zu Hause feiern, bedeutet das eine Menge Arbeit für Sie, obgleich dazu aus Platzgründen verständlicherweise nur die nächsten Angehörigen und Verwandten eingeladen werden können.
Zunächst einmal muss die genaue Anzahl der Hochzeitsgäste ermittelt werden. Ihre Tochter wird – nachdem das Brautpaar eine erste eigene Einladungsliste erstellt hat – auf Sie zukommen und Ihre Gästewünsche mit Ihnen besprechen. Stellen Sie mit ihr die Gästeliste Ihrer Familie, Ihrer Verwandten und Freunde zusammen. Sprechen Sie die Gästeliste auch mit der Familie Ihres künftigen Schwiegersohnes ab.
Wer wo und neben wem bei der Hochzeitsfeier sitzt, kann zum nervenaufreibenden Kraftakt werden. Unterstützten Sie Ihre Tochter bei der Erstellung der Sitzordnung. Die Aufstellung der Tische, die Lage von Türen und Fenstern, Sonderwünsche einzelner Gäste und ganz besonders persönliche Befindlichkeiten zwischen einzelnen Gästen müssen bei der Sitzordnung berücksichtigt werden. Sie kennen sich als Brautmutter in den familiären Strukturen am besten aus, und Ihr Rat wird sicherlich des Öfteren gefragt sein.
Eine recht gern von den Brautmüttern übernommene Aufgabe ist es, mit der Tochter den Stil und das Layout der Einladungskarten festzulegen. Die Aufmachung der Einladungskarte und der gewählte Text vermitteln den Hochzeitsgästen – bewusst oder unbewusst – eine gewisse Assoziation zum Stil der Hochzeit. Je förmlicher und festlicher Ihre Hochzeit gefeiert werden soll, desto konventioneller sollten Sie auch Ihre Einladungen gestalten. Orientieren Sie sich bei der farblichen und grafischen Gestaltung der Einladung am Stil der Hochzeit Ihrer Tochter, der Verlobungs- oder Hochzeitsanzeige, an der Dekoration der Hochzeitsörtlichkeiten und den dabei hauptsächlich vorkommenden Farben. Auch die Farbe des Hochzeitskleides oder

des Brautstraußes können Anhaltspunkte für die farbliche Gestaltung der Einladung sein. Besprechen Sie auch den Blumenschmuck mit Ihrer Tochter.
Helfen Sie bei der Auswahl der Örtlichkeiten für die Trauung, den Empfang und die Party. Suchen Sie gegebenenfalls günstige Cateringunternehmen aus und geben Sie diese Empfehlungen weiter.
Hat sich das Brautpaar für eine Geschenkliste oder einen Hochzeitstisch entschieden, versorgen Sie alle Interessenten mit den notwendigen Informationen. Nehmen Sie diesen Auskunftsdienst in Ihre Hände, den nicht nur auswärtige Gäste, sondern auch ortsansässige Hochzeitsgäste in Anspruch nehmen werden. Stichwort auswärtige Gäste: Vielleicht möchten Sie auch die Buchung der Unterkünfte anreisender Hochzeitsgäste übernehmen?
Vor dem eigentlichen Hochzeitstermin eintreffende Hochzeitsgeschenke für das Brautpaar nehmen Sie zu deren Entlastung bis zum Hochzeitstag in Ihre Verwahrung.
Eventuell nimmt Sie Ihre Tochter bei der Suche nach dem passenden Brautkleid zum Brautausstatter mit. Mit Ihnen im Schlepptau kann sie sicher sein, die richtige Entscheidung zu treffen. Denn auch die beste Beratung im Fachgeschäft kann Ihre ehrliche Meinung nicht ersetzen. Steht das Kleid ihr wirklich? Ist der Schnitt vorteilhaft? Passt die Farbe? Sehen die Schuhe dazu gut aus? Sie werden Ihrer Tochter kein Kleid schönreden, in dem sie nicht schön aussieht, das aus der Perspektive des Brautausstatters aber ein gutes Geschäft darstellt.
Aber denken Sie auch daran, dass zu viele Köchinnen den Brei verderben können. Seien Sie deshalb nicht verschnupft, wenn Ihre Tochter es vorzieht, mit Ihrer besten Freundin loszuziehen, um Ausschau nach einem Brautkleid zu halten. Mehr als zwei Beraterinnen, besser nur eine, sollte sie nämlich nicht im Schlepptau haben, wenn sie im Brautladen einläuft.
Bieten Sie Ihre Hilfe bei der Besorgung geeigneter Kleider für die Brautjungfern an, koordinieren Sie die Termine für die Anproben und regeln Sie die Bezahlung der Kleider, sofern dies nicht schon von einer Brautjungfer oder der Trauzeugin übernommen wird.

Bei der Auswahl Ihrer eigenen Garderobe stimmen Sie sich in Farbe und Stil mit der Bräutigammutter ab. So vermeiden Sie, dass beide Mütter mit dem gleichen Kleid zur Hochzeit ihrer Kinder kommen oder in völlig unterschiedlichen Stilrichtungen erscheinen. Die Kleidung der Mütter sollte sich in der Rock- oder Kleidlänge und im Stil ähneln, ansonsten sind dem persönlichen Geschmack nahezu keine Grenzen gesetzt. Selbst wenn Sie beide die gleiche Kleiderfarbe wählen, steht dem nichts entgegen – vorausgesetzt, Sie beide sind damit einverstanden.
In der Regel sucht sich die Brautmutter ein zum Anlass passendes und ihren Wünschen entsprechendes Kleid aus. Dieses präsentiert sie anschließend der Mutter des Bräutigams, welche sich daran orientieren kann und ihrerseits ein Kleid für sich wählen kann. Seien Sie als Brautmutter fair und geben Sie der Bräutigammutter so früh wie möglich Ihre Auswahl bekannt, damit diese noch genügend Zeit für die eigene Entscheidung hat.
Suchen Sie ein paar schöne alte Hochzeitsbräuche aus und fragen Sie Ihre Tochter, ob sie einigen von ihnen nachgehen möchte.

Am Tag der Hochzeit

Sie haben am Hochzeitstag kein wirklich schweißtreibendes Programm vor sich, sondern genug Muße, Ihre Tochter zu betrachten und mit den Gästen zu feiern.
Kommen Sie eine halbe Stunde vor der Zeremonie zum Ort der Trauung, um früher ankommende Gäste zu begrüßen. Bei einer traditionellen kirchlichen Trauung geleitet Sie ein Brautführer zu Ihrem Platz in der ersten Reihe vorn links. Ist die Braut in die Kirche eingezogen, wird diese entweder Ihnen oder der Trauzeugin ihren Brautstrauß überreichen, spätestens vor dem Ringtausch. Die Braut muss schließlich die Hände für den Ringtausch frei haben.
Ist die Trauung vollzogen, begibt sich der Brautzug aus der Kirche. Ihr Platz im Brautzug ist direkt hinter Ihrer Tochter. Eine schöne Geste ist es, wenn Sie beim Auszug vom Vater des Bräutigams und

die Mutter des Bräutigams vom Brautvater begleitet werden. Das demonstriert nicht nur den Zusammenhalt beider Familien, sondern fördert auch die Vertrautheit untereinander und stärkt das Bewusstsein, durch die Heirat der Kinder verbunden zu sein.
Wenn das Brautpaar es möchte, stehen auch die Eltern der Brautleute vor einem großen Festessen mit in der Empfangslinie und begrüßen die Gäste. Die Braut steht als Erste in der Empfangslinie. Es folgen ihr der Bräutigam und danach die Brautmutter. Hinter ihr steht der Brautvater, nach ihm kommt die Mutter des Bräutigams und zuletzt der Bräutigamvater. Das Begrüßungskomitee kann auch derart formiert werden, dass das Brautpaar zwischen den Elternpaaren steht, wobei die Damen immer vor den Herren stehen.
Legt das Brautpaar jedoch Wert darauf, die Gäste allein zu begrüßen, dann halten Sie sich als Eltern im Raum auf und stellen die ankommenden Gäste untereinander vor. Haben Sie ein Auge auf den Service und sorgen mit dafür, dass die Gäste mit Getränken versorgt sind.
Traditionell nimmt das Brautpaar den übersichtlichsten Platz im Festsaal an der Festtafel ein. Die Eltern können dem Paar direkt gegenübersitzen, oder sie werden neben dem Brautpaar platziert, wobei die Brautmutter neben dem Bräutigam und der Brautvater neben der Braut sitzt.
Als Brautmutter ist es Ihr Recht, ein Auge auf die Bedienung und auf das Essen zu haben. Das Bedienungspersonal sollte ausreichend vorhanden sein, damit die Speisen zügig serviert werden.
Mit dem traditionellen Hochzeitswalzer eröffnet das Brautpaar nach dem Essen den geselligen Teil des Festes. Nachdem das Brautpaar etwa eine Minute zusammen getanzt hat, trennt sich das Paar, und die Braut fordert ihren Vater und der Bräutigam seine Mutter zum Tanz auf. Ist eine weitere Minute vergangen, tanzt die Braut mit ihrem Schwiegervater und der Bräutigam mit Ihnen.
Sicher werden nach der Eröffnung der Tanzfläche viele Herren auf Sie zukommen, um mit Ihnen zu tanzen. Genießen Sie also einfach die zahlreichen – und sicher auch herausfordernden – Tanzgelegenheiten, besonders wenn Ihr eigener Mann, wie so häufig, ein bekennender Tanzmuffel ist.

Leider geht auch ein rauschendes Traumfest irgendwann seinem Ende entgegen. Das Brautpaar wird die Feier verlassen, um in die Flitterwochen zu fliegen oder in einem Hotel oder in der eigenen Wohnung die Hochzeitsnacht zu verbringen. Vorher wird das Paar von allen verabschiedet. Nutzen Sie die Gelegenheit, Ihrer Tochter für Ihren neuen Lebensabschnitt viel Glück zu wünschen.

Nach der Hochzeit

Auf Sie als Brautmutter warten noch ein paar kleine Aufgaben. Das Personal war fleißig und ist froh, dass alle Mühe nun ein Ende hat. Jetzt ist es Zeit für das Trinkgeld. Weiterhin müssen Restbeträge ausgeglichen werden, zum Beispiel an Musiker, Künstler oder den Fahrdienst. Um beim Betreiber der Lokalität einen guten Eindruck zu hinterlassen, sollten Sie sich bei ihm nach Schäden am Mobiliar oder Gläsern erkundigen und sich um die Regulierung kümmern. Vergessen Sie nicht zum Schluss den Kontrollrundgang durch alle Räumlichkeiten. Bis heute wurde noch auf jeder Feier eine Jacke, eine Krawatte, eine Handtasche oder dergleichen liegen gelassen. Sammeln Sie alles ein und versuchen Sie am nächsten Tag, die Eigentümer ausfindig zu machen.

Brautvater

Auch wenn der Brautvater heutzutage eher symbolisch die Verantwortung für seine Tochter in die Hand eines anderen Mannes legt, sitzt dieses Grundgefühl doch tief. Vor allem der Brauch, die Braut zum Altar zu führen, und seine Rede bei der Hochzeitsfeier zeugen noch immer von dieser Tradition.

Vor der Hochzeit

Laden Sie Ihren künftigen Schwiegersohn zu einem festlichen Abendessen ein und nehmen Sie ihn an diesem Abend offiziell in Ihre Familie auf.
Schreiben Sie einige Wochen vor der Hochzeit Ihre Rede und üben Sie diese, damit es Ihnen am Hochzeitstag nicht die Sprache verschlägt.
Stimmen Sie mit dem Bräutigam und seinem Trauzeugen Ihre Anzugwahl ab. Sie ehren den Bräutigam, wenn Sie gemeinsam mit dem Trauzeugen ebenso festlich gekleidet sind wie Ihr neuer Schwiegersohn.
Übrigens, viele Brautväter schenken ihrer Tochter das Brautkleid. Werden Sie und Ihre Frau von Ihrer Tochter zum Aussuchen oder zur Anprobe eingeladen, hegt Ihre Tochter mit großer Sicherheit die Hoffnung, dass Sie das Brautkleid spendieren.

Am Tag der Hochzeit

Auch für einen Brautvater ist der Hochzeitstag ein Tag voller Aufregungen, aber für ihn ist es oft ein Tag, der ihn mit Stolz erfüllt. Genießen Sie den Anblick Ihrer Tochter, der schönen Braut. Dieser Tag voller Gefühle und Rührung kommt nie wieder.
Falls viele auswärtige Gäste zur Hochzeit erwartet werden, seien Sie der Chauffeur und holen die Gäste von Bahnhof oder Flughafen ab. Falls nötig, arrangieren Sie den Transport der Gäste zu und von den Hochzeitsfeierlichkeiten.
Als Brautvater sollten Sie stets die Zeit im Auge behalten und für eine pünktliche Abfahrt zur Kirche sorgen. Es liegt nicht unwesentlich in Ihrer Hand, dass die Braut rechtzeitig zur Trauung erscheint. Traditionell wird die Braut vom Brautvater zur Kirche gebracht, es sei denn, das Brautpaar lässt die Tradition außen vor und hat sich entschieden, gemeinsam in einem Hochzeitsauto oder einer Hochzeitskutsche zur Kirche zu fahren. Chauffieren Sie die Braut, können Sie je nach vorhandenem Platz auch die Trauzeugin und die Brautjungfern mit-

nehmen. Wenn Sie selbst fahren, sitzt die Braut neben Ihnen auf dem Beifahrersitz, die anderen nehmen auf den Rücksitzen Platz. Lassen Sie sich von einem Taxi fahren, ist der Ehrenplatz hinten rechts. Dort sitzt Ihre Tochter, Sie nehmen links daneben auf dem hinteren Sitz Platz. Beim Ein- und Aussteigen achten Sie bitte auf das Brautkleid. Es sollte nicht beschädigt oder beschmutzt werden, vermeiden Sie insbesondere schwarze Flecken am Saum, die beim Zuschlagen der Autotür entstehen, wenn das Kleid eingeklemmt wird.

Sind Sie zusammen an der Kirche angekommen, wird es ernst. Zur Begrüßung werden die Hochzeitsgäste, Gemeindemitglieder und Passanten der Braut zujubeln. Zeigen Sie Besonnenheit. Steigen Sie zuerst selbst aus und gehen Sie hinter dem Auto entlang, um Ihrer Tochter die hintere Beifahrertür zu öffnen. Ohne Hast und mit Würde öffnen Sie der Braut die Autotür und helfen ihr beim Aussteigen. In diesem Moment werden Bräute durch das Jubelgeschrei oft irritiert, und nicht selten passiert hier ein Malheur. Hilfsbereit bieten Sie ihr deshalb Ihre Hand an.

Bei einer katholischen Trauung führen Sie Ihre Tochter bis zum Altar, wenn diese nicht gemeinsam mit dem Bräutigam in die Kirche einzieht. Traditionell betreten der Bräutigam und seine Mutter zuerst die Kirche. Nun schließt sich der Vater des Bräutigams mit der Mutter der Braut an. Dann folgen paarweise die engsten Verwandten. Hinter den Verwandten können paarweise die Brautjungfern, gefolgt vom Ringträger und vor den Blumen streuenden Blumenkindern, gehen. Als Höhepunkt und Abschluss des Brautzuges kommen Sie mit Ihrer Tochter. Bieten Sie Ihren Arm beim Eintreten in die Kirche an. Die Braut hält sich während des gesamten Einzugs an Ihrem Arm und gewöhnlich an Ihrer rechten Seite fest. Schreiten Sie möglichst würdevoll den Mittelgang entlang. Lassen Sie sich beim Gang durch die Kirche Zeit.

Haben Sie das Ende des Mittelganges erreicht, kann Sie Ihre Tochter küssen, oder Sie nehmen Ihre Tochter kurz in den Arm. Danach wenden Sie sich dem Bräutigam zu, umarmen diesen oder geben ihm zumindest die Hand. Schließlich nehmen Sie auf dem für Sie vorgesehenen Sitz in der ersten Bankreihe Platz.

Seien Sie nicht geknickt, wenn Ihre Tochter auf den Brauch verzichtet, von Ihnen zum Altar geführt zu werden, und lieber allein oder mit ihrem künftigen Ehemann zum Altar schreiten will.
Bei der Abfahrt von der Kirche zum nächsten Programmpunkt sitzen Sie nach altem Brauch mit Ihrer Frau oder der Mutter des Bräutigams im Fahrzeug.
Wenn das Brautpaar es möchte, stehen auch die Eltern der Brautleute vor einem großen Festessen mit in der Empfangslinie und begrüßen die Gäste. Die Braut steht als Erste in der Empfangslinie. Es folgen ihr der Bräutigam und danach die Brautmutter. Hinter ihr stehen Sie, danach kommt die Mutter des Bräutigams und zuletzt der Bräutigamvater. Das Begrüßungskomitee kann auch derart formiert werden, dass das Brautpaar zwischen den Elternpaaren steht, wobei die Damen immer vor den Herren stehen. Legt das Brautpaar jedoch Wert darauf, die Gäste allein zu begrüßen, dann halten Sie sich als Eltern im Raum auf und stellen die ankommenden Gäste untereinander vor.
Sprechen Sie während des Empfangs einen kurzen Toast aus oder halten Sie eine kurze Begrüßungsansprache.
Haben Sie beim Empfang und anschließenden Festessen ein Auge auf den Service und sorgen mit dafür, dass die Gäste mit Getränken versorgt sind.
Bleiben Sie bis zum Ende der Feierlichkeiten und zahlen diskret die letzten offenen Rechnungen.

Eine Rede halten

Besprechen Sie mit dem Brautpaar, ob Sie als Brautvater beim Hochzeitsempfang zu Wort kommen sollen und wollen.
Halten Sie als Brautvater auf jeden Fall die obligatorische Rede beim Hochzeitsessen. Nach der traditionellen Reihenfolge kommen Sie vor dem Bräutigamvater an die Reihe. Sind Sie ein Redemuffel, ist ein taktisch guter Zeitpunkt für Ihre Ansprache zwischen Suppe und Hauptgang. Mit den Ihre Rede abschließenden Worten: »Damit das Essen nicht kalt wird«, können Sie Ihre Hochzeitsrede kurz halten und für jeden Zuhörer einleuchtend beenden. Ansonsten halten Sie

Ihre Rede nach dem Hauptgang. Bei einem Buffet können Sie Ihre Rede als Anlass nutzen, um das Buffet zu eröffnen.
Stehen Sie zu Ihrer Rede auf, schieben Sie Ihren Stuhl weit nach hinten, damit er Sie bei Ihrer Ansprache nicht stört. Legen Sie Ihre Serviette links neben Ihr Gedeck. Schließen Sie Ihre Jacke, sofern Sie diese geöffnet haben, als Sie Platz genommen haben. Vermeiden Sie es, sich mit einem Räuspern oder einem Schlag an Ihr Glas bemerkbar zu machen. Suchen Sie stattdessen den Blickkontakt zu anderen Gästen und beginnen Sie mit fester und kräftiger Stimme zu sprechen. Achten Sie beim Sprechen darauf, Ihre Hände nicht in den Hosentaschen zu vergraben. Das wird von Ihren Zuhörern als sehr unhöflich empfunden und von so manchem Gast gar als respektlos interpretiert.
Lampenfieber vor diesem Moment ist völlig normal. Kommen Sie nicht auf die Idee, sich vorher Mut anzutrinken. Bereiten Sie sich auf eine kurze Rede vor und orientieren Sie sich an dem Sprichwort »Weniger ist mehr«. Eine gute Rede sollte nicht länger als zehn Minuten dauern, besser noch sind kurze, aber dafür kurzweilige fünf Minuten. Versuchen Sie zu unterhalten, verzichten Sie in Ihrer Rede allerdings auf »lustige« Erlebnisse aus der Kindheit Ihrer Tochter, schlüpfrige Geschichten aus ihrer Singlezeit oder Anekdoten, die sich auf ihre ehemaligen Beziehungen oder Liebschaften beziehen und die Braut oder den Bräutigam in Verlegenheit bringen oder sogar einen handfesten Krach provozieren könnten. Erinnern Sie sich an die schönen Zeiten mit Ihrer Tochter und an Schlüsselmomente – auch mit dem Bräutigam. Nach Ihrer Ansprache erheben Sie Ihr Glas und bitten mit einem »Zum Wohl« die Hochzeitsgesellschaft, auf den Anlass zu trinken.

Tanzen

Die Braut ist an diesem Abend verständlicherweise bei allen Tänzern begehrt, aber Ihnen gebührt als Brautvater natürlich ein Ehrentanz. Nachdem das Brautpaar etwa eine Minute den traditionellen Hochzeitswalzer zusammen getanzt hat, trennt sich das Paar, und die Braut fordert nun Sie und der Bräutigam seine Mutter zum Tanz auf. Ist eine weitere Minute vergangen, tanzen die Braut mit ihrem Schwiegervater und der Bräutigam mit seiner Schwiegermutter. Suchen Sie den Vater-Tochter-Tanz gemeinsam mit Ihrer Tochter aus und legen Sie eine flotte Sohle aufs Parkett.

Auch Ihre Frau sollte bei der Hochzeitsfeier damit rechnen dürfen, dass Sie mit ihr das Tanzbein schwingen. Zeigen Sie außerdem der Mutter des Bräutigams, wie gut Sie tanzen können. Ehe Sie eine Dame zum Tanzen auffordern, stehen Sie auf, schließen Ihr Jackett, nehmen die Hände aus den Hosentaschen und löschen gegebenenfalls Ihre Zigarette. Auf der Tanzfläche erweisen Sie sich als aufmerksamer Tänzer, wenn Sie Ihre Schrittgröße dem durch den Schnitt des Kleides vorgegebenen Bewegungsspielraum Ihrer Tanzpartnerin anpassen.

Nach dem Tanz bringen Sie Ihre Tanzpartnerin selbstverständlich wieder zurück an ihren Platz und rücken ihr beim Hinsetzen den Stuhl zurecht. Ist das Kleid bodenlang, achten Sie auf den Rocksaum.

Bräutigameltern

Die bevorstehende Hochzeit Ihres Sohnes geht auch an Ihnen als Bräutigameltern nicht spurlos vorbei. Selbst wenn Sie mit der Organisation und Finanzierung der Hochzeit nichts zu tun haben, gilt es doch ein paar Dinge zu beachten.

Vor der Hochzeit

Laden Sie – sobald Sie von den Hochzeitsabsichten Ihres Sohnes erfahren – ihn und Ihre künftige Schwiegertochter zu einem festlichen Abendessen ein, um sie offiziell in Ihre Familie aufzunehmen.

Ihr Sohn wird – nachdem das Brautpaar eine erste eigene Einladungsliste erstellt hat – auf Sie zukommen und Ihre Gästewünsche

mit Ihnen besprechen. Stellen Sie eine Einladungsliste mit Ihrer Familie, Ihren Verwandten und Freunden zusammen und koordinieren Sie diese mit der Familie der Braut.
Besuchen Sie als Bräutigammutter mit der Brautmutter Ihre künftige Schwiegertochter, um sich das Hochzeitskleid anzusehen.
Schreiben Sie als Bräutigamvater einige Wochen vor der Hochzeit Ihre Rede und üben Sie diese, damit es Ihnen am Hochzeitstag nicht die Sprache verschlägt.

Am Tag der Hochzeit

Wenn das Brautpaar es möchte, stehen auch die Eltern der Brautleute vor einem großen Festessen mit in der Empfangslinie und begrüßen die Gäste. Die Braut steht als Erste in der Empfangslinie. Es folgen ihr der Bräutigam und danach die Brautmutter. Hinter ihr steht der Brautvater, nach ihm kommt die Mutter des Bräutigams und zuletzt der Bräutigamvater. Das Begrüßungskomitee kann auch derart formiert werden, dass das Brautpaar zwischen den Elternpaaren steht, wobei die Damen immer vor den Herren stehen.
Legt das Brautpaar jedoch Wert darauf, die Gäste allein zu begrüßen, dann halten Sie sich als Eltern im Raum auf und stellen die ankommenden Gäste untereinander vor. Haben Sie ein Auge auf den Service und sorgen mit dafür, dass die Gäste mit Getränken versorgt sind.
Wenn Sie wollen, können Sie als Bräutigamvater während des Empfangs einen Toast auf das Brautpaar ausbringen.
Bleiben Sie mit dem Brautvater bis zum Ende der Feierlichkeiten und gleichen Sie dezent eventuell offen gebliebene Rechnungen aus.

Eine Rede halten

Besprechen Sie mit dem Brautpaar, ob Sie als Bräutigamvater beim Hochzeitsempfang zu Wort kommen sollen und wollen.
Halten Sie als Bräutigamvater auf jeden Fall die obligatorische Rede beim Hochzeitsessen. Nach der traditionellen Reihenfolge kommen Sie nach dem Brautvater an die Reihe. Sind Sie ein Redemuffel, ist

ein taktisch guter Zeitpunkt für Ihre Ansprache zwischen Suppe und Hauptgang. Mit den Ihre Rede abschließenden Worten: »Damit das Essen nicht kalt wird«, können Sie Ihre Hochzeitsrede kurz halten und für jeden Zuhörer einleuchtend beenden. Das setzt allerdings voraus, dass der Brautvater seine Rede bereits hinter sich gebracht hat. Ansonsten halten Sie Ihre Rede nach dem Hauptgang, wenn der Brautvater gesprochen hat.

Stehen Sie zu Ihrer Rede auf, schieben Sie Ihren Stuhl weit nach hinten, damit er Sie bei Ihrer Ansprache nicht stört. Legen Sie Ihre Serviette links neben Ihr Gedeck. Schließen Sie Ihre Jacke, sofern Sie diese geöffnet haben, als Sie Platz genommen haben. Vermeiden Sie es, sich mit einem Räuspern oder einem Schlag an Ihr Glas bemerkbar zu machen. Suchen Sie stattdessen den Blickkontakt zu anderen Gästen und beginnen Sie mit fester und kräftiger Stimme zu sprechen. Achten Sie beim Sprechen darauf, Ihre Hände nicht in den Hosentaschen zu vergraben. Das wird von Ihren Zuhörern als sehr unhöflich empfunden und von so manchem Gast gar als respektlos interpretiert.

Lampenfieber vor diesem Moment ist völlig normal. Kommen Sie nicht auf die Idee, sich vorher Mut anzutrinken. Bereiten Sie sich auf eine kurze Rede vor und orientieren Sie sich an dem Sprichwort »Weniger ist mehr«. Eine gute Rede sollte nicht länger als zehn Minuten dauern, besser noch sind kurze, aber dafür kurzweilige fünf Minuten. Versuchen Sie zu unterhalten, verzichten Sie in Ihrer Rede allerdings auf »lustige« Erlebnisse aus der Kindheit Ihres Sohnes, schlüpfrige Geschichten aus seiner Singlezeit oder Anekdoten, die sich auf seine ehemaligen Beziehungen oder Liebschaften beziehen und die Braut oder den Bräutigam in Verlegenheit bringen oder sogar einen handfesten Krach provozieren könnten. Erinnern Sie sich an die schönen Zeiten mit Ihrem Sohn und an Schlüsselmomente – auch mit der Braut. Nach Ihrer Ansprache erheben Sie Ihr Glas und bitten mit einem »Zum Wohl« die Hochzeitsgesellschaft, auf den Anlass zu trinken.

Tanzen

Mit dem traditionellen Hochzeitswalzer eröffnet das Brautpaar nach dem Essen den geselligen Teil des Festes. Nachdem das Brautpaar

etwa eine Minute zusammen getanzt hat, trennt sich das Paar, und die Braut fordert nun den Brautvater und der Bräutigam seine Mutter zum Tanz auf. Ist eine weitere Minute vergangen, tanzen die Braut mit ihrem Schwiegervater und der Bräutigam mit seiner Schwiegermutter. Der Brautvater und die Mutter des Bräutigams bleiben auf der Tanzfläche und tanzen nun selbst miteinander.
Auch die Bräutigammutter sollte bei der Hochzeitsfeier damit rechnen dürfen, dass der Bräutigamvater mit ihr das Tanzbein schwingt. Zeigen Sie als Bräutigamvater außerdem der Mutter der Braut, wie gut Sie tanzen können. Ehe Sie eine Dame zum Tanzen auffordern, stehen Sie auf, schließen Ihr Jackett, nehmen die Hände aus den Hosentaschen und löschen gegebenenfalls Ihre Zigarette. Auf der Tanzfläche erweisen Sie sich als aufmerksamer Tänzer, wenn Sie Ihre Schrittgröße dem durch den Schnitt des Kleides vorgegebenen Bewegungsspielraum Ihrer Tanzpartnerin anpassen. Nach dem Tanz bringen Sie Ihre Tanzpartnerin selbstverständlich wieder zurück an ihren Platz und rücken ihr beim Hinsetzen den Stuhl zurecht. Ist das Kleid bodenlang, achten Sie auf den Rocksaum.

TRAUZEUGEN

Auch wenn Trauzeugen nur noch bei einer katholischen Trauung obligatorisch sind, bleibt es jedem Paar unbenommen, auch eine standesamtliche oder protestantische Eheschließung im Beisein von Trauzeugen einzugehen. Und viele Paare möchten nicht auf diesen Brauch verzichten und schließen weiterhin auch da, wo es nicht mehr erforderlich ist, den Bund fürs Leben in Gegenwart von Trauzeugen.

Trauzeugen für das Standesamt

Für Ihre standesamtliche Trauung können Sie selbst entscheiden, ob Sie Trauzeugen für Ihre Eheschließung wünschen oder nicht. Unbedingt erforderlich ist es nämlich nicht mehr. Das Bürgerliche Gesetzbuch gibt hier Aufschluss. Hiernach kann die Eheschließung in Gegenwart von einem oder zwei Zeugen erfolgen, sofern Sie dies wünschen. Sie können sich mit der Wahl Ihrer Trauzeugen Zeit lassen, da Sie diese nicht schon bei der Anmeldung zur Eheschließung benennen müssen, sondern erst am Hochzeitstag.

Trauzeugen für die Kirche

Während Ehen in der evangelischen Kirche schon seit längerer Zeit ohne Trauzeugen geschlossen werden, müssen Brautpaare für die kirchliche Trauung in der katholischen Kirche zwei Trauzeugen bestellen. In der Regel gehören die Trauzeugen dem christlichen Glauben an und sind volljährig. Es liegt aber im Ermessen des Geistlichen, der Sie traut, auch Jüngeren und Andersgläubigen dieses Amt zu gestatten.

Die Wahl Ihrer Trauzeugen

Wenn Sie für sich beschlossen haben, wer Ihre Trauzeugen sein sollen, müssen Sie diese nun fragen. Denken Sie daran, dass diese Personen in viele Aspekte Ihrer Hochzeitsvorbereitungen eingebunden werden. Haben Ihre auserwählten Trauzeugen die Zeit, sich dieser Aufgabe zu widmen? Können sich Ihre Trauzeugen diese Sonderstellung auch finanziell leisten? Beachten Sie, dass Sie möglicherweise besondere Kleidungswünsche für Ihren großen Tag an Ihre Trauzeugen haben und diese ihre Garderobe selbst finanzieren müssen.

Bei der Wahl Ihrer Trauzeugen spielt es überhaupt keine Rolle, ob diese weiblich oder männlich sind. Traditionell suchen sich Braut und Bräutigam je einen Trauzeugen aus. Ihr Trauzeuge kann aus Ihrem Verwandten-, Freundes- oder Bekanntenkreis kommen. In den meisten Fällen wählt die Braut eine Freundin als Trauzeugin und der Bräutigam einen Freund als Trauzeugen. Aber auch der beste Freund der Braut oder die beste Freundin des Bräutigams kann Trauzeuge sein. Oft sind es Sandkastenbekanntschaften oder Schulfreunde aus frühester Jugend beziehungsweise dem Studium, zu denen Braut und Bräutigam ein enges Verhältnis haben.

In erster Linie sollten Sie Ihren Trauzeugen vertrauen können, denn Trauzeugen fungieren in Ihrem zukünftigen Eheleben als Freunde, Berater und Schlichter und werden also nicht nur Ihre guten, sondern möglicherweise auch die schlechteren Zeiten hautnah miterleben. Ein Indiz für die erforderliche Vertrauensbasis ist es, wenn Sie Ihre Trauzeugen schon viele Jahre kennen und eine enge freundschaftliche oder familiäre Bindung besteht. Möglicherweise fällt Ihnen die Aus-

wahl gar nicht schwer, wenn es so viele infrage kommende Personen in Ihrem Umfeld nicht gibt.
Wenn Sie einen Trauzeugen wählen wollen, mit dem Sie eine recht junge Freundschaft verbindet, überlegen Sie dies gut. Können Sie mit Sicherheit sagen, dass Ihnen diese Freundschaft auch in zehn Jahren noch so viel bedeutet wie heute? Würden Sie sich unwohl fühlen, wenn diese Personen in die Schusslinie eines ordentlichen Ehekrachs geraten würde? Und können Sie dieser Person wirklich private Fragen stellen, die man eben nur einem wirklich vertrauten Menschen zu stellen wagt? Weniger geeignet als Trauzeugen sind daher Arbeitskollegen, vor allem wenn Sie mit diesen auf einer Sprosse der Karriereleiter stehen und es absehbar ist, dass Sie und Ihre Kollegin oder Ihr Kollege diese weiter erklimmen wollen. Möglicherweise sind Sie in einigen Jahren Konkurrenten, und dann würde Ihnen die Trauzeugenentscheidung im Wege stehen.

Wenn jemand ablehnt

Seien Sie darauf vorbereitet, dass auch ein noch so guter Freund oder Ihre Lieblingsverwandte die Einladung ablehnen kann, als Ihr Trauzeuge zu fungieren. Ob aus privaten oder beruflichen Gründen, die oder der Gefragte hat das Recht, abzulehnen. Nehmen Sie es nicht persönlich, derjenige hat sicher handfeste Argumente für seine Entscheidung. Versuchen Sie insbesondere nicht, die Person noch umzustimmen. Und fragen Sie vor allem nicht nach den Gründen, wenn mit der Absage keine genannt wurden.

Wenn Trauzeugen kurzfristig ausfallen

In seltenen Fällen fällt ein Trauzeuge ein paar Tage vor der Hochzeit aus. Ein Krankenhausaufenthalt, ein plötzlicher Trauerfall in der eigenen Familie oder ein anderes unvorhergesehenes Ereignis lassen Ihre Planung zu Makulatur werden. So gern Sie diese Person auch

bei Ihrer Hochzeit dabeihätten, Sie können es nicht ändern. Die Planungen zum Fest müssen weitergehen. Ist zwischen Absage und Hochzeitstag noch etwas Zeit, können Sie sich nach Ersatz umschauen. Das setzt allerdings voraus, dass es in Ihrem Umfeld überhaupt noch weitere, Ihnen ähnlich nahe stehende Personen gibt, die Sie fragen könnten. Zur Not muss ein Familienangehöriger einspringen. Fällt einer Ihrer Trauzeugen für eine standesamtliche Trauung aus, können Sie die Trauung auch ohne ihn bestreiten, ohne nach Ersatz suchen zu müssen, da Trauzeugen nicht mehr zwingend erforderlich sind.
Unabhängig davon, wie Sie die Lücke des ausgefallenen Trauzeugen ausfüllen, zeugt es von Etikettebewusstsein und gutem Stil, wenn Sie sich am Hochzeitsmorgen ein paar Minuten Zeit nehmen und sich – sollte er plötzlich erkrankt sein – nach dessen Befinden erkundigen.

Trauzeugen von ihrer Pflicht entbinden

Kommt ein Trauzeuge seinen mit der Funktion verbundenen Aufgaben nicht nach, indem er Sie beispielsweise wiederholt zu vereinbarten Terminen versetzt oder Sie trotz mehrfacher Anrufversuche Ihrerseits nicht zurückruft und damit Ihre Planungen ruiniert, können Sie sich als letzten Ausweg überlegen, den Trauzeugen aus seiner Funktion zu entlassen. Diesen drastischen Schritt ziehen Sie allerdings erst dann in Betracht, wenn die betreffende Person Sie nachhaltig und tief enttäuscht hat und Sie sich vorab redlich bemüht haben, die Situation zu entschärfen und das Problem mit dem »Querschläger« zu lösen.
Haben Sie sich letztendlich dazu entschlossen, vereinbaren Sie ein Treffen mit Ihrem Noch-Trauzeugen. Lebt die Person weit entfernt von Ihnen oder ist sie aus einem anderen Grund gerade nicht persönlich greifbar, rufen Sie sie an. Auch wenn Ihr Trauzeuge in den letzten Wochen oder Monaten einen schlechten Stil an den Tag gelegt hat, müssen Sie ihm nicht nacheifern. Entledigen Sie sich der Angelegenheit deshalb keinesfalls mittels einer lapidaren E-Mail.

Versuchen Sie, bei dem Gespräch sachlich zu bleiben und Emotionen aus dem Spiel zu lassen; seien Sie nicht beleidigend. Leiten Sie die Aussprache damit ein, dass Ihnen die Entscheidung nicht leicht gefallen ist und Ihnen die gegenseitige Beziehung am Herzen liegt. Argumentieren Sie dann, dass Sie trotz von Ihnen unternommener Lösungsversuche kein Entgegenkommen oder Bemühen bei Ihrem Gegenüber bemerkt haben. Sie haben möglicherweise vermisst, dass er mit Herzblut bei der Sache ist, und vermuten, dass ihm das Amt eher lästig ist als eine Ehre. Außerdem rennt Ihnen bei den Hochzeitsvorbereitungen die Zeit davon, und Sie können sich weitere Verzögerungen nicht mehr leisten. Vielleicht sind Sie sogar schon auf der Suche nach einem geeigneten Ersatzkandidaten und möchten diesen so bald wie möglich in seine neue Funktion einweihen, damit er Gelegenheit hat, sich sorgfältig darauf vorzubereiten.

Möglicherweise zeigt Ihr nachlässiger Trauzeuge Reue und gelobt Besserung. Dann entscheiden Sie, ob Sie ihm noch eine zweite Chance geben. Seien Sie auch darauf gefasst, dass Sie nach dieser Unterhaltung einen Freund weniger haben. Aber zeigen Sie an dieser Stelle keine falsch verstandene Scham. Es geht um Ihre Hochzeit, und die soll schließlich gelingen.

Stilvoller Umgang mit Ihren Trauzeugen

Selbstverständlich beachten Sie auch im Umgang mit Ihren Trauzeugen die gängige Etikette.

Es erleichtert Ihre Zusammenarbeit ungemein, wenn Sie zu Beginn der Planungsphase klar und so detailliert wie möglich formulieren, welche Aufgaben Ihre Trauzeugen vor und während der Hochzeit übernehmen sollen. Reden Sie nicht um den heißen Brei herum und lassen Sie keinen Interpretationsspielraum. Diese falsch verstandene Höflichkeit kann später zu bösen Überraschungen führen.

Ablaufplanbesprechungen oder sonstige Treffen kündigen Sie mit entsprechender Vorlaufzeit an und setzen die Termine nicht kurzfristig fest, wenn es Ihnen gerade passt. Denken Sie daran, dass Ihre Trauzeugen einen Großteil ihrer Freizeit opfern. Es ist also selbstverständlich, sich auch nach deren Terminkalendern zu richten.

Wenn Sie Ihre Trauzeugen-Planungsteams anrufen, fragen Sie zu Beginn des Gespräches immer, ob der Anruf gelegen kommt oder Sie zu einem späteren Zeitpunkt zurückrufen sollen. Rufen Sie sie niemals an deren Arbeitsplatz an und schicken Sie nie an deren geschäftliche E-Mail-Adresse hochzeitsbezogene Nachrichten, außer Sie haben von diesen ausdrücklich grünes Licht dafür bekommen. Erwarten Sie nicht, dass Ihre noch so guten Freunde Ihre Hochzeit über deren Existenzgrundlage – nämlich ihre Jobs – stellen.

Seien Sie sparsam mit der Verwendung des Zusatzes »Wichtig« bei E-Mails. Überlegen Sie lieber zweimal, ob es sich um eine dringende Angelegenheit handelt oder nicht. Denn denken Sie immer daran, Sie schränken damit die Freizeit Ihrer Freunde ein.

Haben Sie einen Zeremonienmeister engagiert, der für die Abläufe am Hochzeitstag zuständig ist, informieren Sie diesen über alle relevanten Planungsschritte mit Ihren Trauzeugen.

Hat einer Ihrer Trauzeugen einen wichtigen Termin oder eine Frist bei der Vorbereitung des Festes versäumt, erkundigen Sie sich in einer netten E-Mail oder mit einem freundlichen Anruf nach dem aktuellen Stand der Planungen oder einem Status-Check. Reagieren Sie weder aufgebracht noch sprechen Sie Schuldzuweisungen aus.

Seien Sie sich klar darüber, dass Ihre Freunde Ihre E-Mails oder Anrufe nicht sofort beantworten. Berufliche oder eigene private Belange müssen vielleicht erst geklärt werden, oder womöglich ist bei der zu klärenden Angelegenheit noch kein Ergebnis erzielt, das einen Anruf rechtfertigen würde. Besonders wenn Sie eher ruhelos sind, sollten Sie Geduld üben und bei verzögerten Rückrufen nicht gleich in Panik verfallen.

Übrigens sollten Sie vor lauter Planerei nicht vergessen, dass Ihre Trauzeugen primär Ihre Freunde sind. Reduzieren Sie diese während der Hochzeitsvorbereitungen nicht auf deren Funktion, sondern treffen Sie sich mit ihnen auch ganz privat, ohne dabei über die Hochzeitsplanung zu reden.

Ihre Trauzeugen opfern eine Menge Zeit und Energie, um dafür zu sorgen, dass Ihr großer Tag zu einem unvergesslichen Erlebnis wird. Versäumen Sie daher nicht, sich nach der Hochzeit bei ihnen gebührend zu bedanken. Überraschen Sie Ihre Trauzeugen mit einem kleinen Geschenk. Das können Sie am Polterabend überreichen, verbunden mit ein paar Dankesworten. Vielleicht laden Sie Ihre Trauzeugen auch einige Tage nach der Hochzeit oder nach Ihrer Rückkehr aus den Flitterwochen zu einem Abendessen ein, bei dem Sie das Hochzeitsfest Revue passieren lassen können.

Wenn Trauzeugen weit entfernt leben

Internet und E-Mail ermöglichen es, auch weit von Ihnen entfernt lebende Trauzeugen in die Hochzeitsvorbereitungen einzubeziehen. Als Braut können Sie per E-Mail beispielsweise Fotos von infrage kommenden Hochzeitskleidern versenden. Diese kann Ihre Trauzeugin in Ruhe studieren und mit Ihnen später am Telefon besprechen. Folgende Regeln sollten Sie allerdings beachten, wenn Sie weit entfernt lebende Trauzeugen an den Hochzeitsvorbereitungen teilhaben lassen wollen: Für den Fall, dass Sie eine personalisierte Hochzeitswebsite haben, verlassen Sie sich nicht auf diese, um Ihre Trauzeugen auf dem aktuellen Stand der Dinge zu halten. Es zeugt nicht von Stil und Respekt, wenn sich diese alle relevanten Informationen von einer Website zusammensuchen müssen. Schicken Sie Ihren Trauzeugen lieber eine persönliche E-Mail mit dem aktuellen Planungsstand, damit diese das Gefühl bekommen, aktiv in den Planungsprozess eingebunden zu sein.
Passen Sie aber auf, dass Sie dabei wirklich wichtige Sachverhalte nicht in eine E-Mail packen. Denken Sie daran, dass Ihre Trauzeugen mit Ihnen nicht nur die Fakten, sondern auch die in Ihnen sprudelnde Vorfreude und Aufregung teilen möchten. Haben Sie also Wesentliches zu berichten, greifen Sie lieber zum Telefonhörer und freuen Sie sich gemeinsam.

Etikette für Trauzeugen

Als Trauzeugen spielen Sie eine wichtige Rolle für das Brautpaar und tragen damit eine nicht zu unterschätzende Verantwortung – Sie bezeugen nicht nur die Eheschließung am Tag der Hochzeit, sondern sind auch maßgeblich an den Planungen im Vorfeld der Hochzeit verantwortlich und stehen schließlich dem Ehepaar nach der Eheschließung ein Leben lang als Beraterin oder Berater in allen ehelichen Angelegenheiten zur Verfügung.
Aus diesem Grund werden oft Familienmitglieder wie Bruder oder Schwester oder engste Freunde als Trauzeugen gewählt. Das Vertrauen zu diesen Personen besteht meist schon sehr lange und wird, wenn nichts dazwischenkommt, auch ein Leben lang halten, sodass auf die Ratschläge der Trauzeugen auch nach der Eheschließung noch oft zurückgegriffen wird.

Reagieren Sie auf das Angebot

Werden Sie vom Brautpaar gefragt, ob Sie Trauzeuge sein wollen, sollten Sie dem Brautpaar unverzüglich Bescheid geben, wenn sich abzeichnet, dass Sie Ihre Aufgaben nicht wahrnehmen können. Ob Krankheit, dringende Dienstreise oder ein Schicksalsschlag in Ihrer eigenen Familie – die Gründe können zahllos sein. Dennoch gebietet es die Höflichkeit, dem Brautpaar die Möglichkeit nicht abzuschneiden, noch kurzfristigen Ersatz für Sie zu beschaffen. Eine Woche vor dem Hochzeitstermin lässt sich ein neuer Trauzeuge einfacher finden als 24 Stunden vorher.
Informieren Sie das Brautpaar insbesondere auch dann, wenn noch eine geringe Chance besteht, dass Sie vielleicht doch kommen können. Sie hoffen, rechtzeitig zur Trauung beispielsweise wieder gesund zu sein, können aber nichts garantieren. Pokern Sie nicht auf Kosten des Brautpaares und des Gelingens der Hochzeit, sondern überlassen Sie es dem Brautpaar, ob es auf Ihre schnelle Genesung hofft oder doch lieber Ersatz besorgt.

Nachdem Sie dem Wunsch entsprochen haben, für die Braut oder den Bräutigam als Trauzeuge zu fungieren, wird der- oder diejenige mit Ihnen über die Hochzeit, die Erwartungen an Sie und Ihre konkreten Aufgaben vor und während der Hochzeit sprechen.
Unter bestimmten Voraussetzungen dürfen beziehungsweise sollten Sie es ablehnen, als Trauzeuge zu fungieren. Haben Sie das Gefühl, dass Sie die Braut oder den Bräutigam nicht so gut kennen, wie es diese Rolle erfordern würde, oder waren Sie schon einmal in einen ernsthaften Streit mit der Braut oder dem Bräutigam verwickelt, fehlt die Basis für eine solche Vertrauensfunktion. Auf keinen Fall sollten Sie aber aus Bequemlichkeit Vorwände nennen, warum Sie kein Trauzeuge sein können. Das könnte Ihrer Freundschaft mit Braut oder Bräutigam schaden.

Mit diesen Kosten müssen Sie rechnen

Als Trauzeugin oder Trauzeuge können einige Mehrkosten im Vergleich zu den Ausgaben von »normalen« Gästen auf Sie zukommen. Sind Sie mit diesen besonderen Funktionen betraut, gehören Sie auch zum Kreis derer, die den Junggesellinnen- beziehungsweise Junggesellenabschied bestreiten. Die Kosten für diesen Abend sowie das gemeinsame Junggesellengeschenk teilen Sie sich mit den anderen Freunden, die daran teilnehmen.
Weiterhin müssen Sie die Kosten für die Anreise und Übernachtung einkalkulieren. Trotz Ihrer besonderen Funktion, die Sie bei der Hochzeit bekleiden werden, ist es keine Pflicht des Brautpaares, Ihre Hotelkosten zu übernehmen. Wenn Sie die Übernachtungskosten sehr belasten, können Sie zur Not das Hochzeitsgeschenk etwas kleiner ausfallen lassen.
Es kann sein, dass das Brautpaar besondere Wünsche an Ihre Kleidung am Hochzeitstag stellt. Vielleicht wünscht sich der Bräutigam seinen Trauzeugen zur Trauung im Stresemann. Es ist selbstverständlich, dass Sie den Kleidungswünschen nachkommen, für deren eventuell erforderliche Anschaffung Sie selbst aufkommen.

Ebenso schlagen die Ausgaben für das Hochzeitsgeschenk zu Buche. Die Sonderstellung, die Sie bei der Hochzeit einnehmen, sollte sich auch im Geschenk widerspiegeln. Das können Sie zum einem durch ein sehr persönliches Geschenk oder durch ein kostenintensiveres Präsent, als Sie es als normaler Gast bei einer Hochzeit verschenken würden, erreichen.

Berücksichtigen Sie beim Ausloten eines angemessenen Preisrahmens Ihre persönliche Beziehung zum Brautpaar, Ihre eigenen finanziellen Möglichkeiten und die wirtschaftliche Lage der Beschenkten. Beziehen Sie in Ihre Überlegungen auch ein, wie hoch Ihre Anreise- und Übernachtungskosten ausfallen werden. Je höher diese sind, desto weniger wird ein umsichtiges Brautpaar von Ihnen erwarten.

Trauzeugen schenken in der Regel eine Spur mehr als »bloße« Freunde und Bekannte und sollten ein Geschenk im Wert von 150 bis 200 Euro einkalkulieren. Je enger Ihr Verhältnis zum Brautpaar ist, desto großzügiger wird das Geschenk ausfallen. Sollten Sie als Trauzeuge sogar nah mit der Braut oder dem Bräutigam verwandt sein, können Sie etwa 300 Euro für das Brautpaar kalkulieren, je nach Belieben und finanzieller Situation auch mehr.

Trauzeugin der Braut

Ab Ihrer Bestellung zur Trauzeugin sind Sie die rechte Hand der Braut, und das bis zur Abfahrt in die Flitterwochen – ein Frauenteam, das sich toll versteht und gern lacht. Als Trauzeugin sind Sie überdies ein Organisationstalent.

Vor der Hochzeit

Den Beweis treten Sie schon bald beim Junggesellinnenabend an, den Sie federführend auf die Beine stellen. Dieser Mädchenabend mit allen guten Freundinnen der Braut ist ein Muss, den keine der Damen je vergessen sollte. Als Trauzeugin planen Sie die Überraschung heimlich und ohne Wissen der Braut. Fragen Sie alle infrage kommenden Freundinnen bezüglich des Kostenbeitrages. Es ist un-

klug, etwas zu planen, was niemand bezahlen kann. Nehmen Sie die Organisation des Gruppengeschenks zum Junggesellinnenabschied in Ihre Hände.
Vor der Hochzeit ist es aber auch Ihre Aufgabe, der Braut bei den vielen Vorbereitungen zu helfen und mit Rat und Tat zur Seite zu stehen. So begleiten Sie zum Beispiel mit dem Trauzeugen des Bräutigams das Brautpaar zu den Vorgesprächen in die Kirche und im Fall einer standesamtlichen Trauung auf das Standesamt und kümmern sich um die kirchliche Zeremonie.
Mit die wichtigste Aufgabe ist für Sie als Trauzeugin das Aussuchen des perfekten Brautkleides gemeinsam mit der Braut (und gegebenenfalls der Brautmutter), denn für diesen einen Tag richten sich alle Augen auf die Braut. Als gute Freundin beraten Sie die Braut beim Kauf des Hochzeitskleides. Die Beratung im Fachgeschäft kann die ehrliche Meinung einer Freundin, wie Sie es sind, nicht ersetzen. Steht das Kleid der Braut wirklich? Ist der Schnitt vorteilhaft? Passt die Farbe? Sehen die Schuhe dazu gut aus? Reden Sie der Braut nicht ein Kleid schön, in dem sie nicht schön aussieht. Vielleicht versetzen Sie sich selbst einmal in die Position der Braut und stellen sich vor, wie aufgeregt sie sein muss, um die dauernde Skepsis der Braut bei jedem Kleid zu verstehen. Die Braut kann mit Ihnen im Schlepptau sicher sein, dass Sie Ihre ehrliche Meinung sagen. Sie wird dies zu schätzen wissen.
Ist das passende Kleid gefunden, schließen Sie sich mit dem männlichen Trauzeugen zusammen, der womöglich mit dem Bräutigam den passenden Anzug aussuchen geht. Zeigen Sie dem Trauzeugen das Kleid oder ein Foto davon, damit der Anzug auch sicher dazu passt.
Stellen Sie Ihre eigene Kleidung für den Hochzeitstag zusammen. Eine wichtige Regel für die Trauzeugen lautet: Kleiden Sie sich dem Anlass angemessen, doch seien Sie niemals besser angezogen als das Brautpaar. Achten Sie darauf, dass Sie nicht dieselben Farben wie das Brautpaar tragen, denn nicht Sie sind der Mittelpunkt des Tages, sondern die beiden Menschen, die sich zu einem großen Schritt entschieden haben und diesen am Tag der Hochzeit feiern wollen.

Sie helfen bei der Suche nach geeigneten Kleidern für die Brautjungfern, koordinieren die Anprobe und regeln die Bezahlung der Kleider, sofern dies nicht schon von einer Brautjungfer oder der Brautmutter übernommen wird.
Besorgen Sie Ihr Hochzeitsgeschenk. Lassen Sie sich vom Zeremonienmeister oder Hochzeitsmanager den Ablaufplan des Hochzeitstages geben, in dem alle Punkte von Aufstehen, Frühstück, Friseur, Outfit anziehen über die Zeremonie bis zur Feier aufgeführt sind. Sie behalten somit den Überblick. Sie müssen sich nicht minutiös an alle Punkte halten, doch Sie sollten auch nichts Wichtiges vergessen.

Am Hochzeitstag

Am Hochzeitstag treffen Sie als Trauzeugin morgens pünktlich bei der Braut ein. Vergessen Sie nicht, Ihren Ausweis mitzunehmen. Schön, wenn Sie frische Brötchen und Croissants vom Bäcker mitbringen. Während die Braut sich duscht, können Sie ein Frühstück vorbereiten und den Kaffee aufsetzen. Denn der Hochzeitstag wird für die Braut und selbstverständlich auch für Sie nicht nur schön, sondern auch anstrengend. Damit die wahrscheinlich schon etwas nervöse Braut auch die Strapazen des Tages gut übersteht, sorgen Sie bitte dafür, dass sie etwas isst. Bestehen Sie freundlich, aber mit Nachdruck darauf.
Die Braut wird bei den darauffolgenden Vorbereitungen immer etwas nervös sein, vielleicht hektisch und genervt handeln oder gereizt sprechen. Vor allem das Anziehen des Brautkleides kann zur Qual werden – dort ist das Kleid zu knapp, hier zu eng, nichts passt richtig. Die Braut möchte am liebsten die Hochzeit verschieben. Sobald Sie merken, dass Ihre Freundin überreagiert, müssen Sie sofort eingreifen, damit diese sich wieder beruhigt. Dazu gehören Umsicht und Einfühlungsvermögen. Am leichtesten verliert die Braut ihre Nervosität, wenn Sie mit ihr über frühere Zeiten oder über die bevorstehende Hochzeitsreise sprechen. Alles, was ablenkt, hilft, damit zum Nervöswerden keine Zeit bleibt. Der Kinderstreich bringt die Braut vielleicht zum Lachen, und die bevorstehende Hochzeitsreise wird für Ihre Freundin die schönste und herrlichste Reise in ihrem Leben werden. Das weiß sie. Sie freut sich darauf. Ihr Herz ist erfüllt

von Liebe und Glück. Sitzt das Brautkleid jetzt vielleicht immer noch etwas eng, steckt sie es mit dem Gedanken »Bis zu unserer Abreise heute Abend hält es« leichter weg. Überlegen Sie sich deshalb schon vorher ein paar Gesprächsthemen.

Kommt der Friseur nicht zur Braut, muss sie zu ihm. Hierzu können Sie hilfsbereit den Chauffeur spielen. Gleiches gilt für die Visagistin, sofern die Braut eine hat.

Bald beginnt der große Auftritt der Braut. Um für alle Eventualitäten gerüstet zu sein und für den Fall, dass die Braut etwas vergessen hat, stecken Sie ein paar nützliche Dinge in Ihre Handtasche: Papiertaschentücher gegen Freudentränen, Make-up, Puder und Deo zum Frischmachen sowie für ungünstige Wetterverhältnisse einen Klappregenschirm. Ganz wichtig sind ein paar Ersatzstrumpfhosen für die Braut oder zumindest ein farbloser, schnell trocknender Nagellack, um damit Laufmaschen zu stoppen. Vergessen Sie auch nicht, einen Powerriegel mit viel Zucker einzupacken. Möglicherweise vergisst Ihre Freundin vor lauter Aufregung, im Laufe des Tages etwas zu essen. Mit dem Riegel helfen Sie aus, falls eine Unterzuckerung droht. Passt noch eine kleine Flasche Wasser in Ihre Tasche, rüsten Sie sich auch damit aus. Mit diesen Utensilien helfen Sie der Braut den Tag über bei Bedarf aus. Auch ein paar Kopfwehtabletten können nicht schaden.

Fährt das Brautpaar nicht im Hochzeitsfahrzeug zur Kirche, sondern wird die Braut traditionell vom Brautvater zur Kirche chauffiert, fahren Sie als Trauzeugin mit, wobei die Braut und Sie auf dem Rücksitz Platz nehmen. Ihr korrekter Platz ist hinten links hinter dem Fahrer. Als Trauzeugin sollten Sie stets die Zeit im Auge behalten und für eine pünktliche Abfahrt sorgen. Es liegt nicht unwesentlich in Ihrer Hand, dass die Braut rechtzeitig zur Trauung erscheint.

Beim Einsteigen in das Brautauto achten Sie bitte auf das Brautkleid und die Schleppe. Beide sollten nicht beschädigt oder beschmutzt werden, vermeiden Sie insbesondere Flecken am Saum, wenn das Kleid oder die Schleppe eingeklemmt wird.

Als rechte Hand der Braut halten Sie sich stets in deren unmittelbarer Nähe auf. Sie achten darauf, dass ihr Schleier durch jede Tür kommt

und nicht irgendwo hängen bleibt, oder nehmen ihr bei Bedarf den Hut, den Brautstrauß oder ihre Brauthandschuhe ab. Sie werden merken, viel Aufmerksamkeit kann anstrengend sein.
Sie besitzen als Ehren-»Brautjungfer« das Privileg, als Letzte vor der Braut in die Kirche einzuziehen. Ist die Braut in der Kirche, wird diese entweder der Brautmutter oder Ihnen als Trauzeugin den Brautstrauß überreichen. Sie muss schließlich die Hände für den Ringtausch frei haben. Sind Sie noch nicht verheiratet, dürfen Sie den Brautstrauß vor dem Brautstraußwurf unter keinen Umständen berühren. Das könnte ein böses Omen bedeuten. Überlassen Sie es dann lieber einer der anderen Damen, den Brautstrauß zu halten.
Vor der Trauung arrangieren Sie das Kleid der Braut hübsch und legen die Schleppe – falls deren Kleid eine hat – zurecht, wenn dies nicht schon die Brautjungfern übernehmen.
Nach der Zeremonie ziehen Sie hinter dem Brautpaar aus der Kirche. Achten Sie darauf, dass die eventuelle Schleppe des Brautkleides sich nicht irgendwo verhakt und schön fällt. Um die Schleppe können sich aber auch die Brautjungfern kümmern.
Nach der katholischen Trauung unterschreiben Sie gemeinsam mit dem frisch vermählten Paar und dem zweiten Trauzeugen die Hochzeitspapiere. Halten Sie deshalb sofort nach der Trauung Ausschau nach dem Brautpaar, damit Sie zusammen in die Sakristei gehen können. Halten Sie sich für Hochzeitsfotos nach der Trauung bereit. Für den Fall, dass sich die Brautjungfern nicht darum kümmern, pudern Sie vor der Fotosession die Braut noch einmal ab, damit diese auf den Fotos nur als Braut glänzt. Arrangieren Sie das Kleid der Braut auch wieder hübsch und legen Sie die Schleppe zurecht.
Es ist vielleicht vom Brautpaar geplant, dass Sie gemeinsam mit dem Brautpaar und den Eltern von Braut und Bräutigam in der Empfangslinie vor dem großen Hochzeitsdinner stehen und Hände schütteln müssen. Halten Sie sich dafür bereit.
Wie wäre es mit einer kleinen Rede beim Hochzeitsessen oder nach dem Dessert? Sie können darin Erlebnisse und Geschichten aus der Jugend und Kinderzeit der Braut verarbeiten und in Gegenwart aller Hochzeitsgäste Ihre tiefe Freundschaft zur Braut zeigen. Auch

wenn die Trauzeugin traditionell nicht zu den Redekandidaten gehört, können Sie bei einer weniger konventionellen Hochzeit einen Vorstoß in die Moderne wagen und auch etwas zum Besten geben. Besprechen Sie Ihr Ansinnen vorab auf jeden Fall mit dem Zeremonienmeister oder Hochzeitsmanager, damit Ihre Rede bei der Zeitplanung des Menüs berücksichtigt werden kann und Sie den Service nicht mit einer Spontaneinlage aus dem Konzept bringen.
In Ihren Aufgabenbereich fallen auch Spiele, die Sie zur Unterhaltung der Gäste und als Erinnerung an das schöne Fest planen und moderieren. Stimmen Sie sich hierfür mit dem Zeremonienmeister oder Hochzeitsmanager des Brautpaares ab.
Als Trauzeugin stehen Sie der Braut selbstverständlich zur Seite, wenn diese zu fortgeschrittener Stunde ihre Kleidung wechselt. Gerade beim Ausziehen des Brautkleides sind weitere helfende Hände willkommen. Ist die Braut fertig umgezogen, schauen Sie nach, ob diese nichts liegen gelassen hat, und sammeln Sie eventuell Vergessenes ein.
Haben Sie daran gedacht, gemeinsam mit dem anderen Trauzeugen das Auto zu »dekorieren«, mit dem das Paar wegfahren wird?
Ist die eigentliche Hochzeitsfeier vorbei, begleiten und verabschieden Sie und alle anderen Gäste das Hochzeitspaar in dessen Flitterwochen oder in die Hochzeitsnacht. Selbstverständlich wohnen Sie dem Fest bis zum Schluss bei und verschwinden nicht, nachdem das Brautpaar weg ist.
Wenn das Brautpaar noch am Hochzeitstag auf Hochzeitsreise geht, gehört es meistens noch zu Ihren vorher mit den Brauteltern verabredeten Aufgaben, gemeinsam mit den Brauteltern die Geschenke, Briefe und Blumen sicher ins Domizil der Brautleute zu bringen.

Nach der Hochzeit

Findet ein Brunch am Morgen nach der Hochzeit statt, sind Sie selbstverständlich dabei.
Haben Sie oder die Braut sich für die Hochzeit ein Kleidungsstück oder Accessoire ausgeliehen, ist es Ihre Aufgabe, sowohl Ihres als auch das der Braut zurückzubringen, besonders, wenn das Paar sofort nach der Hochzeit zur Hochzeitsreise aufgebrochen ist.

Die wichtigste Aufgabe für Sie als Trauzeugin nach der Hochzeit besteht allerdings darin, den Eheleuten in den folgenden Jahren immer wieder mit Rat und Tat und einem offenen Ohr zum Zuhören zur Seite zu stehen.

Trauzeuge des Bräutigams

Als Trauzeuge stehen Sie ab dem Zeitpunkt Ihrer Bestellung dem Bräutigam bis zum Schluss der Hochzeitsfeier helfend zur Seite – ein Team, das sich kennt und blind vertraut. Da Sie den Bräutigam gut kennen, wissen Sie genau, wie Sie mit dem Bräutigam umgehen, ohne ihn zu nerven.

Vor der Hochzeit

Die erste Gelegenheit, Ihre Kreativität unter Beweis zu stellen, bietet sich Ihnen beim Junggesellenabend. Vorher mit dem Bräutigam abgesprochen oder nicht, können Sie alles organisieren, was Männern Spaß macht. Dabei geht es nicht darum, den Bräutigam am nächsten Tag mit irrsinnigen Kopfschmerzen zu beschenken, sondern vielmehr darum, diesen Tag oder Abend nochmals mit Freunden allein zu verbringen und Spaß zu haben. Nehmen Sie die Organisation des Gruppengeschenks zum Junggesellenabschied in Ihre Hände.
Vor der Hochzeit ist es aber auch Ihre Aufgabe, dem Bräutigam bei den vielen Vorbereitungen zu helfen und mit Rat und Tat zur Seite zu stehen. So begleiten Sie zum Beispiel mit der Trauzeugin der Braut das Paar zu den Vorgesprächen in die Kirche und im Fall einer standesamtlichen Trauung auf das Standesamt und kümmern sich um die kirchliche Zeremonie.
Als guter Freund beraten Sie den Bräutigam beim Kauf des Hochzeitsanzuges. Vielleicht kaufen Sie Ihre Anzüge auch zusammen beziehungsweise leihen diese gemeinsam aus? Sie können sicher nachvollziehen, dass Männer nicht gern einkaufen gehen, erst recht nicht festliche Kleidung. Mit Ihnen im Schlepptau fühlt sich der Bräutigam nicht mehr so unsicher und kann sich auf Ihre Meinung absolut verlassen.

Schließen Sie sich vor dem Kauf mit der Braut oder der Trauzeugin kurz, damit diese Ihnen das Hochzeitskleid oder ein Foto davon zeigt. Wenn Sie wissen, wie das Kleid aussieht, können Sie mithelfen, den passenden Anzug für den Bräutigam auszusuchen.
Stellen Sie Ihre eigene Garderobe für den Hochzeitstag zusammen. Stimmen Sie mit dem Bräutigam und dem Brautvater Ihre Anzugwahl ab. Sie ehren den Bräutigam, wenn Sie gemeinsam mit dem Brautvater ebenso festlich gekleidet sind wie der Bräutigam. Kleiden Sie sich dem Anlass angemessen, doch seien Sie niemals besser angezogen als der Bräutigam.
Besorgen Sie Ihr Hochzeitsgeschenk. Lassen Sie sich vom Zeremonienmeister oder Hochzeitsmanager den Ablaufplan des Hochzeitstages geben, in dem alle Punkte von Aufstehen, Frühstück, Friseur, Outfit anziehen über die Zeremonie bis zur Feier aufgeführt sind. Sie verlieren damit nicht den Überblick. Sie müssen sich nicht minutiös an alle Punkte halten, doch Sie sollten auch nichts Wichtiges vergessen.

Am Hochzeitstag
Am Morgen des Hochzeitstages treffen Sie als Trauzeuge rechtzeitig beim Bräutigam ein. Vergessen Sie nicht, Ihren Ausweis mitzunehmen. Falls der Bräutigam die Haus- oder Wohnungstür nicht gleich öffnet, klingeln Sie nach einer kurzen Pause einfach noch mal. Ihr sonst so gelassener Freund konnte vor Nervosität in der Nacht vielleicht nicht richtig schlafen und braucht möglicherweise noch ein paar Minuten. Haben Sie etwas Geduld. Wird die Tür nach dem zweiten Klingeln allerdings immer noch nicht geöffnet, können Sie nun Sturm klingeln.
Während der Bräutigam sich zurechtmacht, bereiten Sie das Frühstück vor. Im Idealfall haben Sie frische Brötchen, Schinken und Käse besorgt – und wissen auch, wie man eine Kaffeemaschine bedient. Achten Sie darauf, dass Ihr Freund etwas isst; bestehen Sie mit leisem Nachdruck darauf. Der schönste Tag seines Lebens wird anstrengend, und dazu sollte er gerade morgens etwas Energie tanken.

Am Hochzeitstag unterhalten Sie sich mit Ihrem Freund in einem beherrschten Ton, das beruhigt ihn. Ihre Anwesenheit soll ihn stärken und ihm die fehlende Sicherheit geben. Wenn auch nicht sofort, aber im Laufe des Tages wird er immer wieder spüren, dass Sie seine Stütze sind, die er an diesem Tag braucht.

Bevor Sie losfahren, erinnern Sie ihn an sein Geschenk für die Braut. Durch diesen Wink denkt er auch an die kleinen Geschenke, die er möglicherweise für Sie und andere Personen vorbereitet hat. Fragen Sie den Bräutigam nach den Eheringen. Damit die Eheringe hundertprozentig nicht vergessen werden, stecken Sie die Ringe selbst ein beziehungsweise lassen sich die Ringe zeigen. Es wäre nicht das erste Mal, dass ein Bräutigam auf seine Jackentasche zeigte und die Ringe waren gar nicht dort, sondern im Bad, auf dem Garderobenschrank oder sonst wo. Sollen Sie nach der Trauung die Geldumschläge für den Organisten und den Küster überreichen, vergessen Sie nicht, diese einzustecken.

Fährt das Brautpaar nicht gemeinsam im Hochzeitsfahrzeug zur Kirche, sondern wird die Braut vom Brautvater chauffiert, ist es Ihre Aufgabe, den Bräutigam zur Kirche zu fahren. Als Trauzeuge sollten Sie stets die Zeit im Auge behalten und für eine pünktliche Abfahrt sorgen. Es liegt nicht unwesentlich in Ihrer Hand, dass der Bräutigam rechtzeitig zur Trauung erscheint.

Sobald Sie am Ort des Geschehens angekommen sind, bringen Sie bei einer katholischen Trauung die Ringe in die Sakristei oder geben diese direkt dem Priester, wenn er sich vor oder in der Kirche aufhält. Da die Ringe vor dem Ringtausch bei einer katholischen Feier gesegnet werden, dürfen Sie diese auf keinen Fall behalten.

Vor der Trauzeremonie halten Sie sich in der Nähe des Bräutigams auf. Ihre Aufgabe ist es jetzt, dem Bräutigam die Nervosität zu nehmen und ihm ein gutes Gefühl zu geben. Je nachdem, ob Sie für den Hochzeitszug vorgesehen sind, gehen Sie unmittelbar vor Beginn der kirchlichen Feier mit dem Bräutigam vor den Kircheneingang oder nehmen auf dem für Sie vorgesehenen Sitz in der ersten Reihe Platz. Während einer evangelischen Trauung halten Sie die Ringe bereit, es sei denn, das Brautpaar hat sich für einen Ringträger entschieden.

Für den Transport der Ringe haben Sie entweder selbst gesorgt oder sich diese vom Bräutigam vorher geben lassen.
Sind Sie dafür verantwortlich, dass der Organist und der Küster entsprechende Geldumschläge erhalten sollen, ist unmittelbar nach dem Gottesdienst oder der Messe der richtige Zeitpunkt für die Übergabe.
Nach der katholischen Trauung unterschreiben Sie gemeinsam mit dem frisch vermählten Paar und dem zweiten Trauzeugen die Hochzeitspapiere. Halten Sie deshalb sofort nach der Trauung Ausschau nach dem Brautpaar, damit Sie zusammen in die Sakristei gehen können.
Ehe die Hochzeitsgesellschaft von der Kirche abfährt, werden in der Regel noch ein paar Hochzeitsfotos geschossen. Bleiben Sie deshalb immer noch in der Nähe des Brautpaares, das sich sicher auch ein paar Aufnahmen mit seinen Trauzeugen wünscht.
Beginnt nach der Trauung die Hochzeitsfeier, helfen Sie beim Empfang der Hochzeitsgäste mit und weisen beispielsweise den ankommenden Gästen ihre Plätze zu. Bei etwas größeren Hochzeiten ist die Platzzuweisung mit viel Lauferei verbunden. Sie werden das am eigenen Leib erfahren. Vielleicht ist es vom Brautpaar auch geplant, dass Sie gemeinsam mit dem Brautpaar und den Eltern von Braut und Bräutigam in der Empfangslinie stehen und die Gäste begrüßen. Halten Sie sich dafür bereit.
Wie wäre es mit einer Rede während des Hochzeitsessens oder nach dem Dessert? Sie können darin Erlebnisse und Geschichten aus der Jugend und Kinderzeit des Bräutigams verarbeiten und in Gegenwart aller Hochzeitsgäste Ihre tiefe Freundschaft zum Bräutigam zeigen. Besprechen Sie Ihr Ansinnen vorab auf jeden Fall mit dem Zeremonienmeister oder Hochzeitsmanager, damit Ihre Rede bei der Zeitplanung des Menüs berücksichtigt werden kann und Sie den Service nicht mit einer Spontaneinlage aus dem Konzept bringen.
In Ihren Aufgabenbereich fallen auch Spiele, die Sie zur Unterhaltung der Gäste und als Erinnerung an das schöne Fest planen und moderieren. Stimmen Sie sich hierfür mit dem Zeremonienmeister oder Hochzeitsmanager des Brautpaares ab.

Haben Sie daran gedacht, gemeinsam mit der Trauzeugin der Braut das Auto zu »dekorieren«, mit dem das Paar wegfahren wird?
Ist die eigentliche Hochzeitsfeier vorbei, begleiten und verabschieden Sie und alle anderen Gäste das Hochzeitspaar in dessen Flitterwochen oder in die Hochzeitsnacht. Selbstverständlich wohnen Sie dem Fest bis zum Schluss bei und verschwinden nicht, nachdem das Brautpaar weg ist.
Wenn das Brautpaar noch am selben Tag auf Hochzeitsreise geht, gehört es meistens noch zu Ihren vorher mit den Bräutigameltern verabredeten Aufgaben, gemeinsam mit den Bräutigameltern die Geschenke, Briefe und Blumen sicher ins Domizil der Brautleute zu bringen.

Nach der Hochzeit

Findet ein Brunch am Morgen nach der Hochzeit statt, sind Sie selbstverständlich dabei und reisen nicht vorher ab.
Haben Sie oder der Bräutigam sich für die Hochzeit einen Anzug ausgeliehen, ist es Ihre Aufgabe, sowohl Ihren als auch den des Bräutigams zum Kostümverleih zurückzubringen, wenn das Paar sofort nach der Hochzeit zur Hochzeitsreise aufgebrochen ist.
Die wichtigste Aufgabe für Sie als Trauzeuge nach der Hochzeit besteht allerdings darin, den Eheleuten in den folgenden Jahren immer wieder mit Rat und Tat und einem offenen Ohr zum Zuhören zur Seite zu stehen.

BRAUTJUNGFERN & CO.

Sie können für Ihre Hochzeitsfeierlichkeiten weitere Aufgaben verteilen, wie zum Beispiel die der Brautjungfern, Blumenkinder oder Brautführer.

Brautjungfern

Früher ließ sich die Braut bei ihrer Hochzeit von Brautjungfern begleiten, da die Menschen glaubten, böse Geister hätten es auf die Braut abgesehen. Um die Geister zur verwirren und abzulenken, wurden die Brautjungfern ähnlich der Braut gekleidet und schritten vor der Braut zur Kirche. Da nun plötzlich mehrere »Bräute« zur Auswahl standen, sollten die Geister die Brautjungfern mit der echten Braut verwechseln und ihr böses Vorhaben verwirrt aufgeben. Die Brautjungfern waren also als Schutz der Braut gedacht.

Auch wenn heutzutage vielen der ursprüngliche Sinn dieses alten Brauches gar nicht mehr bekannt ist, ist die Tradition der Brautjungfern der ideale Weg, um die besten Freundinnen in einer herausgehobenen Stellung an der Hochzeit teilhaben zu lassen. Die Brautjungfern sind entweder die besten Freundinnen der Braut oder auch die Schwestern des Bräutigams oder der Braut. Die Brautjungfern sind im Idealfall noch nicht verheiratet.

Hinsichtlich der Anzahl Ihrer Brautjungfern gibt es keine verbindliche Etiketteregel. Nehmen Sie sich so viele, wie Sie möchten. Aber Vorsicht vor zu vielen Brautjungfern! Je mehr Brautjungfern Sie um

sich haben, desto förmlicher wirkt Ihre Hochzeit. Das goldene Mittelmaß liegt bei zwei bis vier Jungfern.
In der Regel wählen die meisten Bräute zwei Brautjungfern, auch aus praktischen Erwägungen. So passen zwei Brautjungfern gemeinsam mit der Trauzeugin und der Braut gerade noch in das Hochzeitsauto, das der Brautvater steuert. Eine Person mehr wäre hier schon zu viel. Auch im Hochzeitszug macht sich eine gerade Anzahl gut, da eine dritte Person allein gehen müsste. Schließlich gehen die Trauzeugen des Brautpaares schon gemeinsam den Gang hinunter.

Die Wahl Ihrer Brautjungfern

Wenn Ihre Entscheidung feststeht, wer Ihre Brautjungfern sein sollen, müssen Sie diese nun fragen. Taktisch geschickt ist es, wenn Sie zuerst diejenige Freundin fragen, die Sie als Trauzeugin auserkoren haben, ob diese möchte, bevor Sie die anderen als Brautjungfern infrage kommenden Freundinnen fragen. Sagt nämlich die anvisierte Trauzeugin ab, können Sie immer noch eine Ersatztrauzeugin aus dem Brautjungfernkreis fragen. Haben Sie allerdings erst einmal die Freundinnen als Brautjungfern angesprochen, wirkt es etwas befremdlich, wenn Sie im Nachhinein eine der Damen von der Brautjungfer zur Trauzeugin befördern wollen.
Denken Sie bei der Wahl daran, dass Ihre zukünftigen Brautjungfern in viele Aspekte Ihrer Hochzeitsvorbereitungen eingebunden werden. Haben Ihre auserwählten Brautjungfern die Zeit, sich dieser Aufgabe zu widmen? Können sich Ihre Brautjungfern diese Sonderstellung auch finanziell leisten? Beachten Sie, dass Sie besondere Kleiderwünsche für Ihren großen Tag an Ihre Brautjungfern haben und diese Garderobe ins Geld geht.
In erster Linie sollten Sie Ihren Brautjungfern vertrauen können, denn sie fungieren in Ihrem zukünftigen Eheleben als Freundinnen, Beraterinnen und Schlichterinnen und werden also nicht nur Ihre guten, sondern möglicherweise auch die schlechteren Zeiten hautnah miterleben. Ein Indiz für die erforderliche Vertrauensbasis ist

es, wenn Sie Ihre Brautjungfern schon viele Jahre kennen und eine enge freundschaftliche Bindung besteht. Möglicherweise fällt Ihnen die Auswahl gar nicht schwer, wenn es so viele infrage kommende Personen in Ihrem Umfeld nicht gibt.
Wenn Sie eine Brautjungfer wählen wollen, mit der Sie eine recht junge Freundschaft verbindet, überlegen Sie Ihre Wahl gut. Können Sie mit Sicherheit sagen, dass Ihnen diese Freundschaft auch in zehn Jahren noch so viel bedeutet wie heute? Würden Sie sich unwohl fühlen, wenn diese Personen in die Schusslinie eines ordentlichen Ehekrachs geraten würde? Und können Sie dieser Person auch sehr private Fragen stellen, die man eben nur einem wirklich vertrauten Menschen zu stellen wagt? Weniger geeignet als Brautjungfern sind daher Arbeitskolleginnen, vor allem wenn Sie mit diesen auf einer Sprosse der Karriereleiter stehen und es absehbar ist, dass Sie und Ihre Kollegin diese weiter erklimmen wollen. Möglicherweise sind Sie in einigen Jahren Konkurrentinnen, und dann würde Ihnen Ihre jetztige Entscheidung im Wege stehen.
Es ist eine schöne Geste, wenn Sie die als Brautjungfern anvisierten Freundinnen zu einem Abendessen, einem Barbecue oder einem Kinoabend einladen, Ihnen Ihre Hochzeitsabsichten eröffnen – sofern nicht schon geschehen – und sie, wenn sie alle beisammen sind, fragen, ob sie Ihre Brautjungfern sein möchten. Sie können auch jeder eine kleine Geschenkschachtel mit einer Karte überreichen, auf der das Datum Ihrer Hochzeit steht und die Frage, ob die jeweilige Empfängerin des Präsents Ihre Brautjungfer sein möchte.

Beteiligen Sie sich an den Kleiderkosten

Wenn Sie Ihre Brautjungfern in einheitlichen Festkleidern sehen wollen, übernehmen Sie als großzügige Braut die Kosten für diese Ausstattung oder beteiligen sich zumindest anteilig daran. Diese Praxis ist allerdings nicht zwingend und sollte von Ihren Freundinnen auch nicht erwartet werden.
Oftmals gestattet es Ihre eigene finanzielle Lage nicht, sich all Ihren Brautjungfern gegenüber so großzügig zu zeigen. Merken Sie allerdings, dass sich eine Ihrer Freundinnen die Ausstattung überhaupt

nicht leisten kann, ist es nicht unhöflich, Ihr eine finanzielle Unterstützung anzubieten. Wenn sie zu Ihrem Angebot nein sagt, akzeptieren Sie die Entscheidung und versuchen Sie nicht, Ihre Freundin umzustimmen. Sprechen Sie die Angelegenheit am besten auch nicht mehr an.

Unabhängig von der Frage, ob eine Ihrer Freundinnen eine von Ihnen angebotene finanzielle Unterstützung annimmt oder nicht, sollte diese auf jeden Fall absolutes Stillschweigen gegenüber den anderen Brautjungfern bewahren, um eventuelles Gerede zu vermeiden.

Wenn eine Freundin ablehnt

Seien Sie darauf vorbereitet, dass auch eine noch so gute Freundin die Einladung ablehnen kann, Ihre Brautjungfer zu sein. Ob aus privaten oder beruflichen Gründen, die Gefragte hat das Recht, abzulehnen. Nehmen Sie es nicht persönlich, sie hat sicher handfeste Argumente für ihre Entscheidung. Versuchen Sie insbesondere nicht, die Person noch umzustimmen. Und fragen Sie vor allem nicht nach den Gründen, wenn mit der Absage keine genannt wurden.

Wenn Brautjungfern kurzfristig ausfallen

In sehr seltenen Fällen passiert es, dass Ihre Brautjungfer ein paar Tage vor der Hochzeit ausfällt. Ein Unfall und damit verbundener Krankenhausaufenthalt, ein Trauerfall in der eigenen Familie oder ein anderes unvorhergesehenes Ereignis lassen Ihre Planung zur Makulatur werden. So gern Sie diese Person auch bei Ihrer Hochzeit dabei gehabthätten, Sie können es nicht ändern. Die Planungen zum Fest müssen weitergehen. Ist zwischen Absage und Hochzeitstag noch etwas Zeit, können Sie sich nach Ersatz umschauen. Das setzt allerdings voraus, dass es in Ihrem Umfeld überhaupt noch weitere, Ihnen ähnlich nahe stehende Freundinnen gibt, die Sie fragen könnten. Notfalls ziehen Sie die Hochzeit ohne die ausgefallene Freundin und ohne Ersatz durch.

Unabhängig davon, wie Sie die Lücke der ausgefallenen Brautjungfer ausfüllen, zeugt es von Etikettebewusstsein und gutem Stil, wenn Sie sich am Hochzeitsmorgen ein paar Minuten Zeit nehmen und sich bei Ihrer verhinderten Freundin nach deren Befinden erkundigen.

Brautjungfern von ihrer Pflicht entbinden
Kommt eine Brautjungfer ihren mit der Funktion verbundenen Aufgaben nicht nach, indem sie Sie beispielsweise wiederholt zu vereinbarten Terminen versetzt oder Sie trotz mehrfacher Anrufversuche Ihrerseits nicht zurückruft und damit Ihre Planungen ruiniert, können Sie sich als letzten Ausweg überlegen, die Brautjungfer aus ihrer Funktion zu entlassen. Diesen drastischen Schritt ziehen Sie allerdings erst dann in Betracht, wenn Ihre sogenannte Freundin Sie nachhaltig und tief enttäuscht hat und Sie sich vorab redlich bemüht haben, die Situation zu entschärfen und das Problem mit der Unzuverlässigen zu lösen.
Haben Sie sich letztendlich dazu entschlossen, vereinbaren Sie ein Treffen mit Ihrer Noch-Brautjungfer. Lebt sie weit entfernt von Ihnen oder ist sie aus einem anderen Grund gerade nicht persönlich greifbar, rufen Sie sie an. Auch wenn Ihre Brautjungfer in den letzten Wochen oder Monaten schlechten Stil an den Tag gelegt hat, müssen Sie ihr nicht nacheifern. Entledigen Sie sich der Angelegenheit deshalb keinesfalls mittels einer lapidaren E-Mail.
Versuchen Sie, bei dem Gespräch sachlich zu bleiben und Emotionen aus dem Spiel zu lassen; seien Sie nicht beleidigend. Leiten Sie die Aussprache damit ein, dass Ihnen die Entscheidung nicht leicht gefallen ist und Ihnen die gegenseitige Beziehung am Herzen liegt. Argumentieren Sie dann, dass Sie trotz von Ihnen unternommener Lösungsversuche kein Entgegenkommen oder Bemühen bei Ihrem Gegenüber bemerkt haben. Sie haben möglicherweise vermisst, dass sie mit Herzblut bei der Sache ist, und vermuten, dass ihr das Amt eher lästig ist als eine Ehre. Außerdem rennt Ihnen bei den Hochzeitsvorbereitungen die Zeit davon, und Sie können sich weitere Verzögerungen nicht mehr leisten. Vielleicht sind Sie sogar schon auf der Suche nach einer geeigneten Ersatzkandidatin und möchten diese so bald wie möglich in ihre neue Funktion einweihen, damit sie Gelegenheit hat, sich sorgfältig darauf vorzubereiten.

Möglicherweise zeigt Ihre nachlässige Brautjungfer Reue und gelobt Besserung. Dann entscheiden Sie, ob Sie ihr noch eine zweite Chance geben. Seien Sie auch darauf gefasst, dass Sie nach dieser Unterhaltung eine Freundin weniger haben. Aber zeigen Sie an dieser Stelle keine falsch verstandene Scham. Es geht um Ihre Hochzeit, und die soll schließlich gelingen.

Stilvoller Umgang mit Ihren Brautjungfern

Selbstverständlich beachten Sie auch im Umgang mit Ihren Brautjungfern die gängige Etikette.

Es erleichtert Ihre Zusammenarbeit ungemein, wenn Sie zu Beginn der Planungsphase klar und so detailliert wie möglich formulieren, welche Aufgaben Ihre Brautjungfern vor und während der Hochzeit übernehmen sollen. Reden Sie nicht um den heißen Brei herum und lassen Sie keinen Interpretationsspielraum. Diese falsch verstandene Höflichkeit kann später zu bösen Überraschungen führen.

Gemeinsame Shoppingtouren für die Anschaffung der Brautjungfernkleider oder sonstige Treffen kündigen Sie mit entsprechender Vorlaufzeit an und setzen die Termine nicht kurzfristig fest, wenn es Ihnen gerade passt. Denken Sie daran, dass Ihre Freundinnen einen Großteil ihrer Freizeit opfern. Es ist also selbstverständlich, sich auch nach deren Terminkalendern zu richten. Erwarten Sie von Ihren Brautjungfern nicht, dass diese alles stehen und liegen lassen, wenn Sie sich kurzfristig zum Shopping ankündigen. Es ist ein Zeichen guter Manieren, wenn Sie Ihre Brautjungfern nach anstrengenden Stunden beim Einkaufen zum Mittagessen oder zumindest auf einen Kaffee einladen.

Wenn Sie Ihre angehenden Brautjungfern anrufen, fragen Sie zu Beginn des Gespräches immer, ob der Anruf gelegen kommt oder ob Sie zu einem späteren Zeitpunkt wieder anrufen sollen. Rufen Sie sie niemals an deren Arbeitsplatz an und schicken Sie nie an deren geschäftliche E-Mail-Adresse hochzeitsbezogene Nachrichten, außer Sie haben von diesen ausdrücklich grünes Licht dafür bekommen.

Erwarten Sie nicht, dass Ihre noch so guten Freunde Ihre Hochzeit über deren Existenzgrundlage – nämlich ihre Jobs – stellen.

Seien Sie sparsam mit der Verwendung des Zusatzes »Wichtig« bei E-Mails. Überlegen Sie lieber zweimal, ob es sich um eine dringende Angelegenheit handelt oder nicht. Denn denken Sie immer daran, Sie schränken damit die Freizeit Ihrer Freunde ein.

Haben Sie einen Zeremonienmeister engagiert, der für die Abläufe am Hochzeitstag zuständig ist, informieren Sie diesen über alle relevanten Planungsschritte mit Ihren Brautjungfern.

Hat eine der Brautjungfern einen wichtigen Termin oder eine Frist bei der Vorbereitung des Festes versäumt, erkundigen Sie sich in einer netten E-Mail oder mit einem freundlichen Anruf nach dem aktuellen Stand der Planungen oder einem Status-Check. Reagieren Sie weder aufgebracht noch sprechen Sie Schuldzuweisungen aus.

Seien Sie sich klar darüber, dass Ihre Freundinnen Ihre Mails oder Anrufe nicht sofort beantworten. Berufliche oder eigene private Belange müssen vielleicht erst geklärt werden, oder womöglich ist bei der zu klärenden Angelegenheit noch kein Ergebnis erzielt, das einen Anruf rechtfertigen würde. Besonders wenn Sie eher ruhelos sind, sollten Sie sich in Geduld üben und bei verzögerten Rückrufen nicht gleich in Panik verfallen.

Übrigens sollten Sie vor lauter Planerei nicht vergessen, dass Ihre Brautjungfern primär Ihre Freundinnen sind. Reduzieren Sie diese während der Hochzeitsvorbereitungen nicht auf deren Funktion, sondern treffen Sie sich mit ihnen auch ganz privat, ohne dabei über die Hochzeitsplanung zu reden.

Ihre Brautjungfern opfern eine ganze Menge Zeit und Energie, um dafür zu sorgen, dass Ihr großer Tag zu einem unvergesslichen Erlebnis wird. Versäumen Sie daher nicht, sich nach der Hochzeit gebührend bei ihnen zu bedanken. Überraschen Sie Ihre Brautjungfern mit einem kleinen Geschenk. Das können Sie am Polterabend überreichen, verbunden mit ein paar Dankesworten. Vielleicht laden Sie Ihre Brautjungfern auch einige Tage nach der Hochzeit oder nach Ihrer Rückkehr aus den Flitterwochen zu einem Abendessen ein, bei dem Sie das Hochzeitsfest Revue passieren lassen können.

Wenn Brautjungfern weit entfernt leben

Internet und E-Mail ermöglichen es, auch weit von Ihnen entfernt lebende Freundinnen in die Hochzeitsvorbereitungen einzubeziehen. Als Braut können Sie per E-Mail beispielsweise Fotos von infrage kommenden Kleidern für die Brautjungfern versenden. Diese können Ihre Brautjungfern in Ruhe studieren und mit Ihnen später am Telefon besprechen.

Sofern Ihre Brautjungfern keine Möglichkeit haben, die Kleider vor dem Kauf anzuprobieren, bitten Sie diese, sich bei einem professionellen Schneider die Maße nehmen zu lassen. Wird dieser Service nicht kostenfrei angeboten, übernehmen Sie selbstverständlich die Kosten dafür.

Werden die Kleider nicht durch den Händler an die Brautjungfern verschickt oder geliefert, sondern durch Sie persönlich, achten Sie darauf, dass die Pakete entsprechend versichert sind. Das schützt die Investition derjenigen, die für das Kleid bezahlt hat – also entweder Sie oder Ihre Freundin.

Für den Fall, dass Sie eine personalisierte Hochzeitswebsite haben, verlassen Sie sich nicht auf diese, um Ihre Freundinnen auf dem aktuellen Stand der Dinge zu halten. Es zeugt nicht von Stil und Respekt, wenn sich diese alle relevanten Informationen von einer Website zusammensuchen müssen. Schicken Sie Ihren Brautjungfern lieber eine persönliche E-Mail mit dem aktuellen Planungsstand, damit diese das Gefühl bekommen, aktiv in den Planungsprozess eingebunden zu sein. Passen Sie aber auf, dass Sie dabei wirklich wichtige Sachverhalte nicht in eine E-Mail packen. Denken Sie daran, dass Ihre Brautjungfern mit Ihnen nicht nur die Fakten, sondern auch die in Ihnen sprudelnde Vorfreude und Aufregung teilen möchten. Haben Sie also Wesentliches zu berichten, greifen Sie lieber zum Telefonhörer und freuen Sie sich gemeinsam.

Bestimmen Sie eine Verantwortliche
Sind Sie nicht in der komfortablen Lage, Ihren Brautjungfern das Outfit zu spendieren, müssen diese – und das ist die Regel – selbst für Kleid, Schuhe und Accessoires aufkommen. Um die finanzielle Abwicklung der Brautjungfernausstattung zu erleichtern, bestimmen Sie eine Verantwortliche, die für das Einsammeln der Gelder Ihrer Freundinnen zuständig ist. Das kann Ihre Trauzeugin, Ihre Mutter oder Ihre Schwester sein.
Setzen Sie dieser Person ein Zeitlimit, bis wann alle Gelder beisammen sein sollten. Erleichtern Sie ihre Arbeit, indem Sie ihr die Kontaktdaten Ihrer Brautjungfern übermitteln.

Etikette für Brautjungfern

Auch als Brautjungfer spielen Sie eine wichtige Rolle auf dem Weg ins Eheleben Ihrer Freundin und tragen damit eine nicht zu unterschätzende Verantwortung – Sie sind nicht nur Teil der Zeremonie am Tag der Hochzeit und stehen der Braut im weiteren Verlauf des Tages zur Verfügung, sondern fühlen sich auch während des gesamten Ehelebens mit dem Paar verbunden.
Fühlen Sie sich geehrt, dass die Braut Sie als Brautjungfer auserkoren hat. Dass die Braut auf Sie gekommen ist, hat seinen Grund. Wahrscheinlich kennen Sie sich beide schon lange und innig. Die Braut setzt großes Vertrauen in Sie als echte Freundin mit einer großen Loyalität.

Reagieren Sie auf das Angebot
Werden Sie von Ihrer Freundin gefragt, ob Sie deren Brautjungfer sein möchten, sollten Sie der Braut unverzüglich Bescheid geben, wenn sich abzeichnet, dass Sie Ihre Aufgaben nicht wahrnehmen können. Ob Krankheit, dringende Dienstreise oder ein Schicksalsschlag in Ihrer eigenen Familie – die Gründe können zahllos sein.

Dennoch gebietet es die Höflichkeit, der Braut die Möglichkeit nicht abzuschneiden, noch kurzfristigen Ersatz für Sie zu beschaffen. Eine Woche vor dem Hochzeitstermin lässt sich eine neue Brautjungfer einfacher finden als 24 Stunden vorher.
Informieren Sie die Braut insbesondere auch dann, wenn noch eine geringe Chance besteht, dass Sie vielleicht doch kommen können. Sie hoffen, rechtzeitig zur Trauung beispielsweise wieder gesund zu sein, können aber nichts garantieren. Pokern Sie nicht auf Kosten des Brautpaares und des Gelingens der Hochzeit, sondern überlassen Sie es der Braut, ob diese auf Ihre schnelle Genesung hofft oder doch lieber Ersatz besorgt.
Nachdem Sie dem Wunsch entsprochen haben, als Brautjungfer zu fungieren, wird die Braut mit Ihnen über die Hochzeit, die Erwartungen an Sie und Ihre konkreten Aufgaben vor und während der Hochzeit sprechen.
Unter bestimmten Voraussetzungen dürfen beziehungsweise sollten Sie es ablehnen, als Brautjungfer zu fungieren. Haben Sie das Gefühl, dass Sie die Braut nicht so gut kennen, wie es diese Rolle erfordern würde, oder waren Sie schon einmal in einen ernsthaften Streit mit der Braut oder dem Bräutigam verwickelt, fehlt die Basis für eine solche Vertrauensfunktion. Auf keinen Fall sollten Sie aus Bequemlichkeit Vorwände nennen, warum Sie keine Brautjungfer sein können. Das könnte Ihrer Freundschaft mit der Braut schaden.

Mit diesen Kosten müssen Sie rechnen

Als Brautjungfer kommen einige Mehrkosten im Vergleich zu den Ausgaben von »normalen« Gästen auf Sie zu. Sind Sie mit dieser schönen Funktion betraut, gehören Sie auch zum Kreis derer, die den Junggesellinnenabschied ausrichten. Die Kosten für diesen Abend sowie das gemeinsame Junggesellinnengeschenk teilen Sie sich mit den anderen Freunden, die daran teilnehmen.
Weiterhin müssen Sie die Kosten für die Anreise und Übernachtung einkalkulieren. Trotz Ihrer besonderen Funktion, die Sie bei der Hochzeit bekleiden werden, ist es keine Pflicht des Brautpaares, Ihre

Hotelkosten zu übernehmen. Wenn Sie die Übernachtungskosten sehr belasten, können Sie zur Not das Hochzeitsgeschenk etwas kleiner ausfallen lassen.
Hinzu kommen die Aufwendungen für das Hochzeitsgeschenk. Die Sonderstellung, die Sie bei der Hochzeit Ihrer Freundin einnehmen, sollte sich auch im Geschenk widerspiegeln. Das können Sie zum einem mit einem sehr persönlichen Geschenk oder aber auch einem wertvolleren Präsent, als Sie es als normaler Gast bei einer Hochzeit verschenken würden, erreichen. Brautjungfern schenken in der Regel eine Spur mehr als »bloße« Freunde und Bekannte und sollten ein Geschenk im Wert von 100 bis 200 Euro einkalkulieren.
Nicht zuletzt wird die Braut besondere Wünsche an Ihr Kleid am Hochzeitstag stellen. Für Sie als Brautjungfer dürften die Kosten für das Kleid, die Blumen und Accessoires von Bedeutung sein. Einige Brautpaare teilen sich die Kosten mit den Brautjungfern, damit dieses schöne Amt nicht aus Geldgründen unbesetzt bleiben muss.

Vor der Hochzeit

Neben der Trauzeugin sind Sie als Brautjungfer die größte Hilfe bei den Hochzeitsvorbereitungen und am Hochzeitstag, und das nicht nur organisatorisch, sondern auch emotional. Die Monate vor dem Hochzeitstag können ein wahres emotionales Auf und Ab für die Braut sein. Sie stehen als Brautjungfer in dieser Zeit der Braut mit Geduld und offenen Ohren zur Seite, auch wenn Ihnen die Probleme der Braut noch so irrational oder übertrieben erscheinen.
Den Junggesellinnenabend helfen Sie mit zu organisieren, selbstverständlich heimlich und ohne Wissen der Braut. Sie beteiligen sich finanziell sowohl an dem Abend als auch an dem gemeinsamen Geschenk der Junggesellinnen an die Braut.
Helfen Sie der Braut bei der Suche nach geeigneten Kleidern für die Brautjungfern und treffen Sie die endgültige Wahl gemeinsam mit den anderen Jungfern und der Braut. Welche Farbe steht allen Brautjungfern gemeinsam und gefällt zudem allen Frauen gleich gut? Ist einmal eine Farbe gewählt, suchen Sie sich einen geeigneten Stil

aus. Die Brautjungfern sollen nur die Begleitung und schöne Untermalung der Braut sein, also müssen auch die Kleider entsprechend dezent ausfallen. Achten Sie darauf, dass die Schuhe bequem sind, oder laufen Sie die gewählten Schuhe ein, damit Sie bei diesem wunderschönen Anlass bis zum Ende voller Freude mitwirken können.

Am Hochzeitstag

Am Hochzeitstag sind Sie die guten Geister des Festes. Sie haben alles im Auge und stehen der Braut am Hochzeitstag zur Seite. Die Brautjungfern kümmern sich um das Erscheinungsbild der Braut. Ist die Schleppe bei den Fotoaufnahmen richtig drapiert? Sitzt das Make-up noch perfekt? Haben sich einige Haarsträhnen aus der Frisur verirrt? Wenn die Braut es wünscht, kommen Sie am Hochzeitsmorgen in die Wohnung der Braut und helfen gemeinsam mit der Trauzeugin beim Ankleiden der Braut. Eine der Brautjungfern überreicht das berühmte blaue Strumpfband. Vielleicht bereiten Sie auch das Frühstück zu? Die Brautjungfern bringen manchmal am Morgen des Hochzeitstages kleine Geschenke oder Mitbringsel als Erinnerung an diese Vorbereitungen und die geteilte Zeit mit. Eine Flasche Sekt mit einem kleinen Andenken oder eine hübsche Schatulle mit Hochzeitsmotiven bereiten der aufgeregten Braut viel Freude.

Vor der Trauung arrangieren Sie das Kleid der Braut hübsch und legen die Schleppe – falls das Kleid eine hat – zurecht.

Eine allgemeingültige Regel für die Reihenfolge des Hochzeitszuges gibt es nicht. Je nach regionalen Gepflogenheiten haben sich unterschiedliche Varianten etabliert. Manchmal gehen die Brautjungfern vor den Blumenkindern bis ans Ende des Kirchenschiffes und bilden links und rechts vom Mittelgang ein Spalier. In dieser Position warten Sie mit den Blumenkindern auf den Einzug der Brautleute und der engsten Verwandten. Brautjungfern, Ringträger und Blumenkinder können aber auch im Brautzug direkt vor der Braut und hinter dem Bräutigam und den Verwandten des Brautpaares einlaufen. Vielleicht zieht das Brautpaar auch eine ganz andere Reihenfolge vor, weil es vielleicht gern auch Begleitpersonen hinter sich haben möchte.

Die Braut kann den Brautstrauß während der Zeremonie ihrer Mutter, ihrer Trauzeugin oder einer der Brautjungfern überreichen. Aber Achtung, sind Sie noch nicht verheiratet, dürfen Sie nach altem Brauch den Brautstrauß vor dem Brautstraußwurf unter keinen Umständen berühren. Überlassen Sie es dann lieber einer der anderen Damen, den Brautstrauß zu halten.
Blumenkinder und Brautjungfern gehen beim Auszug aus der Kirche in der Regel hinter dem frisch vermählten Paar. Achten Sie darauf, dass die eventuelle Schleppe des Brautkleides sich nicht irgendwo verhakt und schön fällt.
Sofern geplant, verteilen Sie Konfettitütchen oder Blütenblätter an die Gäste, die das Paar damit vor der Kirche bewerfen können.
Halten Sie sich für Hochzeitsfotos nach der Trauung bereit. Pudern Sie vor der Fotosession die Braut noch einmal ab, damit diese auf den Fotos nur als Braut glänzt und nicht deren Gesicht. Arrangieren Sie das Kleid der Braut auch wieder hübsch und legen Sie die Schleppe zurecht. Haben sich einige Haarsträhnen aus der Frisur verirrt? Richten Sie auch diese.
Im weiteren Verlauf des Tages besteht Ihre Aufgabe darin, gemeinsam mit der Trauzeugin der Braut den Rücken frei zu halten und zu schauen, dass die Braut gut versorgt ist und dass ihr keine Wünsche offen bleiben. Vorausschauendes Denken und Fingerspitzengefühl sind gefragt. Betritt die Braut zum Beispiel nach dem Sektempfang den Festsaal, überfliegen Sie die Festtafel mit einem kritischen Blick. Kleine Unzulänglichkeiten korrigieren Sie diskret, stocken fehlende Sitzplätze an der Festtafel auf oder arrangieren unglücklich gestellte Dekoration neu. Helfen Sie der Braut beim Gang zur Toilette, der mit einem großen Kleid oftmals schwierig ist.
Bringen Sie die Party in Schwung, animieren Sie die Gäste zum Tanzen und locken Sie beispielsweise Tanzmuffel auf die Tanzfläche. Findet ein Brunch am Morgen nach der Hochzeit statt, sind Sie selbstverständlich dabei und reisen nicht etwa vorher ab.

Brautführer

Brautführer sind heutzutage nur noch selten zu finden. Früher beschützte der Brautführer die Hochzeitsgesellschaft vor Überfällen und Plünderern und führte die Braut zum Altar. Das übernimmt heute der Brautvater.
Entscheiden Sie sich dennoch für einen oder mehrere Brautführer, ist es deren Aufgabe, gemeinsam mit den Brautjungfern den Hochzeitszug in die Kirche hinein und später auch wieder hinaus anzuführen. Traditionell sind Brautführer unverheiratete Einzelpersonen oder Paare, die das Brautpaar bei der Hochzeit zum Altar begleiten. Sie haben nicht die Aufgaben von Trauzeugen und sind in ihrer Anzahl variabel. Heutzutage wird ein Auge zugedrückt, wenn die Brautführer die nach dem Brauchtum gewünschte Anforderung, ledig zu sein, nicht mehr erfüllen.
Wenn Sie sich als Brautpaar wünschen, dass Ihre Brautführer die gleiche Kleidung tragen, sollten Sie hierfür die Kosten übernehmen oder sich zumindest daran beteiligen. Klären Sie dieses Thema frühzeitig mit Ihren Brautführern ab. Kommen Sie überein, dass die Brautführer nicht mit dem gleichen Outfit ausgestattet werden, stimmen Sie zumindest deren Kleidung untereinander ab.
Brautführer sollten sich, nachdem sie die Funktion angenommen haben, nach regionalen Besonderheiten für Brautführer erkundigen und in Erfahrung bringen, welche Aufgaben in ihrer Gegend üblicherweise dem Brautführer zugedacht werden.
Eine Aufgabe eines Brautführers beim Hochzeitsfest kann es sein, der Hochzeitsgesellschaft bei der Sitzordnung konkrete Hilfestellung zu geben oder bei dem Empfang der Garderobe behilflich zu sein. Vorbereitungen, die erst in der allerletzten Minute getroffen werden, können ebenfalls in den Aufgabenbereich eines Brautführers fallen. Nimmt die Hochzeitsgesellschaft kurz vor der großen Hochzeitsfeier bereits den Aperitif ein, zündet der Brautführer die Kerzen auf der Festtafel an, sofern Sie privat feiern und dieser Service nicht vom Restaurantpersonal übernommen wird. Im weiteren Verlauf des Abends können Sie ihm die Verantwortung für die Musik übertragen,

bei der es beispielsweise Musikwünsche von Hochzeitsgästen zu übermitteln und Musikpausen sowie die Lautstärke abzustimmen gilt.
Eine schöne Geste eines männlichen Brautführers ist es, die Braut nach dem Brauttanz zum ersten oder zweiten Tanz aufzufordern. Ein Brautführer sollte dies bei seinen Hochzeitsvorbereitungen berücksichtigen und notfalls noch einen Tanzkurs besuchen.
In vielen ländlichen Regionen besteht die Erwartungshaltung, dass die Brautführer bei der Hochzeitsfeier die Gäste bei Laune halten. Brautführerinnen und Brautführer sorgen dann für Unterhaltung in Form von Liedern, Sketchen oder Spielen. Nicht selten sind sie für den Schabernack verantwortlich, der dem Brautpaar am Hochzeitstag zugefügt wird. Solange sich dieser im Rahmen hält, moralische Grenzen nicht überschreitet und den schönsten Tag im Leben des Brautpaares nicht missmutig enden lässt, ist alles erlaubt, was gefällt.

Blumenkinder

Blumenkinder haben eine lange Tradition, die sich bis in das alte Rom zurückverfolgen lässt. Knaben streuten der Braut Rosenblätter auf den Weg, was dem Brautpaar Glück und einen reichen Kindersegen bringen sollte. Je nach regionalen Gepflogenheiten und Ihren persönlichen Vorstellungen von der Hochzeit lassen Sie es nach der Trauung Blumen regnen oder eben nicht. Wenn Sie sich dafür entscheiden, erkundigen Sie sich vorab bei dem Geistlichen, der Sie traut, ob es gestattet ist, dass die Blumenkinder Blumen auf den Weg streuen.

Wahl der Blumenkinder

Halten Sie nach geeigneten Blumenkindern im Verwandten- und Bekanntenkreis Ausschau. Bedenken Sie bitte bei Ihrer Auswahl, dass die ganz Kleinen zwar niedlich anzuschauen sind, aber in der Regel die für sie doch sehr strapaziöse Zeremonie nicht durchhalten und quengeln. Und vor allem deren Eltern könnten das Fest dann auch nicht mehr genießen. Fragen Sie die Kinder vorab immer persönlich, ob sie überhaupt Interesse daran haben, die Blumen auf den Weg zu streuen und kleine Helferarbeiten zu übernehmen. Entscheiden Sie mit den Eltern nicht über das Kind. Hat ein Kind überhaupt keine Lust, diese Rolle zu übernehmen, sollte man es auch nicht dazu zwingen.

Die Anzahl der Blumenkinder ist demnach abhängig von den vorhandenen Kindern. Meistens wählen Brautpaare mindestens zwei Blumenkinder und selten mehr als vier oder fünf Blumenkinder. Die Blumenkinder, egal ob Mädchen oder Jungen, sind im Idealfall fünf bis sieben Jahre alt. Sieht es in dieser Altersstufe schlecht aus, können sie auch jünger oder älter sein. Sind die Kinder älter, nimmt in den meisten Fällen das Interesse allerdings ab, ein Blumenkind zu sein.

Wenn Sie mehr Kinder als vorgesehen zur Verfügung haben, überlegen Sie, ob Sie die größeren Kinder auch für andere Aufgaben einsetzen können, beispielsweise das Verteilen von Programmen, Konfetti oder Reis – je nachdem, was in oder vor der Kirche zum Einsatz kommen wird.

Aufgaben der Blumenkinder

Die Mädchen der Blumenkinder tragen ein Körbchen voller kleiner bunter Blumen. Neben Blumenköpfen, Blütenblättern und Blumenblättern eignen sich ebenso kleine Blumen mit Stängeln, je nach Jahreszeit. Die Jungen begleiten den Zug in der Regel ohne Blumenkörbchen.

Je nach Wunsch des Brautpaares streuen die Blumenkinder die Blumen bereits beim Einzug in die Kirche, erst nach dem Jawort oder sowohl beim Einzug in die Kirche als auch beim Auszug. Während die Kinder beim Einzug der Braut und deren Begleitung vorangehen, streuen sie die schmückenden Blumen auf den Weg. Beim Auszug des Brautzuges aus der Kirche bereiten sie dem Brautpaar einen bunten Teppich aus den vielen kleinen Blumen.

Die Blumenkinder sind mindestens genauso aufgeregt wie das Brautpaar selbst, denn ihre Aufgabe ist es, die Kirche als Erste noch vor dem Brautpaar zu betreten. Nach dem Einzug stehen sie noch einen Moment vorn am Altar neben dem Brautpaar, ehe sie abziehen und erst nach der Zeremonie wieder antreten, um das Brautpaar aus der Kirche zu geleiten.
Für die Blumenkinder ist diese Aufgabe nicht so einfach, denn sie sind Spielen und Toben gewohnt. Nun aber sollen sie sich nach einem Protokoll verhalten. Wenn sich Kinder nur noch eingeschränkt bewegen können, kann es passieren, dass sie plötzlich bockig werden und schlimmstenfalls die ganze Zeremonie kippen.

Generalprobe

Ihre Blumenkinder nehmen ihre Aufgabe in jedem Fall sehr ernst. Nehmen Sie Ihnen die Aufregung und Nervosität, indem Sie den Blumenkindern den Ablauf vorher genau erklären. Im Idealfall führen Sie mit den Kindern eine Generalprobe durch. Werden bei der Generalprobe noch weitere Programmpunkte besprochen, denken Sie daran, dass die Kinder schnell die Aufmerksamkeit verlieren und müde werden. Behandeln Sie deshalb das Thema Blumenkinder gleich am Anfang der Probe, oder führen Sie im Idealfall mit den Kindern eine eigene Generalprobe durch.
Wenn Sie merken, dass einige Kinder doch noch zu klein sind, um artig geradeaus zu gehen und dabei Blumen zu streuen, schlagen Sie vor, dass diese von den Größeren oder vielleicht sogar von den Brautjungfern an die Hand genommen werden. Das sieht nicht nur nett aus, sondern verschafft Ihnen etwas Sicherheit, dass die Kleinsten nicht ganz aus der Reihe tanzen.
Die Kleinsten können auch Arm in Arm oder Hand in Hand laufen. Vielleicht verzichten Sie auch darauf, die ganz kleinen Kinder Blumen streuen zu lassen, damit diese nicht überfordert werden.
Wenn Sie merken, dass die Kleinen nicht hundertprozentig bei der Sache sind, können Sie es ausnahmsweise auch mit einer kleinen

Bestechung versuchen. Stellen Sie den kleinen Akteuren nach getaner Arbeit ein Eis oder einen Lutscher in Aussicht, wenn sie leise und diszipliniert ihre Aufgabe erledigt haben.
Ist es unmöglich, mit einem Kind bei der Generalprobe zusammenzuarbeiten, weil es aufgeregt, müde oder bockig ist, bitten Sie es, die Aufgabe zu Hause zu üben und hoffen Sie für Ihren großen Tag das Beste. Wenn Sie, die Eltern des Kindes, Ihr Zeremonienmeister oder eine der Brautjungfern am Hochzeitstag merken, dass eines der Kinder seine Aufgabe wohl nicht bewältigen wird, können Sie es dann notfalls immer noch aus dem Programm nehmen.
Bedanken Sie sich bei Ihren kleinen Helfern nach der Generalprobe und loben Sie die Kleinen, dass sie so toll mitgemacht haben. Das spornt sie an, an Ihrem großen Tag das Beste zu geben.

Kleidung der Blumenkinder

Mädchen tragen in den häufigsten Fällen weiße oder leicht rosafarbene Kleider und einen Blumenkranz, der auf das Haar gesteckt wurde. Die Jungen tragen einen Anzug kombiniert mit einer kleinen Krawatte oder einer Fliege. Vermeiden Sie allerdings übertriebenes Stylen, Herausputzen und Schminken der Kinder. Je natürlicher die Blumenkinder aussehen, desto natürlicher verhalten sie sich auch und bleiben zufrieden. Dann werden sie mit ihrer Aufgabe auch zurechtkommen.

Blumenkinder bei Laune halten

Um die Blumenkinder während der Zeremonie bei Laune zu halten, gehen Sie auf deren Bedürfnisse ein. Kinder müssen ganz plötzlich auf die Toilette oder bekommen Durst. Den Sinn, noch ein paar Minuten darauf zu warten, verstehen sie noch nicht. Engagieren Sie deshalb eine versierte Begleitperson für Ihre Blumenkinder, sofern diese ohne Eltern an der Zeremonie teilnehmen. Die Begleitperson

der Blumenkinder hat für jedes Blumenkind etwas zu trinken dabei, spricht den Kleinen Mut zu, muntert sie auf und lobt diese ganz viel. Sie verteilt vor der Zeremonie an die Kinder die Blumenkörbchen, gibt den Kindern den Startschuss für das Blumenstreuen und koordiniert den Einsatz der Kinder.
Nehmen Ihre Blumenkinder auch an der restlichen Hochzeitsfeier teil, übertragen Sie ihnen weitere kleine Aufgaben, damit sie das Interesse nicht verlieren, sich auf die Hochzeit freuen und mit Spaß dabei sind. Wenn an dem Hochzeitsauto Büchsen und Dosen befestigt werden sollen, ist das eine schöne Aufgabe für die Blumenkinder. Bei Hochzeitsspielen können sie Utensilien herbeischaffen und bei der Ausführung helfen.
Engagieren Sie eine Kinderbetreuung, die die Kleinen mit Spielen, Basteln und Musizieren bei Laune hält, damit Sie und Ihre Gäste die Zeremonie und das Fest ungestört genießen können. Schenken Sie jedem Kind eine dem Alter angepasste Überraschungstüte mit Spielzeug, Puzzlespielen oder Malsachen, damit es den Jüngsten nicht langweilig wird. Lassen Sie kindgerechtes Essen vorbereiten. Was dem erwachsenen Magen schmeckt, muss noch lange nicht bei Kindern ankommen. Denken Sie auch daran, dass Ihre kleinsten Gäste noch ihren Mittagsschlaf brauchen, und bereiten Sie einen entsprechenden Raum oder eine abgeschirmte Ecke mit Luftmatratzen, Kissen und Decken vor.

Sich bei den Blumenkindern bedanken

Vergessen Sie nicht, nach dem Fest auch Ihren kleinen Helfern zu danken. Die Kleinsten sind ganz besonders begeistert, wenn Sie sich als frisch vermähltes Paar nach der Zeremonie einen Augenblick Zeit nehmen und sich bedanken. Die Kleinen werden hingerissen sein, dass Sie sich in dem für Kinder märchenhaften Outfit einen Moment ganz ihnen allein widmen.
Eine schöne Geste ist es auch, die Blumenkinder beim Anschneiden der Torte als Erste zu versorgen.

Sie können den Kindern nach der Hochzeit auch ein Geschenk als bleibende Erinnerung an diesen Tag zukommen lassen.

Ringträger

Erklärt sich ein junger Verwandter, der nicht älter als zwölf oder dreizehn Jahre alt sein sollte, bereit, die Eheringe in der Kirche vor der Braut zum Altar zu tragen, haben Sie einen Ringträger angeheuert. Damit wird der Trauzeuge einer Aufgabe entledigt. Er ist in dem Fall nicht mehr für das Aushändigen der Ringe zuständig. Damit im entscheidenden Moment nichts schiefgeht und der kleine Rabauke mit Ihren Ringen keinen Unsinn anstellt, binden Sie diese vorher am Ringkissen fest. Schließlich wollen Sie nicht, dass die Ringe durch die Kirchenreihen kullern und alle Gäste unter die Sitze kriechen müssen.

Am besten, Sie bitten den Ringträger mit zur Generalprobe für die Blumenkinder.

BLUMENETIKETTE

Schmückende und zierende Blumen zu tragen ist nicht allein ein Privileg der Braut. Neben dem obligatorischen Brautstrauß haben Sie noch viele Möglichkeiten, Ihre Hochzeit mit Blumen zu verschönern. Wer und was geschmückt werden soll, hängt vordergründig von Ihren persönlichen Wünschen und dem vorhandenen Budget ab. Bedenken Sie allerdings, dass Sie alle Personen, die Sie mit Sträußchen und Ansteckschmuck privilegieren, gegenüber der übrigen Hochzeitsgesellschaft hervorheben. Treffen Sie deshalb Ihre Auswahl mit Bedacht, vergessen Sie keine Ihnen wichtige Person und stoßen Sie niemanden vor den Kopf. Wollen Sie nicht auf Blumenschmuck an Ihren Gästen verzichten und außerdem alle Gäste gleich behandeln, steht es Ihnen natürlich frei, alle Gäste mit den gleichen Blumenaccessoires auszustatten.

Denken Sie bei der Blumenauswahl für sich selbst und Ihre Gäste auch an Allergiker. Falls Sie oder jemand in Ihrem engsten Freundes- und Familienkreis unter Heuschnupfen leidet, verzichten Sie lieber auf »verdächtige« Blumen und Blüten. Schließlich möchten Sie weder sich noch Ihren Gästen zumuten, den ganzen Tag niesend herumzulaufen.

Dekorieren Sie Ihre Hochzeit so blumig, wie es Ihnen beiden gefällt. Um sich einen ersten Überblick über mögliche Blumendekorationen zu verschaffen, sei der Blick in Garten- und Hochzeitszeitschriften und Blumenbücher empfohlen. Ehe Sie sich für konkrete Blumensorten entscheiden, legen Sie die Stilrichtung Ihrer Blumendekoration fest. Mögen Sie lieber romantische Blumenarrangements, oder bevorzugen Sie minimalistischen Blumenschmuck? Denken Sie dabei

an den Stil Ihrer Hochzeit und das Aussehen des Hochzeitskleides. Orientieren Sie sich auch an den Räumlichkeiten, die geschmückt werden sollen. Entscheiden Sie sich für Blumenarrangements, die zum jeweiligen Ambiente passen.
Eine passende und kontinuierliche Farbgestaltung sollte sich auch bei der Auswahl des Blumenschmucks erkennen lassen. Versuchen Sie, so wenig unterschiedliche Farben wie möglich zu kombinieren. Ein Hochzeitsfest, das nur mit ein bis drei Farben dekoriert ist, sieht eindrucksvoller aus als ein buntes Blümchenmeer.
Bestellen Sie die Blumenarrangements nicht bei unterschiedlichen Floristen. Die Blumendekoration in eine Hand zu geben, garantiert ein einheitliches Bild für sämtliche Hochzeitsdekorationen. Es ist sehr hilfreich, wenn Sie zur Vorbesprechung Bilder und Fotos mitbringen, die Ihren Vorstellungen nahekommende Blumenarrangements zeigen. Vergessen Sie auch nicht, Fotos von der Kirche, dem Restaurant und natürlich vom Hochzeitskleid mitzubringen. Ein sehr guter Florist wird mit Ihnen sogar Vor-Ort-Termine in der Kirche und bei Bedarf auch in der Räumlichkeit für die anschließende Feier vereinbaren, um mit Ihnen die passenden Blumen auszuwählen.

Braut und weibliche Gäste

Das Thema Blumenschmuck ist vor allem für die Braut von großer Bedeutung, denn sie darf sich an dem aufwändigsten Blumenschmuck erfreuen.

Brautstrauß

Der Brautstrauß stellt am Hochzeitstag neben Ihrem Brautkleid Ihre Grundausstattung dar. Es ist traditionell Aufgabe des Bräutigams, den Brautstrauß zu organisieren und zu bezahlen. Am Hochzeitsmorgen lässt er den Strauß seiner Zukünftigen durch einen Boten zustellen, oder er bringt ihn zur Trauung mit und lässt ihn von einer der Brautjungfern oder der Trauzeugin an seine Braut überreichen. Entscheiden Sie sich für diesen alten Brauch, müssen Sie als Braut Ihrem Zukünftigen so präzise wie möglich beschreiben, welche Blumen, Farben und Form des Bouquets Sie sich wünschen. Schließlich wollen Sie vermeiden, dass der Bräutigam einen Brautstrauß besorgt, der überhaupt nicht nach Ihrem Geschmack ist und auch nicht zu Ihrem Kleid passt. Das Kleid bekommt nämlich nach alter Tradition Ihr Zukünftiger nicht vor der Trauung zu Gesicht und kann sich bei der Wahl des Brautstraußes einzig an Ihrer Beschreibung orientieren. Wollen Sie lieber auf Nummer sicher gehen, nehmen Sie diese Regel nicht ganz so ernst. Suchen Sie den Blumenstrauß zusammen beim Floristen aus und besprechen mit diesem den Strauß, damit er auch wirklich zum Hochzeitskleid und zur restlichen Dekoration passt. Ihr Bräutigam kann die Tradition zumindest dadurch wahren, dass er den Strauß allein abholt und Ihnen an Ihrem großen Tag schenkt. Hat Ihre Braut den Brautstrauß ausgesucht und weiß sie, was sie erwartet, überraschen Sie als Bräutigam Ihre Liebste, indem Sie Ihr am Hochzeitsmorgen unerwartet und zusätzlich zum Brautstrauß einen Strauß rote Rosen zukommen lassen.

Suchen Sie sich einen guten Floristen. Verlassen Sie sich weniger auf die Gelben Seiten als auf persönliche Empfehlungen. Fragen Sie Ihren Floristen nach Fotos von bisher gesteckten Brautsträußen und Modellen. Nutzen Sie diese als Basis für die eigene Komposition. Ein perfekter Brautstrauß sollte das Kleid der Braut dekorativ unterstützen, aber auch zu den Farben des Hochzeitsanzuges passen. Lassen Sie den Brautstrauß proportional zu Ihrer Körpergröße und Ihrem Hochzeitskleid anfertigen. Damit Pollenflecken kein Malheur auf dem Hochzeitskleid anrichten können, bitten Sie Ihren Floristen, die Staubblätter der Blüten im Hochzeitsstrauß zu entfernen. Besonders Liliengewächse sorgen immer wieder für böse Überraschungen auf den edlen Stoffen.

Heiraten Sie standesamtlich und kirchlich, lassen Sie zwei unterschiedliche Sträuße binden, einen für das Standesamt und einen für die Kirche. Der Strauß für das Standesamt ist meist etwas kleiner und weniger prächtig als der Strauß für die Kirche. Er ist ebenfalls ein Geschenk des Bräutigams. Vor allem, wenn Ihre Garderobe für beide Termine keine Kompromisse zulässt, sind zwei Sträuße Pflicht. Leben Sie in einer Region, in der der Brauch des Brautstraußwerfens noch gepflegt wird, überlegen Sie, ob Sie einen Zweitstrauß anfertigen lassen. Oft ist der Braut ihr Originalbrautstrauß für das Brautstraußwerfen zu schade. Vielleicht möchten Sie ihn unversehrt aufbewahren oder trocknen? Lassen Sie deshalb von Ihrem Bräutigam den gleichen Strauß noch einmal – in einer etwas kleineren Ausführung – beim Floristen in Auftrag geben. Dieses Double können Sie dann ohne Reue in die Menge werfen.

Weißer Brautstrauß

Ein weißer Brautstrauß hat den großen Vorteil, dass er zu allen Jahreszeiten passt, und wird vor allem von Bräuten gewählt, die es besonders romantisch mögen. Die meisten Bräute wählen für ihr Bouquet weiße Rosen. Aber auch Orchideen, herrlich duftende Freesien, Maiglöckchen, Trompetenlilien oder Margeriten kreieren einen prachtvollen weißen Brautstrauß. Wenn Sie ein weißes Bouquet wählen, achten Sie darauf, dass es farblich zu Ihrem Brautkleid passt. Ein schneeweißer Brautstrauß ist bei einem creme- oder elfenbeinfarbenen Brautkleid keine gute Wahl. Umgekehrt passt zum schneeweißen Hochzeitskleid kein cremefarbener Brautstrauß.

Farbiger Brautstrauß

Der Brautstrauß kann die Lieblingsblumen und -farben der Braut enthalten, aber auch andere Farbkombinationen, die sich an der Farbe des Brautkleides oder der farblichen Gestaltung der Einladungskarten orientieren. Welche Blumen Sie für Ihren Brautstrauß auswählen, wird allein durch Ihre persönlichen Vorlieben und Ihren individuellen Geschmack bestimmt. Natürlich hat auch die Jahreszeit einen Einfluss auf das Blumenangebot. Im Frühjahr werden Sie zarte Pastelltöne bevorzugen. Während der Sommer von kräftigen Farben geprägt wird, bestimmen in der kalten Jahreszeit warme Farben und grüne Akzente das Bild.

Für welche Blumen Sie sich auch entscheiden, es muss ein atemberaubendes Bouquet aus Blumen, Blättern oder Rispen werden. Um dem Brautstrauß eine noch persönlichere Note zu geben, können Sie Blumen auch nach ihrer Symbolik aussuchen. Die spezielle Bedeutung einzelner Blumen und eine Empfehlung für passende Kombinationen erläutert Ihnen Ihr Florist.

Bindeformen

Für das Binden des Brautstraußes gibt es mehrere Techniken. Wählen Sie zwischen einem handgebundenen Strauß, einem drahtgebundenen Arrangement und einem Bouquet auf einem sogenannten Bridy, einer Haltevorrichtung. Den handgebundenen Brautstrauß halten Sie an den Blumenstängeln. Achten Sie deshalb darauf, dass Sie Blumen wählen, deren Stängel fest genug sind. Wenn Sie zu Ihrem Brautkleid Handschuhe tragen, ist diese Bindeform nicht geeignet, da die Stängel der Blumen meistens abfärben. Beim drahtgebundenen Brautbouquet wird jede Blume einzeln auf Eisendraht gezogen, wodurch auch schwerere Blumen oder solche mit weichem Stängel in den Strauß eingearbeitet werden können. Der Strauß wird im Griffbereich mit einem Band zusammengehalten, sodass die Stängel nicht abfärben und die Handschuhe schmutzig machen können. Der Bridy ist eine Tragevorrichtung aus Kunststoff oder Metall, auf der eine Schaumstoffkugel befestigt wird, in die die Blumen hineingesteckt werden. Zwar müssen Sie sich nicht mit abfärbenden Stängeln plagen, allerdings dürfen die Blumen für diese Technik nicht zu groß und zu schwer sein. Außerdem lässt sich ein Brautstrauß, der auf einem Bridy arrangiert ist, nicht zur späteren Aufbewahrung trocknen. Überlegen Sie grundsätzlich, sich einen nicht zu langstieligen Strauß binden zu lassen. Der Vorteil eines kürzeren Straußes besteht darin, dass er später in einer Vase auf der Hochzeitstafel neben dem Gedeck der Braut stehen kann, ohne wie ein üppiges Gebinde ständig im Weg zu sein und die Sicht zu verstellen.

Kopfschmuck für die Braut

Möglicherweise entscheiden Sie sich als Braut auch für Blumen als Kopfschmuck. Zum einen stellt der Myrtenkranz im Haar neben dem Schleier schon seit dem Altertum eine typische Kopfbedeckung für die Braut dar. Zum anderen sind Blumen im Haar nicht nur ein schöner Schmuck, sondern können auch die Befestigung des Schleiers diskret verdecken. Sofern Sie sich für Blumen im Haar entscheiden, achten Sie darauf, dass dafür ausschließlich Blumen verwendet werden, die auch im Brautstrauß vorkommen. Das wirkt edel.

Blumenschmuck für weibliche Gäste

Es ist eine schöne Geste, die beiden Mütter von Braut und Bräutigam durch einen besonderen Blumenschmuck hervorzuheben. Lassen Sie dabei auch Stief- und Adoptivmütter, Groß- und Urgroßmütter nicht außen vor. Sie erweisen ihnen mit speziellem Blumenschmuck eine ganz besondere Ehre und Wertschätzung, die sie selbstverständlich verdient haben. Arm- oder Halsschmuck aus Blumen eignet sich dafür ebenso wie ein außergewöhnlich schönes Ansteckarrangement, für die die Damen allerdings den Stoff ihrer festlichen Kleidung durchstechen müssen und eventuell beschädigen. Entscheiden Sie sich trotz dieser Tatsache für eine Ansteckblume, tragen die weiblichen Gäste die einzelne Blume mit dem Stiel nach unten. Es ist Brauch, die Ansteckblume auf der linken Seite anzubringen.

Andere, Ihnen ebenfalls wichtige Gäste, wie Ihre Trauzeugin oder die Brautjungfern, können Sie jeweils mit einem Strauß, der kleiner und weniger opulent als der Brautstrauß ist, ausstatten. Bestellen Sie die Sträuße in unterschiedlichen Größen. Der Strauß für Ihre Trauzeugin sollte dabei etwas größer ausfallen als für die Brautjungfern. Sie unterstreichen damit die besondere Rolle Ihrer Trauzeugin. Sie erreichen das Gleiche, indem Sie für den Strauß Ihrer Trauzeugin eine besondere Farbkomposition auswählen, die sich nirgendwo wiederholt, oder sogar für deren Strauß einige Blumensorten auswählen,

die in Ihrem eigenen Brautstrauß enthalten sind. Sie bringen damit eine besondere Wertschätzung zum Ausdruck, die Sie Ihrer Trauzeugin am Hochzeitstag vielleicht gern zeigen möchten.
Selbstverständlich lassen Sie für Ihre Brautjungfern Sträuße anfertigen, die hinsichtlich Größe und Farbzusammensetzung identisch sind. Schließlich wollen Sie unter den Jungfern keinen Unmut oder Neid schüren.
Blumen als Haarschmuck sind bei Trauzeugin und Brautjungfern ebenfalls gestattet, aber auch hier weniger üppig als bei der Braut. Sie können die Damen auch mit Ansteckblumen ausstatten. Aber auch hier sind Sie wieder mit dem Problem konfrontiert, dass die Damen dafür in ihren festlichen Zwirn stechen müssen.

Übergeben Sie den Blumenschmuck stilvoll

Sie zeigen ein besonderes Gespür für Wertschätzung und stilvolles Verhalten, wenn Sie am Hochzeitsmorgen den Blumenschmuck für die Damen, die eine besondere Rolle in Ihrem Leben und am Hochzeitstag spielen, selbst übergeben. Kommen sowohl der Hochzeitstrauß als auch der Blumenschmuck am Hochzeitsmorgen in einer Lieferung, ist es zudem eine schöne Geste, wenn Sie Ihrer Mutter, Schwieger- und Großmutter sowie der Trauzeugin und den Brautjungfern den Vortritt überlassen und zuerst den jeweils vorgesehenen Blumenschmuck anbieten, ehe der Brautstrauß entnommen wird. Es ist sicher ein ganz besonderer Moment, an den sich Ihre wichtigsten weiblichen Gäste immer erinnern werden.

Bräutigam & männliche Gäste

Auch der Bräutigam bleibt bei seiner Hochzeit nicht ungeschmückt. Er sollte seinen Blumenschmuck dezent und passend zum floralen Stil seiner Braut wählen.

Reversschmuck für den Bräutigam

Als Ansteckschmuck für den Bräutigam dient traditionell eine einzelne Blüte oder Blume, die am Revers festgesteckt wird. Der Reversschmuck kann auch aus mehreren Blumen komponiert werden und aus einigen zusammengefassten Blüten bestehen.

Der Reversschmuck orientiert sich an den Blumen des Brautstraußes. Finden sich im Ansteckschmuck des Bräutigams die gleichen Blumen wie im Brautstrauß wieder, wirkt der Blumenschmuck sehr edel. Aber auch Kontrastfarben der gleichen Blumensorte sind sehr effektvoll. Achten Sie in jedem Fall darauf, dass sich die Ansteckblume des Bräutigams von denen der Hochzeitsgäste unterscheidet, sofern Sie diese ebenfalls mit Reversschmuck ausstatten.

Denken Sie auch daran, dass der Bräutigam nach der Zeremonie von vielen Gästen umarmt wird und das Reversgesteck leidet. Besonders zarte Blüten sind sehr anfällig, sehen schnell welk aus und knicken leicht. Bestellen Sie deshalb beim Floristen ein zweites Gesteck, dass Sie nach dem Umarmungsmarathon anstecken können. Beherzigen Sie diesen Hinweis vor allem dann, wenn Sie nach der Zeremonie aufwändige Hochzeitsfotos anfertigen lassen.

Reversschmuck für männliche Gäste

Ob Sie an die weitere Hochzeitsgesellschaft, wie Trauzeugen, Familienmitglieder und alle anderen Gäste, Ansteckblumen verteilen lassen, bestimmen Sie ganz allein. Sicher wird Ihre Entscheidung auch von regionalen Gepflogenheiten abhängen. Ein Zeichen Ihrer

Wertschätzung ist es, wenn Sie den Vätern von Braut und Bräutigam, auch Stief- und Adoptivvätern sowie den Großvätern einen besonderen Reversschmuck anlegen lassen.
Einem männlichen Trauzeugen wird die gleiche Blüte wie dem Bräutigam ans Revers gesteckt, um seine besondere Stellung am Hochzeitstag hervorzuheben. Das Arrangement kann etwas kleiner als das des Bräutigams ausfallen, muss aber nicht. Auch alle anderen Herren der Hochzeitsgesellschaft können eine kleine Blüte am Revers tragen. Eine einzelne Blume wird von den Männern mit dem Stiel nach unten getragen. Es ist Brauch, dass die Ansteckblume immer links angebracht wird.

Blumenkinder und Ringträger

Mädchen mit Blumenkränzen im Haar sehen niedlich aus. Die ganz Kleinen, die zwar bei den Blumenkindern mitlaufen, aber noch zu jung sind, um selbst Blumen zu streuen, werden beim Einzug in die Kirche ihre Hände frei haben. In einer Hand können sie einen Blumenkranz oder ein Biedermeiersträußchen halten.
Auch die kleinen Blumenjungen und der Ringträger bekommen wie die Erwachsenen Blumen zum Anstecken. Das sieht sehr festlich aus. Die Körbe der Blumenkinder werden voll und bunt gefüllt. Neben Blumenköpfen, Blütenblättern und Blumenblättern eignen sich je nach Jahreszeit auch kleine Blumen mit Stängel. Ihr Florist kann Sie hierzu bestens beraten.

Raumschmuck und Fahrzeug

Neben dem Hochzeitspaar und den Hochzeitsgästen können Sie mit Blumenschmuck aber auch den Räumlichkeiten, in denen Sie feiern, und den Transportmitteln eine feierliche Note verleihen.

Kirchenschmuck

Sie erzielen eine große Wirkung, wenn Sie die Kirche, das Gemeindehaus oder den Empfangsraum mit Blumen schmücken. Allerdings ist dies kein Muss. Verwenden Sie für die Dekoration die gleichen Blumen wie im Brautstrauß. Damit zieht sich deren Symbolik harmonisch durch die gesamten Hochzeitsfestivitäten und vermittelt ein einheitliches Bild.
Entscheiden Sie sich für Blumen in der Kirche, wird vor allem der Altarbereich geschmückt. Große Gebinde finden ihren Platz direkt auf dem Altar und zu seinen beiden Seiten. Für die an der Trauung teilnehmenden Hochzeitsgäste können die reservierten Bankreihen mit kleineren Blumensträußen im Gangbereich gekennzeichnet werden. Solche kleineren Sträuße können auch an einem Platz links und rechts am Ausgang aufgestellt werden. Ihr Pfarrer hat Erfahrung und gibt gern Auskunft über die Gepflogenheiten in seiner Kirche.

Strauß für das Familiengrab

Es ist übrigens eine schöne Geste, wenn Sie mit dem Brautstrauß auch einen hübschen Strauß für das Grab verstorbener Angehöriger bestellen, den Sie am Abend vor der Hochzeit ans Grab stellen oder am Tag der Hochzeit durch einen Boten ans Grab bringen lassen. Damit erweisen Sie auch Ihren Liebsten die Ehre, die an Ihrem großen Tag nicht mehr unter Ihnen weilen können.

Tisch- und Raumdekoration

Wenn Sie in einem Restaurant oder Hotel feiern, sprechen Sie die Tischgestecke und die florale Ausgestaltung des Raumes mit Ihrem Gastronom frühzeitig ab. Sollten Sie Ihren Hochzeitsstrauß und den weiteren Blumenschmuck nach Fotovorlagen anfertigen lassen, ist es praktisch, diese Fotos auch dem Restaurant vorzulegen. So stellen

Sie sicher, dass die Tischdekoration tatsächlich Ihren Wünschen und Farbvorstellungen entspricht und Ihre Blumendekoration ein einheitliches Bild vermittelt.
Wählen Sie die Tischdekoration so, dass sich die Gäste über den Tisch hinweg sehen und unterhalten können, ohne sich die Hälse verrenken zu müssen. Entscheiden Sie sich deshalb für hochstielige Kompositionen, damit die Gäste unten durchschauen können, oder für ganz flachen Blumenschmuck.

Hochzeitsfahrzeug

Blumenschmuck für das Fahrzeug ist kein Muss. Entscheiden Sie je nach Geschmack und dem zur Verfügung stehenden Budget. Beim Hochzeitsauto wird das Bouquet mithilfe eines Magneten auf die Kühlerhaube des Hochzeitsfahrzeuges geheftet. Je nach Wagentyp und dessen Farbe wählen Sie den Blumenschmuck aus. Bei langsamen Fahrten durch Ortschaften hält das Bouquet dem Fahrtwind in der Regel stand. Bei längeren und schnelleren Fahrten verstauen Sie das Blumenarrangement lieber im Kofferraum und holen es kurz vor dem Ziel wieder heraus.

Hochzeitsbräuche mit Blumen

Besonders schöne Hochzeitsbräuche verbinden sich mit Blumen. Ob Blumenstreuen in der Kirche oder das Werfen des Brautstraußes – mit Blumen verleihen Sie Ihrem Fest eine feierliche und trotzdem fröhliche Note.

Blumenstreuen

Mit dem ursprünglichen Brauch des Blumenstreuens sollten die vor der Braut gestreuten Blumen die Fruchtbarkeitsgöttin anlocken und

dem Brautpaar einen reichen Kindersegen bescheren. Je nach Ihrem persönlichen Geschmack und regionalen Gepflogenheiten streuen die Blumenkinder Blumen bereits beim Einzug in die Kirche, erst nach dem Jawort oder sowohl beim Einzug in die Kirche als auch beim Auszug.
Während die Kinder beim Einzug der Braut und deren Begleitung vorangehen, streuen sie die schmückenden Blumen auf den Weg. Beim Auszug des Brautzuges aus der Kirche bereiten sie dem Brautpaar einen bunten Teppich aus vielen kleinen Blumen.

Brautstraußwerfen

In einigen Regionen hat der alte Brauch des Brautstraußwerfens überlebt. Die Braut wirft ihren Strauß oder einen Zweitstrauß in die Schar der weiblichen, unverheirateten Gäste. Sie steht dabei mit dem Rücken zu den fangenden Gästen und darf sich beim Straußwurf nicht umsehen. Diejenige, die den Strauß fängt, ist angeblich die nächste Hochzeitsanwärterin. Ein kleines Nachhelfen ist Ihnen als Braut natürlich erlaubt. So können Sie den Strauß in eine bestimmte Richtung werfen und die Wurflänge mit etwas Geschick manipulieren.

Mögliche Zeitpunkte für das Brautstraußwerfen bieten sich nach dem Eröffnungswalzer, beim Mitternachtstanz oder wenn Sie als Brautpaar das Fest zu fortgeschrittener Stunde verlassen, weil Sie in die Flitterwochen aufbrechen oder Ihre Hochzeitsnacht genießen wollen. Viele Bräute werfen den Brautstrauß auch gleich nach der Trauung noch vor der Kirche rückwärts unter die umstehenden unverheirateten Frauen.
Heiraten Sie standesamtlich und kirchlich, empfiehlt es sich, den Strauß nur einmal – und zwar am Tag der kirchlichen Hochzeit – zu werfen.

DER GROSSE TAG

Einige Paare entscheiden sich dafür, die standesamtliche und kirchliche Trauung an unterschiedlichen Tagen stattfinden zu lassen oder überhaupt nur eine Trauung einzuplanen. Oft findet die standesamtliche und die kirchliche Trauung allerdings am selben Tag statt: die standesamtliche vormittags und die kirchliche entweder auch vormittags oder mittags, nachmittags oder am Abend.

Bleibt zwischen standesamtlicher und kirchlicher Trauung Zeit, kann in dieser Zeit bei den Brauteltern ein Sektfrühstück für die Teilnehmer an der standesamtlichen Trauung stattfinden. Wenn die kirchliche Trauung erst nachmittags oder am Abend stattfindet, kann dieser Gästekreis auch zu einem Mittagessen im Haus der Brauteltern oder in einem Restaurant eingeladen werden.

Nach der kirchlichen Trauung findet das Hochzeitsessen statt. Das kann – je nach Tageszeit der kirchlichen Trauung – in Form eines Mittagessens bei den Brauteltern oder in einem Restaurant abgehalten werden, oder Sie laden zu einem festlichen Abendessen oder bei sehr vornehmen Hochzeiten zu einem Bankett mit anschließendem Ball ein.

Bei einer Hochzeit mit einem großen Abendessen können Sie für 11 oder 12 Uhr zur kirchlichen Trauung mit anschließender kurzer Gratulation vor der Kirche laden. Danach wechselt die Hochzeitsgesellschaft zum Empfang, zu welchem nur Gäste gehen können, die eingeladen sind. Der Empfang sollte zwischen 16 und 17 Uhr enden, sodass noch genügend Zeit zum Umziehen und Zurechtmachen für den Abend bleibt. Zum Dinner mit Aperitif wird um 19 Uhr geladen, das heißt, ab 19 Uhr gibt es erneut einen kleinen Empfang vor dem

Essen. 20 Uhr beginnt schließlich das eigentliche Hochzeitsfest mit Essen, Reden und Tanz.

Am Hochzeitsmorgen

Der Schlüssel für eine perfekte Etikette am Hochzeitsmorgen liegt darin, dass alle zur rechten Zeit erscheinen, ausgestattet mit den notwendigen Utensilien für den Hochzeitstag, in bester Feierlaune, aber dennoch mit dem nötigen Respekt vor dem bevorstehenden feierlichen Akt.

Mit Rücksicht auf all Ihre Gäste, die pünktlich zur Trauung erscheinen werden, ist es essenziell, dass Sie sich an den für Frühstück, Frisur, Make-up, Ankleiden und Abfahrt festgelegten Zeitplan halten. Nehmen Sie sich sowohl als Braut als auch als Bräutigam bei all der Hektik am Hochzeitsmorgen einen Augenblick Zeit, um sich bei Ihren Eltern, Geschwistern und engsten Freunden, die sicherlich um Sie herum sein werden, für die Unterstützung zu bedanken.

Die kommenden Eindrücke werden so geballt auf Sie niederprasseln und an Ihnen fast wie im Traum vorüberziehen, dass Sie sich möglicherweise im Nachhinein gar nicht mehr an viele Einzelheiten erinnern können. Bitten Sie deshalb sowohl als Braut als auch als Bräutigam vor Ihrer Abfahrt eine Person, die Sie sehr gut kennt und den ganzen Tag umgeben wird, Sie im weiteren Verlauf des Tages auf besonders markante Eindrücke hinzuweisen. Das können der Duft eines Blumengestecks, der Geschmack einer bestimmten Speise beim Hochzeitsessen, die süßen Blumenkinder oder ein besonders schön tanzendes Paar sein. Je besser die betreffende Person Sie kennt, desto treffsicherer wird Sie diese auf Details hinweisen, die Ihnen gefallen und an die Sie sich gern erinnern werden.

Haare, Make-up & Co.

Haben Sie sich als Braut entschieden, Haare und Make-up auswärts richten zu lassen, terminieren Sie so, dass Sie mindestens eine halbe Stunde vor den anderen weiblichen Hochzeitsgästen, die sich ebenfalls stylen lassen möchten, im Salon erscheinen. Sie sind der Mittelpunkt. Nehmen Sie sich deshalb die Zeit, die Sie für Haare, Make-up und Maniküre brauchen – und zwar in einer entspannten Atmosphäre, allenfalls umgeben von Ihren engsten Vertrauten.

Werden Sie bei Ihrer Hochzeit Brautjungfern dabeihaben, bestellen Sie diese entweder alle in den Salon, in dem Sie für Ihren großen Auftritt hübsch gemacht werden, oder überlassen es diesen, wo sie sich zurechtmachen lassen. Sie können sich von Ihren Brautjungfern wünschen, dass alle mit einer bestimmten Frisur zum Hochzeitsfest erscheinen. Sofern es die Haarlänge einer jeden Einzelnen zulässt, werden diese sicher gern Ihrem Wunsch nachkommen. Ob Sie in diesem Fall Ihren Brautjungfern die Kosten für den Friseurbesuch zahlen oder nicht, bleibt ganz Ihnen allein überlassen. Von Ihnen erwartet wird es allerdings nicht.

Denken Sie beim Verlassen des Salons an die Trinkgelder. Berücksichtigen Sie nicht nur den oder die Stylisten, sondern auch jene, die Ihnen die Haare gewaschen, Champagner oder Frühstück gebracht haben. Ob Sie sich an die althergebrachte Regel halten wollen, nie einem Chef ein Trinkgeld zu zahlen, entscheiden Sie selbst. Möglicherweise laufen Sie Gefahr, von einer mit der Regel nicht vertrauten Person als »knickerig« eingestuft zu werden. Schlimmstenfalls könnte Ihnen bei einem Verzicht auf ein Trinkgeld unterstellt werden, Sie seien mit einer vom Chef persönlich erbrachten Leistung nicht zufrieden gewesen.

Haben Sie sich dafür entschieden, sich zu Hause stylen zu lassen, richten Sie ein extra Zimmer ohne Durchgangsverkehr ein. Dieser Raum ist ausschließlich für Sie vorgesehen, schließlich brauchen Sie Ruhe für den bevorstehenden Tag und kein aufgebrachtes Geschnatter.

Fotos

Haben Sie, die Braut, für den Vormittag einen Fotografen bestellt, der vor der Trauung von Ihnen Fotos schießen soll, informieren Sie diesen, dass Sie ein sehr knappes Zeitfenster und keine Zeit für extravagante Einstellungen haben. Geben Sie eine fixe Uhrzeit vor, zu der die Fotos im Kasten sein müssen, da Sie dann abgeholt werden. Sofern Sie den Fotografen nicht schon vorher instruiert haben, welche Einstellungen Sie wünschen, beschreiben Sie kurz Ihre Wünsche.

Vor der Abfahrt

Nach einem allerletzten Blick auf Ihre Frisur und Ihr Make-up, greifen Sie als Braut Ihre Handtasche mit Ihren Notfallutensilien, die Sie schon am Vortag bestückt haben. Um für alle Eventualitäten gerüstet zu sein, sollten Sie ein paar nützliche Dinge dabei haben: Papiertaschentücher gegen Freudentränen, Make-up, Puder und Deo zum Frischmachen. Empfehlenswert sind auch ein paar Ersatzstrumpfhosen oder zumindest ein farbloser, schnell trocknender Nagellack, um damit Laufmaschen zu stoppen. Vergessen Sie auch nicht, einen Powerriegel mit viel Zucker einzupacken, falls eine Unterzuckerung naht. Auch ein paar Kopfschmerztabletten können im Notfall sehr willkommen sein.

Sofern Sie Präsente vorbereitet haben, stecken Sie sowohl als Braut als auch als Bräutigam Ihre Geschenke für Ihren Partner, Ihre Trauzeugen und eventuell weitere Personen eine. Eine schöne Geste ist es auch, wenn Sie als Bräutigam vor der Abfahrt noch einmal Ihre Braut anrufen und Ihre Liebe und Ihre Freude auf den heutigen Tag beteuern. Jetzt ist es Zeit, dass Sie als Braut Ihren Brautstrauß erhalten. Entweder lässt ihn der Bräutigam am Hochzeitsmorgen durch einen Boten schicken und Sie nehmen ihn in Empfang. Oder eine der Brautjungfern, Ihre Trauzeugin, Ihre Mutter oder Schwester überreicht Ihnen den Strauß.

Als Bräutigam vertrauen Sie Ihrem Trauzeugen die Eheringe an oder stecken diese selbst ein. Vergewissern Sie sich lieber zweimal, dass die Ringe eingesteckt sind. Es wäre nicht das erste Mal, dass ein Bräutigam auf seine Jackentasche zeigte und die Ringe waren gar nicht dort, sondern im Bad, auf dem Garderobenschrank oder sonst wo.
Soll Ihr Trauzeuge nach der Trauung die Geldumschläge für die Gemeinde und den Organisten überreichen, vergessen Sie nicht, diese einzustecken beziehungsweise schon jetzt Ihrem Trauzeugen zu übergeben.

Fahrt zum Ort der Trauung

Egal, ob Sie sich auf den Weg zur standesamtlichen Trauung oder in die Kirche machen, können Sie sich als Braut traditionell von Ihrem Vater abholen lassen. Selbst der neue Mann oder Lebensgefährte der Brautmutter kann die Aufgabe des Abholens übernehmen, sofern er ein gutes Verhältnis zu Ihnen hat und Ihr leiblicher Vater für die Aufgabe nicht zur Verfügung stehen kann. Aber auch Ihr Bruder, ein enger Freund oder ein männlicher Trauzeuge kann den Transport übernehmen. Terminieren Sie Ihre Abfahrt so, dass Sie nicht mehr als fünf Minuten vor Beginn der Trauung am Ort des Geschehens ankommen.
Heutzutage fahren sogar Väter und Mütter mit ihren Töchtern gemeinsam zum Ort des Geschehens. Als Braut können Sie selbstverständlich auch Ihre Trauzeugin und die Blumenkinder mitnehmen, sofern Sie alle Platz im Auto finden.
Sind Ihre Eltern geschieden oder getrennt und haben Sie mit den neuen Partnern nichts oder nicht viel zu tun, sitzen entweder Ihr Vater und Ihre Mutter – sofern diese sich vertragen und Ihnen mit dem gemeinsamen Auftritt eine Freude machen wollen – im Wagen oder nur einer Ihrer Elternteile ohne den neuen Partner. Holt Sie ein leiblicher Elternteil ab, der vom anderen Elternteil getrennt ist, ist es eine Frage der Höflichkeit, dass der neue Partner nicht mit im selben Auto sitzt. Das wäre ein Affront gegen den anderen leiblichen Elternteil.

Zukünftige Ehemänner lassen sich sehr gern von Ihrem Trauzeugen abholen. Planen Sie ein, dass Sie als Bräutigam mit Ihrem Trauzeugen etwa 30 Minuten vor der Trauung an der Kirche sind. So haben Sie noch genügend Zeit, die Ringe bei einer katholischen Trauung in der Sakristei abzugeben oder schon anwesende Gäste zu begrüßen. Es steht Ihnen als Paar aber auch frei, gemeinsam zur Kirche zu fahren, wo Sie etwa fünf bis zehn Minuten vor der Trauung ankommen sollten. Allerdings nehmen Sie dadurch dem Bräutigam den überwältigenden Moment, den er sonst erleben würde, wenn er – am Altar stehend – die Braut beim Einzug in die Kirche zum ersten Mal in ihrem wunderschönen Hochzeitskleid erblickt.

Placement im Auto

Je nachdem, wer das Fahrzeug steuert, das Sie zur Kirche oder zum Standesamt bringen soll, gelten unterschiedliche Sitzordnungen. Haben Sie an diesem Tag einen Chauffeurservice gemietet und fahren getrennt von Ihrem zukünftigen Ehepartner an den Ort des Geschehens, dann ist der wichtigste Platz in Fahrtrichtung hinten rechts. Dort nehmen Sie als Braut oder Bräutigam Platz. Neben Ihnen links nimmt die Person Platz, die von den weiteren Mitfahrenden am ranghöchsten ist. Das kann bei der Braut der Vater, die Mutter, Bruder, Schwester oder die Trauzeugin sein. Beim Bräutigam wird es in der Regel der Trauzeuge oder Bruder sein. Den Platz vorn neben dem Fahrer können Sie für eine weitere Person vorsehen oder leer lassen. Zur Not können Sie aus Platzgründen auch auf der hinteren Sitzbank noch eine dritte Person in die Mitte »quetschen«. Dieser Platz ist der rangniedrigsten Person vorbehalten.

Chauffiert Sie ein Verwandter oder enger Bekannter, sieht das Ganze schon etwas anders aus. Wird die Braut beispielsweise von ihrem Vater oder Bruder gefahren und es befindet sich kein weiterer Passagier im Auto, kann sie auf dem Beifahrersitz Platz nehmen. Das Gleiche gilt für den Bräutigam, wenn er von einem engen Freund oder Verwandten gefahren wird. Alle weiteren Mitfahrer müssen im Fond Platz nehmen, wobei der Platz hinten rechts hinter dem Beifahrersitz wichtiger ist als der hintere linke Platz.

Haben Sie sich entschieden, als Brautpaar zusammen zu fahren und kommen Sie in den Genuss eines Chauffeurservice, dann sitzen Sie beide auf den hinteren Sitzen, und zwar die Braut auf der rechten Seite und der Bräutigam auf der linken Seite. Der Beifahrersitz bleibt frei, es sei denn, Sie nehmen noch eine weitere Person mit. Diese sitzt dann auf dem Beifahrerplatz. Für den ungewöhnlichen Fall, dass Sie als Braut und Bräutigam selbst und zusammen fahren, sitzen Sie selbstverständlich beide vorn, einer von Ihnen steuert den Wagen, und der andere nimmt auf dem Beifahrersitz Platz. Die hintere Reihe können Sie auch hier wieder frei lassen oder mit Trauzeugen, Geschwistern oder Blumenkindern füllen.
Es wird grundsätzlich rechts vorgefahren. Der Fahrgast, der hinten links sitzt, sollte auch auf der linken Seite aussteigen können und nicht »durchrutschen« müssen. Bräutigam, Brautvater, Trauzeuge oder der Fahrer sind der Braut beim Ein- und Aussteigen behilflich. Die Braut steigt zuerst ein und der männliche Begleiter steigt zuerst aus, da er ihr beim Aussteigen hilft.
Beim Einsteigen in das Brautauto achtet der männliche Begleiter der Braut auf das Brautkleid. Es sollte nicht beschädigt oder beschmutzt werden, vermeiden Sie insbesondere schwarze Flecken am Saum, die beim Zuschlagen der Autotür entstehen, wenn das Kleid eingeklemmt wird.

Placement in der Kutsche
Das Paar sitzt immer in Fahrtrichtung, wobei der Bräutigam in Fahrtrichtung blickend links neben der Braut sitzt. Der Bräutigam hilft der Braut beim Ein- und Aussteigen, deshalb steigt die Braut stets zuerst ein und der Bräutigam zuerst aus.

Transport Ihrer Gäste

Sicher werden Sie für einige Gäste den Transport vom Flughafen oder Bahnhof zum Hotel, Standesamt oder zur Kirche organisieren. Sie können dafür einen professionellen, kostspieligen Chauffeurservice

beauftragen oder Verwandte und gute Freunde fragen, ob diese Ihnen bei der Beförderung Ihrer Gäste behilflich sein können. Achten Sie in diesem Fall darauf, dass Sie mehrere Freiwillige zur Auswahl haben und die Fahrten nicht nur einem oder zwei Fahrern aufbürden. Geben Sie sowohl den Fahrern als auch den Gästen detaillierte Informationen zu Ankunftszeiten und Orten und vereinbaren Sie klar definierte Abholörtlichkeiten, wie zum Beispiel die Vorfahrt in der Ankunftsebene eines Flughafens. Sie vermeiden dadurch Wartezeiten und stellenweise horrende Parkgebühren für den Fahrer. Bedanken Sie sich nach Ihrer Hochzeit gebührend bei Ihren freiwilligen Helfern. Um Ihre Freunde und Verwandten weitestgehend zu entlasten, erkundigen Sie sich bei den Hotels, in denen Ihre Gäste wohnen werden, nach kostenfreien oder zumindest kostengünstigen Shuttlefahrten von und zu den einzelnen Lokalitäten.
Eine andere Möglichkeit besteht darin, dass sich Ihre Gäste in regulären Taxis von A nach B befördern lassen. Strapazieren Sie allerdings diese Transportalternative nicht über Gebühr, da es Sitte ist, dass die Gäste Taxifahrten selbst zahlen. Und Sie machen sich keine Freunde, wenn Ihre Gäste dafür mehrere hundert Euro ausgeben müssen. Auch wenn Ihre Gäste sich über das Hochzeitswochenende ein Auto mieten wollen, haben Sie nichts mit den Mietkosten zu tun. Diese übernehmen Ihre Gäste. Sollten mehrere Gäste Interesse an einem Mietwagen haben, ist es eine schöne Geste, wenn Sie sich vorab bei einer Autovermietung nach einem Gruppenrabatt erkundigen und diesen an Ihre Gäste kommunizieren.
Muss ein selbst fahrender Gast von der Hochzeitsfeier mit einem Taxi nach Hause oder ins Hotel geschickt werden, da er zu viel getrunken hat, setzen Sie den Übeltäter in das Taxi und strecken Sie die Kosten für die Fahrt vor. Ist er gut erzogen, wird er sich tags darauf bei Ihnen entschuldigen und die Taxirechnung übernehmen.
Informieren Sie Ihre Gäste über organisierte Transporte in Form einer gedruckten Karte, die Sie im Idealfall der Einladung beilegen. Ansonsten reichen Sie die Informationen per Post, per E-Mail oder telefonisch nach, sobald die Transportzeiten feststehen. Versehen Sie die Karte oder Ihre E-Mail auf jeden Fall mit der Telefonnummer

des Fahrers, damit sich der betreffende Gast notfalls mit diesem in Verbindung setzen kann.

Standesamtliche Trauung

Die standesamtliche Trauung ist Voraussetzung dafür, dass Ihre Ehe nach dem deutschen Recht anerkannt wird und Sie nach dem Gesetz als Mann und Frau gelten. Die eigentliche Trauung ist ein Konsensgespräch, bestehend aus der Frage des Standesbeamten an Sie als Braut und Bräutigam, Ihrer beider Antwort und der abschließenden Feststellung des Standesbeamten, dass Sie beide nun rechtmäßig verbundene Eheleute sind.

Zur standesamtlichen Trauung nehmen Brautpaare meist nur eine Handvoll Gäste mit, die sich auf die engsten Verwandten und Freunde beschränkt. Die geringe Gästezahl ist in der Regel auch dem Umstand geschuldet, dass viele Trauzimmer gar nicht den Platz für mehr Gäste haben. Erkundigen Sie sich deshalb im Vorfeld, wie viele Personen das Trauzimmer fassen kann.

Viele Paare, die nicht kirchlich heiraten wollen oder können, wünschen sich heutzutage eine standesamtliche Traumhochzeit. Auf diesen Trend stellen sich viele Standesämter immer mehr ein und bieten den offiziellen Trauungsakt auch an individuellen Orten an. Aber selbst wenn Sie im Standesamt heiraten, bieten sich einige Möglichkeiten, dem sonst eher nüchternen Ort ein wenig Flair zu verleihen. Mit elegantem Blumenschmuck, den Sie anliefern lassen oder selbst mitbringen können, und Musik lässt es sich angemessen feiern. Sprechen Sie Ihre Wünsche mit Ihrem Standesamt ab. Erfragen Sie außerdem, ob Fotografieren oder Videofilmen während der Trauung gestattet ist. Das wird in jedem Standesamt anders gehandhabt.

Planen Sie Ihre standesamtliche und kirchliche Trauung an einem Samstag, erkundigen Sie sich vorher beim Standesamt, ob eine Samstagstrauung an Ihrem Wunschtermin möglich ist. Denn nicht jedes

Standesamt führt an jedem Wochenende Trauungen durch. Meist müssen Sie mit festgelegten Samstagsterminen vorliebnehmen, an denen das Standesamt öffnet.

Trauzeugen

Es ist für eine standesamtliche Trauung nicht mehr erforderlich, mit Trauzeugen zu heiraten. Sie müssen allerdings nicht darauf verzichten und können einen oder zwei Trauzeugen hinzuziehen. Achten Sie bei der Wahl Ihrer Trauzeugen darauf, dass diese volljährig sind.

Anmeldung

Während früher ein Paar das Aufgebot bestellen musste, reicht heutzutage die »Anmeldung zur Eheschließung« beim Standesamt. Unabhängig davon, in welchem deutschen Standesamt Sie tatsächlich heiraten möchten, melden Sie die Hochzeit in dem Standesamt an, in dessen Bezirk einer von Ihnen mit Haupt- oder Nebenwohnsitz gemeldet ist. Das zuständige Amt informiert dann auf dem offiziellen Dienstweg Ihr Wunschstandesamt.
Zur Anmeldung müssen Sie beide persönlich erscheinen und einen gültigen Personalausweis oder Reisepass mitbringen. Ihre Anmeldung muss von Ihnen beiden unterschrieben werden und kann frühestens sechs Monate vor der geplanten Eheschließung erfolgen. Alle weiteren, für die Anmeldung erforderlichen Dokumente erfragen Sie bitte vorab bei Ihrem zuständigen Standesamt, damit Sie bei der Anmeldung nichts vergessen und nicht vergeblich das Standesamt aufsuchen. Besitzt einer von Ihnen nicht die deutsche Staatsbürgerschaft, denken Sie daran, dass Sie ausländische Dokumente beglaubigen und ins Deutsche übersetzen lassen müssen. Planen Sie ausreichend Zeit dafür ein.

Vor der Trauung

Sie und Ihre Gäste finden sich im Standesamt vor dem eigentlichen Trauzimmer ein und warten, bis Ihre Trauung aufgerufen wird. Wenn Sie etwa 30 Minuten vor der Trauung am Standesamt sind, können Sie sich noch einmal sammeln und früher kommende Gäste begrüßen. Das macht immer einen guten Eindruck. 15 bis 20 Minuten vor der Trauung sollten Sie allerdings spätestens erscheinen.

Identitätsprüfung
Sofern die Identitätsprüfung nicht zu Beginn der eigentlichen Trauung abgehandelt wird, bittet Sie der Standesbeamte vor der Trauung vorab in einen Nebenraum, wo Ihre Personalien überprüft werden. Vergessen Sie also nicht, Ihren Personalausweis oder Reisepass mitzunehmen. Wenn Sie sich entschieden haben, den Bund der Ehe in Anwesenheit von Trauzeugen einzugehen, werden auch diese vom Standesbeamten zur Identitätsprüfung gebeten. Tragen Sie dafür Sorge, dass auch Ihre Trauzeugen zur Trauung mit einem gültigen Personalausweis oder Reisepass erscheinen. Planen Sie für diese Angelegenheit nur ein paar Minuten ein, länger dauert es nicht.

Ablauf der Trauung

Nachdem der Standesbeamte Ihre Eheschließung aufgerufen und den Trauungssaal geöffnet hat, sammeln sich die Hochzeitsgäste im Trauzimmer und nehmen in den dafür vorgesehenen Stuhlreihen Platz. Die Ehrenplätze in der ersten Reihe kommen Ihren Eltern, Großeltern und Geschwistern zu.
Begeben Sie sich als Brautpaar mit Ihren eventuell anwesenden Trauzeugen zum Trauungstisch. Traditionellerweise geht der Bräutigam mit seinem Trauzeugen oder seiner Trauzeugin voran, wobei der Bräutigam rechts geht. Es folgen die Braut und ihre Trauzeugin oder ihr Trauzeuge, wobei auch hier die Braut rechts geht. Als Braut

setzen Sie sich auf den rechten der beiden in der Mitte stehenden Stühle, als Bräutigam auf den linken. Den Trauzeugen sind die beiden äußeren Plätze zugedacht. Verzichten Sie bei Ihrer Hochzeit auf Trauzeugen, gehen Sie selbstverständlich als Paar nebeneinander zu Ihren Plätzen, wobei die Braut an der rechten Seite des Bräutigams geht.

Im Vergleich zur kirchlichen Trauung ist es bei einer Trauung im Standesamt nicht üblich, dass der Brautvater seine Tochter zum Trauungstisch führt. Doch ist selbstverständlich erlaubt, was gefällt. Wollen Sie also den sakralen Ablauf adaptieren, weil Sie beispielsweise nicht kirchlich heiraten und trotzdem nicht auf den Einzug der Braut verzichten möchten, liegt das in Ihrem Ermessen. Sprechen Sie Ihre Vorstellungen allerdings vorher mit dem Standesbeamten ab, damit der auf Ihre Aktivitäten vorbereitet ist und nicht überrumpelt wird.

Während die Gäste ihre Plätze einnehmen und Braut und Bräutigam sich zum Trauungstisch begeben und dort Platz nehmen, kann – bis alle sitzen – Musik gespielt werden.

Hat der Standesbeamte nicht schon im Vorgespräch die Personalien von Ihnen und Ihren Trauzeugen geprüft, steht dies – nachdem alle Beteiligten Platz genommen haben – als Erstes auf der Tagesordnung. Ansonsten beginnt der Beamte die Trauung mit einer kurzen Ansprache oder findet zumindest ein paar einleitende Worte. Dabei spielen Wesen und tagesaktuelle Laune des Standesbeamten eine große Rolle. Er kann den formalen Vorgang der Trauung zu einem kleinen Ereignis machen oder die Sache sehr sachlich und emotionslos abwickeln. Wenn Sie viel Wert auf eine stimmungsvolle Trauung legen, sollten Sie sich im Vorfeld mit dem Standesbeamten vertraut machen und ihm auf den Zahn fühlen, ob er Ihnen tatsächlich die Trauung bieten kann, die Sie sich vorstellen. Im Zweifelsfall und wenn Sie vielleicht nur standesamtlich heiraten, stellt es eine ernst zu nehmende Alternative dar, sich ein anderes Standesamt für die Trauung auszusuchen, wenn die »Chemie nicht stimmt«.

Nach der Ansprache bittet der Standesbeamte Sie und Ihre eventuell anwesenden Trauzeugen, zur alles entscheidenden Frage aufzustehen. Meist stehen für diesen Anlass auch alle anderen Trauungsgäste auf.

Sie werden nun nacheinander vom Standesbeamten gefragt, ob Sie den Bund der Ehe eingehen möchten. Zuerst ist der Bräutigam an der Reihe, danach die Braut. Wenn Sie diese Frage mit einem »Ja« beantwortet haben, stellt der Standesbeamte fest, dass Sie beide nun rechtmäßig verbundene Eheleute sind.
Es folgt – immer noch im Stehen – der Ringtausch, wobei zuerst der Ehemann seiner Frau den Ring ansteckt. Dann nimmt die Ehefrau den Ring und steckt ihn dem Mann an. Sofern der Standesbeamte keinen Hinweis zum Kuss gibt, können Sie als Ehemann Ihre Frischvermählte an dieser Stelle küssen. Ziehen Sie den Kuss nicht über Gebühr in die Länge und sehen Sie von einem aus Sicht der anderen Anwesenden unappetitlichen Zungenkuss ab.
Ehe Sie sich wieder setzen, unterschreiben Sie beide das Protokoll der Eheschließung mit dem von Ihnen gewählten Familiennamen, zuerst der Ehemann und dann die Ehefrau. Ihr Standesbeamter wird Ihnen genaue Instruktionen geben, wer wo unterschreiben muss. Ihre Trauzeugen sind danach mit ihrer Unterschrift an der Reihe. Der Standesbeamte unterschreibt zum Schluss. Nun setzen Sie sich wieder hin.
Der Ringtausch und die Unterschriftenleistung können ebenfalls wieder musikalisch begleitet werden.
Es folgt die Schlussansprache des Standesbeamten mit den Glückwünschen zur Eheschließung. Die Trauung ist zu Ende, und Sie erheben sich. Auch die Hochzeitsgäste können aufstehen und zum Gratulieren zu Ihnen kommen. Nachdem die Schlussansprache verklungen ist, kann wieder Musik gespielt werden.
Je nach Tempo des Standesbeamten, Musikeinlagen und Ihren etwaigen Sonderwünschen ist die standesamtliche Trauung nach etwa 20 bis 45 Minuten vorbei, und Sie verlassen als Angetraute das Amtsgebäude.

Nach der Trauung

Oft organisieren Verwandte oder Bekannte einen kleinen Sektempfang im Vorraum des Heiratszimmers oder unter freiem Himmel.

Hier warten dann weitere Verwandte, Freunde und Bekannte schon auf Sie, um zu gratulieren. Gehen Sie nicht davon aus, dass Sie zum Anstoßen im Heiratszimmer verweilen können. Denn voraussichtlich stehen schon die nächsten Kandidaten vor der Tür und warten auf ihre Trauung.
Vor dem Standesamtsgebäude können die Liebhaber alter Bräuche voll auf ihre Kosten kommen. Je nach regionalen Gepflogenheiten sind Reiswerfen, Konfettiregen, Spalierstehen oder Holzsägen populäre Rituale, die Sie mehr oder weniger freiwillig über sich ergehen lassen dürfen oder müssen.

Gratulation und Geschenke

Nach der Trauung gratulieren die Hochzeitsgäste dem Brautpaar. Es ist übrigens eine schöne Geste, wenn diese nicht nur dem Brautpaar, sondern auch den Elternpaaren gratulieren. Denn auch für die Eltern ist die Hochzeit ihrer Kinder ein besonderes Ereignis, zu dem diese beglückwünscht werden.

Hochzeitsbräuche

Sicher werden sich Freunde, Bekannte oder sogar Ihre Gäste ein paar aus Ihrer Sicht mehr oder weniger spaßige Bräuche für Sie einfallen lassen. Selbst wenn Sie nicht die größten Anhänger dieser Gepflogenheiten sind, lassen Sie diese – wenn auch vielleicht zähneknirschend – über sich ergehen. Hochzeitsbräuche sind Teil der Hochzeitstradition und haben einen großen Unterhaltungswert für Ihre Gäste. Die meisten Gäste erwarten dementsprechend, dass eine Hochzeit auch mit Bräuchen gespickt ist, auch wenn Sie selbst diese als unmöglich und nutzlos empfinden mögen.

Hochzeitsfotos

Viele Paare nehmen sich zwischen der Trauung und dem nächsten Programmpunkt Zeit für ihre Hochzeitsfotos.
Suchen Sie sich am besten in der Nähe eine geeignete Stelle aus, damit Sie nicht zu viel Zeit verlieren. Sind Sie nicht ortskundig, wird Ihnen Ihr Fotograf im Vorgespräch sicher ein paar Vorschläge unterbreiten.

Bevor es mit den Fotos losgeht, überprüfen Sie als Braut noch einmal Ihr Make-up und Ihre Frisur. Ein professioneller Fotograf wird allerdings selbst Hand anlegen und mit geschultem Auge erkennen, was eventuell verrutscht ist oder nachgebessert werden muss.
Die Braut steht rechts neben dem Bräutigam, sodass auf dem Foto links die Braut und rechts der Bräutigam zu sehen sein wird. Sofern Sie auch ein paar Fotos mit Ihren Eltern und Ihren Trauzeugen möchten, halten Sie sich an folgende Aufstellungsregeln: Rechts neben der Braut kann der Brautvater stehen, daneben ihre Mutter. Die Mutter des Bräutigams stellt sich links neben den Bräutigam und daneben der Vater des Bräutigams. Die Trauzeugen positionieren Sie an die Flanken, wobei die Trauzeugin oder der Trauzeuge der Braut auf der »Brautseite« steht und der Trauzeuge des Bräutigams auf der »Bräutigamseite«.

Abfahrt

Im Anschluss an die standesamtliche Trauung fährt oder geht das Brautpaar meist mit den engsten Verwandten und den Trauzeugen – je nach Tageszeit – zu einem gemeinsamen Essen oder zum Kaffeetrinken. In Abhängigkeit von den persönlichen Wünschen können Sie Ihre Zusammenkunft in einer Gaststätte, aber auch bei den Brauteltern oder den Bräutigameltern, vielleicht sogar bei Ihnen zu Hause abhalten.

Kirchliche Trauung

Nach der standesamtlichen Trauung möchten viele Paare noch vor den Traualtar schreiten, und für viele gläubige Christen ist das Jawort in der Kirche zweifellos der Höhepunkt der Hochzeitsfeierlichkeiten. Denn während die Eheschließung auf dem Standesamt eher nüchtern und sachlich ist, eignet sich das kirchliche Zeremoniell zweifelsohne für die großen Emotionen. Doch die kirchliche Hochzeit ist nicht nur eine besonders emotionale Angelegenheit oder gar ein bloßer Tagesordnungspunkt, den man schnell »abhakt«, ehe man zur

Feier übergeht. Das »Ja« vor dem Traualter ist für alle Christen ein Bekenntnis. Unabhängig von der Konfession ist es ein öffentlicher Ausdruck dafür, dass Sie ein gemeinsames Leben im Geist christlicher Werte führen möchten.

Auch wenn Sie diese Ansichten nicht hundertprozentig teilen mögen und Ihnen die Hochzeit vielleicht doch aus anderen Gründen wichtig ist, sollten Sie das respektieren. Belächeln Sie also die bei der Trauung vorkommenden Rituale nicht, sondern versuchen Sie, sich in die dahinterstehenden Werte und Ansichten hineinzudenken.

Ist eine vorausgehende standesamtliche Trauung Pflicht?

Die Änderung des Personenstandsrechts erlaubt nun de facto kirchliche Trauungen, ohne dass die Partner standesamtlich geheiratet haben müssen. Damit ist es in die Freiheit der Religionsgemeinschaften gestellt, ob sie kirchliche Trauungen ohne vorherige standesamtliche Eheschließung zulassen. Die katholische Kirche geht diesen Weg, rät aber grundsätzlich zur standesamtlichen Eheschließung. In der evangelischen Kirche waren und bleiben nach geltendem Kirchenrecht rein innerkirchliche Trauungen verboten, sodass Sie – wie bisher schon – nur dann kirchlich heiraten können, wenn bereits eine standesamtliche Trauung erfolgt ist. Das spiegelt das unterschiedliche Eheverständnis der beiden Kirchen wider. Für die Katholiken ist die Eheschließung von sakramentaler Bedeutung, während die Protestanten die bereits weltlich geschlossene Ehe unter Gottes Segen stellen.

Beachten Sie jedoch, dass eine Ehe nach dem geltenden Eherecht nur dadurch rechtskräftig geschlossen wird, dass Sie vor einem Standesbeamten erklären, die Ehe miteinander eingehen zu wollen. Eine nicht vor dem Standesamt geschlossene Ehe entfaltet grundsätzlich keine Rechtswirkungen und wirkt sich nicht auf die Rentenversicherung, Krankenversicherung, Steuer oder Ähnliches aus. Gehen Sie also nicht von der falschen Vorstellung aus, dass Sie nach einer »nur« kirchlichen Trauung vor dem Gesetz als Mann und Frau angesehen

werden. Ohne standesamtliche Trauung wird es weder Unterhalt noch Schutzvorschriften für den Schwächeren und auch keinen Zugewinnausgleich beim Scheitern der Ehe geben.
Wägen Sie also vorher – und am besten für sich allein ohne den Partner – sorgfältig ab, wo Sie innerhalb der Beziehung stehen und ob Sie auf einen Interessenausgleich nach einem eventuellen Scheitern der Ehe verzichten wollen. In jedem Fall droht der Schwächere auf der Strecke zu bleiben. Die Gefahr sehen auch die Katholiken, weshalb sie generell die standesamtliche Eheschließung befürworten und einer Heirat ohne vorausgegangene bürgerliche Eheschließung nur mit einer Dispens vom Ortsbischof zustimmen.
Eine katholische Zeremonie ohne vorausgegangene standesamtliche Trauung wird oft bei der sogenannten »Rentnerehe« praktiziert, bei der Witwer den kirchlichen Segen wünschen, ohne zivilrechtlich den Status für die Witwenrente verlieren zu müssen.

Zeitspanne zwischen standesamtlicher und kirchlicher Trauung
Früher gab es nur eine akzeptable zeitliche Abfolge: Die standesamtliche Trauung fand am Vormittag im kleinen Kreis statt, und am selben Tag feierte man nachmittags die kirchliche Trauung. Dazwischen gab es einen Empfang oder einen kleinen Imbiss, ehe man sich für die nachmittäglichen Festivitäten umzog. Nur wenn die standesamtliche Hochzeit am Nachmittag stattfand, war es erlaubt, die kirchliche Hochzeit auf den folgenden Tag zu verlegen. Wer ganz traditionell heiraten möchte, hält sich immer noch an diese Abfolge.
Heutzutage dehnen allerdings viele Brautpaare die Zeitspanne zwischen standesamtlicher und kirchlicher Trauung viel weiter aus. Es wird lediglich noch darauf geachtet, zwischen standesamtlicher und kirchlicher Heirat nicht mehr als ein Jahr verstreichen zu lassen.

Evangelische Trauung

Wer evangelisch getauft und Mitglied der evangelischen Kirche ist, kann sich evangelisch trauen lassen. Eine evangelische Trauung ist auch dann möglich, wenn nur die Braut oder nur der Bräutigam Mitglied der evangelischen Kirche ist. Allerdings wird dann nur ein Gottesdienst anlässlich einer Eheschließung abgehalten. Der Unterschied zum Traugottesdienst liegt darin, dass dabei das öffentliche Traubekenntnis – »Ja, mit Gottes Hilfe« – weggelassen wird. Unter bestimmten Voraussetzungen können Sie sich auch dann protestantisch trauen lassen, wenn einer von Ihnen beiden einer nichtchristlichen Religion angehört.

In der Regel nimmt die Pfarrerin oder der Pfarrer Ihrer Wohnortgemeinde die Trauung vor. Es ist aber auch möglich, dass Sie sich von einem anderen Pfarrer trauen lassen. Soll Ihnen ein Geistlicher aus einem anderen Ort das Trauversprechen abnehmen, sprechen Sie die Einzelheiten dazu mit Ihrer Pfarrerin oder Ihrem Pfarrer vor Ort ab. Ebenso ist es möglich, dass Sie sich in Ihrer »Wunschkirche« trauen lassen. Sie müssen dazu zunächst Ihre heimatliche Kirchengemeinde verständigen. Dort wird Ihnen ein Schreiben ausgestellt, das sogenannte Dimissoriale, mit dem Sie sich an die Pfarrerin oder den Pfarrer der ausgewählten Kirche wenden können. Klären Sie, ob die Pfarrerin oder der Pfarrer dieser Gemeinde bereit ist, Sie zu trauen, oder ob Ihre Gemeindepfarrerin oder Ihr Gemeindepfarrer Sie dort traut.

Falls Sie an einem anderen Ort als in einer Kirche getraut werden möchten, sprechen Sie mit Ihrer Pfarrerin oder Ihrem Pfarrer.

Für die evangelische Trauung brauchen Sie keine Trauzeugen. Aber Sie können Verwandte und Freunde in besonderer Weise in den Traugottesdienst einbinden. Diese können beispielsweise Lesungen oder Gebete übernehmen oder an der musikalischen Gestaltung mitwirken.

Katholische Trauung

Wer katholisch getauft und Mitglied der katholischen Kirche ist, kann sich katholisch trauen lassen. Eine katholische Trauung ist auch dann möglich, wenn nur die Braut oder nur der Bräutigam Mitglied der katholischen Kirche ist.

Erste Anlaufstelle ist in der Regel das Pfarramt am Wohnort mindestens eines Partners oder das des Wohnbezirks in größeren Städten. Wenn Sie in einer anderen als der für Sie zuständigen Kirche heiraten wollen, benötigen Sie einen Entlassschein, der von Ihrem Pfarrer ausgestellt wird.
Im Gegensatz zur evangelischen Kirche schließt die römisch-katholische Kirche Ehen nur in Gegenwart von Trauzeugen, wobei Sie – wie kirchenrechtlich vorgeschrieben –zwei Trauzeugen bestellen. In der Regel gehören die Trauzeugen dem christlichen Glauben an und sind volljährig. Es liegt aber im Ermessen des Geistlichen, der Sie traut, auch Jüngeren und Andersgläubigen dieses Amt zu gestatten.

Andere Formen der Trauung

Gehören Sie beide überhaupt keiner oder verschiedenen Religionen an? Oder wollen Sie sich das Jawort nicht in einer Kirche geben? Zu einer traditionellen katholischen oder evangelischen Trauung in der Kirche gibt es auch für Sie Alternativen.

Ökumenische Trauung

War es früher für Partner mit unterschiedlichen Glaubensbekenntnissen nur sehr schwer möglich, den kirchlichen Segen zu erhalten, indem beispielsweise einer der Partner zum Glauben des anderen konvertierte, sind die Voraussetzungen heute lockerer. Gehören Sie verschiedenen christlichen Bekenntnissen, also unterschiedlichen Konfessionen an und wollen kirchlich heiraten, muss dafür heutzutage nicht zwingend einer von Ihnen zum Glauben des anderen konvertieren. Sie können sich vielmehr ökumenisch trauen lassen.
Ökumene beschreibt im religiösen Sinn das Zusammenleben der Religionen, im deutschen Alltagsgebrauch meist das Zusammenleben von Protestanten und Katholiken. Der aus einem ökumenischen Trauungsakt von zwei Christen unterschiedlicher Konfessionen entstandene Ehebund wird als interkonfessionelle Ehe bezeichnet.
Bei einer ökumenischen, interkonfessionellen Trauung ist jeweils ein

katholischer und ein evangelischer Pfarrer bei der Trauung anwesend. Entweder wird die Ehe vom evangelischen Pfarrer unter Beteiligung seines katholischen Kollegen oder aber andersherum geschlossen. Wenden Sie sich am besten mit ausreichend Vorlaufzeit an den Pfarrer der Kirche, in der Sie sich das Jawort geben wollen, um mit diesem eventuelle Voraussetzungen zu besprechen.
Findet die ökumenische Trauung in einer katholischen Kirche statt, brauchen Sie als katholischer Ehepartner eine entsprechende Erlaubnis, die Ihnen Ihr katholisches Pfarramt ausstellt. Wichtig in diesem Zusammenhang ist die Tatsache, dass eine ökumenische Trauung von der katholischen Kirche nur anerkannt wird, wenn die Trauung selbst durch den katholischen Pfarrer vollzogen wurde.
Bei der ökumenischen Trauung in einer evangelischen Kirche ist es etwas komplizierter. Wird ein evangelischer Traugottesdienst gefeiert, muss der katholische Ehepartner zuvor eine Genehmigung bei der bischöflichen Kirchenbehörde einholen, die sogenannte Dispens. Noch komplizierter kann es werden, wenn einer der Partner einem nicht christlichen Bekenntnis angehört und beispielsweise aus der jüdischen, moslemischen oder hinduistischen Religion stammt. Man spricht dann von einer interreligiösen Ehe. Es ist zwar möglich, in einer christlichen Kirche getraut zu werden, die christliche Kirche muss allerdings eine »Befreiung vom Ehehindernis der Religionsverschiedenheit« erteilen.

Freie Trauung

Nicht in der Kirche, aber trotzdem mit Gottes Segen – viele Brautpaare wünschen sich für ihre Hochzeit einen feierlichen Rahmen außerhalb der Kirche. Wollen Sie sich nicht von einer Amtskirche trauen lassen, weil einer von Ihnen beiden aus der Kirche ausgetreten ist oder Sie unterschiedlichen Religionen angehören, müssen Sie nicht auf einen feierlichen Trauungsakt verzichten. Sie können sich für eine freie Trauung entscheiden. Vor allem, wenn Sie beide aus verschiedenen Kulturkreisen kommen, können Sie im Rahmen einer freien Trauungszeremonie Elemente aus beiden Kulturkreisen einfließen lassen.

Zudem wählen auch immer mehr Geschiedene, die schon einmal kirchlich geheiratet haben und sich mit ihrem neuen Partner dennoch eine ähnliche Zeremonie und Segnung wünschen, diesen Weg. Auch gleichgeschlechtlichen Paaren bietet die »freie Trauung« eine Alternative zur kirchlichen Hochzeit.

Die Gestaltung der freien Trauung übernehmen sogenannte freie Theologen, die kein offizielles kirchliches Amt innehaben und somit frei von bestimmten Vorgaben sind. Im Mittelpunkt stehen in jedem Fall Ihre Wünsche, da eine freie Trauung außerhalb von Kirche oder Standesamt stattfindet und an keine zeremoniellen Vorgaben gebunden ist. Im Unterschied zur kirchlichen Trauung bietet Ihnen die freie Trauung damit jeden nur erdenklichen Freiraum in Bezug auf Gestaltung, Ort und Uhrzeit.

Die Gestaltungsmöglichkeiten sind vielfältig – von einer Feier nach dem Muster eines traditionellen christlichen Gottesdienstes bis hin zu überkonfessionellen säkularen Zeremonien. Die freie Trauung kann unterschiedliche kulturelle und auf Wunsch auch religiöse Traditionen zusammenbringen und traditionelle Elemente mit modernen und unkonventionellen Gestaltungselementen ganz nach Ihren Vorgaben vereinen. Die Zeremonie ist immer das Ergebnis intensiver Vorgespräche mit dem Theologen sowie seiner und Ihrer Kreativität. Lassen Sie Ihre Vorstellungen und Wünsche im Hinblick auf Lesungen, Texte, Musik, kreative Gestaltungselemente, Mitwirkung von Freunden, Trauzeugen und Gästen einfließen. Ein besonderer Punkt ist sicherlich das individuelle und persönliche Treue- und Liebesversprechen. Hier können Sie Ihrer Kreativität freien Lauf lassen. Sie allein entscheiden, ob und wie viel Religion Sie in die Zeremonie einbinden oder ob Sie sich ein individuelles Trauversprechen geben beziehungsweise nur mit einem schlichten »Ja« antworten.

Freie Trauungen sind auch an keine fixen Orte gebunden. Sie können selbst an einem ungewöhnlichen Ort heiraten und bestimmen ganz allein, wo die Feier stattfinden soll – ob auf einer Wiese, in der Luft, auf dem Meer oder im Ausland.

Die freie Trauung ersetzt nicht die Heirat am Standesamt, ist nicht rechtsverbindlich und wird auch von der Kirche nicht anerkannt.

Trauung von Gleichgeschlechtlichen

Die Frage der Trauung von gleichgeschlechtlichen Partnern behandeln die beiden großen Volkskirchen in Deutschland recht unterschiedlich.

In der evangelischen Kirche

Nach evangelischem Verständnis handelt es sich bei einer Trauung um einen Gottesdienst anlässlich einer bereits vollzogenen weltlichen Eheschließung. Auch wenn die evangelische Kirche die gleichgeschlechtliche Lebenspartnerschaft als Form des Zusammenlebens nicht unbedingt gutheißt, so verwehrt sie die Segnung der beiden Partner nicht grundsätzlich.

Die evangelische Kirche bietet homosexuellen Paaren im Rahmen der Seelsorge die Segnung an, einige protestantische Gotteshäuser auch eine nichtgottesdienstliche Feier zur Segnung der gleichgeschlechtlichen Partner. Manche Pfarrer lassen sich sogar auf einen Segnungsgottesdienst für die homosexuellen Partner ein, der aber nicht den gleichen Stellenwert wie eine Trauung hat.

In der katholischen Kirche

Die kirchliche Trauung stellt nach römisch-katholischem Verständnis die Begründung des Bundes der Ehe dar. Die Ehe ist in der katholischen Kirche ein Sakrament, das nur ein Mann und eine Frau empfangen dürfen, nicht aber gleichgeschlechtliche Partner.

Zum zweiten Mal kirchlich heiraten

Die beiden großen Volkskirchen haben zur Frage der Wiederheirat völlig verschiedene Meinungen. Während die evangelische Kirche einer Heirat nach einer zivilrechtlichen Scheidung völlig liberal gegenübersteht, hält die katholische Kirche an dem Grundsatz »bis dass der Tod euch scheidet« fest.

In der evangelischen Kirche

Die evangelische Kirche erkennt aus kirchenrechtlicher Sicht nicht nur die standesamtliche Eheschließung, sondern auch den Akt der zivilrechtlichen Ehescheidung an. Eine evangelische Trauung ist daher auch dann möglich, wenn einer oder beide Partner schon einmal verheiratet waren und verwitwet oder geschieden sind.

In der katholischen Kirche

Bei den Katholiken ist die Ehe ein Sakrament, wenn beide Partner getauft sind. Sie ist bedingungslos auf Lebenszeit angelegt, was auch der Trauspruch »bis dass der Tod euch scheidet« zum Ausdruck bringt, den Sie geleistet haben. Leben Sie beide als Partner dieser Ehe noch, können Sie sich also – selbst wenn Sie zivilrechtlich, rechtskräftig geschieden sind – nicht einfach mit einem neuen Partner in einer katholischen Kirche trauen lassen. Es muss vielmehr in einem Eheverfahren geprüft werden, ob die zivilrechtlich geschiedene Ehe auch aus kirchlicher Sicht ungültig ist. Lediglich eine Witwe oder ein Witwer aus einer katholisch geschlossenen Ehe kann problemlos und ohne ein solches Verfahren wieder katholisch heiraten.

Die Auflösung einer katholisch geschlossenen Ehe ist nur unter den sehr strengen Voraussetzungen eines Ehenichtigkeitsverfahrens möglich, in dessen Folge die ehedem geschlossene Ehe annulliert werden kann. Wollen Sie ein solches Verfahren vor dem Ehegericht über sich ergehen lassen, müssen Sie sich im Klaren sein, dass es zu einer sehr zeitintensiven, kostspieligen und nicht sehr erfreulichen Angelegenheit werden kann. Schließlich müssen Ihr damaliger Ehepartner und Zeugen zu etwaigen Annullierungsgründen sowohl schriftlich Stellung nehmen als auch bei »erfolgreichem« Fortschritt des Eheverfahrens ihre Aussagen noch einmal mündlich vor dem Ehegericht vortragen. Spätestens zu diesem Zeitpunkt wird längst vergessene schmutzige Wäsche gewaschen. Und ob nach dieser Prozedur die Ehe tatsächlich annulliert wird, liegt letzten Endes im Ermessen der Kirche.

Wer einer solchen Schlammschlacht vor dem Ehegericht aus dem Weg gehen und dennoch kirchlich heiraten will, dem sei ganz prag-

matisch der Wechsel von der katholischen in die evangelische Kirche empfohlen.
Wollen Sie nicht ganz so drastische Maßnahmen ergreifen und Ihrer Konfession treu bleiben, bietet sich Ihnen die Möglichkeit einer freien Trauung, bei der Sie sich von einem freien Theologen trauen lassen. Sie können auch bei einer solchen Trauung religiöses Flair aufkommen lassen, indem Sie sich für eine an eine kirchliche Trauung angelehnte Zeremonie mit religiösen Elementen entscheiden.
Drängen Sie im Übrigen nicht Ihren katholischen Gemeindepfarrer, ein Auge zuzudrücken und Ihnen – trotz zivilrechtlicher Scheidung und erneuter Eheschließung – zumindest eine liturgische Handlung zuteilwerden zu lassen oder Sie im Rahmen eines normalen Gottesdienstes ohne expliziten Trauritus zu segnen. Selbst wenn er sich dazu breitschlagen ließe, könnte er Probleme mit der Kirche bekommen. Die katholische Kirche verbietet ihren Seelsorgern nämlich liturgische Handlungen, die den Eindruck einer neuen sakramental gültigen Eheschließung erwecken und damit zu Irrtümern hinsichtlich der Unauflöslichkeit der gültig geschlossenen Ehe führen können.

Vorbereitung auf die kirchliche Trauung

Sowohl in der katholischen als auch in der evangelischen Kirche bereiten Sie sich gemeinsam mit dem Geistlichen, der Sie trauen wird, auf Ihren großen Tag vor.

Vorbereitungsseminare und Brautexamen

Die Ehevorbereitungsseminare der katholischen Kirche sind mittlerweile freiwillig. Es wird natürlich von der Kirche gern gesehen, wenn man daran teilnimmt. Aber der Besuch ist für die angestrebte Trauung nicht mehr zwingend erforderlich.
Auch das Brautexamen ist heutzutage abgeschafft. Es handelte sich um eine von den Brautpaaren mit Unbehagen erwartete Prüfung durch einen katholischen Pfarrer. Dieser überprüfte die Bibelfestigkeit des Paares, informierte sich über dessen Lebenswandel und sparte dabei nicht mit mahnenden Worten.

Die evangelische Kirche kennt derartige Ehevorbereitungsseminare und Prüfungen nicht.

Traugespräch
Das Traugespräch zwischen Ihnen und dem Pfarrer beziehungsweise Priester ist üblicherweise die Voraussetzung für den evangelischen Traugottesdienst oder die katholische Hochzeitsmesse.
Auch wenn das Traugespräch zur Klärung formaler Dinge dient, erfüllt es nach kirchlichem Verständnis vor allem einen seelsorgerischen Zweck. So werden Ihre Lebensumstände, Ihre Motivation zur kirchlichen Heirat und eventuelle biografische Schlüsselerlebnisse besprochen. Kurzum, Sie sollen den Geistlichen kennenlernen und er Sie, wenn Sie sich nicht ohnehin schon kennen.
Auf das Traugespräch bereiten Sie sich am besten mit Stichpunkten oder einer Liste vor, damit Sie keine Themen vergessen. Der Pfarrer weiß natürlich aus Erfahrung, was besprochen werden muss, und wird viele der oben erwähnten Punkte auch von allein ansprechen.

Termin festlegen
Die begehrtesten Heiratstage sind freitags und samstags, aber nicht in allen Gemeinden besteht die Möglichkeit, an einem Samstag getraut zu werden. Setzen Sie sich, sobald Sie einen Hochzeitstermin ins Auge gefasst haben, mit Ihrem Pfarramt in Verbindung und überlegen Sie sich für den Notfall auch ein oder zwei Alternativtermine. Denken Sie daran, dass in der Karwoche und an einigen Festtagen keine Trauungen stattfinden. Wollen Sie an einem der beliebten Freitage oder Samstage heiraten, fragen Sie am besten ein Jahr im Voraus an, weil Termine schnell ausgebucht sind. Den Tag und die Uhrzeit der Trauung bestimmen Sie letztlich gemeinsam mit dem Geistlichen, der sich an gemeindeinternen Vorgaben orientieren muss.

Personalisieren Sie Ihre Zeremonie
Viele Paare möchten der Zeremonie eine persönliche Note geben. Äußern Sie Ihre Wünsche zur Gestaltung der Predigt. Wie lang soll

sie sein, was soll auf jeden Fall Erwähnung finden? Kein Pfarrer oder Priester wird sich Ihren Wünschen oder Anregungen widersetzen, solange diese allgemeinen Religionsgrundsätzen und den Bräuchen Ihrer Kirche nicht zuwiderlaufen.
Erkundigen Sie sich nach Möglichkeiten, inwiefern Verwandte und enge Freunde in den Gottesdienst beziehungsweise die Messe einbezogen werden können.
Eine besondere Bedeutung erhält das Traugespräch dann, wenn einer von Ihnen einer anderen Konfession oder Religion angehört. Dann muss das Traugespräch auch eventuelle konfessionelle Besonderheiten bei der Trauungsfeier thematisieren. Sie sollten am Ende des Gesprächs Konsens darüber erzielen, in welchem religiösen Rahmen Sie heiraten möchten. Der Pfarrer klärt etwaige Sonderwünsche mit seiner Kirche ab.
Informieren Sie auch Ihre Eltern über geplante Extravaganzen. Da sie eine nicht unwesentliche Rolle in Ihrem Leben und auch bei Ihrer Hochzeit spielen, ist es zum einen ein Zeichen des Respekts und der Höflichkeit, sie darüber zu informieren. Zum anderen geben Sie ihnen die Möglichkeit, sich mental auf die vom Standard abweichende Hochzeitszeremonie vorzubereiten und nicht allzu sehr überrascht zu werden. Nehmen Sie Ihren Eltern vor allem etwaige Ängste, dass durch Ihre Sonderwünsche mit familiären oder kirchlichen Traditionen gebrochen werden könnte. Erklären Sie ihnen, dass Sie diese respektieren und weiterleben lassen, aber auch persönliche Vorstellungen in Ihre Zeremonie einfließen lassen möchten.

Klären Sie alle logistischen Fragen

Im Traugespräch unterhalten Sie sich mit der Pfarrerin oder dem Pfarrer auch über die praktischen Aspekte der Trauung wie den konkreten Ablauf der Zeremonie.
Stellen Sie im Traugespräch alle offenen Fragen zum Ablauf der Trauung. Nichts muss Ihnen peinlich sein. Vielleicht sind Sie sich noch wegen der Reihenfolge des Hochzeitszuges, über den genauen Inhalt des Traupruches oder Ihre Handlungen während der Zeremonie unsicher? Sparen Sie auch eine von Ihnen angedachte Generalprobe

nicht aus. Ihr Pfarrer wird Ihnen sicher ermöglichen, dass Sie mit den Blumenkindern zum Üben in die Kirche kommen können.
Wird es am Tag Ihrer Hochzeit noch eine andere Trauung in der Kirche geben? Die Antwort ist entscheidend im Zusammenhang mit der Frage, ob Ihnen vor und nach der Zeremonie noch Zeit in oder vor der Kirche bleibt oder ob Sie auf eine andere Hochzeitsgesellschaft Rücksicht nehmen müssen. Können Fahrzeuge vor dem Kircheneingang geparkt werden?
Auch Ihre Musikvorstellungen und eventuell von Ihnen gewünschtes Glockengeläut werden beim Traugespräch angesprochen. Die feierliche Musik für Ihre kirchliche Trauung kann, muss aber nicht mehr unbedingt Orgelmusik sein. In sehr modern eingestellten Gemeinden können Sie möglicherweise zwischen Jazz und Klassik alles wählen, wohingegen ein sehr traditionell eingestellter Pfarrer selbst die berühmten Hochzeitsmärsche von Wagner und Mendelssohn in seinem Gotteshaus nicht dulden wird. Erkundigen Sie sich beim Pfarrer oder beim Organisten der Kirche, welche Musik erlaubt ist. Dürfen nur religiöse Lieder oder auch weltliche Musik gespielt werden? Dürfen Sie, sofern Sie sich für Livemusik entscheiden, nur mit dem Organisten arbeiten oder auch externe Talente engagieren? Für Kirchenmusik bieten sich besonders Klavier- und Harfespieler, Streicher, Solo-Sänger oder ein ganzer Chor an.
Wichtig ist auch die Frage, ob und wann beim Gottesdienst fotografiert werden darf. Das handhabt jede Gemeinde anders. Sie erfahren, ob und von wo aus gefilmt werden darf. Selbst wenn der Pfarrer nichts gegen Fotografieren in der Kirche hat, nehmen Sie Rücksicht und beauftragen nur eine Person mit den Fotoaufnahmen, um unnötige Unruhe im Gottesdienst zu vermeiden.
Darüber hinaus gibt es örtlich unterschiedliche Gepflogenheiten beim Blumenschmuck in der Kirche. Die Kirche wird an Ihrem Hochzeitstag wie für jeden Gottesdienst geschmückt sein. Wenn Sie besonderen Blumenschmuck wünschen, erkundigen Sie sich, wer dafür zuständig ist und ob Sie einen Floristen Ihrer Wahl beauftragen können. Wenn es am gleichen Tag noch eine andere Trauung gibt, setzen Sie sich mit dem anderen Paar in Verbindung, um den

Blumenschmuck abzustimmen. Eventuell können Sie denselben Schmuck nutzen und die Kosten teilen.
Ebenso sollten Sie erfragen, ob Blumenstreuen in der Kirche erlaubt ist oder das Werfen von Reis und Konfetti vor der Kirche. Die Frage nach Reisstreuen in der Kirche verkneifen Sie sich am besten, da dieser Brauch wegen der aufwändigen Reinigung in Kirchen überhaupt nicht gern gesehen wird.

Stilvoller Umgang mit Ihrem Pfarrer

Empfehlenswert ist es, nicht unangemeldet bei der Pfarrerin oder dem Pfarrer hereinzuschneien. Die Geistlichen stehen nicht rund um die Uhr zur Verfügung. Respektieren Sie das. Besser geeignet ist ein Telefonanruf, bei dem Sie einen Termin für das Traugespräch festlegen, Ihr Wunschdatum für die Trauung mitteilen und erste Fragen stellen können. Achten Sie allerdings darauf, dass dieses unangemeldete Telefonat nicht zu lang wird. Ihr Pfarrer hat sicher noch anderes zu tun.
Eine elegante Art und Weise der Kontaktaufnahme ist es auch, Ihren Pfarrer nach einem sonntäglichen Kirchgang kurz über Ihre Heiratsabsichten zu informieren. Er wird möglicherweise nicht sehr viel Zeit für Sie haben, aber der Erstkontakt ist hergestellt, und Sie können sich nun schriftlich oder telefonisch melden.
Nehmen Sie so früh wie möglich mit der Pfarrei Kontakt auf. Geben Sie somit sich und dem Pfarrer genügend Zeit, sich auf die Trauung vorzubreiten. Vermeiden Sie vor allem, dass dem Pfarrer zwischen Traugespräch und eigentlicher Trauung nicht genügend Zeit für eine ordentliche Vorbereitung bleibt.
Reden Sie die Pfarrerin oder den Pfarrer stets richtig an. Zwischen Pfarrer und Pastor besteht qualitativ kein Unterschied. Die Anrede »Pastor« kommt umgangssprachlich überwiegend in norddeutschen Regionen vor. Bei der Anrede von Würdenträgern der Kirche setzen Sie entsprechend dem Geschlecht »Herr« oder »Frau« vor den Titel oder die Amtsbezeichnung, jedoch ohne Nennung des Nachnamens. Die mündliche Anrede lautet folglich »Herr Pastor«, »Herr Pfarrer« beziehungsweise »Frau Pfarrerin« oder förmlicher »Hochwürden«.

Üblicherweise wird der bürgerliche Name im Schriftverkehr nur in der Postanschrift genannt. Reden Sie einen Geistlichen – unabhängig von der Konfession – nie mit seinem Titel in Kombination mit dem Vornamen an.
Überlassen Sie dem Geistlichen die Gesprächsführung. Er hat genügend Erfahrung mit Trauungen und weiß am besten, worauf es im Traugespräch ankommt. Erkundigen Sie sich, ob es in Ihrer Kirchengemeinde Vorgaben oder Empfehlungen – mündlich oder schriftlich – für den Ablauf einer Trauung gibt.
Fragen Sie nicht nur bei ausgefallenen Sonderwünschen vorab den Geistlichen, der Sie trauen wird, ob Ihr Anliegen durchsetzbar ist. Vor allem, wenn Sie daran denken, externe Dienstleistungen in Anspruch zu nehmen, ist eine vorherige Absprache dringend zu empfehlen. Der örtliche Pfarrer hat in seiner Kirche das Hausrecht und kann aus seiner Sicht Fragwürdiges ablehnen.
Möchte oder kann der Geistliche nicht auf besondere Wünsche Ihrerseits eingehen, respektieren Sie seine Entscheidung. Versuchen Sie insbesondere nicht, ihn doch noch zu überreden, und drängen Sie ihn nicht. Er wird seine Gründe für die getroffene Entscheidung haben. Sind Sie mit dieser nicht einverstanden, können Sie sich immer noch nach einer anderen Kirche oder einem anderen Pfarrer umsehen. Sagen Sie in diesem Fall allerdings dem ursprünglichen Pfarrer umgehend Bescheid, damit er nicht unnötige weitere Trauungsvorbereitungen trifft, und danken Sie ihm bei dieser Gelegenheit für die für Sie aufgebrachte Zeit.
Haben Sie hinsichtlich der bevorstehenden Trauung mit Ihren Eltern oder anderen Familienangehörigen religiöse Meinungsverschiedenheiten, bitten Sie den Geistlichen, der Ihre Trauung vornehmen wird, um ein schlichtendes Gespräch. Oftmals wirkt ein solcher Gedankenaustausch Wunder.
Denken Sie immer daran, wie viel Zeit sich die Pfarrerin oder der Pfarrer für Sie nimmt. Schließlich sind Sie nicht die einzigen Personen, mit denen sich der Geistliche in seiner Gemeinde im Moment beschäftigt. Es ist daher selbstverständlich, dass Sie ihm ein paar Dankesworte zukommen lassen – auf jeden Fall nach der Trauung,

aber möglicherweise auch schon nach eventuell schwierigen Vorgesprächen, die er zu einem guten Ende geführt hat. Es ist eine schöne Geste, wenn Sie den Geistlichen zur anschließenden Hochzeitsfeier einladen. Ob er kommt, ist eine andere Frage.
Erkundigen Sie sich am Ende des Traugespräches, wann Sie nach der Trauung dem Organisten und dem Küster eine kleine Anerkennung in Form von Geld zukommen lassen können. Fragen Sie an dieser Stelle auch nach der üblichen Höhe. Übrigens ist es völlig deplatziert, nach der Trauung auch dem Pfarrer oder Priester selbst ein Trinkgeld zukommen zu lassen. Spenden Sie stattdessen etwas der Kirchengemeinde oder füllen Sie die Kollekte. Mit einem Betrag um die 100 Euro liegen Sie nicht verkehrt.

Umgang mit Geistlichen bei einer ökumenischen Trauung

Selbst wenn Sie klare Vorstellungen über den Ablauf Ihrer ökumenischen Trauung haben, fallen Sie nicht mit der Tür ins Haus. Lassen Sie im gemeinsamen Vorbereitungsgespräch erst die Vertreter der beiden Kirchen sprechen und diese erklären, wie bei ihnen in der Regel eine ökumenische Trauung vollzogen wird. Der Ritus wird sich an die übliche Form der einen oder anderen Konfession anlehnen. Äußern Sie erst im Anschluss Ihre Vorstellungen und Wünsche.
Bitten Sie die beiden Geistlichen um Hilfe, wenn Ihre Wünsche mit religiösen Vorgaben kollidieren, und suchen Sie gemeinsam nach einer Lösung. Bleiben Sie immer höflich und zeigen Sie positive Signale, selbst wenn sich einer der beiden Kirchenvertreter querstellt und Ihre Vorstellungen zu platzen drohen. Haben Sie den Kirchenmann erst einmal gegen sich, können Sie Ihre Ideen erst recht vergessen.

Vor der kirchlichen Feier

Üblicherweise erhält die Braut ihren Brautstrauß vor der Abfahrt zur Kirche. Hat die Braut den Brautstrauß nicht schon am Hochzeitsmorgen erhalten, ist es spätestens vor der Kirche Zeit, dass eine der Brautjungfern der Braut den Strauß überreicht.

Egal, ob der Bräutigam oder sein Trauzeuge die Ringe eingesteckt hat, müssen vor einer katholischen Trauung die Ringe in der Sakristei abgegeben oder direkt dem Priester übergeben werden. Da die Ringe vor dem Ringtausch bei einer katholischen Feier gesegnet werden, dürfen Sie diese auf keinen Fall behalten.

Pünktlichkeit

Brauteltern, Geschwister – sofern sie nicht als Trauzeugen fungieren – und Zeremonienmeister sollten spätestens 30 Minuten vor Beginn der Trauung vor der Kirche eintreffen, um schon anwesende Gäste zu begrüßen und ein Auge auf die Vorbereitungen zur Messe, insbesondere das reibungslose Platznehmen der Gäste, zu werfen. Zu dieser Zeit sollte auch der Bräutigam mit seinem Trauzeugen ankommen.
Wenn Sie als Brautpaar gemeinsam in die Kirche einziehen, erscheinen Sie beide mit Ihren Trauzeugen etwa zehn bis fünf Minuten vor Beginn der Feier – je nachdem, wie viel Zeitpuffer Sie für die Anfahrtszeit einplanen.
Wird die Braut von ihrem Vater zum Altar geführt, sollte sie erst kurz vor Beginn des Gottesdienstes beziehungsweise der Messe am Ort des Geschehens erscheinen, damit so wenig wie möglich Personen sie vorher zu Gesicht bekommen und der Überraschungseffekt gelingt. Sind Sie als Braut etwas zu früh dran, warten Sie bis zum Einzug in die Kirche zur Not im Fahrzeug, das Sie gebracht hat. Sobald sich der Zug in Bewegung setzt und der Bräutigam in der Kirche verschwunden ist, können Sie aussteigen.

Begrüßen der Gäste

Da Sie als Braut und – je nach Anfahrtsoption zur Kirche – eventuell auch als Brautpaar bei einer kirchlichen Trauung traditionell erst dann vor der Kirche eintreffen, wenn bereits alle Hochzeitsgäste in der Kirche versammelt sind und es in wenigen Minuten losgeht, haben Sie in der Regel gar keine Möglichkeit für eine ausgiebige Begrüßung der Hochzeitsgesellschaft. Meist stehen Sie mit Ihren Eltern und Trauzeugen am Eingang, besprechen noch einmal den Ablauf und warten nervös, dass es endlich losgeht.

Gäste, die sich zu diesem Zeitpunkt noch vor der Kirche aufhalten, werden es Ihnen in dieser Situation sicherlich nachsehen, wenn Sie sich nicht gebührend um sie kümmern können oder gar grußlos an ihnen vorbeigehen. Wenn die Trauung vorbei ist und sich die Anspannung gelegt hat, können Sie alles nachholen.

Kinder zur Kinderbetreuung lotsen

Haben Sie für die Zeremonie einen eigenen Raum für die Kinderbetreuung eingeplant und möchten Sie, dass die Eltern der kleinen Gäste von dieser Möglichkeit auch tatsächlich Gebrauch machen, instruieren Sie Ihre Helfer und Platzanweiser. Es ist ihre Aufgabe, ankommende Familien zur Kinderbetreuung zu lotsen, ohne den Eltern eine Wahlmöglichkeit zu geben. Formulierungen wie »Ich führe Sie in den Raum für die Kinderbetreuung« nehmen geschickt von vornherein den Eltern etwaige Alternativen.
Sicher werden einige Eltern protestieren und die Kinder mit zur Zeremonie nehmen wollen. Bereiten Sie auch darauf Ihre Helfer vor. Mit Erwiderungen wie »Kinder unter zehn Jahren sind heute im Altarraum nicht zugelassen« müssen diese keine weiteren Diskussionen führen oder gar zugeben, dass sie von Ihnen ausdrücklich instruiert worden sind, keine Kinder in die Kirche zu lassen.

Platzieren der Gäste

Bedienen Sie sich eines oder mehrerer Platzanweiser, damit die Platzierung Ihrer Gäste besonders stilvoll vonstatten geht. Beauftragen Sie damit den Zeremonienmeister und ein paar Helfer, die Ihre Verwandten und engsten Bekannten erkennen und deren Gesichter namentlich zuordnen können. Der Trauzeuge ist für diese Aufgabe weniger geeignet, da er sich in den Minuten vor der Trauung um den Bräutigam kümmern und diesem die Nervosität nehmen sollte. Ihre Platzanweiser sollten sich vor dem Eintreffen der ersten Gäste vergewissern, dass die Kleidung sitzt und sie einen präsentablen Eindruck machen.
Da es in der Regel eine Weile dauert, bis sich alle Gäste gesetzt haben, sollte die Wartezeit mit dezenter Musik überbrückt werden, sodass die passende Atmosphäre entsteht.

Vor allem die älteren Gäste, wie Omis und Tanten, werden es Ihnen danken, wenn sie zu ihren Plätzen geleitet werden. Ihre Platzanweiser sollen sich dem Schritttempo der Dame anpassen und nicht zu schnell gehen. Formvollendet führt ein männlicher Platzanweiser eine Dame zu ihrem Platz, indem er ihr den Arm anbietet und sie zumindest bis zur vorgesehenen Bankreihe geleitet. Oft ist es aus Platzgründen nicht möglich, die Dame bis an ihren Platz zu führen. Wird ein Paar an seinen Platz geführt, kann der Platzanweiser entweder vorangehen oder – nach der alte Schule – der Dame den Arm anbieten, währenddessen die Begleitung der Dame hinterhergeht. Aber Vorsicht, nicht alle Damen in Begleitung wünschen dies und möchten lieber am Arm ihrer eigenen Begleitung zum Platz gehen. Die Platzanweiser sollten hierfür ein gewisses Gespür zeigen und keinesfalls aufdringlich wirken. Selbstverständlich wird allen weiblichen Gästen – ob im Teeangeralter oder ganz klein – der Arm zum Geleit angeboten. Die kleinen Gäste können dann selbst entscheiden, ob sie traditionell eskortiert werden möchten oder nicht. Instruieren Sie Ihre Platzanweiser, ihre Aufgabe mit einem freundlichen Gesicht zu erledigen. Es kann sein, dass der Fotograf vor der eigentlichen Trauung Fotos von den ankommenden Gästen schießt.

Sicher haben Sie sich im Vorfeld zumindest für die wichtigsten Hochzeitsgäste, die in den ersten Reihen Platz nehmen sollen, einen Sitzplan ausgedacht und Sitzplätze reserviert. Es wäre schön, wenn sich Ihre Platzanweiser mit dem Sitzplan vertraut machen oder ihn sich vielleicht sogar eingeprägt haben, um Ihre Gäste unauffällig – und ohne Skizze in den Händen – zu den vorgesehenen Plätzen zu geleiten.

Die ersten ein bis zwei Reihen sind für Ihre Eltern, Großeltern, Geschwister, Trauzeugen, Brautjungfern, Blumenkinder sowie enge Verwandte und Bekannte reserviert. Die Angehörigen der Braut sitzen in Blickrichtung zum Altar traditionell auf der linken Seite des Kirchenschiffes, während die Angehörigen des Bräutigams rechts vom Mittelgang platziert werden. Instruieren Sie Ihre Platzanweiser ganz genau, wo genau diese für Sie wichtigen Personen platziert werden müssen. Denn nicht selten reagiert der eine oder andere verschnupft, wenn er falsch platziert wurde.

Eltern und Stiefeltern

Die Eltern von Braut und Bräutigam sitzen zweifelsfrei auf den besten, am nächsten zum Mittelgang gelegenen Plätzen in der ersten Reihe. Die Brauteltern platzieren Sie dementsprechend links und die Eltern des Bräutigams rechts vom Mittelgang, wobei die Mütter rechts neben den Vätern Platz nehmen. Der richtige Platz für die Brautmutter ist demzufolge – in Richtung Altar blickend – ganz rechts in der ersten Reihe, links daneben sitzt der Brautvater. Den ersten Platz der ersten Reihe rechts neben dem Mittelgang nimmt der Bräutigamvater ein, rechts daneben sitzt die Bräutigammutter. Selbst wenn Elternpaare längst geschieden sind, sitzen die ehemaligen Partner bei der Hochzeit ihres gemeinsamen Kindes in der ersten Reihe der Kirche noch häufig nebeneinander, während die neuen Partner den »Ehemaligen« großzügig den Platz überlassen und sich bescheiden etwas abseits setzen. Auf jeden Fall ist es ratsam, die Sitzordnung mit allen Beteiligten im Vorfeld zu besprechen und zu klären, ob alle mit dem vorgeschlagenen Placement einverstanden sind. Möglicherweise verstehen sich die Elternteile und die neuen Partner untereinander auch so gut, dass alle neben ihren neuen Partnern in der ersten Reihe sitzen möchten.

Geschwister, Großeltern und Paten

Geschwister sitzen entweder in der ersten oder zweiten Reihe mit ihren Partnern beziehungsweise ihrer Familie. Großeltern platzieren Sie entweder in der ersten Reihe oder in der zweiten Reihe, dann aber direkt hinter den Eltern am Gang. Patenonkel und -tanten können Sie in der zweiten oder am Mittelgang der dritten Reihe Platz nehmen lassen.

Gäste, die eine aktive Rolle spielen

Ihre Trauzeugen, Brautjungfern, Blumenkinder und diejenigen Gäste, die den Gottesdienst beispielsweise als Fürbitter aktiv mitgestalten, setzen Sie ebenfalls in die erste oder an eine der äußeren Seite der zweiten Reihe. Diese Personen sollen, ohne zu viel Aufsehen zu erregen, aufstehen und wieder Platz nehmen können.

Übrige Gäste

Die übrigen Gäste verteilen sich ohne Sitzordnung in den nicht reservierten Reihen dahinter. Für ältere Gäste, Schwangere und Familien mit Kindern bieten sich die Plätze der Bankreihen an, die sie leicht erreichen und verlassen können.

Viele Paare teilen die Bankreihen links und rechts vom Mittelgang. Während die eine Seite für die Familie und Gäste der Braut vorgesehen ist, nehmen alle zum Bräutigam gehörenden Personen auf der anderen Seite des Mittelganges Platz. Ihre Platzanweiser können die Hochzeitsgäste den beiden »Lagern« leicht zuordnen, indem sie bei deren Ankunft fragen, ob sie zur Familie oder dem Freundeskreis der Braut oder des Bräutigams gehören.

Verzichten Sie allerdings auf diese Platzierungsvariante und lassen Sie all jene Gäste, für die kein reservierter Platz vorgesehen ist, sich nach Belieben hinsetzen, wenn Sie nicht auf die in etwa gleiche Anzahl von Gästen auf Braut- und Bräutigamseite kommen. Zum einen ist es für Ihre Gäste nicht nachvollziehbar, warum die einen so weit hinten in den Bankreihen sitzen sollen, während auf der anderen Seite des Mittelgangs weiter vorn Sitzreihen leer sind. Zum anderen sieht es auf Fotos einfach besser aus, wenn beide Seiten der Bankreihen in etwa gleich gefüllt sind.

Liturgieblatt

Entscheiden Sie sich für individuelle Rituale oder Symbole während der Zeremonie, sorgen Sie dafür, dass all Ihre Gäste diese auch verstehen. Sind Sie sich nicht sicher, ob Ihre Gäste bestimmte Zeremonienbestandteile erfassen können, geben Sie in einem gedruckten Programm, dem sogenannten Liturgieblatt, zu den betreffenden Elementen aussagekräftige Erklärungen. Ihre Gäste fühlen sich informiert und können sich auf diese Weise besser in die Zeremonie hineinversetzen und daran teilhaben.

Legen Sie Wert darauf, dass Ihre Gäste bestimmte Programminhalte wie Lieder, Gebete oder besondere Texte nach- oder sogar mitlesen können, drucken Sie die vollständigen Texte ebenfalls im Programm ab. Das gilt besonders für den Trauspruch. Platzieren Sie diese ent-

weder beim jeweiligen Programmpunkt oder bei besonders langen Texten im Anhang. Machen Sie im Programm deutlich, bei welchen Programmpunkten Sie sich eine Teilnahme Ihrer Gäste wünschen und in welcher Form. Beispielsweise können Hinweise wie »Wir beten gemeinsam« oder »Die Gemeinde singt gemeinsam« kollektives Rätselraten vermeiden.
Es ist eine schöne Geste, wenn Sie den Zweck, für den die Kollekte des Traugottesdienstes beziehungsweise der Hochzeitsmesse bestimmt ist, im Programm ebenfalls bekanntgeben. Die Verwendung der Kollekte sprechen Sie selbstverständlich im Vorfeld mit dem Geistlichen ab.
Für das Programm beziehungsweise Liturgieblatt sind Sie und nicht die Kirche zuständig. Beauftragen Sie entweder eine Druckerei oder bemühen Sie – für eine weniger luxuriöse Ausführung – Ihren Drucker zu Hause. Legen Sie auf jedem Platz in der Kirche ein Programm aus. Sie können auch am Eingang der Kirche einen Korb mit Programmen aufstellen, aus dem sich jeder bedienen kann. Allerdings müssen Sie in diesem Fall dafür sorgen, dass beispielsweise der Zeremonienmeister die Hochzeitsgesellschaft auffordert, sich ein Liturgieblatt zu nehmen. Denn nicht alle Gäste werden automatisch zum Programm greifen.

Die kirchliche Feier

Die Reihenfolge von Liedern, Gebeten, dem Sprechen des Glaubensbekenntnisses und musikalischen Einlagen ist in den beiden Volkskirchen unterschiedlich. In beiden Konfessionen geht aber dem Jawort eine Predigt oder Ansprache des Pfarrers voraus.
Der meist familiäre Rahmen des Traugottesdienstes beziehungsweise der Messe bietet Ihnen die Möglichkeit, dass sich Ihre Verwandten und engen Freunde an dessen Gestaltung beteiligen können, auch wenn der Spielraum in der katholischen Kirche enger gesteckt ist als bei den Protestanten. In Absprache mit dem Geistlichen ist vieles möglich und sogar erwünscht. Das können musikalische Beiträge, Schriftlesungen oder Fürbitten sein.

Strecken Sie Ihre Zeremonie nicht unerträglich in die Länge. Denken Sie an Ihre Gäste, und halten Sie über den regulären Ablauf hinausgehende Elemente in der Zeremonie oder musikalische Umrahmungen lieber kurz und knapp. Ihre Gäste werden es Ihnen danken.

Katholische Messe

Die Trauung wird gewöhnlich im Rahmen der heiligen Messe gefeiert, außerhalb einer Messe in Verbindung mit einem Wortgottesdienst. Die katholische Messe ist sehr viel stärker als der evangelische Gottesdienst vom liturgischen Ablauf geprägt. Wenn Sie häufiger in die Kirche gehen oder zumindest schon einmal an einer katholischen Messe teilgenommen haben, haben Sie die häufige Abfolge von Aufstehen, Hinsetzen, Niederknien sicher vor Augen. Die Regeln, nach denen dies geschieht, sind nicht immer selbst erklärend, und es ist nicht ganz einfach, sich richtig zu verhalten oder zumindest nur das nachzumachen, was alle anderen tun. Vergegenwärtigen Sie sich im Vorfeld, was in der Hochzeitsmesse geschieht, und prägen Sie sich den Ablauf, so gut es geht, ein. Dann werden Sie auch diesen außergewöhnlichen Tag meistern, an dem Sie vielleicht mit Ihren Eindrücken und eigenen Gefühlen bei der Trauzeremonie beschäftigt und vielleicht sogar abgelenkt sind.

Der Ablauf der Trauung ist sehr genau vorgegeben, und es gibt sehr viele Elemente, die zwangsläufig Bestandteil der Trauzeremonie sind. Auch wenn Sie weniger Gestaltungsfreiheit als bei einer evangelischen Trauung haben, bleibt Ihnen noch genügend Raum für eine persönliche Note.

Eröffnung

Wenn es Zeit wird, mit der Hochzeitsmesse zu beginnen, kann sich entweder der Priester mit seinen Ministranten an den Kircheneingang begeben, wo er die Handvoll wartender Personen, die den Einzug in die Kirche bestreiten werden, begrüßt und abholt. Manchmal besprengt er die Versammelten dabei mit Weihwasser. Oder aber es wird ein Signal gegeben, dass sich der Zug in Bewegung setzen möge, währenddessen der Priester im Kircheninneren auf Ihre Ankunft wartet.

Unüblich, aber möglich ist es, dass die ganze Hochzeitsgesellschaft vor der Kirche wartet, um dann in die Kirche einzuziehen. Der Nachteil bei dieser Variante liegt auf der Hand: Das Platznehmen kann zu einer langwierigen Angelegenheit werden, und die Messe zögert sich hinaus.

Den Eröffnungszug kann der Priester mit seinen Ministranten anführen. Wenn der Priester den Hochzeitszug nicht am Kircheneingang empfängt, wartet er beim Altar. Während die Hochzeitsgesellschaft schon längst in der Kirche Platz genommen hat, formiert sich der Brautzug vor der Kirche oder in der Sakristei. Sobald sich die Tür öffnet und der Einzug beginnt, erheben sich alle von ihren Bänken. Diesen bedeutenden Augenblick, in dem alle Blicke auf Sie, die Braut, gerichtet sind, zelebrieren Sie auch musikalisch und lassen den Einzug mit einem speziell ausgesuchten Lied begleiten. Je nachdem, welche musikalische Umrahmung Sie sich dafür ausgesucht haben, spielt die Orgel oder eine Instrumentalgruppe, singt ein Chor oder läuft ein Musiktitel vom Band. Denken Sie bei der Auswahl des Titels daran, dass der Takt das Schritttempo vorgibt. Idealerweise üben Sie den Einzug mit dieser Musik zu Hause oder während einer möglichen Generalprobe in der Kirche selbst.

Hat das Brautkleid eine lange Schleppe, lassen Sie diese als Braut an der Eingangstür von einem Blumenkind oder einer Brautjungfer richten. Schließlich wollen Sie, dass die Schleppe bei Ihrem Einzug schön fällt. Ebenso sollte eine Person die Schleppe wieder richten, sobald Sie am Altar angekommen sind und sich hingesetzt haben.

Eine allgemeingültige Regel für die Reihenfolge des Hochzeitszuges gibt es nicht. Je nach regionalen Gepflogenheiten haben sich unterschiedliche Varianten etabliert. Manchmal gehen Brautjungfern vor Blumen streuenden Kindern bis an das Ende des Kirchenschiffes und bilden links und rechts vom Mittelgang ein Spalier. In dieser Position warten Blumenkinder und Brautjungfern auf den Einzug der Brautleute und der engsten Verwandten. Brautjungfern, Ringträger und Blumenkinder können aber auch im Brautzug direkt vor der Braut und hinter dem Bräutigam sowie den Verwandten des Brautpaares einlaufen. Ziehen Sie eine andere

Reihenfolge vor, weil Sie vielleicht keine Brautjungfern oder gern auch Begleitpersonen hinter sich haben, sprechen Sie Ihre Vorstellungen mit Ihrem Priester ab. Er wird sicher auf Ihre persönlichen Wünsche eingehen.
Können Elternteile – aus welchen Gründen auch immer – nicht an der Trauung teilnehmen und demzufolge nicht Teil des Zuges sein, werden deren Plätze von Ihren nächsten Verwandten eingenommen. Die Frage, ob die Braut von ihrem Vater zum Altar geführt wird oder Sie beide gemeinsam in die Kirche einziehen, spielt eine entscheidende Rolle für die Festlegung der Einzugsreihenfolge.

Wer führt die Braut zum Altar?
Immer wieder kommt die Frage auf, wer die Braut in die Kirche zum Altar führt. Soll der Brautvater seine Tochter zum Altar bringen und der Bräutigam dort warten, oder zieht der Bräutigam an der Seite seiner Braut in die Kirche ein? Von den meisten Brautpaaren wird die Variante favorisiert, bei der die Braut von ihrem Vater in die Kirche geführt wird. Wahrscheinlich wird eine Entscheidung zugunsten dieser Variante auch deshalb so oft getroffen, weil sich viele Bräute einen unvergesslichen Auftritt wünschen, bei dem die Hochzeitsgesellschaft und vor allem der Bräutigam zum ersten Mal das Brautkleid sehen sollen.
Ehe Sie sich für die eine oder andere Variante entscheiden, sollten Sie allerdings einen Blick in die Geschichte werfen und sich die Symbolik der Übergabe der Braut durch den Brautvater vergegenwärtigen. Dieser war in früheren Zeiten als Familienvorstand erste Anlaufstelle für den potenziellen Bräutigam, wenn dieser heiraten wollte. Dem Brautvater gegenüber wurde das Heiratsinteresse kundgetan, er entschied über das Ansinnen des Kandidaten, und der Brautvater war es schließlich, der seine Tochter aus seinem Herrschaftsbereich an den Bräutigam »übergab«, indem er sie bis zum Bräutigam an den Altar führte – mit oder ohne deren Willen.
Stört Sie die geschichtliche Interpretation des Einzugs mit dem Brautvater nicht, ist diese Alternative zweifelsfrei die romantischere. Wollen Sie hingegen als modernes Paar zeigen, dass Sie sich aus freien

Stücken und ohne Einfluss von Dritten füreinander entschieden haben, ziehen Sie lieber gemeinsam als Paar in die Kirche ein.

Wenn der Brautvater die Braut führt

Bei dieser Variante betreten traditionell der Bräutigam und seine Mutter zuerst die Kirche. Beide schreiten den Mittelgang entlang. Am Ende des Gangs geleitet der Bräutigam seine Mutter an ihren Platz in der ersten Reihe und geht anschließend zum Altar. Vor diesem bleibt er in Blickrichtung zur Tür stehen und wartet auf die Braut.

Nun schließt sich der Vater des Bräutigams mit der Mutter der Braut an. Sind beide vorn angekommen, nehmen Sie ebenfalls in der ersten Reihe Platz. Dann folgen paarweise die engsten Verwandten. Je näher diese mit dem Brautpaar verwandt sind, desto weiter vorn im Zug sind sie zu finden. Hinter den Verwandten können paarweise die Brautjungfern, gefolgt vom Ringträger und vor den Blumen streuenden Blumenkindern gehen.

Als Höhepunkt und Abschluss des Brautzuges kommen die Braut und ihr Vater, welcher der Braut seinen Arm beim Eintreten in die Kirche anbietet. Die Braut hält sich während des gesamten Einzugs am Arm des Brautvaters (und gewöhnlich an dessen rechter Seite) fest. Schreiten Sie möglichst würdevoll den Mittelgang entlang. Lassen Sie sich beim Gang durch die Kirche Zeit. Alle Augen sind auf Sie gerichtet, besonders die Ihres Bräutigams, der vor dem Altar auf Sie wartet. Genießen Sie diesen einmaligen Augenblick!

Haben Braut und Brautvater das Ende des Mittelganges erreicht, kann die Braut ihren Vater küssen oder dieser seine Tochter kurz in den Arm nehmen. Danach wendet er sich dem Bräutigam zu, umarmt diesen oder gibt ihm zumindest die Hand. Schließlich nimmt er auf dem für ihn vorgesehenen Sitz in der ersten Bankreihe Platz.

Wenn der Brautvater verstorben ist

Für den traurigen Fall, dass Ihr Vater bereits verstorben ist – oder nicht mehr Teil Ihres Lebens –, kann entweder Ihre Mutter die Rolle an Ihrer Seite übernehmen oder aber Ihr Bruder – sofern Sie einen solchen haben. Ebenso ist es aus Sicht der Etikette möglich, dass

Sie von Ihrem Onkel oder Patenonkel zum Altar geführt werden. Haben Sie einen Sohn oder eine Tochter aus einer vorangehenden Beziehung, kann sogar dieser oder diese die Aufgabe des Begleiters übernehmen, vorausgesetzt, Ihr Kind hat bereits ein akzeptables Alter erreicht, um dieses »Amt« auszuführen. Schlussendlich können Sie als Braut auch ganz allein den Mittelgang bis zum Altar entlangschreiten.

Wenn die Braut Vater und Stiefvater hat

Sofern Sie als Braut auch einen Stiefvater haben und sowohl zu Ihrem leiblichen Vater als auch Ihrem Stiefvater ein gutes Verhältnis pflegen, können Sie sich von beiden beim Einzug begleiten lassen. Derjenige von den beiden, der in den zurückliegenden Jahren für Sie die größere Rolle gespielt hat, geht zu Ihrer Linken. Sie schreiten am Arm von dessen rechter Seite zum Altar. Der andere »Vater« begleitet Sie an Ihrer rechten Seite, ohne Ihnen allerdings den Arm zu reichen. Er geht lediglich neben Ihnen.

Eine weitere Alternative ist die, dass die Braut die erste Hälfte des Weges zum Altar von ihrem leiblichen Vater begleitet wird. Auf der Mitte wechselt der Stiefvater den leiblichen Vater ab, und die Braut legt die letzte Wegstrecke mit ihrem Stiefvater zurück. Oder Sie entscheiden sich für die andere Reihenfolge – das erste Stück mit dem Stiefvater und das letzte Stück mit dem leiblichen Vater.

Wenn Braut und Bräutigam gemeinsam einziehen

Auch bei dieser Variante können Sie die Einzugsreihenfolge nach Ihren Vorstellungen festlegen. Wollen Sie als Brautpaar gleich zu Beginn einlaufen oder hinter Ihren Verwandten? Sollen Blumenkinder den Zug anführen oder lieber direkt vor Ihnen laufen und ihre Blumen streuen? Gestalten Sie die Einzugsreihenfolge nach Ihren Wünschen.

Achten Sie aber darauf, dass Sie als Bräutigam der Braut Ihren Arm beim Eintreten in die Kirche anbieten. An diesem können Sie sich als Braut während des gesamten Einzugs festhalten. Sie begleiten den Bräutigam gewöhnlich an dessen rechter Seite in Laufrichtung.

Wenn sich Brautvater und Bräutigam abwechseln

Eine weitere Alternative ist die, dass die Braut die erste Hälfte des Weges zum Altar von ihrem Vater begleitet wird. Auf der Mitte wechselt der Bräutigam den Brautvater ab, und das Paar legt die letzte Wegstrecke gemeinsam zurück. Nachdem sich sogar das schwedische Königshaus bei seiner letzten royalen Hochzeit für diese Einzugsvariante entschieden hat, sind sämtliche Zweifel an der Akzeptanz dieser Alternative aus dem Weg geräumt.

Wie Sie dabei die »Übergabe« gestalten, richtet sich nach Ihren persönlichen Vorstellungen. Ob dabei der Brautvater mit der Braut und der Bräutigam mit der Bräutigammutter die erste Wegstrecke hinter sich bringen und dann untereinander tauschen oder der Bräutigam auf halbem Wege – allein oder in Begleitung seiner Mutter oder seines Bruders – auf die Braut wartet und danach getauscht wird, bleibt ganz allein Ihnen überlassen.

Ihre Pflichten als Bräutigam

Würdigen Sie als Bräutigam das Kleid Ihrer Zukünftigen, sobald Sie es endlich zu Gesicht bekommen. Selbstverständlich ist es ohnehin ein sehr emotionaler Moment, wenn Sie Ihre Braut das erste Mal darin sehen. Schämen Sie sich nicht Ihrer Gefühle. Selbst bei Hochzeiten in Königshäusern kann man in diesem Augenblick die eine oder andere royale Träne in den Augen der Heiratskandidaten entdecken. Lassen Sie es sich nicht nehmen, Ihrer Braut und dem Kleid während der Zeremonie – und selbstverständlich im weiteren Verlauf des Tages – so oft wie möglich bewundernde Blicke zuzuwerfen. Das gehört zu Ihren »unumstößlichen« Pflichten am Hochzeitstag. Auch wenn Sie Ihre Braut vielleicht nicht darauf ansprechen würde, sie erwartet dies einfach von Ihnen an diesem wichtigen Tag.

Achten Sie sowohl in der Kirche als auch bei allen weiteren Programmpunkten darauf, dass Sie weder auf das Kleid noch auf die eventuelle Schleppe treten. Gerade bei langen oder bauschigen Brautkleidern ist das nicht gerade einfach. Wenn Sie Ihre Braut umarmen, ziehen Sie keinesfalls am Schleier. Legen Sie Ihre Hand immer unter den zarten Stoff.

Weiterer Verlauf der Eröffnung

Sind Sie beide vor dem Altar angekommen, gibt es zwei Gelegenheiten, sich des Brautstraußes und des Zylinders – sofern Sie als Bräutigam einen Zylinder dabeihaben – zu entledigen. Entweder Sie übergeben beides, wenn Sie am Altar angekommen sind. Oder Sie halten sowohl den Strauß als auch den Zylinder bis zum Ringtausch in Ihren Händen und lassen sich diese Accessoires nur zum Ringwechsel abnehmen. Als Braut können Sie den Brautstrauß Ihrer Mutter, einer Ihrer Brautjungfern oder Ihrer Trauzeugin überreichen. Sind Ihre Brautjungfern und Ihre Trauzeugin noch nicht verheiratet, dürfen diese allerdings nach altem Brauch den Brautstrauß vor dem Brautstraußwurf unter keinen Umständen berühren. Als Bräutigam übergeben Sie Ihren Zylinder an Ihren Trauzeugen, Bruder oder Vater. Für Sie als Brautpaar sind am Ende des Mittelganges vor den Stufen zum Altar zwei Sitzgelegenheiten, oft mit Kniebänken, vorbereitet. Sie beide bleiben mit Blickrichtung zum Altar nach dem Einzug an Ihren Plätzen stehen. Nach katholischer Auffassung sind Sie beide trotz standesamtlicher Heirat vor Gott noch nicht verheiratet. Deshalb nimmt die Braut bei einer katholischen Trauung den Platz an der linken Seite des Bräutigams zum Altar gesehen ein.

Der Geistliche eröffnet vom Altar aus den Gottesdienst mit den Worten »Im Namen des Vaters und des Sohnes und des Heiligen Geistes«. Er macht dazu eine Segensgeste in Kreuzform, die alle Anwesenden nachahmen. Für ein formvollendetes Kreuzzeichen berühren Sie mit Ihrer rechten Hand zuerst die Stirn, dann die Brust, dann die linke und zuletzt die rechte Schulter. Sie und alle anderen antworten mit einem »Amen«.

Kurz und knapp erklärt nun der Priester, zu welchem Anlass sich die Gemeinde an diesem Tag versammelt hat, und begrüßt Sie, Ihre Trauzeugen und die übrigen Mitglieder der Hochzeitsgesellschaft.

Es folgt eine kurze Besinnung. Das geschieht entweder in Form eines kurzen Schweigens oder eines gesprochenen Schuldbekenntnisses, das alle zusammen beten. Dann sagt der Priester »Der allmächtige Gott erbarme sich unser. Er lasse uns die Sünden nach und führe uns zum ewigen Leben.« Alle antworten mit einem »Amen«.

Nun ist es Zeit für das sogenannte Kyrie und, sofern die Hochzeit an einem Sonn- oder Festtag stattfindet, das Gloria sowie das Tagesgebet. Kyrie und Gloria können gebetet oder gesungen werden.

Wortgottesdienst

Der Wortgottesdienst beginnt mit einer Lesung, die entweder der Priester, ein Lektor der Gemeinde oder eine Person aus der Hochzeitsgesellschaft übernimmt. Den Lesungstext können Sie in Absprache mit dem Geistlichen selbst wählen. Er kann aus dem Neuen oder Alten Testament stammen. Manchmal entscheiden sich Brautpaare auch für ein Gedicht oder einen Auszug aus der Weltliteratur oder einem Märchen. Während der Lesung sitzen alle Anwesenden.
Nach einem kurzen Zwischengesang folgt das Evangelium als Herzstück des Wortgottesdienstes. Der Priester leitet das Evangelium mit »Der Herr sei mit euch« ein. Bei diesen Worten stehen alle auf und antworten mit den Worten: »Und mit deinem Geiste«. Nun trägt der Geistliche etwas aus dem Evangelium vor, die Gemeinde bleibt dabei stehen. Die Lesung, auf deren Inhalt Sie keinen Einfluss haben, schließt der Priester mit den Worten: »Evangelium unseres Herrn Jesus Christus«. Die Gemeinde erwidert: »Lob sei dir, Christus.«
Die anschließende Predigt des Priesters, zu der alle außer dem Geistlichen Platz nehmen, hat in der Regel einen engen Bezug zum Anlass der Feier und greift die Texte der vorangegangenen Lesung und des Evangeliums auf. Am Ende der Ansprache setzt sich auch der Priester kurz, um die Worte auf die Gemeinde wirken zu lassen und sich kurz zu sammeln. Wenn er wieder aufsteht, erheben sich auch alle Anwesenden.

Trauung

Der Priester begibt sich vor den Altar, wo Sie als Brautleute stehen. Dabei steht die Braut aus Sicht der Gäste – und mit dem Rücken zu diesen – links vom Bräutigam. Der Geistliche ruft die Trauzeugen nach vorn. Ihre Trauzeugen stellen sich rechts und links von Ihnen auf. Sofern noch nicht alle stehen, erheben sich spätestens jetzt alle Gäste von ihren Plätzen und bleiben während der Trauung stehen.

Katholische Brautleute beantworten erst die Fragen, die sich auf die Freiwilligkeit der Eheschließung, die Unauflöslichkeit des Ehebundes und die Annahme der von Gott geschenkten Kinder beziehen, ehe sie das Jawort sprechen.
Der Geistliche wendet sich dafür mit ein paar einleitenden Worten an Sie beide, ehe er den Bräutigam fragt: »Hubertus, ich frage Sie: Sie sind hierhergekommen, um nach reiflicher Überlegung und aus freiem Entschluss mit Ihrer Braut Christina den Bund der Ehe zu schließen?« Der Bräutigam antwortet: »Ja«.
Daraufhin fragt der Priester den Bräutigam: »Wollen Sie Ihre Frau lieben und achten und ihr die Treue halten alle Tage ihres Lebens?« Auch hier antwortet der Bräutigam wieder mit einem »Ja«.
Nun ist die Braut an der Reihe. Der Geistliche wendet sich nun an diese und fragt: »Christina, ich frage Sie: Sie sind hierhergekommen, um nach reiflicher Überlegung und aus freiem Entschluss mit Ihrem Bräutigam Hubertus den Bund der Ehe zu schließen?« Die Braut antwortet: »Ja«.
Daraufhin fragt der Priester die Braut: »Wollen Sie Ihren Mann lieben und achten und ihm die Treue halten alle Tage seines Lebens?« Auch hier antwortet die Braut wieder mit einem »Ja«.
Die folgende Frage stellt der Geistliche Ihnen beiden gemeinsam. »Sind Sie bereit, die Kinder anzunehmen, die Gott Ihnen schenken will, und sie im Geist Christi und seiner Kirche zu erziehen?« Sie antworten darauf entweder zugleich oder ein wenig zeitlich versetzt mit einem »Ja«.
Auch auf die letzte Frage, »Sind Sie bereit, als christliche Eheleute Mitverantwortung in der Kirche und in der Welt zu übernehmen?«, antworten Sie entweder zugleich oder ein wenig zeitlich versetzt mit einem »Ja«.
Nachdem Sie alle Fragen bejaht haben, segnet der Priester vor der eigentlichen Eheschließung Ihre Ringe. Verabschieden Sie sich diesbezüglich von dem Hollywoodmärchen, dass Ihr Trauzeuge die Ringe zum Eheversprechen aus der Hosentasche befördert. Dann ist es zu spät, weil die Ringe ein paar Tage vor der Trauung, spätestens jedoch am Hochzeitsmorgen, in der Sakristei abgegeben werden

müssen. Zur Segnung bringt einer der Ministranten die Ringe auf einem Tablett, der Priester spricht ein Segensgebet und besprengt die Ringe mit Weihwasser.
Bei dem anschließenden Eheversprechen haben Sie die Wahl. Entweder Sie tragen den Vermählungsspruch vor, oder der Geistliche fragt den Vermählungsspruch ab, sodass Sie nur noch mit einem »Ja« antworten müssen. Unabhängig davon, für welche Form des Eheversprechens Sie sich entscheiden, stecken Sie sich gegenseitig und nacheinander die Ringe an den Finger. Für den Fall, dass Sie Brautstrauß und Zylinder – sofern Sie als Bräutigam einen Zylinder dabeihaben – nicht schon zu Beginn der Messe an Ihre Vertrauten überreicht haben, entledigen Sie sich nun dieser Accessoires. Schließlich müssen Sie beide Hände für den Ringtausch frei haben. Als Braut können Sie den Brautstrauß Ihrer Mutter, einer Ihrer Brautjungfern oder Ihrer Trauzeugin überreichen. Sind Ihre Brautjungfern und Ihre Trauzeugin noch nicht verheiratet, dürfen diese allerdings nach altem Brauch den Brautstrauß vor dem Brautstraußwurf unter keinen Umständen berühren. Als Bräutigam übergeben Sie Ihren Zylinder an Ihren Trauzeugen, Bruder oder Vater.
Beachten Sie, dass bei beiden Varianten des Eheversprechens zuerst der Bräutigam am Zuge ist, ehe die Braut ihr Eheversprechen abgeben und den Ring an den Finger Ihres Ehemannes stecken kann. Der Ringfinger der rechten Hand ist der traditionelle Platz für den Ehering.

Variante Vermählungsspruch

Entscheiden Sie sich für den Vermählungsspruch, können Sie diesen entweder vorher auswendig lernen, oder der Priester spricht ihn häppchenweise vor, und Sie sprechen ihn in Absätzen nach. Der Priester leitet die Eheschließung mit folgenden Worten ein: »Sie schließen jetzt vor Gott und vor der Kirche den Bund der Ehe, indem Sie das Vermählungswort sprechen. Dann stecken Sie einander den Ring der Treue an.« Nun ergreift erst der Bräutigam den Ring der Braut und spricht: »Christina, vor Gottes Angesicht nehme ich dich an als meine Frau. Ich verspreche dir die Treue in guten und bösen Tagen, in Gesundheit und Krankheit, bis der Tod uns scheidet. Ich will dich lieben, achten und ehren alle Tage meines Lebens.« Dann nimmt die Braut den Ring des Bräutigams und wiederholt: »Hubertus, vor Gottes Angesicht nehme ich dich an als meinen Mann. Ich verspreche dir die Treue in guten und bösen Tagen, in Gesundheit und Krankheit, bis der Tod uns scheidet. Ich will dich lieben, achten und ehren alle Tage meines Lebens.« Sie stecken sich nun nacheinander die Ringe gegenseitig an den Finger. Der Bräutigam beginnt damit und spricht dabei: »Trage diesen Ring als Zeichen unserer Liebe und Treue. Im Namen des Vaters, des Sohnes und des Heiligen Geistes.« Dann ist die Braut an der Reihe, die ihre Handlung mit dem gleichen Spruch begleitet.

Variante Jawort

Wollen Sie auf Nummer sicher gehen und sich im Eifer des Gefechtes beim Eheversprechen nicht verhaspeln, entscheiden Sie sich für die Vermählungsvariante durch das Jawort. In diesem Fall leitet der Priester die Eheschließung mit folgenden Worten ein: »Sie schließen jetzt vor Gott und vor der Kirche den Bund der Ehe, indem Sie das Jawort sprechen. Dann stecken Sie einander den Ring der Treue an.« Zuerst fragt der Geistliche den Bräutigam: »Hubertus, ich frage Sie vor Gottes Angesicht: Nehmen Sie Ihre Braut Christina an als Ihre Frau, und versprechen Sie, ihr die Treue zu halten in guten und bösen Tagen, in Gesundheit und Krankheit, und sie zu lieben, zu achten und zu ehren, bis der Tod Sie scheidet?« Der Bräutigam antwortet mit »Ja«. Nun richtet sich der Priester an die Braut mit folgenden Worten: »Christina, ich frage Sie vor Gottes Angesicht: Nehmen Sie Ihren Bräutigam Hubertus an als Ihren Mann, und versprechen Sie, ihm die Treue zu halten in guten und bösen Tagen, in Gesundheit und Krankheit, und ihn zu lieben, zu achten und zu ehren, bis der Tod Sie scheidet?« Hat auch die Braut die Frage bejaht, spricht der Geistliche – zum Bräutigam gewandt – weiter: »Nehmen Sie den Ring, das Zeichen Ihrer Liebe und Treue, stecken Sie ihn an die Hand Ihrer Braut, und sprechen Sie: ›Im Namen des Vaters, des Sohnes und des Heiligen Geistes.‹« Während der Bräutigam der Braut den Ring ansteckt, wiederholt er die Worte »Im Namen des Vaters, des Sohnes und des Heiligen Geistes«. Schließlich wendet sich der Priester mit den gleichen Worten an die Braut, die diese mit dem Anstecken des Ringes an den Finger des Bräutigams und dem Ausspruch »Im Namen des Vaters, des Sohnes und des Heiligen Geistes« beschließt.

Weiterer Verlauf der Trauung

Unabhängig von der Frage, für welche Form des Eheversprechens Sie sich entschieden haben, spricht der Priester nach dem Versprechen mit folgenden Worten zu Ihnen: »Reichen Sie nun einander die rechte Hand. Gott, der Herr, hat Sie als Mann und Frau verbunden. Er ist treu. Er wird zu Ihnen stehen und das Gute, das er begonnen hat, vollenden.« Sie reichen sich als Frischvermählte daraufhin die Hände, die der Pfarrer mit einer Stola umfängt und darauf seine rechte Hand bettet. Mit einigen Worten, in die er auch die Trauzeugen und die Kirchengemeinde einbezieht, bestätigt er die Vermählung und schließt mit dem Ausspruch »Was Gott verbunden hat, das darf der Mensch nicht trennen.«

Beim anschließenden Trauungssegen bleiben Sie entweder stehen oder werden vom Geistlichen aufgefordert, sich niederzuknien. Ehe Sie oder Verwandte und Freunde die Fürbitten sprechen, können Sie an dieser Stelle ein Musikstück einfließen lassen. Legendär an dieser Stelle ist das »Ave Maria« – in welcher Interpretation auch immer. Zum Lesen der Fürbitten stehen alle Gemeindemitglieder wieder auf. Jeder Vortragende schließt seine Bitte mit einem variablen Ausspruch, den alle wiederholen. Beispielsweise können die Schlussworte »Herr, wir bitten Dich, erhöre uns« lauten, die die Anwesenden mit einem »Herr, erhöre uns« erwidern. Nach den beendeten Fürbitten nimmt die Gemeinde wieder Platz.

Eucharistie

Die nun folgende Eucharistie entspricht im Großen und Ganzen dem Ablauf bei einer regulären Messe. Der Ablauf und die Gebete der Eucharistie sind genau festgelegt. Zu einigen rituellen Handlungen kniet man, zu anderen steht man auf. Einige Gebete werden von der Gemeinde mitgebetet.

Eine aktive Rolle spielen Sie als Brautpaar noch einmal bei der Kommunion, die Ihnen der Priester vor allen anderen Gästen erteilt. Das Schlussgebet endet in den meisten Fällen mit den Worten: »Darum bitten wir durch Christus, unseren Herrn«, auf das die Gemeinde mit einem »Amen« antwortet. Den Schlusssegen beschließt der Geistliche mit den Worten: »Das gewähre uns der allmächtige und barmherzige Gott, im Namen des Vaters und des Sohnes und des Heiligen Geistes.« Dabei schlägt er – wie zu Beginn der Messe – das Kreuzzeichen, das alle Anwesenden nachahmen. Für ein formvollendetes Kreuzzeichen berühren Sie mit Ihrer rechten Hand zuerst die Stirn, dann die Brust, dann die linke und zuletzt die rechte Schulter. Sie und alle anderen antworten mit einem »Amen«.
Am Ende der Messe entlässt Sie der Priester mit einem »Gehet hin in Frieden«, das die gesamte Gemeinde mit einem »Dank sei Gott, dem Herrn« erwidert. Schließlich folgt noch ein Lied oder Instrumentalstück, bei dem Priester und Ministranten mit dem Gesicht zum Altar stehen.

Auszug des Paares

Sobald die letzten Töne der sakralen Schlussmusik erklungen sind, ist es Zeit für Ihren großen Auszug aus der Kirche. Hat das Brautkleid eine lange Schleppe, lassen Sie – ehe Sie losgehen – von einem Blumenkind oder einer Brautjungfer die Schleppe richten, damit diese beim Auszug schön fällt.
Dem Brautpaar voran können Blumen streuende Kinder gehen. Blumenkinder und Brautjungfern können aber auch hinter Ihnen, dem frisch vermählten Paar, und vor Ihren engsten Verwandten gehen, ganz wie Sie mögen. Ihnen beiden können der Brautvater mit der Mutter des Bräutigams und dahinter der Vater des Bräutigams und die Mutter der Braut folgen. Die weiteren Verwandten hinter den Elternpaaren können sich wie beim Einzug formieren. Aber auch beim Auszug sind den Varianten bei der Reihenfolge keine Grenzen gesetzt: Gestalten Sie diese nach Ihren Vorstellungen.
Sofern Ihre Eltern nicht in der Auszugsformation dabei sind, halten Sie beim Auszug ganz kurz bei ihnen, um ihnen einen flüchtigen

Kuss oder die Hand zu geben. Ihre Eltern wollen sicher die Ersten sein, die Ihnen gratulieren. Und Sie wollen doch auch, dass Ihre Eltern vor allen anderen Ihre Freude mit Ihnen teilen. Wenn Sie beim Auszug nicht diesen kleinen Stopp einlegen, wird es möglicherweise haufenweise Gratulanten geben, die Sie vor Ihren Eltern erreichen und Ihnen Ihre Glückwünsche aussprechen. Der kleine Abstecher sollte deshalb unbedingt sein, auch aus Respekt vor Ihren Eltern.

Beim Auszug geht die frisch gebackene Ehefrau traditionell an der rechten Seite des Mannes. Da Sie als Braut während der Zeremonie zur Linken Ihres Bräutigams gesessen haben, müssen Sie beim Auszug aus der Kirche keinen Platzwechsel vornehmen. Drehen Sie sich beide nach dem Gottesdienst einfach auf der Stelle in Richtung Ausgang. Damit stehen Sie für den Auszug automatisch richtig.

Begleitet von eventuellem Beifall der Hochzeitsgesellschaft und der Musik können Sie diesen Moment so richtig genießen. Suchen Sie sich ein passendes Musikstück dafür aus. Der absolute Klassiker ist der Hochzeitsmarsch aus »Ein Sommernachtstraum« von Felix Mendelssohn-Bartholdy. Vielleicht schwebt Ihnen aber auch eine andere musikalische Idee für diesen einzigartigen Moment vor.

Während Ihres Auszuges aus der Kirche bleibt die Gemeinde stehen. Sie können beim Auszug dicht hintereinander gehen und müssen nicht so große Abstände zwischen den Paaren halten wie beim Einzug. Außerdem können Sie etwas schneller laufen als beim Einzug. Wenn das letzte Paar aus dem Zug auf dem Weg nach draußen ist, können auch alle anderen Hochzeitsgäste ihre Plätze verlassen und nach draußen gehen.

Nach Ihrem Auszug können Sie sich in einen Nebenraum begeben und dort Ihre ersten Augenblicke allein als Mann und Frau genießen und durchschnaufen oder Sie begeben sich mit Ihren Trauzeugen direkt in die Sakristei, wo Sie gemeinsam die Trauungspapiere unterschreiben.

Evangelischer Traugottesdienst

Ein Traugottesdienst ist ein öffentlicher Gottesdienst der jeweiligen Gemeinde, der für jedermann zugänglich ist. In der Praxis sind die

Hochzeitsgäste aber meist unter sich. Wie in jedem Gottesdienst wird auch in einem Traugottesdienst gebetet, gesungen, aus der Bibel gelesen und gepredigt. Der Traugottesdienst wird nach der jeweils gültigen Agende, also nach der in der jeweiligen Landeskirche geltenden Gottesdienstordnung, gefeiert. Diese weicht in der evangelischen Kirche von Landeskirche zu Landeskirche ab.

Einzug und Begrüßung

Eines vorweg: Der Einzug der Braut am Arm des Vaters mit Glockengeläut, wie Sie ihn aus Film und Fernsehen kennen, ist genau genommen nicht mit dem protestantischen Glauben vereinbar. Denn die evangelische Kirche sieht die vorausgehende standesamtliche Eheschließung als die eigentlich gültige an, sodass die Eheleute beim anschließenden Traugottesdienst quasi nur noch Gottes Segen für ihre Ehe erbitten. Und das sollte sich auch beim Einzug widerspiegeln, den die Braut – da sie eben schon verheiratet ist – nicht an der Seite ihres Vaters, sondern ihres Partners zelebriert. Achten Sie darauf, dass Sie als Bräutigam der Braut Ihren Arm beim Eintreten in die Kirche anbieten. An diesem können Sie sich als Braut während des gesamten Einzugs festhalten. Sie begleiten den Bräutigam gewöhnlich an dessen rechter Seite in Laufrichtung.

Den Eröffnungszug kann der Pfarrer anführen. Wenn der Pfarrer den Hochzeitszug nicht am Kircheneingang empfängt, wartet er beim Altar. Während die Hochzeitsgesellschaft schon längst in der Kirche Platz genommen hat, formiert sich der Brautzug vor der Kirche oder in der Sakristei. Sobald sich die Tür öffnet und der Einzug beginnt, erheben sich alle von ihren Bänken.

Eine allgemeingültige Regel für die Reihenfolge des Hochzeitszuges gibt es nicht. Je nach regionalen Gepflogenheiten haben sich unterschiedliche Varianten etabliert. Wollen Sie als Brautpaar gleich zu Beginn einlaufen oder hinter Ihren engsten Verwandten? Sollen Brautjungfern, Ringträger und Blumenkinder den Zug anführen oder unmittelbar vor Ihnen laufen und Blumen streuen? Manchmal gehen Brautjungfern vor Blumen streuenden Kindern bis an das Ende des Kirchenschiffes und bilden links und rechts vom Mittelgang ein Spalier. In dieser Position warten Blumenkinder und Brautjungfern auf den Einzug der Brautleute und der engsten Verwandten. Ziehen Sie eine ganz andere Reihenfolge vor, weil Sie vielleicht keine Brautjungfern haben oder gern auch Begleitpersonen hinter sich hätten, sprechen Sie Ihre Vorstellungen mit Ihrem Pfarrer ab. Er wird sicher auf Ihre ganz persönlichen Wünsche eingehen. Denken Sie daran, erlaubt ist, was gefällt, solange es religiösen Bräuchen und Wertvorstellungen nicht zuwiderläuft. Und selbst wenn Sie als Brautpaar entschieden haben, dass die Braut – entgegen protestantischer Ansichten – vom Brautvater zum Altar geführt werden soll, wird dies sicher möglich sein.

Diesen bedeutenden Augenblick, in dem alle Blicke auf Sie, die Braut, gerichtet sind, zelebrieren Sie auch musikalisch und lassen den Einzug mit einem speziell ausgesuchten Lied begleiten. Je nachdem, welche musikalische Umrahmung Sie sich dafür ausgesucht haben, spielt die Orgel oder eine Instrumentalgruppe, singt ein Chor oder läuft ein Musiktitel vom Band. Denken Sie bei der Auswahl des Titels daran, dass der Takt das Schritttempo vorgibt. Idealerweise üben Sie den Einzug mit dieser Musik zu Hause oder während einer möglichen Generalprobe in der Kirche selbst. Im Idealfall endet die Musik dann, wenn Sie, das Brautpaar, an Ihrem Platz angekommen sind.

Während des Einzugs steht die Gemeinde. Sie setzt sich, nachdem Sie als Paar Ihre Plätze eingenommen oder der Liturg ein Zeichen zum Hinsetzen gegeben hat. Sie nehmen als Braut und Bräutigam auf den Sitzgelegenheiten direkt vor dem Altar Platz, wobei Sie mit dem Rücken zur Gemeinde sitzen. Da die Braut in der protestantischen Kirche bereits als verheiratet gilt, nimmt sie den Platz an der rechten Seite des Bräutigams zum Altar blickend ein.

Sind Sie beide vor dem Altar angekommen, gibt es zwei Gelegenheiten, sich des Brautstraußes und des Zylinders – sofern Sie als Bräutigam einen Zylinder dabeihaben – zu entledigen. Entweder Sie übergeben beides, wenn Sie am Altar angekommen sind. Oder Sie halten sowohl den Strauß als auch den Zylinder bis zum Ringtausch in Ihren Händen und lassen sich diese Accessoires nur zum Ringwechsel abnehmen. Als Braut können Sie den Brautstrauß Ihrer

Mutter, einer Ihrer Brautjungfern oder Ihrer Trauzeugin überreichen. Sind Ihre Brautjungfern und Ihre Trauzeugin noch nicht verheiratet, dürfen diese allerdings nach altem Brauch den Brautstrauß vor dem Brautstraußwurf unter keinen Umständen berühren. Als Bräutigam übergeben Sie Ihren Zylinder an Ihren Trauzeugen, Bruder oder Vater.

Meist folgen nun das trinitarische Votum »Im Namen des Vaters und des Sohnes und des Heiligen Geistes«, auf das alle mit »Amen« antworten, und das mit einem »Ehre sei dem Vater und dem Sohn …« abschließende Psalmgebet, was aber je nach Agende der Landeskirche variieren kann. Eingangsgebet und stilles Gebet schließen sich an. Grundsätzlich gilt für einen evangelischen Gottesdienst und damit auch für den Traugottesdienst, dass man zum Gebet aufsteht und nicht kniet, wie in der katholischen Kirche.

Der Begrüßungsteil endet häufig mit einem gemeinsamen Lied oder einem Musikstück.

Ihre Pflichten als Bräutigam

Würdigen Sie als Bräutigam das Kleid, wenn Sie es endlich zu Gesicht bekommen. Selbstverständlich ist es ohnehin ein sehr emotionaler Moment, wenn Sie Ihre Braut das erste Mal sehen. Schämen Sie sich nicht Ihrer Gefühle. Selbst bei Hochzeiten in Königshäusern kann man die eine oder andere royale Träne in den Augen der Heiratskandidaten entdecken. Lassen Sie es sich nicht nehmen, Ihrer Braut und dem Kleid während der Zeremonie – und selbstverständlich im weiteren Verlauf des Tages – so oft wie möglich bewundernde Blicke zuzuwerfen. Das gehört zu Ihren unumstößlichen Pflichten am Hochzeitstag. Auch wenn Sie Ihre Braut vielleicht nicht darauf ansprechen würde, sie erwartet dies einfach von Ihnen an diesem wichtigen Tag. Achten Sie sowohl in der Kirche als auch bei allen weiteren Programmpunkten darauf, dass Sie weder auf das Kleid noch auf die eventuelle Schleppe treten. Gerade bei langen oder bauschigen Brautkleidern ist das nicht gerade einfach. Wenn Sie Ihre Braut umarmen, ziehen Sie bitte auch nicht am Schleier. Legen Sie Ihre Hand immer unter den zarten Stoff.

Verkündigung

Den zentralen Teil des protestantischen Traugottesdienstes bildet die Verkündigung. Im Traugespräch haben Sie mit dem Geistlichen über den Trautext gesprochen und Ihre Wünsche und Vorstellungen einfließen lassen. Der Text wird in der sich nun anschließenden Traupredigt von der Kanzel oder in der Ansprache ausgelegt. Je nachdem, wie sehr Ihre Pfarrerin oder Ihr Pfarrer diese Ausführungen ausschmückt, kann die Traurede zu einer sehr kurzweiligen oder doch eher langatmigen Angelegenheit werden. Sprechen Sie deshalb im Traugespräch unbedingt über die von Ihnen gewünschte Länge der Predigt oder Ansprache. Dann erleben Sie und Ihre Hochzeitsgäste keine bösen Überraschungen.

Nicht zwingend ist das gemeinsame Sprechen des Apostolischen Glaubensbekenntnisses. Das Apostolicum können Protestanten und Katholiken gemeinsam beten, da es in beiden Konfessionen vorkommt. Allerdings heißt es im dritten Glaubensartikel in der protestantischen Version: »Ich glaube an den Heiligen Geist, die heilige christliche Kirche«, währenddessen die katholische Version »die heilige katholische Kirche« lautet. Beim Beten des Glaubensbekenntnisses steht die Kirchengemeinde auf. Die Verkündigung endet meist mit einem Lied.

Trauung

Die eigentliche Trauung eröffnet die Pfarrerin oder der Pfarrer mit der Lesung der Trautexte, worauf Ihr beiderseitiges Trauversprechen folgt. Meist ist das Trauversprechen die Antwort auf die Traufragen des Geistlichen. Die hierfür verwendeten Formulierungen können unterschiedlich sein. Beliebt ist folgende Variante: »So frage ich euch nun vor Gott und der versammelten Gemeinde: Gott hat euch einander anvertraut. Wollt Ihr einander lieben und ehren, Freude und Leid miteinander teilen und einander die Treue halten, bis der Tod euch scheidet, so antwortet: Ja, mit Gottes Hilfe.« Ihr Pfarrer kann diese Frage Ihnen entweder gleichzeitig oder nacheinander – zuerst an den Bräutigam gerichtet, danach an die Braut – stellen. Unabhängig davon, ob Sie zusammen oder getrennt gefragt werden, ist »Ja, mit

Gottes Hilfe!« das korrekte Trauversprechen für Protestanten, mit dem der Ehewille erklärt wird.
Während der Trauung stehen nicht nur Sie als Brautleute, sondern auch all Ihre Gäste erheben sich in den Bankreihen. Die Braut steht zum Altar blickend rechts vom Bräutigam. Für den Fall, dass Sie Brautstrauß und Zylinder – sofern Sie als Bräutigam einen Zylinder dabeihaben – nicht schon zu Beginn des Gottesdienstes an Ihre Vertrauten überreicht haben, entledigen Sie sich nun dieser Accessoires. Schließlich müssen Sie beide Hände für den Ringtausch frei haben. Als Braut können Sie den Brautstrauß Ihrer Mutter, einer Ihrer Brautjungfern oder Ihrer Trauzeugin überreichen. Sind Ihre Brautjungfern und Ihre Trauzeugin noch nicht verheiratet, dürfen diese allerdings nach altem Brauch den Brautstrauß vor dem Brautstraußwurf unter keinen Umständen berühren. Als Bräutigam übergeben Sie Ihren Zylinder an Ihren Trauzeugen, Bruder oder Vater.
Nach dem Trauversprechen stecken Sie sich gegenseitig den Ring an den Finger, meist eingeleitet durch die Aufforderung »Gebt einander die Ringe als Zeichen Eurer Liebe und Treue«.
Der Ringfinger der rechten Hand ist der traditionelle Platz für den Ehering. Während des Ringtausches sprechen Sie beide mit folgenden Worten zu Ihrem Partner: »Nimm diesen Ring als Zeichen der Liebe und Treue.« Zuerst steckt der Bräutigam den Ring an den Finger der Braut, danach steckt diese den Ring dem Bräutigam an.
Sie reichen sich nun die Hände, und der Geistliche legt seine Hand auf Ihre verbundenen Hände. Dabei spricht er das Trauvotum: »Gott hat Euch einander anvertraut. Was Gott zusammengefügt hat, das soll der Mensch nicht scheiden.«
Der anschließende Segen durch die Pfarrerin oder den Pfarrer ist der Höhepunkt der kirchlichen Trauung. Zum Segensgebet für die Brautleute bleibt die Gemeinde stehen. Für den Fall, dass die Hochzeitsgäste der Trauung im Sitzen gefolgt sind, erheben sie sich spätestens jetzt.
Im Anschluss an das Segensgebet ist es in vielen evangelischen Kirchen üblich, dass die Brautleute vor dem Altar niederknien und von der Pfarrerin oder dem Pfarrer den Segen für den geschlossenen

Ehebund empfangen. Den Abschluss der Trauung bildet oft ein Lied oder ein Musikstück.

Fürbitte und Segen

Der Abspann des Traugottesdienstes entspricht dem regulären Ablauf eines »normalen« Gottesdienstes. Zum Fürbittengebet, das entweder der Pfarrer rezitiert oder einzelne Gottesdienstbesucher sprechen, erhebt sich die Gemeinde. Dem Fürbittengebet schließt sich das gemeinsam gesprochene Vaterunser an. Danach kann der Pfarrer etwas zur Verwendung der Kollekte sagen. Dazu setzt sich die Gemeinde. Zum abschließenden Segen stehen allerdings alle – inklusive dem Brautpaar – wieder auf.

Auszug des Paares

Nun, da Sie verheiratet sind und der Ring an Ihrem Finger prangt, ist es Zeit für den großen Auszug aus Kirche. Begleitet von eventuellem Beifall der Hochzeitsgesellschaft und Musik können Sie diesen Moment so richtig genießen. Suchen Sie sich ein passendes Musikstück dafür aus. Der absolute Klassiker ist der Hochzeitsmarsch aus »Ein Sommernachtstraum« von Felix Mendelssohn-Bartholdy. Möglicherweise schwebt Ihnen aber auch ein anderes musikalisches Stück für diesen einzigartigen Moment vor.

Wenn möglich, halten Sie ganz kurz bei Ihren Eltern, um ihnen einen flüchtigen Kuss oder die Hand zu geben. Ihre Eltern wollen sicher die Ersten sein, die Ihnen gratulieren. Und Sie wollen doch auch, dass Ihre Eltern vor allen anderen Ihre Freude mit Ihnen teilen. Wenn Sie beim Auszug nicht diesen kleinen Stopp einlegen, wird es möglicherweise haufenweise Gratulanten geben, die Sie vor Ihren Eltern erreichen und Ihnen Ihre Glückwünsche aussprechen. Der kleine Abstecher sollte deshalb unbedingt sein, auch aus Respekt Ihren Eltern gegenüber.

Häufig ist es üblich, dass dem Brautpaar beim Auszug Blumenkinder vorangehen, die den Weg durch das Kirchenschiff mit Blüten bestreuen. Auch wenn sich dieser Brauch mittlerweile etabliert hat, sollten Sie dies im Traugespräch ansprechen und vorab den Küster

oder Hausmeister informieren. Schließlich muss er die Kirche nach der Trauung wieder reinigen.
Während Ihres Auszuges aus der Kirche bleibt die Gemeinde stehen. Nach Ihrem Auszug unterschreiben Sie, das frisch vermählte Paar, in der Sakristei die Trauungspapiere.

Hochzeitskuss

Für viele Brautpaare ist der Hochzeitskuss vor dem Altar der wichtigste Moment überhaupt. Nach dem »Jawort« und ehe Sie als freudestrahlendes Ehepaar aus der Kirche schreiten, ist es Zeit für den Hochzeitskuss, der übrigens auch von der Hochzeitsgesellschaft sehnlich erwartet wird.
Wir kennen die Situation alle aus Film und Fernsehen: Nach dem Ringtausch und dem gegenseitigem Eheversprechen sagt der Pfarrer, Pastor oder Theologe den berühmten Satz: »Sie dürfen die Braut jetzt küssen.« Gehen Sie bei Ihrer eigenen Hochzeit aber nicht davon aus, dass der Geistliche den Satz auch wirklich ausspricht. Er ist nämlich nicht Teil des Traugottesdienstes beziehungsweise der Messe. Vermeiden Sie Unklarheiten, indem Sie im vorausgehenden Traugespräch den Geistlichen darüber informieren, dass Sie einen Hochzeitskuss einplanen und sich den berühmten Satz aus seinem Munde wünschen.
Fordert der Pfarrer den Bräutigam nicht auf, die Braut zu küssen, darf sich der Bräutigam nach dem Ringtausch und dem Ehegelöbnis mit der Frage »Darf ich die Braut jetzt küssen?« an den Geistlichen wenden. Sicherlich hat er nichts dagegen.

Wie küssen Sie den Hochzeitskuss?

Sie haben sich zweifellos schon viele Male geküsst, aber der Hochzeitskuss ist doch etwas ganz Besonderes. Er soll nicht nur ein unvergesslicher Moment für Sie sein, sondern auch fotogen festgehalten werden. Darüber hinaus schaut Ihnen die ganze Hochzeitsgesellschaft zu. Haben Sie sich vorgenommen, Ihr Jawort mit einem Kuss zu besiegeln, halten Sie sich an ein paar Regeln. Immerhin befinden Sie sich in einem Gotteshaus.

Drehen Sie sich seitlich aufeinander zu. Stellen Sie sich so, dass Sie in einem 90-Grad-Winkel zum Altar und den Gästen stehen. Schließlich wollen Ihre Hochzeitsgäste den Kuss ungetrübt miterleben. Beugen Sie sich zueinander, und schauen Sie sich gegenseitig in die Augen. Der Bräutigam darf seine Angetraute nun liebevoll in den Arm nehmen und diese zärtlich auf den Mund küssen. Küssen Sie sich sanft und nicht zu hektisch. Lassen Sie sich Zeit, genießen Sie den Augenblick. Zu nass sollte Ihr Kuss nicht sein, küssen Sie sich deswegen einfach mit geschlossenen Lippen.

Es ist selbstverständlich, dass Sie in der Kirche – und am besten auch bei allen anderen offiziellen Gelegenheiten am Hochzeitstag – von einem Zungenkuss absehen. Dieser ist unbeobachteten Momenten und Ihrer Hochzeitsnacht vorbehalten.

Unterschätzen Sie als Braut nicht die Wahl Ihres Lippenstiftes. Er soll nicht nur zu Brautkleid und Make-up passen, sondern auch kussecht sein. Denn küssen werden Sie Ihren Liebsten am Hochzeitstag oft. Und es macht keinen guten Eindruck, wenn Ihr Bräutigam nach jedem Kuss rote Lippen und Sie einen verschmierten Mund haben.

Legen Sie Wert auf ein schönes Kussfoto und ist Fotografieren in der Kirche erlaubt, instruieren Sie Ihren Fotografen, welche Einstellungen und Perspektiven Sie von diesem wichtigen Moment haben möchten.

Alternativen zum Hochzeitskuss in der Kirche

War Ihr Pfarrer nicht informiert und hat den berühmten Satz »Sie dürfen die Braut jetzt küssen« nicht ausgesprochen, weil Sie es vergessen haben oder zu schüchtern waren, das Thema im Traugespräch mit dem Pfarrer zu erwähnen? Vielleicht waren Sie auch in der für Sie unbekannten Situation angespannt und nervös und haben in der Aufregung den Kuss schlichtweg vergessen? Oder Sie sind allgemein zu schüchtern, um sich in der Öffentlichkeit zu küssen?

Haben Sie – aus welchen Gründen auch immer – den Kuss in der Kirche verpasst, müssen Sie nicht ganz auf einen kinoreifen Hochzeitskuss verzichten. Schließlich gibt es an Ihrem großen Tag noch andere Gelegenheiten für einen Hochzeitskuss. Prinzipiell darf der

Bräutigam die Braut am Hochzeitstag so viel und so oft küssen, wie er möchte. Ja, es wird sogar von den Hochzeitsgästen freudig erwartet – ist der Hochzeitskuss doch das Zeichen des gemeinsamen Glücks.
So bietet sich beispielsweise nach dem Auszug aus der Kirche direkt vor dem Gotteshaus ein guter Moment für einen Kuss. Und im Gegensatz zur Kirche, in der möglicherweise nur eingeschränkt fotografiert werden darf, kann hier Ihr Kuss im Bild festgehalten werden. Und die Kirchentür ist mindestens ein ebenso guter Hintergrund für das Foto wie der Altar.
Sofern Sie sich für Ihre Hochzeitsfeier einen besonders schönen Ort ausgesucht haben, können Sie auch dort den offiziellen Hochzeitskuss zelebrieren und die Gäste teilhaben lassen. Eine weitere Möglichkeit bietet sich beim offiziellen Fototermin im Fotostudio oder im Freien. Im Ergebnis haben Sie zwar professionelle und stilvoll in Szene gesetzte Bilder Ihres Kusses, er kann allerdings nicht von der Hochzeitsgesellschaft verfolgt und beklatscht werden. Sehr effektvoll ist auch ein romantischer Kuss bei Sonnenuntergang. Sagen Sie Ihrem Hochzeitsfotografen Bescheid, dass er Sie zu gegebener Zeit erinnern soll, um für ein paar Minuten im Sonnenuntergang Fotos zu schießen.

Doppelhochzeit

Auch wenn Doppelhochzeiten relativ selten sind, gelten auch hier bestimmte Etiketteregeln.
Platzieren Sie Ihre Hochzeitsgäste der Übersichtlichkeit halber separat, die Gäste des einen Paares in den linken Bankreihen und die Gäste des anderen Paares in den rechten Bankreihen. Auch hier orientiert sich die Platzierung der einzelnen Gäste an den allgemein gültigen Rangfolgen. Unumstößlich ist, dass alle beteiligten Elternpaare in der ersten Reihe in der Kirche sitzen.
Während der Zeremonie orientiert sich der Geistliche, der Sie traut, an der Rangordnung der Bräute. Er wird also seine Worte immer zuerst an die ältere Braut richten, ebenso adressiert er die kirchlichen zeremoniellen Handlungen zuerst an die ältere Braut. Auch die Erklärung, dass Sie nun »Mann und Frau« sind, wird er gegenüber dem

Paar mit der älteren Braut abgeben. Auch vor der Zeremonie hat die ältere Braut das Recht, zuerst mit ihren Brautjungfern und Blumenmädchen in die Kirche einzuziehen. Danach folgt die jüngere Braut mit ihren eigenen Jungfern und Blumenmädchen. Ebenso verlässt das frisch vermählte Paar mit der älteren Braut zuerst die Kirche, gefolgt von dem Paar mit der jüngeren Braut.

Sie können die beiden Bräute auch alternierend auftreten lassen. Besprechen Sie Ihr Anliegen vorab mit dem Pfarrer, damit es nicht zu Verwirrungen kommt. Legen Sie die Elemente fest, bei denen die Bräute abwechselnd als Erste an die Reihe kommen sollen. Beispielsweise kann diejenige, die als Erste in die Kirche eingelaufen ist, der anderen den Vortritt bei der Abnahme des Eheversprechens lassen oder Sie als Erste mit Ihrem Frischvermählten aus der Kirche ausziehen lassen.

Der geistliche Vertreter führt nur eine Zeremonie durch, nicht zwei verschiedene mit den gleichen Elementen. Dort, wo es erforderlich ist, wird er selbstredend einzeln auf Sie eingehen und das Ehegelöbnis paarweise abnehmen. Auch den anschließenden Kuss werden Sie nacheinander genießen können – auch aus Rücksicht auf einen engagierten Fotografen, der diesen Moment für jedes Paar bestmöglich festhalten möchte.

Beim Auszug aus der Kirche verlassen zuerst – beginnend mit der älteren Braut oder in der von Ihnen festgelegten Reihenfolge – die Paare mit Ihren Brautjungfern und Blumenmädchen die Kirche, gefolgt von der restlichen Hochzeitsgesellschaft. Die Gäste der verschiedenen Hochzeitsgesellschaften schreiten paarweise den Gang entlang. Entweder entscheiden Sie sich für das »Reißverschlussprinzip« und lassen immer ein Gästepaar der Braut und dann eines des Bräutigams die Kirche verlassen. Oder Sie lassen erst die Gäste der einen Gesellschaft und dann die der anderen Gesellschaft das Gotteshaus verlassen. Bei beiden Varianten ist es selbstverständlich, dass zuerst die Eltern, dann die Geschwister und engsten Verwandten die Auszugsformation bilden, ehe die restlichen Gäste an die Reihe kommen.

Denken Sie bei der inhaltlichen Gestaltung der Zeremonie an Ihre Hochzeitsgäste. Eine Doppelzeremonie dauert aus der Natur der

Sache heraus immer länger als eine Einzelzeremonie. Verzichten Sie deshalb lieber auf die eine oder andere geplante Musikeinlage. Ihre Gäste werden es Ihnen danken.

Nach der kirchlichen Feier

Während Sie sich als frisch vermähltes Paar möglicherweise noch mit der lieben Bürokratie herumschlagen und in der Sakristei die Trauungspapiere unterschreiben, wartet die Hochzeitsgesellschaft vor der Kirche auf Sie, um Sie zu beglückwünschen oder mit verschiedenen Hochzeitsbräuchen zu »überraschen«.

Gratulation und Geschenke

Nach der Trauung gratulieren Ihnen und Ihren Eltern vor der Kirche sicher schon sehr viele Hochzeitsgäste, die beim Traugottesdienst beziehungsweise der Messe dabei waren. Von den Gästen, die Ihnen nach der Trauung nicht gratulieren können, weil die Abfahrt zum nächsten Programmpunkt ansteht und die Zeit für Glückwünsche von allen Gästen möglicherweise nicht ausreicht, werden Sie die Gratulation beim Empfang, vor dem Essen oder Kaffeetrinken entgegennehmen. Umsichtige Gäste werden Ihnen in dieser Situation noch keine Geschenke überreichen, wohl wissend, dass Sie damit vor der Kirche gar nichts anfangen können. Allenfalls Blumen oder kleine Geschenke sind erlaubt. Organisieren Sie, dass Ihnen jemand eventuelle Geschenke abnimmt und für den sicheren Abtransport sorgt.

Hochzeitsbräuche

Sicher werden sich Freunde, Bekannte oder sogar Ihre Gäste ein paar Bräuche für Sie einfallen lassen, die sie Ihnen nach der Trauung präsentieren. Selbst wenn Sie nicht die größten Anhänger dieser Gepflogenheiten sind, lassen Sie diese – wenn auch zähneknirschend – über sich ergehen. Hochzeitsbräuche sind Teil der Hochzeitstradition und haben einen großen Unterhaltungswert für Ihre Gäste. Die meisten Gäste erwarten nun einmal, dass eine Hochzeit auch mit Bräuchen

gespickt ist, auch wenn Sie selbst diese als unmöglich und nutzlos empfinden sollten.
Richten Sie sich darauf ein, dass Sie möglicherweise vor der Kirche durch ein von der Hochzeitsgesellschaft gebildetes Spalier laufen müssen. Ebenso kann es sein, dass die Gäste die Braut auffordern, schon jetzt den Brautstrauß in die anwesenden Damen zu werfen.
Das Werfen von Reis auf der Kirchentreppe wird von den Kirchen nicht gern gesehen – aus Gründen der Sicherheit, wegen des erheblichen Säuberungsaufwands, aber auch, weil man es ablehnt, mit Lebensmitteln zu spielen. Völlig indiskutabel ist dieser Brauch, wenn Sie sich noch in der Kirche befinden.

Obolus für Mesner & Co.

Dass Ihnen Ihre Trauung in schöner Erinnerung bleiben wird, haben viele Personen ermöglicht. Und während es Ihren Verwandten oder Freunden große Freude bereitet hat, als Trauzeuge zu fungieren oder den Gottesdienst mitzugestalten, bedeutete es für andere Arbeit. Neben dem Pfarrer beziehungsweise Priester zählen dazu auch die Ministranten, der Organist und selbstverständlich auch der Küster oder Mesner. Es ist deshalb üblich, dass Organist und Küster für ihr meist zusätzliches Engagement eine kleine Aufmerksamkeit erhalten. Den Obolus stecken Sie in einen Umschlag und lassen ihn vom Trauzeugen des Bräutigams oder einem nahen Verwandten nach dem Gottesdienst an die entsprechenden Personen überreichen.
Erkundigen Sie sich schon im Traugespräch bei Ihrem Geistlichen, wie hoch der übliche Obolus für den Mesner und den Organisten ist. Haben Ministranten bei der Gestaltung des Gottesdienstes mitgewirkt, können Sie entscheiden, ob Sie diesen auch einen Geldbetrag oder vielleicht lieber einen Gutschein – je nach Alter – vielleicht für einen Kinobesuch oder einen Abstecher in die stadtbeste Eisdiele zukommen lassen wollen.
Übrigens ist es völlig deplatziert, nach der Trauung auch dem Pfarrer oder Priester selbst ein Trinkgeld zukommen zu lassen. Spenden Sie stattdessen etwas der Kirchengemeinde oder füllen Sie die Kollekte. Mit einem Betrag um die 100 Euro liegen Sie nicht verkehrt.

Es ist selbstverständlich, dass Sie sich nach der Trauung bei dem Geistlichen und allen Mitwirkenden bedanken.

Abfahrt von der Kirche
Nach der Trauung geht es ab in Richtung Empfang, Kaffeetrinken oder was auch immer Sie geplant haben. Sie beide fahren in der Regel als Erste von der Kirche weg, meist gefolgt vom traditionellen Konvoi. Besonders schön ist es, wenn alle Autos ein gemeinsames Erkennungszeichen haben. Der Zeremonienmeister, Hochzeitsmanager, ein guter Freund der Familie oder naher Angehöriger sollte die Organisation des Konvois übernehmen und im Vorfeld festlegen, in welcher Reihenfolge die Autos fahren, damit es bei der Abfahrt kein Durcheinander gibt. Bei einer sehr großen Anzahl von Autos empfiehlt es sich, den Zug zu teilen.
Nach der kirchlichen Trauung werden an die Beteiligten Fahrpläne ausgehändigt, was auch eine schöne Aufgabe für die Blumenkinder ist. Beim Einweisen und der Formierung ist der Zeremonienmeister behilflich.
Während Sie zur Kirche in Begleitung von Vater, Bruder, Schwester oder einem Trauzeugen gefahren sind, sollten Sie die Fahrt nach der Trauung zu zweit genießen. Diese Minuten werden höchstwahrscheinlich die einzigen an diesem Tag sein, die Sie gemeinsam haben und nur für sich sind. Hinter Ihrem Fahrzeug folgen die Eltern, Trauzeugen und alle weiteren Gäste. Je enger der Verwandtschaftsgrad oder die Bindung zu Ihnen, desto weiter vorn fahren diese Personen im Konvoi.
Berücksichtigen Sie für die Berechnung der Wegzeiten die maximalen Höchstgeschwindigkeiten Ihres jeweiligen Transportmittels. Eine Kutsche fährt nicht schneller als 15 oder 20 Kilometer pro Stunde. Ein Blumengesteck auf dem Auto erlaubt nicht viel mehr als 40 Kilometer pro Stunde, wobei sicher angebrachte Blumengirlanden etwas mehr Tempo vertragen. Selbst wenn Sie mit einem PS-starken Cabrio unterwegs sein sollten, können Sie mit Rücksicht auf die Brautfrisur nur mit einer überschaubaren Höchstgeschwindigkeit fahren.

Für kurze Wege, besonders in der Stadt, eignen sich Taxis. Der Organisator ist in diesem Fall dafür verantwortlich, dass genügend Taxis bereitstehen. Übrigens, Ihre Gäste bezahlen das Taxi, nicht Sie.
Wenn Sie nach einer Alternative zum traditionellen Konvoi suchen, entscheiden Sie sich für einen Bus, der die ganze Gesellschaft zum Ort der Feier bringt.

Placement im Fahrzeug

Egal, ob Sie mit der Kutsche oder einem Auto fahren, Sie sitzen als frisch getrautes Paar immer in Fahrtrichtung. Üblicherweise fährt der Bräutigam nicht selbst, sondern sitzt in Fahrtrichtung blickend links neben der Braut, da deren Ehrenplatz rechts ist. Der Bräutigam hilft der Braut beim Ein- und Aussteigen, falls diese Aufgabe nicht der Chauffeur übernimmt. Sie steigt zuerst ein, und er steigt zuerst aus; auf diese Weise kann er bei beiden Gelegenheiten behilflich sein.
Für die Insassen aller anderen Fahrzeuge richtet sich deren Placement in den Autos danach, ob es sich um Fahrzeuge mit Chauffeuren handelt oder diese von Ihren Gästen selbst gesteuert werden.
Haben Sie eine Fahrzeugflotte mit professionellen Fahrern gemietet oder Taxis bestellt, ist in jedem Fahrzeug der beste Platz hinten rechts, also hinter dem Beifahrersitz. Fahren – und das ist die Regel bei Hochzeitsfahrten – mehrere Personen mit dem von einem Chauffeur gelenkten Auto, entscheidet der Rang der mitfahrenden Besatzung. Ranghöher ist eine Dame gegenüber einem Herrn und eine wesentliche ältere Person gegenüber einem jüngeren Menschen. Im Taxi mit Fahrer ist der ranghöchste Platz hinten rechts. Der zweitbeste Platz im Taxi ist hinten links neben der ranghöchsten Person. Der drittbeste Platz im Taxi ist der Platz vorn neben dem Fahrer. Muss eine Einzelperson im Taxi fahren, bleibt es dieser überlassen, vorn oder im Fond einzusteigen.
Wenn Ihre Gäste dagegen selbst fahren, ist der Platz rechts neben dem Fahrer der beste. Die Ehefrau beziehungsweise Lebensgefährtin hat ihren angestammten Platz neben dem Fahrer, der ihr Mann oder ihr Lebensgefährte ist. Sie weicht lediglich einem ausgesprochenen Ehrengast oder einer betagten Person, für die das Sitzen oder Ein-

steigen in die hintere Reihe zu beschwerlich ist. Für alle anderen Fahrgäste ist deren Platz hinten. Fährt die Lebensgefährtin oder die Ehefrau, wird ein höflicher Mann nicht auf »seinen« Platz vorn rechts bestehen, wenn beispielsweise eine betagte Tante im Auto mitgenommen werden muss.

Hochzeitsfotos

Viele Paare nehmen sich zwischen der Trauung und dem nächsten Programmpunkt – meist dem Empfang – Zeit für ihre Hochzeitsfotos. Suchen Sie sich am besten in der Nähe der Kirche oder des sich anschließenden Programmpunktes eine geeignete Stelle aus, damit Sie nicht zu viel Zeit verlieren. Sofern Sie nicht ortskundig sind, wird Ihnen Ihr Fotograf im Vorgespräch sicher ein paar passende Vorschläge unterbreiten.

Bevor es mit den Fotos losgeht, überprüfen Sie als Braut noch einmal Ihr Make-up und Ihre Frisur. Ihre Trauzeugin kann Ihnen dabei helfen. Ein professioneller Fotograf wird allerdings selbst Hand anlegen und mit geschultem Auge erkennen, was eventuell verrutscht ist oder nachgebessert werden muss.

Sofern Sie Fotos mit Ihren Eltern und den Trauzeugen wünschen, wird der Fotograf die ersten Fotos mit Ihnen und Ihren Eltern und danach mit den Trauzeugen schießen, damit diese rasch zur Hochzeitsgesellschaft zurückkehren können. Wenn Sie sich als Braut nicht von Ihrem Vater zum Altar führen lassen und der Bräutigam Sie auch schon vor der Kirche sehen darf, können Sie auch überlegen, die Fotos – zumindest mit Ihnen und Ihren Eltern und den Trauzeugen – vor der kirchlichen Trauung anfertigen zu lassen. Das hat zwei Vorteile: Zum einen sehen Sie noch frisch aus, zum anderen geht nicht so viel Zeit nach der Trauung verloren.

Die Braut steht rechts neben dem Bräutigam, sodass auf dem Foto links die Braut und rechts der Bräutigam zu sehen sein wird. Rechts neben der Braut kann der Brautvater stehen, daneben ihre Mutter. Die Mutter des Bräutigams stellt sich links neben den Bräutigam, daneben der Vater des Bräutigams. Die Trauzeugen positionieren Sie an die Flanken, wobei die Trauzeugin oder der Trauzeuge der Braut

auf der »Brautseite« steht und der Trauzeuge des Bräutigams auf der »Bräutigamseite«.
Eine sehr knifflige Angelegenheit kann die Platzierung Ihrer Familie auf Hochzeitsfotos werden, wenn Elternpaare geschieden sind, möglicherweise neue Partner mit auf das Foto sollen oder Sie Kinder mit in die Ehe bringen.
Je nachdem, wie sich die getrennten oder geschiedenen Elternpaare verstehen, können Sie Fotos mit allen Elternteilen und Stiefeltern anfertigen lassen. Diese stehen neben ihren Partnern und werden nicht etwa in die Ecke der Szenerie verbannt. Oder Sie lassen – wenn zerstrittene Eltern nicht zusammen auf ein Foto wollen – eine Serie mit dem einen Elternteil und eine Serie mit dem anderen Elternteil anfertigen. Wenn die Stiefeltern oder neuen Partner Ihrer Eltern mit auf die Fotos sollen, lassen Sie trotzdem immer auch einen Satz ohne diese und nur mit den leiblichen Eltern anfertigen.
Bei Paaren mit Kindern platzieren Sie diese vor das Paar, wobei jeweils die Kinder vor ihren Elternteilen stehen. Haben Sie bereits ein oder mehrere gemeinsame Kinder, stehen diese für das Fotos mittig vor Ihnen. Der Betrachter soll auf den ersten Blick erfassen können, dass die Kinder vor dem Bräutigam zu diesem, die Kinder vor der Braut zu ihr und die in der Mitte stehenden Kinder zu beiden gehören.
Nun sind Sie, das Brautpaar, für die eigentlichen Hochzeitsfotos ohne weitere Personen an der Reihe. Nehmen Sie sich Zeit für entspannte und romantische Fotos – ausschließlich mit Ihnen beiden als Motiv.

Festlichkeiten nach der Trauung

Nachdem die Hochzeitsgesellschaft die Kirche verlassen hat, gibt es mehrere Möglichkeiten für die weitere Gestaltung des Tages. Sofern Sie nicht schon am Vormittag einen Empfang gegeben haben, können Sie diesen am Nachmittag nach der Trauung und vor dem

festlichen Essen oder am frühen Abend mit nahtlosem Übergang zum Hochzeitsessen einplanen.
Andere Brautpaare verzichten auf einen Empfang und reichen Champagner oder Sekt bei einem kurzen Aperitif vor dem Abendessen oder laden zu einem Kaffeetrinken mit anschließendem Abendessen ein.

Empfang

Muten Sie es Ihren Gästen nicht zu, sich zwischen Trauung und Beginn des Empfangs allein zu beschäftigen und die Zeit totzuschlagen – Zeit, in der Sie für den Fotografen Modell für Ihre Hochzeitsbilder stehen. Eleganter ist es, wenn Sie den Empfang bereits ohne Ihre Anwesenheit beginnen lassen. Selbstverständlich startet dann auch schon der Service und serviert Getränke und Hors d'œuvres. Vielleicht haben Sie Videos und Fotos aus früheren Jahren, die Sie bis zu Ihrer Ankunft auf einem großen Bildschirm abspielen lassen können. Der Empfang kann – wenn Sie bereits ein gemeinsames Zuhause haben – bei Ihnen zu Hause, im Haus Ihrer Eltern oder in einem Restaurant stattfinden. Es ist durchaus möglich, zum Hochzeitsempfang mehr Leute als zum Essen oder sogar einen anderen Personenkreis einzuladen.
Für einen Empfang setzen Sie in der Regel zwei Stunden an, wobei die Gäste bis zu 30 Minuten später als die angegebene Anfangszeit eintreffen dürfen. Übliche Anfangszeiten für Empfänge sind 11 Uhr für einen Vormittagsempfang, 12 Uhr für einen Mittagsempfang und 18 Uhr für einen Abendempfang. Sie können sich selbstverständlich auch an den anderen Programmpunkten orientieren und den Empfang zwischen verschiedene Feierlichkeiten wie zum Beispiel Trauung und Hochzeitsdinner betten.
Die durchschnittliche Verweildauer auf dem Hochzeitsempfang beträgt mindestens eine halbe Stunde. In der Regel bleiben die Gäste etwa eine Stunde.

Gäste begrüßen

Zurückgekehrt von der Fotosession, wollen Sie nun sicher all Ihren schon beim Empfang weilenden Verwandten, Freunden und Bekannten zeigen, dass Sie Mann und Frau sind. Beim Empfang bietet sich dazu die erste Gelegenheit, indem Sie Ihre Gäste gemeinsam begrüßen. Gehen Sie beide, jeder für sich oder gemeinsam, von Gast zu Gast. Vergessen Sie nicht Ihnen besonders nahestehende oder am Herzen liegende Gäste, das kann sonst sehr peinlich werden.

Denken Sie auch daran, die Gäste nicht nur zu begrüßen, sondern auch noch untereinander vorzustellen. Feiern Sie sehr konservativ, dann werden Sie nicht von Gast zu Gast gehen, sondern sich für die Empfangslinie entscheiden.

Die Empfangslinie

Hierbei stehen Sie im Begrüßungsraum in einer Empfangslinie nebeneinander und begrüßen die Gäste. Achten Sie darauf, dass alle Damen – in Position zu den Gästen – immer vor den dazugehörigen Herren stehen. Zuerst kommt die Braut, dann der Bräutigam. Wenn Sie möchten, dass die Elternpaare bei der formellen Begrüßung der Hochzeitsgäste mit dabei sind, stehen diese ebenfalls mit in der Empfangslinie. Hinter dem Bräutigam würde die Brautmutter stehen und dahinter der Brautvater, nach ihm die Eltern des Bräutigams – zuerst die Mutter, danach der Vater. Das Begrüßungskomitee können Sie auch derart formieren, dass Sie als Brautpaar zwischen den Elternpaaren stehen. Ebenso ist es Ihnen überlassen, auch Ihre Trauzeugen aufstellen zu lassen.

Vermeiden Sie es, dass getrennte oder geschiedene Elternteile nebeneinanderstehen. Wählen Sie in diesem Fall eine Variante, bei der das Brautpaar zwischen den Elternpaaren steht, und tauschen Sie die Position von Brautvater und Bräutigamvater. Derart gewährleisten Sie, dass Ex-Partner nicht nebeneinanderstehen müssen, und es können trotzdem die Damen vor den Herren platziert werden.

Sofern Sie es mögen und man sich untereinander versteht, dürfen sich auch die neuen Partner von geschiedenen oder getrennten El-

tern aufstellen. Deren Platz ist immer neben dem dazugehörenden Elternteil, auf keinen Fall am Ende der »Schlange«.
Verzichten Sie zugunsten einer überschaubaren Anzahl von Händen, die Ihre Gäste schütteln müssen, im Empfangskomitee auf Brautjungfern und Blumenkinder, es sei denn, es sind Ihre eigenen Kinder, die diese Funktion bekleiden. Hinter der letzten Person der Begrüßungslinie serviert der Service den Gästen auf Tabletts den Aperitif. Der Vorteil der formellen Begrüßung ist ganz klar der, dass Sie dadurch keinen Hochzeitsgast vergessen, da alle an Ihnen vorbei müssen. Und da Ihre Gäste bei einem Empfang nicht alle pünktlich zur Anfangszeit in der Tür stehen werden, sondern nach und nach eintreffen, können Sie Ihre Gäste begrüßen, ohne dass diese lang »anstehen« müssen.
Verwechseln Sie die Empfangslinie keinesfalls mit einem Fließband. Nehmen Sie sich Zeit für jeden Gast, schütteln Sie die Hände und wechseln Sie ein paar persönliche Worte. Das gilt für jedes Glied der Empfangskette. Besonders aufmerksam ist es, wenn an der Empfangslinie Gäste mit Familienangehörigen bekannt gemacht werden. So kann beispielsweise die Mutter des Bräutigams dem Brautvater die Verwandten des Bräutigams vorstellen und dieser umgekehrt die Verwandten der Braut.
Wollen Gäste partout nicht aufhören, mit Ihnen zu plaudern, während die Warteschlange immer länger wird, begegnen Sie diesen freundlich mit den Worten: »Lass uns später noch ausgiebig unterhalten. Ich freue mich darauf«, und wenden sich dann mit einem Lächeln dem nächsten Gast zu.
Überreicht Ihnen ein nicht ganz so parkettsicherer Gast an der Empfangslinie eine Glückwunschkarte oder ein kleines Geschenk, nehmen Sie dieses an und geben es an eine in der Nähe stehende Person – vielleicht lassen Sie den Zeremonienmeister oder Hochzeitsmanager sich in Ihrer Nähe postieren – weiter. Es wäre unhöflich, den Schenker mit dem Geschenk in der Hand stehen zu lassen und zu bitten, das Geschenk später zu überreichen.
Legen Sie als Brautpaar Wert darauf, die Gäste allein zu begrüßen, dann mischen sich die Eltern von Braut und Bräutigam unter die Gäs-

te und stellen beispielsweise die ankommenden Gäste untereinander vor. Die Brauteltern halten insbesondere auch ein Auge auf den Service und kümmern sich, dass alle Gäste mit Getränken versorgt sind.

Gratulationen und Geschenke entgegennehmen

Für die Geschenke lassen Sie an einen Tisch vorbereiten, den die Gäste leicht finden und wo sie ihre Geschenke ablegen können. Entweder verbleiben Ihre Präsente am Ort des Empfangs und Sie holen diese am nächsten Tag ab. Diese Variante ist dann empfehlenswert, wenn der Empfang bei den Eltern der Braut oder des Bräutigams stattfindet. Oder Sie lassen – sofern die beiden Veranstaltungsorte verschieden sind – die Geschenke zum Ort der anschließenden Hochzeitsfeier bringen und dort auf dem Geschenketisch aufbauen.

Dürfen Sie Geschenke auspacken?

Generell ist es üblich, Geschenke sofort auszupacken, da die Schenker an der Freude teilhaben wollen, die Ihnen das Geschenk bereitet. Allerdings stellt die Hochzeit eine Ausnahme dar. Es kann sein, dass Sie wegen der vielen Verpflichtungen an diesem Tag Ihre Geschenke gar nicht persönlich entgegennehmen können. Oder Sie haben an Ihrem Hochzeitstag überhaupt andere Prioritäten, als Geschenke auszupacken. Vielleicht würde es wegen der zahlreichen Gäste auch zu lange dauern, bis alle Geschenke einzeln ausgepackt sind. Deswegen packen Sie die Geschenke erst nach der Feier aus – meist am nächsten Tag – und bedanken sich nachträglich.
Sie können die Geschenke aber auch beim Empfang und vor den Augen der Gäste auspacken, was sich vor allem bei Feiern im ganz kleinen Kreis empfiehlt. Dabei sollten Sie als Paar freudig zur Kenntnis nehmen, von wem welches Geschenk ist. Der spontane Dank, den Sie als Paar Ihren schenkenden Gästen abstatten können, wiegt sehr viel mehr als der obligatorische Dankesbrief hinterher. Der Glanz in Ihren Augen, wenn Sie sich über das Geschenk tatsächlich freuen, ist der schönste Dank für denjenigen, der sich mit seinem Geschenk Mühe gemacht hat.

Mit den Gästen sprechen
Nehmen Sie sich als Brautleute vor, am Ende Ihres Hochzeitstages mit jedem Gast ein paar Worte gewechselt zu haben, die über eine floskelhafte Begrüßung hinausgehen. Das ist eine Frage der Höflichkeit und des guten Stils, denn jeder Gast freut sich besonders auf Sie. Bereits beim Sektempfang können Sie damit beginnen, nachdem Sie die offizielle Begrüßungsrunde hinter sich gebracht haben. Gleichzeitig ist es auch eine gute Gelegenheit für Sie, die Ihnen bisher noch nicht bekannten Angehörigen Ihres Ehepartners kennenzulernen.

Reden halten
Zur Halbzeit, bei einem zweistündigen Empfang also nach einer Stunde, werden die Reden gehalten, sofern Sie derartige Einlagen geplant haben. Höfliche Gäste werden deshalb in der Kernzeit des Empfangs anwesend sein, um diese nicht zu verpassen.
Beim Empfang gilt das Sprichwort »Weniger ist mehr«. Beschränken Sie sich auf eine, maximal zwei Reden. Und halten Sie diese kurz. Schließlich haben die Redner ihren großen Auftritt während der anschließenden Hochzeitsfeier am Abend, zu der mit großer Wahrscheinlichkeit auch der Gästekreis anwesend sein wird, der dem Empfang beiwohnt. Handelt es sich um einen reinen Stehempfang, sind kurze Reden besonders empfehlenswert.
Wer zum Empfang redet, hängt von Ihren persönlichen Vorstellungen als Paar ab. Sie können sich aber auch am Stil und der Gestaltung der Hochzeit orientieren. Haben die Eltern zur Hochzeit ihrer Kinder eingeladen, Ihre Gäste um hochoffizielle Kleidung gebeten und Sie eine sehr förmliche Trauung hinter sich, bei der der Brautvater die Tochter zum Altar geführt hat, werden die Gäste sicherlich ein paar Worte des Brautvaters erwarten.
Auch der Ort des Empfangs und seine Finanzierung können den Ausschlag dafür geben, wer beim Empfang redet. Je nachdem, wo er stattfindet – ob im Restaurant, bei Ihnen zu Hause oder bei den Eltern – und abhängig davon, wer diesen finanziert hat, können der Vater der Braut, der Vater des Bräutigams, der Bräutigam oder ein modernes Brautpaar gemeinsam Worte an die Gäste richten.

Bewirtung

Beim Empfang lassen Sie alkoholische Getränke – die absoluten Klassiker sind Sekt beziehungsweise Champagner – und nichtalkoholische Erfrischungen sowie kleine Cocktailbissen servieren. Lassen Sie die Finger von kunstvoll dekorierten, aber unhandlichen Canapées oder Fingerfood mit Kleckergefahr. Bestellen Sie solche Speisen, von denen Ihre Gäste weder abbeißen müssen, damit sie in den Mund passen, noch Panik bekommen, dass beim Verzehr herausquellende Remoulade oder spritzende Sauce die teure Kleidung ruiniert.

Sonderform Buffet

Auch das Buffet bei einer Hochzeitsfeier muss offiziell eröffnet werden, ehe sich die Gäste davon bedienen können. Wer diese Aufgabe übernimmt, besprechen Sie vorab in der Familie. Feiern Sie in Ihrem eigenen Zuhause oder im Restaurant, können Sie beide das Buffet gemeinsam eröffnen. Vielleicht feiern Sie auch bei den Eltern, oder die Eltern der Braut oder des Bräutigams haben den Empfang finanziert? Dann ist es eine schöne Geste, diese auch das Buffet eröffnen zu lassen. Entscheiden Sie sich für einen größeren Imbiss oder ein Buffet, bei dem mit Messer und Gabel gegessen wird, sorgen Sie für ausreichend Sitzgelegenheiten und Tische oder zumindest Stehtische, auf denen man Teller und Gläser abstellen kann. Die Gäste werden ansonsten entnervt aufgeben, wenn sie ohne genügend Abstellfläche mit Teller, Besteck und ihrem Glas jonglieren müssen, während Sie sich über den mangelnden Appetit Ihrer Hochzeitsgesellschaft wundern.
Wenn Sie Ihre Gäste mit einem sehr umfangreichen Angebot an kalten und warmen Speisen verwöhnen, ist es üblich, eine Menükarte – wie bei einem gesetzten Essen – anzubieten.

Die große Hochzeitsfeier

Ob Landgasthof, Schlosshotel oder zu Hause, das Hochzeitsfest ist neben der kirchlichen Trauung einer der Höhepunkte an Ihrem großen Tag. Auch die Etikette trägt dazu bei, dass das Fest gelingt und Ihnen und Ihren Gästen in guter Erinnerung bleibt. Entscheiden Sie, ob und inwieweit Sie diese Regeln für Ihr Fest übernehmen wollen.

Tisch- oder Sitzordnung

Ob Ihr Hochzeitsfest ein Erfolg wird, hängt in einem nicht unwesentlichen Maß von der gelungenen Platzierung Ihrer Gäste ab. Denn angenehme Tischnachbarn und angeregte Tischgespräche werden bei diesen einen bleibenden Eindruck hinterlassen.

So mühevoll es auch sein mag, es lohnt sich immer, der Tischordnung größte Aufmerksamkeit zu schenken. Denn falls sich auch nur ein einziger Gast falsch platziert fühlt, könnte das unangenehme Folgen haben. Das »Günstigste«, was Ihnen in so einem Fall passieren könnte, wäre die Feststellung, Sie wüssten eben nicht, »was sich gehört«.

Die Sitzordnung richtet sich danach, ob Sie sich für mehrere runde Einzeltische oder eine große Tafel entscheiden. Bei einer Tafel können Sie wiederum zwischen verschiedenen Tischformen wählen, zum Beispiel der U-Form, E-Form, T-Form oder I-Form.

Wer sitzt wo?

Natürlich sind Sie als Brautpaar der unbestrittene Mittelpunkt. Sie sitzen entweder am zentral gelegenen Brauttisch oder – bei einer Tafel – am Kopf des Tisches, sodass Sie von allen Hochzeitsgästen gesehen werden können. Klügeln Sie bei mehreren Tischen eine Tischaufstellung aus, bei der möglichst wenige Gäste auf Ihre Rückseite blicken müssen. Wählen Sie für sich niemals einen Platz am Ende einer I-förmigen Tafel, sondern stets die Mitte der Längsseite.

Die Braut sitzt rechts vom Bräutigam. Rechts neben der Braut nimmt traditionell der Vater des Bräutigams Platz, an seiner rechten Seite die Mutter der Braut als seine Tischdame. Links vom Bräutigam sitzt seine Mutter, daneben – als ihr Tischherr – der Vater der Baut. Mit dieser Sitzordnung stellen Sie sicher, dass die beiden Mütter jeweils einen der beiden ranghöchsten Herren als Tischherrn an ihrer Seite haben.

Die hier vorgestellte Sitzordnung orientiert sich an einer vollständigen Familienstruktur, bei der weder schon verstorbene Familienangehörige noch Scheidungsszenarien berücksichtigt werden. Wandeln Sie die Platzierungsregeln entsprechend ab, damit diese Ihre persönliche Situation widerspiegeln und für Sie und Ihre Lieben die Grundlage für ein geselliges Fest schaffen, an das man sich gern zurückerinnern wird. Sind Ihre Eltern geschieden beziehungsweise getrennt und leben bereits mit neuen Partnern zusammen, werden diese beim Placement selbstverständlich berücksichtigt und erhalten nicht etwa einen Platz am »Katzentisch«.

Sofern auch Ihr Pfarrer bei der Feier zugegen ist, sitzt dieser rechts neben der Brautmutter oder gegenüber dem Brautpaar, weil die Plätze gegenüber ebenfalls als Ehrenplätze gelten. Deshalb sitzen oft auch die Mutter des Bräutigams und der Vater der Braut dem jungen Paar gegenüber, während dann die Brautmutter den Platz neben dem Bräutigam und dessen Vater den neben der Braut bekommt.

Ihre Großeltern, Geschwister, Trauzeugen, Onkel, Tanten und Paten platzieren Sie ebenfalls ganz in Ihrer unmittelbaren Nähe, wobei Sie die Partner Ihrer Geschwister, Onkel, Tanten und Paten nicht vergessen. Bei mehreren Geschwistern richtet sich deren Placement nach dem Alter. Der ältere Bruder sitzt also näher am Brautpaar als die jüngere Schwester. Sind die Trauzeugen nicht mit Ihnen verwandt, gelten Sie Ihren Verwandten gegenüber als höherrangig und müssen noch vor diesen platziert werden.

Bereits vorhandene Kinder des Brautpaares kennt das traditionelle Protokoll nicht. Deswegen können die Kinder – falls sie noch klein sind – dorthin platziert werden, wo sich jemand um sie kümmern kann. Oft setzen Braut und Bräutigam ihre Kinder mit an den Kindertisch.

Seitwärts schließen sich nun alle weiteren Gäste an, bei deren Platzierung Sie daran denken, dass Sie mit dem Placement die Gewichtung und Wertigkeit Ihrer Gäste zum Ausdruck bringen. Je dichter Ihre Gäste bei Ihnen sitzen, desto wichtiger sind Ihnen diese. Wer am Brauttisch oder in Ihrer unmittelbaren Nähe an der großen Tafel sitzen darf, weiß das zu schätzen. Und all jene am Ende des Tisches werden sich ebenfalls ihren Teil denken können.

Sind bei einer großen Hochzeit Persönlichkeiten des gesellschaftlichen oder öffentlichen Lebens, Vorgesetzte oder ähnliche hochrangige Personen eingeladen, brauchen Sie Fingerspitzengefühl. An sich gehört dieser Personenkreis nicht auf die den engsten Familienangehörigen zustehenden Plätze, allerdings dürfen Sie solche Personen auch nicht zu weit an das Ende der Tafel setzen. Als sehr günstig erweisen sich in diesem Fall E-förmige Anordnungen oder Kammtafeln, da man einen der Querbalken der Tafel für diese Persönlichkeiten vorsehen kann.

Mischen Sie Ihre Gäste

Während es früher üblich war, die Tische beziehungsweise die Tafel in zwei »Lager« zu teilen, das eine mit den Angehörigen der Braut und das andere mit den Angehörigen des Bräutigams, sehen immer mehr Brautpaare von dieser Praxis ab. Charmanter ist es nämlich, wenn Sie die beiden Familien durchmischen. Auf diese Art können Sie Ihre Verwandten und Freunde einander näherbringen, ist doch eine Hochzeit auch ein Symbol dafür, dass zwei Familien zusammengeführt werden. Und in den allermeisten Fällen ist das die einzige Gelegenheit, bei der sich die kompletten Großfamilien kennenlernen können. Überlegen Sie sich als Paar im Vorfeld, wer sich eventuell gut verstehen könnte und wo es Gemeinsamkeiten gibt, die für Gesprächsstoff sorgen.

Placementregeln für die übrigen Gäste

Beachten Sie bei der Platzierung aller weiteren Gäste, die nicht bereits aufgrund ihres Verwandtschaftsgrades zu Ihnen oder ihrer Funktion bei der Hochzeit einen bestimmten Platz an der Hochzeitstafel zuerkannt bekommen haben, die Regeln für eine protokollgerechte Tischordnung. Nach dem Ordnungsprinzip der protokollarischen Rangfolge gilt, dass Sie rangmäßig wesentlich ältere Personen vor jüngeren und Damen vor Herren platzieren. Das gilt jedoch nicht für Ehefrauen und Lebensgefährtinnen. Diese nehmen den Rang ihres Mannes ein, wenn Sie sie als Begleitung miteingeladen haben. Das Gleiche gilt für Ehemänner und Lebenspartner derjenigen weiblichen Gäste, denen die eigentliche Einladung gilt. Unverheiratete Töchter werden nach den verheirateten Damen und entsprechend dem Rang des Vaters eingestuft.

Entscheiden Sie sich bei der Hochzeitstafel für die »bunte Reihe«, wonach eine Dame zwischen zwei Herren und ein Herr zwischen zwei Damen sitzen sollte. Wenn es die Gästestruktur zulässt, sollte also jede Dame einen Tischherrn erhalten. Ein Tischherr sitzt stets links von seiner Tischdame.

Verheiratete Paare und solche, die – auch ohne Trauschein – schon lange zusammenleben, platzieren Sie am selben Tisch, aber nicht unbedingt nebeneinander. Sie fördern damit muntere Tischgespräche und legen vielleicht sogar den Grundstein für neue Freundschaften. Schließlich wollen Sie doch nicht, dass sich Paare bei Ihrer Hochzeit über häusliche Probleme unterhalten oder schlimmstenfalls streiten. Setzen Sie Paare am Tisch allerdings nur so weit voneinander entfernt, dass Sie sich noch unterhalten können.

Übrigens, Paare in der Verlobungsphase dürfen nach alter Tradition im Gegensatz zu Ehepaaren zusammen platziert werden.

Alle Gäste sollen sich wohlfühlen

Lassen Sie keinen Tisch zu nahe an der Band beziehungsweise den Lautsprechern aufstellen. Ebenso unhöflich wäre es, Gäste zu nah an der Küche beziehungsweise den Serviceräumen oder den Toiletten zu platzieren. Unwohl fühlen sich Gäste auch, wenn Sie Ihnen einen Platz sehr nah an der Heizung oder Klimaanlage anbieten. Bieten Sie Ihren Gästen keine Sitzplätze an, von denen diese einen unschönen Blick haben, beispielsweise auf eine hässliche Baustelle oder hinter einen Paravent, der Kabel und Kisten verdecken soll.

Berücksichtigen Sie bei der Planung der Sitzordnung nicht nur Ihren Verwandtschaftsgrad oder Ihre persönliche Beziehung zu den Personen, sondern auch mögliche Befindlichkeiten der Gäste untereinander. Schließlich sollen bei den Tischgesprächen keine Zwistigkeiten entstehen. Beweisen Sie insbesondere Fingerspitzengefühl bei der Platzierung geschiedener oder getrennter Paare.

Gäste, die sich seit vielen Jahren kennen und nur sehr unregelmäßig sehen, setzen Sie als umsichtiger Gastgeber zusammen an einen Tisch. Ziehen Sie bei der Erstellung eines Placements an unterschiedlichen Tischen auch die etikettefreundliche Option in

Betracht, Tische für unterschiedliche Personenanzahlen aufzustellen zu lassen. Wenn Sie nicht ultraformell heiraten, wo auf eine streng vorgegebene Position der Tische geachtet wird, können Sie sich auch von der starren Achter- oder Zehnertischregel lösen. Vielleicht möchten Sie alle neun Cousinen und Cousins mit deren Partnern an einen Tisch zusammenführen? Warum sollten Sie hierfür nicht einen Tisch für 18 Personen decken lassen?
Lassen Sie die Tische oder Elemente der Festtafel so aufstellen, dass dazwischen genügend Platz zum Sitzen und Laufen ist. Setzen Sie nicht zu viele Gäste an einen Tisch, beziehungsweise lassen Sie zwischen den Gedecken ausreichend Abstand. Ihre Gäste sollen für Teller, Gläser und Serviette genügend Ablagefläche haben und sich beim Essen nicht mit den Ellenbogen in die Quere kommen. Der vom Hotel- und Gaststättengewerbe empfohlene Mindestabstand beträgt von Gedeckmitte zu Gedeckmitte 80 Zentimeter. Können Sie es sich aus Platzgründen leisten, setzen Sie an einen Tisch, der zwölf Personen fassen kann, nur zehn Gäste. Sie werden es Ihnen danken. Achten Sie darauf, dass Sie Ihre älteren Gäste an einem hellen Tisch platzieren, etwas abseits von Musik und Küche und im Idealfallfall in Ihrer Nähe, damit auch die älteren Semester den Reden und Toasts gut folgen können.
Setzen Sie Kinder an einen speziellen Kindertisch. Die kleinen Gäste finden es toll, an einem eigenen Tisch zu sitzen, und die Erwachsenen haben an der Hochzeitstafel ihre Ruhe. Achten Sie darauf, dass Sie die betreffenden Eltern in der Nähe des Kindertisches platzieren, damit diese ein Auge auf ihre Kinder werfen. Es wäre nicht gerade höflich, wenn ein anderer Hochzeitsgast den Kleinen zur Hand gehen müsste, weil die Eltern nicht in der Nähe sind. Eine entspannte Lösung für alle ist es, wenn Sie eine extra Kinderbetreuung engagieren.
Denken Sie auch an alle Dienstleister und externen Helfer, wie zum Beispiel Band, DJ, Fotograf und professionellen Hochzeitsmanager. Lassen Sie für diese Personen einen extra Tisch am Rand des Geschehens aufstellen, an dem Ihre Dienstleister während ihrer Pausen sitzen und essen können. Diese zum Essen in einen Nebenraum oder die Küche zu verbannen, wäre schlechter Stil.

Die Sitzordnung gilt nicht ewig

Im Laufe des Abends und nachdem die Sitzordnung als aufgehoben gilt, in der Regel nach dem Dessert, steht es der Hochzeitsgesellschaft natürlich frei, die Plätze zu wechseln und sich zu mischen. Sie und Ihre Gäste können sich erheben oder auf einen freien Platz setzen und mit den Hochzeitsgästen sprechen.

Placement aushängen

Vor dem Hochzeitsessen informieren sich zunächst alle Gäste im Begrüßungsraum oder Foyer mithilfe der aufgehängten oder aufgestellten Tischordnung, dem sogenannten Placement, über die Platzierung. Das Placement gibt jedem einzelnen Gast einen Überblick, wo sich der ihm zugedachte Tisch im Raum befindet, und trägt dazu bei, dass jeder Gast schnell seinen Platz findet.

Das Placement enthält eine Liste mit allen Gästen, alphabetisch sortiert nach Familiennamen. Hinter jedem Namen finden Ihre Gäste die dazugehörenden Tischnummern. Auf einem zweiten Blatt, dem sogenannten Tisch- oder Sitzplan, führen Sie alle Tischnummern auf. Hinter jeder Tischnummer finden Ihre Gäste die Namen der Personen, die daran sitzen. Auf diese Weise können sich Ihre Gäste informieren, wer noch mit ihnen am Tisch sitzen wird. Um die Orientierung zu erleichtern, hängen Sie selbstverständlich auch die Skizze der Tischanordnung im Dinnersaal aus. Jeden einzelnen Tisch beschriften Sie mit der entsprechenden Tischnummer. Ihre Gäste wissen dadurch, wo im Raum sich ihr Tisch befindet.

Bitten Sie zusätzlich Ihren Zeremonienmeister oder das Restaurantpersonal, den Gästen bei der Suche nach ihren Tischen behilflich zu sein.

Placement- oder Tischführkarten

Die Platzierungskarten halten Sie für Ihre Gäste vor dem Festessen entweder dort parat, wo vor dem Abendessen der Empfang stattfindet, oder Sie legen diese auf einem Tisch vor dem Dinnersaal bereit. Tischführkarten werden in alphabetischer Reihenfolge ausgelegt. Erfordert die Gästezahl mehrere Tischkartenreihen, beginnen Sie in der oberen linken Ecke des Tisches mit dem Buchstaben «A« und legen von links nach rechts so viele Reihen wie nötig.

Plätze einnehmen

Neben dem Restaurantpersonal können auch Zeremonienmeister, Trauzeugen und Brautjungfern den Gästen helfen, sich am ausgehängten Placement zu orientieren und ihre Plätze zu finden. Damit vermeiden Sie, dass die Suche nach dem Platz für die Gäste zu einer langatmigen Angelegenheit wird und Ihnen womöglich der Zeitplan durcheinandergerät.

Wenn sich die Türen zum Dinnersaal geöffnet haben, die Hochzeitsgesellschaft zu Tisch gebeten wurde und die Braut Platz genommen hat, setzen sich alle anderen Gäste – zuerst die Damen, und wenn diese sitzen, die Herren.

Bei einem feierlichen Essen mit Tischmusik beginnt diese zu spielen, nachdem alle Gäste Platz genommen haben und mit dem Einschenken des Wassers beziehungsweise Weines begonnen worden ist.

Einzug des Paares

Sie können sich auch für einen dramatisch inszenierten Einzug in den Dinnersaal entscheiden. Der Zeremonienmeister, ein Bandmitglied oder der DJ kann Ihr Erscheinen ankündigen, wenn alle Gäste bereits an ihren Tischen stehen, aber noch nicht Platz genommen haben. Unter sicherlich großem Beifall betreten Sie den Raum, als Braut am Arm des Bräutigams zu seiner rechten Seite und mit dem Brautstrauß in der Hand, sofern Sie diesen nicht bereits nach der (kirchlichen) Trauung in die Junggesellinnenmenge geworfen haben. Selbstverständlich sind Sie als Ehemann Ihrer Angetrauten beim Platznehmen behilflich und rücken ihr den Stuhl zurecht. Sie setzen sich selbst erst dann, wenn Ihre Frau sitzt. Solange sie noch nicht sitzt, bleiben Sie hinter ihrem Stuhl stehen. Als Braut achten Sie deshalb darauf, dass Sie Ihren Bräutigam nicht allzu lange hinter Ihrem Stuhl verharren lassen. Zum einen wäre dies unhöflich, zum anderen würde es etwas grotesk aussehen, wenn der Arme minutenlang in Warteposition stehen würde.

Wenn sich Gäste verspäten

Von Ihnen als gute Gastgeber wird erwartet, dass Sie mit Rücksicht auf all die anderen pünktlich erschienenen Gäste zur vorgesehenen Zeit den Startschuss zum Essen geben. Auch im eigenen Interesse zögern Sie den Beginn des Essens nicht hinaus. Denn selbst die professionellste Küchenbrigade kommt bei nicht unerheblichen Verzögerungen in Schwierigkeiten, das Fleisch des von Ihnen mit viel Liebe und Mühe ausgesuchten Rinderfiletgerichts rosa oder das Soufflé fluffig zu halten.

Wenn Gäste nicht erscheinen

Erscheinen Gäste nicht zu Ihrer Hochzeitsfeier, ohne dass diese vorher abgesagt haben, bewahren Sie Ruhe. Lassen Sie sich nicht anmerken, dass Sie möglicherweise verärgert oder sogar gekränkt sind. Verzichten Sie darauf, »No-Shows« anzurufen, und knöpfen Sie sich die Missetäter – wenn überhaupt – erst nach dem Fest vor. Diese würden aus schlechtem Gewissen ohnehin nicht ans Telefon gehen. Konzentrieren Sie sich auf sich und Ihr Fest und versuchen Sie, keinen Gedanken mehr an Ihre unzuverlässigen Bekannten zu verschwenden. Einzig und allein, wenn Sie ernsthaft über den Verbleib eines Freundes oder einer engen Verwandten besorgt sind, für die es unüblich ist, einfach nicht aufzutauchen, können Sie den Zeremonienmeister, einen Trauzeugen oder Ihre Eltern bitten, unauffällig nachzuforschen, was passiert sein könnte. Wickeln Sie dies jedoch diskret und unbemerkt von den anderen Gästen ab. Nimmt das Gespräch auf der anderen Seite niemand entgegen, sollte der Anrufer eine Nachricht auf dem Anrufbeantworter zurücklassen. Hoffen Sie das Beste und versuchen Sie, sich abzulenken. Ihren Gästen würde es auffallen, wenn Sie sich Sorgen machen, und die Stimmung Ihres Festes würde leiden.

Entsteht durch die Schwänzer eine Lücke an der Festtafel sollte der Zeremonienmeister oder einer der Trauzeugen versuchen, das Placement noch schnell zu ändern. In diesem Fall werden die Tischkarten, Gedecke und Stühle der nicht erschienenen Personen entfernt, und die anderen Gäste rücken auf.

Gäste begrüßen und Geschenke empfangen

Während der Hochzeitsfeier nehmen Sie als Brautpaar zum einen die Glückwünsche von Gästen entgegen, die zu Ihnen kommen. Zum anderen sollten Sie es sich vornehmen, während der Hochzeitsfeier an jedem Tisch vorbeizuschauen und Ihre Verwandten und Freunde persönlich zu begrüßen. Hier ist keine Arbeitsteilung erlaubt, machen Sie Ihre Runde von Tisch zu Tisch, sowohl als Braut als auch als Bräutigam. Schließlich sollen Sie die Gelegenheit nutzen, und die Ihnen bislang noch nicht bekannten Angehörigen Ihres Ehepartners kennenlernen. Sicherlich haben Sie bereits beim Empfang begonnen, sich unter Ihre Gäste zu mischen und mit ihnen zu sprechen. Nach dem Essen wird es Zeit, diese schöne Pflicht fortzusetzen.

Entweder überreichen Ihre Gäste die Geschenke Ihnen persönlich oder geben diese bei Ihrem Zeremonienmeister oder einem engen Familienmitglied ab. Legen Sie alle Geschenke, die Sie erhalten, auf dem Geschenketisch ab, der gut sichtbar im Dinnersaal aufgestellt wird. Die Person, die für den Geschenketisch verantwortlich ist, sollte darauf achten, dass bei der Ablage auf dem Tisch an jedem Geschenk ein entsprechendes Kärtchen angebracht wird, das Rückschlüsse auf den Schenker ziehen lässt. Dies kann – je nach Ihren Vorstellungen – mit dem Namen des Schenkers oder lediglich mit einer Nummer versehen sein. Je nachdem, ob die Gäste erfahren sollen, wer das eine oder andere Geschenk übergeben hat, entscheiden Sie sich für die namentliche oder anonymisierte Variante. Im letzten Fall ist darauf zu achten, dass der oder die Geschenkeverantwortliche Buch führt und dabei die vergebenen Nummern den Schenkern zuordnet und die von den Gästen angebrachten Glückwunschkarten vom Geschenk entfernt und separat aufbewahrt werden. Alle Geschenke werden auf dem gedeckten Geschenketisch hübsch arrangiert.

Geldgeschenke werden weder im Umschlag noch in einer Verpackung auf dem Geschenketisch abgelegt. Bereiten Sie vor allem für das Hochzeitsfest ein Behältnis vor, in das Umschläge oder verpackte Geldgeschenke gegeben werden können. Sorgen Sie dafür, dass eine verlässliche Person das Behältnis beaufsichtigt und bestenfalls in regelmäßigen Abständen ausleert.

Dürfen Sie Geschenke auspacken?

Generell ist es üblich, Geschenke sofort auszupacken, da die Schenker an der Freude teilhaben wollen, die Ihnen das Geschenk bereitet. Allerdings stellt die Hochzeit eine Ausnahme dar. Es kann sein, dass Sie wegen der vielen Verpflichtungen an diesem Tag Ihre Geschenke gar nicht persönlich entgegennehmen können. Oder Sie haben an Ihrem Hochzeitstag überhaupt andere Prioritäten, als Geschenke auszupacken. Vielleicht würde es wegen der zahlreichen Gäste auch zu lange dauern, bis alle Geschenke einzeln ausgepackt sind. Deswegen packen Sie die Geschenke erst nach der Feier aus – meist am nächsten Tag – und bedanken sich nachträglich.

Sie können die Geschenke aber auch am Hochzeitstag und vor den Augen der Gäste auspacken, was sich vor allem bei Feiern im ganz kleinen Kreis empfiehlt. Dabei sollten Sie als Paar freudig zur Kenntnis nehmen, von wem welches Geschenk ist. Der spontane Dank, den Sie als Paar Ihren schenkenden Gästen abstatten können, wiegt sehr viel mehr als der obligatorische Dankesbrief hinterher. Der Glanz in Ihren Augen, wenn Sie sich über das Geschenk tatsächlich freuen, ist der schönste Dank für denjenigen, der sich mit seinem Geschenk Mühe gemacht hat.

Sie können für die Auspackaktion einen eigenen Programmpunkt vorsehen. Eine gute Zeit für das Auspacken der Geschenke ist vor dem Abendessen, um die Zeit bis zum Essen zu verkürzen. Haben Sie allerdings erst relativ spät zum Essen geladen und den Service beauftragt, die Gänge zügig aufzutragen, wird der Zeitpunkt nach dem Hauptgang oder sogar erst nach dem Dessert passender sein.

Das Hochzeitsessen

Das Essen beginnt mit dem Servieren der Vorspeise beziehungsweise mit dem Eröffnen des Buffets. Wenn Sie sich für ein Buffet entschieden haben, eröffnen Sie es – am besten gemeinsam – gleich zu Beginn oder nach der ersten Hochzeitsrede. Wenn Sie ein Menü bestellt haben, servieren die Kellner nach den ersten Getränken den ersten Gang.

Der Service wird sofort, nachdem alle Gäste Platz genommen haben, zunächst Wasser anbieten. Das gehört zu jedem Essen und darf von

Ihren Gästen ohne Aufforderung sofort getrunken werden. Nachdem die Weingläser das erste Mal gefüllt sind, ist es Gastgeberpflicht, mit einem »Prosit« oder »Zum Wohl« den Wein zu eröffnen. Mit dem Wein warten deshalb stilvolle Gäste, bis sie dazu aufgefordert werden, den ersten Schluck zu nehmen. Kommt eine solche Aufforderung nicht, müssen Ihre Gäste selbst dann warten, wenn der Wein bereits warm zu werden droht. Sobald der Wein »angetrunken« ist, können die Gäste nach Lust und Laune zum Weinglas greifen. Übrigens, das Anstoßen des Glases ist nur Ihnen selbst und den jeweiligen Rednern vorbehalten, wenn Sie das Glas auf das Wohl des Brautpaares heben. Niemals darf ein Gast von sich aus das Glas erheben und anstoßen.

Pflichten als Braut

Da die Braut als »Gastgeberin« der Tischgesellschaft einige Signale abgeben muss, die für Ihre Gäste maßgeblich sind, sollte sie diese kennen.

Mit Brot und Butter können sich Ihre Gäste erst dann bedienen, wenn die Braut ihrerseits danach gegriffen hat. Ebenso verhält es sich mit der Serviette. Ihre Gäste dürfen sich die Serviette also erst dann auf den Schoß legen, sobald Sie als Braut danach greifen. Sind Sie nun als Braut so aufgeregt, dass Sie es schlicht und ergreifend vergessen, oder essen Sie – möglicherweise aus Rücksicht auf Ihren Kohlenhydratverbrauch – eigentlich gar kein Brot, haben es Ihre Gäste schwer. Wenn Sie nicht zum Brotkorb greifen oder die Serviette auf die Knie legen, müssen sich Ihre Gäste alternativ am Bräutigam und, wenn das auch nicht weiterhilft, an den Gästen neben sich orientieren. Sie nehmen Ihren Gästen diese Konfusion, indem Sie sich, sobald Sie sich hingesetzt haben, Ihre Serviette auf den Schoß legen und sich zumindest ein Alibistück Brot auf Ihren Brotteller legen. Sie müssen es ja nicht essen.

Erst wenn die Braut zum Besteck greift, haben die Gäste grünes Licht. Dies ist die nonverbale Aufforderung an alle Gäste, nun mit dem Essen zu beginnen. Oftmals bitten die Gastgeber bei großen Tischgesellschaften mit zeitlich versetztem Service diejenigen Gäste,

die bereits ihre Teller vor sich haben, mit dem Essen zu beginnen. Nach einer solchen Aufforderung können diese loslegen. Dieses Recht bleibt aber ausschließlich Ihnen als »Gastgebern« vorbehalten, andere Gäste dürfen die Aufforderung nicht aussprechen.
Verkneifen Sie es sich als Braut, zu Beginn des Essens ein »Guten Appetit« in den Raum zu raunen. Diese Äußerungen haben allenfalls am heimischen Küchentisch oder in einer Kantine ihre Daseinsberechtigung. Sollten neben Ihnen sitzende Gäste aus Unwissenheit sich dieses Ausdrucks bedienen, sehen Sie großzügig darüber hinweg. Vermeiden Sie, ein »Guten Appetit« mit einem »Guten Appetit« zu erwidern. Nicken Sie vielmehr bestätigend in Richtung der oder des Aussprechenden, und beginnen Sie wortlos zu essen. Allenfalls ein »Danke, ebenso« ist Ihnen gestattet.

Pflichten als Bräutigam

Als frisch gebackener Ehemann und Tischherr der Braut werden Sie an diesem Abend beim Aufstehen und Hinsetzen Ihrer Frau jeweils aufstehen und ihr den Stuhl zurechtrücken. Ihre Braut, die die Etikette kennt und Sie beispielsweise nicht in einem Gespräch mit einem anderen Tischnachbarn stören möchte, wird Sie vorwarnen, ehe sie aufsteht, und Ihnen signalisieren, dass Sie sitzenbleiben können. In diesem Fall bleiben Sie auch tatsächlich sitzen. Ob Sie dann aufstehen, wenn Ihre Liebste wieder zum Tisch zurückkehrt, bleibt Ihnen überlassen. Allerdings ist es höflicher, wenn Sie sich erheben.
Als Tischherr und umsichtiger Ehemann reichen Sie Ihrer Frau Brot und Butter. Ehe Sie sich als Bräutigam selbst bedienen, bieten Sie den Brotkorb ohne Aufforderung Ihrer Braut und danach Ihrer Mutter an – sofern diese neben Ihnen sitzt. Kommt Ihnen eine der beiden Damen zuvor und bietet Ihnen ihrerseits den Brotkorb an, gibt es nur eine elegante Möglichkeit, sich vom Brot zu bedienen. Nehmen Sie der Anbietenden den Brotkorb ab und greifen Sie dann zu. Sich direkt vom angebotenen Korb zu bedienen, ist nur erlaubt, wenn Ihnen dieser vom Servicepersonal angeboten wird. Ansonsten ist es der Anbietenden gegenüber sehr unhöflich, da Sie sie mit Ihrer Geste zum Kellner degradieren würden. Übrigens, der Brotteller links von

Ihnen ist der richtige. Oft sieht man bei Tischgesellschaften ratlose Gesichter, wenn es darum geht, das Brot abzulegen.
Sie gießen Ihrer Frau Wein und Wasser nach, falls das nicht vom Service übernommen wird oder dieser sehr nachlässig ist.
Wird das Abendessen in Form eines Buffets angeboten, ist es Ihre Aufgabe, Ihre Frau zum Buffet zu begleiten und ihr beim Auftun des Essens behilflich zu sein. Orientieren Sie Ihr Esstempo an dem der Braut, sodass Sie jeweils gemeinsam zum Buffet gehen können.

Zuprosten und Anstoßen

Nachdem die Weingläser das erste Mal gefüllt sind, ist es Gastgeberpflicht, den Wein zu eröffnen. Je nachdem, wer Ihre Hochzeit finanziert hat, übernehmen Sie als Bräutigam oder der Brautvater diese Aufgabe.
Erheben Sie Ihr Glas, nicken Sie zuerst Ihrer Braut und dann mit einer leichten Verbeugung nach rechts und links den anderen Gästen zu und fordern diese mit einem »Prosit« oder »Zum Wohl« zum Trinken auf. Auf keinen Fall benutzen Sie dafür den ordinären Ausspruch »Prost«, der ist allenfalls im Wirtshaus oder Bierzelt akzeptabel.
Sofern Sie eine Tischrede halten, wird es ebenfalls von Ihnen erwartet, Ihre Rede mit einem Erheben des Glases und einem »Zum Wohl« zu beenden. Wenn Sie Ihren Trinkspruch personalisieren und auf das Wohl einer speziellen Person trinken, trinkt diejenige Person, auf deren Wohl getrunken wird, nicht mit.
Auf häufiges Anstoßen sollten Sie beim Festessen verzichten, galt das Aneinanderstoßen der Gläser im Mittelalter doch als Giftprobe. Weil sich der Inhalt der Gläser bei heftigem Aneinanderstoßen vermischte, konnten die Trinkgesellen davon ausgehen, dass der Becherinhalt nicht vergiftet war.
Nun wird sich die Hochzeitsgesellschaft nicht beschweren, wenn Sie sporadisch auf das Wohl Ihrer Braut, Ihrer Eltern oder anderer, Ihnen wichtiger Personen anstoßen. Außer den Personen, die eine Tischrede halten und anschließend das Glas zum Zuprosten erheben, sollten alle anderen Gäste von sich aus nie mit dem Anstoßen beginnen.

Reden und Toasts

Es gibt keine strikten Etiketteregeln, die bestimmen, wer, wann und wie redet. Allerdings haben sich Bräuche eingebürgert, die bei näherer Betrachtung sinnvoll sind. Nach alter Überlieferung war und ist es Pflicht des Brautvaters, die Vermählung seiner Tochter mit einer Rede zu kommentieren. Auch der Bräutigamvater kam nicht umhin, seine Sicht der Dinge zu schildern. Nicht zuletzt ließ es sich der Trauzeuge oder ein enger Vertrauter des Bräutigams nicht nehmen, etwas zu sagen. Und so ist es heute noch. Ebenso unangefochten ist es, dass die oder der Geistliche, der Sie getraut hat und beim Festessen dabei ist, seine Glückwünsche ausspricht.

Grußwort des Geistlichen

Die oder der Geistliche, der Sie getraut hat, wird seine Glückwünsche in Form von ein paar ganz kurzen Grußworten zuerst aussprechen. Schließlich hat er bereits während der Trauung und seiner Gebete Ihren Ehebund ausreichend gewürdigt.

Brautvater

In Anlehnung an das Recht des Gastgebers, bei einem offiziellen Essen die erste Tischrede halten zu dürfen, steht dieses Recht bei einer Hochzeit dem Brautvater zu. Nach althergebrachter Regel galt er früher als Gastgeber einer Hochzeit. Auch wenn heutzutage viele Brautpaare die Hochzeit selbst finanzieren und auch in ihrem Namen dazu einladen, lebt diese Tradition fort. Die Rede des Brautvaters ist ein Willkommensgruß an alle Gäste. Er wendet sich in seiner Ansprache natürlich auch an das Brautpaar. Der Brautvater heißt seinen neuen Schwiegersohn und dessen Familie willkommen und »übergibt« mit rührenden Worten seine Tochter an den Schwiegersohn. Schließlich wünscht er dem Brautpaar von Herzen Glück.
Ist der Brautvater verstorben oder nicht anwesend, übernimmt die Brautmutter diese Aufgabe, gegebenenfalls auch der neue Lebensgefährte der Brautmutter, wenn er eine enge Bindung zur Braut hat.

Bräutigamvater

Die zweite Rede hält der Vater des Bräutigams. Mit seinen herzlichen Worten, die sich vornehmlich an die Braut richten, drückt der Vater des Bräutigams seinen Wunsch aus, dass die Braut hier und da Nachsicht walten lassen und nicht zu streng mit dem Sohn umgehen solle.

Ist der Bräutigamvater verstorben oder nicht anwesend, hält der Patenonkel oder die Mutter des Bräutigams die Ansprache. Gegebenenfalls kann auch der neue Lebensgefährte der Bräutigammutter einspringen, sofern er eine enge Bindung zur Braut hat.

Trauzeuge oder guter Freund des Bräutigams

Als dritter Redner kann der Trauzeuge oder ein anderer, sehr guter Freund des Bräutigams in den Ring steigen. Ob Sandkastenfreund, Schul- oder Studienfreund, Corps- oder Bundesbruder oder Mannschaftskollege im Sportverein, er ist in der Regel mit dem Bräutigam durch dick und dünn gegangen.

Dieser Redner wendet sich an den Bräutigam und ermahnt ihn, bei allem Verständnis für seine neue familiäre Situation nicht seine alten Freunde und gesellige oder sportliche Gewohnheiten zu vergessen. Die Rede richtet sich aber gleichzeitig an alle anderen Gäste und insbesondere die Familie, in die der Bräutigam einheiratet. Auf heitere Weise berichtet er von den kleinen Missetaten des Bräutigams, selbstverständlich ohne dabei unter die Gürtellinie zu gehen oder gar Personen zu kompromittieren. Wenn sie gekonnt verfasst und vorgetragen wird, wird das die Rede sein, die den meisten Beifall findet.

Bräutigam beziehungsweise Brautpaar

Nach alter Tradition antwortet das frisch vermählte Paar nicht auf die Reden. Es kommt allerdings mehr und mehr in Mode, dass auch das Brautpaar – zumindest der Bräutigam – ein paar Worte an die Hochzeitsgesellschaft richtet. Oftmals wünscht sich die Braut sogar insgeheim, dass sich der Mann an ihrer Seite ebenfalls an die Hochzeitsgesellschaft wendet. Ein modernes Paar, das die Hochzeit selbst ausrichtet, wird sogar darauf bestehen, ein paar Worte an die Hochzeitsgesellschaft zu richten. So kann der Bräutigam diese Aufgabe übernehmen, die Braut wird erwidern, oder beide gestalten Ihre Ansprache abwechselnd. In der Regel ist der ideale Zeitpunkt für diese Ansprache, nachdem der Bräutigamvater gesprochen hat. Der Bräutigam ist völlig frei in der Gestaltung seiner Rede, sollte aber auf keinen Fall vergessen, sich auch im Namen seiner Frau bei allen Gästen für die Geschenke, wohlmeinenden Worte und – je nachdem, wer die Hochzeit bezahlt hat – bei den spendablen Eltern für die Ausrichtung der Hochzeit zu bedanken. Selbstverständlich wendet sich der Bräutigam auch an seine neuen Schwiegereltern, dankt diesen für die »Übergabe« ihrer Tochter und versichert ihnen, stets respekt- und liebevoll mit seiner Ehefrau umzugehen.

Spontanredner

Manchmal weilt ein aus der Ferne angereister Gast oder einer, der ein besonders würdiges Amt bekleidet, unter den Hochzeitsgästen. Häufig fühlt sich dieser Gast berufen, auch eine Tischrede zu halten, die dann meistens unangekündigt erfolgt. Schweift dieser Redner nicht zu weit aus und bringt den Serviceablauf nicht durcheinander, gibt eine solche Einlage Ihrer ansonsten gut durchinszenierten Feier durchaus einen gewissen Charme.

Dürfen auch Damen reden?

Nach modernen Umgangsformen haben heutzutage auch die Damen »Redefreiheit«. Sind die Väter ausgesprochene »Redemuffel« oder bereits verstorben, übernehmen die Tischreden die Mütter beziehungsweise die Geschwister. Auch die Arbeitsteilung in Form einer gemeinsam gehaltenen Rede von beiden Elternteilen ist nicht nur möglich, sondern kann besondere dramaturgische Akzente setzen. Je formeller und traditioneller Sie feiern, werden Sie allerdings die Redner-Gepflogenheiten beachten und nach wie vor die klassischen Redner – Geistlicher, Brautvater und Bräutigamvater – auftreten lassen.

Wann werden die Reden gehalten?
Egal, wie viele Ansprachen zu Ihrer Feier gehalten werden, sollten Sie oder der die Reden koordinierende Zeremonienmeister die geplante Rededauer abfragen, Zeitfenster für die Reden festlegen und alles mit der Bankettleitung oder dem Küchenchef absprechen. Damit stellen Sie sicher, dass die Küche nicht in Bedrängnis kommt und die edlen Speisen möglicherweise nicht mehr warm servieren kann.
Wird es nur eine offizielle Rede geben, planen Sie diese am besten nach dem Hauptgang ein. Halten Sie sich jedoch an die traditionelle Rednerfolge, sind Sie schnell bei drei oder mehr Reden. Würden Sie erst nach dem Hauptgang mit den Reden beginnen, könnte sich die Angelegenheit sehr lang hinziehen. Es hat sich deshalb als praktisch erwiesen, das Grußwort des Geistlichen beziehungsweise die erste Rede schon nach der Vorspeise beziehungsweise zwischen Suppe und Hauptgang einzustreuen. Hierdurch wird die Redezeit etwas entzerrt, und es sprechen nicht alle Redner nacheinander nach dem Hauptgang.
Zwischen einem jeden Gang sollte möglichst nicht mehr als eine Rede gehalten werden. Je nachdem, wie viele Gänge Ihr Menü enthält und wie viele Personen zu Wort kommen werden, haben Sie aber manchmal keine andere Wahl, als zwischen einem Gang zwei Reden unterzubringen. Mehr als zwei sollten es allerdings nicht sein.
Vor oder nach dem Hauptgang – je nach Anzahl Ihrer Gänge – kommt die obligatorische Rede des Brautvaters. Der Vater des Bräutigams folgt als Nächster mit seiner Ansprache, die sich entweder unmittelbar an die Vorrede anschließt oder nach dem nächsten Gang gehalten wird. Der beste Freund des Bräutigams ist danach an der Reihe. Auch die Platzierung seiner Rede orientiert sich an den servierten Gängen; entweder schließt er sich direkt dem Vater des Bräutigams an oder hält seine Ansprache nach dem nächsten Gang.
Alle anderen Gäste, die noch etwas zum Besten geben oder einen Toast auf das Brautpaar aussprechen wollen, reihen sich zum Schluss ein. Da es sich in der Regel um Spontanreden handeln wird, ist der beste Zeitpunkt dafür nach dem Servieren des Desserts. Schließlich kann es sein, dass auch das Dessert warm serviert wird und die Red-

ner mit ihrer Spontaneinlage möglicherweise heiße Nockerln oder ein Soufflé zu Fall bringen würden.

Wie halten Sie eine Rede?

Stehen Sie zu Ihrer Rede auf, schieben Sie Ihren Stuhl weit nach hinten, damit er Sie bei Ihrer Ansprache nicht stört. Legen Sie Ihre Serviette links neben Ihr Gedeck. Schließen Sie als Bräutigam Ihre Jacke, sofern Sie dieses geöffnet haben, als Sie Platz genommen haben. Vermeiden Sie es, sich mit einem Räuspern oder einem Schlag an Ihr Glas bemerkbar zu machen. Suchen Sie stattdessen den Blickkontakt zu anderen Gästen, und beginnen Sie mit fester und kräftiger Stimme zu sprechen. Achten Sie beim Sprechen darauf, Ihre Hände nicht in den Hosentaschen zu vergraben. Das wird von Ihren Zuhörern als sehr unhöflich empfunden und von so manchem Gast gar als respektlos interpretiert. Lampenfieber vor diesem Moment zu haben, ist völlig normal. Kommen Sie aber bloß nicht auf die Idee, sich vorher Mut anzutrinken. Bereiten Sie sich auf eine kurze Rede vor und orientieren Sie sich an dem Sprichwort »Weniger ist mehr«. Eine gute Rede sollte nicht länger als zehn Minuten dauern, besser noch sind kurze, aber dafür kurzweilige fünf Minuten. Versuchen Sie zu unterhalten, verzichten Sie in Ihrer Rede allerdings auf schlüpfrige Geschichten aus Ihrer Single-Zeit oder Anekdoten, die sich auf ehemalige Beziehungen oder Liebschaften beziehen und andere in Verlegenheit bringen oder sogar einen handfesten Krach provozieren könnten. Erinnern Sie sich an Schlüsselmomente mit Ihrem Partner oder Ihrer Partnerin, vielleicht Ihr gemeinsames Kennenlernen. Nach Ihrer Ansprache erheben Sie Ihr Glas und bitten mit einem »Zum Wohl« die Hochzeitsgesellschaft, auf den Anlass zu trinken.

Espresso nach dem Essen

Ganz traditionelle Gastgeber bitten ihre Gäste zum Espresso oder Digestif in einen anderen Raum als das Speisezimmer. Dort kann dann je nach Lust und Laune gestanden und gesessen werden, vielleicht ist sogar eine Bar vorhanden oder es kann getanzt werden. Damit mischt sich die Hochzeitsgesellschaft neu, und viele stehen nach einem langen Essen ganz gern mal wieder. Deshalb sollten in diesem Raum nur ein paar Sitzgelegenheiten vorhanden sein, allerhöchstens halb so viel wie Gäste. Ansonsten wird es eng und ungemütlich.

Tanzen und Musik

Wenn die Hochzeitsfeier in vollem Gange ist, das Essen serviert wurde und Ihre beiden Väter rührende Worte gesprochen haben, heißt es: Bühne frei für den ersten Tanz. Eröffnen Sie die Tanzfläche nicht vor dem Ende des Essens.

Ehe Sie Ihre Liebste zum Tanzen auffordern, stehen Sie als Bräutigam auf, schließen Ihr Jackett, nehmen die Hände aus den Hosentaschen und löschen gegebenenfalls Ihre Zigarette. Auf der Tanzfläche erweisen Sie sich als aufmerksamer Tänzer, wenn Sie Ihre Schrittgröße dem durch den Schnitt des Kleides vorgegebenen Bewegungsspielraum Ihrer Frau anpassen. Keine Angst, selbst wenn Sie bekennende Tanzmuffel sind, werden die Gäste hingerissen sein und Ihre Unsicherheit verzeihen, wenn Sie sich beide verliebt in die Augen schauen und beim Tanzen Zärtlichkeiten ins Ohr flüstern. Da ist es auch nicht schlimm, wenn Sie einmal aus dem Takt geraten, sich auf die Zehen treten oder nur im einfachen Wiegeschritt von links nach rechts bewegen. Wer auf Nummer sicher gehen will, besucht vor der Hochzeit noch einen Tanzkurs. Die meisten Tanzschulen bieten sogenannte Hochzeitskurse an, bei denen man in wenigen Stunden die wichtigsten Schritte für den großen Tag lernen kann.

Nachdem Sie als Brautpaar etwa eine Minute zusammen getanzt hat, trennen Sie sich. Die Braut fordert ihren Vater und der Bräutigam seine Mutter zum Tanz auf. Ist eine weitere Minute vergangen, tanzt die Braut mit ihrem Schwiegervater und der Bräutigam mit seiner Schwiegermutter. Der Brautvater und die Mutter des Bräutigams bleiben auf der Tanzfläche und tanzen nun selbst miteinander. Haben Sie tanzbegeisterte, jung gebliebene Großeltern, können diese nun auch das Tanzbein schwingen. Anschließend ist die Tanzfläche für alle anderen Gäste freigegeben.

Nach dem Tanz bringen Sie Ihre Tanzpartnerin selbstverständlich wieder zurück an ihren Platz und rücken ihr beim Hinsetzen den

Stuhl zurecht. Ist das Kleid bodenlang, achten Sie auf den Rocksaum. Auch wenn sich Traditionalisten für den klassischen Hochzeitswalzer im Dreivierteltakt entscheiden werden, ist dieser für die Eröffnung kein absolutes Muss mehr. Vielleicht liegt Ihnen ein langsamer Walzer oder eine ganz andere Musikrichtung mehr? Entscheiden Sie sich für einen Tanz, bei dem Sie sich wohlfühlen und den Sie unbeschadet überstehen.

Will auf der Tanzfläche keine rechte Stimmung aufkommen, können Sie Ihre Gäste einfach überrumpeln. Dabei trennen sich die ersten Paare auf der Tanzfläche – einschließlich des Brautpaares – nach kurzer Zeit des Tanzens und fordern an den Tischen neue Partnerinnen und Partner auf.

Nach dem ersten Tanz, der für eine Hochzeitsfeier obligatorisch ist, könnte sich das Brautpaar unauffällig zurückziehen. Dieser Zeitpunkt ist die erste mögliche Gelegenheit für das Brautpaar, das Fest zu verlassen und eventuell in die Flitterwochen aufzubrechen.

Ob Sie für die musikalische Unterhaltung eine Liveband oder einen DJ engagieren, bleibt Ihnen überlassen. Sicher spielen für die Entscheidung das zur Verfügung stehende Budget, der Stil Ihrer Hochzeit und der Ort der Feierlichkeit eine große Rolle. Bewerten Sie aber Livemusik nicht über. Legen Sie vielmehr Wert auf die sorgfältige Auswahl bestimmter Titel und Musikrichtungen. Eine ausgewogene musikalische Mischung, die allen Gästen Freude bereitet, wird bei diesen in Erinnerung bleiben.

Bräuche und Spiele

Sicher werden Ihre Gäste zahlreiche Hochzeitsbräuche für Sie aufleben lassen. Selbst wenn Sie nicht die größten Anhänger dieser Brauchtümer sind, lassen Sie diese – wenn auch vielleicht zähneknirschend – über sich ergehen. Hochzeitsbräuche sind Teil der Hochzeitstradition und haben einen großen Unterhaltungswert für Ihre Gäste. Die meisten Gäste erwarten nun einmal, dass eine Hochzeit auch mit Bräuchen gespickt ist, auch wenn Sie persönlich diese als unmöglich und nutzlos empfinden sollten.

Ob Sie von sich aus Spiele bei Ihrer Feier einplanen, bleibt ganz Ihren Vorstellungen von Ihrer eigenen Hochzeitsfeier überlassen und richtet sich nach dem Stil Ihrer Hochzeit. Vor allem, wenn Sie ein exklusives Fest in elegantem Rahmen feiern, passen Spiele eher weniger ins Konzept. Bauen Sie diese lieber in einen Polterabend ein oder verzichten Sie ganz darauf. Ausschließen können Sie Hochzeitsspiele nicht gänzlich, da Sie nicht wissen, welche »Überraschung« der eine oder andere Gast für Sie bereithält.

Anschneiden der Torte

Damit die Spannungskurve Ihrer Feier nicht abfällt und Ihre Gäste zwischen den Tänzen ein paar Ruhepausen genießen können, streuen Sie nach dem Dessert zwischen den Tanzblöcken einzelne Programmeinlagen ein. Eine schöne Tradition ist das gemeinsame Anschneiden der Hochzeitstorte.

Der Zeitpunkt, wann die Torte angeschnitten wird, ist im Laufe der Zeit variabler geworden. Früher bildete die Torte fast immer den krönenden Abschluss des Menüs, womit Sie auch heutzutage keinen Fehler begehen. Da es keinen festen Zeitpunkt mehr dafür gibt, eignen sich für das Anschneiden der Torte aber auch andere Gelegenheiten. Sie kann zum vormittäglichen Sektempfang nach der Trauung angeschnitten oder an der Kaffeetafel am Nachmittag verspeist werden. Manche Paare servieren die Torte als Begrüßungshäppchen bei der abendlichen Feier oder schneiden sie ganz romantisch um Mitternacht als »Mitternachtsbonbon« an. Wenn die Torte um Mitternacht präsentiert wird, kann sie mit brennenden Wunderkerzen geschmückt sein und zu den Klängen der »Feuerwerksmusik« von Händel hereingebracht werden. Lassen Sie für einen größeren Effekt vorher das Licht dimmen. Dazu wird der klassische Mokka gereicht, heutzutage oft auch ein Espresso.

Um die Hochzeitstorte ranken sich viele Bräuche und so mancher Aberglauben. Das festliche Gebäck symbolisiert Glück, Wohlstand und verheißt dem Brautpaar eine süße Zukunft, selbst bestimmte Zutaten wie Mandeln oder Marzipan drücken spezielle Wünsche an Ihre gemeinsame Zukunft aus.

Auch die Hochzeitstorte hat Symbolcharakter. Die traditionelle Hochzeitstorte ist fünfstöckig, wobei die einzelnen Etagen die Lebensabschnitte eines Menschen versinnbildlichen sollen: Geburt, Kommunion/Konfirmation, Heirat, Kinder und Tod. Eine ebenfalls von vielen Paaren gewählte dreistöckige Hochzeitstorte kann für die Heilige Dreifaltigkeit oder aber für Liebe, Heirat und das Eheleben stehen.

Die Torte schneiden Sie traditionell beide gemeinsam als Symbol dafür an, zukünftig nur noch gemeinsam zu handeln. Ergreifen Sie beide das Messer am Griff und schneiden Sie zusammen das erste Stück aus der Torte heraus. Geübte Gäste beachten dabei die Hände der Brautleute. Ein alter Brauch besagt nämlich, dass derjenige, der die Hand beim Anschneiden oben hat, auch in der Ehe den Ton angeben wird. In der Praxis ist es meistens so, dass der Bräutigam seine Hand beim Anschneiden der Torte über die Hand der Braut legt und damit zum Ausdruck bringt, dass er das Sagen hat und die künftige Richtung angibt, während die Braut jedoch das Messer führt und die Geschicke quasi im Verborgenen lenkt.

Beginnen Sie beim Anschneiden mit dem ersten oder zweiten Stockwerk, und arbeiten Sie sich dann nach unten durch. Ansonsten fällt das Prachtstück irgendwann in sich zusammen. Viele Paare rühren die oberste Etage der Hochzeitstorte nicht an, sondern frieren dieses Stück ein. Manche heben sich diesen Kuchen für die Geburt oder Taufe des ersten Kindes auf. Andere genießen die süßen Erinnerungen am ersten Hochzeitstag, da in manchen Regionen die Legende vorherrscht, dass es Unglück bringt, die oberste Etage gleich am Tag der Hochzeit zu verzehren. Allerdings sind nicht alle Torten geeignet, so lange gefroren aufbewahrt zu werden. Vor allem eine Sahne- und Buttercremetorte tauen Sie lieber zeitnah nach der Hochzeit wieder auf und genießen sie zu zweit bei Ihrer ersten Kaffeestunde als Frischvermählte.

Das erste Stück der Hochzeitstorte gebührt Ihnen als Brautpaar. Sie füttern sich traditionellerweise damit gegenseitig. Auch diese Geste hat eine übertragene Bedeutung, soll sie doch zum Ausdruck bringen, dass Sie in Zukunft füreinander sorgen werden. Sie können zum Füttern eine Gabel benutzen oder – wenn die Torte nicht zu weich ist – die Finger. Entweder füttern Sie sich gleichzeitig oder nacheinander. In diesem Fall beginnen Sie als Bräutigam mit dem Füttern.

Keine Angst, Sie müssen mit dem Schneiden und Verteilen nicht bis zum letzten Gast durchhalten. Schneiden Sie Ihr eigenes Stück heraus und versorgen Sie noch Ihre engsten Familienangehörigen, Trauzeugen und enge Verwandte mit Torte. Eine schöne Geste ist es, wenn Sie Stückchen an Ihre kleinen Gäste austeilen. Lassen Sie sich danach vom Servicepersonal ablösen, das die restliche Torte schneidet und die Stückchen unter den Gästen verteilt.

Brautstraußwerfen

Sofern Sie sich Ihres Brautstraußes nicht schon nach der kirchlichen Trauung vor der Kirche entledigt haben, ist es zu fortgeschrittener Stunde Zeit für das Brautstraußwerfen. Hierzu versammeln Sie alle unverheirateten Frauen auf der Tanzfläche, drehen ihnen den Rücken zu und werfen den Strauß in die Menge. Ein kleines Nachhelfen ist Ihnen als Braut natürlich erlaubt. So können Sie den Strauß in eine bestimmte Richtung werfen und die Wurflänge mit etwas Geschick manipulieren.

Kleidung wechseln

Viele Paare erleben ihr Hochzeitsfest nicht bis zum Ende, weil sie sich entweder zurückziehen, um die Hochzeitsnacht zu genießen, oder schon an diesem Abend in die Flitterwochen aufbrechen. Dafür werden sich die meisten Bräute umziehen. Sofern Sie sich nicht schon zu einem früheren Zeitpunkt umgezogen haben, geht der Braut vor der Abreise die Trauzeugin oder eine der Brautjungfern beim Umziehen zur Hand, damit Brautkleid, Frisur und Make-up nicht in Mitleidenschaft gezogen werden. Angebracht ist bei einer eleganten und formellen Feier ein elegantes Kleid oder Kostüm. Für den frisch gebackenen Ehemann kommt der dunkle Anzug in Frage. Ist Ihre Hochzeit weniger formell, kann es für die Dame auch eine Jeans-Bluse-Kombination und für den Herrn eine Chino oder Jeans mit Hemd und Pullover sein.

Wollen Sie Ihre Hochzeitsfeier nicht bis zum Ende erleben, weil Sie Ihre Hochzeitsnacht genießen wollen oder in die Flitterwochen aufbrechen müssen, bietet sich nach dem Brautwalzer die erste mögliche Gelegenheit, das Fest zu verlassen. Der Eröffnungswalzer gehört zum Standardprogramm einer Hochzeitsfeier, und den können Sie beim besten Willen nicht schwänzen. Ab diesem Zeitpunkt können Sie sich jederzeit verabschieden, sofern Sie nicht bis zum Ende mitfeiern. Ist das Fest noch in vollem Gange und die Gästezahl noch sehr groß, können Sie sich unauffällig entfernen, ohne sich von der gesamten Hochzeitsgesellschaft zu verabschieden. Das ist nicht unhöflich, da der Aufbruch Ihr gutes Recht als frisch vermähltes Paar ist und Sie im Nachhinein ohnehin allen Gästen und Schenkern einen Dankesbrief zukommen lassen, in dem Sie sich gebührend für deren Kommen und die Geschenke bedanken.

Möchte sich ein Brautpaar zurückziehen und die Hochzeitsnacht genießen oder in die Flitterwochen aufbrechen, während die Gäste bis in die frühen Morgenstunden weiterfeiern können, sucht es sich allerdings in der Regel den Höhepunkt des Festes aus, um sich von der Hochzeitsgesellschaft verabschieden zu lassen. Ihren Aufbruch kann der Zeremonienmeister, ein Bandmitglied oder der DJ per Mikrofon durchsagen, damit ihn alle Gäste mitbekommen. Lassen Sie sich von der gesamten Hochzeitsgesellschaft, die sich in Hochstimmung befindet, nach draußen begleiten, und richten Sie ein paar Dankes- und Abschiedsworte an die Menge. Die Gesellschaft verabschiedet Sie beide traditionell mit lautem Hallo, Konfetti und Luftschlangen, ehe Sie sich auf den Weg nach Hause, zum Hotel oder vielleicht sogar zum Flughafen machen. Jetzt ist die allerletzte Möglichkeit für den großen Auftritt der Braut, auf den alle unverheirateten weiblichen Gäste gewartet haben. Werfen Sie den Brautstrauß hinter sich, am besten in hohem Bogen, ohne sich beim Wurf umzusehen.

Aber natürlich können Sie Ihre erste Nacht als Eheleute auch gemeinsam durchtanzen. Neigt sich das Fest dem Ende zu, müssen Sie nicht als Abschiedskommando am Ausgang stehen, um aufbrechende Gäste zu verabschieden. Bei einer Hochzeitsfeier ist es vielmehr

die Aufgabe der Gäste, auf Sie zuzukommen und sich von Ihnen zu verabschieden. Tritt ein Paar an Sie heran, um »Auf Wiedersehen« zu sagen, verabschieden Sie sich erst von der Dame, dann vom Herrn. Kommen mehrere Personen auf Sie zu, beachten Sie auch hier die Rangfolgen – zuerst die Damen und älteren Herrschaften, dann die Herren und Kinder. Verabschieden Sie alle Gäste mit der gleichen Wertschätzung, damit sich kein Gast zurückgesetzt fühlt. Selbst wenn Sie eine Person mit Küsschen und Umarmung und eine andere nur mit Handschlag verabschieden, denken Sie daran, der Ton macht die Musik. Vielleicht lächeln Sie beim Handschlag ein klein bisschen mehr oder sagen ein paar besonders nette Worte.
Betreten Sie zum ersten Mal als Ehepaar Ihr Zuhause, wartet der nächste Brauch auf Sie. Da die Braut die Türschwelle nicht berühren darf, tragen Sie sie als Bräutigam über die Schwelle.

Rahmenprogramm

Auch wenn es heutzutage eher schick als ein Muss ist, können Sie Ihren Gästen verschiedene Aktivitäten und Programmpunkte um die Hochzeit herum anbieten, an denen diese – egal ob sie von auswärts angereist kommen oder gleich in der Nähe wohnen – teilnehmen können. Eine Teilnahme an diesen Aktivitäten ist niemals Pflicht, sondern stets freiwillig.
Entweder bieten Sie das Rahmenprogramm allen Hochzeitsgästen an, oder Sie schnüren Programmpakete für bestimmte Personengruppen. Vielleicht möchten Sie der Familie der Braut, die in aller Welt verteilt ist und zum Hochzeitsfest aus fernen Ländern angereist ist, bei einem Brunch die Möglichkeit geben, sich noch einmal gesondert zu treffen und auszutauschen? Aber auch Aktivitäten wie Ausflüge, Segel- oder Tenniswettbewerbe oder Barbecues sind sehr beliebt.
Planen Sie das Rahmenprogramm nicht für alle Gäste gleichermaßen, müssen Sie es in einem gesonderten Programm auflisten und spätestens nach der Teilnahmezusage an der Hochzeitsfeier

den betreffenden Gästen zusenden. Wollen diese an bestimmten Programmpunkten teilnehmen, müssen sie dies bei ihren Übernachtungsplänen berücksichtigen und möglicherweise noch besondere Kleidung oder Ausrüstung besorgen.
Legen Sie das Rahmenprogramm, auch wenn Sie es bereits mit der Einladung verschickt haben, in den Hotelzimmern der Gäste aus, die dazu eingeladen sind. Es gibt immer wieder Gäste, die wichtige Unterlagen zu Hause vergessen. Sie ersparen sich und Ihren Gästen damit Nachfragen oder lästige Telefonate.
Wird es kein Rahmenprogramm geben, ist es dennoch eine schöne Geste, wenn Sie Ihre von auswärts angereisten Gäste mit Informationen über Ausflugsziele in der Nähe, touristische Attraktionen, Stadtplänen und dergleichen versorgen. Ehe Sie sich selbst an eine aufwändige Zusammenstellung machen, fragen Sie im Hotel danach, in dem die Gäste untergebracht sind, und bitten Sie darum, entsprechende Informationspakete den Gästen auf die Zimmer zu legen.

Wer zahlt?

Ihre Gäste können bei einem Rahmenprogramm davon ausgehen, dass sie freigehalten werden. Sie als Einladende kommen also für die entstehenden Kosten auf – seien es Mietkosten für einen Reisebus, Platzgebühren für eine Sportstätte oder die Rechnung eines Restaurantbesuchs.
Gibt es Ihr Budget nicht mehr her, die Kosten für den einen oder anderen Programmpunkt zu übernehmen, und wollen Sie dennoch auf das Angebot nicht verzichten, müssen Sie in der entsprechenden Einladung dezent, aber unmissverständlich darauf hinweisen, dass eine Teilnahme an dem betreffenden Programmpunkt mit Kosten verbunden ist. Ihre Gäste gehen sonst von falschen Vorstellungen aus, die Sie später nur schwer wieder relativieren können, ohne dabei jemanden vor den Kopf zu stoßen.
Weisen Sie Ihre Gäste zum Beispiel darauf hin, dass Sie die eine oder andere Aktivität zu Sonderkonditionen buchen konnten und

pro Person ein Obolus in der Höhe X anfällt. Damit sind Sie nicht mit der Tür ins Haus gefallen, sondern haben charmant das Thema Kosten erwähnt.

Wenn andere Personen einladen

Es sind nicht immer Sie, die zu einem solchen Event einladen müssen. Auch Ihre Eltern können Gastgeber einer kleinen Feier – vor oder nach der Hochzeit – sein und dazu ausgewählte Gäste einladen, die Sie möglicherweise lange nicht gesehen haben. In diesem Fall zahlen Ihre Eltern als Gastgeber natürlich auch Speis und Trank.
Selbst Ihre Gäste können sich untereinander spontan verabreden und beispielsweise eine Cocktailparty im Hotel, in dem sie untergebracht sind, organisieren. Bei spontanen Verabredungen zahlt in der Regel jede Partei die eigene Rechnung.

Einladung zum Brunch am Morgen »danach«

Obwohl er nicht Pflicht ist, betrachten immer mehr Paare den Brunch am Morgen nach der Hochzeit als Standardprogramm für das Hochzeitswochenende – egal, ob sie wegen ihrer Abreise in die Flitterwochen dabei sein können oder nicht.
Ein Brunch am Tag nach der Hochzeit ist eine gemütliche, aber dennoch feierliche Möglichkeit, noch mal mit den Hochzeitsgästen zusammenzusitzen, sich für deren Anwesenheit auf der Hochzeit zu bedanken und sich zu verabschieden.
Gastgeber des Brunches können entweder Sie als frisch verheiratetes Paar sein oder beide Elternpaare. Laden Sie zu sich nach Hause ein, werden Sie sich schon aus Platzgründen auf ausgewählte Gäste beschränken müssen. Sie können Ihre Gäste aber auch in ein Hotelrestaurant bitten. In der Regel werden zum Brunch diejenigen Verwandten und Freunde eingeladen, die zur Hochzeit von auswärts angereist sind und übernachten müssen.

Nehmen Sie bei der Auswahl der Örtlichkeit für den Brunch Rücksicht darauf, dass alle Gäste ohne lange Anfahrtszeiten dorthin gelangen können. Übernachten viele Ihrer Gäste in einem speziellen Hotel, ist es daher angebracht, dort auch den Brunch durchzuführen. Orientieren Sie sich bei der Terminierung an den Auscheckzeiten Ihrer Gäste. Planen Sie so, dass Ihre Gäste danach noch die Möglichkeit haben auszuchecken und Ihr Gepäck nicht bereits am Morgen mitnehmen oder unterstellen lassen müssen. Notfalls vereinbaren Sie mit dem Hotel eine spätere Auscheckzeit. Rechnen Sie hierfür allerdings extra Kosten ein, die selbstverständlich Sie und nicht Ihre Gäste übernehmen.

Lassen Sie es sich als Gastgeber nicht nehmen, während des Brunches einen Toast auf das gelungene Hochzeitsfest auszusprechen. Halten Sie hierzu für Ihre Gäste Champagner bereit, sofern nicht ohnehin Champagner oder Sekt beim Brunch ausgeschenkt wird.

Geben Sie Ihren Gästen bereits in der Einladung den gewünschten Dresscode für den Brunch vor, um Irritationen und unnötiges Nachfragen zu vermeiden. Viele Hotels servieren einen qualitativ hochwertigen Brunch in festlichen Speisezimmern. Hierfür sollten Ihre Gäste auch entsprechend stilvoll gekleidet sein. Mit einem Vermerk »Jackettpflicht« stellen Sie sicher, dass niemand in zu legerer Kleidung erscheint.

GÄSTE

Für die Hochzeitszeremonie, die flankierenden Festivitäten, den Dresscode oder die Geschenke gelten bei einer Hochzeit ganz besondere Etiketteregeln, die Sie als Gast beachten sollten. Sie tragen damit Ihren Teil zum stilvollen Gelingen der Hochzeit bei und vermeiden Unstimmigkeiten oder Ärgernisse, die am großen Tag des Brautpaares nichts zu suchen haben.

Mit diesen Kosten müssen Sie rechnen

Kommen Sie von auswärts, kalkulieren Sie Reise- und Übernachtungskosten ein. Hinzu kommen die Kosten für eine angemessene Garderobe, sofern Sie Ihr Kleiderschrank hier im Stich lässt. Entweder Sie kaufen sich die Kleidung neu oder Sie leihen die erforderlichen Teile bei einem Kostümverleih.

Ebenso schlagen die Ausgaben für das Hochzeitsgeschenk zu Buche. Berücksichtigen Sie beim Ausloten eines angemessenen Preisrahmens Ihre persönliche Beziehung zum Brautpaar, Ihre eigenen finanziellen Möglichkeiten und die wirtschaftliche Lage der Beschenkten. Beziehen Sie in Ihre Überlegungen auch ein, wie hoch Ihre Anreise- und Übernachtungskosten ausfallen werden. Je höher diese sind, desto weniger wird ein umsichtiges Brautpaar von Ihnen erwarten. Ebenso können Sie Ihre Ausgaben für reguläre Geburtstagsgeschenke heranziehen. Sind Ihre finanziellen Möglichkeiten eher begrenzt, sollten Sie das sonst übliche Geburtstagsbudget für das Hochzeitsgeschenk zumindest verdoppeln, da es zwei Personen zu beschenken gilt. Können Sie sich mehr leisten, vervielfachen Sie beliebig. Berücksichtigen Sie die Tatsache, dass Geburtstage wiederkehrende Ereignisse sind und eine Hochzeit voraussichtlich einmalig bleibt. Ein bisschen mehr ist deshalb nicht verkehrt.

Eine andere Methode zur Ermittlung der Höhe eines Geschenkes besteht in der Orientierung am Aufwand für die Feier. Lädt das Brautpaar zu einer standesgemäßen Feier in einem Fünf-Sterne-Hotel ein, kann das Geschenk größer ausfallen, als wenn Sie ins Vereinsheim des örtlichen Schützenvereins gebeten werden. Um einen angemessenen Preisrahmen zu ermitteln, stellen geladene Gäste die wildesten Hochrechungen an. Einige versuchen anhand der Preiskategorie des Restaurants, in dem gefeiert wird, einen Pro-Kopf-Verbrauch aufzustellen. Nach dem Motto, ich schenke etwas in dem Preisrahmen, in dem ich auch verzehre, ziehen sie den Pro-Kopf-Verbrauch als Grundlage für die Ermittlung der Höhe eines Geldgeschenkes heran. Ob Sie diesen doch sehr materialistischen Ansatz zugrunde legen, bleibt Ihnen überlassen. Zumindest sollten Sie es in diesem Fall nicht an die große Glocke hängen, wie Sie auf den Wert des Geschenkes gekommen sind. Denn diese Rechenmethode ist nicht gerade stilvoll. Wollen Sie sehr großzügig schenken, berücksichtigen Sie die alte Regel, durch die Höhe des Aufwands für das Geschenk andere Gäste nicht zu düpieren. Nur die Eltern und engsten Verwandten sind davon ausgenommen, sie dürfen auch tiefer in die Tasche greifen.

Wenn Sie mit dem Brautpaar verwandt sind

Je enger Ihr Verhältnis zum Brautpaar ist, desto großzügiger wird das Geschenk ausfallen. Nahe Verwandte wie Geschwister, Großeltern und Geschwister der Eltern besorgen in der Regel teurere Geschenke. Gehören Sie zu den ganz nahen Verwandten, können Sie etwa 300 Euro für das Brautpaar kalkulieren, nach Belieben und finanzieller Situation auch mehr. Cousine und Cousin oder noch weiter entfernte Verwandte schenken entsprechend weniger.

Eltern spielen in einer eigenen Liga. Sie können – wenn Sie mögen – richtig tief in die Tasche greifen. Das Hochzeitsgeschenk ist ohnehin das letzte große Geschenk an ihre Kinder, denn zukünftig beschenken die angehenden Großeltern bevorzugt ihre Enkel.

Wenn Sie Trauzeuge, Freund oder Bekannter sind

Trauzeugen schenken am besten eine Spur mehr als Freunde oder Bekannte und sollten ein Geschenk im Wert von 150 bis 200 Euro einkalkulieren.
Im Freundeskreis ist ein Vergleich mit den üblichen Investitionen Ihrer Freunde in Hochzeitsgeschenke ein guter Anhaltspunkt für die Ermittlung eines adäquaten Betrages. Orientieren Sie sich an folgenden Durchschnittswerten: Sind Sie als Freunde, Bekannte oder Arbeitskollegen zu einer Hochzeit mit einer kleineren Feier eingeladen, schenken Sie pro Person etwa 50 Euro. Bei einer größeren Feier können es auch schon einmal 80 Euro pro Person sein.

Geldgeschenk – einen angemessenen Betrag finden

Man möchte meinen, dass Sie als Gast aufatmen können, sobald Sie sich – mehr oder weniger freiwillig – für ein Geldgeschenk entschieden haben, wird Ihnen doch die Entscheidung abgenommen, ein passendes Geschenk aussuchen zu müssen. Doch für viele Hochzeitsgäste fängt jetzt das große Rätselraten erst an. Welcher Geldbetrag erscheint angemessen, und mit welcher Zuwendung rechnet das Brautpaar? Auch bei einem Geldgeschenk gibt es keine festen Regeln, wie teuer Ihr Geschenk sein muss. Ein Vergleich mit dem Budget, das Sie im Falle eines gekauften Geschenkes investiert hätten, hilft Ihnen bei der Ermittlung eines adäquaten Betrages.

Auf Anzeigen und Einladungen reagieren

Ein guter Gast stellt nicht erst bei einer Feier seine gute Manieren unter Beweis, sondern schon dann, wenn er eine Einladung dafür erhält. Angemessen auf eine Einladung zu reagieren, gehört zu den elementaren Etikettepflichten eines Gastes.

Verlobungsanzeige

Die klassische Anzeige erfolgt in schriftlicher Form und kann vor oder nach der Verlobung verschickt werden. Sie können von der Verlobung entweder durch eine Verlobungsanzeige in Ihrer Tageszeitung oder dem Lokalblatt erfahren oder eine Verlobungsanzeige per Post erhalten.

Möglich ist auch eine Kombination aus Verlobungs- und Hochzeitsanzeige, in der die Verlobung bekannt gegeben und Details zur bevorstehenden Trauung angekündigt werden.

Auf eine Verlobungsanzeige antworten Sie nach alter Tradition mit einer schriftlichen Gratulation. Nutzen Sie hierfür einen klassischen Postbrief und verzichten Sie auf Grüße per E-Mail.

Zur Verlobung etwas schenken?

Zur Verlobung schenken Sie in der Regel nur dann etwas, wenn Sie zum engsten Familienkreis von Braut oder Bräutigam gehören.

Einladung zur Verlobungsfeier

Selbstverständlich reagieren Sie auf die Einladung zur Verlobungsfeier. Egal, ob Sie mündlich oder schriftlich zur Verlobungsfeier eingeladen werden, zeigen Sie Stil, wenn Sie sich für die Einladung bedanken und Ihr Kommen anzeigen oder eine entsprechende Absage formulieren. Sie können dies persönlich, am Telefon oder per Brief erledigen. Auch wenn auf einer gedruckten Einladungskarte nicht ausdrücklich vermerkt ist, dass Sie um eine Antwort gebeten werden, geben Sie Ihren Gastgebern Bescheid. Sobald Sie wissen, ob Sie kommen werden oder verhindert sind, sagen Sie zu oder ab. Einladungen zur Verlobungsfeier werden in der Regel kurzfristiger als Hochzeitseinladungen verschickt. Orientieren Sie sich hier am Datum der Feierlichkeit. Soll das Verlobungsessen bereits in wenigen Tagen stattfinden, antworten Sie sofort und warten nicht bis einen Tag vorher mit Ihrer Antwort.

Zur Verlobungsfeier etwas schenken?
Zur Verlobung schenken Sie in der Regel nur dann etwas, wenn Sie zum engsten Familienkreis von Braut oder Bräutigam gehören. Werden Sie als Außenstehender zum Verlobungsfest eingeladen, entscheiden Sie selbst, ob Sie über einen Blumenstrauß oder ein kleines Präsent hinaus auch ein üppiges Geschenk mitbringen. Orientieren Sie sich als Nichtfamilienmitglied zum einen daran, ob es bei Ihnen üblich ist, bei entsprechenden Anlässen etwas zu schenken. Zum anderen berücksichtigen Sie, dass Sie auch zur Hochzeit eingeladen werden und ohnehin in ein Hochzeitsgeschenk investieren müssen. Niemand wird von Ihnen verlangen, zweimal ordentlich in die Tasche zu greifen.
Seien Sie nicht gekränkt, wenn Ihr Geschenk bei der Verlobungsfeier nicht geöffnet wird. Viele Paare öffnen die Geschenke erst nach dem Fest, wenn sie allein sind, und schicken im Nachgang ein paar Dankeszeilen an die Schenker.

Hochzeitsanzeige

Auf eine Hochzeitsanzeige antworten Sie nach alter Tradition mit einer schriftlichen Gratulation. Nutzen Sie hierfür einen klassischen Postbrief und verzichten Sie auf Grüße per E-Mail.

Wenn es sich um eine reine Anzeige handelt

Wenn Sie eine Hochzeitsanzeige erhalten, bedeutet das nicht automatisch, dass Sie verpflichtet sind, etwas zu schenken. Diese Entscheidung treffen Sie ganz allein. Berücksichtigen Sie dabei Ihren Verwandtschafts- beziehungsweise Bekanntschaftsgrad oder Ihre sonstige Beziehung zu dem Brautpaar oder dessen Eltern.

Wenn die Anzeige gleichzeitig eine Einladung ist

Eine Hochzeitsanzeige stellt nicht immer automatisch eine Einladung zur Hochzeit dar. Nur wenn Datum, Uhrzeit und genauer Ort der Zeremonie oder der Feier angegeben sind, können Sie die Anzeige auch gleichzeitig als Einladung zur Hochzeit interpretieren. Fehlen Angaben über den genauen Ort oder die konkrete Uhrzeit der Trauung oder der Feier, dann handelt es sich in der Tat nur um die Bekanntgabe der bevorstehenden Hochzeit, zu der Sie nicht automatisch eingeladen sind.

Lassen Sie sich auch nicht durch die Angabe von Wohn- oder Tagesadressen in der Anzeige in die Irre leiten. Auch hierdurch werden Sie nicht zu einem geladenen Gast. Vielmehr zeigen diese Adressen den potenziellen Gratulanten an, wohin sie am Tag der Hochzeit Glückwünsche, Geschenke oder Blumen bringen oder schicken lassen können.

Finden Sie jedoch alle relevanten Angaben in der Hochzeitsanzeige, ist diese gleichzeitig eine Einladung. Sie reagieren dann wie auf ein klassisches Einladungsschreiben. Beachten Sie als Empfänger einer Einladung zur Hochzeit die gleichen Regeln wie bei jeder anderen offiziellen Einladung auch. Halten Sie sich an den zur Antwort gesetzten Termin und geben Sie Ihre Antwort in der von den Gastgebenden gewünschten Form.

Sehr einfach ist es, wenn die Einladenden eine Antwortfrist angegeben haben. Halten Sie sich einfach daran, und Sie können nichts falsch machen. Ist keine Frist vermerkt, melden Sie sich, sobald Sie wissen, dass Sie kommen wollen oder verhindert sind. Das kann unter Umständen auch schon ein halbes Jahr vor dem eigentlichen Termin sein, wenn die Einladungen sehr früh versandt werden. Sehr höflich sind Sie, wenn Sie auf eine Einladung zur Hochzeit sechs bis acht Wochen vor dem Termin antworten. Damit geben Sie den Gastgebern ein hohes Maß an Planungssicherheit. Zwischen drei und zwei Wochen vor der Hochzeit sollten Sie allerdings spätestens zu- oder abgesagt haben, um den Einladenden unnötigen Planungsstress zu ersparen.

Haben Sie eine Hochzeitseinladung erhalten, die gleichzeitig eine Einladung zum Hochzeitsfest ist, ist ein Geschenk üblich. Entweder nehmen Sie Ihr Geschenk zur Hochzeit mit, schicken es dem Brautpaar vorher oder beteiligen sich an einem Geschenke- oder Hochzeitstisch.

Hochzeitseinladung

So unterschiedlich Ihre Reaktionen auf die angekündigte Hochzeit sein können, Sie tun dem Brautpaar den größten Gefallen, wenn Sie sich mit negativen Kommentaren zurückhalten. Behalten Sie Vorbehalte oder Bewertungen zu den Erfolgsaussichten der Ehe tunlichst für sich, auch wenn die Konstellation zwischen Braut und Bräutigam noch so abwegig ist.

Schauen Sie sich vielmehr die Einladung einmal genauer an. Denn oftmals ist diese nicht nur über das Wann und Wo aufschlussreich. Sie gibt auch Hinweise über mögliche auf Sie zukommende Kosten wie zum Beispiel für Anreise und Übernachtung, den gewünschten Dresscode, eventuelle Geschenkelisten und Hochzeitstische oder eine vom Brautpaar gewünschte Beteiligung seiner Gäste am Fest.

Beachten Sie als Empfänger einer Einladung zur Hochzeit die gleichen Regeln wie bei jeder anderen offiziellen Einladung auch. Halten Sie sich an den zur Antwort gesetzten Termin und geben Sie Ihre Antwort in der von den Gastgebenden gewünschten Form.

Antwortfrist einhalten

Die Einladenden haben mit ihrer Einladung gezeigt, dass sie Sie beim Hochzeitsfest gern dabeihaben möchten. Zeigen Sie, dass Sie diese

Auszeichnung zu schätzen wissen, und bedanken Sie sich für die Einladung – egal, ob Sie zu- oder absagen.

Geben Sie dem oder den Einladenden unbedingt Bescheid, ob Sie an der Trauzeremonie oder den Hochzeitsfeierlichkeiten teilnehmen oder verhindert sind. Es ist selbstverständlich, dass Sie als guter Gast die in der Einladung festgelegte Antwortfrist einhalten. Fehlt ein solches Datum, reagieren Sie so schnell wie möglich auf die Einladung. Ihre rechtzeitige Zu- oder Absage zeigt den Gastgebern zum einen, dass diese Ihnen wichtig sind. Sie ignorieren die Einladung nicht, sondern nehmen sich Zeit, darauf zu antworten. Zum anderen ermöglichen Sie Ihren Gastgebern durch eine frühzeitige Reaktion eine bessere Planung, insbesondere können benötigte Speisen und Getränke in Ruhe kalkuliert werden und müssen nicht in letzter Sekunde umbestellt werden.

Ist keine Antwortfrist angegeben, melden Sie sich, sobald Sie wissen, dass Sie kommen wollen oder verhindert sind. Das kann unter Umständen auch schon ein halbes Jahr vor dem eigentlichen Termin sein, wenn die Einladungen sehr früh versandt werden. Sehr höflich sind Sie, wenn Sie auf eine Einladung zur Hochzeit sechs bis acht Wochen vor dem Termin antworten. Damit geben Sie den Gastgebern ein hohes Maß an Planungssicherheit. Zwischen drei und zwei Wochen vor der Hochzeit sollten Sie allerdings spätestens zu- oder abgesagt haben, um den Einladenden unnötigen Planungsstress zu ersparen.

Vermeiden Sie vage Formulierungen, dass Sie wahrscheinlich kommen oder eventuell nicht da sind. Mit diesen Antworten können Ihre Gastgeber nichts anfangen, da diese nicht wissen, ob sie Sie schlussendlich einplanen sollen oder nicht. Einzig und allein, wenn Sie wirklich bis zur letzten Sekunde nicht wissen, ob Sie kommen können oder nicht, ist es legitim, die Gastgeber zu vertrösten. Das kann der Fall sein, wenn Sie für das betreffende Datum schon eine Verabredung getroffen haben, die Sie möglicherweise verschieben können, nachdem die Antwortfrist zur Hochzeitseinladung abgelaufen ist. Erklären Sie in diesem Fall allerdings, warum Sie noch nicht definitiv zu- oder absagen können, und erkundigen Sie sich, ob Sie noch kurzfristig Bescheid geben dürfen oder die Gastgeber lieber ohne Sie planen wollen.

Das richtige Medium wählen

Sie achten als geladener Gast darauf, auf welchem Weg Sie Ihre Zu- oder Absage übermitteln können. Die Gastgeber verwenden für ihr Antwortersuchen entweder die geläufige Abkürzung »U. A. w. g.« für »Um Antwort wird gebeten«, schreiben den Satz aus oder verwenden das französische Kürzel »R. S. V. P.«, das für »résponde z, s'il vous plaît« steht.

Die im U. A. w. g.-Vermerk angegebenen Varianten sind für Sie abschließend und die einzig möglichen Wege der Kontaktaufnahme. Nutzen Sie für Ihre Antwort ausschließlich die in der Einladung angebotenen Kontaktwege.

Haben die Gastgeber Adresse, Telefon- und vielleicht sogar Faxnummer angegeben, können Sie für Ihre Antwort zwischen diesen drei Möglichkeiten der Kontaktaufnahme wählen. Ist nur eine E-Mailadresse oder Telefonnummer vermerkt, sollte Ihnen klar sein, dass die Gastgeber per E-Mail kontaktiert oder angerufen werden möchten. Fehlt eine Telefonnummer, möchten die Einladenden gerade nicht angerufen werden. Sie sollten in diesem Fall nicht spitzfindig im Telefonbuch die Nummer heraussuchen und die Gastgeber anrufen.

Liegt eine Antwortkarte bei, die im Idealfall sogar schon vorfrankiert ist, nutzen Sie diese selbstverständlich für Ihre Zu- oder Absage. Das bedeutet aber nicht, dass Sie keinen persönlichen Brief beilegen können. Gerade eine Hochzeitseinladung nehmen viele zum Anlass, ihre Freude oder Überraschung in ein paar persönlichen Zeilen zum Ausdruck zu bringen.

Bedanken Sie sich

Egal, ob Sie die Einladung annehmen oder nicht, es gehört sich, dass Sie sich dafür bedanken. Die Einladenden haben Ihnen mit ihrer Einladung eine besondere Wertschätzung gezeigt. Sie sind Ihren Gastgebern nämlich so wichtig, dass diese Sie beim Fest dabeihaben

möchten. Das sollten Sie mit den entsprechenden Dankesworten in Ihrer Antwort auf die Einladung honorieren und damit zeigen, dass Sie diese Auszeichnung zu schätzen wissen.
Wenn Sie mündlich antworten, vergessen Sie also nicht, sich im Gespräch für die Einladung zu bedanken. Antworten Sie schriftlich, schicken Sie nicht die bloße Antwortkarte mit dem angekreuzten Ja- oder Nein-Feld zurück, sondern drücken Ihren Dank in ein paar persönlichen Zeilen aus. Hierfür können Sie die vorbereitete Antwortkarte nutzen, indem Sie auf dieser Ihre Sätze handschriftlich ergänzen. Die elegantere Form ist allerdings, der Antwortkarte einen handgeschriebenen Brief beizulegen, in dem Sie Ihre Freude über die Einladung zum Ausdruck bringen.

Weitere notwendige Informationen

Ihre Gastgeber möchten nicht nur wissen, ob Sie kommen. Für diese ist im Falle Ihrer Zusage auch die Anzahl der zu erwartenden Personen und deren Namen mit eventuellem Titel wichtig. Gerade, wenn Sie als Familie mit Kindern oder als Single mit Begleitperson eingeladen sind, ist es für Ihre Gastgeber wichtig, die genaue Personenzahl zu erfahren. Es kann sein, dass Antwortkarten missverständliche Formulierungen wie »Ich komme mit •• Personen« enthalten. In diesem Fall ist nicht zweifelsfrei klar, ob Sie sich bei der Personenzahl mit dazu zählen oder nicht. Sie können daher handschriftlich dazu schreiben: »Ich komme in Begleitung von •• Person/en.«
Allerdings hilft dem Brautpaar diese Auskunft nicht immer weiter, da es von der bloßen Personenzahl nicht automatisch auf die Namen aller angekündigten Gäste schließen kann. Schreiben Sie also zusätzlich die Namen Ihrer Begleitpersonen dazu – und zwar mit Titel, Vor- und Nachnamen. Das erspart dem Brautpaar späteres Nachfragen, da es diese Angaben für die Erstellung der Gästeliste, Platzierungs- und Tischkarten braucht.
Sollte die Antwortkarte keine Lebensmittelallergien oder sonstige Essbesonderheiten explizit abfragen, können Sie dies gegebenenfalls handschriftlich vermerken. So vermeiden Sie am Hochzeitstag lange Gesichter, wenn Sie die aufgetischten Speisen nicht essen können.

Absagen

Wenn Sie die Einladung absagen, setzen Sie damit Prioritäten – und zwar zuungunsten des Brautpaares. Sie signalisieren damit, dass etwas anderes wichtiger ist als dessen bevorstehende Hochzeit. Sie sollten deshalb Ihren Gastgebern mit der Absage eine Begründung liefern, auch wenn diese aus Empfängersicht nicht erforderlich ist. Allerdings ist es eine Frage des guten Stils, dass Sie für Ihre Entscheidung einen nachvollziehbaren Grund liefern, der Ihre Wertschätzung dem Brautpaar gegenüber nicht infrage stellt, sich für die Einladung bedanken und selbstverständlich Ihr Bedauern äußern.

Sie schicken deshalb nicht die bloße Antwortkarte mit dem angekreuzten Nein-Feld zurück, sondern drücken Ihren Dank und Ihr Bedauern in ein paar persönlichen Zeilen aus. Hierfür können Sie die vorbereitete Antwortkarte nutzen, indem Sie auf dieser Ihre Sätze handschriftlich ergänzen. Die eleganteste Form der Absage ist allerdings immer noch, der Antwortkarte einen handgeschriebenen Brief beizulegen, der Ihr Bedauern verdeutlicht, dass Sie das Fest nicht mit dem Brautpaar und den Eltern feiern können. Dies zeugt von Ihrem Einfühlungsvermögen und Ihrem guten Stil. Ist Ihre Handschrift unleserlich oder nur mit Mühe zu entziffern, ziehen Sie die Druckversion vor und setzen lediglich die Anrede im Brief handschriftlich ein. Übrigens, der persönliche Brief enthält keine Betreffzeile.

Sofern dies im U. A. w. g.-Vermerk als Kontaktmöglichkeit angegeben ist, können Sie die Einladenden auch anrufen, um Ihrer Absage eine persönliche Note zu verleihen.

Wenn Sie absagen müssen, kommen Sie lieber einer persönlichen Nachfrage der Einladenden zuvor und sagen Sie frühzeitig ab. Das verschafft Ihnen den Vorteil, dass Sie nicht auf ausdrückliches Nachfragen absagen müssen. Es ist viel unangenehmer, auf Nachfrage eine Abfuhr zu erteilen, als von sich aus abzusagen. Außerdem könnten Sie von den Gastgebern auch nach den Gründen für die Absage gefragt werden. Vor allem, wenn Sie sich entgegen der gängigen Praxis hierzu nicht äußern möchten, ist es geschickter, den Weg der schriftlichen Absage zu wählen und nicht zu warten, bis Sie angesprochen werden und in eine peinliche Situation geraten.

Es ist eine schöne Geste, dem Brautpaar ein separates Glückwunschschreiben – vielleicht als Begleitschreiben zu einem Geschenk – zu schicken oder am Hochzeitstag ein Glückwunschtelegramm zu senden. Auch nach dem Fest können Sie das frisch vermählte Paar noch anrufen oder einen Brief schreiben, in dem Sie Ihre nachträglichen Glückwünsche aussprechen und sich erkundigen, wie das Fest verlief und was Sie verpasst haben. Um Ihrem Bedauern Nachdruck zu verleihen, können Sie entweder mit der Absage oder später anbieten, sich in den nächsten Wochen – nach der Hochzeit und der möglichen Hochzeitsreise – einmal zu treffen.

Dürfen Sie flunkern?

Wenn Sie nach einer Begründung suchen, warum Sie die Einladung absagen müssen, orientieren Sie sich an der Situation. Vermeiden Sie Kränkungen und peinliche Momente. Halten Sie sich an das Credo, nicht alles zu sagen, was wahr ist. Allerdings sollte das, was Sie sagen, wahr sein oder sich zumindest nahe an der Wahrheit bewegen. Flunkern Sie nur im Notfall und auch nur, um Ihr Gegenüber nicht zu kränken. Weisen Sie, wenn möglich, auf andere Verpflichtungen wie konkurrierende Einladungen hin, die Sie im Idealfall noch vor der Hochzeitseinladung zugesagt haben. Beliebteste Ausreden sind Urlaubsreisen, berufliche Pflichten wie unaufschiebbare Dienstreisen oder Krankheits- oder Pflegefälle im engeren Familienkreis.

Nach einer Zusage wieder absagen

Müssen Sie nach einer vorherigen Zusage wieder absagen, ist bei Ihren Gastgebern die Frage vorprogrammiert, ob etwas anderes wirklich wichtiger sein kann. Wägen Sie deshalb genau ab, ob Ihre Begründung akzeptabel ist oder die Einladenden nicht vielmehr verletzten könnte. Es ist ein großer Unterschied, ob wegen einer bestehenden Verpflichtung die Hochzeitseinladung unmittelbar abgesagt wird oder erst nach einer abgegebenen Zusage.

Es gibt nur wenige Entschuldigungsgründe, die in dieser Situation akzeptabel sind und die Einladenden nicht verletzen. Eine plötzliche eigene Erkrankung oder ein Krankheitsfall bei Familienmitgliedern,

ein Todesfall im Familienkreis oder unerwartete berufliche Verpflichtungen gehören zweifelsfrei dazu. Auch durch höhere Gewalt verursachte Ereignisse sind triftige Gründe für eine Absage nach einer bereits erfolgten Zusage, beispielsweise wenn Sie aufgrund eines Streiks oder Unwetters einen Anschlussflug auf dem Weg zur Hochzeit und damit die Trauung verpassen.
Die stilvollste Form der Absage ist auch in diesem Fall der handgeschriebene Brief. Wird eine Absage per Brief zeitlich eng, weichen Sie auf Telefon, Fax, E-Mail oder sogar SMS aus, damit Ihre Nachricht die Empfänger noch vor der Hochzeit erreicht. Haben Sie diese Übermittlungsmedien gewählt, schicken Sie in jedem Fall noch einen Brief hinterher, in dem Sie Ihr ausdrückliches Bedauern deutlich machen und die Gründe für das Nichterscheinen erläutern. Entschuldigen Sie sich für etwaige Unannehmlichkeiten, die Sie den Gastgebenden bereitet haben. Schicken Sie mit dem Brief das von Ihnen bereits besorgte Hochzeitsgeschenk oder zumindest einen Blumenstrauß. Sie beweisen damit auch in einer misslichen Situation Stil.

Ganz kurzfristige Absagen

In ganz seltenen Fällen kann es vorkommen, dass erst Stunden vor der Hochzeit ein Ereignis eintritt, das Ihnen den Besuch der Hochzeitsfeier unmöglich macht. So kann es sein, dass Ihr gewähltes Transportmittel aufgrund höherer Gewalt ausfällt und Sie beispielsweise auf einem Flughafen oder Bahnhof festsitzen. Im schlimmsten Fall wurde ein enger Verwandter in ein Krankenhaus eingeliefert oder liegt gar im Sterben. Wenn also ein wirklich triftiger Grund vorliegt, ist es nachvollziehbar, dass Sie die Einladung kurzfristig absagen müssen, und völlig gerechtfertigt, wenn Sie sich telefonisch bei den Einladenden melden. Diesen ist eine telefonische Absage lieber, als dass Sie sich gar nicht melden und sich die Hochzeitsgesellschaft womöglich noch über Ihr Fernbleiben sorgt.
Eine SMS oder eine Nachricht auf der Mailbox sind nur dann erlaubt, wenn Ihre Gastgeber weder auf dem Festnetz noch über Mobilfunk telefonisch zu erreichen sind. Diese Notlösung zeigt – wenn

auch Stunden oder erst Tage später – immerhin, dass Sie Ihre Gastgeber nicht einfach versetzt haben, sondern alles Ihnen Mögliche getan haben, diese noch rechtzeitig zu informieren.
Sicherheitshalber sollten Sie sich am nächsten Tag oder baldmöglichst persönlich oder telefonisch bei den Gastgebern melden und sich für die Unannehmlichkeiten, die durch Ihre kurzfristige Absage entstanden sind, entschuldigen. Selbstverständlich nennen Sie in einem solchen Fall auch den Grund Ihres unerwarteten Fernbleibens. Sicher wäre auch ein großer Blumenstrauß als Zeichen der Entschuldigung angemessen.

Einladungen für verschiedene Programmpunkte

Erhalten Sie Einladungen für unterschiedliche Programmpunkte im Rahmen der Hochzeitsfeierlichkeiten, sagen Sie bitte für jeden einzelnen Programmpunkt zu oder ab. Sind für die einzelnen Programmpunkte jeweils eigene Antwortkarten beigelegt, füllen Sie diese auch einzeln aus und schicken sie zurück an die Gastgeber. Haben Sie keine Antwortkarten erhalten, sagen Sie bitte so zu, dass der Empfänger Ihrer Nachricht zweifelsfrei feststellen kann, zu welchen Programmpunkten Sie anwesend sein werden und zu welchen nicht.

Kleidung

Eine Hochzeit ist ein freudiges Ereignis, und Sie tragen mit Ihrer Kleidung dazu bei, dass man dies der Hochzeitsgesellschaft auch ansieht. Verlieren Sie aber nie aus den Augen, dass das Brautpaar die Hauptrolle spielt. Wer das Brautpaar ist, sollte für jeden Gast und auch für jeden Betrachter der Hochzeitsfotos auf den ersten Blick zu erkennen sein. Übertrumpfen Sie das Brautpaar deshalb nicht mit Ihrem eigenen Outfit.
Übrigens, als stilvoller männlicher Gast dürfen Sie Ihr Jackett nur und erst dann ausziehen, wenn der Bräutigam seines abgelegt hat – und wird es Ihnen am Hochzeitstag noch so warm.

Dresscode für das Standesamt

Für Männer ist der Dresscode bei der standesamtlichen Trauung sehr einfach. Als Mann entscheiden Sie sich für den dunklen Anzug, sofern nicht der Kleidervermerk in der Einladung etwas anderes vorgibt.
Als weiblicher Gast sind Sie auf dem Standesamt in eleganter Tageskleidung richtig gekleidet. Mit einem eleganten Jackenkleid oder einem eleganten Kostüm in Pastelltönen machen Sie nichts falsch. Selbstverständlich erscheinen Sie nicht ohne Feinstrumpfhosen. Weibliche Gäste tragen auch bei der standesamtlichen Hochzeit weder Weiß noch helle Weißtöne. Diese Farbe ist hier genauso ausschließlich der Braut vorbehalten wie bei der kirchlichen Trauung, selbst wenn nicht in Weiß geheiratet wird. Und auch bei allen anderen Farben sollten Sie vorher überlegen, ob Sie für den Anlass geeignet sind und nicht zu sehr von der Braut ablenken.
Steht nichts zum gewünschten Dresscode in der Einladung, schadet es nicht, wenn Sie sich vorab beim Brautpaar nach dessen Kleidungswünschen erkundigen.

Dresscode für die Kirche

Für die Kirche ist dezente und elegante Tageskleidung angemessen. Als Mann sind Sie mit einem dunklen Anzug richtig gekleidet, es sei denn, der Kleidervermerk in der Einladung sieht ausdrücklich etwas anderes vor. So kann es vor allem bei sehr förmlichen Hochzeiten der Fall sein, dass von Ihnen als männlichem Gast während der Trauung das Tragen eines Cuts gewünscht ist.
Mit einem schicken Tageskleid oder einem eleganten Kostüm sind Sie als Dame in der Kirche immer richtig angezogen. Das Sonderrecht der Braut, mit einem Dekolleté in die Kirche gehen zu können, ohne gegen die Konventionen zu verstoßen, gilt für weibliche Gäste nicht. Achten Sie als Frau deshalb darauf, dass Sie kein offenherziges Dekolleté preisgeben und dass Ihre Schultern bedeckt sind. Korrekt

wäre, wenn Sie sich für ein recht hochgeschlossenes und langärmliges Kleid entscheiden. Wollen Sie nun doch nicht so traditionell sein, tragen Sie an diesem Tag ein ärmelloses Kleid, bedecken Ihre Schultern und das Dekolleté in der Kirche zumindest mit einer Stola oder einem Tuch. Allzu freizügige Festkleidung kann in der Kirche auch mit einem Bolero oder einer Jacke beziehungsweise einem Mantel komplettiert werden. Achten Sie darauf, dass Ihr Kleid oder Rock nicht zu viel Bein freilegt, wenn Sie sich hinsetzen. Strumpfhosen und geschlossene Schuhe sollten selbstverständlich sein.
Bedenken Sie bei der Wahl der Kleidung, dass es in einer Kirche auch im Hochsommer ziemlich kühl sein kann und sich eine Trauung gut und gern eine Stunde oder länger hinzieht. Nehmen Sie lieber eine zusätzliche Jacke oder Stola mit, sofern Sie nicht ohnehin schon eine entsprechende Schulterbedeckung eingeplant haben.
Ein Hut ist immer sehr schick und für diesen Anlass besonders geeignet. Schießen Sie allerdings nicht über das Ziel hinaus und stechen Sie mit Ihrer Hutkreation nicht das Outfit der Braut aus.

Dresscode für den Abend

Sofern zwischen den einzelnen Programmpunkten ausreichend Zeit kalkuliert ist, wird sich die Hochzeitsgesellschaft für das abendliche Fest noch einmal umziehen. Wegweisend ist hier der in der Einladungskarte vorgegebene Dresscode. Für das festliche Dinner oder das Hochzeitsfest hat Ihnen nämlich ein umsichtiges Brautpaar in der Regel bereits in der Einladung die Kleiderordnung vorgegeben.
Als Gast einer sehr eleganten Hochzeit werden Sie als Herr am Abend in einem Frack oder Smoking erwartet. Nur wenn am Abend die Männer in Frack oder Smoking erscheinen sollen, darf es für die Dame die große Abendgarderobe sein.
Der Dresscode auf der Einladung gibt aber letzten Endes Aufschluss über das gewünschte Outfit. Fehlt der Bekleidungsvermerk, erkundigen Sie sich entweder vorab bei Ihren Gastgebern nach deren Wünschen oder entscheiden sich als Mann im Zweifel für den

dunklen Anzug und als weiblicher Gast für ein kurzes Abendkleid beziehungsweise ein Kostüm oder einen eleganten Hosenanzug. Damit machen Sie in der Regel nichts falsch. Am Abend erscheint die Dame in jedem Fall mit bestrumpften Beinen, außer sie entscheidet sich für das »Kleine Schwarze«. In diesem Fall können die Strümpfe weggelassen werden.

Kleidervermerk

Viele Paare vermerken bereits in der Einladung, in welcher Kleidung sie ihre Gäste sehen möchten. Den gewünschten Dresscode zur Hochzeit finden Sie in der Einladung entweder unter oder neben dem U. A. w. g.-Vermerk. Entweder haben Ihre Gastgeber das Wort »Dresscode« ausdrücklich verwendet, beispielsweise »Dresscode: Smoking oder dunkler Anzug« oder auf die Formulierung verzichtet und an gleicher Stelle nur die Kleidungsvorgabe wie beispielsweise »Smoking oder dunkler Anzug« notiert.
Die hochoffizielle Variante der Bekleidungsvorschriften bezieht sich übrigens nur auf die gewünschte Bekleidung der Herren. Hier lebt die Tradition weiter, einer Dame nicht vorzuschreiben, was sie zu tragen hat. Es kann von ihr erwartet werden, den auf die Herren bezogenen Vermerk für ihre eigene Garderobe zu deuten und diese entsprechend auszuwählen. Die korrekte Kleidung der Damen hängt also von der Kleidervorgabe für die Herren ab.
Die Kleidung der anwesenden Männer wiederum hängt von der Kleidung des Bräutigams ab. So sollten die Herren nicht im Smoking erscheinen, wenn der Bräutigam den schwarzen Anzug gewählt hat, oder im Frack, wenn er den Smoking trägt. Erscheinen Sie bei einer hochoffiziellen Feier am Vormittag, die einen Cut verlangt, im Smoking, werden Sie sofort als Gast, der »keine Ahnung« hat, entlarvt. Ebenso wird es einer Dame ergehen, die fälschlicherweise annimmt, dass zum Cut ein Abendkleid gehört.
Überhaupt sollen die Kleider der Damen nicht länger als das der Braut sein. Es gilt die unumstößliche Regel, dass Sie als weiblicher

Gast die Braut mit Ihrem Outfit nicht übertrumpfen und nicht eleganter gekleidet sein dürfen als das Brautpaar. Den größten Fauxpas, den Sie als weiblicher Gast begehen können, ist es, wenn Sie in einem weißen Kleid auftauchen. Nehmen Sie von dieser Farbe, aber auch von Creme- oder Champagnertönen Abstand. Weiß in all seinen Varianten ist ausschließlich der Braut vorbehalten, selbst wenn diese für sich gar keine weiße Garderobe wählt und vielleicht in einem unkonventionellen Rot erscheint. Ebenso unpassend sind ausgefallene Hüte und bodenlange Kleider, wilde Muster und Knallfarben oder üppige Ballkleider für den Abend, die alle Blicke auf Sie und nicht auf die Braut lenken würden.
Auch wenn Schwarz früher auf Hochzeiten nicht gern gesehen war, können Sie als Frau heutzutage sowohl tagsüber als auch am Abend Schwarz tragen. Lediglich in sehr konservativen Kreisen sollten Sie mit dieser Farbe vorsichtig sein und lieber auf eine andere Farbe ausweichen. Sofern Sie sich für ein elegantes Schwarz entschieden haben, sorgen Sie allerdings dafür, dass Sie mit farblichen Accessoires Akzente setzen und nicht wie ein Mitglied einer Trauergesellschaft aussehen. Tragen Sie zum schwarzen Kleid deshalb nie schwarze Strümpfe. Auch Handschuhe in anderen, eventuell zur Handtasche und zu den Schuhen passenden Farben sind in der Kirche stilvoll. Ebenso ein Hut, der auch nicht schwarz sein sollte.

Auf welche Programmpunkte bezieht sich der Kleidervermerk?
Vermerken die Gastgeber den Dresscode auf der Einladungskarte zu einem der kirchlichen oder standesamtlichen Trauung folgenden Empfang oder dem abendlichen Hochzeitsessen, bezieht sich dieser Kleidervermerk automatisch auch auf die Trauzeremonie in der Kirche. Das heißt, wenn der Dresscode zum Empfang nach der Kirche »Cut oder dunkler Anzug« lautet, dann kleiden Sie sich bereits in der Kirche entsprechend und ziehen sich zwischen Kirche und Empfang nicht mehr um. Das gilt auch für den Kleidervermerk »Smoking«. Obwohl der Smoking generell erst am Abend seinen großen Auftritt haben sollte, hat es sich bei Hochzeiten eingebürgert, diesen auch schon tagsüber bei der standesamtlichen oder kirch-

lichen Trauung zu tragen – vor allem dann, wenn das Brautpaar und die Gäste keine Gelegenheit mehr haben, sich zwischen Trauung und Hochzeitsdinner umzuziehen.

Umziehen zwischen Programmpunkten

Es ist nicht unüblich, für verschiedene Programmpunkte unterschiedliche Bekleidungswünsche auszusprechen. Kommen Sie den Wünschen des Brautpaares nach und halten Sie sich an den vorgegebenen Dresscode. Vor allem dann, wenn die Trauung am Vormittag stattfindet und die Hochzeitsfeier am späten Nachmittag oder Abend beginnt, wird oftmals von den Gästen ein Kleiderwechsel gewünscht. Kommen Sie allerdings nicht auf die Idee, bei nur einem vorgegebenen Dresscode, der für alle Programmpunkte der Hochzeit gilt, Ihre Garderobe im Laufe des Tages farblich zu variieren, indem Sie zwischen den Programmpunkten eine neue Weste oder Krawatte wählen. Stilbewusste Herren tragen in diesem Fall immer dasselbe. Sie können allenfalls für den Abend in ein frisches Hemd schlüpfen, das allerdings identisch zu Ihrem Tageshemd ist. Niemand sollte merken, dass Sie sich umgezogen haben.

Für Trauungen am Vormittag wäre bei einem traditionellen Hochzeitsfest, bei dem der Bräutigam Wert auf klassische Hochzeitsetikette legt, tagsüber für ihn der »Cutaway Coat«, kurz »Cut«, der einzig in Frage kommende Hochzeitsanzug bei der kirchlichen Trauung. Der »Cut« ist wegen seines offiziellen Charakters auch als Tagesfrack oder großer Gesellschaftsanzug für den Tag bekannt. Die Einladung zum Hochzeitsdinner enthält dann einen separaten Kleidungsvermerk, der es erfordert, dass Sie sich für das abendliche Festessen umziehen, sofern nicht für alle Programmpunkte der »dunkle Anzug« vorgegeben wurde. In diesem Fall können Sie als Gäste während des ganzen Tages die gleiche Kleidung tragen.

Bei sogenannten Abendhochzeiten, bei denen die Trauung am Nachmittag stattfindet und sich die Feier nahtlos anschließt, kann es hingegen für die Gäste eine Zumutung sein, sich in der knapp bemessenen Zeit zwischen Trauung und Fest noch einmal umzuziehen. Bei dieser Variante kann mit der Garderobe in die Kirche gebeten werden, in der später auch gefeiert werden soll. Wenn Sie zur Kirche im Cutaway gehen, den Sie auch auf dem anschließenden Empfang noch tragen, müssen Sie sich allerdings zwingend umziehen, bevor Sie abends zum festlichen Dinner gehen, für das dann Frack oder Smoking die einzig in Frage kommenden Anzugsvarianten sind.

Kleidervermerk richtig deuten

Einen Überblick über die bei Hochzeiten verwendeten Bekleidungsvermerke, die häufig in der englischen oder französischen Version verwendet werden, finden Sie hier:

Kleidervermerk	**für den männlichen Gast**	**für den weiblichen Gast**	**geeignet für**
»grande tenue« »habit« »cravate blanche« »white tie« »Frack«	großer Gesellschaftsanzug am Abend	große Balltoilette (bodenlanges, prachtvolles Abendkleid)/ Feinstrumpfhosen	Gala oder elegante Hochzeitsfeier am Abend ab 19 Uhr
»cut« oder »Cutaway« oder »Cutaway coat«	großer Gesellschaftsanzug am Tag (schwarzer Cut mit grau gestreifter Stresemannhose)/Bräutigam, Trauzeuge und Brautvater: hellgrauer Cut mit hellgrauer Hose ohne Umschlag/ übrige Gäste: fast schwarzer/ anthrazitfarbener Cut mit graugestreifter Hose; dazu: Weste, silbergrauer Zylinder	kurzes oder halblanges Kleid/ Kostüm (mit bedeckten Schultern und wenig Dekolleté oder extra Tuch für die Kirche); dazu: Hut und Feinstrumpfhosen	kirchliche Trauung am Vormittag oder auch am Nachmittag (darf nicht nach 15 Uhr beginnen)/Empfang am Vormittag, Mittag oder Nachmittag/Cut wird bis 18 Uhr getragen.

Kleidervermerk	für den männlichen Gast	für den weiblichen Gast	geeignet für
»cravate noire« »black tie« »Smoking«	kleiner Gesellschaftsanzug am Abend, zunehmend auch am Nachmittag/dazu: weißes Smokinghemd, schwarze Schleife bzw. Fliege und sehr feine schwarze Schuhe (auf Hochglanz polierte Schnürschuhe oder Herrenpumps, nicht zwingend Lackschuhe)	große Balltoilette (langes Abendkleid) nicht Pflicht, wird aber sehr häufig getragen/bessere Alternative: halblanges Kleid, festliches kurzes Abendkleid, elegantes Kostüm, das »Kleine Schwarze«; dazu: Feinstrumpfhosen	Gala oder elegante Hochzeitsfeier am Abend ab 19 Uhr/immer öfter: standesamtliche/kirchliche Trauung am Nachmittag oder Empfang am Nachmittag/Ball, Bankett
»Dinnerjacket«	kleiner Gesellschaftsanzug am Abend für Anlässe unter freiem Himmel/Jacke ist weiß, naturweiß oder zart beige (écru)	halblanges Kleid/festliches kurzes Abendkleid/elegantes Kostüm/das »Kleine Schwarze«; dazu: Feinstrumpfhosen	Hochzeitsfeier auf einem Schiff oder unter freiem Himmel am Abend ab 19 Uhr (in den Monaten Mai bis August)
»Stresemann«	abgewandelter kleiner Gesellschaftsanzug am Tag mit dunklem Jackett in mittlerer Länge/Streifenhosen und hellgrauer Weste	kurzes oder halb langes Kleid/Kostüm (mit bedeckten Schultern und wenig Dekolleté oder extra Tuch für die Kirche); dazu: Hut und Feinstrumpfhosen	kirchliche Trauung am Tag/Hochzeitsfeier am Tag/Vormittagsempfang

Kleidervermerk	für den männlichen Gast	für den weiblichen Gast	geeignet für
»en veston« oder »dunkler Anzug«	dunkler, eleganter Anzug in den Farben dunkelgrau bis anthrazit, nicht schwarz/weniger geeignet ist dunkelblau/tagsüber auch hellere Farben, aber keine Kombinationen; dazu: weißes, rosafarbenes oder hellblaues Hemd/Krawatte sowie schwarze Schnürschuhe aus Glattleder mit Ledersohle	kurzes elegantes Abendkleid/das »Kleine Schwarze«/elegantes Tageskleid/Etuikleid/Kostüm/eleganter Hosenanzug; dazu: Feinstrumpfhosen	standesamtliche Trauung/kirchliche Trauung am Tag oder Abend/Hochzeitsfeier am Tag oder am Abend/Empfang am Vormittag, Mittag oder Abend
»Tracht«	Hirsch- oder Rehlederhose (nicht in Wadenlänge)/schlichtes Leinen- oder Baumwollhemd (nicht kariert)/Trachtenschuhe oder Haferl aus Glattleder/eventuell Charivari	langes Dirndl	standesamtliche/kirchliche Trauung/Empfang am Tag oder am Abend/Hochzeitsfeier am Tag oder am Abend
»Abendgarderobe« »Abendkleidung« »festliche Kleidung« (im Zweifel lieber nachfragen)	kann als dunkler Anzug interpretiert werden, bei eleganten Hochzeiten kann auch der Kleidervermerk »Smoking« gemeint sein.	kurzes elegantes Abendkleid oder eleganter Hosenanzug	Hochzeitsfeier am Abend

Cutaway
Heiratet das Brautpaar sehr traditionell und legt es gesteigerten Wert auf Etikette, ist tagsüber der Cutaway Coat oder kurz Cut der einzig infrage kommende Hochzeitsanzug bei der kirchlichen Trauung. Der Cut ist wegen seines offiziellen Charakters auch als Tagesfrack oder großer Gesellschaftsanzug für den Tag bekannt. Er wird am Vormittag oder zu Veranstaltungen am Tag, die vor 15 Uhr beginnen, getragen – allerdings nie nach 18 Uhr.
Der klassische Cut ist anthrazitfarben bis fast schwarz und in dieser Farbvariation auch das passende Kleidungsstück für die männlichen Gäste für die kirchliche Trauung am Tag. Dazu passt eine grau gestreifte Hose, wobei die schmalen Streifen noch ein dezentes Fischgrätmuster aufweisen. Wählen Sie als Gast niemals die Farbe Grau für Ihren Cut. Nur dem Bräutigam, Brautvater und den männlichen Trauzeugen sind der hellgraue Rock und die dazu passende hellgraue Hose ohne Umschlag vorbehalten.
Kombiniert wird der Cut, den Sie immer offen tragen, mit einer grauen Weste oder – traditioneller – mit einer Weste in gelblichem Beige. Im Sommer dürfen Sie allerdings auch zu einer farbigen Weste in Bleu, Rosé oder Mintgrün greifen. Entscheiden Sie sich entweder für das weiße Kragenhemd mit silbergrauer Krawatte oder – traditioneller – für ein weißes Hemd mit Kläppchenkragen und dezent grauem Plastron. Zum Plastron gehört eine Nadel mit Perle oder Edelstein. Tragen Sie zum Cut niemals eine Querschleife. Sie können zum Cutaway wie alle Mitglieder des britischen Königshauses auch ein rosé- oder bleufarbenes Hemd mit weißem Kragen wählen. Hellgraue Hirschleder-Handschuhe komplettieren das Outfit, werden in Deutschland allerdings häufig nur in der Hand getragen. Die Krönung ist der silbergraue steife Zylinder, den Sie in der Kirche selbstverständlich absetzen. Nicht jede Art von Zylinder passt zum Cutaway. Der zusammenklappbare Seidenzylinder, der sogenannte Chapeau claque, ist ein Abendhut und darf nicht zum Cut getragen werden. Nur der steife, nicht zusammenfaltbare Biber- oder Kastorhut, also der mit schwarzem Biberfell überzogene Zylinder, passt zum offiziellen Morgenanzug, dem Cutaway.

Das klassische Schuhwerk zum Cut ist der schwarze Oxford oder Monkstrap.

Lautet der Kleidervermerk »Cut«, trägt die Dame ein kurzes oder halblanges Kleid beziehungsweise ein Kostüm. Das ist auch der ideale Anlass, um sich im Hut zu präsentieren. Achten Sie allerdings darauf, dass Sie mit Ihrer Hutkreation der Braut nicht die Schau stehlen, und entscheiden Sie sich für ein eher dezentes Modell. Wählen Sie für Kleid und Hut dem Anlass entsprechend frische, helle Farben und eine passende, zierliche Handtasche. Ein Abendmodell wäre allerdings fehl am Platz. Darauf abgestimmt sind Ihre Schuhe. Sind Sie zu einer Hochzeit in den Sommermonaten eingeladen, können Sie sich für Riemchenpumps oder hinten offene Absatzschuhe, sogenannte »Mules«, entscheiden.

Achten Sie darauf, dass das Kleid die Schultern bedeckt und wenig Dekolleté hat. Ist das Kleid stark ausgeschnitten oder schulterfrei, nehmen Sie eine Jacke oder ein Tuch mit, das Sie in der Kirche tragen und damit die freizügigen Stellen bedecken.

Frack

Der Frack, als Klassiker der Nacht das genaue Gegenteil des Cuts, ist eigentlich erst ab 19 Uhr zulässig. Ausnahmen gibt es nur bei Nachmittagstrauungen, falls die Organisation keine Möglichkeit zum Umziehen erlaubt. Solche Nachmittagstrauungen dürfen aber nicht vor 15 Uhr, besser erst um 16 oder 17 Uhr beginnen. Das Tragen des Fracks vor 19 Uhr wird allerdings von sehr traditionsbewussten Heiratskandidaten vermieden und ist besonders in Adelskreisen verpönt. Wer eine sehr offizielle Feier wie einen Hochzeitsball plant, wird am Abend immer entsprechend Zeit zum Umziehen kalkulieren.

Der Frackrock ist immer einreihig und wird niemals zugeknöpft, also immer offen getragen. Das Revers ist seidenbesetzt. Der Frackrock endet hinten mit den berühmten »Schwalbenschwänzen«, auf die Sie sich nicht setzen sollten. Schlagen Sie die Frackschöße beim Hinsetzen nach hinten, wenn die Stuhlkonstruktion dieses zulässt. Ansonsten beißen Sie in den sauren Apfel und setzen sich einfach darauf. Zum Frack gehören eine schwarze Frackhose mit doppeltem Galon-

streifen an der äußeren Seitennaht, eine weiße und tief geschnittene Weste, das klassische Frackhemd und unbedingt schwarze Lackschuhe mit Schnürung oder – ganz traditionell – Lackschuhpumps ohne Schnürung, die sogenannten Herrenpumps, mit einer Ripsschleife. Eine weiße Schleife dient als Identifizierungshilfe, ob es sich bei einem Frackträger um einen Gast oder einen Oberkellner handelt. Als Berufskleidung getragen, wird der Frack nämlich mit einer schwarzen Schleife kombiniert. Komplettiert wird der Frack mit einem weißen Leineneinstecktuch und schwarzen Seidenkniestrümpfen. Zum Frack wird übrigens nie ein weißer Seidenschal getragen. Dieses Accessoire gehört ausschließlich in die Welt der Operette. Der weiße Schal kann allenfalls zum schwarzen Frackmantel getragen werden und verbleibt mit ihm an der Garderobe.
Das I-Tüpfelchen setzen Sie, wenn Sie zum Frack eine goldene Taschenuhr ohne Deckel tragen.
Kommt der Herr im Frack, ist die einzig richtige Kleiderwahl für die Dame die große Balltoilette. Sie wählt für diesen Anlass eine ärmellose, bodenlange Abendrobe mit großem Ausschnitt. Die Schultern sind beim klassischen Ballkleid frei. Nehmen Sie deshalb eine Stola oder ein Jäckchen mit, da Sie während des Essens die Schulter bedecken müssen. Zur großen Festrobe werden vorn geschlossene Schuhe aus feinsten Materialien oder offene Abendsandaletten getragen, in jedem Fall darunter Feinstrumpfhosen in einer sehr dezenten Farbe. Mit der großen Balltoilette können Sie ruhig den großen, opulenten Schmuck aus der Schatulle holen, zum Beispiel eine Tiara oder große Brillanten. Achten Sie allerdings darauf, dass Ihr Schmuck elegant und nicht billig wirkt. Zur großen Abendrobe tragen Sie keinen reinen Goldschmuck ohne Stein oder Perlen.
Zum ärmellosen Ballkleid passen eine winzige Abendhandtasche (»Clutch«) und lange Abendhandschuhe. Ringe werden in jedem Fall unter den Handschuhen getragen, die zur Begrüßung anbehalten, zum Essen jedoch abgelegt werden. Als Trägerin eines Ballkleides kümmern Sie sich selbstverständlich auch um ein entsprechend festliches Make-up und eine Abendfrisur. Überlegen Sie, ob Sie nicht auf professionelle Hilfe vom Friseur und Visagisten zurückgreifen.

Auf dem Weg zum Hochzeitsball schützt und schmückt ein eleganter Abendmantel, Cape oder eine große Stola.

Smoking

Steht auf der Einladung »black tie« oder »Gesellschaftsanzug«, erscheint der männliche Gast im Smoking.

Obwohl der Smoking traditionell erst am Abend seine große Bühne erhält, hat es sich bei Hochzeiten eingebürgert, diesen auch schon tagsüber – bei der standesamtlichen oder kirchlichen Trauung – zu tragen. Vor allem dann, wenn sich die Hochzeitsfeierlichkeiten bis in die Abendstunden erstrecken und Brautpaar und Gäste keine Gelegenheit mehr haben, sich zwischen Trauung und Hochzeitsdinner umzuziehen, drückt man ein Auge zu. Allerdings verfechten besonders konservative Kreise nach wie vor die alte Regel, den Smoking erst am Abend aus dem Schrank zu holen. Als Gast einer aristokratischen Hochzeit werden Sie also nie erleben, dass der Smoking bereits tagsüber getragen wird.

Der klassische Smoking ist einreihig und schwarz, manchmal auch nachtblau. Die Smokingjacke hat ein seidenbesetztes Revers und ist mit oder ohne Schlitze. Vielen Männern sind die Schlitze jedoch zu sportlich. Welche Variante Sie wählen, ist Geschmackssache. Die farblich passende Smokinghose ist an der Außennaht mit einem einfachen Streifen, dem sogenannten Galon, versehen. Dazu kombinieren Sie ein weißes Hemd mit Doppelmanschette. Tragen Sie zum Smoking – unabhängig von dessen Farbe – immer eine schwarze Schleife. Können Sie die Schleife nicht binden, greifen Sie lieber zur Fliege, die nichts anderes ist als eine fertig gebundene Schleife mit Gummibund. Der Kummerbund ist kein Muss, sondern eine Option zum einreihigen Smoking, und wird alternativ zur schwarzen Weste aus Brokat oder Seide getragen. Dabei müssen die Falten nach oben zeigen, da sie ursprünglich zur Aufbewahrung von Eintrittskarten dienten. Ein Einstecktuch aus weißem Leinen oder farbiger Seide bildet den Abschluss. Lackschuhe können, müssen aber nicht zum Smoking getragen werden. Am besten sind glatte, auf Hochglanz polierte Lederschuhe mit Schnürung oder Abendslipper ohne

Schnürung, die sogenannten Herrenpumps. Dazu tragen Sie lange Seiden- oder feinste Wollstrümpfe. Sie komplettieren Ihr Outfit mit einer silbernen Armbanduhr mit schwarzem Lederarmband und silbernen Manschettenknöpfen.
Die weibliche Begleitung trägt entweder ein halblanges oder ein kurzes, festliches Abendkleid. Mit dem »Kleinen Schwarzen« machen Sie also auch nichts falsch. Da sowohl die kurze als auch die längere Version des Abendkleides erlaubt sind, können Sie sich auch vorab bei den Gastgebern erkundigen, was erwünscht ist. Vielerorts hat es sich auch durchgesetzt, dass die Damen nicht nur zum Frack, sondern bereits zum Smoking in großer Balltoilette erscheinen dürfen. Der Hintergrund ist der, dass sich den Damen ansonsten noch weniger Anlässe bieten würden, zu denen sie die große Balltoilette ausführen können. Wollen Sie sich allerdings etikettekonform kleiden, verzichten Sie auf das große Ballkleid.
In jedem Fall gehört zu Ihrem Outfit ein kleines schmales Täschchen, auch »Clutch« genannt. Die Clutch ist entweder in Baguetteform gefertigt und muss mangels Umhängeriemen in die Hand genommen werden. Oder sie taucht an den weiblichen Schultern im Stil der gepolsterten Chaneltasche mit Kette als Riemen auf.
Je festlicher die Abendgarderobe, desto offener der Schuh. Rundum geschlossene Pumps passen also eher zum Businesskostüm als zum eleganten Abendkleid. Feinstrumpfhosen sind am Abend nach traditionellen Regeln Pflicht, auch wenn Ihnen die Stars und Sternchen in den Medien etwas anderes vorgaukeln. Bei dieser Klientel jedoch gelten nackte Beine als besonders schick.

Dinnerjacket

Das Dinnerjacket ersetzt den durchgehend schwarzen Smoking. Dabei wird zu einer eleganten Hochzeitsfeier am Abend und unter freiem Himmel in den Monaten ohne »r«, also Mai bis August, die schwarze Smokingjacke gegen ein weißes oder écrufarbenes Dinnerjacket getauscht. Die typische schwarze Hose mit einem Satinstreifen und alle anderen Accessoires sind die gleichen wie beim schwarzen Pendant.
Frauen tragen passend zum Dinnerjacket – wie beim Smoking – das

kleine Abendkleid. Und selbst wenn das Fest bei heißestem Sommerwetter stattfindet, sollten die Beine mit einer Feinstrumpfhose bekleidet sein. Auch die Schultern bedecken Sie zumindest zum Essen mit einer Stola oder einer Jacke.

Dunkler Anzug

Der dunkle Anzug kann zu jeder Tages- und Abendzeit getragen werden. Wenn Sie beispielsweise morgens in der Kirche einen dunklen Anzug tragen, können Sie diesen auch abends anbehalten. Der dunkle Anzug ist Ersatz sowohl für den Cutaway als auch für den Abendanzug wie Frack oder Smoking. Einreihig sieht ein Anzug mit Krawatte und einer Weste sicher gut an Ihnen aus. Zweireihig tragen Sie ihn nur mit Krawatte und Einstecktuch, also ohne Weste. Klassisch wirkt der Anzug in dunklen Tönen, wie zum Beispiel dunkelgrau oder anthrazit. Weniger geeignet ist dunkelblau für eine Hochzeit. Als modebewusster Mann können Sie auch Mut zur Farbe beweisen und wählen für einen Anlass am Tag eine hellere Farbe, im Sommer auch aus einem leichteren Stoff. Das zum Anzug gehörende weiße Hemd kann am Tag auch durch die Farben Hellblau oder Rosa ersetzt werden. Wenn Sie den dunklen Anzug allerdings sowohl am Tag als auch am Abend tragen und das Hemd nicht wechseln, entscheiden Sie sich bereits morgens für das weiße Hemd – das macht den Anzug festlicher und passt besser für den Abend. Schwarze Glattlederschuhe zum Schnüren sind zum dunklen Anzug ein Muss. Selbstverständlich wählen Sie ein hochwertiges Paar mit echter Ledersohle. Gummisohlen sind zwar praktisch, aber wenig elegant.

Die weiblichen Gäste kleiden sich passend zu den männlichen Begleitern. Ihre Wahl wird also auf ein schlichtes Tageskleid oder Etuikleid, ein Kostüm oder einen eleganten Hosenanzug fallen, wenn ihr Begleiter im »dunklen Anzug« erscheint. Selbstverständlich passt das »Kleine Schwarze« immer zum Anzug, ein langes Abendkleid wäre hingegen übertrieben. Tragen Sie als Dame grundsätzlich Feinstrumpfhosen oder Seidenstrümpfe, die das gesamte Bein bedecken.

Halten Sie sich an den Kleidervermerk

Auch wenn die Kleiderwünsche des Brautpaares nicht immer den etikettekonformen Gepflogenheiten entsprechen, sollten Sie sich an den vorgegebenen Dresscode halten.

Erhalten Sie beispielsweise eine Einladung zur Hochzeit am Vormittag mit dem Bekleidungsvermerk »Smoking«, werden Sie praktisch genötigt, sich über geltende Regeln hinwegzusetzen. Entweder halten Sie sich an die Vorgabe und brechen damit die Regel, dass ein Smoking erst ab 19 Uhr, bei einer Hochzeit frühestens jedoch am späteren Nachmittag, getragen werden darf. Kommen Sie im Cut oder dunklen Anzug zur Trauung, würden Sie die gleichfalls verbindliche Regel verletzen, nach welcher den Bekleidungsvermerken der Gastgeber Folge zu leisten ist. Schlussendlich können Sie das Brautpaar auch auf den Fauxpas hinweisen. Damit verletzen Sie dann aber die Regel, die Fehler anderer aus Höflichkeit stillschweigend zu übersehen. Ganz gleich, wie Sie sich entscheiden, Sie werden eine Regel missachten müssen. Und da am Hochzeitstag das Brautpaar im absoluten Mittelpunkt des Geschehens steht, gehen Sie nonchalant mit dessen falscher Kleidervorgabe um. Es ist nun einmal der ausdrückliche Wunsch des Brautpaares. Kommen Sie also seinem Begehr nach und denken Sie sich Ihren Teil.

Bitte beachten Sie auch eventuelle Farbvorgaben im Bekleidungsvermerk der Einladung. Manchmal finden sich Hinweise, dass bestimmte Farben bei der Hochzeit nicht erwünscht sind, im Bekleidungsvermerk – »Dresscode: Smoking oder dunkler Anzug. Damen: No Black, no Gold«.

Übrigens, entdecken Sie den seltenen Hinweis »Orden und Ehrenzeichen« auf Ihrer Hochzeitseinladung, sollten Sie im dunklen Anzug beziehungsweise Frack oder Smoking kommen. Sind Sie Soldat, richtet sich Ihre Kleidung nach Ihren Dienstvorschriften.

Wenn der Kleidervermerk in der Einladung fehlt

In den seltensten Fällen fehlen Bekleidungsvermerke in der Einladung und damit die wichtige Hilfestellung, welcher Dresscode am Hochzeitstag von Ihnen erwartet wird.

Wenn sich die Einladung zum Kleiderwunsch des Brautpaares ausschweigt, Sie aber wissen, dass der Bräutigam einen Cut tragen wird, können alle männlichen Gäste ebenfalls im Cut kommen. Falls Sie selbst mit dem Gedanken spielen, sich ebenfalls so festlich zu kleiden, sollten Sie sich unbedingt dafür entscheiden. Sie zeigen damit dem Brautpaar Ihre Wertschätzung – zum einen durch Ihr Kommen, zum anderen durch Ihr festliches Äußeres.
Wenn Sie als Gast nicht sicher sind, welcher Kleidungsstil zu einem Hochzeitsfest gewünscht ist, ist es nicht unhöflich, nachzufragen. Im Gegenteil: Wollen Sie sich am Hochzeitstag nicht unwohl fühlen, weil Sie mangels Bekleidungsvermerk unpassend gekleidet erscheinen, sollten Sie sogar bei Ihren Gastgebern nachfragen.

Am Hochzeitstag

Das Brautpaar hat Sie ausgewählt, seinen großen Tag gemeinsam mit Ihnen zu feiern. Sie sind für das Brautpaar etwas ganz Besonderes. Enttäuschen Sie es nicht mit Ihrem Auftreten.

Allgemeine Umgangsformen

Sicher wollen Sie am Hochzeitstag als Gast nicht nur in Ihrer Festkleidung eine gute Figur machen, sondern dem Brautpaar und der Hochzeitsgesellschaft gegenüber auch mit Ihren ausgezeichneten Manieren Ihre Wertschätzung demonstrieren.

Handkuss

Ein Handkuss kann in einem festlichen Rahmen eine durchaus angebrachte Begrüßungsvariante sein – vor allem, wenn Sie Gast einer sehr formellen Hochzeit sind und die Gäste aus einem sehr konservativen Umfeld kommen. Halten Sie sich an die Regel, einen Handkuss nie in der Öffentlichkeit und nicht unter freiem Himmel zu praktizieren, wobei bei einem Hochzeitsempfang im Garten die Baumkronen als Dach durchgehen. Sofern die zu begrüßende Dame nicht von sich aus das Zeichen für einen Handkuss gibt, entscheiden Sie sich von selbst nur dafür, wenn Sie auch der Typ dafür sind, dem man einen Handkuss abkauft. Ansonsten ist ein Handkuss deplatziert.

Wenn Sie eine Dame beim Empfang oder beim Dinner am Tisch mit einem Handkuss begrüßen wollen, müssen Sie die anderen Damen, die um diese eine Dame herumstehen oder an deren Tisch sitzen, ebenfalls mit einem Handkuss beehren. So verlangt es die korrekte Etikette.

Einen formvollendeten Handkuss leiten Sie ein, indem Sie nur mit Ihrem Zeige- und Mittelfinger Ihrer rechten Hand die Unterseite der dargereichten Fingerspitzen der Dame bis in Brusthöhe führen. Ziehen Sie die Dame nicht zu sich empor, sondern verbeugen Sie sich leicht, wenn Sie zum Handkuss ansetzen. In ungefähr einem Zentimeter Entfernung über dem Handrücken der Dame deuten Sie einen flüchtigen Kuss an, Ihre Lippen dürfen auf keinen Fall den Handrücken der Dame berühren. Verharren Sie einen Augenblick in dieser Position. Schauen Sie der Dame vor und nach dem Handkuss in die Augen, wenden Sie währenddessen Ihren Blick allerdings nach unten. Zum einen wirkt ein Hundeblick von unten nicht gerade souverän. Zum anderen soll Ihr Gegenüber nicht auf die Idee kommen, dass Sie dank dieser Geste nur besser in den Ausschnitt starren können.

Heutzutage müssen Sie als Mann davon ausgehen, dass die Frau nicht unbedingt mit einem Handkuss rechnet. Sie können die Situation retten, indem Sie die ausgestreckte Hand der Frau mit leichtem Druck lenken, sodass der Handrücken nach oben zeigt und Sie zum formvollendeten Handkuss ansetzen können.

Wangenkuss

Entscheiden Sie sich für einen Wangenkuss, achten Sie darauf, dass Sie Ihr Gegenüber nicht auf die Wange selbst, sondern – ohne die Wange zu berühren – daran vorbei küssen. Sie küssen quasi in die Luft, wobei Sie das Wort »küssen« auch nicht wörtlich nehmen. Denn genau genommen wird gar nicht geküsst, sondern nur an der Wange vorbeigehaucht, ohne den Mund zum Kuss zu formen.

Führen Sie den Wangenkuss niemals nur einmal aus. Setzen Sie mindestens zweimal im Wechsel zwischen rechter und linker Seite an. Je nach den regionalen Sitten kann der Wangenkuss sogar drei- oder viermal vollführt werden.

Oft besteht Unsicherheit darüber, zu welcher Kopfseite sich der andere zuerst hinwenden wird. Um eine schmerzhafte Karambolage mit Ihrem Gegenüber beim ersten »Kuss« zu vermeiden, halten Sie sich an die Faustregel, zuerst die rechte Seite Ihres Gegenübers anzupeilen, und hoffen Sie darauf, dass der andere die Regel auch kennt. Achten Sie darauf, dass Sie sich entweder für den Handschlag oder den Wangenkuss entscheiden. Begrüßen Sie sich niemals per Handschlag und schieben Sie danach noch einen Wangenkuss nach. Das wirkt unsouverän, schließlich reicht eine Begrüßung.

Begrüßen und bekannt machen

Reichen Sie Ihrem Gegenüber nicht unüberlegt die Hand zum Gruß, denn nicht immer entscheiden Sie über die Form der Begrüßung. Vielmehr entscheidet die ranghöchste Person, ob es zum Handschlag kommt. Unter den Hochzeitsgästen ist eine Dame ranghöher als ein Herr, ein wesentlich älterer Gast ranghöher als ein jüngerer und ein Fremder ranghöher als ein Verwandter. Nur dann, wenn Sie die ranghöhere Person sind, geben Sie die Hand zum Handschlag, ansonsten warten Sie ab, ob Ihnen die Hand gereicht wird.

Stehen Sie als jüngere Dame mit einem älteren Hochzeitsgast zusammen, kann es gut sein, dass keiner von Ihnen die Hand reicht. Sie haben Respekt vor dem Alter und der Kavalier Respekt vor der Weiblichkeit. Lösen Sie die knifflige Situation, indem Sie als jüngere Frau dem älteren Herrn die Hand reichen.

Außer in sehr konservativen Kreisen stehen heutzutage auch die Damen zur Begrüßung auf.

Möchten Sie auf dem Empfang Gäste untereinander bekannt machen, hat die jeweils ranghöhere Person das Recht, den Namen der rangniederen Person zu erfahren. Auf einer Hochzeitsfeier ist eine Dame ranghöher als ein Herr, ein wesentlich älterer Gast ranghöher als ein jüngerer und ein Fremder ranghöher als ein Verwandter. Hierarchien, wie sie für die korrekte Einschätzung der Rangfolge im Geschäftsleben beachtet werden müssen, werden bei einer Hochzeitsgesellschaft grundsätzlich vernachlässigt. Eine Hochzeitsfeier ist ein privater Anlass, bei dem berufliche Positionen keine Rolle spielen sollten.

Verzichten Sie beim Bekanntmachen auf altmodische Bezeichnungen. Stellen Sie als Ehemann Ihre Ehefrau also schlicht als Ihre »Frau« und nie als Ihre »Gattin« vor, verfahren Sie ebenso als Ehefrau und stellen Sie Ihren Ehemann kurz und bündig als Ihren »Mann« vor. Auch »meine Wenigkeit« verkneifen Sie sich, wenn Sie über sich selbst reden.

Auch Floskeln wie »Gestatten Sie«, »Erlauben Sie«, »Habe die Ehre«, »Angenehm« oder »Sehr erfreut« sind – außer in sehr konservativen Kreisen – aus der Mode gekommen. Lassen Sie ansonsten diese Unterwürfigkeiten weg, und sagen Sie einfach »Das ist«, »Guten Tag« oder lassen eine andere nette und ehrlich gemeinte Bemerkung fallen.

Handhabung von Handschuhen

Hochzeiten sind willkommene Anlässe für Handschuhträgerinnen. Falls Sie hautenge Seiden-, Satin- oder Spitzenhandschuhe tragen, können Sie diese den ganzen Tag anbehalten – das gilt auch für das festliche Dinner. Allerdings zogen Damen in früheren Zeiten, sobald der Service begann, ihre Handschuhe aus. Außerdem sollten Sie bedenken, dass beim Essen gerade helle Handschuhe sehr schnell fleckig werden oder Sie damit schwitzen. Möchten Sie die Handschuhe beim Dinner ausziehen – weil Sie ohne besser essen können oder es ein Fingergericht gibt – legen Sie sie nicht auf dem Tisch ab.

Tragen Sie als Dame Handschuhe, können Sie diese bei der Begrüßung anderer Personen anlassen. Allerdings gibt es eine Ausnahme, nämlich wenn eine ältere Dame ohne Handschuhe Ihnen die Hand reicht. Hier ist es eine Frage der Höflichkeit, sich vorher des rechten Handschuhs zu entledigen.

Wann und wo können Sie einen Hut tragen?

Es ist schon etwas Besonderes, wenn Sie als Gast zu Ihrem Cutaway auf einer vermutlich vor 15 Uhr stattfindenden kirchlichen Trauung einen Zylinder tragen. Zwar erfreut sich der Cutaway wieder zunehmender Beliebtheit bei großbürgerlichen und Adelshochzeiten, aber zum Zylinder bekennt sich kaum noch ein Gast, obwohl er früher als selbstverständliche Kopfbedeckung galt.

Wie alle Herrenhüte wird auch der Zylinder beim Betreten einer christlichen Kirche abgenommen, um mit entblößtem Haupt das Gotteshaus betreten zu können. Nehmen Sie Ihren Hut gleich am Eingang ab und setzen ihn erst nach Verlassen der Kirche wieder auf. Der Hut kann beim anschließenden Empfang auf dem Kopf getragen werden, sofern dieser unter freiem Himmel stattfindet. Zu allen anderen Programmpunkten in geschlossenen Räumen nehmen die Herren ihren Hut ab, sobald sie einen Raum betreten.

Damen dürfen den Hut nicht nur in der Kirche, sondern auch beim Empfang auf dem Kopf belassen, egal ob dieser im Freien oder in einem geschlossenen Raum stattfindet. Einen Hut, der zum Kleid gehört, können Sie sogar beim Hochzeitsessen aufbehalten. Immer dann, wenn der Hut die Sicht anderer stören könnte, nimmt eine höfliche Dame allerdings aus Rücksicht den Hut vom Kopf, auch wenn sie es nicht müsste. Einen Hut in Wagenradgröße sollten Sie deshalb aus Rücksicht auf die Bewegungsfreiheit Ihrer Tischnachbarn zum Essen absetzen. Einzig und allein die Braut genießt in puncto Hut einen Sonderstatus. Sie darf ihn, ganz gleich wie groß er ist, während der ganzen Hochzeitsfeier aufbehalten.

Sich selbst vorstellen

Die Zeiten, zu denen eine Kontaktaufnahme durch Dritte erfolgen musste, sind vorbei. Heutzutage können Sie sich anderen Personen gegenüber selbst vorstellen. Als Gast eines Hochzeitsfestes mit sehr vielen Gästen müssen Sie sogar selbst die Initiative ergreifen, um mit Fremden ins Gespräch zu kommen, da an einem solchen Tag das Brautpaar gar keine Zeit haben wird, Sie anderen Gästen vorzustellen.

Sie können sich dezent in ein Gespräch von Fremden einmischen. Machen Sie sich bemerkbar mit: »Das ist ein sehr interessanter Aspekt, den Sie da gerade ansprechen. Übrigens, ich bin Hartmut Hansen ...« Oder Sie bitten um Aufnahme in das Gespräch: »Darf ich mich zu Ihnen stellen?« beziehungsweise »Habt Ihr hier ein Plätzchen für mich?« Verwenden Sie in diesem Zusammenhang niemals den Begriff Frau oder Herr, denn die Geschlechtsbezeichnung hat in der Eigenvorstellung nichts zu suchen. Sie sagen also nicht: »Ich bin Frau Anneliese Klausen.« Für den weiteren Verlauf des Gespräches ist es hilfreich, wenn Sie neben Ihrem Namen auch kurz Ihre Beziehung zum Brautpaar erläutern wie zum Beispiel »Ich bin Anneliese Klausen, eine Cousine des Bräutigams.«

Beziehen Sie Ihnen unbekannte Gäste, die auf Kontaktsuche sind, in Ihr eigenes Gespräch mit ein, indem Sie sich mit den Worten »Übrigens, ich bin Anneliese Klausen ...« an die für Sie noch fremden Personen richten.

Stehen Sie auf, wenn Sie sich vorstellen und in diesem Moment gerade sitzen sollten. Schauen Sie Ihrem Gegenüber in die Augen, und nehmen Sie sich Zeit, ein paar Sätze mit ihm auszutauschen.

Reichen Sie beim Vorstellen nicht unüberlegt die Hand zum Gruß, denn nicht immer entscheiden Sie über die Form der Begrüßung. Vielmehr entscheidet die ranghöchste Person, ob es zum Handschlag kommt. Nur dann, wenn Sie die ranghöhere Person sind, geben Sie die Hand zum Handschlag, ansonsten warten Sie ab, ob Ihnen die Hand gereicht wird.

Anrede anderer Gäste

Es ist eine altbekannte Tatsache, dass das liebste Wort eines Menschen sein eigener Name ist. Viele Leute reagieren verärgert oder beleidigt, wenn ihr Name verfälscht oder ein Titel vorenthalten wird. Vermeiden Sie hier lauernde Fettnäpfchen und prägen Sie sich den Namen Ihres Gegenübers ein, den Sie bei der Vorstellung erfahren haben. Haben Sie den Namen bei der Vorstellung nicht verstanden oder vergessen, fragen Sie lieber noch einmal nach. Ein »Würden Sie Ihren Namen nochmals wiederholen. Ich habe ihn eben nicht verstanden« ist absolut korrekt und macht einen souveränen Eindruck.

Mehrgliedrige Namen sollten Sie beim ersten Ausspruch in ihrer vollen Länge nennen, sind diese auch noch so kompliziert. Für alle weiteren Nennungen können Sie höflich fragen, ob man auch eine Kurzform der Anrede verwenden darf und welche diese ist. Ohne zu fragen, dürfen Sie einen Doppelnamen nicht willkürlich verkürzen.

Alle volljährigen Frauen werden heutzutage selbstverständlich mit »Frau« angeredet und vorgestellt. Die Anrede Fräulein ist – selbst bei unverheirateten Damen im reifen Alter – absolut unpassend. Verwenden Sie diese nur auf ausdrücklichen Wunsch der Angesprochenen.

Nach dem »Herrn Gemahl« fragte man früher Frauen, die mit »gnädige Frau« angeredet wurden, nach dem »Gatten« erkundigte man sich bei Frauen, bei denen auch das »verehrte Frau« ausreichte. All diese Begriffe sind heutzutage veraltet und sollten – mit Ausnahme der »gnädigen Frau« in sehr konservativen Kreisen – nicht mehr verwendet werden. Und wenn Sie eine Dame mit »gnädige Frau« anreden, darf nicht der Eindruck entstehen, dass Sie die Formulierung nur aus Nachlässigkeit verwenden und kein Interesse daran haben, sich den Namen der Angesprochenen zu merken. Greifen Sie deshalb zur »gnädigen Frau« nur dann, wenn die Anrede passt und die Situation stimmt.

Titel und akademische Grade

Auch wenn der akademische Grad nicht Bestandteil des Familiennamens ist und Akademiker keinen Anspruch auf eine Anrede mit ihrem Titel haben, reden Sie als höflicher Mensch Ihr Gegenüber stets mit seinem akademischen Titel beziehungsweise Grad an. Das gilt sowohl für den akademischen Grad Doktor, für den akademischen Amtstitel Professor als auch für einen verliehenen Professorentitel.

Die frühere Sitte, Titel von Ehemännern auf die Anrede der Ehefrauen zu übertragen, ist heutzutage unüblich. Der akademische Grad steht nur demjenigen zu, der ihn sich auch tatsächlich erarbeitet hat. Eine Frau Doktor Hansen hat selbstverständlich auch selbst promoviert und ist nicht die Ehefrau des Herrn Doktor Hansen.

Existiert eine weibliche Anredeform, benutzen Sie diese als höflicher Mensch gegenüber Ihrer Gesprächspartnerin. Also heißt es »Frau Professorin Klausen« und nicht »Frau Professor Klausen«. Eine weibliche Form für Doktor (»Frau Doktorin Klausen«) ist nicht üblich. Macht der Titelinhaber deutlich, dass er nur mit seinem Namen angeredet werden will, beharren Sie nicht auf der Anrede mit Titel. Lassen Sie ihn einfach weg.

Sprechen Sie den akademischen Grad immer in Verbindung mit dem Nachnamen aus. Die Anrede »Herr Doktor« ist nicht korrekt, jedoch in Süddeutschland vielerorts üblich. Lediglich in der Arztpraxis oder im Krankenhaus genügt ein »Frau Doktor« oder »Herr Doktor«.

Frau Doktor Klausen

Führt Ihr Gesprächspartner mehrere Titel, beschränken Sie sich in der mündlichen Anrede auf den höchsten Titel. So werden Inhaber sowohl des Doktoren- als auch Professorentitels nur mit dem Professorentitel angesprochen, da der höher zu bewertende Titel Vorrang hat.

Herr Professor Hansen

Üblicherweise lassen Akademiker, die in der gleichen Fachrichtung promoviert haben, im Gespräch untereinander ihren Doktorgrad weg. Führen Sie selbst einen akademischen Grad oder Titel, stellen Sie sich nicht selbst als »Doktor« oder »Professor« vor. Lassen Sie sich auch nicht von Ihrem Ehepartner mit Ihrem Doktorgrad vorstellen. Überlassen Sie es vielmehr dritten Personen, Sie mit Titel oder akademischen Grad vorzustellen.

Adelstitel

Die Frage nach der richtigen Anrede von Adligen muss korrekterweise in zweifacher Form beantwortet werden. Es existiert seit der Weimarer Verfassung eine juristisch korrekte Anredeform, bei der das Adelsprädikat hinter einem eventuellen akademischen Titel und dem Vornamen und vor dem Nachnamen platziert wird – sind doch seit 1919 alle adelsrechtlichen Privilegien aufgehoben und gehören Adelsbezeichnungen seither zum Nachnamen. Würden Sie nun noch die bürgerliche Anrede »Herr« oder »Frau« bei der Anrede eines Grafen oder einer Gräfin verwenden, kämen Sie zwar auf die juristisch korrekte Form von

Frau Dr. Gräfin von Klausen,

würden sich allerdings als Nichtkenner adeliger Gepflogenheiten entpuppen. Denn anders als in der Anschrift eines Briefes ist es keinesfalls empfehlenswert, die juristisch korrekte Anredeform zu wählen. Damit würden Sie wenig Stilgefühl und mangelndes Geschichtsbewusstsein an den Tag legen.
Eine auf die vor 1919 zurückgehende Anrede berücksichtigt die adelige Vergangenheit des Adressaten weitaus angebrachter. Verwenden Sie sie dann, wenn Sie Ihrem Gegenüber durch diese höfliche Zuvorkommenheit eine Freude machen wollen. Verzichten Sie deshalb auf das Voranstellen der bürgerlichen Anrede »Frau« oder »Herr« bei Adeligen ab dem Baronenstand. Das »von« oder »von und zu« kann wegfallen, wenn Sie Barone, Grafen und Inhaber höherer Adelstitel ansprechen.

Gräfin Klausen
Baron Hansen

Freiherrn, Ritter und untitulierte Adelige werden mit »Herr von« beziehungsweise »Frau von« angesprochen.

Frau von Klausen
Herr von Hansen

Besteht der Name aus einem Doppelnamen oder hat dieser einen Zusatz, wie zum Beispiel eine Ortsbezeichnung, fällt in der mündlichen Anrede der zweite Name oder die weitere Bezeichnung weg. Sie sagen nur »Gräfin Klausen«.

Üblicherweise lassen Trägerinnen und Träger von Adelsprädikaten diese im Gespräch untereinander weg. Sie stellen sich auch nicht selbst als »Graf« oder»Baronin« vor, sondern überlassen es vielmehr dritten Personen, Sie mit ihrem Adelsprädikat vorzustellen.
Als Nichtadliger kann man sich in Adelskreisen hinter seinem eigenen Namen mit dem Zusatz »ohne Tritt« vorstellen, womit gleich klar ist, dass man lediglich mit dem Familiennamen angesprochen werden kann.

Amts- und Funktionsbezeichnungen
Aktuelle Amts- oder Funktionsbezeichnungen, wie zum Beispiel Bürgermeister, Vereinsvorsitzender, Stadträtin oder Geschäftsführer, kommen in der mündlichen Anrede nach »Frau« oder »Herr«. Verwenden Sie eine Amts- oder Funktionsbezeichnung, lassen Sie nicht nur akademische Grade wie Doktor, sondern auch Amtstitel wie Professor beziehungsweise Professorin sowie den Familiennamen weg. Es heißt dann:

Herr Bürgermeister
Frau Stadträtin

In einer Unterhaltung werden aus Rücksicht auf den Gesprächsfluss gern Kurzformen von Amts- und Funktionsbezeichnungen gewählt. Beispielsweise die Präsidentin eines Verbandes oder einer Institution wird mit »Frau Präsidentin« angeredet, und für ein Mitglied des Deutschen Bundestages ist die Kurzform »Herr Abgeordneter« gebräuchlich.
Besitzt ein Gesprächspartner mehrere Amts- oder Funktionsbezeichnungen, wählen Sie die Bezeichnung, zu der Sie den stärksten Bezug haben. Ein weiblicher Funktionsträger wird mit der weiblichen Form des Titels – sofern er möglich ist – angesprochen.
Wollen Sie einen ehemaligen Amtsträger ansprechen, sagen Sie selbstverständlich nicht »Herr Landrat a. D.«. Sie wählen dann lediglich seinen bürgerlichen Namen inklusive etwaiger akademischer Titel.

Religiöse Funktionsbezeichnungen

Bei der Anrede von Würdenträgern der Kirche setzen Sie entsprechend dem Geschlecht die bürgerliche Anrede »Herr« oder »Frau« vor den religiösen Titel oder die Amtsbezeichnung, jedoch ohne Nennung des Nachnamens. Lassen Sie nicht nur akademische Grade wie Doktor, sondern auch den Familiennamen weg. Für weibliche Geistliche wählen Sie die weibliche Funktionsbezeichnung. Bei katholischen Geistlichen können Sie sich auch für die sehr förmliche Anrede »Hochwürden« entscheiden.

Herr Pfarrer
Frau Pastorin
Hochwürden

Der bürgerliche Name ohne Verwendung der religiösen Funktionsbezeichnung wird üblicherweise nur im Schriftverkehr – und da auch nur in der Postanschrift – genannt.
Reden Sie einen Geistlichen – unabhängig von der Konfession – nie mit seinem Titel in Kombination mit dem Vornamen an.

Auf der Treppe

Aus Sicherheitsgründen geht beim Hinaufsteigen einer Treppe der Mann hinter der Frau. Der Mann als schützende Person kann auf diese Weise die Dame im Falle eines Sturzes auffangen. Aus den gleichen praktischen Gründen geht der Mann beim Hinabgehen der Treppe vor der Frau oder der älteren Person nach unten. So kann er diese im Bedarfsfall stützen und beim Stolpern auffangen, aber auch bloß die Hand reichen, um die Stufen gefahrloser nehmen zu können.

Tür aufhalten

Egal, in welche Richtung sich eine Tür öffnen lässt, sollten Sie als Mann darum bemüht sein, der Dame, dem älteren Gast oder einer sonst Ihnen gegenüber höherrangigen Person beim Türaufhalten so lange wie möglich Ihre Vorderseite zuzuwenden.

Ist die Tür in Laufrichtung zu öffnen, müssen Sie eventuell einen Schritt vorgehen, um die Tür zu öffnen. Sie gehen in diesem Fall zuerst durch die Tür hindurch und warten, mit dem Gesicht zur Dame gewandt, bis diese die Tür durchschritten hat. Während die Dame mit einem Schritt zur Seite auf Sie wartet, schließen Sie bei Bedarf die Tür und übernehmen an der linken Seite der Dame wieder die Führung.
Öffnet sich die Tür in Ihre Richtung, ziehen Sie die Tür zu sich heran, drehen sich mit dem Gesicht zur Dame oder dem älteren Gast und lassen die Person passieren. Danach gehen Sie selbst durch und übernehmen an der linken Seite Ihrer Begleitperson wieder die Führung. Es ist ein Zeichen guter Erziehung und sicherer Umgangsformen, wenn die Dame auf Sie wartet und nicht schon weitergeht, während Sie die Tür schließen und nachkommen.

Eine Dame begleiten
Wenn Sie als Mann eine Dame, die nicht wesentlich jünger ist als Sie, beim Empfang zum Buffet oder in den Garten begleiten, hat diese stets den Vortritt und die Ehre, an Ihrer rechten Seite zu gehen. Achten Sie also darauf, dass Sie links neben der Dame gehen, da Sie ansonsten schnell als nicht etikettefest entlarvt werden.
Lediglich, wenn auf der rechten Seite Unwägbarkeiten wie eine große Pfütze oder eine befahrene Straße lauern oder es auf der linken Seite Interessanteres zu sehen gibt, können Sie für den erforderlichen Moment die Seiten tauschen.
Wenn ein Gang, ein Weg oder eine Tür zu schmal sein sollte, um nebeneinander zu gehen, lassen Sie die Dame selbstverständlich vorgehen. Bei einer unübersichtlichen Wegstrecke oder vielen zu passierenden Türen gehen Sie allerdings als Herr voraus, um der Dame den Weg zu erleichtern. Da Sie in diesem Fall die Regel des Vorrangs brechen, entschuldigen Sie sich selbstverständlich bei der Dame mit den Worten: »Ich gehe hier einmal vor.«

Im Standesamt

Auch wenn eine standesamtliche Hochzeit nicht so feierlich sein wird wie eine kirchliche Trauung, haben Sie als Gast bestimmte Regeln einzuhalten.

Pünktlichkeit

Seien Sie pünktlich. Die Uhrzeit, die auf der Einladung zur Trauung steht, meint den Zeitpunkt, zu dem die Trauung startet. Viele Gastgeber unterstreichen die gewünschte Pünktlichkeit durch Zusätze wie »um« vor der Uhrzeit – beispielsweise »um 14.00 Uhr« – oder den lateinischen Ausdruck »s. t.«, also »sine tempore«, hinter der Uhrzeitangabe – wie »14.00 Uhr s. t.«. Für Sie als Gast heißt es in jedem Fall, dass Sie schon früher eintreffen, zu der angegebenen Zeit bereits sitzen und auf den Beginn der Trauung warten. Als Faustregel gilt, dass Sie 30 bis 15 Minuten vor Beginn der angegebenen Zeit eintreffen sollten. Damit haben Sie noch genügend Zeit, um den Anwesenden »Guten Tag« zu sagen, etwas zu plaudern und in Ruhe Platz zu nehmen.

In seltenen Fällen finden Sie hinter der Anfangszeit den Zusatz »c. t.«, also »cum tempore«. Hier räumen Ihnen Ihre Gastgeber beginnend ab der angegebenen Anfangszeit 15 Minuten ein, um Ihre Plätze einzunehmen. Die Trauung würde bei einer Anfangszeit von »14 Uhr c. t.« erst um 14.15 Uhr beginnen.

Wann gratulieren?

Gratulieren Sie nach der Trauung zuerst dem Brautpaar und danach den Eltern. Falls Sie diese noch nicht kennen, stellen Sie sich zuerst vor. Wollen Sie der Braut zusätzlich einen Blumenstrauß übergeben, wickeln Sie diesen vorher aus dem Einschlagpapier. Lediglich Blumen, die in transparenter Folie verpackt oder mit einer Papiermanschette versehen sind, werden vor der Übergabe nicht ausgepackt.

In der Kirche

Viele Riten und Gebräuche der kirchlichen Trauung sind den meisten bekannt und geläufig, etwa das Tauschen der Ringe oder die Traufragen durch den Pfarrer. Die Schwierigkeiten lauern eher im Detail. Wer etwa als evangelischer Christ zu einer katholischen Trauung geladen ist, mag sich über die Variationsmöglichkeiten beim Aufstehen, Niederknien oder Sitzenbleiben wundern. Und ein Katholik braucht bei einer protestantischen Trauung zuweilen eine gute Portion Geduld, wenn der Pfarrer die Auslegung des Trauspruchs in seiner Predigt zelebriert. Ein laut gesprochenes »Amen« an der falschen Stelle kann ebenso unangenehm auffallen wie das Sitzenbleiben zur Trauungszeremonie in der katholischen Kirche.

Pünktlichkeit

Seien Sie pünktlich. Knarrende Kirchentüren oder klackernde Absätze fallen nicht nur negativ auf, sie stören auch die Zeremonie. Machen Sie sich schon vorher mit der Anfahrt vertraut und kalkulieren Sie eine realistische Anfahrtszeit ein.

Die Uhrzeit, die auf der Einladung zur Trauung steht, meint den Zeitpunkt, zu dem die Trauungszeremonie startet. Viele Gastgeber unterstreichen die gewünschte Pünktlichkeit durch Zusätze wie »um« vor der Uhrzeit – beispielsweise »um 14.00 Uhr« – oder den lateinischen Ausdruck »s. t.«, also »sine tempore«, hinter der Uhrzeitangabe – wie »14.00 Uhr s. t.«. Für Sie als Gast heißt es in jedem Fall, dass Sie schon früher eintreffen, zu der angegebenen Zeit bereits sitzen und auf den Beginn der Zeremonie warten.

Als Faustregel gilt, dass Sie 30 bis 15 Minuten vor Beginn der Zeremonie eintreffen sollten. Damit haben Sie noch genügend Zeit, um den Anwesenden »Guten Tag« zu sagen, etwas zu plaudern und in Ruhe Platz zu nehmen. Bedenken Sie, dass sehr viele Gäste eintreffen können und es dementsprechend lange dauern kann, bis die ganze Hochzeitsgesellschaft in der Kirche Platz genommen hat.

In seltenen Fällen finden Sie hinter der Anfangszeit den Zusatz »c. t.«, also »cum tempore«. Hier räumen Ihnen Ihre Gastgeber beginnend ab der angegebenen Anfangszeit 15 Minuten ein, um Ihre Plätze einzunehmen. Die Trauungszeremonie würde bei einer Anfangszeit von »14 Uhr c. t.« erst um 14.15 Uhr beginnen. Ist der Gästekreis sehr groß und werden mehr als 100 Gäste in der Kirche erwartet, gibt das »c. t.« weit mehr Spielraum als eine Viertelstunde. Dann kann es sogar sein, dass die Zeremonie erst 30 Minuten später beginnt. Verlassen sollten Sie sich darauf allerdings nicht, denn schlimmstenfalls kommen Sie zu spät, wenn das Eintreffen der Gäste und das Platznehmen doch schneller geht als erwartet.

Pünktlich zu erscheinen ist dann besonders wichtig, wenn Sie eine spezielle Aufgabe bei der Trauung übernehmen sollen. Wenn Sie zu spät kommen, werden nicht nur Braut oder Bräutigam noch nervöser, auch Ihnen bleibt keine Zeit mehr für eventuell notwendige Absprachen oder einen kleinen Small Talk mit anderen Gästen.

Haben Sie es trotz aller Anstrengung nicht geschafft und hat der Traugottesdienst oder die Messe schon begonnen, laufen Sie während der Trauung nicht durch die Kirche. Auch wenn für Sie ein Platz in den vorderen Reihen reserviert ist, nehmen Sie – so unauffällig wie möglich – hinten in der Kirche Platz. Ist ein lautloses Betreten während der Hochzeitszeremonie nicht möglich, weil vielleicht die uralte Kirchentür klemmt und nur mit Gewalt und erheblicher Geräuschbelästigung zu öffnen ist, müssen Sie in den sauren Apfel beißen und notfalls vor der Kirche bis zum Ende der Trauung warten.

Muss Sie das Brautpaar begrüßen?

Da bei einer kirchlichen Trauung das Paar traditionell erst dann vor der Kirche eintrifft, wenn bereits alle Hochzeitsgäste versammelt sind und es in wenigen Minuten losgeht, bleibt in der Regel keine Zeit für eine großartige Begrüßung der Hochzeitsgesellschaft. Meist steht das Paar mit den Eltern und Trauzeugen am Eingang, bespricht noch einmal den Ablauf und wartet nervös, dass es endlich losgeht. Seien Sie also in dieser Situation nachsichtig, wenn sich das Brautpaar nicht gebührend um Sie kümmert oder gar grußlos an Ihnen vorbeigeht. Wenn die Trauung vorbei ist und die Anspannung von den Frischvermählten abgefallen ist, wird sich das Paar gebührend um seine Gäste kümmern.

Betreten der Kirche

Für Katholiken gang und gäbe ist das Niederknien im Hauptgang der Kirche bei deren Betreten. Respektieren Sie als Nichtkatholik dieses Ritual und belächeln Sie es nicht.

Placement in der Kirche

Werden Sie nicht durch Helfer eingewiesen oder gibt es keine vorgeschriebene Sitzordnung, halten Sie sich an folgende Faustregel: In der Kirche sitzen die Familien des Brautpaares und dessen engste Verwandtschaft in den ersten Reihen. Freunde und Bekannte des Paares nehmen in den hinteren Reihen der Kirche Platz.

Respektieren Sie religiöse Bräuche

Ein Traugottesdienst ist zwar in aller Regel eine Art Privatveranstaltung, da außer der Hochzeitsgesellschaft nur wenige bis keine anderen Gottesdienstbesucher in der Kirche sind, und bei diesem besonderen Gottesdienst mag so manches möglich sein, was im »normalen« Sonntagsgottesdienst unerwünscht wäre. Dennoch ist und bleibt die kirchliche Trauung ein öffentlicher Gottesdienst beziehungsweise eine Messe. Und das bedeutet für Sie, sich an bestimmte Riten und Abläufe zu halten.

Auch wenn Sie selbst nicht gläubig sind, mit christlicher Religion nichts anfangen können oder einer anderen Konfession angehören, respektieren Sie die Zeremonie und die religiösen Symbole und Handlungen. Niemand wird von Ihnen erwarten, dass Sie laut mitbeten oder alle Lieder mitsingen. Ein gewisses Interesse und ein Mindestmaß an Aufmerksamkeit sollten Sie allerdings schon zeigen. Bemühen Sie sich, den Gottesdienst mitzugestalten, indem Sie wenigstens mit den anderen Gästen aufstehen und sich hinsetzen. Vielleicht springen Sie auch über Ihren Schatten, singen Lieder ausnahmsweise mit und sprechen die Gebete – zumindest ansatzweise – mit. Sie erweisen dem Brautpaar damit eine große Ehre und zeigen Respekt vor den heiligen Riten.

Wenn Ihre Grundsätze eine aktive Teilnahme am Gottesdienst partout nicht zulassen, starren Sie weder demonstrativ weg noch wühlen

Sie ruhestörend in Ihrer Handtasche oder Ihren Hosentaschen, wenn gebetet und gesungen wird. Insbesondere ist es nicht nur unhöflich, sondern geradezu ungezogen, wenn Sie sich von allen anderen Gästen entfernt in die letzte Reihe setzen, unverhohlen gähnen oder sich während des Gebets freimütig mit Ihrem Nachbarn unterhalten.

In der katholischen Kirche

Die Trauung wird gewöhnlich im Rahmen der heiligen Messe gefeiert, außerhalb einer Messe in Verbindung mit einem Wortgottesdienst. Die katholische Messe ist sehr viel stärker als der evangelische Gottesdienst von festen Ritualen geprägt. Wenn Sie häufiger in die Kirche gehen oder zumindest schon einmal an einer katholischen Messe teilgenommen haben, haben Sie die häufige Abfolge von Aufstehen, Hinsetzen, Niederknien sicher vor Augen. Die Regeln, nach denen dies geschieht, sind nicht immer selbst erklärend, und es ist nicht ganz einfach, sich richtig zu verhalten oder zumindest nur das nachzumachen, was alle anderen tun.
Es ist aber nicht so kompliziert, wie es auf den ersten Blick scheint. Wenn Sie sich den Ablauf der katholischen Trauung in den Grundzügen einprägen und sich an die im Trauablauf vorgestellten Verhaltensrichtlinien halten, werden Sie die Trauung auch als nicht katholisch Gläubige oder Gläubiger genießen können.

Eröffnung

Wenn es Zeit wird, mit der Hochzeitsmesse zu beginnen, kann sich entweder der Priester mit seinen Ministranten an den Kircheneingang begeben, wo er die Handvoll wartender Personen, die den Einzug in die Kirche bestreiten werden, begrüßt und abholt. Manchmal besprengt er die Versammelten dabei mit Weihwasser. Oder aber es wird ein Signal gegeben, dass sich der Zug in Bewegung setzen möge, währenddessen der Priester im Kirchenraum auf die Ankunft wartet. Unüblich, aber möglich ist es, dass die ganze Hochzeitsgesellschaft vor der Kirche wartet, um dann in die Kirche einzuziehen. Der Nachteil bei dieser Variante liegt auf der Hand. Das Platznehmen kann zu einer langatmigen Angelegenheit werden, und die Messe zögert sich hinaus.

Wie formiert sich der Hochzeitszug?

Den Eröffnungszug kann der Priester mit seinen Ministranten anführen. Wenn der Priester den Hochzeitszug nicht am Kircheneingang empfängt, wartet er beim Altar. Während Sie mit der gesamten Hochzeitsgesellschaft schon längst in der Kirche Platz genommen haben, formiert sich der Brautzug vor der Kirche oder in der Sakristei.

Sobald sich die Tür öffnet und der Einzug beginnt, erheben sich alle von ihren Bänken. Während des Einzugs spielt die Orgel oder eine Instrumentalgruppe, singt ein Chor oder läuft ein Musiktitel vom Band.

Eine allgemeingültige Regel für die Reihenfolge des Hochzeitszuges gibt es nicht. Je nach regionalen Gepflogenheiten haben sich unterschiedliche Varianten etabliert. Auch die Frage, ob die Braut von ihrem Vater zum Altar geführt wird oder das Brautpaar gemeinsam in die Kirche einzieht, spielt eine entscheidende Rolle für die Festlegung der Einzugsreihenfolge.

Entscheidet sich die Braut für einen Einzug an der Seite ihres Vaters, gehen traditionell der Bräutigam und seine Mutter zuerst die Kirche. Dahinter laufen der Vater des Bräutigams und die Mutter der Braut. Dann folgen paarweise die engsten Verwandten. Je näher diese mit dem Brautpaar verwandt sind, desto weiter vorn im Zug sind sie zu finden. Hinter den Verwandten können paarweise die Brautjungfern, gefolgt vom Ringträger und vor den Blumen streuenden Blumenkindern gehen. Als Höhepunkt und Abschluss des Brautzuges kommen die Braut und ihr Vater.

Weitere Alternativen sind, dass Braut und Bräutigam gemeinsam nebeneinander einziehen oder dass die Braut die erste Hälfte des Weges zum Altar von ihrem Vater begleitet wird. Auf der Mitte wechselt der Bräutigam den Brautvater ab, und das Paar legt die letzte Wegstrecke gemeinsam zurück.

Weiterer Verlauf der Eröffnung

Nachdem das Brautpaar am Altar angekommen ist, eröffnet der Geistliche vom Altar aus den Gottesdienst mit den Worten »Im

Namen des Vaters und des Sohnes und des Heiligen Geistes«. Er macht dazu eine Segensgeste in Kreuzform, die alle Anwesenden nachahmen. Für ein formvollendetes Kreuzzeichen berühren Sie mit Ihrer rechten Hand zuerst die Stirn, dann die Brust, dann die linke und zuletzt die rechte Schulter. Sie und alle anderen antworten mit einem »Amen«.

Kurz und knapp erklärt nun der Priester, zu welchem Anlass sich die Gemeinde an diesem Tag versammelt hat, und begrüßt das Brautpaar, die Trauzeugen und die übrigen Mitglieder der Hochzeitsgesellschaft.

Es folgt eine kurze Besinnung. Das geschieht entweder in Form eines kurzen Schweigens oder eines gesprochenen Schuldbekenntnisses, das alle zusammen beten. Im Anschluss daran sagt der Priester: »Der allmächtige Gott erbarme sich unser. Er lasse uns die Sünden nach und führe uns zum ewigen Leben.« Alle antworten mit einem »Amen«.

Nun ist es Zeit für das sogenannte Kyrie und, sofern die Hochzeit an einem Sonn- oder Festtag stattfindet, das Gloria sowie das Tagesgebet. Kyrie und Gloria können gebetet oder gesungen werden.

Wortgottesdienst

Der Wortgottesdienst beginnt mit einer Lesung, die entweder der Priester, ein Lektor aus der Gemeinde oder eine Person aus der Hochzeitsgesellschaft übernimmt.

Nach einem kurzen Zwischengesang folgt das Evangelium als Herzstück des Wortgottesdienstes. Der Priester leitet das Evangelium mit »Der Herr sei mit euch« ein. Bei diesen Worten stehen alle auf und antworten mit den Worten: »und mit deinem Geiste«. Nun trägt der Geistliche etwas aus dem Evangelium vor, die Gemeinde bleibt dabei stehen. Die Lesung schließt der Priester mit den Worten: »Evangelium unseres Herrn Jesus Christu.s« Die Gemeinde erwidert: »Lob sei dir, Christus.«

Die anschließende Predigt des Priesters, zu der alle außer dem Geistlichen Platz nehmen, hat in der Regel einen engen Bezug zum Anlass der Feier und greift die Texte der vorangegangenen Lesung und des Evangeliums auf. Am Ende der Ansprache setzt sich auch der Priester kurz, um die Worte auf die Gemeinde wirken zu lassen und sich zu sammeln. Wenn er wieder aufsteht, erheben sich auch alle Anwesenden.

Trauung

Der Priester begibt sich vor den Altar und ruft die Trauzeugen nach vorn. Sofern noch nicht alle stehen, erheben sich spätestens jetzt alle Gäste von ihren Plätzen und bleiben während der Trauung stehen.
Katholische Brautleute beantworten zuerst die Fragen, die sich auf die Freiwilligkeit der Eheschließung, die Unauflöslichkeit des Ehebundes und die Annahme der von Gott geschenkten Kinder beziehen. Danach segnet der Priester die Ringe. Bei dem anschließenden Eheversprechen hat das Brautpaar die Wahl. Entweder es trägt den Vermählungsspruch vor, oder der Geistliche fragt den Vermählungsspruch ab, sodass die Brautleute nur noch mit einem »Ja« antworten müssen. Unabhängig davon, für welche Form des Eheversprechens sich die Brautleute entscheiden, sie stecken sich gegenseitig und nacheinander die Ringe an den Finger.
Der Priester bestätigt die Vermählung und schließt mit dem Ausspruch: »Was Gott verbunden hat, das darf der Mensch nicht trennen.« Dann erteilt er den Frischvermählten den Trauungssegen.
Ehe die Fürbitten gelesen werden, kann an dieser Stelle noch ein Musikstück einfließen. Legendär an dieser Stelle ist das »Ave Maria« – in welcher Interpretation auch immer.
Zum Lesen der Fürbitten stehen alle Gemeindemitglieder auf. Jeder Vortragende schließt seine Bitte mit einem variablen Ausspruch, den alle wiederholen. Beispielsweise können die Schlussworte »Herr, wir bitten Dich, erhöre uns« lauten, die die Anwesenden mit einem »Herr, erhöre uns« erwidern. Nach den beendeten Fürbitten nimmt die Gemeinde wieder Platz.

Eucharistie

Die nun folgende Eucharistie entspricht im Großen und Ganzen dem Ablauf bei einer regulären Messe. Der Ablauf und die Gebete der Eucharistie sind genau festgelegt. Zu einigen rituellen Handlungen kniet man, zu anderen steht man auf. Einige Gebete werden von der Gemeinde mitgebetet. Achten Sie darauf, was die übrigen Gottesdienstbesucher tun. Dann manövrieren Sie sich sicher durch dieses »Auf und Ab«.

Alle Hochzeitsgäste, die die Kommunion empfangen wollen, treten der Reihe nach aus ihren Bänken, und zwar mit der ersten Reihe beginnend und mit der letzten Reihe endend. Gehen Sie danach an der Seite des Kirchenschiffs vorbei und wieder zurück zu Ihrer Bank, wo Sie, ohne zu warten, Platz nehmen.

Das Schlussgebet endet in den meisten Fällen mit den Worten: »Darum bitten wir durch Christus, unseren Herrn«, auf das die Gemeinde mit einem »Amen« antwortet. Den Schlusssegen beschließt der Geistliche mit den Worten: »Das gewähre uns der allmächtige und barmherzige Gott, im Namen des Vaters und des Sohnes und des Heiligen Geistes.« Dabei schlägt er – wie zu Beginn der Messe – das Kreuzzeichen, das alle Anwesenden nachahmen. Für ein formvollendetes Kreuzzeichen berühren Sie mit Ihrer rechten Hand zuerst die Stirn, dann die Brust, dann die linke und zuletzt die rechte Schulter. Sie und alle anderen antworten mit einem »Amen«.

Am Ende der Messe entlässt der Priester die Gemeinde mit einem »Gehet hin in Frieden«, die mit einem »Dank sei Gott, dem Herrn« erwidert. Schließlich folgt noch ein Lied oder Instrumentalstück, bei dem Priester und Ministranten mit dem Gesicht zum Altar stehen.

Auszug des Paares

Sobald die letzten Töne der sakralen Schlussmusik erklungen sind, ist es Zeit für den großen Auszug der Frischvermählten aus der Kirche, den die Hochzeitsgesellschaft mit Beifall begleiten kann.

Während des Auszuges aus der Kirche bleibt die Gemeinde stehen. Wenn das letzte Paar aus dem Zug auf dem Weg nach draußen ist, können auch alle anderen Hochzeitsgäste ihre Plätze verlassen und nach draußen gehen.

In der evangelischen Kirche

Ein Traugottesdienst ist ein öffentlicher Gottesdienst der jeweiligen Gemeinde, der für jedermann zugänglich ist. In der Praxis sind die Hochzeitsgäste aber meist unter sich. Wie in jedem Gottesdienst wird auch in einem Traugottesdienst gebetet, gesungen, aus der Bibel gelesen und gepredigt. Der Traugottesdienst wird nach der jeweils gültigen Agende, also nach der in der jeweiligen Landeskirche geltenden Gottesdienstordnung, gefeiert. Diese weicht in der evangelischen Kirche von Landeskirche zu Landeskirche ab.

Der protestantischen Kirche sind gewisse Rituale, die für Katholiken gang und gäbe sind, gänzlich unbekannt. Dazu gehören etwa das Niederknien im Hauptgang der Kirche bei deren Betreten oder das Bekreuzigen. Auch wenn im protestantischen Ritus diese Ehrbezeugungen nicht verankert sind, belächeln Sie derartige Gesten von katholischen Hochzeitsgästen nicht, sondern respektieren diese.

Einzug und Begrüßung

Den Eröffnungszug kann der Pfarrer anführen. Wenn der Pfarrer den Hochzeitszug nicht am Kircheneingang empfängt, wartet er beim Altar. Während die Hochzeitsgesellschaft schon längst in der Kirche Platz genommen haben, formiert sich der Brautzug vor der Kirche oder in der Sakristei.

Sobald sich die Tür öffnet und der Einzug beginnt, erheben sich alle von ihren Bänken. Die Gemeinde setzt sich erst wieder, wenn das Brautpaar seine Plätze eingenommen oder der Liturg ein Zeichen zum Hinsetzen gegeben hat.

Meist folgen nun das trinitarische Votum »Im Namen des Vaters und des Sohnes und des Heiligen Geistes«, auf das alle mit »Amen« antworten, und das mit einem »Ehre sei dem Vater und dem Sohn« abschließende Psalmgebet, was aber je nach Agende der Landeskirche variieren kann. Eingangsgebet und stilles Gebet schließen sich an. Grundsätzlich gilt für einen evangelischen Gottesdienst und damit auch für den Traugottesdienst, dass man zum Gebet aufsteht.

Der Begrüßungsteil endet häufig mit einem gemeinsamen Lied oder einem Musikstück.

Verkündigung

Den zentralen Teil des protestantischen Traugottesdienstes bildet die Verkündigung. Je nachdem, wie sehr die Pfarrerin oder der Pfarrer die Traupredigt von der Kanzel beziehungsweise die Ansprache ausschmückt, kann die Traurede zu einer sehr kurzweiligen oder doch eher langatmigen Angelegenheit werden.
Nicht zwingend ist das gemeinsame Sprechen des Apostolischen Glaubensbekenntnisses. Das Apostolicum können Protestanten und Katholiken gemeinsam beten, da es in beiden Konfessionen vorkommt. Allerdings heißt es im dritten Glaubensartikel in der protestantischen Version »Ich glaube an den Heiligen Geist, die heilige christliche Kirche«, währenddessen die katholische Version »die heilige katholische Kirche« lautet. Beim Beten des Glaubensbekenntnisses steht die Kirchengemeinde auf. Der Verkündigungsteil endet meist mit einem Lied.

Trauung

Die eigentliche Trauung eröffnet die Pfarrerin oder der Pfarrer mit der Lesung der Trautexte, der das beiderseitige Trauversprechen folgt. Meist ist das Trauversprechen die Antwort auf die Traufragen des Geistlichen.
Während der Trauung stehen nicht nur die Brautleute, sondern auch alle Gäste in den Bankreihen. Nach dem Trauversprechen steckt sich das Brautpaar gegenseitig den Ring an den Finger, meist eingeleitet durch die Aufforderung »Gebt einander die Ringe als Zeichen eurer Liebe und Treue«. Danach folgt das Trauvotum: »Gott hat euch einander anvertraut. Was Gott zusammengefügt hat, das soll der Mensch nicht scheiden.«
Der anschließende Segen durch die Pfarrerein oder den Pfarrer ist der Höhepunkt der kirchlichen Trauung. Zum Segensgebet für die Brautleute bleibt die Gemeinde stehen. Für den Fall, dass die Hochzeitsgäste der Trauung im Sitzen gefolgt sind, erheben sie sich spätestens jetzt.
Im Anschluss an das Segensgebet ist es in vielen evangelischen Kirchen üblich, dass die Brautleute vor dem Altar niederknien und von

der Pfarrerin oder dem Pfarrer den Segen für den geschlossenen Ehebund empfangen. Den Abschluss der Trauung bildet oft ein Lied oder ein Musikstück.

Fürbitte und Segen

Der Abspann des Traugottesdienstes entspricht dem regulären Ablauf eines »normalen« Gottesdienstes. Zum Fürbittengebet, das entweder der Pfarrer rezitiert oder einzelne Gottesdienstbesucher sprechen, erhebt sich die Gemeinde. Dem Fürbittengebet schließt sich das gemeinsam gesprochene Vaterunser an. Danach kann der Pfarrer etwas zur Verwendung der Kollekte sagen. Dazu setzt sich die Gemeinde. Zum abschließenden Segen stehen allerdings alle wieder auf.

Auszug des Paares

Nun ist es Zeit für den großen Auszug aus Kirche, begleitet von eventuellem Beifall der Hochzeitsgesellschaft und Musik. Der absolute Klassiker ist der Hochzeitsmarsch aus »Ein Sommernachtstraum« von Felix Mendelssohn-Bartholdy. Häufig ist es üblich, dass dem Brautpaar beim Auszug Blumenkinder vorangehen, die den Weg durch das Kirchenschiff mit Blüten bestreuen.

Während das Brautpaar aus der Kirche auszieht, bleibt die Gemeinde stehen. Ansonsten ist es eine höfliche Geste dem Organisten oder den anwesenden Musikern gegenüber, wenn sich die Gäste dann noch einmal setzen und dem Spiel bis zum Ende zuhören.

Darf in der Kirche geklatscht werden?

Klatschen ist in der Kirche zwar unüblich, wird aber bei Trauungen sowohl von evangelischen als auch katholischen Geistlichen toleriert. Während eines Traugottesdienstes mit musikalischer Begleitung ist es in Ordnung, wenn die Hochzeitsgesellschaft am Ende der Aufführung oder sogar zwischen den einzelnen Stücken als Zeichen der Freude und Wertschätzung klatscht.

Gebete oder liturgische Gesänge sollen allerdings nicht durch Lärm oder Applaus unterbrochen werden, weil es die Konzentration stört. Schließlich soll der Gottesdienst dem Dialog mit Gott dienen. Nach einer beendeten Predigt oder Ansprache des Pfarrers kann aber durchaus geklatscht werden. Als Gläubiger bekunden Sie damit Ihre Zustimmung. Das Klatschen wird somit zum körperlichen Ausdruck des »Amen«.

Sind Sie sich unsicher, ob Sie in einer speziellen Situation klatschen können, orientieren Sie sich einfach an den anderen Hochzeitsgästen. Warten Sie ab, ob die anderen klatschen. Dann können Sie getrost in den Klatschreigen einstimmen.

Wenn Sie Kinder dabeihaben

Sorgen Sie dafür, dass Ihr Kind oder Ihre Kinder die Zeremonie nicht stören. Wenn die Kinder noch sehr klein sind und in der Kirche nicht still sein können, gehen Sie diskret mit Ihnen hinaus. Warten Sie nicht zu lange damit, wenn die Kleinen unruhig werden, und versuchen Sie vor allem nicht, das Hinausgehen zu verzögern. Besonders diese Minuten können für die Kinder, die Gäste und das Brautpaar zu quälenden Minuten werden.

Klären Sie im Vorfeld Ihrer Teilnahme am Hochzeitsfest, inwieweit das Brautpaar für Kinderbetreuung gesorgt hat. Ist nichts vorgesehen, sollten Sie selbst Spiele und Malsachen mitnehmen, damit die Langeweile Ihrer Kleinen nicht in Quengeln oder wildes Herumtoben ausartet.

Wann gratulieren?

Nach der Trauung gratulieren die Hochzeitsgäste dem Brautpaar. Der beste Zeitpunkt zum Gratulieren ist dann, wenn das Brautpaar und die Gäste die Kirche verlassen haben und sich vor der Kirche zur Abfahrt zum nächsten Programmpunkt versammeln. Wenn Sie dem Brautpaar nach der Trauung mündlich gratulieren, versetzen Sie sich bitte in die Lage des frisch vermählten Paares. Wie langweilig ist es für dieses, wenn diese hundertmal ein »Alles Gute« oder ein »Herzlichen Glückwunsch« hören. Überlegen Sie sich deshalb vorher, was Sie dem Paar mit auf den Weg geben wollen. Fassen Sie sich auf jeden Fall kurz, damit Ihre Gratulation nicht zu langatmig wird und die anderen Gratulanten nicht ewig warten müssen.

Es ist höflich und ein Zeichen guter Manieren, wenn Sie nicht nur dem Brautpaar, sondern auch den Elternpaaren gratulieren. Denn auch für diese ist die Hochzeit ihrer Kinder ein besonderes Ereignis, zu dem Sie alles Gute wünschen. Sie gratulieren natürlich nicht nur den leiblichen Eltern, sondern auch neu angeheirateten Elternteilen beziehungsweise neuen Lebenspartnern der Eltern. Es wäre ein Affront gegen jene neuen Partner der Eltern, diese bei der Gratulation zu übergehen. Vor allem dann, wenn diese seit vielen Jahren mit dem leiblichen Elternteil zusammenleben und der Braut oder dem Bräutigam wie eine Mutter oder ein Vater sind.
Sollten Sie die Eltern des Brautpaares nicht kennen, sprechen Sie erst Ihre Glückwünsche aus und stellen sich dann kurz vor. Es erleichtert diesen, sich Namen und Gesichter zu merken, wenn Sie kurz erklären, in welcher Beziehung Sie zur Braut oder zum Bräutigam stehen.
Ihr Geschenk sollten Sie nicht unmittelbar nach der Trauung überreichen. Denken Sie daran, dass das Brautpaar möglicherweise gar nicht weiß, was es in dieser Situation – kurz vor der Abfahrt – mit den Geschenken machen soll. Wenn Sie trotzdem schenken wollen, dann beschränken Sie sich auf Blumen oder kleinere Präsente. Allein aus logistischen Gründen empfiehlt es sich, dass Sie mit der Geschenkeübergabe bis zum Empfang oder einer sich anschließenden Feier warten.

Abfahrt von der Kirche

Nach der Hochzeitszeremonie fährt die Hochzeitsgesellschaft traditionell im Konvoi durch die Stadt. Der Zeremonienmeister, Hochzeitsmanager, ein guter Freund der Familie oder naher Angehöriger übernimmt die Organisation des Konvois.
Nach der kirchlichen Trauung werden an alle Gäste Fahrpläne ausgehändigt, denen die Reihenfolge der Autos zu entnehmen ist, damit es bei der Abfahrt kein Durcheinander gibt. Beim Einweisen und der Formierung ist der Zeremonienmeister behilflich.
Das Brautpaar sitzt traditionell im ersten Wagen. Danach folgen die Eltern, Trauzeugen und alle weiteren Gäste.

Hat sich das Brautpaar für einen Transport mit Taxis entschieden, bezahlen Sie das Taxi, nicht das Brautpaar.

Placement

Das Placement in den Autos des Hochzeitskonvois richtet sich danach, ob es sich um Fahrzeuge mit Chauffeuren handelt oder ob diese von den Gästen selbst gesteuert werden.

Hat das Brautpaar eine Fahrzeugflotte mit professionellen Fahrern gemietet oder Taxis bestellt, ist in jedem Fahrzeug der beste Platz hinten rechts, also hinter dem Beifahrersitz. Fahren – und das ist die Regel bei Hochzeitsfahrten – mehrere Gäste mit dem von einem Chauffeur gelenkten Auto, entscheidet der Rang beziehungsweise das Alter der Mitfahrenden. Im Taxi mit Fahrer ist der ranghöchste Platz hinten rechts. Dieser gebührt dem Ehrengast oder dem ältesten Fahrgast. Der zweitbeste Platz im Taxi ist hinten links neben der ranghöchsten Person. Der drittbeste Platz im Taxi ist der Platz vorn neben dem Fahrer.

Wenn Sie im Taxi als Einzelperson fahren, bleibt es Ihnen überlassen, vorn oder im Fond einzusteigen. Wenn Sie sich gern mit dem Fahrer unterhalten möchten, nehmen Sie auf dem Beifahrersitz Platz. Möchten Sie lieber in Ruhe gelassen werden, nehmen Sie den Platz hinter dem Beifahrersitz ein.

Wenn Sie dagegen selbst fahren, ist der Platz rechts neben Ihnen der beste. Die Ehefrau beziehungsweise Lebensgefährtin hat ihren angestammten Platz neben dem Fahrer, der ihr Mann oder ihr Lebensgefährte ist. Sie weicht lediglich einem ausgesprochenen Ehrengast oder einer betagten Person, für die das Sitzen oder Einsteigen in die hintere Reihe zu beschwerlich ist. Für alle anderen Fahrgäste ist deren Platz hinten. Fährt die Lebensgefährtin oder die Ehefrau, werden Sie als höflicher Mann nicht auf »Ihren« Platz vorn rechts bestehen, wenn Sie beispielsweise eine betagte Tante in Ihrem Auto mitnehmen.

Beim Empfang

Auch beim Empfang lauern einige Etikettefallen. So zeigen Sie wenig Gespür für gute Manieren, wenn Sie nicht zur Kernzeit anwesend sind oder Ihr Geschenk in einem unpassenden Moment übergeben.

Pünktlichkeit

Sind Sie zu einem Hochzeitsempfang eingeladen, stehen im Einladungsschreiben die Anfangs- und Endzeit. Ein Empfang dauert in der Regel zwei Stunden, wobei Sie bis zu 30 Minuten später als die angegebene Anfangszeit eintreffen dürfen. Das Brautpaar kalkuliert beim Empfang sogar ein, dass seine Gäste nicht pünktlich zur Anfangszeit in der Tür stehen, sondern erwartet alle Gäste nach und nach.
Als Faustregel gilt, dass Sie in der Kernzeit des Empfangs anwesend sein sollten. Zur Halbzeit, bei einem zweistündigen Empfang also nach einer Stunde, werden nämlich die Reden gehalten, sofern solche geplant sind. Und es wäre sehr unhöflich, wenn Sie diese verpassen, weil Sie noch nicht da oder bereits gegangen sind. Verweilen Sie auf dem Hochzeitsempfang mindestens eine halbe, besser noch eine Stunde. Sie zeigen damit Ihre Wertschätzung dem Brautpaar gegenüber. Tauchen Sie nämlich nur für wenige Minuten auf dem Empfang auf, wird das schnell als negatives Signal gewertet, dass Ihnen Brautpaar oder Gastgeber nicht besonders wichtig sind.
Wählen Sie auch den Zeitpunkt des Abschieds klug. Es ist unhöflich, länger als bis zur angegebenen Uhrzeit zu bleiben. Dabei spielt es keine Rolle, ob der Empfang in den Privaträumen des Brautpaares, bei den Eltern oder in einem Restaurant stattfindet.

Begrüßen und Gratulieren

Es gilt die Regel, dass Sie als Gast zuerst den Gastgebern beziehungsweise dem Brautpaar »Guten Tag« sagen und zur Hochzeit gratulieren, bevor Sie andere Gäste begrüßen. Sie können anhand Ihrer Beziehung zur Braut oder zum Bräutigam am besten abschätzen, ob zur Begrüßung ein schlichter Handschlag, ein Wangenkuss, eine Umarmung oder sogar ein Handkuss angebracht ist. Sind Sie mit

dem Brautpaar nicht ganz so vertraut, beobachten Sie, wie andere Gäste das Brautpaar begrüßen, und orientieren sich daran.
Befindet sich das Brautpaar bei Ihrer Ankunft nicht im Eingangsbereich, sondern am anderen Ende des Raumes oder in der hinteren Ecke des Gartens, bewegen Sie sich zuerst in Richtung Brautpaar. Auf dem Weg dahin dürfen Sie selbstverständlich Ihnen bekannte Personen grüßen, sollten sich aber vor der Begrüßung der beiden Hauptpersonen nicht in ausgedehnte Gespräche mit anderen Gästen vertiefen. Können Sie das Brautpaar bei Ihrer Ankunft nicht unter der Hochzeitsgesellschaft entdecken, gesellen Sie sich zwanglos unter die anderen Gäste. Sie werden im Laufe der Veranstaltung von den beiden Brautleuten und sicher auch von deren Eltern begrüßt.
Beim Bekanntmachen hat das Brautpaar übrigens das Recht, zuerst die Namen seiner Gäste zu erfahren. Erscheinen Sie also in Begleitung einer dem Brautpaar bislang unbekannten Person, stellen Sie Ihre Begleitung zuerst dem Brautpaar vor, ehe Sie Ihrer Begleitung das Brautpaar namentlich vorstellen.

Können Sie beim Empfang Ihr Geschenk übergeben?

Entweder Sie übergeben Ihr Geschenk dem Brautpaar bei der Begrüßung oder während des Empfangs zu einer späteren Gelegenheit. Eine persönliche Übergabe ist immer besser als ein wortloses Ablegen des Präsents, hängt aber davon ab, ob das Brautpaar überhaupt Zeit für eine Geschenkeübergabe hat. Hat es sich beispielsweise für eine förmliche Begrüßung mit einer Empfangslinie entschieden, wäre es störend, wenn Sie während des Händeschüttelns Ihr Geschenk bei der Braut oder dem Bräutigam abladen, die in diesem Moment gar nicht wissen, wohin damit.
Legen Sie sich schon vorher ein paar begleitende Sätze zurecht, mit denen Sie das Geschenk überreichen wollen. Heben Sie sich von Standardsprüchen ab, die das Brautpaar an diesem Tag zur Genüge hören wird, und bauen Sie wenn möglich etwas sehr Persönliches mit ein. So etwas bleibt bei den Beschenkten haften. Es gehört zum guten Ton, sein Präsent bei der Übergabe weder zu überhöhen noch abzuwerten. Sie können Ihr Geschenk auch unkommentiert auf dem Geschenke-

tisch ablegen. Dieses Vorgehen ist vor allem dann angebracht, wenn Sie sehen, dass das Brautpaar zu beschäftigt ist, um die einzelnen Geschenke seiner Gäste entgegenzunehmen. Für die Geschenke lässt ein umsichtiges Brautpaar meist an exponierter Stelle einen Tisch vorbereiten, den Sie leicht finden und wo Sie Ihre Geschenke ablegen können.

Verabschiedung
Sind Sie zum Empfang geladen, dem nicht unmittelbar das Hochzeitsessen folgt, sondern der beispielsweise zur Mittagszeit oder am Nachmittag gegeben wird, ist für Sie auch die Frage des Verabschiedens relevant. Ist der Empfang für Sie nur ein Programmbestandteil von mehreren und werden Sie dem Brautpaar an seinem großen Tag noch einmal begegnen, können Sie den Empfang verlassen, ohne sich ausdrücklich verabschieden zu müssen.
Ist der Empfang der einzige oder letzte Berührungspunkt für Sie zum Brautpaar am Hochzeitstag, können Sie – sofern Sie das Brautpaar nicht stören und nicht in einer Unterhaltung unterbrechen – diesem beim Aufbruch für die Einladung danken und alles Gute wünschen. Ansonsten verlassen Sie den Ort des Geschehens unauffällig, ohne sich persönlich zu verabschieden. In diesem Fall bedanken Sie sich in den folgenden Tagen noch einmal ausdrücklich bei dem frisch vermählten Paar für die Einladung. Je nachdem, ob die jungen Eheleute unmittelbar im Anschluss an das Hochzeitsfest in die Flitterwochen starten, reagieren Sie sofort oder lassen sich mit Ihrem Dankesbrief oder Ihrem Anruf bis zu einigen Wochen nach der Hochzeit Zeit. Fährt das Paar nicht sofort in die Flitterwochen, ist es eine Geste des Respekts und ein Zeichen guter Manieren, sich innerhalb einer Woche, besser noch innerhalb von drei Tagen zu bedanken.
Möchten Sie sich von umstehenden Gästen verabschieden, berücksichtigen Sie in kleineren Gruppen von bis zu sechs Personen respektvoll Alter und Geschlecht, wobei beim Hochzeitsempfang Damen vor Herren, wesentlich ältere Gäste vor jüngeren Gästen und Fremde vor Verwandten Vorrang haben. Innerhalb größerer Gruppen können Sie diese Differenzierung außen vor lassen. Gehen Sie

einfach reihum, wenn Sie sich die persönliche Verabschiedung nicht nehmen lassen wollen.
Reichen Sie den umstehenden Personen nicht unüberlegt die Hand zur Verabschiedung, denn nicht immer entscheiden Sie über die Form der Verabschiedung. Wie bei der Begrüßung entscheidet die ranghöchste Person, ob es bei der Verabschiedung zum Handschlag kommt. Nur dann, wenn Sie die ranghöhere Person sind, geben Sie die Hand zum Handschlag, ansonsten warten Sie ab, ob Ihnen die Hand gereicht wird.

Bei der Hochzeitsfeier

Da die Hochzeitsfeier oftmals in ein gesetztes Essen eingebettet ist, bei dem jeder Gast den kritischen Augen der gesamten Hochzeitsgesellschaft ausgesetzt ist, sollten Sie aus Etikettesicht diesen Programmpunkt keinesfalls unterschätzen. Auch wenn er am Abend stattfindet, sollten Sie Ihre gute Kinderstube nicht in den Feierabend schicken.

Pünktlichkeit

Seien Sie selbstverständlich auch bei der anschließenden Feier pünktlich und halten Sie sich an die vorgegebene Zeit.
Drohen Sie – aus welchen Gründen auch immer – zu spät zu kommen, rufen Sie die Gastgeber oder eine andere Ihnen bekannte Person der Hochzeitsgesellschaft an. Sofern Sie an diesem turbulenten Abend jemanden ans Telefon bekommen, bitten Sie darum, dass man nicht auf Sie warten und gegebenenfalls schon mit dem Essen beginnen soll. Selbst wenn die Gastgeber auch ohne Signal aus Rücksicht auf all die anderen Hochzeitsgäste mit dem Essen beginnen werden und diese Bitte eine bloße Höflichkeitsfloskel ist, sollten Sie keinesfalls darauf verzichten.
Finden Kaffeetrinken und Abendessen in der gleichen Lokalität statt, stört es übrigens niemanden, wenn Sie zwischen Kaffeetrinken und Abendessen etwas ruhen oder spazieren gehen. Besonders als älterer

Gast werden Sie gern von dieser Möglichkeit Gebrauch machen. Kommen Sie aber nicht zu spät zum Essen wieder zurück. Es wäre äußerst unhöflich, wenn Sie erst zum Dessert wieder auftauchen.

Anfangszeit

Unabhängig davon, ob das Festessen in den privaten Räumen des Brautpaares, bei den Eltern oder in einem Restaurant stattfindet und Sie zu einer bestimmten Uhrzeit zum Hochzeitsdinner eingeladen sind, halten Sie sich an die vorgegebene Zeit.
In seltenen Fällen werden Sie ohne vorangehende Programmpunkte wie beispielsweise ein Kaffeetrinken oder einen Empfang zum Hochzeitsessen gebeten. Die Gastgeber laden Sie hier zu einer konkreten Uhrzeit zum Dinner.

Wir bitten um 20.00 Uhr zum Hochzeitsessen.
Das Hochzeitsessen beginnt um 20:00 Uhr.

Als stilvoller und höflicher Gast betreten Sie pünktlich auf die Minute den Ort des Geschehens. Nehmen Sie sich die Regel »pro Kind eine Minute« zu Herzen. Strenge Gastgeber erwarten Sie zur angegebenen Zeit und räumen Ihnen maximal wenige Minuten Verspätung ein – eben »pro Kind«, das noch zu Bett gebracht werden muss, eine Minute.
Reisen Sie eigens zum Festessen mit dem Auto oder anderen Verkehrsmitteln an, ist es kaum möglich, die Anfahrt auf die Minute pünktlich zu organisieren. Deshalb werden Sie, wenn Sie pünktlich sein wollen, immer etwas zu früh vor Ort sein. Richten Sie sich deshalb darauf ein, die verbleibenden Minuten zu überbrücken. Schnappen Sie noch etwas frische Luft, oder warten Sie im Auto.

Anfangszeit mit Spielraum

In der Regel werden Sie in der Einladung vor dem Festessen allerdings zum Empfang gebeten und befinden sich schon am Ort des Geschehens. Findet dieser Programmpunkt nicht statt, bitten umsichtige Gastgeber ihre Gäste vor dem Essen zumindest zu einem Aperitif.

Pünktlichkeit bedeutet in diesem Fall, dass Sie als Gast innerhalb der für den Aperitif vorgesehenen Zeit erscheinen und somit einen kleinen Spielraum für das Ankommen haben.

Wir bitten zwischen 19.30 und 19.45 Uhr zu einem Aperitif.
Das Hochzeitsessen beginnt um 20.00 Uhr.

Wir bitten um 19:30 Uhr zum Aperitif. Das Hochzeitsessen
beginnt um 20:00 Uhr.

Sie dürfen zwischen 19.30 und 19.45 Uhr ankommen. Erst kurz vor 20 Uhr zu erscheinen, wäre selbst bei dieser Einladungsvariante zu spät und ein Grund für eine Entschuldigung.
Je mehr Personen zum Hochzeitsessen geladen sind, umso mehr Zeit veranschlagt das Brautpaar für den Begrüßungsdrink. Der Aperitif ist schließlich dazu gedacht, sich miteinander bekannt zu machen und »aufzuwärmen«. Und es kann gut sein, dass bei einer hohen Gästezahl die Gäste trotz vorangegangener Festivitäten noch nicht die Möglichkeit hatten, einander kennenzulernen und zu plaudern.
Achten Sie darauf, dass Sie sich bei einer formellen Begrüßung in Form einer Empfangslinie nicht »verplaudern«. Denken Sie an die anderen Gäste, die hinter Ihnen warten, und halten Sie Ihre Worte an der Empfangslinie kurz und knapp. Sie können sich sicher im weiteren Verlauf der Feier nochmals mit der Braut und dem Bräutigam unterhalten.

Wie finden Sie Ihren Sitzplatz?

Als Gast nutzen Sie die Zeit des Aperitifs, um Ihre Tischnummer herauszufinden, damit das Hinsetzen später zügig erfolgen kann. Die Tischnummer finden Sie in einem entweder alphabetisch nach Familiennamen oder nach Tischnummern sortierten Placement, das gut sichtbar im Eingangsbereich zum Dinnersaal ausgelegt oder aufgehängt ist.
Umsichtige Gastgeber bieten ihren Gästen beide Varianten. Auf dem Placement nach dem Familiennamen finden Sie zuerst Ihre

Tischnummer und können danach auf dem Placement nach den Tischnummern sofort nachschauen, wer Ihre Tischnachbarn sein werden. So können Sie sich als guter Gast schon vorab die Namen und vor allem die Titel Ihrer Tischgenossen einprägen. Das hat den Vorteil, dass Sie diese beim späteren Essen korrekt ansprechen können, da der traditionellen Etikette folgende Gastgeber Tischkärtchen ohne Titel verwenden. Diese werden vor dem Namen nämlich nur auf dem Placement geführt.

In ganz konservativen Kreisen können Sie auf sogenannte Tischführkarten treffen, welche das Placement ergänzen. Arbeiten Ihre Gastgeber mit Tischführkarten, können sich besonders die weiblichen Gäste freuen, da dann das Suchen des richtigen Tisches und das Hinführen Männersache wird.

Auf der Vorderseite steht nach alter Tradition der Name des männlichen Gastes, auf der Rück- oder Innenseite der seiner Tischdame. Jeder Herr sollte, wenn sich der Aperitif dem Ende zuneigt, seine Tischdame – die übrigens rechts vom ihm sitzt – suchen, sich eventuell mit ihr bekannt machen lassen, und sie anschließend zum Tisch führen.

Wollen Ihre Gastgeber bei den Tischführkarten nicht ganz so konservativ sein, auf diese aber nicht gänzlich verzichten, können auf den Kärtchen auch die Namen und die Tischnummer der Paare stehen, die im wirklichen Leben zusammengehören und – auch wenn sie nicht nebeneinandersitzen müssen – immer am gleichen Tisch platziert werden. Oder es wird pro Person eine Tischführkarte ausgegeben.

Respektieren Sie vor allem die festgelegte Tischordnung. Das Brautpaar hat wochenlang an einer für sich akzeptablen Sitzordnung gearbeitet. Reagieren Sie deshalb weder beleidigt auf Ihre Platzzuweisung, noch tauschen Sie vor dem Essen heimlich Tischkärtchen aus, um doch noch zum begehrten Sitzplatz zu kommen. Möchten Sie gern Ihren Platz wechseln, können Sie sich – wenn die Sitzordnung nach dem Dessert aufgehoben wird – zu anderen Gästen auf einen dann frei gewordenen Platz setzen.

Platz nehmen

Wenn sich die Türen zum Dinnersaal öffnen und die Gesellschaft zu Tisch gebeten wird, formieren sich die Gäste paarweise und gehen zu ihren Tischen. Sobald die Braut Platz genommen hat, können auch Sie sich hinsetzen. Zuerst nehmen die Damen Platz, und wenn diese sitzen, die Herren. Gehören Sie zu den älteren Semestern und können nicht mehr so lange stehen, wird niemand böse sein, wenn Sie bereits Platz nehmen, ehe sich die Braut gesetzt hat.

Sie machen nichts falsch, wenn Sie als Mann Ihre eigene Partnerin oder Begleitung zum Tisch führen, die dann – allerdings weniger elegant – dort auf ihren Tischherren trifft oder schlimmstenfalls auf ihn warten muss.

Beim Platznehmen sind Sie als stilvoller männlicher Gast natürlich Ihrer Tischdame, die rechts von Ihnen sitzt, behilflich und rücken ihr den Stuhl zurecht. Solange die Dame noch nicht sitzt, bleiben Sie hinter ihrem Stuhl stehen. Als weiblicher Gast achten Sie deshalb darauf, dass Sie Ihren Tischherrn nicht allzu lange hinter Ihrem Stuhl verharren lassen.

Im Laufe des Abends und nachdem die Sitzordnung aufgehoben wurde, was meist nach dem Dessert der Fall ist, steht es der Hochzeitsgesellschaft natürlich frei, den Platz zu wechseln und sich zu vermischen. Die Gäste können sich dann auf einen freien Platz setzen und mit bekannten oder unbekannten Hochzeitsgästen sprechen.

Einzug des Paares

Das Brautpaar kann sich allerdings auch für einen dramatisch inszenierten Einzug in den Dinnersaal entscheiden. Der Zeremonienmeister, ein Bandmitglied oder der DJ wird das Erscheinen meist dann ankündigen, wenn alle Gäste bereits an ihren Tischen stehen, aber noch nicht Platz genommen haben. Sie können ihn also nicht verpassen. Erweisen Sie dem Brautpaar den gebührenden Respekt, indem Sie Ihre Unterhaltung mit Ihrem Nachbar einstellen und sich ganz und gar den Frischvermählten widmen. Wenn Sie mögen, können Sie beim Einzug des Paares auch klatschen.

Aufgaben als Tischherr

Als Tischherr kümmern Sie sich um die Dame zu Ihrer Rechten – zumindest bis zu dem Zeitpunkt, an dem die Tischordnung aufgehoben wird. Sofern diese es wünscht beziehungsweise sich nicht sichtlich dagegen wehrt, kümmern Sie sich im Laufe des Abends um sie. Sitzt eine sehr junge Frau während des Hochzeitsessens zu Ihrer Rechten, ist es empfehlenswert, wenn Sie sich gleich zu Beginn ausdrücklich als ihr Tischherr empfehlen und bei dieser Gelegenheit erklären, dass Sie sich an diesem Abend um sie kümmern werden, ihr den Stuhl zurechtrücken, das Brot reichen und sie mit Getränken versorgen. Viele junge Menschen wissen nämlich gar nicht mehr, was ein Tischherr ist und was man von diesem zu erwarten hat.

Vielleicht haben Sie Ihre Tischdame bereits zum Tisch geführt und sich mit ihr bekannt gemacht. Spätestens am Tisch werden Sie ihr begegnen. Stellen Sie sich zuerst vor und warten Sie, ob Ihnen Ihre Tischdame zur Begrüßung die Hand reicht. Den Handschlag erwidern Sie selbstverständlich, bieten ihn jedoch nicht von sich aus an. Natürlich machen Sie sich danach auch mit den anderen Tischnachbarn bekannt, entweder wenn Sie alle noch stehen oder sich bereits hingesetzt haben.

Beim Aufstehen und Hinsetzen Ihrer Tischdame stehen Sie jeweils auf und rücken ihr den Stuhl zurecht. Eine umsichtige Tischdame, die die Etikette kennt und Sie beispielsweise nicht in einem Gespräch mit einem anderen Tischnachbarn stören möchte, wird Sie vorwarnen, ehe sie aufsteht, und Ihnen signalisieren, dass Sie sitzenbleiben können. In diesem Fall bleiben Sie dann auch tatsächlich sitzen.

Ob Sie dann aufstehen, wenn die Dame wieder zum Tisch zurückkehrt, bleibt Ihnen überlassen. Allerdings ist es höflicher, wenn Sie es tun.

Als Tischherr reichen Sie Ihrer Tischdame Brot und Butter. Sie gießen ihr Wein und Wasser nach, falls das nicht vom Service übernommen wird oder dieser sehr nachlässig ist. Sie achten darauf, dass Ihre Tischdame genügend unterhalten wird. Falls nicht, müssen Sie sich ihr zuwenden oder sie in Ihr Gespräch, das sie gerade mit anderen führen, einbeziehen.

Wird das Abendessen in Form eines Buffets angeboten, ist es Ihre Aufgabe, Ihre Tischdame zum Buffet zu begleiten und ihr beim Auftun des Essens behilflich zu sein. Orientieren Sie Ihr Esstempo an dem Ihrer Tischdame, sodass Sie jeweils gemeinsam zum Buffet gehen können.

Ist Ihre tanzfreudige Tischdame ohne eigenen Partner oder Begleiter zum Fest angereist und besteht die Tischordnung noch, wenn die Tanzfläche eröffnet ist, führen Sie Ihre Tischdame selbstverständlich auch zum ersten Tanz. Setzen Sie sich danach am besten nicht wieder an den Tisch, sondern gehen etwas umher. Organisieren Sie Ihrer Tischdame ein Getränk und bleiben so lange bei ihr, bis sich mindestens eine weitere Person, besser noch ein weiterer Mann, zu der Gruppe gesellt hat. So wird die Dame ständig begleitet und nicht »fallengelassen«.

Tischetikette

Würdigen Sie die Einladung des Brautpaares, bei dessen großem Tag dabei zu sein, und die damit verbundene Wertschätzung Ihnen gegenüber auch durch ein angemessenes Verhalten während des Aperitifs und bei Tisch.

Nimmt die Hochzeitsgesellschaft einen Aperitif im Stehen ein, stellen Sie beim Gang zur festlich gedeckten Tafel Ihr Glas auf einem der dafür vorgesehenen Tabletts oder einem anderen geeigneten Platz im Empfangsraum ab, falls es Ihnen nicht von einer aufmerksamen Servicekraft abgenommen wird. Auf keinen Fall entledigen Sie sich Ihres Glases auf der Fensterbank oder – schlimmer noch – auf dem Geschenketisch. Außerdem sollten Sie es sich verkneifen, Ihr benutztes Glas mit an den gedeckten Tisch zu nehmen, es sei denn, die Gastgeber fordern ausdrücklich dazu auf. In diesem Fall sollte das Glas allerdings ausgetrunken sein beziehungsweise nicht mehr weiter daraus getrunken werden, sobald der erste Wein eröffnet worden ist. Der Service wird sofort, nachdem alle Gäste Platz genommen haben, zunächst Wasser anbieten. Das gehört zu jedem Essen und darf von Ihnen ohne Aufforderung sofort getrunken werden. Mit dem Wein warten Sie allerdings als stilvoller Gast, bis Sie durch das Brautpaar

dazu aufgefordert werden, den ersten Schluck zu nehmen. Und Sie müssen selbst dann warten, wenn der Wein bereits warm zu werden droht. In der Regel gibt der Bräutigam oder Brautvater das Zeichen zum Trinken, indem er das Glas erhebt und die Gäste mit einem »Prosit« oder »zum Wohl« zum Trinken auffordert. Sie erwidern, indem Sie Ihr Glas in Augenhöhe heben, zuerst in Richtung des Brautpaares schauen und dabei leicht mit dem Kopf nicken, ehe Sie Ihre Tischnachbarn ebenfalls mit einem leichten Nicken anschauen. Danach dürfen Sie trinken. Es ist – selbst wenn Sie großen Durst haben – allerdings verpönt, das Glas mit einem Zug auszutrinken.
Mögen Sie keinen Wein oder müssen Sie noch fahren, können Sie heutzutage auch mit Wasser oder Saft zuprosten. Ein Saftglas ohne Stiel ist dabei kein Hinderungsgrund. Sie können auch mit einem solchen zuprosten beziehungsweise anstoßen.
Sobald der Wein »angetrunken« ist, können Sie nach Lust und Laune zum Weinglas greifen. Übrigens, als Gast beginnen Sie niemals von sich aus mit dem Anstoßen des Glases. Das ist nur dem Brautpaar selbst und den jeweiligen Rednern vorbehalten, wenn sie das Glas auf das Wohl des Brautpaares heben.
Mit Brot und Butter können Sie sich bedienen, sobald die Braut ihrerseits danach gegriffen hat. Ebenso verhält es sich mit der Serviette. Legen Sie sich die Serviette auf Ihren Schoß, sobald die Braut danach greift. Ist diese allerdings so aufgeregt, dass sie es schlicht und ergreifend vergisst, oder achtet diese möglicherweise auf ihren Kohlenhydratverbrauch und zeichnet sich ab, dass sie wohl gar nicht zum Brotkorb greifen oder die Serviette auf die Knie legen wird, orientieren Sie sich mit der Serviette und dem Brot alternativ am Bräutigam und, wenn das auch nicht weiterhilft, an den Gästen neben Ihnen.
Ehe Sie sich selbst bedienen, bieten Sie den Brotkorb ohne Aufforderung den neben Ihnen sitzenden Gästen an. Kommt Ihnen ein anderer Gast zuvor und bietet Ihnen seinerseits den Brotkorb an, gibt es nur eine elegante Möglichkeit, sich vom Brot zu bedienen. Nehmen Sie dem Anbietenden den Brotkorb ab und greifen Sie dann nach dem gewünschten Brot. Sich direkt vom angebotenen Korb zu bedienen, ist nur erlaubt, wenn Ihnen dieser vom Servicepersonal

angeboten wird. Ansonsten ist es dem Anbietenden gegenüber sehr unhöflich, da Sie ihn mit Ihrer Geste zum Kellner degradieren würden. Oft sieht man bei Tischgesellschaften ratlose Gesichter, wenn es darum geht, das Brot auf dem richtigen Teller abzulegen. Das Brottellerchen links von Ihnen ist übrigens das richtige.

Legen Sie die Serviette ganz ausgebreitet oder einmal gefaltet auf Ihre Oberschenkel. Die Falte liegt dabei in Richtung Knie, die Öffnung weist zu Ihrem Oberkörper, sodass Sie Ihre Lippen in die Klappe hineintupfen können, ohne dass Spuren sichtbar würden. Ob Stoff- oder Papier-Serviette, sie bleibt während der gesamten Mahlzeit auf dem Schoß. Bevor Sie zum Glas greifen, tupfen Sie jeweils Ihre Lippen mit der Serviette ab. So vermeiden Sie hässliche Spuren auf dem Glas und geschmackliche Übertragungen von einem Gang auf den anderen. Wer sehr elegant speist, tupft die vom Trinken angefeuchteten Lippen auch ab, ehe er wieder zum Besteck greift.

Müssen Sie den Tisch zwischen den Gängen verlassen, deponieren Sie die Serviette links neben Ihrem Teller. Steht da noch der Brotteller und ist kein Platz für die Serviette, weichen Sie auf die rechte Seite aus. Sind Sie fertig mit dem Essen, ist links neben dem Gedeck auch der richtige Platz für die abgelegte Serviette. Aber Vorsicht, bitte platzieren Sie die Serviette nach dem Essen erst dort, nachdem auch die Braut die Serviette abgelegt hat. Die aus den USA stammende Variante, die Serviette auf den Stuhl zu legen, wird bei uns als unhygienisch betrachtet. Legen Sie die Serviette – egal, ob Sie den Platz nur kurz verlassen oder das Essen beendet haben – immer locker zusammen und nicht korrekt gefaltet. Papierservietten wurden früher auf dem Teller, notfalls auch auf den Resten abgelegt. Heute werden sie genauso wie Stoffservietten abgelegt, also lose gefaltet links neben dem Teller.

Sie beginnen auch nicht sofort mit dem Essen, sobald der Teller vor Ihnen steht. Schauen Sie zum Brautpaar. Wenn die Braut zum Besteck greift, haben Sie grünes Licht. Dies ist die nonverbale Aufforderung an alle Gäste, nun mit dem Essen zu beginnen, und muss Ihnen reichen. Oftmals bitten die Gastgeber bei großen Tischgesellschaften mit zeitlich versetztem Service diejenigen Gäste, die bereits ihre Teller

vor sich haben, mit dem Essen zu beginnen. Nach einer solchen Aufforderung können Sie loslegen. Als stilvoller Gast fordern Sie andere Gäste nicht dazu auf – und ist Ihre Geste noch so gut gemeint. Dieses Recht bleibt ausschließlich den Gastgebern vorbehalten.
Verkneifen Sie es sich ebenfalls, ein »Guten Appetit« oder »Mahlzeit« in den Raum zu raunen. Diese Äußerungen haben allenfalls am heimischen Küchentisch oder in einer Kantine ihre Daseinsberechtigung. Sollten sich die Gastgeber oder neben Ihnen sitzende Gäste aus Unwissenheit dieses Ausdrucks bedienen, sehen Sie großzügig darüber hinweg. Vermeiden Sie, ein »Guten Appetit« mit einem »Guten Appetit« zu erwidern. Nicken Sie vielmehr bestätigend in Richtung der oder des Aussprechenden und beginnen Sie wortlos zu essen. Allenfalls ein »Danke, ebenso« ist Ihnen gestattet.
Während des Essens wird das Besteck, wenn nicht gegessen wird, nicht auf das Tischtuch gelegt. Auch von der oft gesehenen Variante, das Besteck mit der Spitze auf den Tellerrand zu legen, ist abzuraten, da Sauce auf das Tischtuch fließen oder tropfen könnte. Legen Sie das nicht gebrauchte Besteck während des Essens am besten gekreuzt auf den Teller. Sind Sie fertig mit essen, legen Sie es in der »zwanzig nach Vier«-Position schräg parallel nebeneinander, sodass die Griffe etwas über den Tellerrand herausragen, das Messer auch bei Linkshändern stets rechts von der Gabel.
Bei einem Hochzeitsessen darf es praktisch nicht vorkommen, dass Sie einen der angebotenen Gänge nicht essen wollen oder können. Schließlich werden sich umsichtige Gastgeber schon in der Hochzeitseinladung absichern und kulinarische Besonderheiten auf der Antwortkarte zur Einladung abfragen – ob Lebensmittelallergien, Diäten oder Vorlieben für Fleisch, Fisch oder vegetarische Speisen. Sollte dennoch der unwahrscheinliche Fall eintreten, dass Sie sich mit einem Gericht so gar nicht anfreunden können, wird es bei einer frühzeitigen Absprache mit der Küche – spätestens beim Aperitif – sicher problemlos möglich sein, ein Austauschgericht zu bekommen.
Müssen oder wollen Sie nachwürzen, tun Sie es erst, nachdem Sie die Speise gekostet haben. Es ist ungezogen, zu salzen oder um Gewürze zu bitten, ohne probiert zu haben.

Den früher obligatorischen Anstandshappen müssen Sie nicht mehr auf dem Teller lassen. Und die essbare Dekoration dürfen Sie, egal ob Schnitzkarotte oder Blumen, mitessen.
Zum Dessert nimmt der Service in der Regel Ihre Kaffeebestellung entgegen. Selbst wenn Sie nach »Kaffee, Espresso oder Cappuccino?« gefragt werden, trinken Sie als kundiger und stilvoller Gast ausschließlich einen einfachen oder doppelten Espresso zum Dessert eines Abendessens, auf keinen Fall Kaffeekreationen mit Milch wie Cappuccino oder Latte macchiato. Der Espresso oder Mokka – wie er früher hieß – ist wegen seiner Bitterstoffe sehr bekömmlich und wirkt ähnlich wie ein Digestif. Diesen können Sie alternativ oder zusätzlich zum Espresso bestellen. Der Vollständigkeit halber sei erwähnt, dass der Espressolöffel ausschließlich zum Umrühren von Zucker und Milch gedacht ist. Er wird nach dem Umrühren unter keinen Umständen in den Mund genommen. Achten Sie darauf, da viele Kaffeetrinker den Kaffeelöffel nach dem Umrühren intuitiv ablecken.
Schminken, Haare kämmen oder Erkundungsreisen mit dem Zahnstocher sind am Tisch unerwünscht. Nicht erwähnt werden muss, dass Telefonieren am Tisch gar nicht gern gesehen ist. Außer Ihren Händen sollten Sie nichts auf den Tisch legen. Auf den Tisch gehören weder Brille, Fotoapparat, Handy oder Zigaretten und schon gar nicht die Handtasche – auch nicht nur für kurze Zeit. Eine kleine Handtasche kann hinten auf dem Stuhl Platz finden oder über die Stuhllehne gehängt werden. Eine große Tasche findet auf dem Boden neben Ihrem Stuhl Platz.
Übrigens, als männlicher Gast dürfen Sie Ihr Jackett nur und erst dann ausziehen, wenn der Bräutigam seines abgelegt hat – und wird es Ihnen noch so warm.

Wein & Co.

Auch wenn es heutzutage keine große Verwunderung mehr auslöst, wenn Sie sich zu Fisch Rotwein oder zu Wild einen Weißwein bestellen, beherzigen Sie bei Ihrer Weinwahl – auch im Sinne Ihres persönlichen Weingenusses – ein paar Grundregeln. So sollten leichte Weine vor schweren, jüngere vor älteren, trockene vor milden, alkoholärmere vor alkoholreichen und weiße vor roten Weinen getrunken werden. Die früher sehr starr gehandhabte Regel, dass zu dunklem Fleisch wie Wild, Gans oder Wildgeflügel unbedingt ein Rotwein und zu hellen Fleischsorten, beispielsweise Geflügel, Kalbfleisch und Fisch, zwingend ein Weißwein serviert werden musste, hat sich allerdings zu einer Empfehlung abgeschwächt.

Trinken Sie nicht alle angebotenen Weinsorten oder gar keinen Wein, ist es heutzutage nicht mehr verpönt, sich nur eine kleine Menge Wein oder überhaupt nur Wasser einschenken zu lassen.

Sekt- oder Weingläser fassen Sie am Stiel des Glases an, alle anderen Gläser im unteren Drittel.

Es ist selbstverständlich, dass Sie sich nicht maßlos betrinken und stets wissen, was Sie tun. Auch wenn die Gastgeber Sie mit Getränken jeglicher Art freihalten, sollte das kein Freifahrtschein für Sie sein, sich an diesem Tag ungezügelt zu betrinken. Bedenken Sie die möglichen Folgen eines Vollrauschs. Und Sie wollen sicher nicht schuld daran sein, wenn die Stimmung aufgrund verbaler oder gar körperlicher Entgleisungen in den Keller rutscht. Denken Sie in diesem Zusammenhang auch daran, andere Gäste nicht zum Trinken zu animieren oder gar dazu aufzufordern.

Ein Tipp für Lippenstift tragende Damen: Benetzen Sie vor dem Trinken Ihre Lippen – so, dass es niemand sieht – kurz mit der Zunge. So bleibt der Lippenstift auf den Lippen und nicht am Glas haften.

Bei kleinen Malheurs

Trotz aller Bemühungen, als Gast eine gute Figur zu machen, können immer wieder kleine Pannen oder Malheurs passieren. Wenn Sie einen Hustenreiz bekommen oder sich verschluckt haben, verlassen Sie unauffällig den Raum. Kleckern Sie als männlicher Gast auf Ihre Krawatte, kommt es auf die Größe des Flecks an. Kleine Flecken können Sie ignorieren, bei großen Flecken nehmen Sie die Krawatte einfach ab. Ist Ihnen als weiblicher Gast ein Missgeschick passiert, das sichtbar auf dem Kleid oder dem Kostüm zu sehen ist, entscheiden Sie, ob Sie Maßnahmen ergreifen müssen. Ist es zumutbar, dass die anderen Gäste für den Rest der Feier auf den Fleck schauen, dann lassen Sie ihn, wie er ist. Empfinden Sie das Malheur als zu groß, versuchen Sie, es auf der Toilette mit Wasser zu beheben. Lassen Sie sich notfalls vom Servicepersonal heißes Wasser und eine Stoffserviette bringen.

Wenn Sie andere in Mitleidenschaft ziehen

Es ist wohl der Albtraum eines jeden Gastes: Man kippt ein Weinglas um, und der Inhalt ergießt sich auf die Jacke des Gegenübers. In einer solchen Situation ist es selbstverständlich, dass Sie sich aufrichtig entschuldigen und Ihre Hilfe beim Beseitigen des Schadens anbieten. Je nachdem, wie groß der von Ihnen angerichtete Schaden ist, bieten Sie auch eine angemessene Wiedergutmachung an. Diese kann von der Übernahme der Kosten für die chemische Reinigung bis zum Schadensersatz reichen. Überlegen Sie, ob es angebracht wäre, am nächsten Tag einen üppigen Blumenstrauß an die oder den Geschädigten zu schicken, um Ihrer Entschuldigung Nachdruck zu verleihen.

Wenn Sie bekleckert werden

Sind Sie vom Malheur eines anderen Gastes betroffen, behalten Sie die Ruhe. Auch wenn der arme Tropf Ihr Lieblingskostüm ruiniert hat, bewahren Sie die Contenance. Auszuflippen würde ohnehin nichts mehr bringen, das Kleidungsstück ist und bleibt ruiniert. Zählt der Schaden nicht mehr als bloße Bagatelle, müssen Sie die Angelegenheit aus Höflichkeit allerdings nicht mit Äußerungen wie »Alles halb so wild« verniedlichen. Sollte der Schädiger von sich aus keine Wiedergutmachung anbieten, können Sie das Thema getrost ansprechen und mit einer Bemerkung, dass Sie beispielsweise die Versicherungsmodalitäten besser am folgenden Tag klären, Ihre Erwartungshaltung deutlich machen. Bleiben Sie jedoch immer sachlich.

Fallen Sie nicht negativ auf

Gute Laune ist Pflicht für Sie als Gast. Dazu gehört es selbstverständlich, nicht am Essen zu mäkeln. Sie hatten vor der Hochzeit schließ-

lich ausreichend Gelegenheit, das Brautpaar auf etwaige besondere Essgewohnheiten hinzuweisen. Sich beim Servieren eines ungeliebten Ganges lauthals zu beschweren, ist schlicht und ergreifend nicht nur zu spät, sondern auch peinlich. Lächerlich wirkt es auch, wenn Sie demonstrativ ein Gericht gar nicht anrühren oder einen Gang für andere Gäste bemerkbar abbestellen. Gibt es am Service etwas zu bemängeln, weil beispielsweise das Essen kalt oder der Weißwein warm ist, oder sagt Ihnen ein Gang nicht zu, sprechen Sie diskret mit dem Service, ohne viel Aufhebens darum zu machen. Behelligen Sie nicht das Brautpaar damit. Klären Sie die Angelegenheit entweder selbst, oder wenden Sie sich an den Zeremonienmeister oder einen der Trauzeugen beziehungsweise eine Brautjungfer.
Leider gefallen sich manche Gäste darin, herablassend den Lebensstil und die Bemühungen ihrer Gastgeber zu kommentieren. Das ist jedoch die hinterhältigste Pflichtverletzung, derer sich ein Gast schuldig machen kann. Gehören Sie nicht zu dieser Art von Gast! Wer sich die Mühe macht, Gäste einzuladen, sollte – selbst wenn ihm Fehler unterlaufen – den Schutz der Gäste genießen. Genauso wie der Gast seit eh und je im Haus des Gastgebers geschützt ist.
Schwelende Konflikte mit anderen Hochzeitsgästen lassen Sie an diesem Tag außen vor. Bewahren Sie Ruhe und lassen Sie sich nicht anmerken, dass Sie die eine oder andere Person nicht gerade zu Ihrem Freundeskreis zählen und auf deren Anwesenheit gut und gern verzichten könnten. Genauso gelassen verhalten Sie sich auch, wenn die Stimmung am Hochzeitstag durch Sticheleien oder Bosheiten zu kippen droht. Gerade am Abend, wenn der Alkohol fließt und die Zunge locker sitzt, lassen Sie sich nicht von anderen provozieren. Seien Sie nicht der Auslöser für einen handfesten Streit. Versuchen Sie stattdessen lieber, im Ernstfall deeskalierend einzugreifen.
Leiden Sie an einer Haustierallergie und bemerken Sie, dass Gäste ihre Vierbeiner mitgebracht haben, empören Sie sich nicht lauthals, wenn die Tiere in Ihre Nähe kommen. Hüten Sie sich davor, sich sofort beim Brautpaar zu beschweren. Ziehen Sie vielmehr erst einmal den Zeremonienmeister oder einen der Trauzeugen zu Rate und bitten diesen, eine Lösung zu finden.

Alle Gäste möchten am Hochzeitstag so viel Zeit wie möglich mit dem Brautpaar verbringen. Halten Sie sich zurück, wenn Sie nicht direkt zur Familie gehören. Warten Sie einen geeigneten Zeitpunkt ab, um sich zum Brautpaar zu gesellen, und setzen Sie es nicht unter Druck, indem Sie es in Lauerstellung belagern. Stören Sie das Brautpaar vor allem dann nicht, wenn es eng umschlungen tanzt.

Rauchen

Raucher sind auf der sicheren Seite, wenn sie gänzlich auf das Rauchen im Dinnersaal verzichten. Vor dem Hintergrund des in einigen Bundesländern geltenden Rauchverbotes in öffentlichen Räumen kann das Rauchen sogar gesetzlich verboten sein. Allerdings ist die Hochzeitsfeier in der Regel als geschlossene Gesellschaft angemeldet, sodass das Rauchen prinzipiell im Dinnersaal zulässig ist. Aus Rücksicht auf die anderen Gäste rauchen Sie jedoch in geschlossenen Räumen nicht vor dem Dessert und auch nur, wenn der Service Aschenbecher auf die Tische stellt. Können Sie derartige Aktivitäten nicht erkennen, verkneifen Sie es sich, nach einem Aschenbecher zu fragen. Verlassen Sie stattdessen lieber Ihren Platz und frönen Sie Ihrem Laster auf dem Balkon oder vor der Haustür. Praktizieren Sie diese Übung nicht zwischen jedem Gang, sondern frühestens nach dem Hauptgang, besser noch erst nach dem Dessert. Es wäre sehr unhöflich, Ihre Tischnachbarn alle paar Minuten allein sitzen zu lassen. Nachdem die Sitzordnung aufgehoben ist, also nach dem Dessert, können Sie sowieso aufstehen und auch nach draußen gehen, ohne weiter auf Ihre bisherigen Tischnachbarn Rücksicht nehmen zu müssen.

Toasts und Reden

Während einer Rede unterbricht ein gut geschulter Restaurantservice den Getränkeausschank. Das ist auch für Sie als Zuhörer ein Zeichen, bei der Ansprache nicht zu trinken oder gar zu essen. Zollen Sie vielmehr dem Redner Ihre ganze Aufmerksamkeit. Greifen Sie, sofern Sie in Privaträumen feiern, in dieser Zeit auch nicht zur Zigarette. Nicht erwähnen muss man, dass Sie während einer Rede Ihre – auch noch so angeregte – Unterhaltung mit dem Nachbarn einstellen und Ihren Platz nicht verlassen, sofern Sie nicht dringend die Toilette aufsuchen müssen.

Auf einer Hochzeit halten traditionell die Väter von Braut und Bräutigamvater, manchmal auch ein sehr guter Freund des Bräutigams, ihre Reden. Es ist auch möglich, dass im Anschluss daran die Brautleute selbst beziehungsweise der Bräutigam etwas zum Besten geben. Die erste Rede beginnt nach der Vorspeise, spätestens nach dem Hauptgang. Wenn Sie nicht zu diesem Personenkreis gehören, sollten Sie gut überlegen, ob Sie etwas sagen wollen. Die übrigen Gäste – meist auch das Brautpaar – und der Service freuen sich nicht immer, wenn sie stundenlang auf das Essen warten müssen, weil eine Rede nach der anderen gehalten wird.

Wenn Sie trotzdem ein paar Worte zum Besten geben wollen, sprechen Sie Ihren Wunsch auf jeden Fall vorher mit dem Hochzeitsmanager, einem der Trauzeugen oder dem Zeremonienmeister ab und halten sich an den verabredeten Zeitpunkt. Ohne Absprache eine ausschweifende Rede zu halten, wird Ihnen sicherlich die gesamte Hochzeitsgesellschaft übel nehmen. Eine unangekündigte Rede können Sie notfalls nach dem Hauptgang und am besten nach dem Servieren des Desserts einschieben, weil Sie zu diesem Zeitpunkt den Ablauf der Küche am wenigstens stören. Schließlich kann es sein, dass auch das Dessert warm serviert wird und Sie mit Ihrer Spontaneinlage möglicherweise heiße Nockerln oder ein Soufflé zu Fall bringen könnten.

Stehen Sie zu Ihrer kleinen Ansprache auf, schieben Sie Ihren Stuhl weit nach hinten, damit er Sie nicht stört. Legen Sie Ihre Serviette links neben Ihr Gedeck. Schließen Sie Ihre Jacke, sofern Sie diese geöffnet haben, als Sie Platz genommen haben. Vermeiden Sie es, sich mit einem Räuspern oder einen Schlag an Ihr Glas bemerkbar zu machen. Suchen Sie stattdessen den Blickkontakt zu anderen Gästen und beginnen Sie mit fester und kräftiger Stimme zu sprechen. Achten Sie beim Sprechen darauf, Ihre Hände nicht in den Hosentaschen zu vergraben. Das wird von Ihren Zuhörern als sehr unhöflich empfunden und von so manchem Gast gar als respektlos interpretiert.

Halten Sie sich kurz, orientieren Sie sich an dem Sprichwort »Weniger ist mehr«. Beanspruchen Sie maximal fünf Minuten die Aufmerksamkeit der anderen Gäste, besser noch sind kurze, aber dafür kurzweilige zwei oder drei Minuten. Versuchen Sie zu unterhalten, verzichten Sie in Ihrer Rede allerdings auf »lustige« Erlebnisse aus der Kindheit, schlüpfrige Geschichten aus der Singlezeit von Braut oder Bräutigam beziehungsweise Anekdoten, die sich auf ehemalige Beziehungen oder Liebschaften von Braut oder Bräutigam beziehen und die Braut oder den Bräutigam in Verlegenheit bringen oder sogar einen handfesten Krach provozieren könnten. Nach Ihrer Ansprache erheben Sie Ihr Glas und bitten mit einem »Zum Wohl« die Hochzeitsgesellschaft, auf den Anlass zu trinken.

Tanzen

Nachdem der Hochzeitswalzer getanzt und die Tanzfläche für alle Gäste eröffnet ist, können Sie bis tief in die Nacht das Tanzbein schwingen. Ehe Sie als Herr eine Dame zum Tanzen auffordern, stehen Sie auf, schließen Ihr Jackett, nehmen die Hände aus den Hosentaschen und löschen gegebenenfalls Ihre Zigarette. Selbstverständlich können auch Damen nach moderner Etikette Herren zum Tanzen auffordern.

Fordern Sie als Mann eine Dame zum Tanzen auf, wird Ihnen heutzutage weder eine Verbeugung noch die überkommene Floskel »Sie gestatten?« abverlangt. Auch die früher obligatorische Frage an den Tischherrn der Dame, ob er einen Tanz mit der Dame an seiner Seite gestatten würde, ist heute eher deplatziert. Dennoch zeigen Sie Stil und Gespür für Manieren, wenn Sie den Begleiter der Damen nicht gänzlich links liegen lassen. Elegant ist es, wenn Sie sich zuerst mit den Worten »Darf ich bitten?« oder »Möchten Sie tanzen?« an die Dame wenden und danach ihren Begleiter mit einem »Ich hoffe, Sie sind einverstanden« einbeziehen, ehe Sie in Richtung Tanzfläche verschwinden.

Bei sehr konservativen Hochzeitsbällen ist es in diesem Fall angebracht, dass Sie als »sitzen gelassener« Begleiter Ihrerseits die Begleitung des Mannes, der gerade mit Ihrer Partnerin tanzt, zum

Tanz auffordern oder sich zumindest an ihren Tisch gesellen, falls sie ansonsten allein wäre.
Als Dame können Sie die Tanzeinladung auch ausschlagen. Achten Sie allerdings darauf, dass Sie dem Herrn in höflicher Art und Weise einen Korb geben und den angefragten Tanz nicht demonstrativ mit einem anderen Mann tanzen. Manieren zeigen Sie, wenn Sie als männlicher Gast Ihre Tischdame, die ohne eigenen Partner oder Begleiter zum Fest angereist ist, zum ersten Tanz führen.
Auf der Tanzfläche erweisen Sie sich als aufmerksamer Tänzer, wenn Sie Ihre Schrittgröße dem durch den Schnitt des Kleides vorgegebenen Bewegungsspielraum Ihrer Partnerin anpassen. Gerade bei unbekannten Tanzpartnern sind viele Frauen außerdem sehr dankbar, wenn man ihnen ein Minimum an Distanzbedürfnis gewährt. Reißen Sie deshalb Ihre Partnerin nicht wie bei einem feurigen lateinamerikanischen Tango an sich, sondern halten Sie sie gerade so fest, wie es nötig ist.
Nach dem Tanz bringen Sie Ihre Tanzpartnerin selbstverständlich wieder zurück an ihren Platz und rücken ihr beim Hinsetzen den Stuhl zurecht. Ist das Kleid bodenlang, achten Sie auf den Rocksaum.

Spiele und Aktivitäten
Als Gast nehmen Sie auf dem Hochzeitsfest selbstverständlich keine Konsumhaltung ein, sondern tragen dazu bei, dass sich das Brautpaar an seinen großen Tag immer mit Freude erinnern kann. Sie können das Fest mit Bräuchen, Spielen oder harmlosen Streichen für das Brautpaar unvergesslich machen. Sprechen Sie sich allerdings vorher immer mit dem Zeremonienmeister oder der Person ab, die für die Organisation der Spiele zuständig ist. Es wäre rücksichtslos, die mühevolle Planung durcheinanderzubringen. Indem Sie sich mit dem Zeremonienmeister absprechen, helfen Sie mit, dass Aktivitäten nicht unkoordiniert eingeschoben werden und keine gleichartigen Einlagen die Gäste langweilen. Es stört das Hochzeitsfest gewaltig, wenn zu viele Aktivitäten die Feier überladen, dreimal das gleiche Spiel gespielt wird oder die Stimmung durch unerwünschte Spontan-

aktionen auf den Tiefpunkt sinkt. Veranstalten Sie insbesondere keine »spontane« Brautentführung, wenn keine vorgesehen ist.
Möglicherweise liegt dem Brautpaar absolut gar nichts an derartigen Spielereien und Auftritten. Dann sollten Sie seinen Wunsch respektieren und von geplanten Einlagen Abstand nehmen oder diese zumindest auf ein Minimum zurückschrauben. Sichern Sie sich auch deshalb im Vorfeld beim Zeremonienmeister ab, indem Sie nachfragen.
Damit die Spannungskurve der Feier nicht abfällt und alle anderen Gäste zwischen den Tänzen ein paar Ruhepausen genießen können, streuen Sie Ihre Programmeinlagen nach dem Essen zwischen den Tanzblöcken ein. Auch wenn Sie nach dem Ablaufplan zu einer bestimmten Uhrzeit mit Ihrer Einlage an der Reihe wären, zeigen Sie Flexibilität. Verschieben Sie, wenn beispielsweise die Tanzfläche gerade gut gefüllt oder die Stimmung unter den Gästen auf dem Höhepunkt ist. Eine abrupte Unterbrechung könnte der Stimmung nämlich eher schaden, auch wenn die Einlage von Ihnen noch so gut gemeint ist.
Die von Ihnen geplanten Aktionen müssen zum Stil der Feier passen. Für eine elegante Hochzeitsfeier kommt also eher ein traditioneller Brauch in Frage, wohingegen Sie für eine Polterhochzeit auch ein Spiel einplanen können, bei dem es rustikaler zugeht und das mit etwas Anstrengung verbunden ist.

Seien Sie unterhaltsam

Ein guter Gast ist auch ein guter Unterhalter. Sie hören zu, bringen sich ein und achten darauf, dass die Unterhaltung mit Ihren unmittelbaren Tischnachbarn oder den neben Ihnen stehenden Personen in Gang bleibt. Machen Sie sich nicht unbeliebt, indem Sie sich als Dauernörgler entpuppen oder beharrlich schweigen. Halten Sie sich bei aus Ihrer Sicht kontroversen Themen zugunsten eines harmonischen Abends dezent zurück, und beißen Sie sich vor allem auf die Zunge, wenn Sie wissen, dass Ihre Beteiligung am Gespräch in einer hitzigen Debatte oder gar Streit enden würde.

Angemessenes Verhalten in Privaträumen

Wenn das Brautpaar oder die Eltern zum Hochzeitsempfang in die eigenen vier Wände bitten oder das Hochzeitsessen in privaten Räumen stattfindet, müssen Sie als Gast noch ein paar zusätzliche Regeln beachten.

Sie dürfen selbstverständlich anbieten, beim Auf- und Abtragen von Speisen, Getränken und Geschirr zu helfen. Haben Sie allerdings ein klares »Nein, danke« als Antwort erhalten, setzen Sie sich nicht darüber hinweg. Sie haben Ihre Hilfe angeboten, und dabei belassen Sie es. Insbesondere betreten Sie nicht unaufgefordert die Küche. Gerade bei Veranstaltungen mit vielen zu verköstigenden Personen kann der Zustand der Küche vom Idealzustand abweichen, und die Dame des Hauses möchte die Küche daher nur ungern Fremden präsentieren.

Vom Buffet können Sie sich bedienen, sobald es eröffnet ist. Getränke können Sie auch ohne vorherige Aufforderung oder Freigabe nehmen. Stehen Chips, Obst und Pralinen im für die Gäste zugänglichen Wohnbereich bereit, ist das ein Zeichen, dass Sie sich bedienen können. Finden Sie derlei Leckerein allerdings hinter verschlossenen Türen, hinter die Sie gar nicht hätten schauen dürfen, sind diese Dinge tabu für Sie.

Haben Ihre Gastgeber eine große Bibliothek oder CD-Sammlung, können Sie diese gern bewundern. Vermeiden Sie es allerdings, ungefragt Bücher oder CD-Hüllen aus dem Regal zu nehmen. Ebenso verhält es sich mit dem Fernseher oder der Stereoanlage. Nur wenn Sie von den Gastgebern dazu aufgefordert werden, dürfen Sie diese bedienen.

Sie dürfen nicht nur nach dem WC fragen, sondern sich auch selbst auf die Suche danach machen, sofern Sie nicht von den Gastgebern durch das Haus oder die Wohnung geleitet werden. Benutzen Sie bereitgelegte Seife und Handtücher, schauen Sie allerdings nicht in Badschränke oder testen sich durch Deos oder Parfüms der Hausherren.

Wollen Sie gehen oder etwas aus Ihrer Handtasche herausholen und haben die Gastgeber diese einschließlich Ihrer Garderobe im Schlafzimmer deponiert, dürfen Sie nicht eigenmächtig in diesen sehr

privaten Bereich gehen, sondern müssen die Gastgeber bitten, Ihnen das Gewünschte herauszuholen. Sind Ihre persönlichen Sachen im Gäste- oder Wohnzimmer deponiert, ist es durchaus erlaubt, diese Räume allein aufzusuchen.
Haben die Gastgeber Kinder, dürfen Sie mit diesen auf der Terrasse, im Garten oder im Wohnzimmer spielen, nicht jedoch ohne Weiteres das Kinderzimmer aufsuchen.

Gästebucheintrag

Natürlich kann Sie niemand zwingen, sich im Gästebuch zu verewigen. Allerdings sollten Sie dem Brautpaar die Freude machen. Schließlich möchte es sich mit dem Gästebuch an seine große Feier erinnern. Der Gästebucheintrag kommt in der Regel für Sie nicht überraschend, denn das Gästebuch liegt meist schon zu Beginn der Veranstaltung aus. Und vielleicht werden Sie auch während des Empfangs oder der Hochzeitsfeier vom Hochzeitsmanager oder dem Zeremonienmeister daran erinnert, sich beim Gehen im Gästebuch einzutragen.
Sie haben folgende Möglichkeiten, Ihre handschriftliche Visitenkarte zu hinterlassen. Aus der Sicht von Schreibmuffeln ist es durchaus legitim, wenn auch einfallslos, sich nur mit der Unterschrift zu verewigen. Achten Sie jedoch darauf, dass die Unterschrift noch einigermaßen leserlich ist. Wollen Sie Ihren Eintrag persönlicher gestalten, empfiehlt sich ein kurzer Text, in dem Sie dem Brautpaar für die Einladung danken und Ihre guten Wünsche für die Zukunft aussprechen. Versuchen Sie, keine Standardfloskeln und -formulierungen zu verwenden, da das Gästebuch sonst recht monoton und langweilig zu lesen wäre. Vielleicht machen Sie sich im Laufe des Abends schon ein paar Gedanken oder Stichpunkte zur Formulierung, sodass Sie beim Aufbruch nicht uninspiriert vor den leeren Seiten stehen. Es ist auch durchaus erlaubt, Ihre Zeilen bereits im Laufe der Veranstaltung zu verfassen. Nutzen Sie hierfür eine ruhige Minute.
Übrigens, wenn Sie davon ausgehen, dass Sie ein Gästebucheintrag erwartet, können Sie sich schon zu Hause mit einem Bonmot oder Zitat ausrüsten oder einen passenden Spruch auf einen kleinen Zettel notieren, den Sie einstecken und zum Fest mitnehmen.

Verabschiedung

Sie können nicht nur zu Beginn beispielsweise durch unpünktliches Erscheinen auf einer Veranstaltung auffallen, sondern auch, wenn sich die Hochzeitsfeier dem Ende zuneigt. Weilt das Paar noch unter der Hochzeitsgesellschaft und wollen Sie zu fortgeschrittener Stunde die Feier verlassen, verabschieden Sie sich beim Brautpaar und den Eltern und bedanken sich für die Einladung und das unvergessliche Fest. Wer als Gast den Gastgebern eine Freude machen will, lässt es nicht bei den üblichen Floskeln bewenden, sondern hebt gezielt hervor, was ihm besonders gefallen hat. Dadurch beweisen Sie, dass Sie nicht alles für selbstverständlich halten und Ihnen auch kleine Details aufgefallen sind. Loben Sie die erstklassige Vorbereitung der Hochzeit, das Hochzeitskleid, den ausgefallenen Tischschmuck oder die besonders gelungene Platzierung. Erwähnen Sie, was Ihnen besonders positiv aufgefallen ist. Bedenken Sie, dass der Hochzeit eine monatelange Planung und Vorbereitung voranging.

Ist das Fest noch in vollem Gange und die Gästezahl noch sehr groß, können Sie sich auch unauffällig entfernen, ohne sich persönlich zu verabschieden. In diesem Fall bedanken Sie sich nach der Feier auf jeden Fall beim Brautpaar für die Einladung – am besten auf schriftlichem Wege.

Signalisiert das Brautpaar, dass es sich zurückziehen und die Hochzeitsnacht genießen oder in die Flitterwochen aufbrechen möchte, die Gäste allerdings bis in die frühen Morgenstunden weiterfeiern können, haben Sie grünes Licht für eine ausgelassene Nacht. Sie können so lange bleiben, wie Sie mögen. Hat sich das Paar unauffällig zurückgezogen und keinen derartigen Freifahrtschein angekündigt, orientieren Sie sich an den Eltern der Braut oder des Bräutigams als verbliebene ranghöchste Personen. Auch hier gilt: Signalisieren diese, dass die Gäste bis in die frühen Morgenstunden weiterfeiern können, steht einer fröhlichen Nacht nichts im Wege.

Geben die Eltern allerdings Zeichen für ein baldiges Ende des Festes, sollten Sie Ihr Glas austrinken und spätestens nach zehn Minuten aufbrechen. Vermeiden Sie Ankündigungen wie »Ich werde auch bald gehen« gegenüber den verbliebenen Gastgebern, die den Eindruck erwecken, dass Sie aufgehalten werden wollen. Vor allem dann, wenn Sie nicht aufgehalten werden, wird es peinlich. Hier können Sie die Situation nur retten, indem Sie tatsächlich gehen – und zwar recht bald.

Wenn Sie früher gehen müssen

Bei einem Hochzeitsessen sollten Sie nicht gehen, ehe die Tafel aufgehoben ist, also erst nach dem Dessert. Müssen Sie die Tischgesellschaft trotzdem früher verlassen, setzen Sie alles daran, Störungen zu vermeiden und vor allem keine Aufbruchstimmung zu verbreiten. Es ist schon unhöflich, eher zu gehen. Noch unhöflicher wäre es, die feiernde Runde zu sprengen. Kündigen Sie dem Zeremonienmeister oder einer anderen in die Organisation des Festes eingebundenen Person frühzeitig an, dass Sie an ein Zeitlimit gebunden sind und eher gehen müssen. Sofern Sie das Brautpaar nicht stören und nicht in einer Unterhaltung oder beim Tanzen unterbrechen, können Sie diesem beim Aufbruch für die Einladung danken. Ansonsten verlassen Sie den Ort des Geschehens unauffällig. Situationsbedingt nicken Sie Ihren direkten Tischnachbarn zu oder sagen leise »Auf Wiedersehen«. Vermeiden Sie großes Händeschütteln.

Wenn Sie sich nicht persönlich verabschieden, bedanken Sie sich in den folgenden Tagen noch einmal ausdrücklich bei dem nun frisch verheirateten Paar für die Einladung und das schöne Fest. Je nachdem, ob das Paar unmittelbar im Anschluss an das Hochzeitsfest in die Flitterwochen startet, können Sie sich mit Ihrem Dankesbrief oder Ihrem Anruf bis zu einigen Wochen nach der Hochzeit Zeit lassen. Fährt das Paar nicht sofort in die Flitterwochen, ist es eine Geste des Respekts und ein Zeichen guter Manieren, sich innerhalb einer Woche, besser noch innerhalb von drei Tagen zu bedanken.

Dank sagen

Nach einer Hochzeit ist der Dank, ob in mündlicher Form oder auf dem Postweg, unentbehrlich. Sofern Sie sich bereits auf dem Hochzeitsfest gebührend beim Brautpaar für die Einladung bedanken konnten, ist ein nachgereichter schriftlicher Dankesgruß nicht zwingend erforderlich, aber stilvoll.

Wenn Sie sich nicht persönlich verabschieden, bedanken Sie sich jedoch in den folgenden Tagen noch einmal ausdrücklich bei dem nun frisch verheirateten Paar für die Einladung und das schöne Fest. Je nachdem, ob das Paar unmittelbar im Anschluss an das Hochzeitsfest in die Flitterwochen startet, können Sie sich mit Ihrem Dankesbrief oder Ihrem Anruf bis zu einigen Wochen nach der Hochzeit Zeit lassen. Fährt das Paar nicht sofort in die Flitterwochen, ist es eine Geste des Respekts und ein Zeichen guter Manieren, sich innerhalb einer Woche zu bedanken.
Belassen Sie es nicht nur bei den üblichen Floskeln. Heben Sie gezielt hervor, was Ihnen am Hochzeitstag besonders gut gefallen hat. Ob der originelle Tischschmuck, die überraschende Menüfolge oder die Ihrer Meinung nach besonders gelungene Platzierung – erwähnen Sie jedes Detail, das Ihnen in angenehmer Erinnerung ist. Damit zeigen Sie, dass Sie nicht alles für selbstverständlich halten und die Ehre zu schätzen wissen, Gast gewesen zu sein,

Kinder als Gäste

Ob Sie Ihre Kinder auf das Hochzeitsfest mitnehmen, hängt primär von der Einladung ab. Die Formulierung in der Einladung gibt Ihnen Aufschluss, ob Kinder bei der Hochzeit erwünscht sind oder nicht. Ist die Einladung ausschließlich an Sie oder auch an Ihren Nachwuchs adressiert? Richtet sich das Brautpaar im Einladungstext nur an die Erwachsenen, oder bezieht der Text auch Ihre Kinder mit ein? Sofern auch nur an einer Stelle in der Einladung Ihre Kinder angesprochen werden, sind diese auch eingeladen. Vor allem wenn das Brautpaar einen kinderreichen Freundes- und Familienkreis hat, wird es eine Selbstverständlichkeit sein, Sie mit Ihren Sprösslingen einzuladen.
Schweigt sich die Einladung allerdings über Kinder aus, müssen Sie davon ausgehen, dass das Brautpaar bewusst darauf verzichtet hat, kleine Gäste einzuladen. Wollen Sie sichergehen, dass Ihr Kind lediglich auf der Einladung vergessen wurde, erkundigen Sie sich am besten bei anderen Gästen mit Kindern, ob sich deren Einladung

auch auf die Kinder bezieht. Ist das nicht der Fall, haben Sie Klarheit und können sich schon einmal um einen Babysitter bemühen.
Sind hingegen andere Gäste mit ihren Kindern eingeladen, prüfen Sie zuerst, ob die Kinder der anderen Gäste und Ihr eigenes im etwa gleichen Alter sind. Manchmal laden Brautpaare nämlich nur Kinder ab einem bestimmten Alter ein. Es kann also sein, dass Ihr Nachwuchs unter die vom Brautpaar festgelegte Altersgrenze fällt und demzufolge nicht eingeladen ist. Ebenso ist es möglich, dass das Brautpaar nur die Kinder der engsten Verwandten, beispielsweise der Geschwister, einlädt.
Können Sie keinen signifikanten Altersunterschied oder Beziehungsgrad zum Brautpaar ausmachen, ist es nun Ihre Entscheidung, beim Brautpaar nachzufragen, ob Sie in Begleitung Ihres Kinder oder Ihrer Kinder kommen dürfen. Bedenken Sie allerdings, dass Sie damit das Brautpaar in eine missliche Lage bringen. Hat dieses vergessen, Ihr Kind einzuladen, wird es ihm peinlich sein. Hat es bewusst auf die Einladung Ihres Kindes verzichtet, ist es ebenfalls peinlich, weil Sie durch Ihr Nachfragen dem Brautpaar eine Erklärung abverlangen. Seien Sie nicht gekränkt, wenn Sie nicht das gewünschte Plazet für Ihr Kind bekommen. Das Brautpaar hat sich sicher im Vorfeld lange Gedanken darüber gemacht, ob und welche Kinder es einladen möchte. Akzeptieren Sie diese Entscheidung und nehmen Sie diese nicht persönlich.

Pro und Contra

Bezieht sich die Einladung auch auf Ihre Sprösslinge, spricht vieles dafür, diese an der Hochzeit teilhaben zu lassen. Hochzeiten sind Familienfeste, bei denen der Familienverbund zusammenkommt und sich Menschen treffen, die sich möglicherweise seit Jahren nicht gesehen haben. Gerade in der heutigen Zeit, in der Familien- und Traditionsbewusstsein verloren zu gehen drohen, bieten Familienfeste wertvolle Gelegenheiten, um Familienbande zu pflegen und Familiensinn an jüngere Generationen weiterzugeben.

Überlegen Sie allerdings als Eltern, ob Sie sehr kleine Kinder wirklich auf das Hochzeitsfest mitnehmen wollen. Die ganz Kleinen sind in der Kirche oder im Restaurant oft fehl am Platz. Zum einen ist der Aufenthalt dort für die Kinder langweilig und kann sogar zu einer Tortur werden, wenn das Brautpaar beispielsweise eine ausgedehnte Zeremonie in der Kirche oder ein anschließendes Fünf-Gänge-Menü geplant hat.
Zum anderen denken Sie auch an das Brautpaar und die anderen Gäste. Die freuen sich nämlich auf ein schönes Fest in aller Ruhe. Es wäre rücksichtslos und unhöflich, ihnen den Genuss zu verderben – vor allem dann, wenn Sie wissen, dass Sie einen Zappelphilipp mit Aufmerksamkeits-Defizit-Syndrom großziehen.
Folgende Faustregel kann bei der Entscheidung helfen, Ihren eingeladenen Nachwuchs mitzunehmen oder lieber zu Hause zu lassen: Stehen Sie in einem verwandtschaftlichen Verhältnis zum Brautpaar und möchten Sie das Fest nutzen, damit die Kleinen den Verwandtenkreis und Familientraditionen kennenlernen, nehmen Sie Ihre Sprösslinge mit.
Gehören Sie zum Freundeskreis des Paares, orientieren Sie sich am besten an anderen befreundeten Gästen mit Kindern. Wenn diese ihre Kinder mitnehmen, können Sie es ebenfalls ohne Bedenken tun. Erkundigen Sie sich außerdem bei Brautpaar, Zeremonienmeister oder Hochzeitsmanager nach den Betreuungs- und Spielmöglichkeiten für die Kleinen. Hat das Brautpaar hier ausreichend Vorsorge getroffen, sollte Ihnen die Entscheidung leichtfallen.

Wie sind Kinder richtig gekleidet?

Freiheit und Individualität im Kleidungsstil Ihrer Kinder sollten zu bestimmten Anlässen Grenzen haben. Sie dürfen hier als Eltern ruhig Bedingungen an das äußere Erscheinungsbild Ihres Nachwuchses stellen, sollten allerdings begründen, warum Sie auf dem besonderen Outfit Ihres Kindes bestehen. Erklären Sie Ihrem Kind, dass es die Höflichkeit und Rücksichtnahme anderen Gästen gegenüber gebietet, sich zu einer Hochzeit an die allgemeinen Bekleidungsregeln zu halten. Mit festlicher Kleidung und einem ordentlichen, gepflegten Erscheinungsbild würdigen Sie den besonderen Anlass und erweisen dem Brautpaar Ihre Wertschätzung. Und diese hat es an seinem großen Tag verdient.

Sie müssen für Ihre Sprösslinge nicht den Dresscode der Erwachsenen einhalten. Wenn sich Ihr Kind in einem Frack oder im Spitzenkleidchen partout nicht wohlfühlt, sollten Sie es auch nicht dazu zwingen. Suchen Sie nach einem Kompromiss. Vielleicht entscheiden Sie sich auch für den goldenen Mittelweg zwischen Frack und Jeans mit Turnschuhen. Selbst eine Jeans kann mit einem Kindersakko oder einer Bluse festlich aussehen. Wichtig ist, dass Ihr Kind sich in seiner Haut wohlfühlt und Brautpaar und Gäste mit seinem Outfit nicht vor den Kopf stößt.

Für Jungen muss es nicht um jeden Preis der perfekte Anzug sein. Für Kinder im Grundschulalter tut es durchaus auch ein klassischer dunkler Pullover, darunter ein Hemd mit Kragen. Ein Schlips ist beim Nachwuchs kein Muss. Kombinieren Sie dazu eine dunkelblaue oder dunkelgraue Hose, im Sommer sind auch Beige- oder Khakifarben möglich. Auch ein sattes Rot oder leuchtendes Grün sehen immer schick aus. Ein schickes Sakko oder ein Trachtenjanker darüber machen das Outfit perfekt. Kleinere Jungen im Grundschulalter können im Hochsommer auch mit kurzen, knielangen Hosen und einem kurzärmligen Hemd herumlaufen. Die heiß geliebten Turnschuhe lässt Ihr Sprössling an diesem Tag selbstverständlich im Schrank. Zu einer formellen Kleidung gehören schwarze Lederschuhe mit dunklen Socken. Wer es etwas weniger förmlich mag, ist mit Lederschuhen in einer dezenten Farbe auch gut beraten.

Mädchen sind sowohl mit einem Kleid wie auch mit Rock und Bluse passend angezogen. Will Ihre Tochter partout keinen Rock anziehen, ist eine schicke Hose mit passendem Oberteil durchaus akzeptabel.

Etikette für kleine Gäste

Hat Ihr Kind das Schulalter erreicht, sollte es eine Selbstverständlichkeit sein, dass Ihr Nachwuchs zu Erwachsenen »Guten Tag« sagt. Es wäre schön, wenn Ihr Kind beim Begrüßen Blickkontakt zum Brautpaar und den Hochzeitsgästen sucht und diesem für einen Moment standhält.

Kleine Gäste warten beim Begrüßen, bis ihnen die Hand von einem Erwachsenen gereicht wird. Sind Ihre Kinder schon etwas älter, aber spätestens in der Schule, sollten sie wissen, dass man sich mit vollem Namen, also Vor- und Nachnamen, vorstellt.

Erklären Sie Ihrem Kind, dass es auf der Hochzeit von Wildfremden durchaus mit einem Küsschen begrüßt werden kann. Eine Hochzeit ist eine sehr emotionale Sache, die bei den Beteiligten die unterschiedlichsten Gefühlsausbrüche hervorruft. Raten Sie Ihrem Sprössling, die Küsschenwelle über sich ergehen zu lassen, allerdings nur, bis die kindliche Schmerzgrenze erreicht ist. Ist Ihr Kind von der vielen »Küsserei« genervt oder möchte sich partout nicht von Fremden küssen lassen, kann es natürlich auch Nein sagen. Bedenken Sie, dass das auf den ersten Blick harmlos wirkende Küsschen ein enger Körperkontakt ist, zu dem Sie Ihr Kind nicht zwingen sollten. Sagen Sie einer verschmähten Person, wenn diese beleidigt reagieren und sich bei Ihnen beschweren sollte, dass Sie Ihr Kind verstehen und seinen Willen akzeptieren.

Es macht keinen guten Eindruck, wenn Ihr Kind seine Wünsche mit den Worten »Ich will« artikuliert. Mit einer höflichen Frage »Darf ich bitte?« kommt es ebenso ans Ziel und wird auf diese Weise garantiert keine strafenden oder indignierten Blicke von den umstehenden Hochzeitsgästen ernten.

Erklären Sie vorab Ihrem Sprössling in kindgerechten Worten, was in der Kirche passieren wird. Das Kind soll verstehen, dass die Zeremonie in der Kirche ein sehr feierlicher Akt ist, bei dem es – auch wenn es schwerfällt – leise und diszipliniert sein muss, sofern es sich während der Zeremonie nicht mit anderen Kindern in einem separaten Kinderraum aufhält. Stiftet Ihr Kind in der Kirche oder während des Essens Unruhe und stört damit die anderen Gäste, müssen Sie eingreifen. Am besten gehen Sie mit Ihrem Kind raus – auch wenn Sie dann selbst nicht mehr viel von der Zeremonie oder dem Essen mitbekommen. Besonders wenn Ihr Kind noch sehr klein ist, packen Sie eigene Plüschtiere, Bilderbücher, Stifte und Papier zur Unterhaltung ein. Nehmen Sie Dinge mit, die Ihr Kind kennt und mit denen es sich bei Langeweile beschäftigen kann.

Tischmanieren für Kinder

Auch wenn es am Kindertisch nicht so streng wie an der Hochzeitstafel zugeht, sollten die kleinen Gäste erst dann zu essen beginnen, wenn alle Kinder am Tisch sitzen und ihre Teller vor sich haben. Auch und besonders für kleine Gäste ist die Serviette Pflicht. Üben Sie vor der Hochzeit mit Ihrem Nachwuchs den richtigen Umgang mit der Serviette. Ihr Kind sollte nach dem Essen durchaus zur Serviette greifen, um sich seinen vielleicht beschmierten Mund abzuwischen. Die Serviette ist allerdings nur für kleinere Reinigungen gedacht. Ein größeres Malheur ist nichts für die Serviette, sondern ein Fall für den Gang zur Toilette, zu der Sie Ihr Kind bei einem größeren »Schaden« selbstverständlich begleiten. Zeigen Sie Ihrem Kind, wie die Serviette nach dem Hinsetzen und vor dem ersten Gang auf den Schoß gelegt wird. Erklären Sie ihm, dass diese beim Verlassen des Tisches neben dem Teller und nicht auf dem Stuhl abgelegt wird.

Natürlich muss Ihr Dreijähriger noch nicht perfekt mit Messer und Gabel essen können. Ein paar Grundregeln sollten Ihre Kinder allerdings beherrschen, sobald sie sich im Grundschulalter befinden. So werden die Griffe des Bestecks immer so gehalten, dass nur die oberen zwei Drittel der Griffe in der Hand liegen und die Gabel nicht mit einer Heuharke verwechselt wird.

Beim Messer liegt der Zeigefinger oben auf dem Griff und kann so beim Schneiden nach unten Druck ausüben. Daumen und Mittelfinger dienen dazu, das Messer in der richtigen Balance zu halten. Das Messer wird niemals zum Mund geführt oder abgeleckt. Für die Gabel gibt es zwei mögliche Griffe. Wenn man etwas festhält oder aufspießt, liegt der Zeigefinger auf der Rückseite des Griffes, Daumen und Mittelfinger dienen zur Balance. Dient die Gabel als »Schaufel«, etwa für Reis, Kartoffeln oder Erbsen, und wird sie zum Mund geführt, dreht man zuvor die Gabel. Der Stiel ruht dann in der Beuge zwischen Daumen und Zeigefinger. Dies ist auch die richtige Position für einen Löffel. Eine Unsitte ist es übrigens, Suppe durch Pusten abzukühlen. Ebenso unhöflich ist es, mit offenem Mund zu kauen.

Ihr Kind muss nicht unbedingt mit Fischmesser und Hummerzange umgehen können, sollte aber wissen, dass Spaghetti nicht mit dem Messer geschnitten werden dürfen, sondern mit der Gabel aufgerollt werden. Kleine Gäste dürfen dabei durchaus den Löffel zu Hilfe nehmen. Auch wenn ein umsichtiges Brautpaar für seine kleinen Gäste ein besonderes Essen bestellt hat, kann es sein, dass Ihr Nachwuchs selbst für das eine oder andere Kindergericht noch zu klein ist. Geben Sie in diesem Fall dem Servicepersonal gleich zu Beginn des Essens Bescheid, dass die Küche für Ihr Kind das eine oder andere Gericht austauschen möge.

Es ist selbstverständlich, dass Ihr Kind das Essen nicht in sich hineinschaufelt. Eine angemessene Gabelportion ist so groß, dass man damit zur Not noch sprechen könnte – auch wenn das Reden mit vollem Mund kein schöner Anblick und eigentlich verboten ist.

Werden beim Festessen für die Kleinen keine Tellergerichte serviert, sondern stehen die einzelnen Zutaten auf dem Tisch, darf Ihr Kind den anderen Kindern nichts wegessen. Wenn nur noch ein paar Nudeln oder nur noch ein Stück Fleisch übrig sind, fragt ein gut erzogenes Kind höflich in die Runde, ob es zugreifen darf oder ein anderer ebenfalls noch Hunger hat. Und so schwer es dann fällt, die Höflichkeit gebietet es, dem anderen den Vortritt zu lassen.

Beim Trinken achtet Ihr Kind darauf, dass es das Glas erst dann an den Mund setzt, wenn es alle Speisen heruntergeschluckt hat. Getränke werden nämlich nicht zum Nachspülen benutzt.

Größere Kinder kennen die »Geheimsprache« des Bestecks. Wer noch nicht fertig gegessen hat, legt das Besteck gekreuzt auf den

Teller. Wer zu Ende gegessen hat, legt Messer und Gabel parallel auf den Teller – in der bekannten Vier-Uhr-Stellung.
Achten Sie darauf, dass Ihr Kind beim Festessen nicht mit den angebotenen Gerichten herumspielt. Auch wenn der Nachwuchs zu Hause gern einmal eine Erbse jagt oder mit Kartoffelbrei einen Vulkan baut, ist das nichts für das festliche Abendessen. Apropos spielen: Bei Tisch wird wirklich nur gegessen. Spielzeug hat auf dem Tisch ebenso wenig etwas zu suchen wie ein Gameboy oder Handy – selbst wenn es längere Pausen zwischen den Gängen zu überbrücken gilt.
Die Sache mit dem Aufessen wird heutzutage liberaler gehandhabt. Werden Tellergerichte vorgesetzt, müssen Kinder das Gericht auf dem Teller nicht aufessen. Nur wenn sie sich – beispielsweise bei einem Buffet – selbst auftun, sollten sie die Portion auch aufessen.

Verhalten im Hotel

Es macht von Anfang an einen hervorragenden Eindruck, wenn Sie sich bereits beim Betreten des Hotels auf die Spielregeln des Hauses einlassen. Je großzügiger Sie sich diesen Spielregeln anpassen, desto souveräner wirkt Ihr Auftreten.
Bei der Ankunft hängt es von der Hotelkategorie ab, ob Sie Ihr Gepäck selbst bis zum Empfang tragen sollten oder nicht. In einem erstklassigen Hotel können Sie davon ausgehen, dass Sie Ihr Gepäck nicht einen Meter tragen müssen. Wenn Sie sich nicht sicher sind, ob Ihr Gepäck schon am Eingang in Empfang genommen wird, suchen Sie nach Indizien. Steht ein Page oder Wagenmeister vor dem Hoteleingang, spricht vieles dafür, dass man sich um Ihr Gepäck kümmert. Reisen Sie mit dem eigenen Wagen an, fahren Sie bei einer Luxusherberge direkt am Hoteleingang vor und überlassen das Gepäckausladen dem Hotelboy. Der versorgt das Gepäck und der Wagenmeister Ihr Auto.
Bei vielen Hotels in den unteren Kategorien wird man zuerst in die Hotelgarage geführt. Von dort muss man in der Regel sein Gepäck selbst zum Empfang schleppen. Sollten Sie viel Gepäck dabeihaben,

lassen Sie Ihre Habe erst einmal im Auto und kehren mit einem Hotelboy zurück, der sich dann darum kümmern kann.
Fahren Sie mit einem Taxi vor, lassen Sie sich Ihre Koffer vom Taxifahrer zum Hotelempfang tragen, falls kein Hotelangestellter dafür parat steht.
Lassen Sie schon beim Einchecken prüfen, ob besondere Wünsche wie beispielsweise ein Nichtraucherzimmer bei der Reservierung berücksichtigt worden sind. Fragen Sie übrigens auch gleich bei der Ankunft nach, wann Sie das Zimmer am Abreistag räumen müssen. Falls Sie länger als erlaubt bleiben wollen, richten Sie sich darauf ein, dass Sie Ihre Koffer bereits am Abreisemorgen gepackt haben und entweder ins Hoteldepot zur Verwahrung geben oder in Ihr Auto in die Hotelgarage schaffen, damit das Zimmermädchen das Zimmer für neue Gäste herrichten kann.

Wer zahlt Anreise und Übernachtung?

Grundsätzlich können Sie als Gast nicht erwarten, dass die Einladung zur Hochzeit automatisch für die Reise- und Hotelkosten gilt. Denn es ist üblich, dass diese nicht von den Gastgebern übernommen werden. Schließlich ist die Hochzeit – auch ohne Hotelzimmer – schon teuer genug.
Wenn die Ausrichter der Hochzeit Sie verwöhnen und die Übernachtung spendieren möchten, werden sie dies in der Einladung auch explizit mit Formulierungen wie »Für die Übernachtung kommen wir auf« oder »Die Hotelkosten werden übernommen« ansprechen. Ist diesbezüglich nichts in der Einladung erwähnt oder finden Sie den Hinweis, dass die Gäste ihre Hotelzimmer selbst bestellen sollen, können Sie davon ausgehen, dass Sie auch selbst für die Übernachtungskosten aufkommen.
Umsichtige Gastgeber handeln allerdings mit den Hotels Sonderkonditionen aus und informieren Sie darüber in der Einladung. Der Hinweis, dass Sie in ausgewählten Hotels unter Angabe eines bestimmten Reservierungscodes Ihr Zimmer zu Sonderkonditionen

buchen können, bedeutet allerdings nicht, dass sich die Organisatoren für die Bezahlung zuständig fühlen. Auch in diesem Fall zahlen Sie Ihr Zimmer selbst. Sie haben als Gast allerdings die Wahl: Würden Sie die Kosten für die vorgeschlagene Herberge finanziell zu sehr belasten, können Sie sich auch eine preiswertere Unterkunft suchen. Sie sind an die Vorschläge des Brautpaares nicht gebunden. Zur Not – wenn keine Alternative in der Nähe zu finden ist – können Sie das Hochzeitsgeschenk etwas kleiner ausfallen lassen.

Liegt dem Brautpaar die Anwesenheit besonderer Gäste außerordentlich am Herzen, die sich die Anreise oder die Übernachtung nicht leisten können, bieten die Gastgeber vielleicht im Einzelfall an, die Kosten zu übernehmen. Wenn Sie ein solches Angebot erhalten, sollten Sie auf jeden Fall absolutes Stillschweigen gegenüber den anderen Gästen bewahren, um eventuelles Gerede zu vermeiden.

Haben Sie nicht schon in der Save-the-date-Karte eine Hotelliste von infrage kommenden Übernachtungsmöglichkeiten erhalten, ist eine entsprechende Liste der Einladung beigelegt, damit Sie rechtzeitig Ihr Hotelzimmer buchen können.

Planen Sie, am eventuell angebotenen Rahmenprogramm um die Hochzeitsaktivitäten herum teilzunehmen, beachten Sie dies bei Ihren Übernachtungsplänen. Möglicherweise kann sich dadurch Ihre Aufenthaltsdauer verlängern.

Hochzeit im Ausland

Auch wenn die Kosten für eine Einladung zu einer Hochzeit ins Ausland leicht an das Budget eines Jahresurlaubes für die ganze Familie herankommen, ist es nicht selbstverständlich, dass Ihre Gastgeber Sie zu ihrer Hochzeit auf deren Kosten unter Palmen einfliegen lassen oder das Hotelzimmer spendieren.

Zugegeben, die Zusagequote wird sicher höher ausfallen, wenn die Gäste nicht mit den Kosten für Anreise und Übernachtung behelligt werden, aber erwarten kann man eine solche Großzügigkeit nicht.

Erlaubt es Ihre finanzielle Situation nicht, mit dem Brautpaar in einem fernen Land zu feiern, müssen Sie sich auch keine Notlüge im Falle einer Absage der Einladung einfallen lassen. Das Brautpaar hat sich bewusst für eine für die Gäste preisintensive Einladung entschieden und rechnet demzufolge auch mit einer entsprechenden Absagequote. Im Übrigen wird ein etikettefestes Paar in jedem Fall eine ordentliche Nachfeier für all diejenigen ausrichten, die bei der Hochzeit nicht mit dabei sein konnten.

Kleiden Sie sich angemessen

Spätestens beim Betreten des Hotels erkennen Sie sofort, welcher Kleidungsstil im Hotel erwünscht ist. Ihr Outfit sollte zum Stil des Hotels passen und so gewählt sein, dass sich auch die anderen Gäste in Ihrer Gegenwart wohlfühlen.
Sie missachten aller Wahrscheinlichkeit nach den Stil des Hauses, wenn Sie im Jogginganzug oder ähnlich legerer Sportkleidung zum Frühstück erscheinen oder ohne Krawatte und Jackett zum Dinner im Hotelrestaurant Platz nehmen, obwohl es der Stil und die Hotelkategorie des Hauses eindeutig erfordern.
Vermeiden Sie es insbesondere, mit Badebekleidung und Pantoffeln durch die Hotelhalle zu schlendern oder gar das Hotelrestaurant in diesem Aufzug zu betreten. Wollen Sie von Ihrem Zimmer in den hoteleigenen Pool gehen, ist es durchaus legitim, wenn Sie in Badekleidung und einem Bademantel den direkten Weg vom Zimmer zum Pool antreten. Meist gelangt man über die Zimmerflure oder in einem extra dafür vorgesehenen Fahrstuhl direkt zum Pool, ohne dafür die Lobby benutzen zu müssen.

Etikette für Hotelgäste

Dem Servicepersonal gegenüber verhalten Sie sich als stilvoller Gast höflich, respektvoll und angemessen. Dabei spielt es keine Rolle, ob Sie eine Dienstleistung bestellen oder eine Reklamation vorbringen. Denken Sie an den Morgen nach der Hochzeitsfeier. Sofern Sie am nächsten Morgen ausschlafen können, hängen Sie am Abend zuvor

das Schild »Bitte nicht stören« an die Zimmertür. Nur so stellen Sie sicher, dass nach durchzechter Nacht nicht morgens das Zimmerpersonal Ihrem wohlverdienten Schlaf ein abruptes Ende setzt. Zimmer und Bad überlassen Sie dem Personal immer in einem zumutbaren Zustand. Dabei ist es eine Frage der Höflichkeit, das Zimmer nicht vorsätzlich zu verwüsten und beispielsweise Handtücher vom Boden aufzuheben oder auf dem Boden verteilte Kleidungsstücke oder Schuhe zusammenzuräumen. Nutzen Sie Ihre Handtücher im Hotel für die gleichen Dinge, wie Sie es auch zu Hause tun, also nur zum Abtrocknen. Es zeugt von einer schlechten Kinderstube, wenn Sie Hotelhandtücher zum Abschminken, Schuheputzen oder in ähnlicher Weise rücksichtslos gebrauchen.
Nehmen Sie Rücksicht auf die anderen Gäste. Seien Sie in der Lobby und auf dem Hotelflur nicht über Gebühr laut und stellen Sie den Fernseher oder das Radio in Ihrem Zimmer nur so ein, dass die benachbarten Hotelgäste dadurch nicht gestört werden.
Eine schöne Geste ist es, sich am Ende Ihres Aufenthaltes dem Personal gegenüber für den angenehmen Aufenthalt zu bedanken, wenn Sie tatsächlich zuvorkommend behandelt worden und zufrieden sind. Hinterlassen Sie Ihren Dank stellvertretend am Empfang oder, wenn Sie die Leistungen des Concierge beansprucht haben, bei diesem.

Nichts Unerlaubtes mitnehmen

Die Ihnen im Bad zur Verfügung gestellten Toilettenartikel wie Seife, Duschgel, Nagelfeile und Duschhaube sind für den persönlichen Gebrauch bestimmt. Angebrochene Fläschchen können Sie bei der Abreise mitnehmen, ebenso benutzte Badepantoffeln. Allerdings wäre es ein sehr schlechter Stil, die Toilettenartikel bei einem mehrtägigen Aufenthalt täglich nachfüllen zu lassen, weil Sie alle Fläschchen und Döschen, die Sie nicht benutzen, täglich in Ihrem Koffer verschwinden lassen.
Ausstattungsgegenstände wie zum Beispiel Bademantel, Handtücher oder Kopfkissen gehören zum Inventar und dürfen nicht mitgenommen werden. Das wäre Diebstahl. Unterscheiden Sie also, was ein Ih-

nen offeriertes Geschenk des Hauses und was Inventar ist. Übrigens, auch jemandem, der eigentlich nicht frühstückt oder morgens nur wenig zu sich nimmt, ist es nicht gestattet, sich beim Frühstücksbüffet ein Brötchen für unterwegs zu schmieren. Es gilt die Regel, dass Lebensmittel im Restaurantbereich bleiben.

Nichts Unerlaubtes mitbringen
Zu den ungeschriebenen Gesetzen im Hotel gehört es, keine Getränkedosen oder Snacks von zu Hause oder aus dem Supermarkt in das Hotelzimmer zu schmuggeln. Es zeugt von schlechtem Stil, wenn Sie die Minibar ausräumen und stattdessen die eigenen Getränke kühlen. Ist keine Minibar vorhanden, können Sie kühle und frische Getränke beim Zimmerservice bestellen.

Trinkgelder

Denken Sie bitte daran, dass für jede Sonderleistung ein Trinkgeld fällig wird. Für die Einstufung, welche Wünsche zum Hotelstandard zählen oder Sonderleistungen sind, gibt es keine Universalformel. Je nach Hotelkategorie müssen Sie abschätzen, ob der von Ihnen geäußerte Wunsch im Standardprogramm der Herberge inbegriffen ist oder nicht. In einer edlen Luxusherberge gelten andere Regeln als in einem einfachen Garni-Hotel, und in einem hochklassigen Fünf-Sterne-Hotel können Sie mehr für Ihr Geld erwarten als in einer kleinen Pension. Für in allen Hotelkategorien übliche Leistungen wie das Herausgeben der Zimmerschlüssel oder Codekarten wird selbstverständlich kein Trinkgeld fällig.
Der Wagenmeister eines Luxushotels, der Ihren Autoschlüssel abnimmt und Ihren Wagen parkt, rechnet allerdings schon mit einem Trinkgeld von zwei bis drei Euro. Und das auch, wenn er Ihnen zur Abreise den Wagen wieder vor die Eingangstür stellt.
Steht ein Page vor dem Hotel, um Ihnen ein Taxi zu rufen, beim Ein- und Aussteigen behilflich zu sein oder Ihnen einen Schirm zu organisieren, ist ein Obolus von 50 Cent bis einen Euro angebracht.

Hat ein Hotelboy Ihr Gepäck auf das Zimmer gebracht, wird ebenfalls ein Trinkgeld fällig. Die Höhe hängt nicht nur von der Anzahl der Gepäckstücke ab, sondern auch davon, wie lange Sie darauf warten müssen. Rechnen Sie mit zwei Euro pro Gepäckstück in einer Luxusherberge und in einer einfacheren Hotelkategorie mit einem Euro pro Tasche oder Koffer. Für das Zimmermädchen – oder neudeutsch »Housekeeping« – dürfen es im Nobelhotel zwei Euro, im Mittelklassehotel ein Euro pro Nacht sein. Dabei ist es üblich, das Trinkgeld bei der Abreise im Zimmer oder Bad zu hinterlassen. Bei längeren Aufenthalten ist ein Vorabtrinkgeld schon am zweiten oder dritten Tag empfehlenswert. Wenn Sie Zusatzwünsche an das Zimmermädchen haben, wie beispielsweise ein zusätzliches Kissen, eine Vase oder einen bestimmten Toilettenartikel, denken Sie an eine gesonderte Vergütung. Spendieren Sie etwa einen Euro pro Sonderwunsch.
Nehmen Sie vom Concierge oder Portier Sonderleistungen in Anspruch, ist ein Trinkgeld zwischen einem und fünf Euro stilvoll. Egal, ob er Ihnen einen Blumenstrauß oder ein ausgefallenes Transportmittel organisiert oder Karten für eine theoretisch ausverkaufte Theateraufführung besorgt, zeigen Sie sich für diese Hilfe erkenntlich.
Vergessen Sie auch nicht beim Unterschreiben der Restaurant- oder Hotelbarrechnung das Trinkgeld für die Servicekräfte. Je nach Zufriedenheit liegen Sie mit zwischen fünf und zehn Prozent der Rechnungssumme richtig. Fühlen Sie sich schlecht bedient, geben Sie lieber kein Trinkgeld als nur ein paar Cent. Lassen Sie sich etwas vom Roomservice bringen, ist ein Trinkgeld von einem oder zwei Euro angemessen. Dabei spielt es keine Rolle, ob Sie sich eine Flasche Wasser für ein paar Euro oder ein À-la-carte-Abendessen für zwei Personen auf das Zimmer bestellen.
Der Service beim Frühstücken wird in Hotels oft vergessen. Auch wenn Selbstbedienung am Buffet die Regel ist, schenkt der Service Ihnen Kaffee ein, serviert Tee, kümmert sich um Sonderwünsche und räumt ab. Zeigen Sie sich deshalb mit zwei Euro im Luxushotel und einem Euro im Mittelklassehotel erkenntlich. Übrigens, Sie können das Trinkgeld nach dem Frühstück auch auf dem Tisch liegen lassen und müssen nicht warten, was besonders Eiligen entgegenkommt.

Vergessen Sie nicht, sich am Ende Ihres Aufenthaltes der gesamten Servicemannschaft gegenüber mit einem Trinkgeld erkenntlich zu erweisen. Die praktischste Lösung ist es, wenn Sie Ihr Trinkgeld beim Auschecken an der Rezeption abgeben. Sofern Sie keine speziellen Hinweise zum Verbleib des Geldes oder auf eine bestimmte Aufteilung geben, wird das Trinkgeld nach einer hausintern abgesprochenen Quote verteilt.

Wenn Sie die Hochzeit »geschwänzt« haben

Haben Sie eine Hochzeitseinladung angenommen, sind auf der Feier allerdings ohne Entschuldigung nicht erschienen, stellt das einen großen Affront gegenüber dem Brautpaar dar. Sie haben damit zum Ausdruck gebracht, dass Ihnen andere Dinge wichtiger sind als die Neuvermählten. So unwichtig sogar, dass Sie es nicht einmal für nötig befunden haben, die Einladung abzusagen. Es kann also gut sein, dass Sie nun ein paar Freunde weniger haben. Liegt Ihnen noch etwas daran, das zerrüttete Verhältnis zumindest ansatzweise zu kitten, schreiben Sie einen Entschuldigungsbrief. Zeigen Sie deutlich, dass es Ihnen aufrichtig leidtut, beim Fest nicht dabei gewesen zu sein. Und begründen Sie Ihr Fernbleiben triftig. Lassen Sie sich als allerletzten Ausweg eine Notlüge einfallen, die aber nachvollziehbar ist und nicht an den Haaren herbeigezogen wirkt. Haben Sie Ihr Geschenk noch, das Sie eigentlich am Hochzeitstag verschenken wollten, legen Sie dies mit bei. Sollte Ihr Geschenk das Hochzeitspaar bereits erreicht haben, verschicken Sie mit Ihrem Entschuldigungsbrief zumindest einen üppigen Blumenstrauß.

GRATULANTEN

Egal, ob Sie dem Brautpaar zur Vermählung »nur« gratulieren oder es auch beschenken möchten, stilvolles Übermitteln von Glückwünschen und Geschenken will gelernt sein.

Glückwünsche

Selbst wenn Sie mit dem Brautpaar nur flüchtig bekannt sind, als Nachbar der Brauteltern nicht zur Hochzeit eingeladen sind oder zum Fest zwar eingeladen sind, aber vielleicht kein eigenes Geschenk haben, gehört das Beglückwünschen des Brautpaares zum Pflichtprogramm, vorausgesetzt, Ihre Wünsche kommen von Herzen, und Sie möchten dem Brautpaar gegenüber Ihre ehrlichen Gefühle kundtun.

Mündliche Gratulation

In der Regel werden alle Gäste ihre persönlichen Glückwünsche für das Brautpaar aussprechen. Je nach Bekanntheitsgrad werden die Worte vertraut oder offizieller ausfallen.

Vor der Hochzeit

Selbstverständlich gratulieren Sie dem Brautpaar nicht vor der Hochzeit. Der früheste Zeitpunkt, zu dem Sie gratulieren können, ist nach der standesamtlichen Trauung. Wollen Sie vor der eigentlichen Hochzeit – beispielsweise wenn Sie von der Heiratsabsicht des Paares erfahren – gratulieren, beziehen sich Ihre Wünsche stets auf die Entscheidung zur Eheschließung, nicht aber auf die Hochzeit selbst.

Am Tag der Hochzeit

Es ist gar nicht so einfach, am Hochzeitstag den richtigen Zeitpunkt für Glückwünsche zu finden. Denn nicht jede Gelegenheit ist dafür geeignet, und in vielen Fällen ist das Brautpaar bei passenden Gelegenheiten seinerseits zu beschäftigt, als dass Sie Ihre Gratulation noch platzieren könnten, ohne dass es für das Paar in Stress ausartet.

Wann gratulieren Sie?

Der richtige Zeitpunkt für die Gratulation ist von den Feierlichkeiten und Programmpunkten abhängig, zu denen Sie eingeladen sind. Bei einem Empfang vor der Hochzeit sind Sie gut beraten, wenn Sie das Brautpaar noch nicht beglückwünschen. Warten Sie bis nach der Trauung. Hier ist der beste Zeitpunkt zum Gratulieren, wenn das Brautpaar und die Gäste die Kirche verlassen haben und alle vor der Kirche stehen. Wenn Sie dem Brautpaar nach der Trauung mündlich gratulieren, versetzen Sie sich bitte in die Lage des frisch vermählten Paares. Wie langweilig ist es für dieses, wenn es hundertmal ein »Alles Gute« oder ein »Herzlichen Glückwunsch« hören muss. Überlegen Sie sich deshalb vorher, was Sie dem Paar mit auf den Weg geben wollen. Fassen Sie sich auf jeden Fall kurz, damit Ihre Gratulation nicht zu langatmig wird und die anderen Gratulanten nicht ewig warten müssen.

Es ist übrigens eine schöne Geste, wenn Sie nicht nur dem Brautpaar, sondern auch den Elternpaaren gratulieren. Denn auch für diese ist die Hochzeit ihrer Kinder ein besonderes Ereignis, zu dem Sie alles Gute wünschen. Sie gratulieren natürlich nicht nur den leiblichen Eltern, sondern auch neu angeheirateten Elternteilen beziehungsweise neuen Lebenspartnern der Eltern. Es wäre ein Affront gegen die neuen Partner der Eltern, sie bei der Gratulation zu übergehen. Vor allem dann, wenn diese seit vielen Jahren mit dem leiblichen

Elternteil zusammenleben und der Braut oder dem Bräutigam wie eine Mutter oder ein Vater sind.
Sind Sie nicht bei der Trauung dabei, sondern erst bei dem nach der Hochzeit angesetzten Empfang und dem Hochzeitsessen, gratulieren Sie beim Empfang. Es gilt die Regel, dass Sie als Gast zuerst den Gastgebern beziehungsweise dem Brautpaar »Guten Tag« sagen und zur Hochzeit gratulieren, bevor Sie andere Gäste begrüßen. Befindet sich das Brautpaar bei Ihrer Ankunft nicht im Eingangsbereich, sondern am anderen Ende des Raumes oder in der hinteren Ecke des Gartens, bewegen Sie sich zuerst in Richtung Brautpaar. Auf dem Weg dahin dürfen Sie selbstverständlich Ihnen bekannte Personen grüßen, sollten sich aber vor der Begrüßung der beiden Hauptpersonen nicht in ausgedehnte Gespräche mit anderen Gästen vertiefen. Können Sie das Brautpaar bei Ihrer Ankunft nicht unter der Hochzeitsgesellschaft entdecken, gesellen Sie sich zwanglos unter die anderen Gäste. Sie werden im Laufe der Veranstaltung von den beiden Brautleuten und sicher auch von deren Eltern begrüßt.
Gäste, die ausschließlich zum abendlichen Essen eingeladen sind oder beim Empfang keine Gelegenheit für eine Gratulation gefunden haben, können auch erst am Abend gratulieren. Ein guter Zeitpunkt ist beim Aperitif vor dem Essen, welchen die Hochzeitsgesellschaft im Stehen einnimmt, bevor sie sich zu ihren Plätzen begibt.
Sofern sich das Brautpaar für eine offizielle Begrüßung entschieden hat, haben Sie es einfach, da Sie am Hochzeitspaar zum Händeschütteln vorbei müssen. Hatten Sie vor dem Essen keine Gelegenheit, das Paar zu beglückwünschen, wird es spätestes nach dem Dessert – wenn die Sitzordnung aufgehoben ist – Zeit, dem Paar Ihre Glückwünsche zu übermitteln.
Häufig werden auch mündliche Glückwünsche als eigener Programmpunkt bei der Hochzeitsfeier zusammengefasst. Erkundigen Sie sich vorher beim Hochzeitsorganisator oder Zeremonienmeister. Stimmen Sie den Zeitpunkt mit ihm ab, und vermeiden Sie gut gemeinte Spontaneinlagen. Denken Sie daran, dass weniger mehr ist. Fassen Sie sich kurz, aber seien Sie kurzweilig, damit der Unterhaltungswert nicht verloren geht und Sie nicht langweilen.

Wem gratulieren Sie?

Selbstverständlich gratulieren Sie nicht nur dem Brautpaar, sondern auch den Elternpaaren, Großeltern und Geschwistern. Denn auch für diese ist die Hochzeit ihrer Kinder, Enkelkinder oder Geschwister ein besonderes Ereignis, zu dem Sie alles Gute wünschen.

Bei der Gratulation werden natürlich nicht nur die leiblichen Eltern bedacht, sondern auch neu angeheiratete Elternteile beziehungsweise neue Lebenspartner der Eltern. Es wäre ein Affront gegen die neuen Partner der Eltern, sie bei der Gratulation zu übergehen. Vor allem dann, wenn diese seit vielen Jahren mit dem leiblichen Elternteil zusammenleben und der Braut oder dem Bräutigam wie eine Mutter oder ein Vater sind.

Wenn die Brautmutter also zum wiederholten Mal verheiratet ist und die Braut zum neuen Mann ihrer Mutter ein gutes Verhältnis hat, ist es selbstverständlich, dass Sie als Gast auch dem neuen Ehemann der Mutter – sozusagen dem Stiefvater der Braut – gratulieren. Umgekehrt gilt dies natürlich auch für die »Neuen« an der Seite des Brautvaters oder der Eltern vom Bräutigam.

Nachträgliche Glückwünsche

Frei nach dem Motto, für ein paar gute Wünsche ist es nie zu spät, gibt es für nachträgliche Hochzeitsglückwünsche keine zeitliche Begrenzung. Sobald Sie von der Eheschließung Ihrer Bekannten, Arbeitskollegen oder Geschäftspartner erfahren, können Sie noch gratulieren – selbst wenn das Paar schon seinem ersten Hochzeitstag entgegenfiebern sollte.

Wissen Sie jedoch schon seit Monaten von der Vermählung und rechnet auch das Ehepaar damit, dass Sie schon seit Langem von der Hochzeit Kenntnis haben, verkneifen Sie sich eine verspätete Gratulation besser. Die Empfänger könnten Ihre verzögerte Reaktion dahingehend interpretieren, dass Ihre Wünsche gar nicht von Herzen kommen, sondern aus Anstand und schlechtem Gewissen nachgeschoben wurden. Sie hätten schließlich schon längst gratulieren können.

Zeigen Sie mit Ihrer Glückwünschkarte, dass Ihnen das Brautpaar am Herzen liegt. Verzichten Sie auf eine vorgedruckte Karte aus dem Schreibwarenhandel; formulieren Sie lieber ein paar sehr persönliche Zeilen handschriftlich auf einer unbedruckten Karte. Diese vermitteln eher das Gefühl, dass Sie das Brautpaar schätzen, und zeigen, dass Sie sich mit dem Schreiben der Karte für Braut und Bräutigam Zeit genommen haben.

Beschriftung des Briefumschlags

In welcher Reihenfolge die Brautleute auf dem Briefumschlag genannt werden, hängt von Ihrer Beziehung zu beiden ab. Kennen Sie die beiden, werden Sie nach der Regel »Ladies first« die Braut zuerst nennen, also:

> Dem Brautpaar Christina
> und Hubertus Schwarz

Die traditionell herausgehobene Stellung der Braut bei einer Hochzeit darf sich generell bei der Beschriftung der Hochzeitskarte und der Formulierung der Glückwunschanrede niederschlagen, indem man die Braut voranstellt.

Kennen Sie als Absender nur die Braut oder nur den Bräutigam, setzen Sie die Person an erste Stelle, die Sie persönlich oder weitaus besser kennen.

Wissen Sie genau, dass die Eheleute auch nach der Hochzeit unterschiedliche Namen beziehungsweise Doppelnamen führen werden, sind Sie sich diesbezüglich unsicher oder trägt einer der Adressaten einen akademischen Titel, beschriften Sie den Briefumschlag mit beiden Vor- und Nachnamen, also:

> Dem Brautpaar Christina Weiß
> und Hubertus Schwarz

Dem Brautpaar Christina Weiß-Schwarz
und Hubertus Schwarz

Dem Brautpaar Christina Schwarz
und Dr. Hubertus Schwarz

Auch unterschiedliche akademische Grade ändern dabei nicht die Reihenfolge der Nennung. Es ist auch in diesem Fall eine Höflichkeitsentscheidung, die Frau zuerst zu nennen.

Titel und akademische Grade auf dem Briefumschlag
Titel und akademische Grade werden auf dem Umschlag angegeben, auch wenn es sich um enge Verwandte oder gute Freunde handelt. Titel und akademische Grade werden nach der Höflichkeitsform »Frau« oder »Herrn« und vor den Vor- und Nachnamen des Empfängers gesetzt.
Wenn nur einer der Adressaten den akademischen Grad Doktor oder den akademischen Amtstitel Professor trägt beziehungsweise eine Professorenwürde verliehen bekommen hat oder beide unterschiedliche akademische Grade oder Titel innehaben, zählen Sie die Personen einzeln mit deren Namen und jeweiligen Graden und Titeln auf. Verschiedenwertige akademische Grade bestimmen dabei nicht die Reihenfolge, in der die Frau und der Mann aufgezählt werden. Es ist auch in diesem Fall eine Höflichkeitsentscheidung, die Frau zuerst zu nennen.

Frau Dr. Anneliese Hansen
Herrn Prof. Dr. Hartmut Hansen

Unterschlagen Sie auf dem Umschlag keine Titel und Grade, sondern schreiben Sie alle aus. Auf dem Briefumschlag kürzen Sie »Professor« oder »Professorin« mit »Prof.« und einen Doktortitel mit »Dr.« ab. Übrigens, hinter dem Doktorgrad sollte man eigentlich die Fakultätsabkürzung angeben. Da diese in vielen Fällen nicht bekannt ist, hat sich die Nennung des »Dr.« ohne Fakultätsbezeichnung etabliert.

Hat der Empfänger Ehrendoktorwürden erlangt, nehmen Sie diese in die Beschriftung des Briefumschlages in Form von »h. c.« – honoris causa – oder der deutschen Version »e. h.« – ehrenhalber – auf.

Frau Dr. e. h. Anneliese Hansen
Herrn Prof. Dr. Dr. h. c. Hartmut Hansen

Wurde einem Nichtakademiker die Professorenwürde verliehen, gibt es eine dem Dr. h. c. gleichzusetzende Form des Prof. h. c. nicht. Die Ehrenbeleihung wird äußerlich nicht erkennbar, sodass Sie auf dem Briefumschlag lediglich notieren »Herrn Prof. Hartmut Hansen«. Sind beide Partner promoviert, können Sie die Doktorengrade auf dem Briefumschlag mit »Dres.« zusammenfassen oder den Personen einzeln zuordnen.

Dres. Frau Anneliese
und Herrn Hartmut Hansen

Frau Dr. Anneliese Hansen
und Herrn Dr. Hartmut Hansen

Adelstitel auf dem Briefumschlag

Adelstitel erscheinen vor dem Nachnamen, aber nach eventuellen akademischen Graden und dem Vornamen, weil mit der Weimarer Verfassung im Jahr 1919 alle adelsrechtlichen Privilegien aufgehoben wurden und Adelsbezeichnungen seither zum Nachnamen gehören.

Herrn Hartmut Baron von Hansen
Frau Prof. Dr. Anneliese Gräfin von Klausen

Während Sie in Norddeutschland das »von« mit einem »v.« abkürzen können, schreiben Sie in Süddeutschland das »von« stets aus. Das »von« wird allerdings – und unabhängig von regionalen Gepflogenheiten – immer ausgeschrieben, wenn nach dem Adelsprädikat ein Ländername folgt.

Bei Rittern, Edlen und nichttitulierten Adligen setzen Sie hinter eventuellen Funktionsbezeichnungen, akademischen Graden und dem Vornamen das Adelsprädikat und dann den Nachnamen.

Frau Anneliese von Klausen
Herrn Dr. Hartmut von Hansen
Herrn Generalkonsul Hartmut von Hansen

Bei Freifrauen und Freiherren setzen Sie hinter der Höflichkeitsform »Frau« oder »Herrn«, eventuellen akademischen Graden und dem Vornamen die Adelsbezeichnung »Freiherr von« beziehungsweise »Freifrau«.

Herrn Hartmut Freiherr von Hansen
Frau Prof. Dr. Anneliese Freifrau von Klausen

Bei Freifrauen und Freiherren können Sie zur Vermeidung einer Doppelung »Freifrau« beziehungsweise »Freiherrn« auch vor alle Namensteile einschließlich des Vornamens setzen und »Frau« oder »Herrn« weglassen.

Freiherrn Hartmut von Hansen
Freifrau Dr. Anneliese von Klausen

Doppelnamen oder eine zu einem Namen gehörende Ortsbezeichnung werden in der Anschrift ausformuliert.

Herrn Hartmut Baron von Hansen zu Bergestedt
Frau Prof. Dr. Anneliese Gräfin von Klausen zu Höllrich

Aus Platzgründen können Sie auf dem Briefumschlag die Titel »Freiherr« mit »Frhr.« und »Freifrau« mit »Frfr.« abkürzen. Alle anderen Adelstitel sind auszuschreiben. Ebenso kann ein »und« in einem mehrgliedrigen Namen mit »u.« abgekürzt werden. Alle anderen Adelsprädikate wie »vom«, »zum«, »zu«, »zur« oder »dem« schreiben Sie aus.

Haben Sie auf Ihrer Einladungsliste zahlreiche adelige Gäste, lohnt es sich, das Standardwerk »Genealogisches Handbuch des Adels«, kurz den »Gotha«, zu konsultieren oder sich beim Deutschen Adelsarchiv in Marburg nach der richtigen Schreibweise zu erkundigen. Insbesondere, wenn Sie ausländische adelige Gäste erwarten, versichern Sie sich bitte bei der zuständigen Botschaft, dass Sie die korrekte Bezeichnung gewählt haben.

Amts- und Funktionsbezeichnungen auf dem Briefumschlag

Amts- oder Funktionsbezeichnungen, wie zum Beispiel Senatorin, Bürgermeister, Regierungsrätin, Vorstandsvorsitzender, Präsidentin oder Geschäftsführerin kommen bei der Beschriftung des Umschlages nach der bürgerlichen Anrede »Frau« oder »Herrn« und vor dem Vor- und Nachnamen des Empfängers. Lange Bezeichnungen können der Übersichtlichkeit halber auch dem Vor- und Nachnamen nachgesetzt werden. Amts- und Funktionsbezeichnungen für Frauen verwenden Sie – soweit vorhanden – auch in der weiblichen Form. Besitzt ein Empfänger Ihrer Glückwunschkarte mehrere Amts- oder Funktionsbezeichnungen, wählen Sie die Bezeichnung, mit der die Person den stärksten Bezug zu Ihnen hat.

Frau Senatorin Prof. Dr. Anneliese Klausen
Herrn Generalkonsul Hartmut Hansen

Frühere Amtsbezeichnungen geben Sie dann auf dem Umschlag Ihrer Glückwunschkarte an, wenn der oder die Angeschriebene kein aktuelles, neues Amt bekleidet. Bei mehreren früheren Amtsbezeichnungen geben Sie nur die Ranghöchste oder bei Gleichrangigkeit die zuletzt ausgeübte Funktion an.

Beamte, die aus dem Staatsdienst ausgeschieden sind und nach dem Bundesbeamtengesetz beispielsweise als Vorruheständler oder in Altersteilzeit noch zum Tragen ihrer Amtsbezeichnung berechtigt sind, führen ihre frühere Amtsbezeichnung mit dem Zusatz »a. D.« – außer Dienst. Die Abkürzung »i. R.« – im Ruhestand – können Sie für ehemalige Beamte verwenden, die endgültig in den Ruhestand getreten sind. Dies ist in der Regel der Fall, wenn diese die Altersgrenze erreicht haben. Die Verwendung dieser Abkürzung ist allerdings im Gegensatz zu »a. D.« nicht gesetzlich geregelt und damit nicht offiziell.

Wenn Sie per Post schicken

Nach den modernen Anschriftenregeln ist bei der Beschriftung von Briefumschlägen der Zusatz »An« veraltet. Vermeiden Sie daher die Aufschrift »An das Brautpaar« auf dem Briefumschlag und wählen Sie stattdessen Formulierungen wie »Dem Brautpaar«, »Dem Brautpaar Christina und Hubertus Schwarz«.

Wenn Sie Ihre Glückwünsche per Post schicken, können Sie die Briefanschrift auch ohne den Zusatz »Brautpaar« wählen. In diesem Fall sollten Sie allerdings auf die allgemeingültigen Höflichkeitsanreden »Frau« und »Herrn« zurückgreifen, also »Frau Christina Schwarz und Herrn Hubertus Schwarz«.

Wenn Sie persönlich überreichen

Vermeiden Sie daher die Aufschrift »An das Brautpaar« auf dem Briefumschlag und wählen Sie stattdessen Formulierungen wie »Dem Brautpaar«, »Dem Brautpaar Christina und Hubertus Schwarz« oder »Zur Hochzeit«. Auch »Zur Vermählung« wird immer noch sehr gern gewählt, allerdings ist dieser Ausdruck sehr traditionell. Der Begriff »Eheleute« ist veraltet, Sie dürfen ihn ebenso wie die Formulierung »Herrn Hubertus Schwarz und Frau« als sprachliche Antiquität ablegen.

Sind Sie mit dem Brautpaar sehr gut bekannt und überbringen Sie die Glückwünsche persönlich, können Sie auch auf den Nachnamen verzichten und schreiben »Dem Brautpaar Christina und Hubertus« oder »Zur Hochzeit für Christina und Hubertus«.

Möglich wäre ebenfalls eine Briefanschrift ohne den Zusatz »Brautpaar«. Allerdings möchten die meisten Gratulanten den Anlass ihrer Glückwünsche mit dem Begriff »Brautpaar« auf dem Briefumschlag bekräftigen. Wenn Sie auf den Zusatz »Brautpaar« verzichten, sollten Sie auf die allgemeingültigen Höflichkeitsanreden »Frau« und

»Herrn« zurückgreifen, also »Frau Christina Schwarz und Herrn Hubertus Schwarz«.

Glückwunschtext

Ein persönlich geschriebener Brief ist die individuellste und stilvollste Grußform, sofern er auf hochwertigem Papier wie Bütten- oder Leinenpapier verfasst wurde. Kaufen Sie möglichst keine Karte mit vorgedrucktem Text, die Sie mit ein paar persönlichen Zeilen, dem Datum und Ihrer Unterschrift anreichern. Schreiben Sie selbst einen Brief oder ein paar Zeilen in den Innenteil einer Doppelkarte, dort auf die rechte Seite der aufgeklappten Karte.
Die Mühe, die Sie sich als Gratulant gemacht haben, verdeutlicht am besten ein handgeschriebener Brief, sofern Sie eine lesbare Handschrift haben. Mit einer nichthandschriftlichen Gratulation liegen Sie auch nicht falsch, sofern Sie Ihre echte Unterschrift unter die Zeilen setzen und nicht etwa eine gescannte. Eine persönliche Note erhält eine gedruckte Gratulation vor allem auch dadurch, dass Sie die Anredezeile ebenfalls von Hand schreiben:

Liebe Christina, lieber Hubertus,
wir wünschen Euch zu Eurer Hochzeit …
…

Ist Ihre Handschrift nicht gut leserlich, können Sie den handschriftlichen Effekt auch durch einen sich von Ihrem restlichen Text abhebenden Schreibschriftfont erzeugen.
In der Regel verzichten Sie bei Hochzeitsgratulationen auf ein Adressfeld, wie man es von herkömmlichen Briefen kennt. Auf der Glückwünschkarte hat es überhaupt nichts zu suchen, und in einem handgeschriebenen Brief, in dem Sie Ihre Hochzeitsglückwünsche übermitteln, wäre ein Adressfeld ebenfalls deplatziert. Selbst bei gedruckten Glückwünschen, die mit Anrede und Unterschrift personalisiert worden sind, sollte man auf das geschäftsmäßige Anschriftenfeld verzichten.

Anrede im Glückwunschtext
Bei der Formulierung der Anredereihenfolge im Glückwunschtext orientieren Sie sich an Ihrer Briefbeschriftung. Haben Sie den Regelfall gewählt und die Braut vorangestellt, nennen Sie diese auch in der persönlichen Anrede zuerst. In der Regel kennen Sie das Brautpaar gut, Sie verwenden dementsprechend »Liebe Christina, lieber Hubertus«. Haben Sie keine engere Bindung zu dem Paar und gratulieren Sie beispielsweise als Geschäftspartner, greifen Sie auf förmlichere Formulierungen zurück wie »Sehr geehrtes Brautpaar« oder »Sehr geehrte Frau Schwarz, sehr geehrter Herr Schwarz«.
Auch Kombinationen zwischen »Lieber« und »Sehr geehrter« sind probat, wenn Sie nur einen der beiden Partner kennen oder duzen. Sie wählen dann die Anrede »Sehr geehrte Frau Schwarz, lieber Hubertus« oder »Liebe Christina, sehr geehrter Herr Schwarz«.
Es ist auch möglich, die Gratulation ausschließlich an die Braut oder nur an den Bräutigam zu richten, wenn Sie nur einen der beiden Partner gut kennen. Beziehen Sie in diesem Fall aber die andere Person ausdrücklich in Ihre Wünsche mit ein und formulieren Sie beispielsweise »Liebe Christina, Dir und Hubertus wünsche ich«, oder Sie lassen alle guten Wünsche im Text an den jeweiligen Ehepartner übermitteln. Diese Vorgehensweise ist auch die eleganteste Lösung, wenn Sie nur einen der beiden Partner duzen.

Titel und akademische Grade
Der akademische Grad ist nicht Bestandteil des Familiennamens. Des Weiteren haben Akademiker keinen (rechtlichen) Anspruch auf eine Anrede mit ihrem Titel. Dennoch sollten Sie als höflicher Mensch den Empfänger Ihres Briefes immer mit seinem akademischen Titel beziehungsweise mit der Nennung seines Grades anreden. Das gilt sowohl für den akademischen Grad Doktor als auch für den akademischen Amtstitel Professor und für einen verliehenen Professorentitel.
Existiert eine weibliche Anredeform, benutzen Sie diese als höflicher Mensch bei der Anrede. Schreiben Sie nicht »Sehr geehrte Frau Professor Schwarz«, sondern:

Sehr geehrte Frau Professorin Schwarz

Auch wenn auf dem Briefumschlag alle akademischen Grade aufgeführt werden, beschränken Sie sich in der Anrede auf den jeweils höchsten Titel. So werden Inhaber des Doktoren- und auch Professorentitels nur mit dem Professorentitel angesprochen, da der höher zu bewertende Titel Vorrang hat. Heißt es auf dem Briefumschlag beispielsweise »Dem Brautpaar Dr. Christina Schwarz und Prof. Dr. Dr. h. c. Hubertus Schwarz«, lautet die korrekte Anrede also:

Sehr geehrte Frau Dr. Schwarz,
sehr geehrter Herr Professor Schwarz

»Professor« oder »Professorin« werden in der persönlichen Anrede ausgeschrieben, während »Dr.« stets abzukürzen ist.
Hat jemand mehrere Doktortitel, wird in der Anrede nur einmal der Titel genannt, auch wenn Sie auf dem Briefumschlag alle erwähnt haben.
Hat jemand promoviert und zusätzliche Ehrendoktorwürden erlangt, haben Sie diese zwar bei der Beschriftung des Briefumschlages »Herrn Dr. med. Dr. h. c. Hubertus Schwarz« berücksichtigt, verzichten aber in der Anrede Ihres Glückwunschschreibens auf die Ehrendoktorwürde »h. c.« oder die deutsche Version »e. h.« – ehrenhalber. Es heißt dann:

Sehr geehrter Herr Dr. Schwarz

Sind beide Partner promoviert und haben Sie »Dres. Frau Christina und Herrn Hubertus Schwarz« auf dem Briefumschlag angegeben, weisen Sie nun in der Anrede die beiden Titel separat aus.
Sie beglückwünschen in diesem Fall mit

Sehr geehrte Frau Dr. Schwarz,
sehr geehrter Herr Dr. Schwarz

Hat jemand darum gebeten, nur mit seinem Namen angeredet zu werden, obwohl er ein oder mehrere akademische Titel oder Grade hat, können Sie diesen Wunsch auch bei Ihrer Anrede in der Glückwünschkarte berücksichtigen.

Adelstitel

Die Frage nach der richtigen schriftlichen Anrede von Adligen muss korrekterweise in zweifacher Form beantwortet werden. Es existiert seit der Weimarer Verfassung eine juristisch korrekte Anredeform, bei der ein Adelstitel hinter einem eventuellen akademischen Titel und dem Vornamen, aber vor dem Nachnamen platziert wird – sind doch seit 1919 alle adelsrechtlichen Privilegien abgeschafft und gehören Adelsbezeichnungen seither zum Nachnamen. Würden Sie nun noch die bürgerliche Anrede »Herr« oder »Frau« bei der Anrede eines Grafen oder einer Gräfin verwenden, kämen Sie zwar auf die juristisch korrekte Form von

Sehr geehrte Frau Dr. Gräfin von Schwarz,

würden sich allerdings als Nichtkenner adeliger Gepflogenheiten entpuppen. Denn anders als in der Anschrift eines Briefes ist es keinesfalls empfehlenswert, die juristisch korrekte Anredeform zu wählen. Damit würden Sie wenig Stilgefühl und mangelndes Geschichtsbewusstsein an den Tag legen.
Eine Orientierung an der vor 1919 geltenden Anredepraxis berücksichtigt die adelige Vergangenheit des Adressaten weitaus angebrachter. Verwenden Sie sie dann, wenn Sie Ihrem Gegenüber durch diese höfliche Zuvorkommenheit eine Freude machen wollen. Verzichten Sie deshalb auf das Voranstellen der bürgerlichen Anrede »Frau« oder »Herr« bei Adeligen ab dem Baronenstand. Das »von« oder »von und zu« kann wegfallen, wenn Sie Barone, Grafen und Inhaber höherer Adelstitel schriftlich ansprechen.

Liebe Gräfin von Schwarz
Sehr geehrter Baron Schwarz

Wollen Sie den Empfänger mit dem Adelsprädikat »von« oder »von und zu« anreden, können Sie zwischen der ausgeschriebenen und der abgekürzten Version wählen. Während Sie in Norddeutschland das »von« mit einem »v.« abkürzen können, schreiben Sie in Süddeutschland das »von« stets aus. Das »von« wird allerdings – und unabhängig von regionalen Gepflogenheiten – immer ausgeschrieben, wenn nach dem Adelsprädikat ein Ländername folgt.
Kommt ein akademischer Grad hinzu, wird dieser an erster Stelle genannt.

Liebe Dr. Gräfin von Schwarz
Sehr geehrter Professor Baron Schwarz

Ein Freiherr kann entweder mit »Freiherr von« oder mit »Herr von« schriftlich angeredet werden. Beachten Sie, dass bei der ersten Variante ein eventueller akademischer Grad vor dem »Freiherr« erscheint, bei der zweiten Variante nach dem »Herr« und vor dem »von«.

Sehr geehrter Dr. Freiherr von Schwarz
Sehr geehrter Herr Dr. von Schwarz

Ritter, Edle und untitulierte Adelige werden mit »Herr von« beziehungsweise »Frau von« angesprochen.

Sehr geehrte Frau von Schwarz
Sehr geehrter Herr Dr. von Schwarz

Besteht der Name aus einem Doppelnamen oder hat dieser einen Zusatz, wie zum Beispiel eine Ortsbezeichnung, fällt in der schriftlichen Anrede der zweite Name oder die weitere Bezeichnung weg. Sie schreiben dann nicht »Sehr geehrte Gräfin von Schwarz zu Hohefeldt«, sondern nur »Sehr geehrte Gräfin von Schwarz« oder »Sehr geehrte Gräfin Schwarz«.

Amts- und Funktionsbezeichnungen
Aktuelle Amts- oder Funktionsbezeichnungen, wie zum Beispiel Bürgermeister, Vereinsvorsitzender, Stadträtin oder Geschäftsführer kommen in der schriftlichen Anrede nach der bürgerlichen Anrede »Sehr geehrte Frau« oder »Sehr geehrter Herr«. Verwenden Sie eine Amts- oder Funktionsbezeichnung, lassen Sie nicht nur akademische Grade wie Doktor, sondern auch Amtstitel wie Professor beziehungsweise Professorin sowie den Familiennamen weg. Es heißt dann:

Sehr geehrter Herr Bürgermeister
Sehr geehrte Frau Stadträtin

Besitzt eine Person mehrere Amts- oder Funktionsbezeichnungen, wählen Sie für die schriftliche Anrede die Bezeichnung, zu der Sie den stärksten Bezug haben.
Ein weiblicher Funktionsträger wird mit der weiblichen Form des Titels – sofern er möglich ist – angesprochen.
Wollen Sie einen ehemaligen Amtsträger ansprechen, schreiben Sie selbstverständlich nicht »Herr Landrat a.D.«. Sie wählen dann lediglich seinen bürgerlichen Namen inklusive etwaiger akademischer Titel.

Sehr geehrter Herr Professor Klausen
Sehr geehrte Frau Hansen

Welches Datum trägt die Glückwunschkarte?
Wenn Sie Ihre Glückwünsche bereits einige Tage vor der Hochzeit verfassen und diese nicht am Tag der Hochzeit persönlich übergeben, sollten Sie das Datum des Tages verwenden, an dem Sie die Glückwünsche verfasst haben, und diese nicht auf den Tag des Anlasses vordatieren. Das gilt vor allem für Gratulanten, die ihre Glückwünsche per Post versenden oder vor dem eigentlichen Hochzeitsdatum an der Adresse des Brautpaares oder der Familienangehörigen abgeben. Überbringen Sie Ihre schriftlichen Glückwünsche am Tag der Hochzeit höchstpersönlich, setzen Sie das Datum der Hochzeit ein und

nicht des Tages, an dem Sie Ihre Zeilen tatsächlich verfasst haben. Schreiben Sie »20. August 2011«, »Im August 2011« oder »August 2011«. Die Formulierung »20.8.2011« hat in einer Gratulation nichts zu suchen, sondern ist der Geschäftskorrespondenz vorbehalten.

Wenn Sie Homosexuellen gratulieren

Große Unterschiede zu einer Hochzeitsgratulation gibt es nicht zu beachten. Auch in einer Lebenspartnerschaft geben sich die beiden Partnerinnen oder Partner das Jawort. Sie sollten lediglich das Wort »Brautpaar« durch »Lebenspartner« oder »Lebenspartnerinnen« ersetzen und formulieren:

Den Lebenspartnerinnen Christina und Anastasia
Den Lebenspartnern Hubertus Schwarz und Urs Zügli

Frankierung

Für den Umschlag der Gratulation sollten Sie in jedem Fall eine hübsche Briefmarke aussuchen und diesen nicht mit einer maschinellen Frankierung mit Strichcode verunstalten lassen. Geben Sie den Brief am Postschalter ab, verlangen Sie bitte ausdrücklich eine Briefmarke oder Sondermarke, da die meisten Postfilialen im Tagesgeschäft keine einzelnen Briefmarken mehr ausgeben und der Strichcodeaufkleber unweigerlich auf Ihrem Umschlag landet.

Persönliche Übergabe

Die stilvollste Möglichkeit, dem Brautpaar schriftliche Glückwünsche zukommen zu lassen, ist und bleibt die persönliche Übergabe einer Glückwunschkarte – selbstverständlich eingebettet in Ihre mündlichen Wünsche. Gehen Sie nicht davon aus, dass Sie bei einer persönlichen Gratulation auf ein paar schriftliche Zeilen verzichten können. Viele Brautpaare heben sich nämlich die Glückwunschkarten als Erinnerung an ihre Hochzeit auf.

Vor der Hochzeit
Während Sie mündlich dem Brautpaar nicht vor der Hochzeit zur Vermählung, sondern nur zum Entschluss zur Eheschließung gratulieren dürfen, sieht das bei schriftlichen Glückwünschen anders aus. Sind Sie nicht zur Hochzeit eingeladen, können Sie in einer wenige Tage vor der Hochzeit versendeten Glückwunschkarte bereits Ihre Glückwünsche zur Hochzeit aussprechen. Schließlich kann das Paar entscheiden, ob es die Glückwunschkarten vor der Hochzeit öffnet oder damit bis nach der Hochzeit wartet.

Am Hochzeitstag
Sind Sie nicht zum Hochzeitsfest eingeladen, können Sie auf die altbewährte Methode des Glückwunschtelegramms zurückgreifen. Wollen Sie am Hochzeitstag ein Telegramm absenden, sind Sie oft mit dem Problem konfrontiert, dass die Empfänger kaum erreichbar sind. Nur ganz umsichtige Paare werden am Hochzeitstag – sobald Braut und Bräutigam zur Trauung aufgebrochen sind – zu Hause eine Person engagieren, die Glückwünsche und Blumen entgegennimmt und an das Paar weiterleitet. Im schlimmsten Fall landet Ihr gut gemeintes Telegramm im Briefkasten und wird erst gelesen, wenn alles vorbei ist.
Am besten erkundigen Sie sich vorher bei den Eltern der Braut oder des Bräutigams, wohin Sie Telegrammwünsche schicken können, damit diese nicht »verloren« gehen.

Wenn Sie als Gast auch etwas schenken
Übergeben Sie als Gast Ihre schriftlichen Glückwünsche zusammen mit Ihrem Geschenk. Sie zeigen als Schenkender Gespür für Etikette, wenn Sie Ihre Glückwünschkarte oder Ihren Brief am Geschenk befestigen oder mithilfe eines kleinen Namenskärtchens oder Ihrer Visitenkarte am Geschenk dem Brautpaar helfen, bei der Fülle von Geschenken im Nachhinein die Herkunft zuordnen zu können.
Übrigens, als Gratulant können Sie Ihr Geschenk in Ihrem schriftlichen Gruß erwähnen. Das zeugt weder von Stillosigkeit noch von Unbescheidenheit, sondern hilft dem Brautpaar ebenfalls, die Ge-

schenke und dazugehörenden Schenker zu identifizieren. Außerdem zeigen Sie Ihre Wertschätzung, wenn Sie in der Glückwunschkarte oder im Brief ein paar Worte über das Geschenk verlieren und erklären, was Sie sich bei dessen Auswahl gedacht haben.

Geschenke

Auch stilvoll Schenken will gelernt sein. Dabei geht es nicht nur um die Frage, ob und was Sie schenken sollen, sondern auch um den passenden Übergabezeitpunkt.

Zur Verlobung

Zur Verlobung schenken Sie in der Regel nur dann etwas, wenn Sie zum engsten Familienkreis von Braut oder Bräutigam gehören. Werden Sie als Außenstehender zum Verlobungsfest eingeladen, entscheiden Sie selbst, ob Sie über einen Blumenstrauß oder ein kleines Präsent hinaus auch ein Geschenk mitbringen. Orientieren Sie sich als Nichtfamilienmitglied zum einen daran, ob es bei Ihnen üblich ist, bei entsprechenden Anlässen etwas zu schenken. Zum anderen berücksichtigen Sie, dass Sie auch zur Hochzeit eingeladen werden und ohnehin in ein Hochzeitsgeschenk investieren müssen. Niemand wird von Ihnen verlangen, zweimal ordentlich in die Tasche zu greifen.

Zur Hochzeit

Sind Sie zu einer Hochzeit geladen, ist ein Geschenk üblich. Entweder nehmen Sie Ihr Geschenk zur Hochzeit mit, Sie schicken es dem Brautpaar vorher oder beteiligen sich an einem Geschenke- oder Hochzeitstisch.

Das passende Geschenk auswählen

Schauen Sie zuerst in die Einladung. Manchmal gibt das Paar bereits dort einen Hinweis auf einen Hochzeitstisch, eine Hochzeitsliste oder einen speziellen Geschenkewunsch. Fehlt ein solcher Anhaltspunkt, verzagen Sie nicht. Da es die traditionelle Etikette eigentlich verbietet, sich in der Einladung über Geschenkewünsche auszulassen, sparen sich konservative Paare eine entsprechende Anspielung im klassischen Einladungstext. Eventuell haben Sie mit der Einladung ein gesondertes Kärtchen erhalten, auf dem Hinweise zu den Wunschgeschenken zu finden sind. Wenn nicht, fragen Sie im Umfeld des Brautpaares nach, ob es einen Geschenketisch oder eine Geschenkeliste gibt, ehe Sie sich Gedanken über das passende Geschenk machen. In der Regel gibt es bei jeder Hochzeit wandelnde Informationsquellen, die Sie davor bewahren, Überflüssiges oder Ungewolltes einzukaufen. Vor allem die Brautmutter und die Trauzeugin der Braut, aber auch der Zeremonienmeister, helfen hier verlässlich weiter.

Gibt es vorbereitete Geschenkelisten oder einen Geschenketisch, ist es recht einfach für Sie. Sie suchen sich aus dem Sortiment einfach ein Geschenk aus, das Ihnen gefällt und in Ihren Preisrahmen passt. Wenn Sie die Wünsche des Brautpaares berücksichtigen und gerade in der Kategorie Haushaltswaren nicht auf eigene Faust ein Geschenk besorgen, gehen Sie sicher, dass Ihr Geschenk nicht unausgepackt oder unbenutzt versauert, womöglich weiterverschenkt wird oder bei der Wohlfahrt landet. Niemand freut sich über eine Kaffeemaschine, wenn er gar keinen Kaffee trinkt, oder über einen fünften Mixer.

Sofern das Brautpaar keine konkreten Wünsche hat, freut es sich am allermeisten über ganz persönliche, ideelle Geschenke. Bedenken Sie, dass bei einem Anlass wie einer Hochzeit der Wert des Geschenkes nicht im Kaufpreis oder in der Größe liegt, sondern im persönlichen Engagement bei der Auswahl.

Sachgeschenk

Zum stilvollen Schenken gehört es übrigens auch, eine geschmackvolle und attraktive Verpackung zu wählen, die im Idealfall sogar eine nachvollziehbare Symbolik zu Ihnen, dem Geschenk oder dem Brautpaar darstellt.

Geschenkeliste

Viele Paare bieten eine Hochzeitsliste an. Das erspart Ihnen zum einen großes Rätselraten über das passende Geschenk. Vor allem, wenn Sie mit dem Brautpaar weniger vertraut sind, hilft eine solche Geschenkeliste bei der Suche. Zum anderen geht das Brautpaar mit der Liste auf Nummer sicher, dass es nicht drei Toaster und fünf Fondue-Sets erhält. Ist Ihnen eine solche Liste nicht bekannt, fragen Sie am besten bei den Eltern, engen Freunden oder Trauzeugen nach. Diese stellen eine verlässliche Informationsquelle dar. Selbst wenn es tatsächlich keine Liste geben sollte, hat dieser Personenkreis in der Regel einen Tipp, worüber sich das Brautpaar freuen würde.

Auf der Geschenkeliste stellt das Paar all seine Wünsche zusammen und beschreibt darin genau die einzelnen Gegenstände, damit keine Verwechslungen entstehen. Meist sind Marke, Artikelnummer, Farbe, Größe, Form und Preis aufgeführt. Außerdem enthält die Geschenkeliste eine Adressenliste aller eingeladenen Gäste. Reihum erhalten Sie nun die Liste zugesandt. Nach Erhalt streichen Sie Ihren Namen sowie das ausgewählte Geschenk aus der Liste. Mit dieser Vorgehensweise können alle Gäste über die Geschenkwünsche und die noch vorhandenen Auswahlmöglichkeiten informiert werden.

Heutzutage präsentieren viele Brautpaare ihre Geschenkliste im Internet. Der Vorteil liegt eindeutig darin, dass diese Liste laufend aktualisiert werden kann, falls die Auswahl knapp werden sollte. Für Sie ist eine solche Liste vorteilhaft, da Sie jederzeit und von überall auf die Liste zugreifen können.

Hochzeits- oder Geschenketisch

Kommen Sie und viele andere Gäste aus der näheren Umgebung, hat das Brautpaar vielleicht in einem Geschäft Wunschgegenstände ausgewählt. Diese werden dort auf einem Tisch dekoriert. Sie und die anderen Gäste können jeweils vor Ort das Geschenk aussuchen, das Sie dem Brautpaar zukommen lassen wollen. Haben Sie sich für eines entschieden, wird es vom Tisch genommen, nach Ihren Vorstellungen verpackt, mit einer Glückwunschkarte versehen und am Hochzeitstag zusammen mit allen anderen Geschenken des Geschenketisches bei der Hochzeitsfeier auf dem Gabentisch präsentiert.

Gutscheine

Zugegeben, Gutscheine gehören nicht gerade zu den originellsten Geschenken. Sie eignen sich aber hervorragend für Zuwendungen, die zum Hochzeitsfest beitragen und aus organisatorischen Gründen dem Paar schon während der Planungsphase geschenkt werden. Zum Beispiel möchten Sie gern den Blumenschmuck für das Hochzeitsauto oder die Kutsche übernehmen oder die Hochzeitstorte spendieren. Eventuell haben Sie einen schönen Oldtimer und wollen diesen für die Wagenkolonne zur Verfügung stellen. Übergeben Sie den Gutschein quasi anstelle der von Ihnen ins Auge gefassten Leistung. Achten Sie darauf, dass Sie dies früh genug tun, damit sich das Brautpaar für diese Leistung nicht unnötig anderweitig umschaut.

Geldgeschenke

Heutzutage wünschen sich immer mehr Brautpaare keine Sachgeschenke, sondern Geld. Sicher ist dieser Wunsch nachvollziehbar, wenn man bedenkt, dass viele Brautleute erst heiraten, wenn sie schon lange zusammengelebt und ihren Hausstand bereits vor der Hochzeit beisammenhaben. Allerdings möchten sich Brautpaare lange an ihren großen Tag erinnern. Ein Hochzeitsgeschenk hat also auch einen nicht zu unterschätzenden emotionalen Wert, den ein Geldgeschenk schlicht und ergreifend nicht bieten kann.
Legen Sie den Wunsch nach einem Geldgeschenk wohlwollend aus, auch wenn Sie eher der alten Schule angehören, die Geldgeschenke zu einer Hochzeit ablehnt. Geldwünsche sind nicht mehr tabu, vor allem dann nicht, wenn sich das Paar ausdrücklich Geld statt Sachgeschenken wünscht. So ermöglichen Sie dem Brautpaar, dass es sich persönliche Wünsche erfüllen kann.
Wollen Sie Geld zur Hochzeit verschenken, nutzen Sie dafür die gleichen Gelegenheiten wie bei der Übergabe von Sachgeschenken. Sind

Sie Gast beim Hochzeitsfest, kann es sein, dass Sie Ihren Umschlag oder das originell verpackte Geldgeschenk in einem eigens dafür aufgestellten Behältnis deponieren können.
Als Gegenmaßnahme zu einer Münzen- und Geldscheinflut auf der Hochzeitsfeier lassen einige Brautpaare ein Hochzeitskonto einrichten. Sie können dann unter der bekannt gegebenen Bankverbindung Geldbeträge auf dieses Konto einzahlen. Diese Variante ist zugegebenermaßen sehr praktisch, hat allerdings wenig mit Hochzeitsromantik zu tun.

Geschenke, die zum Hochzeitsfest beitragen

Sie bereiten dem Brautpaar auch dann eine große Freude, wenn Ihr Geschenk eine Zutat zum eigentlichen Hochzeitstag darstellt. Vielleicht möchten Sie gern den Blumenschmuck für das Hochzeitsauto oder die Kutsche übernehmen oder die Hochzeitstorte spendieren. Eventuell haben Sie einen schönen Oldtimer und wollen diesen für die Wagenkolonne zur Verfügung stellen. Es ist selbstverständlich, dass Sie diese Geschenke so früh wie möglich mit dem Brautpaar besprechen, damit es Ihren Beitrag bei der Hochzeitsplanung auch tatsächlich berücksichtigen kann. Es wäre schade, wenn es von Ihrem Entgegenkommen erfahren würde, wenn es schon die entsprechenden Vorbereitungen geplant und womöglich auch schon bezahlt hätte.

Preisrahmen Ihres Geschenkes

Eine knifflige Frage ist oftmals der Preisrahmen Ihres Geschenkes. Was erscheint angemessen, und womit rechnet das Brautpaar? So viel vorweg: Es gibt keine festen Regeln, wie teuer Ihr Geschenk sein muss. Vielmehr sollten Ihre persönliche Beziehung zum Brautpaar, Ihre eigenen finanziellen Möglichkeiten und die wirtschaftliche Lage der Beschenkten die ausschlaggebende Rolle spielen, um einen passenden Preisrahmen auszuloten. Beziehen Sie in Ihre Überlegungen auch ein, wie hoch Ihre Anreise- und Übernachtungskosten ausfallen werden. Je höher diese sind, desto weniger wird ein umsichtiges Brautpaar von Ihnen erwarten.

Ebenso können Sie Ihre Ausgaben für reguläre Geburtstagsgeschenke heranziehen. Sind Ihre finanziellen Möglichkeiten eher begrenzt, sollten Sie das sonst übliche Geburtstagsbudget für das Hochzeitsgeschenk zumindest verdoppeln, da es zwei Personen zu beschenken gilt. Können Sie sich mehr leisten, vervielfachen Sie beliebig. Berücksichtigen Sie die Tatsache, dass Geburtstage wiederkehrende Ereignisse sind und eine Hochzeit voraussichtlich einmalig bleibt. Ein bisschen mehr ist deshalb nicht verkehrt. Sind Sie allerdings Studentin oder Student oder ohne festes Einkommen, schenken Sie selbstverständlich nur so viel, wie Sie entbehren können. Selbst zehn Euro können dann schon viel sein.
Eine andere Methode zur Ermittlung der Höhe eines Geschenkes besteht in der Orientierung am Aufwand für die Feier. Lädt das Brautpaar zu einer standesgemäßen Feier in einem Fünf-Sterne-Hotel ein, kann das Geschenk größer ausfallen, als wenn Sie in das Vereinsheim des örtlichen Schützenvereins gebeten werden.
Um einen angemessenen Preisrahmen zu ermitteln, stellen Gäste die wildesten Hochrechungen an. Einige versuchen, anhand der Preiskategorie des Restaurants, in dem gefeiert wird, zu entscheiden. Nach dem Motto, ich schenke im Rahmen meines Verzehrs, ziehen sie den Pro-Kopf-Verbrauch als Grundlage für die Höhe eines Geldgeschenkes heran. Ob Sie diesen doch sehr materialistischen Ansatz zugrunde legen, bleibt Ihnen überlassen. Zumindest sollten Sie es in diesem Fall nicht an die große Glocke hängen, wie Sie auf den Wert des Geschenkes gekommen sind. Denn Ihre Rechenmethode ist nicht gerade stilvoll.
Wollen Sie sehr großzügig schenken, berücksichtigen Sie die alte Regel, durch die Höhe des Aufwands für das Geschenk andere Gäste nicht zu düpieren. Nur die Eltern und engsten Verwandten sind davon ausgenommen, sie dürfen auch tiefer in die Tasche greifen.

Geschenke von Verwandten

Je enger das Verhältnis der Verwandten zum Brautpaar ist, desto großzügiger wird das Geschenk ausfallen. Nahe Verwandte wie Geschwister, Großeltern und Geschwister der Eltern schenken in der Regel teurere Geschenke. Gehören Sie zu den ganz nahen Verwandten, können Sie etwa 300 Euro für das Brautpaar kalkulieren, je nach Belieben und finanzieller Situation auch mehr. Cousine und Cousin oder noch weiter entfernte Verwandte schenken entsprechend weniger.

Als Eltern können Sie – wenn Sie mögen – richtig tief in die Tasche greifen. Das Hochzeitsgeschenk ist ohnehin das letzte große Geschenk an Ihre Kinder, denn zukünftig beschenken Sie als angehende Großeltern bevorzugt Ihre Enkel.

Geschenke von Trauzeugen, Freunden und Bekannten

Trauzeugen schenken am besten eine Spur mehr als Freunde und Bekannte und sollten ein Geschenk im Wert von 150 bis 200 Euro einkalkulieren.

Im Freundeskreis ist ein Vergleich mit den üblichen Investitionen Ihrer Freunde in Hochzeitsgeschenke ein guter Anhaltspunkt für die Ermittlung eines adäquaten Betrages. Orientieren Sie sich an folgenden Durchschnittswerten: Sind Sie als Freunde, Bekannte oder Arbeitskollegen zu einer Hochzeit mit einer kleineren Feier eingeladen, schenken Sie pro Person etwa 50 Euro. Bei einer größeren Feier können es auch schon einmal 80 Euro pro Person sein.

Geldgeschenk – einen angemessenen Betrag finden

Man möchte meinen, dass Sie als Gast aufatmen können, sobald Sie sich – mehr oder weniger freiwillig – für ein Geldgeschenk entschieden haben, wird Ihnen doch die Entscheidung abgenommen, ein passendes Geschenk aussuchen zu müssen. Doch für viele Hochzeitsgäste fängt jetzt das große Rätselraten erst an. Welcher Geldbetrag erscheint angemessen, und mit welcher Zuwendung rechnet das Brautpaar? Auch bei einem Geldgeschenk gibt es keine festen Regeln, wie teuer Ihr Geschenk sein muss. Ein Vergleich mit dem Budget, das Sie im Falle eines gekauften Geschenkes investiert hätten, hilft Ihnen bei der Ermittlung eines adäquaten Betrages.

Müssen Sie sich an Geschenkewünsche halten?
Existiert ein Geschenketisch oder eine entsprechende Liste, sollten Sie sich aus diesem Sortiment etwas aussuchen. Sie gehen damit auf Nummer sicher, dass Sie nichts falsch machen. Es wäre schade, wenn Ihr Geschenk unausgepackt im Keller versauert.
Haben Sie allerdings ganz klare Vorstellungen von Ihrem Geschenk, das den Geschmack des Paares sicher treffen wird, können Sie Geschenkelisten oder Hochzeitstische getrost links liegen lassen. Wenn Sie in der glücklichen Lage sind, ein individuelles Geschenk präsentieren zu können, das für das Paar einen großen Symbol- oder Erinnerungswert hat, und Sie sicher sind, dass sich das Paar darüber freuen wird, schenken Sie lieber individuell. Vielleicht wissen Sie, dass die Braut schon seit Jahren Ihr Meißner Mokka-Service bewundert. Sofern Sie sich davon trennen können, schenken Sie lieber dieses Service, welches das Brautpaar mehr an Sie erinnern wird als etwas Unpersönliches.
Auch wenn Sie als naher Verwandter oder enger Freund einen Herzenswunsch des Brautpaares kennen, der nicht in der Liste steht, weil er vielleicht schwer zu erfüllen ist oder zu teuer, ist es eine schöne Geste, wenn Sie genau dieses Geschenk besorgen. Vergewissern Sie sich allerdings vorab, dass dieser Wunsch nicht schon von anderen Hochzeitsgästen erfüllt wird.
Wollen Sie als Gast partout kein Geld verschenken, obwohl sich das Paar ausdrücklich nur Geld wünscht, müssen Sie sich auch diesem Wunsch nicht beugen. Schlussendlich liegt es ganz bei Ihnen, was Sie dem Brautpaar schenken. Und wenn Sie sich bei dem Gedanken, Geld zu verschenken, nicht gut fühlen, lassen Sie es. Vielleicht haben Sie bereits ein ganz individuelles Geschenk im Auge? Möglicherweise sehen Sie es auch nicht ein, einem Paar, das zu den Besserverdienern gehört und Geldgeschenke nicht »nötig« hat, Bares zu schenken? Schenken Sie, was Sie für richtig halten. Sie können anstelle des Geldes auch auf ein Geschenk ausweichen, das für beide ein gemeinsames Erlebnis bereithält, beispielsweise eine kleine Reise oder eine gemeinsame Aktivität.

Wann überreichen Sie das Geschenk?

Der richtige Zeitpunkt für die Übergabe Ihres Geschenkes hängt davon ab, ob und zu welchen Feierlichkeiten beziehungsweise Programmpunkten Sie eingeladen werden. Wenn möglich, sollten Sie Ihr Geschenk persönlich überreichen und nicht bloß auf einem Geschenketisch ablegen. Legen Sie sich schon vorher ein paar begleitende Sätze zurecht, mit denen Sie das Geschenk überreichen wollen. Heben Sie sich von Standardsprüchen ab, die das Brautpaar an diesem Tag zur Genüge hören wird, und bauen Sie wenn möglich etwas sehr Persönliches mit ein. So etwas bleibt bei den Beschenkten haften. Es gehört zum guten Ton, sein Präsent bei der Übergabe weder zu überhöhen noch abzuwerten.

Vor der Hochzeit

Kommen Sie aus der Nachbarschaft oder dem beruflichen Umfeld von Braut, Bräutigam oder deren Eltern und sind Sie nicht zu den Hochzeitsfeierlichkeiten eingeladen, können Sie Ihr Geschenk vor der Hochzeit beim Brautpaar oder dessen Eltern abgeben oder per Post schicken. Da Sie nicht eingeladen sind, besteht aber keine grundsätzliche Verpflichtung Ihrerseits zu einem Geschenk.
Sind Sie nur zum Polterabend, aber nicht zur Hochzeit eingeladen, übergeben Sie Ihr Geschenk zum Polterabend. Sind Sie Gast beim Polterabend und beim Hochzeitsfest, können Sie Ihr Geschenk zum Polterabend, aber auch am Tag der Trauung mitbringen.

Am Hochzeitstag

Überlegen Sie genau, wann Sie dem Brautpaar am Hochzeitstag Ihr Geschenk zukommen lassen wollen. Nutzen Sie nicht die erstbeste Gelegenheit, bei der Sie Ihr Geschenk beim Brautpaar »abladen«, das in diesem Moment womöglich gar nicht weiß, wohin damit.

Als Gast

Sind Sie Gast beim Polterabend und beim Hochzeitsfest, können Sie Ihr Geschenk zum Polterabend, aber auch am Tag der Trauung mitbringen.

Sind Sie zu einer standesamtlichen, nicht aber kirchlichen Trauung eingeladen, übermitteln Sie Ihre Glückwünsche selbstverständlich gleich nach der Trauung im Trauungssaal. Übergeben Sie dort auch Ihr Geschenk. Sind Sie zu einer anschließenden Feier geladen, ist es empfehlenswert, Ihr Geschenk erst dann zu übergeben, da dort meist ein Geschenketisch vorbereitet ist.
Bei einer kirchlichen Trauung ist der Zeitpunkt für Glückwünsche und die Übergabe von Blumen und kleineren Geschenken gekommen, sobald das frisch vermählte Paar nach der Zeremonie den feierlichen Auszug aus der Kirche hinter sich gebracht und die Kirche verlassen hat. Ist im Ausgangsbereich Wein zum Anstoßen vorbereitet, nimmt das frisch vermählte Paar dort die Glückwünsche entgegen. Möchten Sie dem Brautpaar allerdings logistischen Stress ersparen, schenken Sie lieber erst beim anschließenden Empfang oder bei der abendlichen Feier, sofern Sie dazu eingeladen sind.
Wenn das Brautpaar zu einem Empfang nach der standesamtlichen oder kirchlichen Trauung und einem abendlichen Fest mit Dinner einlädt, ist der günstigste Zeitpunkt für die Übergabe beim Empfang, auch wenn Sie zum Essen bleiben. Entweder übergeben Sie Ihr Geschenk beim Empfang dem Brautpaar bei der Begrüßung oder zu späterer Gelegenheit persönlich. Das hängt davon ab, ob sich das Brautpaar bei seinem Empfang für eine förmliche Begrüßung mit einer Empfangslinie entschieden hat. Bei dieser Variante wäre es störend, wenn Sie während des Händeschüttelns Ihr Geschenk bei der Braut oder dem Bräutigam abladen, die in diesem Moment gar nicht wissen, wohin damit. Oder Sie übergeben Ihr Geschenk nicht persönlich und legen es auf dem Geschenketisch ab. Dieses Vorgehen ist vor allem dann empfehlenswert, wenn Sie sehen, dass das Brautpaar zu beschäftigt ist, um die einzelnen Geschenke seiner Gäste entgegenzunehmen. Beim abendlichen Fest werden nur diejenigen Gäste ihre Geschenke übergeben, die zuvor nicht beim Empfang dabei waren.
Haben Sie Ihr Geschenk nicht schon vorab beim Polterabend oder in der Wohnung der Brautleute beziehungsweise am Hochzeitstag vor der Kirche oder beim Empfang abgegeben, nehmen Sie Ihr Hochzeitsgeschenk zum feierlichen Essen mit. Legen Sie es beim Eintref-

fen auf den vorbereiteten Tisch, denn in der Regel steht für Geschenke ein extra Tisch im Vorraum oder in der Nähe der festlichen Tafel bereit. Versehen Sie das Geschenk auf jeden Fall mit einer Karte, die den Absender erkennen lässt, damit Sie dem Brautpaar die spätere Zuordnung ermöglichen. Damit die Glückwunschkarte nicht verloren geht, befestigen Sie die Karte mit einem Band am Geschenk. Wenn Sie ein größeres, relativ teures Geschenk als Gruppengeschenk organisiert haben, können Sie die Übergabe als eigenen Programmpunkt zelebrieren. Koordinieren Sie Ihre geplante Einlage auf jeden Fall vorher mit dem Hochzeitsorganisator oder Zeremonienmeister. Stimmen Sie den Zeitpunkt mit ihm ab und vermeiden Sie gut gemeinte Spontaneinlagen. Denken Sie daran, dass weniger mehr ist. Fassen Sie sich kurz und seien Sie kurzweilig, damit der Unterhaltungswert nicht verloren geht und Sie das Brautpaar und die anwesenden Gäste nicht langweilen.

Wird Ihr Geschenk sofort ausgepackt?

Generell ist es üblich, Geschenke sofort auszupacken. Schließlich möchten Sie als Schenkender an der Freude teilhaben, die Ihr Präsent bereitet und mit eigenen Augen sehen, wie sehr sich die Beschenkten freuen. Allerdings stellt die Hochzeit eine Ausnahme dar. Es kann sein, dass das Brautpaar wegen der vielen Verpflichtungen an diesem Tag Ihr Geschenk gar nicht persönlich entgegennehmen kann. Oder das Brautpaar hat zu seiner Hochzeit überhaupt andere Prioritäten, als Geschenke auszupacken. Vielleicht würde es wegen der zahlreichen Gäste auch zu lange dauern, bis alle Geschenke einzeln ausgepackt sind. Deswegen packt das Paar die Geschenke erst nach der Feier – meist am nächsten Tag – aus und bedankt sich nachträglich. Wundern Sie sich also nicht, wenn Ihr Geschenk nachdem Sie es überreicht haben, auf den dafür vorgesehenen Tisch wandert. Seien Sie auch nicht beleidigt, wenn Ihr Geschenk das Brautpaar gar nicht erreicht, vom Zeremonienmeister in Empfang genommen und unkommentiert auf dem Gabentisch abgelegt wird.
Das Brautpaar kann die Geschenke aber auch am Hochzeitstag und vor den Augen der Gäste auspacken, was vor allem bei Feiern im ganz

kleinen Kreis praktiziert wird. Bei einigen Feiern stellt das Auspacken einen eigenen Programmpunkt dar.

Erleichtern Sie die Zuordnung

Legen Sie als Schenkender immer eine kleine Grußkarte oder zumindest Ihre Visitenkarte zum Präsent, sei es auch noch so klein. Sie helfen dem Brautpaar damit, Ihr Geschenk im Nachhinein zuzuordnen. Es wird für das Brautpaar beziehungsweise die Personen, die die Geschenke entgegennehmen, ansonsten sehr schwierig, den Überblick zu behalten.

Unabhängig von der Frage, ob Sie Ihr Geschenk am Hochzeitstag dem Brautpaar persönlich übergeben oder nur auf dem Geschenketisch ablegen, zeigen Sie Gespür für Manieren und Etikette, wenn Sie dem Geschenk eine Glückwunschkarte oder einen Brief beilegen. Zum einen hilft es dem Brautpaar, bei der Fülle von Geschenken im Nachhinein die Herkunft zuordnen zu können. Sie müssen nämlich davon ausgehen, dass das Brautpaar seine Geschenke nicht am Hochzeitstag auspackt, sondern erst danach. Zum anderen heben sich viele Brautpaare die Glückwunschkarten als Erinnerung an ihre Hochzeit auf.

Übrigens, als Gratulant können Sie Ihr Geschenk auch in Ihrem schriftlichen Gruß erwähnen. Das zeugt weder von Stillosigkeit noch von Unbescheidenheit, sondern hilft dem Brautpaar ebenfalls, die Geschenke und dazugehörenden Schenker zu identifizieren. Außerdem zeigen Sie Ihre Wertschätzung, wenn Sie in der Glückwunschkarte oder im Brief ein paar Worte über das Geschenk verlieren und erklären, was Sie sich bei dessen Auswahl gedacht haben.

Bemühen Sie sich, bei Gruppengeschenken die dazugehörende Glückwunschkarte von allen Beteiligten unterschreiben zu lassen und nicht stellvertretend von einer Person. Dies gilt auch, wenn es im Vorfeld einiges Organisationstalent erfordert, weil die Schenkenden beispielsweise nicht alle am gleichen Ort wohnen. Zur Not unterschreiben Sie die Karte erst am Hochzeitstag, wenn Sie alle beisammen sind.

Als nicht geladener Gast

Entscheiden Sie sich dafür, am Hochzeitstag ein Geschenk »vorbeizubringen«, sind Sie mit dem Problem konfrontiert, dass weder bei dem Brautpaar noch bei den Brauteltern jemand zu Hause ist. Nur ganz umsichtige Paare werden am Hochzeitstag – sobald Braut und Bräutigam zur Trauung aufgebrochen sind – zu Hause eine Person engagieren, die Geschenke und Blumen entgegennimmt. Im schlimmsten Fall müssen Sie Ihr Geschenk vor der Haustür deponieren oder wieder mitnehmen.
Am besten geben Sie ein paar Tage vor der Hochzeit Ihr Geschenk beim Brautpaar selbst oder bei den Eltern der Braut oder des Bräutigams ab, die Ihr Präsent an das Brautpaar weiterleiten können.

Nach der Hochzeit

Lassen Sie sich nach der Hochzeit nicht zu lange Zeit, Ihr Geschenk dem frisch vermählten Paar zukommen zu lassen. Ist das Paar sofort nach der Hochzeit in die Flitterwochen aufgebrochen, können Sie sich jedoch vier bis sechs Wochen dafür Zeit lassen. Sofern das Paar nach der Hochzeit ohne Urlaub ins Alltagsleben zurückkehrt, ist es eine Frage des guten Stils, wenn Sie innerhalb von zehn bis vierzehn Tagen Ihr Geschenk nachreichen – ehe das frisch vermählte Ehepaar seine offiziellen Dankesbriefe versendet.

Können Sie Ihr Geschenk auch schicken?

Wie bei anderen Anlässen auch können Sie Ihr Hochzeitsgeschenk vorab dem Brautpaar zuschicken. Allerdings überreichen die meisten Gäste Ihre Geschenke persönlich, sicherlich um nicht mit leeren Händen kommen zu müssen. Manchmal lässt es sich aber nicht vermeiden, das Geschenk anliefern zu lassen. Wenn die Hochzeitsfeier nicht am Wohnort des Brautpaares stattfindet und Sie ein großes, sperriges Geschenk für das Brautpaar vorgesehen haben, sollten Sie dies vorher an die Adresse des Brautpaares schicken lassen. Es wäre sehr unhöflich, die Brautleute in der Fremde mit dem sperrigen Geschenk sitzen zu lassen und ihnen die Organisation des Rücktransports zuzumuten.

Können Sie Blumen schenken?
Selbstverständlich können Sie zur Hochzeit auch Blumen schenken. Selbst wenn Sie sich für ein sehr teures und atemberaubendes Arrangement entscheiden, sollte der Blumengruß bei einer Hochzeit allerdings nicht das einzige Geschenk bleiben. Brautpaare möchten sich mit den Geschenken, die sie zu ihrer Hochzeit erhalten, lange an ihren großen Tag erinnern. Ein Hochzeitsgeschenk hat also auch einen nicht zu unterschätzenden emotionalen Wert. Würden Sie also nur Blumen schenken, wäre Ihr Geschenk für die Beschenkten vergänglich.
Wollen Sie Ihren Blumenstrauß am Hochzeitstagstag schenken, wickeln Sie den Blumestrauß vorher aus dem Einschlagpapier und übergeben Sie ihn der Braut so, dass Stiele und Blätter nicht an deren Handschuhen abfärben oder am Brautkleid unschöne Flecken hinterlassen.
Lassen Sie am besten schon beim Floristen Vorsorge treffen und die Stiele mit einer Manschette umwickeln. Sträuße, die in durchsichtige Folie gewickelt sind, können bei der Übergabe eingewickelt bleiben. Besser ist es, die Braut am Hochzeitstag nicht mit dem Strauß zu behelligen und lieber dem Zeremonienmeister oder Hochzeitsmanager in die Hand zu drücken, der sich um eine Vase und einen geeigneten Standplatz für Ihren Strauß kümmern kann.
Wollen Sie als Blumenschenker ganz umsichtig sein, bringen Sie am Hochzeitstag gar keine Blumen mit. Lassen Sie diese lieber per Boten an die Adresse des Brautpaares oder an dessen Eltern senden. Vergewissern Sie sich vorab, ob an diesem Tag die Wohnung der Protagonisten besetzt ist. Vielleicht engagiert das Brautpaar jemanden, der am Hochzeitstag die Wohnung oder das Haus hütet und Glückwunschtelegramme, Geschenke und Blumen entgegennimmt.

Wenn Kinder schenken
Auch Kinder können dem Brautpaar mit selbst gemalten Bildern oder Bastelarbeiten eine Freude machen. Oftmals steckt hinter den liebevoll und stundenlang gebastelten Dingen mehr Mühe als hinter

teuren Geschenken, die innerhalb weniger Minuten online geordert und per Kreditkarte bezahlt wurden.
Wenn Kinder schon etwas größer sind, ist es eine schöne Geste, einen selbst gebastelten Gutschein für kindgerechte Aufgaben zu verschenken, beispielsweise mit dem Hund des Paares Gassi zu gehen, die Blumen zu gießen oder für die zukünftigen Kinder des Paares als Babysitter einzuspringen.

NACH DER HOCHZEIT

Die Hochzeit ist vorbei, das rauschende Fest vorüber, das Hochzeitskleid schon in der Reinigung und Sie möglicherweise auf Hochzeitsreise.

Dank sagen

Denken Sie aber nicht, dass das Thema damit ad acta gelegt ist. Nachdem Sie mit Geschenken und Glückwünschen überschüttet worden sind und Ihre Eltern, Freunde und zahlreiche Helfer für den Erfolg des Festes gesorgt haben, gehört es dazu, dass Sie sich gebührend bedanken.

Bedanken bei Schenkern

Bedanken Sie sich nach der Hochzeit bei allen, die Ihnen zur Hochzeit etwas geschenkt haben: etwa im Vorfeld der Hochzeit, zum Polterabend, am Hochzeitstag oder danach. Bei den Gästen, die bei Ihrer Feier dabei waren, beziehen sich Ihre Dankesworte nicht nur auf die erhaltenen Blumen und Geschenke, sondern auch auf deren Anwesenheit bei Ihrem Hochzeitsfest. Drücken Sie Ihre Freude über die Anwesenheit in Ihren Zeilen immer vor dem Dank für das Geschenk aus. Schließlich wollen Sie nicht den Eindruck erwecken, dass Ihnen das Geschenk wichtiger als die Person ist.
Ihr Dank kann eine handgeschriebene oder gedruckte Dankeskarte sein oder als Zeitungsanzeige veröffentlicht werden. Viele Paare

kombinieren auch mehrere Möglichkeiten, wobei die Annonce in der Zeitung nur bei sehr großen Hochzeiten üblich ist.
Kein Dankeschön wirkt herzlicher und ehrlicher als eine handgeschriebene Karte. Sofern Sie Ihre Hochzeit allerdings groß gefeiert haben, werden Schenkende und Gäste nicht erwarten, dass Ihre Danksagungen handgeschrieben sind. Deshalb favorisieren die meisten Paare die gedruckte und standardisierte Danksagung. Sie kann – ganz besonders bei einer sehr formellen Hochzeit – im Design, Schriftbild und gewählter Papierart Ihrer einst verschickten Einladung entsprechen oder auch etwas einfacher ausfallen.
Da eine solche Karte schnell unpersönlich wirken kann, ist es selbstverständlich, dass Sie in den Karten zumindest in der Anrede die Namen der Empfänger handschriftlich eintragen. Ist Ihre Handschrift nicht gut leserlich, können Sie den Namen zur Not auch mit einem sich vom restlichen Schriftbild abhebenden Schreibschriftfont ausdrucken. Auf keinen Fall sollten Sie einen Druckschriftfont verwenden.
Die Etikette schreibt zudem vor, dass Sie selbst bei vorgedruckten Danksagungen über den Standardtext hinaus jedem Schenker für sein Geschenk individuell danken. Ergänzen Sie den Standardtext deshalb um ein paar handgeschriebene Sätze, in denen Sie Ihre Freude über das betreffende Geschenk ausdrücken und vielleicht sogar beschreiben, wie Sie es verwenden werden. Das zeigt den Gästen Ihre Dankbarkeit und vermittelt das Gefühl, dass Sie sich für sie Zeit genommen haben. Legen Sie sich dafür Ihre Liste bereit, auf der Sie vermerkt haben, welcher Gast welches Geschenk überreicht hat. Eine persönliche Note bekommen Ihre Karten auch, indem Sie ein Hochzeitsfoto von Ihnen beiden in die Karte kleben oder beilegen.
Haben Sie Bargeld oder Geschenkgutscheine erhalten, bedanken Sie sich stets für das »großzügige« Geschenk, unabhängig davon, ob es sich um 20 Euro oder 200 Euro handelte. Geben Sie auf jeden Fall an, wofür das Geld beziehungsweise der Gutschein eingesetzt wurde, damit Ihre Gäste sehen, dass ihr Geschenk auch tatsächlich Verwendung gefunden hat.

Sicher werden Sie das eine oder andere Geschenk erhalten haben, dass Sie so gar nicht gebrauchen können oder potthässlich finden. Selbstverständlich bedanken Sie sich auch für ein solches Geschenk. Wenn Sie weder aus Höflichkeit lügen noch den Schenker mit der Wahrheit vor den Kopf stoßen wollen, belassen Sie es einfach beim Dank, ohne näher auf das Geschenk und seinen Verwendungszweck in Ihrem Haushalt einzugehen. Schmücken Sie stattdessen die Passage aus, in der Sie Ihre Freude über seine oder ihre Anwesenheit beim Hochzeitsfest zum Ausdruck bringen.

Bereiten Sie zwei Arten von Dankeskarten vor, zum einen den Kartentyp, bei dem Sie sich als Paar für die Geschenke bedanken, und zum anderen einen, bei dem Sie sich entweder als Braut oder als Bräutigam für das erhaltene Präsent bedanken. Verwenden Sie die beiden Kartentypen, je nachdem, ob eine Danksagung in Ihrer beider Namen oder nur im Namen von einem von Ihnen angebracht ist. Vergessen Sie auch nicht, gerade die kleinen Schenker mit einer Karte zu erfreuen. Oftmals haben sich gerade Kinder ganz besonders Mühe gemacht, Ihnen etwas zu basteln oder zu malen. Würdigen Sie diese Anstrengungen. Selbst wenn die ganz Kleinen noch gar nicht lesen können, werden sie sich über eine eigene Karte freuen, die die Eltern sicher gern vorlesen.

Verschicken Sie Ihre Danksagungen innerhalb weniger Wochen nach der Hochzeit. Verreisen Sie in die Flitterwochen, wissen das die meisten Gäste. Dann können Sie Ihre Urlaubsgrüße aus den Flitterwochen mit einem Dankeschön verbinden, oder Sie setzen sich gleich nach Ihrer Rückkehr an die Dankeskarten. Spätestens nach sechs Wochen sollten aber alle Empfänger Ihre Dankeskarten im Briefkasten haben.

Bedanken bei allen Mitwirkenden

Es ist ein Zeichen stilvollen Miteinanders, wenn Sie sich nicht nur bei den Schenkern, sondern auch bei allen Personen bedanken, die zum Gelingen des Festes beigetragen haben. Dazu zählen Ihre Eltern, Trauzeugen, Brautjungfern, Blumenkinder, aber auch die stillen Helfer wie Haus- und Babysitter und natürlich Ihre professionellen Dienstleister.

Bedenken Sie dabei auch jene Personen, die Sie immateriell bereichert haben. Vielleicht haben Sie von Ihren Eltern, Geschwistern oder Freunden einen guten Rat zur Lösung eines organisatorischen Problems erhalten oder hilfreiche Informationen beispielsweise über Ihre Familienhistorie erhalten? Möglicherweise hat jemand die heißen Kohlen aus dem Feuer geholt, als mit einem Dienstleister etwas schiefging oder ein Termin platzte? Beschreiben Sie in Ihrem Dank, wie sehr Ihnen die Person in der entsprechenden Situation geholfen hat.

Trinkgelder

Stilvolle Gastgeber belassen es nicht nur bei einem Dankeschön gegenüber den Servicekräften und Dienstleistern. Meist waren diese Menschen den ganzen Tag auf den Beinen, um für Ihr Wohl und das Ihrer Gäste zu sorgen, und schließlich hatte die Hochzeitsgesellschaft auch vor allem dank des Einsatzes dieser mehr oder weniger sichtbaren Helfer einen unvergesslichen Tag.

Denken Sie an das professionelle Team von externen Dienstleistern, wie zum Beispiel Zeltbauer, Chauffeure oder Reinigungspersonal, ebenso wie die Servicekräfte in der Gastronomie. Im Allgemeinen sollte hier nicht nur das »sichtbare« Servicepersonal bedacht werden, sondern auch die Küchenbrigade, die Barkeeper oder andere Helfer. Waren Sie mit der Band oder dem DJ sehr zufrieden, können Sie auch hier einen kleinen Obolus zur Seite legen. Allerdings fallen weder der DJ noch die Band unter die obligatorischen Trinkgeldempfänger. Sie bekommen – vertraglich festgelegt – zur Gage das Trinkentgelt in Form von Naturalien, können also bei der Feier umsonst essen und trinken.

Ob Sie sich an die althergebrachte Regel halten wollen, nie einem Chef eines Unternehmens oder Gewerbes ein Trinkgeld zu zahlen, entscheiden Sie selbst. Möglicherweise laufen Sie Gefahr, von mit der Regel nicht vertrauten Personen als knickerig eingestuft zu werden. Schlimmstenfalls könnte Ihnen bei einem Verzicht auf ein Trinkgeld unterstellt werden, Sie seien mit einer vom Chef persönlich erbrachten Leistung nicht zufrieden gewesen.

Bei der Entscheidung über die Höhe eines Trinkgeldes sind sicherlich fünf Euro pro Servicekraft – ob im Restaurant oder Privathaushalt – für einen ganzen Tag Arbeit zu wenig, fünfzig Euro pro Person allerdings zu großzügig bemessen und für Brautpaare, die ohnehin knapp kalkulieren müssen, auch schlichtweg nicht bezahlbar. Kalkulieren Sie pro Servicekraft und Stunde etwa 5 Euro, maximal jedoch 30 Euro pro Person. Für Barkeeper gilt die Sonderregelung, dass diese 15 Prozent der Likörrechnung als Trinkgeld erhalten. Boten, die Blumen oder Geschenke bringen, werden mit einem kleinen Betrag zwischen 50 Cent und einem Euro belohnt.

Sofern Sie kirchlich heiraten, erkundigen Sie sich schon im Traugespräch bei Ihrem Geistlichen, wie hoch der übliche Obolus für den Mesner und den Organisten ist. In der Regel ist hier eine Anerkennung zwischen 30 und 50 Euro üblich. Haben Ministranten bei der Gestaltung des Gottesdienstes mitgewirkt, können Sie entscheiden, ob Sie diesen einen Geldbetrag zwischen 5 und 10 Euro oder vielleicht lieber einen Gutschein – je nach Alter – für einen Kinobesuch oder einen Abstecher in die stadtbeste Eisdiele zukommen lassen wollen. Übrigens ist es völlig deplatziert, nach der Trauung auch dem Pfarrer oder Priester selbst ein Trinkgeld zukommen zu lassen. Spenden Sie stattdessen etwas der Kirchengemeinde, oder füllen Sie die Kollekte. Mit einem Betrag um die 100 Euro liegen Sie nicht verkehrt.

Es ist bei Gesamtrechnungen in der Gastronomie nicht immer ratsam, sich an die Faustregel zu halten, fünf bis zehn Prozent der

Rechnungssumme als Trinkgeld einzuplanen, wobei der Prozentsatz niedriger wird, je höher die Rechnung ausfällt. Bei einer größeren Hochzeitsfeier kommen für Raummiete, Essen und Getränke schnell Beträge im vier- oder sogar fünfstelligen Bereich zusammen, und viele Gesamtrechnungen enthalten auch die Raummiete, die Sie nun wirklich nicht beim Trinkgeld berücksichtigen müssen. Vielmehr wollen Sie die Leistungen des Servicepersonals honorieren.

Berücksichtigen Sie beim Verteilen der Trinkgelder, dass viele Restaurants zu Großveranstaltungen externe Servicekräfte einkaufen und somit die Kellner nur an diesem Abend dort tätig sind. Es gehört daher zum guten Ton, die Trinkgelder noch am Abend nach der Feier an jede Servicekraft einzeln zu übergeben und nicht beim Bezahlen auf die Rechnungssumme aufzuschlagen oder einen Umschlag mit den gesamten Trinkgeldern an den Oberkellner oder Restaurantchef zu überreichen. Schließlich wollen Sie auch sichergehen, dass das Geld bei den Personen ankommt, die die tatsächliche Leistung erbracht haben.

Übrigens, Trinkgeld geben Sie wirklich nur dann, wenn Sie zufrieden mit dem Service waren, es ist also kein Muss. Schlechten Service sollten Sie nicht mit einem obligatorischen Trinkgeld belohnen.

Übergeben Sie die Trinkgeldthematik am besten den Trauzeugen oder Ihren Eltern. Je nachdem, wer die Trinkgelder überreicht, sollte er oder sie darauf achten, nicht einfach nur Geldscheine oder einen Umschlag zu überreichen, sondern stets ein paar Worte des Dankes und der Wertschätzung zu finden.

Nachfeier

Viele Paare überlegen sich, unmittelbar oder einige Wochen nach der eigentlichen Hochzeit eine Nachfeier zu veranstalten. Vor allem dann, wenn Sie zu Ihrer Hochzeit bestimmte Personengruppen wie Arbeitskollegen oder Mannschaftskollegen aus dem Sportverein nicht eingeladen haben, ist die Idee zu einer solchen Feier eine Überlegung wert.

Eine Nachfeier können Sie in jedem erdenklichen Stil durchführen – ob als förmliches Abendessen mit Abendgarderobe, als Cocktailparty oder Barbecue. Selbst wenn Sie ein ultraformelles Essen mit Kleidervermerk »Smoking« veranstalten, tragen Sie als frisch verheiratete Ehefrau ein elegantes Abendkleid und nicht etwa Ihr Hochzeitskleid. Schließlich sind Sie bereits verheiratet. Allerdings können Sie – je nach persönlichem Geschmack – im Beisein Ihrer Gäste auf der Nachfeier Ihr Eheversprechen erneuern und mit einem Kuss besiegeln.
Schreiben Sie in der Einladung zur Nachfeier nichts über Geschenke oder einen besonderen Geschenkewunsch. Es liegt ganz bei Ihren Gästen, auf der Nachfeier mit einem Geschenk zu erscheinen oder nicht. Verkneifen Sie sich ebenfalls gut gemeinte Hinweise wie »Keine Geschenke, bitte«. Sie würden damit Ihre Gäste verunsichern und in ernsthafte Schwierigkeiten bringen. So wird es für jene Gäste peinlich, die Ihrer Aufforderung nachkommen, wenn andere Gäste ein Geschenk dabeihaben. Setzen sich einige Gäste über Ihren Wunsch hinweg, sind sie womöglich die Einzigen auf dem Fest, die mit einem Geschenk erscheinen. Auch diese Eingeladenen werden sich schlecht fühlen.
Sie können die Nachfeier im Kollegenkreis auch in der Firma durchführen, wobei sich Uhrzeit und Dauer an den innerbetrieblichen Gepflogenheiten orientieren. Laden Sie zu einem Frühstück, zum Kaffeetrinken oder einem kleinen Umtrunk ein und vergessen Sie nicht, Ihren Chef beziehungsweise Ihre Chefin dazuzubitten.

Literaturverzeichnis

Birgit Adam, *So gelingt die Hochzeitsfeier,* Heyne Verlag, 2004

Caroline Corelli, *Unsere Hochzeitsplanung,* Südwest Verlag, 2005

Alexandra Dionisio, *PinkBride's Handbuch für unsere perfekte Hochzeit,* Graefe und Unzer Verlag, 2008

Uwe Fenner, *Erfolgreich mit Stil. Der Knigge für alle Lebenslagen,* Linde Verlag, 2009

Alexander Freiherr von Fircks, *Anreden und Anschriften,* Ansgard Verlag, 1997

Alexander Freiherr von Fircks, *Veranstaltungen perfekt organisieren. Ein Handbuch für offizielle und private Anlässe,* Urania-Ravensburger, 1999

Bradley Gerstman, Christopher Pizzo, Rich Seldes, *Heirate mich!,* mvg Verlag, 2002

Schwester Maria Magdalena, Bruder Jacob, *Kleiner Hochzeitsknigge. Für die protestantische und katholische Trauung,* Kreuz Verlag, 2006

Sharon Naylor, *The Essential Guide to Wedding Etiquette,* Sourcebooks, 2005

Christine Paxmann, *Einmal für immer: Heiraten mit Stil,* Knesebeck Verlag, 2009

Bernhard Roetzel, *Der Gentleman. Handbuch der klassischen Herrenmode,* Ullmann/Tandem, 2004

Heide Schoeller, Charlotte Seeling, *Kunst der Gastlichkeit,* Mosaik Verlag, 1995

Salka Schwarz, *Renaissance der Höflichkeit. Fragen zur Etikette im 21. Jahrhundert,* DOM publishers, 2008

Bernd Spillner, *Die perfekte Anrede*, Verlag moderne Industrie, 2001

Stil & Etikette (Der große Knigge), Loseblattsammlung, Verlag für die Deutsche Wirtschaft AG

Klaus Urschitz, *Protokoll mit Zeremoniell und Etikette,* Manumedia Verlag Schnider, 2002

Peter Vazny, Siegfried Wolf, *Tafelkultur für alle Anlässe,* Trauner Verlag, 1998

Inge Wolff, *Die perfekt organisierte Hochzeit*, Verlag für die Deutsche Wirtschaft AG, 2001

Rosemarie Wrede-Grischkat, *Hohe Schule des guten Benehmens,* Augustus Verlag, 1995

Nützliche Internetadressen

www.brautkleider.org
www.heiratsportal.de
www.hochzeit-premium.de
www.hochzeitsetikette.de
www.ratgeber-hochzeit.de
www.traumfest.de
www.unsertag.de
www.vermaehlung.de
www.weddix.de

Über die Autorin

In einer sehr konservativen, aber gastfreundlichen Familie aufgewachsen, hat Claudia Seutter von Lötzen schon in ihrer Kindheit die heute wieder so gefragten Umgangsformen und das Verständnis von traditioneller Etikette mit auf den Weg bekommen.

Allerdings hatte die Autorin anfangs keine Ambitionen, ihre in die Wiege gelegte Leidenschaft für Etikette und Manieren beruflich zu nutzen, und startete erst einmal eine Standardkarriere als Rechtsanwältin. Ihre erste große Chance, ihr Knowhow in Sachen Etikette und Umgangsformen umzusetzen, sah Seutter von Lötzen anlässlich der Weltausstellung EXPO 2000. Hier suchte das Auswärtige Amt »etikettefeste« Bewerber für die Abteilung Protokoll. Seutter von Lötzen hatte ihre ideale berufliche Spielwiese gefunden, schnell war die Juristerei vergessen. Sie durfte sich bei der protokollarischen Planung und Betreuung der ausländischen Staatsoberhäupter und Königshäuser auf der EXPO 2000 in Hannover austoben. Hier gaben sich Größen wie König Juan Carlos von Spanien, Königin Silvia von Schweden oder Kronprinz Felipe von Spanien täglich die Klinke in die Hand. Seutter von Lötzen organisierte alles – vom roten Teppich für die königlichen Privatjets auf dem Rollfeld über Polizeieskorten bis hin zum ausgeklügelten Menü für die anspruchsvollen Gäste. Mit Erfolg.

Es folgten berufliche Stationen als Protokollchefin für verschiedene Arbeitgeber. Irgendwann wollte sie ihre unzähligen Ideen in einer eigenen Firma umsetzen. Um sich im rauen Wind, welcher in der Branche weht, zu behaupten, suchte sich die Autorin ein Nischenthema, auf das sie sich spezialisieren und mit einer Dissertation wissenschaftlich untermauern wollte.

Kurzerhand verabschiedete sich die Autorin also in das sonnenverwöhnte Kalifornien – »wegen des besonderen Lichts dort, das zum Schreiben animiert«, so sagt sie selbst. Sie schrieb dort in Rekordzeit ihre in Deutschland einzigartige Dissertation über Etikette und Zeremoniell an deutschen Fürstenhöfen im 17. und 18. Jahrhundert. Gleichzeitig plante sie von Kalifornien aus

ihren Business-Start in Deutschland, natürlich generalstabsmäßig, wie man es von einer waschechten Protokollchefin erwarten kann. Gleich nach ihrer Rückkehr nach Deutschland winkten im nahtlosen Übergang erste Aufträge, sie hielt Vorträge vor allen Protokollchefs der Landesregierungen, coachte Vorstände in Sachen Tischkultur und tüftelt im Moment an einem neuartigen Fernsehkonzept, welches sich natürlich mit Umgangsformen befasst. Gern recherchiert sie dafür in ihrer in den letzten zwei Jahrzehnten angesammelten stattlichen Bibliothek rund um ihr Lieblingsthema mit Titeln aus dem In- und Ausland.
Trotz der Anstrengung, Termine, Fernsehkonzept und das Privatleben unter einen Hut zu bringen, sieht man der charismatischen Unternehmerpersönlichkeit den Stress nicht an. Sie liebt ihr Thema, steht voll dahinter, versucht andere in den Bann zu ziehen. »Das ist sicher auch das Geheimnis meines Erfolges. Ich lebe das Thema, mein ganzes Leben ist von schöner Lebensart geprägt. Die Übergänge zwischen Beruf und Privatem sind fließend. Und das Tolle daran ist: Ich habe ständig neue Ideen.«

www.seutter-von-loetzen.de

INHALTSVERZEICHNIS

Vorwort 5

Vor der Hochzeit 9

Die Verlobung 9
Zeitpunkt der Verlobung 9
Das Zusammenziehen 10
Der Verlobungsring 11
Der Antrag 12
Sollte die Frau einen Antrag machen? 13
Darf die Frau den Ring umtauschen? 14

Ehevertrag 14
Stilvoll zur Sprache bringen 15
Was werden die anderen denken? 16

Die große Neuigkeit verbreiten 18
Die Eltern 18
Eine Hommage an alte Zeiten – der förmliche Antrittsbesuch 19
Ihre Kinder 21
Der Rest der Familie 22
Freunde, Bekannte und Arbeitskollegen 22
Wenn sich jemand übergangen fühlt 23

Wer bezahlt die Hochzeit? 23
Die Eltern ansprechen 25
Wer zahlt was? 27
Wenn eine Familie mehr als die andere beisteuern kann 28
Das Budget geschickt einsetzen 29

Die Verlobungsanzeige 29
Formale Anforderungen an die Verlobungsanzeige 30
Adressieren des Umschlages 30
An Ehepaare 31 · *An unverheiratete Paare* 32 · *An Paare mit*

Kindern 32 · *An Einzelgäste* 33 · *Titel und akademische Grade auf dem Briefumschlag* 33 · *Adelstitel auf dem Briefumschlag* 34 · *Amts- und Funktionsbezeichnungen auf dem Briefumschlag* 36 · *Religiöse Funktionsbezeichnungen auf dem Briefumschlag* 37
Empfängerzeile 37
Titel und akademische Grade 38 · *Adelstitel* 39 · *Amts- und Funktionsbezeichnungen* 40 · *Religiöse Funktionsbezeichnungen* 41
Wer zeigt die Verlobung an? 42
Wenn das Paar anzeigt 42
Wenn die Brauteltern anzeigen 44
Wenn die Eltern der Braut verheiratet sind 44 · *Wenn die Eltern der Braut geschieden sind* 44 · *Wenn ein Elternteil der Braut verstorben ist* 46 · *Wenn beide Eltern der Braut verstorben sind* 48
Wenn die Eltern des Bräutigams anzeigen 49
Wenn die Eltern des Bräutigams verheiratet sind 49 · *Wenn die Eltern des Bräutigams geschieden sind* 49 · *Wenn ein Elternteil des Bräutigams verstorben ist* 51 · *Wenn beide Eltern des Bräutigams verstorben sind* 53
Wenn die Brauteltern und das Brautpaar anzeigen 54
Wenn Brauteltern, Bräutigameltern und Brautpaar gemeinsam anzeigen 54
Verlobungsanzeige ohne weitere Einladung 55
Verlobungsanzeige mit Einladung zu einem Empfang 56

Verlobungsempfang und Verlobungsfeier 59
Verlobungsempfang 59
Verlobungsfeier 60
Sitzordnung 60
Reden und Toasts 61
Überraschungsfeier 62
Verlobungsgeschenke 62
Einladung zum Polterabend 63

Die Hochzeitsanzeige 63
Inhaltliche Details 64
Wer zeigt die bevorstehende Hochzeit an? 65
Wenn das Brautpaar anzeigt 66
Wenn einer der Brautleute geschieden ist 67
Wenn die Brauteltern anzeigen 68
Wenn die Eltern der Braut verheiratet sind 68 · Wenn die Eltern der Braut geschieden sind 69 · Wenn ein Elternteil der Braut verstorben ist 71 · Wenn beide Eltern der Braut verstorben sind 73
Wenn die Eltern des Bräutigams anzeigen 73

Wenn die Eltern der Bräutigams verheiratet sind 73 · *Wenn die Eltern des Bräutigams geschieden sind* 74 · *Wenn ein Elternteil des Bräutigams verstorben ist* 76 · *Wenn beide Eltern des Bräutigams verstorben sind* 78
Wenn die Brauteltern und das Brautpaar anzeigen 79
Wenn die Brauteltern, Bräutigameltern und Brautpaar gemeinsam anzeigen 79
Hochzeitsanzeige ist nicht immer gleich Hochzeitseinladung 80
Wenn die Hochzeitsanzeige gleichzeitig Einladung ist 80
Wenn die Hochzeitsanzeige nicht gleichzeitig Einladung ist 81
Verbreitungsarten für Hochzeitsanzeigen 82
Annoncieren in Zeitungen 82
Persönliche Hochzeitsanzeigen 83
Adressieren des Umschlages 83
An Ehepaare 84 · An unverheiratete Paare 84 · An Paare mit Kindern 85 · An Einzelgäste 86 · Titel und akademische Grade auf dem Briefumschlag 86 · Adelstitel auf dem Briefumschlag 88 · Amts- und Funktionsbezeichnungen auf dem Briefumschlag 89 · Religiöse Funktionsbezeichnungen auf dem Briefumschlag 90
Empfängerzeile 91
Titel und akademische Grade 91 · Adelstitel 92 · Amts- und Funktionsbezeichnungen 93
Save-the-date-Karten 95
Adressieren des Umschlages 97
An Ehepaare 98 · An unverheiratete Paare 98 · An Paare mit Kindern 98 · An Einzelgäste 99 · Titel und akademische Grade auf dem Briefumschlag 99 · Adelstitel auf dem Briefumschlag 101 · Amts- und Funktionsbezeichnungen auf dem Briefumschlag 102 · Religiöse Funktionsbezeichnungen auf dem Briefumschlag 103
Empfängerzeile 104
Titel und akademische Grade 104 · Adelstitel 105 · Amts- und Funktionsbezeichnungen 107 · Religiöse Funktionsbezeichnungen 107
Hinweis auf eigene Hochzeitswebsite 108

Zur Hochzeit laden 109
Wer lädt ein? 109
Die Einladungsliste 109
Ihre Prioritätenliste 111
Kategorie A – absolut unentbehrlich 113 · *Kategorie B – wünschenswert* 113 · *Kategorie C – nicht unbedingt notwendig* 113
Ersatzliste 114
Eltern einbeziehen 114
Stillschweigen bewahren 115

Diese Gäste müssen Sie einladen 116
Enttäuschungen vermeiden 116
Besondere Personenkreise einladen 117
»... und Begleitung« 117
Zerstrittene Parteien 118
Getrennte Paare 118
Stiefeltern beziehungsweise neue Partner der Eltern 119
Familienangehörige von Stiefeltern und neuen Partnern der Eltern 119
Ex-Partner 119
Gäste mit kleinem Budget 119
Kinder 120
Kinderbetreuung organisieren 121
Vorgesetzte und Kollegen 122
Pfarrer 123
Katholischer Pfarrer 123 · *Evangelischer Pfarrer* 124
Die Hochzeitseinladung 124
Inhalt und Form der Einladung 125
Farbwahl von Karte und Schrift 125 · *Papierwahl und Form* 125 · *Drucken oder kopieren?* 126 · *Schriftbild* 126 · *Gestaltung* 126 · *Der innere Umschlag* 127
Adressieren des Umschlages 130
An Ehepaare 131 · *An unverheiratete Paare* 131 · *An Paare mit Kindern* 131 · *An Einzelgäste, die jemanden mitbringen können* 132 · *Titel und akademische Grade auf dem Briefumschlag* 133 · *Adelstitel auf dem Briefumschlag* 134 · *Amts- und Funktionsbezeichnungen auf dem Briefumschlag* 136 · *Religiöse Funktionsbezeichnungen auf dem Briefumschlag* 137
Die Adressaten der Einladung 137
Wenn das Paar einlädt 137
Wenn Sie als Paar die Hochzeit selbst ausrichten 138 · Wenn ein Partner geschieden ist 140
Wenn die Brauteltern einladen 142
Wenn die Eltern der Braut verheiratet sind 143 · Wenn die Eltern der Braut geschieden sind 143 · Wenn ein Elternteil der Braut verstorben ist 146 · Wenn beide Eltern der Braut verstorben sind 149
Wenn die Eltern des Bräutigams einladen 150
Wenn die Eltern des Bräutigams verheiratet sind 151 · Wenn die Eltern des Bräutigams geschieden sind 152 · Wenn ein Elternteil des Bräutigams verstorben ist 154
Wenn beide Elternpaare Gastgeber sind 158 · *Wenn Brauteltern, Eltern des Bräutigams und Brautpaar gemeinsam einladen* 159
Empfängerzeile 160

Titel und akademische Grade 163 · *Adelstitel* 164 · *Amts- und Funktionsbezeichnungen* 166 · *Religiöse Funktionsbezeichnungen* 167
Zeitpunkt der Veranstaltung 168
Trauung 169 · *Empfang* 169 · *Hochzeitsessen* 170
Veranstaltungsort 170
R. S. V. P. oder U. A. w. g. 171
Kleidervermerke 172
Klassische Kleidervermerke 174 · *»Festliche Abendgarderobe«* 177 · *Kleidervermerke für unterschiedliche Programmpunkte* 177 · *Gäste zu verschiedenen Programmpunkten einladen* 178
Einladung zu weiteren Feierlichkeiten 178
Polterabend 178 · *Hochzeitsempfang* 178
Der richtige Zeitpunkt 179
Hochzeitsempfang vor oder nach der Trauung 180 · *Hochzeitsessen und anschließende Feier* 181 · *Empfang mehrere Tage oder Wochen nach der Trauung* 181
Dürfen Sie Geschenkewünsche in der Einladung ansprechen? 183
Geschenkewünsche stilvoll übermitteln 184
Geschenkewunsch bei Wiederheirat 185 · *Hochzeits- oder Geschenketisch* 185
Wer wählt die Geschenke aus? 186
Geschenkeliste 187 · *Geschenke, die zum Hochzeitsfest beitragen* 188 · *Geldgeschenke* 188 · *Wenn Sie nichts geschenkt bekommen wollen* 190 · *Zugunsten von Spenden auf Geschenke verzichten* 191
Weitere Drucksachen für die Einladung 191
Lagepläne und Anfahrtsbeschreibungen 192 · *Hotelinformationen* 193
Wer zahlt die Übernachtung? 193 · Wer zahlt bei einer Hochzeit im Ausland? 194
Antwortkarte 195 · *Anzeige der neuen Postanschrift* 196
Eigene Hochzeitswebsite 197
Wann die Einladung versenden? 198
Darf man telefonisch nachhaken? 199
Gäste wieder ausladen 199
Umgang mit Absagen 200
Drucksachen für das Hochzeitsfest 201
Hochzeitsprogramm 201 · *Rahmenprogramm* 205 · *Menükarten* 206 · *Gästeliste* 207 · *Tischkarten* 208 · *Platzierungs- oder Tischführkarten* 210 · *Placement* 212

Hochzeit verschieben oder absagen 213

Ihr Planungsteam 216

Auswahl Ihres Teams 216
Wenn jemand ablehnt 217
Wenn sich jemand übergangen fühlt 217

Verantwortungsbereiche 218
Hochzeitsmanager 218
Zeremonienmeister 219
Hochzeitslader 220
Die stillen Helfer 221

Verhalten gegenüber Ihrem Planungsteam 222

Professionelle Dienstleistungen 224
Hochzeitsplaner oder Agenturen 224
Caterer, Hochzeitstortenbäcker oder Gastronom 226

Brautpaar 228

Das geht Sie beide an 228
Kinder aus vorangegangenen Beziehungen 228
Ringe 229
Links oder rechts? 230
Gold oder Platin? 230
Gravur 230
Geschenke für Helfer, Trauzeugen und Eltern 231
Übergabezeitpunkt 232
Passende Präsente auswählen 232
Geschenke für die Gäste 233
Richtig schenken 233
Keine Sonderbehandlung 234

Etikette für die Braut 235
Hochzeitsvorbereitungen 235
Nehmen Sie Rücksicht auf Ihren Partner 236
Machen Sie die Elternpaare miteinander bekannt 237
Ihr Brautkleid 237
Ihr Kleid orientiert sich am Stil Ihrer Hochzeit 238
Farbe des Brautkleides 240
Farbwahl bei der zweiten Heirat 240
Kleiderwahl bei Doppelhochzeit 241
Beginnen Sie mit der Suche so früh wie möglich 241
Begeben Sie sich in professionelle Hände 242
Wen Sie zum Aussuchen mitnehmen 242

Auswahlprozess 243
Im Zweifel bequem 245
Wenn das Kleid ein Erbstück ist 245
Wer zahlt das Brautkleid? 246
Mit den Kleidern der Brautjungfern abstimmen 247
Schleier und Schleppe 248
Handhabung von Handschuhen 249
Wann und wo können Sie einen Hut tragen? 250
Schmuck 250
Etwas Altes, etwas Neues, etwas Geborgtes und etwas Blaues 250
Kleidung für das Standesamt 251
Wenn Sie nicht zum ersten Mal heiraten 252
Ihr Geschenk an den Bräutigam 252

Etikette für den Bräutigam 253
Hochzeitsvorbereitungen 253
Stress ist vorprogrammiert 254
Das sind Ihre Pflichtaufgaben 255
Diese Aufgaben können Sie übernehmen 256
Kümmern Sie sich um die Finanzen 256
Besorgen Sie das Hochzeitsauto 257
Besorgen Sie den Brautstrauß 258
Besorgen Sie die Reversgestecke 259
Kleidung 259
Orientieren Sie sich am Brautkleid 260
Wahl des Anzugs 260
Cutaway 260 · *Frack* 261 · *Smoking* 262 · *Dunkler Anzug & Co.* 263
Kein Stilmix 264
Accessoires 264
Wann und wo können Sie einen Hut tragen? 265
Kleidung für das Standesamt 265
Geschenk für die Braut 266

Eltern von Braut und Bräutigam 267

Eltern in die Planung einbeziehen 267
Aufgaben klar definieren 268
Wenn Eltern Druck ausüben 268
Stilvoller Umgang mit den Eltern 269
Wenn Eltern weit entfernt leben 271

Etikette für Eltern 272

Vor der Hochzeit 272
Über die Finanzen reden 274
Mitsprache bei der Einladungsliste 275
Was Sie hier falsch machen können 277
Duzen 277
Am Tag der Hochzeit 278
Nach der Hochzeit 279

Brautmutter 280
Vor der Hochzeit 281
Am Tag der Hochzeit 283
Nach der Hochzeit 285

Brautvater 285
Vor der Hochzeit 286
Am Tag der Hochzeit 286
Eine Rede halten 288
Tanzen 289

Bräutigameltern 290
Vor der Hochzeit 290
Am Tag der Hochzeit 291
Eine Rede halten 291
Tanzen 292

Trauzeugen 294

Trauzeugen für das Standesamt 294

Trauzeugen für die Kirche 294

Die Wahl Ihrer Trauzeugen 295
Wenn jemand ablehnt 296
Wenn Trauzeugen kurzfristig ausfallen 296
Trauzeugen von ihrer Pflicht entbinden 297

Stilvoller Umgang mit Ihren Trauzeugen 298
Wenn Trauzeugen weit entfernt leben 300

Etikette für Trauzeugen 301
Reagieren Sie auf das Angebot 301
Mit diesen Kosten müssen Sie rechnen 302
Trauzeugin der Braut 303

Vor der Hochzeit 303
Am Hochzeitstag 305
Nach der Hochzeit 309
Trauzeuge des Bräutigams 309
Vor der Hochzeit 309
Am Hochzeitstag 310
Nach der Hochzeit 313

Brautjungfern & Co. 314

Brautjungfern 314
Die Wahl Ihrer Brautjungfern 315
Beteiligen Sie sich an den Kleiderkosten 316
Wenn eine Freundin ablehnt 317
Wenn Brautjungfern kurzfristig ausfallen 317
Brautjungfern von ihrer Pflicht entbinden 318
Stilvoller Umgang mit Ihren Brautjungfern 319
Wenn Brautjungfern weit entfernt leben 321
Bestimmen Sie eine Verantwortliche 322

Etikette für Brautjungfern 322
Reagieren Sie auf das Angebot 322
Mit diesen Kosten müssen Sie rechnen 323
Vor der Hochzeit 324
Am Hochzeitstag 325

Brautführer 327

Blumenkinder 328
Wahl der Blumenkinder 328
Aufgaben der Blumenkinder 329
Generalprobe 330
Kleidung der Blumenkinder 331
Blumenkinder bei Laune halten 331
Sich bei den Blumenkindern bedanken 332

Ringträger 333

Blumenetikette 334

Braut und weibliche Gäste 335
Brautstrauß 335
Weißer Brautstrauß 337

Farbiger Brautstrauß 337
Bindeformen 338
Kopfschmuck für die Braut 339
Blumenschmuck für weibliche Gäste 339
Übergeben Sie den Blumenschmuck stilvoll 340

Bräutigam & männliche Gäste 341
Reversschmuck für den Bräutigam 341
Reversschmuck für männliche Gäste 341

Blumenkinder und Ringträger 342

Raumschmuck und Fahrzeug 342
Kirchenschmuck 343
Strauß für das Familiengrab 343
Tisch- und Raumdekoration 343
Hochzeitsfahrzeug 344

Hochzeitsbräuche mit Blumen 344
Blumenstreuen 344
Brautstraußwerfen 345

Der große Tag 346

Am Hochzeitsmorgen 347
Haare, Make-up & Co. 348
Fotos 349
Vor der Abfahrt 349
Fahrt zum Ort der Trauung 350
Placement im Auto 351
Placement in der Kutsche 352
Transport Ihrer Gäste 352

Standesamtliche Trauung 354
Trauzeugen 355
Anmeldung 355
Vor der Trauung 356
Identitätsprüfung 356
Ablauf der Trauung 356
Nach der Trauung 358
Gratulation und Geschenke 359
Hochzeitsbräuche 359
Hochzeitsfotos 359

Abfahrt 360

Kirchliche Trauung 360
Ist eine vorausgehende standesamtliche Trauung Pflicht? 361
Zeitspanne zwischen standesamtlicher und kirchlicher Trauung 362
Evangelische Trauung 362
Katholische Trauung 363
Andere Formen der Trauung 364
Ökumenische Trauung 364
Freie Trauung 365
Trauung von Gleichgeschlechtlichen 367
In der evangelischen Kirche 367
In der katholischen Kirche 367
Zum zweiten Mal kirchlich heiraten 367
In der evangelischen Kirche 368
In der katholischen Kirche 368
Vorbereitung auf die kirchliche Trauung 369
Vorbereitungsseminare und Brautexamen 369
Traugespräch 370
Termin festlegen 370 · *Personalisieren Sie Ihre Zeremonie* 370 · *Klären Sie alle logistischen Fragen* 371 · *Stilvoller Umgang mit Ihrem Pfarrer* 373 · *Umgang mit Geistlichen bei einer ökumenischen Trauung* 375
Vor der kirchlichen Feier 375
Pünktlichkeit 376
Begrüßen der Gäste 376
Kinder zur Kinderbetreuung lotsen 377
Platzieren der Gäste 377
Eltern und Stiefeltern 379 · *Geschwister, Großeltern und Paten* 379 · *Gäste, die eine aktive Rolle spielen* 379 · *Übrige Gäste* 380
Liturgieblatt 380
Die kirchliche Feier 381
Katholische Messe 382
Eröffnung 382
Wer führt die Braut zum Altar? 384 · Wenn der Brautvater die Braut führt 385 · Wenn der Brautvater verstorben ist 385 · Wenn die Braut Vater und Stiefvater hat 386 · Wenn Braut und Bräutigam gemeinsam einziehen 386 · Wenn sich Brautvater und Bräutigam abwechseln 387 · Ihre Pflichten als Bräutigam 387 · Weiterer Verlauf der Eröffnung 388
Wortgottesdienst 389 · *Trauung* 389

Variante Vermählungsspruch 391 · Variante Jawort 392 · Weiterer Verlauf der Trauung 393
Eucharistie 393 · *Auszug des Paares* 394
Evangelischer Traugottesdienst 395
Einzug und Begrüßung 396
Ihre Pflichten als Bräutigam 398
Verkündigung 399 · *Trauung* 399 · *Fürbitte und Segen* 401 · *Auszug des Paares* 401
Hochzeitskuss 402
Wie küssen Sie den Hochzeitskuss? 402 · *Alternativen zum Hochzeitskuss in der Kirche* 403
Doppelhochzeit 404
Nach der kirchlichen Feier 406
Gratulation und Geschenke 406
Hochzeitsbräuche 406
Obolus für Mesner & Co. 407
Abfahrt von der Kirche 408
Placement im Fahrzeug 409
Hochzeitsfotos 410

Festlichkeiten nach der Trauung 411
Empfang 412
Gäste begrüßen 413
Die Empfangslinie 413
Gratulationen und Geschenke entgegennehmen 415
Dürfen Sie Geschenke auspacken? 415
Mit den Gästen sprechen 416
Reden halten 416
Bewirtung 417
Sonderform Buffet 417
Die große Hochzeitsfeier 417
Tisch- oder Sitzordnung 418
Wer sitzt wo? 418 · *Mischen Sie Ihre Gäste* 420 · *Placementregeln für die übrigen Gäste* 420 · *Alle Gäste sollen sich wohlfühlen* 421 · *Die Sitzordnung gilt nicht ewig* 423
Placement aushängen 423
Placement- oder Tischführkarten 423
Plätze einnehmen 424
Einzug des Paares 424
Wenn sich Gäste verspäten 425
Wenn Gäste nicht erscheinen 425
Gäste begrüßen und Geschenke empfangen 426
Dürfen Sie Geschenke auspacken? 427

Das Hochzeitsessen 427
Pflichten als Braut 428 · *Pflichten als Bräutigam* 429 · *Zuprosten und Anstoßen* 430 · *Reden und Toasts* 431 · *Grußwort des Geistlichen* 431 · *Brautvater* 431 · *Bräutigamvater* 432 · *Trauzeuge oder guter Freund des Bräutigams* 432 · *Bräutigam beziehungsweise Brautpaar* 432 · *Spontanredner* 433 · *Dürfen auch Damen reden?* 433 · *Wann werden die Reden gehalten?* 434 · *Wie halten Sie eine Rede?* 435
Espresso nach dem Essen 435
Tanzen und Musik 436
Bräuche und Spiele 437
Anschneiden der Torte 438
Brautstraußwerfen 440
Kleidung wechseln 440
Das Brautpaar verlässt das Fest 441

Rahmenprogramm 442
Wer zahlt? 443
Wenn andere Personen einladen 444
Einladung zum Brunch am Morgen »danach« 444

Gäste 446

Mit diesen Kosten müssen Sie rechnen 446
Wenn Sie mit dem Brautpaar verwandt sind 447
Wenn Sie Trauzeuge, Freund oder Bekannter sind 448
Geldgeschenk – einen angemessenen Betrag finden 448

Auf Anzeigen und Einladungen reagieren 449
Verlobungsanzeige 449
Zur Verlobung etwas schenken? 449
Einladung zur Verlobungsfeier 449
Zur Verlobungsfeier etwas schenken? 450
Hochzeitsanzeige 450
Wenn es sich um eine reine Anzeige handelt 451
Wenn die Anzeige gleichzeitig eine Einladung ist 451
Hochzeitseinladung 452
Antwortfrist einhalten 452
Das richtige Medium wählen 454
Bedanken Sie sich 454
Weitere notwendige Informationen 455
Absagen 456
Dürfen Sie flunkern? 457 · *Nach einer Zusage wieder ab-*

sagen 457 · *Ganz kurzfristige Absagen* 458
Einladungen für verschiedene Programmpunkte 459

Kleidung 459
Dresscode für das Standesamt 460
Dresscode für die Kirche 460
Dresscode für den Abend 461
Kleidervermerk 462
Auf welche Programmpunkte bezieht sich der Kleidervermerk? 463
Umziehen zwischen Programmpunkten 464
Kleidervermerk richtig deuten 465
Cutaway 468 · *Frack* 469 · *Smoking* 471 · *Dinnerjacket* 472 · *Dunkler Anzug* 473
Halten Sie sich an den Kleidervermerk 474
Wenn der Kleidervermerk in der Einladung fehlt 474

Am Hochzeitstag 475
Allgemeine Umgangsformen 475
Handkuss 475
Wangenkuss 476
Begrüßen und bekannt machen 477
Handhabung von Handschuhen 478
Wann und wo können Sie einen Hut tragen? 479
Sich selbst vorstellen 479
Anrede anderer Gäste 480
Titel und akademische Grade 481 · *Adelstitel* 482 · *Amts- und Funktionsbezeichnungen* 484 · *Religiöse Funktionsbezeichnungen* 485
Auf der Treppe 485
Tür aufhalten 485
Eine Dame begleiten 486
Im Standesamt 487
Pünktlichkeit 487
Wann gratulieren? 487
In der Kirche 488
Pünktlichkeit 488
Muss Sie das Brautpaar begrüßen? 489
Betreten der Kirche 490
Placement in der Kirche 490
Respektieren Sie religiöse Bräuche 490
In der katholischen Kirche 491
Eröffnung 491 · Wie formiert sich der Hochzeitszug? 492 · Weiterer Verlauf der Eröffnung 492 · Wortgottesdienst 493 ·

Trauung 494 · Eucharistie 494 · Auszug des Paares 495
In der evangelischen Kirche 496
Einzug und Begrüßung 496 · Verkündigung 497 · Trauung 497 ·
Fürbitte und Segen 498 · Auszug des Paares 498 ·
Darf in der Kirche geklatscht werden? 498
Wenn Sie Kinder dabeihaben 499
Wann gratulieren? 499
Abfahrt von der Kirche 500
Placement 501
Beim Empfang 502
Pünktlichkeit 502
Begrüßen und Gratulieren 502
Können Sie beim Empfang Ihr Geschenk übergeben? 503
Verabschiedung 504
Bei der Hochzeitsfeier 505
Pünktlichkeit 505
Anfangszeit 506 · *Anfangszeit mit Spielraum* 506
Wie finden Sie Ihren Sitzplatz? 507
Platz nehmen 509
Einzug des Paares 509
Aufgaben als Tischherr 510
Tischetikette 511
Wein & Co. 515
Bei kleinen Malheurs 516
Wenn Sie andere in Mitleidenschaft ziehen 517 · *Wenn Sie bekleckert werden* 517
Fallen Sie nicht negativ auf 517
Rauchen 519
Toasts und Reden 519
Tanzen 521
Spiele und Aktivitäten 522
Seien Sie unterhaltsam 523
Angemessenes Verhalten in Privaträumen 524
Gästebucheintrag 525
Verabschiedung 526
Wenn Sie früher gehen müssen 527
Dank sagen 527

Kinder als Gäste 528
Pro und Contra 529
Wie sind Kinder richtig gekleidet? 530
Etikette für kleine Gäste 532
Tischmanieren für Kinder 533

Verhalten im Hotel 535
Wer zahlt Anreise und Übernachtung? 536
Hochzeit im Ausland 537
Kleiden Sie sich angemessen 538
Etikette für Hotelgäste 538
Nichts Unerlaubtes mitnehmen 539
Nichts Unerlaubtes mitbringen 540
Trinkgelder 540

Wenn Sie die Hochzeit »geschwänzt« haben 542

Gratulanten 543

Glückwünsche 543
Mündliche Gratulation 543
Vor der Hochzeit 543
Am Tag der Hochzeit 544
Wann gratulieren Sie? 544 · *Wem gratulieren Sie?* 546
Nachträgliche Glückwünsche 546
Schriftliche Glückwünsche 547
Beschriftung des Briefumschlags 547
Titel und akademische Grade auf dem Briefumschlag 548 · *Adelstitel auf dem Briefumschlag* 549 · *Amts- und Funktionsbezeichnungen auf dem Briefumschlag* 551
Wenn Sie per Post schicken 552
Wenn Sie persönlich überreichen 552
Glückwunschtext 553
Anrede im Glückwunschtext 554
Titel und akademische Grade 554 · Adelstitel 556 · Amts- und Funktionsbezeichnungen 558
Welches Datum trägt die Glückwunschkarte? 558
Wenn Sie Homosexuellen gratulieren 559
Frankierung 559
Persönliche Übergabe 559
Vor der Hochzeit 560 · *Am Hochzeitstag* 560 · *Wenn Sie als Gast auch etwas schenken* 560

Geschenke 561
Zur Verlobung 561
Zur Hochzeit 561
Das passende Geschenk auswählen 562
Sachgeschenk 562 · *Geschenkeliste* 563 · *Hochzeits- oder Geschenketisch* 563 · *Gutscheine* 564 · *Geldgeschenke* 564 ·

Geschenke, die zum Hochzeitsfest beitragen 565
Preisrahmen Ihres Geschenkes 565
Geschenke von Verwandten 566 · *Geschenke von Trauzeugen, Freunden und Bekannten* 567 · *Geldgeschenk – einen angemessenen Betrag finden* 567
Müssen Sie sich an Geschenkewünsche halten? 568
Wann überreichen Sie das Geschenk? 569
Vor der Hochzeit 569 · *Am Hochzeitstag* 569
Als Gast 569 · Wird Ihr Geschenk sofort ausgepackt? 571 · Erleichtern Sie die Zuordnung 572 · Als nicht geladener Gast 573
Nach der Hochzeit 573
Können Sie Ihr Geschenk auch schicken? 573
Können Sie Blumen schenken? 574
Wenn Kinder schenken 574

Nach der Hochzeit 576

Dank sagen 576
Bedanken bei Schenkern 576

Bedanken bei allen Mitwirkenden 579

Trinkgelder 579

Nachfeier 581

Literaturverzeichnis 584
Nützliche Internetadressen 585

Über die Autorin 586

Inhaltsverzeichnis 590

IMPRESSUM

www.collection-rolf-heyne.de

1. Auflage 2011

Titelfotografie: © Johanna Bauer, www.johannabauer.com
Lektorat: Dr. Ulrike Strerath-Bolz

Druck und Bindung: CPI – Ebner & Spiegel, Ulm
Printed in Germany

ISBN 978-3-89910-490-5